So sind die Seiten aufgebaut:

Aufgabe für **Gruppen- oder Partnerarbeit**

Aufgaben zum Auswählen:

einfache Aufgabe

kniffligere Aufgabe

Aufgabe für Profis

Zusatzaufgabe

Informations- und Methodenkästen mit dem **Merkwissen**

1 „Alle Welt spricht von Respekt, aber die wenigsten präzisieren den Begriff" (▸ Z. 38–40). Erklärt, auf welches Problem van Quaquebeke damit hinweist.

2 a In dem Interview wird ausgeführt, was verschiedene Personen unter „Respekt" verstehen. Tragt die verschiedenen Vorstellungen des Wortes „Respekt" in einem Cluster zusa…

Angst – Respekt

b Erklärt, was van Quaquebeke unter Respekt versteht: Durch welche Merk… aus? Welches Synonym verwendet er für Respekt?

c Stellt Vermutungen dazu an, warum der Begriff „Respekt" von verschiede… Institutionen wie z. B. der UEFA häufig so unpräzise verwendet wird.

3 Sammelt für die zwei Arten von Respekt, die Psychologen unterscheiden, …

4 Definiert, was ihr unter Respekt versteht. Wählt Aufgabe a, b oder c.

a Nennt **Beispiele** für respektvolles Verhalten. Beginnt z. B. so:

Ich zeige einem Menschen gegenüber Respekt, wenn ich zum Beispiel …

b Nennt geeignete **Synonyme** und **Antonyme** für „Respekt".

„Respekt" heißt so viel wie … „Respekt" ist das Gegenteil von …

c Nennt **Merkmale**, durch die sich respektvolles Verhalten auszeichnet.

d Stellt euch eure Arbeitsergebnisse gegenseitig vor. Beispiele, Synonyme, Antonyme, Merkmale: Diskutiert, welche Definition besonders gut verständlich ist.

5 Ist Respekt gleich Respekt? Diskutiert diese Frage in der Klasse.

6 Das Grundgesetz der Bundesrepublik Deutschland beginnt mit dem folgenden Artikel 1: „Die Würde des Menschen ist unantastbar. Sie zu achten und zu schützen, ist Verpflichtung aller staatlichen Gewalt." Begründet, ob man den Begriff „Würde" durch „Respekt" ersetzen könnte.

Information – Die Bedeutung von Wörtern und Begriffen definieren

Wörter und Begriffe sind für uns dann verständlich, wenn ihre Bedeutung klar ist. Ist die Bedeutung unklar oder uneindeutig, kann es zu Missverständnissen kommen.

Wenn wir einen Begriff definieren, versuchen wir, seine Bedeutung festzulegen, z. B.

- indem wir **Merkmale** nennen, die ein Begriff aufweist, z. B. *Höflichkeit ist eine Haltung gegenüber anderen Menschen, die sich in rücksichtsvollem und höflichem Verhalten zeigt.*
- indem wir ein **Beispiel** zur Erklärung heranziehen, z. B.: *„Chatiquette" bedeutet zum Beispiel, andere in einem Chat nicht zu beleidigen.*
- indem wir **Synonyme** nennen, also Begriffe, die dieselbe oder eine ähnliche Bedeutung haben, z. B.: *„Fair Play" heißt so viel wie „anständiges Verhalten".*
- indem wir **Antonyme** (Wörter mit gegensätzlicher Bedeutung) nennen, z. B.: *„Fair Play" ist das Gegenteil von „Foulspiel".*

Seiten zur **Medienkompetenz**

Gezielt im Internet recherchieren

FIND IT! – malala yousafzai – VIDEO

Methoden und Arbeitstechniken

Erfolgreich im Internet recherchieren

Bevor ihr ein Referat, einen Vortrag oder eine Präsentation halten könnt, müsst ihr zu eurem Thema eigenständig Informationen recherchieren. Wie ihr dabei gezielt im Internet vorgeht und zu einem zuverlässigen Ergebnis kommt, erfahrt ihr hier.

1. Suchmaschinen sinnvoll nutzen, geeignete Seiten speichern

- Recherchiert mit Hilfe von **Suchmaschinen**, in die ihr geeignete Suchbegriffe eingebt. Wenn ihr mehrere **Suchbegriffe** kombiniert, könnt ihr die Suche einschränken, z. B. *Malala Yousafzai Attentat.*
- **Kombiniert** euren **Suchbegriff** z. B. mit dem **Zusatz „einfach erklärt"**, dann erhaltet ihr gut verständliche Texte, z. B. *Malala Yousafzai einfach erklärt.*
- **Überfliegt** den **Inhalt** der aufgerufenen Internetseite und entscheidet, ob der Beitrag brauchbare Informationen zum Thema liefert.
- **Speichert** brauchbare **Internetseiten** als Lesezeichen (Browser → Lesezeichen hinzufügen) oder kopiert die Texte und speichert sie in einem Textverarbeitungsprogramm.

Wichtig: Speichert auch die Internetadresse, damit ihr später die Quelle angeben könnt. Vermerkt auch das Datum, an dem ihr auf die Internetseite zugegriffen habt.

2. Suchergebnisse beurteilen

- Prüft, ob die **Texte für euch verständlich** sind. Wikipedia-Artikel sind z. B. häufig in einem wissenschaftlichen Stil verfasst und deshalb nicht immer einfach zu erschließen.
- **Prüft die Quelle**, z. B. indem ihr ins Impressum der Seite schaut. … wenn sie von einer Redaktion … chtliche Fernsehsender und … h Online-Lexika liefern … ungen in Blogs, sozialen … ihr überprüfen.

… liche Informatio- … rarbeitungspro- … iv lest, Wichtiges … n) **Notizen** macht. … n ihr nutzen … rbegriffen –

Wichtige **Methoden und Arbeitstechniken** werden auf den **blauen Seiten** genau erklärt.

Sprachtraining

Eine Argumentationskette bilden

A Ein besonders wichtiges Argument für die Nutzung von s… Verbreitungsgrad, denn laut einer Studie nutzen 85 Proze… Media. In unserer Klasse tauschen wir uns beispielsweise … oder verabreden uns. Wer nicht in einem sozialen Netzwe… Informationen ausgeschlossen.

B Soziale Netzwerke haben einen hohen Verbreitungsgrad. 85 … Social Media. In unserer Klasse tauschen wir uns täglich übe… verabreden uns.

1 a Begründet mit Textstellen, welcher Text (A oder B) überzeugender ist.

b Prüft, welche sprachlichen Signale und Überleitungen es gibt. Gibt es eine Schlussfolgerung aus dem Gesagten, die den Argumentationsschritt abrunde…

2 Verbindet die folgenden Stichpunkte zu einer Argumentationskette (Argument und Beispiel/Beleg/Zitat). Nutzt hierzu die Formulierungshilfen unten.

Soziale Medien helfen, Freundschaften und Beziehungen zu pflegen – über Landesgrenzen hinweg Nachrichten und Fotos austauschen, andere am Leben teilhaben lassen – Wissenschaftler des Münchner Institut für Wirtschaftsforschung kamen zum Ergebnis: Internet fördert Beziehungen zwischen Menschen – engere Freundschaften, häufiger ehrenamtliche Betätigung und häufiger Besuch von Veranstaltungen (Kino, Sport, Restaurant).

Information – Argumente sprachlich gut einleiten und verknüpfen

Damit eure Argumente und Beispiele/Belege/Zitate nicht zusammenhangslos nebeneinanderstehen, müsst ihr sie sprachlich geschickt einleiten und zu einer Argumentationskette verknüpfen. Die folgenden Formulierungsbausteine können euch dabei helfen:

Begründung	*weil – da – denn*
Folge	*daher – darum – deshalb – deswegen – folglich – so – somit*
Aufzählung	*auch – außerdem – ferner – zudem – überdies – ebenso*
Argumente gewichten	*Ein Argument für … – Eine wichtige Rolle spielt … Hinzu kommt, dass … – Ein weiterer Grund für/gegen … ist … – Besonders wichtig / Noch wichtiger ist …*
Beispiele einleiten	*ein Beispiel dafür ist … – Das zeigt … – beispielsweise – Aus eigener Erfahrung kann ich sagen, dass … – Wenn man sich vorstellt, dass … – Umfrageergebnisse zeigen, dass … – Laut dem Experten xy …; Dies belegt auch eine Studie, die …*

Die **grünen Seiten** zum **Sprachtraining** unterstützen euch beim Schreiben und Verstehen von Texten.

Deutschbuch

Gymnasium G9

Nordrhein-Westfalen

8

Sprach- und Lesebuch

Herausgegeben von
Andrea Wagener und Deborah Mohr

Erarbeitet von
Christoph Fischer, Inga Graf,
Robert Herold, Alexander Joist,
Stephanie Kroesen, Markus Langner,
Sebastian Lippert, Angela Mielke,
Deborah Mohr, Christoph Oldeweme,
Norbert Pabelick, Gerda Rubel,
Diana Sackmann, Christoph Schappert,
Frank Schneider, Klaus Tetling,
Angelika Thönneßen-Fischer, Robert Will

Cornelsen

Deutschbuch

Gymnasium G9
Nordrhein-Westfalen

Redaktion: Dirk Held, Kirsten Krause, Mareike Zastrow

Teile des Novellenkapitels wurden von Ruth Malaka und Carolin Wemhoff-Weinand erarbeitet,
Teile des Filmkapitels von Heike Fädrich.

Illustrationen:
Uta Bettzieche, Leipzig: S. 266–279
Nils Fliegner, Hamburg: S. 61–81, 281–310
Marie Geißler, Berlin: S. 102–104, 107–109, 112–115, 118, 143–166
Sylvia Graupner, Annaberg-Buchholz: S. 88–94, 170–189
Christiane Grauert, Milwaukee (USA): S. 13–36, 47, 50–56, 60, 119–133, 136, 203, 207–237, 254, 262, 314–340

Umschlaggestaltung: Corinna Babylon und Jule Kienecker (Berlin) unter Verwendung eines Fotos von Shutterstock/Agor2012 und einer Illustration von Christiane Grauert (Milwaukee, USA)
Layoutkonzept und technische Umsetzung: werkstatt für gebrauchsgrafik, Berlin

Begleitmaterialien zum Deutschbuch 8 Gymnasium

Schülerbuch als E-Book	ISBN 978-3-06-205219-4
Arbeitsheft	ISBN 978-3-06-205289-7
Arbeitsheft mit interaktiven Übungen	ISBN 978-3-06-205300-9

www.cornelsen.de

1. Auflage, 1. Druck 2021

Alle Drucke dieser Auflage sind inhaltlich unverändert und können im Unterricht nebeneinander verwendet werden.

Druck: Mohn Media Mohndruck, Gütersloh

ISBN 978-3-06-205218-7

PEFC
PEFC/04-31-1033

PEFC zertifiziert
Dieses Produkt stammt aus nachhaltig bewirtschafteten Wäldern und kontrollierten Quellen.

www.pefc.de

Inhaltsverzeichnis

Sprache
- relevante Mittel zur Textstrukturierung für das Schreiben eigener Texte einsetzen

Kommunikation
- gelingende und misslingende Kommunikation identifizieren und Korrekturmöglichkeiten benennen
- Absichten und Interessen anderer Gesprächsteilnehmender identifizieren und erläutern
- para- und nonverbales Verhalten deuten
- in Gesprächssituationen die kommunikativen Anforderungen identifizieren und eigene Beiträge darauf abstimmen

Kommunikation: Sprechen – Zuhören – Schreiben

Kompetenzschwerpunkt

mündl. Aufgabentyp 3:
Sprechakte in Gruppengesprächen und in Streitgesprächen gestalten und reflektieren

schriftl. Aufgabentyp 3:
eine textbasierte Argumentation zu einem Sachverhalt verfassen

Kommunikation
- eigene Standpunkte begründen und dabei auch die Beiträge anderer einbeziehen
- in Diskussionen aktiv zuhören und zugleich eigene Gesprächsbeiträge planen

Texte
- aus Aufgabenstellungen konkrete Schreibziele ableiten, Texte planen und formulieren
- Informationen aus verschiedenen Quellen ermitteln und dem eigenen Schreibziel entsprechend nutzen
- verschiedene Textfunktionen (argumentieren) in eigenen Texten sachgerecht einsetzen

Sprache
- relevante Mittel (Argumentationskette bilden, Gegenargumente entkräften) für das Schreiben eigener Texte einsetzen

Kommunikation: Sprechen – Zuhören – Schreiben

Kompetenzschwerpunkt

schriftl. Aufgabentyp 6:
Texte nach Textmustern verfassen, umschreiben und fortsetzen

Sprache
- sprachliche Gestaltungsmittel unterscheiden und ihre Wirkung erklären

Texte
- eigene Texte zu literarischen Texten verfassen (u. a. Leerstellen füllen) und deren Beitrag zur Deutung des Ausgangstextes erläutern

Texte und Medien

Kompetenzschwerpunkt

schriftl. Aufgabentyp 4b:
durch Fragen bzw. Aufgaben geleitet aus kontinuierlichen und/oder diskontinuierlichen Texten Informationen ermitteln, die Informationen miteinander vergleichen, deuten und abschließend reflektieren und bewerten

Texte
- zentrale Aussagen von Texten identifizieren und daran ein kohärentes Textverständnis erläutern
- Texte im Hinblick auf das Verhältnis von Inhalt, Form und Wirkung erläutern
- Merkmale epischer und lyrischer Texte, Sachtexte sowie audiovisueller Medien (Website, Computerspiel) unterscheiden und unter vorgegebenen Aspekten miteinander vergleichen

Medien
Medien (Print-, Hörmedien, Website-Formate) bezüglich ihrer Präsentationsform beschreiben und vergleichen

Medienkompetenzrahmen
5.4 Medien und ihre Wirkungen beschreiben und kritisch reflektieren

6 „Unterm Birnbaum“ – Eine Novelle lesen und verstehen 119

Kompetenzschwerpunkt

schriftl. Aufgabentyp 4 a:
einen literarischen Text analysieren und interpretieren

schriftl. Aufgabentyp 6:
sich mit einem literarischen Text durch dessen Umgestaltung auseinandersetzen

Texte
- eine Novelle (Ausschnitte aus einer Ganzschrift) verstehen
- die eigene Leseart eines literarischen Textes begründen und mit Lesarten anderer vergleichen,
- zentrale Figurenbeziehungen und -merkmale sowie Handlungsverläufe beschreibend erläutern
- eigene Texte zu literarischen Texten verfassen (u. a. Leerstellen füllen, Paralleltexte konzipieren) und deren Beitrag zur Deutung des Ausgangstextes erläutern
- relevante Mittel zur Textstrukturierung für das Schreiben eigener Texte einsetzen

Texte und Medien

7 Wendepunkte

Kurzgeschichten lesen und verstehen 143

Kompetenzschwerpunkt

schriftl. Aufgabentyp 4 a:
einen literarischen Text analysieren und interpretieren

Texte
- Texte im Hinblick auf das Verhältnis von Inhalt, Form und Wirkung erläutern
- das Verständnis eines literarischen Textes im Dialog mit anderen Schülerinnen und Schülern weiterentwickeln
- Handlungsverläufe beschreiben und textbezogen erläutern
- eine persönliche Stellungnahme zur Handlung und zum Verhalten literarischer Figuren textgebunden formulieren
- die Ergebnisse der Textanalyse strukturiert darstellen
- das Textverständnis mit Textstellen belegen

Sprache
- relevantes sprachliches Wissen (u. a. Formen der Redewiedergabe) einsetzen

Texte und Medien

8 Sehnsuchtsort Stadt?! –

Songs und Gedichte untersuchen und gestalten 169

Kompetenzschwerpunkt

schriftl. Aufgabentyp 4 a:
einen literarischen Text analysieren und interpretieren

schriftl. Aufgabentyp 6:
Texte nach einfachen Textmustern umschreiben

Texte
- literarische Texte (Gedichte, Songs) miteinander vergleichen
- das Textverständnis mit Textstellen belegen und im Dialog mit anderen Schülerinnen und Schülern weiterentwickeln
- Texte sinngestaltend vortragen
- Texte im Hinblick auf das Verhältnis von Inhalt, Form und Wirkung erläutern
- bildliche Gestaltungsmittel unterscheiden und ihre Wirkung erläutern
- die Ergebnisse der Textanalyse strukturiert darstellen
- eigene Texte zu literarischen Texten verfassen und deren Beitrag zur Deutung des Ausgangstextes erläutern

Medien
– einen Text medial umformen und die Wirkung von Gestaltungsmitteln beschreiben

Medienkompetenzrahmen
4.1 Medienprodukte planen, gestalten und präsentieren
4.2 Gestaltungsmittel von Medienprodukten kennen, reflektiert anwenden sowie hinsichtlich ihrer Qualität, Wirkung und Aussageabsicht beurteilen

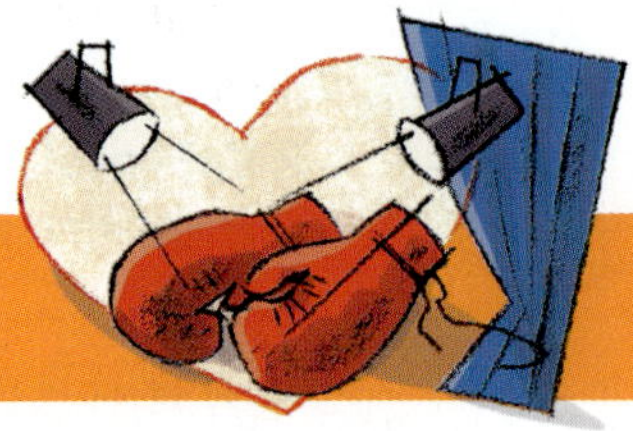

Texte und Medien

Kompetenzschwerpunkt

schriftl. Aufgabentyp 4 a: einen literarischen Text analysieren

Texte
– Texte sinngestaltend unter Nutzung verschiedener Ausdrucksmittel (Mimik und Gestik) vortragen
– Texte im Hinblick auf das Verhältnis von Inhalt, Form und Wirkung erläutern
– zentrale Figurenbeziehungen und -merkmale sowie Handlungsverläufe beschreiben und textbezogen erläutern
– eine persönliche Stellungnahme zur Handlung und zum Verhalten literarischer Figuren formulieren
– die Ergebnisse der Textanalyse strukturiert darstellen
– das Textverständnis mit Textstellen belegen

Medien
– digitale Möglichkeiten für die individuelle und kooperative Textproduktion einsetzen

Texte und Medien

10 Immer auf dem Laufenden – Print- und Online-Texte untersuchen 215

Kompetenzschwerpunkt

schriftl. Aufgabentyp 4 a/b:
- einen Sachtext oder medialen Text analysieren und interpretieren
- durch Fragen bzw. Aufgaben geleitet aus kontinuierlichen und diskontinuierlichen Texten Informationen ermitteln und vergleichen, Textaussagen deuten und bewerten

Texte
- in Sachtexten (journalistischen Textformen) verschiedene Textfunktionen unterscheiden
- Sachtexte – auch in digitaler Form – unter vorgegebenen Aspekten vergleichen

Medien
- den Aufbau von Print- und digitalen Medien (Online-Zeitung, Blogs, soziale Netzwerke) beschreiben und Unterschiede der Text- und Layoutgestaltung benennen
- auf Websites dargestellte Informationen beschreiben und das eigene Wahrnehmungsverhalten reflektieren

Medienkompetenzrahmen
- 4.1 Medienprodukte adressatengerecht planen, gestalten und präsentieren
- 5.1 Die Vielfalt der Medien kennen, analysieren und reflektieren
- 5.2 Die interessengeleitete Setzung und Verbreitung von Themen in Medien erkennen sowie in Bezug auf die Meinungsbildung beurteilen

Texte und Medien

11 „Tschick“ – Roman und Film vergleichen 241

Kompetenzschwerpunkt

schriftl. Aufgabentyp 4 a/b:
einen medialen Text (Filmszene) analysieren und interpretieren

Texte
- Jugendbuch (Ausschnitte aus einer Ganzschrift) verstehen
- zentrale Figurenbeziehungen und Figurenmerkmale sowie Handlungsverläufe beschreibend erläutern

– eine persönliche Stellungnahme zur Handlung und zum Verhalten literarischer Figuren textgebunden formulieren

Medien
– den Gesamteindruck von Filmen beschreiben und anhand inhaltlicher und ästhetischer Merkmale begründen
– Handlungsstrukturen in Filmen mit film- und erzähltechnischen Fachbegriffen identifizieren sowie Gestaltungsmittel (u. a. Bildgestaltung, Kameratechnik, Tongestaltung) benennen und deren Wirkung erläutern

Medienkompetenzrahmen
4.1 Medienprodukte (Filmszene) gestalten und präsentieren
4.2 Gestaltungsmittel von Medienprodukten kennen und beurteilen

Nachdenken über Sprache

Kompetenzschwerpunkt

Sprache
– Sprachvarietäten (Standard-, Alltags-, Bildungs-, Jugendsprache, Dialekt, Netzsprache) unterscheiden sowie Funktionen und Wirkung erläutern
– an Beispielen sprachliche Abweichungen von der Standardsprache erläutern
– Gemeinsamkeiten und Unterschiede verschiedener Sprachen untersuchen
– innere und äußere Mehrsprachigkeit unterscheiden
– die gesellschaftliche Bedeutung von Sprache beschreiben
– sprachliche Gestaltungsmittel (z. B. Hochwertwörter, Euphemismen) kennen und ihre Wirkung erläutern
– Begriffe/Begriffsdefinitionen, Konnotation, Denotation in semantisch-funktionalen Zusammenhängen einsetzen

Medienkompetenzrahmen
1.2 Digitale Werkzeuge kennen und einsetzen

2.2 Informationen und Daten strukturieren und aufbereiten
4.1 Medienprodukte planen und präsentieren

Nachdenken über Sprache

13 Grammatiktraining – Konjunktiv und Sätze 281

Kompetenzschwerpunkt

schriftl. Aufgabentyp 5:
einen Text überarbeiten und die vorgenommenen Textänderungen begründen

Sprache
- unterschiedliche Formen der Verbflexion unterscheiden und deren funktionalen Wert beschreiben (Indikativ, Konjunktiv I und Konjunktiv II)
- komplexe Strukturen von Sätzen (Nebensatz mit Satzgliedwert, Subjektsatz, Objektsatz, Adverbialsatz, Attributsatz) sowie Infinitiv- und Partizipialgruppen untersuchen und Wirkungen von Satzbau-Varianten beschreiben
- Satzstrukturen unterscheiden und die Zeichensetzung normgerecht einsetzen
- anhand einfacher Beispiele Gemeinsamkeiten und Unterschiede verschiedener Sprachen im Hinblick auf grammatische Strukturen und Semantik nutzen
- Texte anhand von vorgegebenen Kriterien (u. a. Textkohärenz) überarbeiten

14 Rechtschreibung – Fehler vermeiden, Regeln sicher anwenden 313

Kompetenzschwerpunkt

Sprache
- geeignete Rechtschreibstrategien unterscheiden und orthografische Korrektheit (auf Laut-Buchstaben-Ebene, Wortebene, Satzebene) weitgehend selbstständig überprüfen
- komplexe Strukturen von Sätzen untersuchen
- Satzstrukturen unterscheiden und die Zeichensetzung normgerecht einsetzen (Satzreihe, Satzgefüge, Parenthese, Infinitivgruppen, Partizipialgruppen)
- fremde Texte anhand von vorgegebenen Kriterien überarbeiten

Orientierungswissen 341

1 Sind das alles Helden? – Informieren und referieren

1 Versetzt euch in die Situation auf dem Bild: Beschreibt, in welchen Situationen ihr gern übermenschliche Fähigkeiten wie eine Superheldin oder ein Superheld hättet. Was würdet ihr dann tun?

2 In Büchern, Filmen, Comics, Videospielen, aber auch im Alltag: Helden und Heldinnen gibt es viele. Welche kennt ihr? Erklärt, warum der- oder diejenige in euren Augen ein Held oder eine Heldin ist.

3 Lest die Informationen im Kasten rechts:
- Was kennt ihr bereits?
- Was ist neu für euch?

In diesem Kapitel ...

- recherchiert ihr über einen Helden oder eine Heldin und bereitet eure Informationen für ein Referat auf,
- fasst ihr wichtige Ergebnisse in einem Protokoll zusammen,
- verfasst ihr einen Informationstext zum Thema „Zivilcourage",
- lernt ihr einen Jugendroman kennen, der von einem rätselhaften Computerspiel erzählt.

1.1 Außergewöhnliche Menschen – Referate, Protokolle und Informationstexte verfassen

Helden oder Vorbilder? – Über Begriffe diskutieren

Mein Vorbild ist Toni Kroos. Er ist einer der besten Fußballer und engagiert sich für schwer kranke Kinder.

Ich liebe Superheldinnen wie Kitty Pryde, Jean Grey oder Supergirl. Sie sind stark, intelligent und mutig und riskieren im Kampf gegen das Böse sogar ihr Leben.

Meine Schwester Sonja ist mein Vorbild. Nach dem Abitur hat sie sich ein Jahr im Bundesfreiwilligendienst engagiert und auf einer Schutzstation im Wattenmeer gearbeitet.

Luca alias ConCrafter finde ich super, weil seine Videos richtig witzig sind. Außerdem hat er auf seinem Kanal schon vier Millionen Abonnenten.

Ich bewundere Greta Thunberg. Sie hat die Klimabewegung „Fridays for Future" ins Leben gerufen. Sie kann Menschenmengen begeistern und setzt sich für eine wichtige Sache ein, obwohl sie noch jung ist.

1 **a** Lest die Aussagen auf Seite 14. Erklärt, welche besonderen Fähigkeiten oder Eigenschaften die genannten Helden und Vorbilder haben.
b Begründet, welchen Aussagen ihr euch anschließen würdet und welchen eher nicht.

2 **a** Nennt eigene Helden oder Vorbilder und erklärt, was sie für euch so besonders macht.
– *Mein Held / Mein Vorbild ist ..., weil ...*
– *An ihm/ihr bewundere ich, dass ...*
– *Ich finde es beeindruckend, wie er/sie ...*
b Diskutiert, was euch bei euren Helden / euren Vorbildern besonders wichtig ist.
Ihr könnt die folgenden Stichworte zu Hilfe nehmen:

> Ein **Held** oder eine **Heldin** kann eine reale Person (berühmt oder unbekannt) oder eine erfundene (fiktive) Figur sein, wie ihr sie z. B. aus Filmen, Büchern, Comics oder Videospielen kennt.

sportliche Fähigkeiten besitzen • erfolgreich sein • mutig sein • anderen helfen • sich durchsetzen können • intelligent sein • stark sein • lustig sein • freundlich sein • andere begeistern können • berühmt sein • zielstrebig sein • für seine Ideale kämpfen • über ein großes Wissen verfügen • Geld und Luxus haben • sich anpassen können

3 Helden, Vorbilder, Stars, Promis: Diskutiert, welche Unterschiede es gibt. Wählt a, b oder c und bildet dann Gruppen mit Schülern/Schülerinnen, die die gleiche Teilaufgabe gewählt haben.
●○○ **a** Würdet ihr eine Person wie **Greta Thunberg eher** als **Heldin oder** eher als **Vorbild** bezeichnen? Begründet eure Meinung und haltet euer Ergebnis fest.
●●○ **b** Können **Stars und Promis Vorbilder** sein? Begründet eure Meinung, nennt Beispiele und haltet eure Ergebnisse fest.
●●● **c** **Helden, Vorbilder, Stars, Promis:** Findet **Beispiele** und diskutiert dann, ob oder inwiefern man die **Begriffe voneinander abgrenzen** kann. Haltet eure Ergebnisse fest.
d Tauscht eure Ergebnisse aus:
Diskutiert dann gemeinsam über die folgende Frage:
Brauchen wir Helden und Vorbilder, an denen wir uns orientieren können?

Ich würde mich nicht an einem Vorbild orientieren. Mir sind Werte wie .... viel wichtiger, denn ...

Mein Vorbild ist wichtig für mich, weil ...

Ich finde es nicht gut, wenn man versucht, das Leben einer berühmten Person ....

4 Begründet, ob Menschen eher aufgrund ihrer Einzelleistung zu Helden werden oder ob sie nicht auch andere Menschen brauchen, die sie unterstützen, um zu Helden zu werden.
Denkt z. B. an berühmte Fußballer/-innen, die in einer Mannschaft spielen.

Menschen, die die Welt beweg(t)en – Informationen recherchieren, auswerten und präsentieren

Ideen für ein Referat finden

1 Berichtet von euren Referaten: Wie habt ihr euch über euer Thema informiert? In welchen Medien (▶ Methode unten) habt ihr recherchiert? Wie seid ihr dabei vorgegangen?

2 **a** Stellt Vermutungen zum Inhalt der Sachbücher an: Was erwartet ihr, wenn ihr die Titel der Bücher lest? Was wisst ihr bereits über die abgebildeten Menschen?

b Auf dem mittleren und rechten Cover seht ihr das Porträt von Malala Yousafzai, der jüngsten Friedensnobelpreisträgerin. Berichtet, ob ihr schon von ihr gehört habt.

3 Auf den folgenden Seiten (▶ S. 17–21) bereitet ihr ein Referat vor.

a Bildet Teams und wählt eine Heldin / einen Helden für euer Referat aus. Geht so vor:

- Recherchiert in Sachbüchern und im Internet (▶ Methode unten) nach Menschen, die die Welt verändert haben, z. B.: Wissenschaftler/-innen, Entdecker/-innen, politische Aktivisten/Aktivistinnen, Künstler/-innen, mutige Menschen usw.
- Tauscht euch aus und einigt euch auf eine Person für euer Referat.

b Macht euch klar, was eure Zuhörer/-innen über euren Helden / eure Heldin wissen wollen. Notiert Fragen oder Stichpunkte, über die ihr in eurem Referat Auskunft geben wollt.

Methode **In verschiedenen Medien recherchieren**

- **Sachbücher** zu eurem Thema findet ihr in Bibliotheken. Mit Hilfe des Inhaltsverzeichnisses seht ihr schnell, ob ein Buch für eure Zwecke geeignet ist.
  TIPP: Zu vielen Sachbüchern findet man im Internet eine digitale Version des Inhaltsverzeichnisses. Gebt in einer Suchmaschine den Titel des Buches ein.
- Im **Internet** recherchiert ihr mit Suchmaschinen.
  Wählt geeignete Suchbegriffe, z. B.: *Weltveränderer + Menschen.*

Gezielt im Internet recherchieren

FIND IT!

malala yousafzai

ungefähr 2.222.222 Ergebnisse

Malala Yousafzai – Naher und Mittlerer Osten
www.planet-wissen.de/kultur/naher_und_mittlerer_osten
Die Geschichte dieses Mädchens ging um die Welt: Am 9. Oktober 2012 schießt ein Taliban-Kämpfer der damals 15-jährigen Pakistanerin **Malala Yousafzai** aus ...

Malala Yousafzai aus Pakistan – Mit Bildung die Welt verändern
www.deutschlandfunk.de/malala-yousafzai-aus-pakistan ...
11.09.2019 – Greta Thunberg ist in aller Munde, aber sie ist längst nicht die einzige junge Frau, die sich für die Menschheit einsetzt. **Malala** aus Pakistan ...

Malala Yousafzai – Frauenrechtlerin
www.geo.de/geolino/mensch/2517-rtkl-weltveraenderer-malala-yousafzai
Mit elf Jahren beginnt **Malala Yousafzai,** sich für die Rechte von Frauen und Kindern einzusetzen. In ihrer Heimat Pakistan wurde sie daraufhin angeschossen.

Malala Yousafzai – Facts – NobelPrize.org
www.nobelprize.org/prizes/peace/2014/yousafzai/facts
Malala Yousafzai was born on July 12, 1997, in Mingora, the largest city in the Swat Valley in what is now the Khyber Pakhtunkhwa Province of Pakistan. She is ...

Malala Yousafzai – Wikipedia
www.de.wikipedia.org/wiki/Malala_Yousafzai
Malala Yousafzai [mə'lala jusəf'zəi] (* 12. Juli 1997) ist eine Kinderrechtsaktivistin aus dem Swat-Tal in ...

VIDEO

Malala –
Ihr Recht auf Bildung
Wer ist Malala?
https://www.youtube.com/watch?v=xlfan4YiLis
ein eindringliches Porträt der Friedensnobelpreisträgerin

1 Ein Schülerteam hat mit Hilfe einer Suchmaschine zu Malala Yousafzai recherchiert.

a Beschreibt die Ergebnisse: Welche Suchbegriffe wurden eingegeben? Welche Informationen bieten euch Titel und Vorschautext der Website und die Internetadressen (Links)?

b Prüft und beurteilt die Suchergebnisse: Welche Internetadressen könnten brauchbare und verständliche Informationen über Malala Yousafzai enthalten? Begründet eure Einschätzung.

2 „Wikipedia-Artikel sind oft sehr umfangreich und wissenschaftlich geschrieben. Dadurch sind sie nicht immer für eine Informationsrecherche geeignet.“ Diskutiert über diese Aussage.

3 Begründet, welche Seiten ihr als zuverlässig einstufen würdet: *Online-Lexikon, Verkaufsanzeige, Blog, Online-Zeitung/-Zeitschrift, soziales Netzwerk, Hausaufgabenportal.*

4 Findet euch in Teams zusammen und recherchiert über eure Heldin oder euren Helden. Geht so vor, wie in Schritt 1 auf der Methodenseite (► S. 20) beschrieben.

MK

Suchergebnisse beurteilen und geeignete Materialien auswählen

M1

Malala Yousafzai

Malala Yousafzai [mə'lala jusəf'zəi] (*12. Juli 1997) ist eine Kinderrechtsaktivistin aus dem Swat-Tal in Pakistan. Am 10. Oktober 2014 wurde ihr gemeinsam mit Kailash Satyarthi der Friedensnobelpreis zuerkannt. Sie ist die jüngste Preisträgerin in der Geschichte des Nobelpreises und die mit Abstand jüngste in der Geschichte des Friedensnobelpreises. Seit dem 10. April 2017 ist Yousafzai Friedensbotschafterin der UN. Malala Yousafzai wurde ...

Internet-Tagebuch

Seit dem 3. Januar 2009, als sie elf Jahre alt war, berichtet Yousafzai auf einer Webseite der BBC in einem Blog-Tagebuch auf Urdu unter dem Pseudonym „Gul Makai“ (Name der Heldin eines paschtunischen Märchens, bedeutet „Kornblume“) über ihre Gefühle und Ängste aufgrund der Gewalttaten im Swat-Tal sowie ihren Alltag unter der Herrschaft der pakistanischen Taliban. Diese Terrororganisation hatte seit 2004 im Swat-Tal Einfluss gewonnen und 2007 damit begonnen, Schulen für Mädchen zu zerstören und gegnerische Pakistani zu ermorden. [...]

Quelle: www.wikipedia.de

Kommentar:
Swat-Tal?

Kommentar:
Kailash Satyarthi?
Friedensnobelpreis?

Kommentar:
UN?

Kommentar:
BBC?

M2

Von Annika Zeitler

Malalas mutiger Kampf für Bildung

Die Geschichte dieses Mädchens ging um die Welt: Am 9. Oktober 2012 schießt ein Taliban-Kämpfer der damals 15-jährigen Pakistanerin Malala Yousafzai aus nächster Nähe in den Kopf, weil sie sich in ihrer Heimat für Bildung von Mädchen und Frauen eingesetzt hatte. Wie durch ein Wunder überlebte sie das Attentat.

Malalas Heimat ist das Swat-Tal im Nordwesten Pakistans. Sie ist zehn Jahre alt, als die islamistischen Taliban dort die Macht übernehmen und mit Gewalt den Menschen ihre strengen Regeln aufzwingen. Sie wollen einen Gottesstaat errichten, die Scharia einführen. Über den alltäglichen Terror unter dem Regime schreibt die Schülerin Malala einen Blog für den urdu-sprachigen Dienst der britischen BBC. Ihr Tagebuch ist ihre Waffe gegen die „Männer mit merkwürdig langen Haaren und Bärten“, die Mädchen den Schulbesuch untersagen. Die Radikalen könnten ihr das Leben nicht verbieten, notfalls würde sie heimlich zum Unterricht gehen: „Morgen früh gehe ich wieder zur Schule“, mit diesem Eintrag beginnt ihr Blog.

Kommentar:
gut für die Einleitung
→ Malala riskiert ihr Leben für ihre Überzeugung.

Kommentar:
Malala bloggt über die Gewalt in Pakistan.

Unter dem Namen „Gul Makai“, „Kornblume“, schreibt sie online darüber, dass sie ihre Schuluniform nicht mehr tragen darf und auch nicht ihr rosa Lieblingskleid. Mädchen und Frauen müssen sich verschleiern; es ist verboten, Musik zu hören und zu tanzen. Malala bloggt über den Krieg und darüber, dass die Taliban Schulen zerstören und schließen. Ihre Blogeinträge sind in dieser Zeit eine der wenigen Augenzeugenberichte aus dem islamisch geprägten Swat-Tal, sie werden von Hunderttausenden gelesen. […]

Quelle: www.planet-wissen.de

Kommentar:
Pseudonym als Bloggerin

Kommentar:
Inhalt ihres Blogs: Krieg, Unterdrückung durch die Taliban, große Leserschaft

M3

Mein Referat handelt von der 18-jährigen Poetin Malala aus dem Land Taliban. Ihre größte Leistung ist, dass sie die Welt auf das Thema Bildung aufmerksam gemacht hat. Sie hat außerdem ein Buch geschrieben und es wurde eine Dokumentation über sie gedreht. Eine besondere Rolle spielt auch ihr Vater, der sie immer unterstützt und gefördert hat. Dies ist umso wichtiger, da die meisten Väter in Pakistan ihren Töchtern kaum helfen. Heute lebt sie in England und erstellt ein Blog-Tagebuch für die BBC. [...]

Quelle: www.referate-to-go- easy_school

Kommentar:
Poetin, Land Taliban
→ Ist das richtig?

1 „Ein Kind, ein Lehrer, ein Buch und ein Stift können die Welt verändern.“
Erklärt, wie ihr dieses Zitat von Malala versteht.

2 Bei der Internetrecherche über die Kinderrechtsaktivistin Malala Yousafzai hat ein Schülerteam diese Texte (M 1–M 3) gefunden.

a Erklärt, wie die Materialien (M 1–M 3) digital bearbeitet wurden.

b Prüft, inwieweit die Materialien (M 1–M 3) für ein Referat über Malala brauchbar sind.
Arbeitet zu zweit und beantwortet für jeden Text die folgenden Fragen, z. B.:
- **Inhalt und Wissenschaftlichkeit:** Ist das Material klar strukturiert und bietet sachliche Informationen, die überprüfbar sind?
  Oder handelt es sich eher um eine subjektive Meinungsäußerung bzw. schlecht recherchierte Informationen?
  Ist der Text fehlerfrei und sprachlich flüssig geschrieben?
- **Verständlichkeit:** Ist das Material für euch verständlich oder richtet es sich eher an Experten, die über ein größeres Vorwissen verfügen?
- **Zuverlässigkeit der Quelle:** Hat die Website eine zuverlässige Quelle?
  Prüft das mit Hilfe der Informationen auf der Methodenseite (▸ S. 20, 2. Schritt).

c Tauscht euch über eure Ergebnisse aus.
Begründet, welche Materialien ihr nutzen würdet und welche eher nicht in Frage kommen.

3 Wertet nun euer Material aus, das ihr im Internet über eure Heldin oder euren Helden recherchiert habt. Geht so vor, wie in Schritt 3 auf der Methodenseite (▸ S. 20) beschrieben.

Erfolgreich im Internet recherchieren

Bevor ihr ein Referat, einen Vortrag oder eine Präsentation halten könnt, müsst ihr zu eurem Thema eigenständig Informationen recherchieren. Wie ihr dabei gezielt im Internet vorgeht und zu einem zuverlässigen Ergebnis kommt, erfahrt ihr hier.

1. Suchmaschinen sinnvoll nutzen, geeignete Seiten speichern

- Recherchiert mit Hilfe von **Suchmaschinen,** in die ihr geeignete Suchbegriffe eingebt. Wenn ihr mehrere **Suchbegriffe** kombiniert, könnt ihr die Suche einschränken, z. B.: *Malala Yousafzai Attentat.*
- **Kombiniert** euren **Suchbegriff** z. B. mit dem **Zusatz „einfach erklärt“**, dann erhaltet ihr gut verständliche Texte, z. B.: *Malala Yousafzai einfach erklärt.*
- **Überfliegt** den **Inhalt** der aufgerufenen Internetseite und entscheidet, ob der Beitrag brauchbare Informationen zum Thema liefert.
- **Speichert** brauchbare **Internetseiten** als Lesezeichen (Browser → Lesezeichen hinzufügen) oder kopiert die Texte und speichert sie in einem Textverarbeitungsprogramm.

Wichtig: Speichert auch die Internetadresse, damit ihr später die Quelle angeben könnt. Vermerkt auch das Datum, an dem ihr auf die Internetseite zugegriffen habt.

2. Suchergebnisse beurteilen

- Prüft, ob die **Texte für euch verständlich** sind. Wikipedia-Artikel sind z. B. häufig in einem wissenschaftlichen Stil verfasst und deshalb nicht immer einfach zu erschließen.
- **Prüft** die **Quelle,** z. B. indem ihr ins Impressum der Seite schaut. Webseiten sind z. B. zuverlässig, wenn sie von einer Redaktion (Zeitungen, Zeitschriften, öffentlich-rechtliche Fernsehsender und Rundfunkanstalten) betrieben werden. Auch Online-Lexika liefern meist zuverlässige Informationen. Veröffentlichungen in Blogs, sozialen Netzwerken und Hausaufgabenportalen solltet ihr überprüfen.

3. Geeignete Texte und Materialien auswerten

- Texte und Materialien, die euch brauchbare und sachliche Informationen liefern, könnt ihr ausdrucken oder in einem Textverarbeitungsprogramm abspeichern. Wertet sie aus, indem ihr sie **intensiv lest, Wichtiges markiert** und euch am Textrand (z. B. in Kommentarkästen) **Notizen** macht.
- Entscheidet, welche Informationen aus den Materialien ihr nutzen wollt, und fasst sie – geordnet nach Themen oder Oberbegriffen – zusammen.

Das Referat gliedern und anschaulich präsentieren

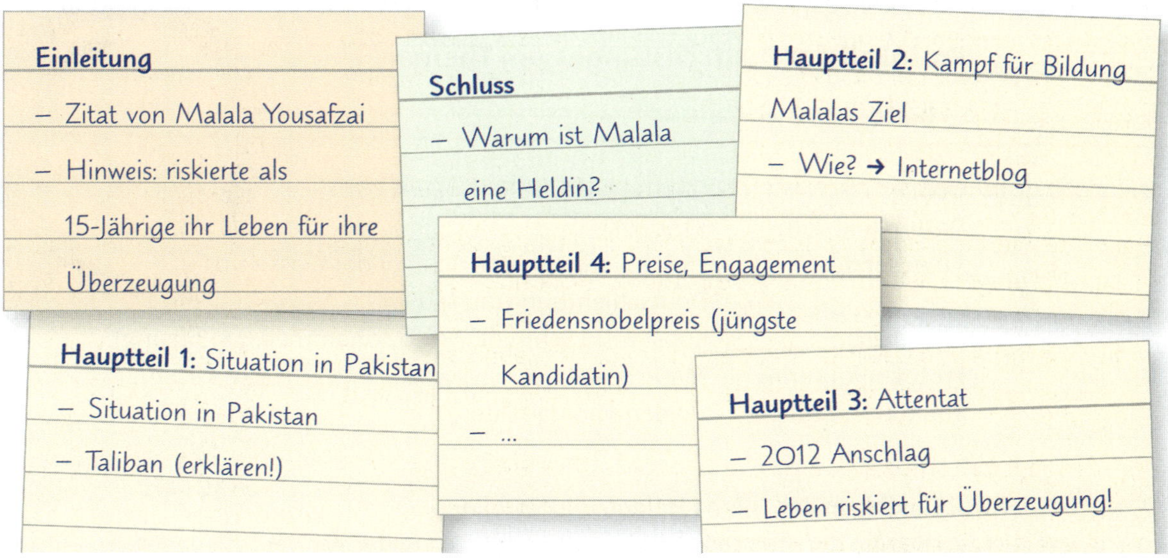

1 **a** Beschreibt, wie das Referat zu Malala Yousafzai gegliedert und vorbereitet wurde.
b Entwickelt selbst eine Gliederung für euer Referat, indem ihr eure Informationen ordnet.
c Bereitet den mündlichen Vortrag eures Referats vor, indem ihr zu jedem Gliederungspunkt wichtige Stichworte auf großen Karteikarten notiert.

> **Einleitung:** treffendes Zitat, aussagekräftiges Bild, interessantes Ereignis, Überblick über das Referat.
> **Schluss:** Ausblick, persönliche Einschätzung

2 Die folgenden Folien sind mit einem Präsentationsprogramm erstellt worden.
a Bewertet das Layout (Optik) der Folien und begründet, welche Folie ihr gelungen findet.

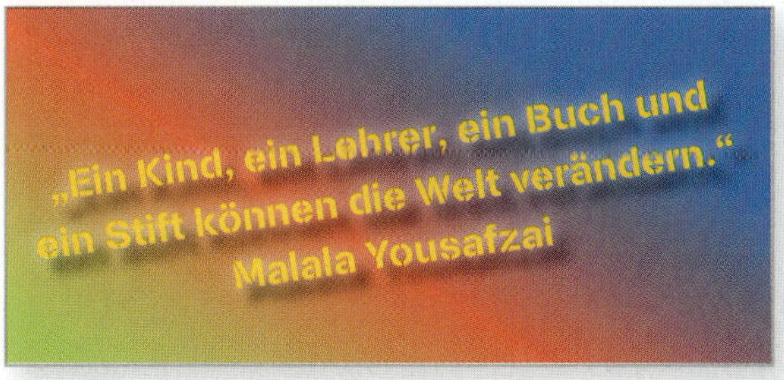

b Begründet, warum es bei Folien sinnvoll ist, ein Zitat vollständig wiederzugeben, aber wichtige Fakten eher in Stichpunkten zu erfassen. Wo könnt ihr Bilder oder Landkarten zeigen?
c Erstellt nun selbst Präsentationsfolien für euer Referat.

3 **a** Tragt eure Referate vor: Klärt nach jedem Vortrag Fragen, die noch offengeblieben sind, und gebt euch gegenseitig ein Feedback: War das Referat informativ und wurde verständlich erläutert, was die ausgewählte Person zu einer Heldin / einem Helden macht?
b Diskutiert, ob die vorgestellte Person auch aus eurer Sicht ein Held / eine Heldin ist.

Brauchen wir Helden? – Mitschreiben und protokollieren

Protokollkopf

Protokoll der Deutschstunde zum Thema „Helden und Vorbilder“

Ort:	Goethe-Gymnasium, Raum 204
Datum und Zeit:	10. 9. 20XX
Anwesende:	25 Schülerinnen und Schüler der Klasse 8 d, Deutschlehrerin Frau Müller
Abwesende:	Konstantin Schmidt, Arda Mohammed (SV-Sitzung)
Protokollführerin:	Marie Beyer
Thema der Stunde:	Helden und Vorbilder

Protokolltext

1. Einstieg in das Thema Helden und Vorbilder
Zu Beginn der Stunde werden per Beamer fünf Bilder von verschiedenen Personen gezeigt, die Jugendliche als ihre Helden oder ihre Vorbilder bezeichnen, und zwar: der Fußballer Toni Kroos, eine junge Frau, die sich ein Jahr im Bundesfreiwilligendienst engagiert hat, der Netz-Star ConCrafter, die Klimaschutzaktivistin Greta Thunberg und eine weibliche Superheldin, die aus einem Comic bzw. Film bekannt ist.

2. Merkmale von Helden und Vorbildern
Im Anschluss sprechen wir über unsere Helden und Vorbilder und diskutieren, was uns bei unseren Helden besonders wichtig ist. Dabei ...

3. Unterscheidung Held, Vorbild, Star, Promi
In kleinen Gruppen diskutieren wir darüber, ob es Unterschiede zwischen den Begriffen Held, Vorbild, Star und Promis gibt. Das Ergebnis der Diskussion: Es gibt unterschiedliche ...
Ein weiterer Diskussionspunkt ist, ob wir Helden und Vorbilder zur Orientierung brauchen.

4. Hausaufgabe
...

Schluss

Gummersbach, 10. 9. 20XX

Marie Beyer

1 Lest den Protokollauszug. Beschreibt dann, wie das Protokoll aufgebaut ist. Erklärt auch, warum die Angaben im Protokollkopf wichtig sind.

2 Beschreibt die sprachliche Gestaltung des Protokolls. Nutzt dazu passende Begriffe aus dem Wortspeicher:

sachliche Sprache • spannungssteigernde Elemente • in vollständigen Sätzen • Umgangssprache • persönliche Meinung muss formuliert werden • in Stichpunkten

3 Tauscht euch über die folgenden Fragen aus: Bei welchen Veranstaltungen (auch außerhalb der Schule) werden Protokolle geschrieben? Welche Funktion haben solche Protokolle?

4 Für ein Protokoll muss man das Gehörte zunächst mitschreiben.

a Besprecht, auf welche Weise ihr wichtige Unterrichtsinhalte oder andere Informationen festhalten könnt. Was funktioniert gut, was bereitet euch Schwierigkeiten?

b Vergleicht und bewertet die beiden folgenden Mitschriften nach den Kriterien Informationsgehalt, Übersichtlichkeit und Verwendung von Abkürzungen:

> Frau Müller zeigt fünf Bilder von Helden und Vorbildern von Jugendlichen: ein Bild von Toni Kroos, eins von Greta Thunberg, eins von ConCrafter ... Toni Kroos ist ein Fußballer, Greta Thunberg eine Klimaschutzaktivistin, ConCrafter ein sehr berühmter Netz-Star ...
>
> Dann gab es eine Diskussion über die Merkmale von Helden und Vorbildern. ...

> 1) Einstieg
> Beamer → 5 Bilder von Pers.,
> die Jgdl. als Helden/Vorbilder bez.:
> – Toni Kroos (Fußballer)
> – Greta Thunberg (Klimaschutzaktivistin)
> – Concrafter (Netz-Star)
> – ...
>
> 2) Helden u. Vorbilder: Merkmale
> Diskussion ...

5 Übt das Mitschreiben einer Diskussion. Wählt a, b oder c und bildet Gruppen mit Schülern/Schülerinnen, die die gleiche Teilaufgabe gewählt haben.

●○○ **a** **Brauchen wir zur Orientierung Helden und Vorbilder?** Eine Gruppe diskutiert, die andere fertigt eine Mitschrift an. Berücksichtigt die Tipps zum Mitschreiben (▸ S. 24).

●●○ **b** **Vorbilder aus dem Alltag (Alltagshelden) oder berühmte Persönlichkeiten? Wer eignet sich eher als Vorbild?** Eine Gruppe diskutiert, die anderen fertigen eine Mitschrift an. Berücksichtigt die Tipps zum Mitschreiben (▸ S. 24).

●●● **c** **Konkrete Personen (Helden) oder allgemeine Werte (Gerechtigkeit, Freiheit): Was eignet sich eher für eine Orientierung?** Eine Gruppe diskutiert, die anderen fertigen eine Mitschrift an. Berücksichtigt die Tipps zum Mitschreiben (▸ S. 24).

d Berichtet mit Hilfe eurer Mitschriften über die wichtigsten Inhalte und Ergebnisse der jeweiligen Diskussion. Reflektiert auch, welche Mitschriften besonders geeignet sind.

6 Erstellt nun ein Protokoll von einer Unterrichtsstunde (▸ Methodenseite, S. 24).

Mitschreiben und protokollieren

1. Tipps zum Mitschreiben

Bevor ihr ein Protokoll erstellen könnt, müsst ihr das Gehörte mitschreiben. Hierfür gibt es einige Tipps:

- Notiert nur das Wichtigste (am besten in Stichworten).
- Haltet wichtige Gesprächsbeiträge mit Angaben des Namens der Sprecherin / des Sprechers fest.
- Verwendet Abkürzungen und Zeichen.
- Legt eure Notizen übersichtlich an:
  - Beginnt für jeden Gedanken eine neue Zeile (Absätze).
  - Verwendet für Aufzählungen Spiegelstriche oder Nummerierungen.
  - Unterstreicht oder markiert Wichtiges.
  - Macht logische Zusammenhänge durch Pfeile deutlich.

Abkürzungen:

z. B.	*zum Beispiel*
Def.	*Definition*
Erg.	*Ergebnis*
Ggs.	*Gegensatz*
s.	*siehe*
u.	*und*
v.	*von*
vgl.	*vergleiche*
wg.	*wegen*

Zeichen:

→	*daraus folgt*
↔	*Gegensatz*
!	*wichtig*

2. Protokollieren

Beim Protokollieren geht es darum, Abläufe und Ergebnisse von mündlichen Besprechungen (z. B. Diskussionen, Versammlungen, Unterrichtsstunden, naturwissenschaftlichen Versuchen) **sachlich genau** und **übersichtlich** festzuhalten. Voraussetzung dafür ist eine gute Mitschrift.

Protokolle haben eine feste äußere Form

- **Protokollkopf:** Der Kopf des Protokolls enthält folgende Angaben: Ort, Datum, Zeit, Anwesende, Abwesende, Protokollführer/-in, Thema (z. B. der Unterrichtsstunde).
- **Protokolltext:** Hier werden die wichtigsten Informationen sachlich, knapp und übersichtlich wiedergegeben. Je nach Protokollart (siehe unten) kann dieser Text unterschiedlich ausführlich sein.
- **Schluss:** Ort, Datum, Unterschrift der Protokollführerin / des Protokollführers
- Protokolle werden im **Präsens** verfasst.

Verschiedene Protokollarten:

- Das **Verlaufsprotokoll** erfasst das Geschehen chronologisch (dem Verlauf entsprechend) relativ ausführlich. Wichtige Gesprächsbeiträge einzelner Teilnehmer/-innen werden mit Angabe der Sprecherin oder des Sprechers wiedergegeben.
- Das **Ergebnisprotokoll** hält nur die Ergebnisse oder Beschlüsse einer mündlichen Besprechung fest. Dabei wird der Inhalt nach thematischen Punkten (z. B. den Tagesordnungspunkten) gegliedert.
- Das **Unterrichtsprotokoll** ist meist eine Mischung aus Verlaufs- und Ergebnisprotokoll. Es hält nicht nur die Ergebnisse einer Stunde fest, sondern berichtet auch über die wesentlichen Erarbeitungsschritte.

Zivilcourage – Einen Informationstext verfassen

Die Aufgabenstellung verstehen und die Materialien erschließen

Im Rahmen der Projektwoche „Training Zivilcourage“ sollt ihr einen Informationstext zum Thema „Zivilcourage zeigen“ für eure Schulwebsite schreiben.
Verfasst mit Hilfe der Materialien M1 bis M4 (► S. 25–28) einen Informationstext, in dem ihr
– beschreibt, welche Faktoren Zivilcourage befördern, und erklärt, was der Bystander-Effekt (Zuschauer-Effekt) ist,
– mit Beispielen erläutert, wie man im Alltag Mut und Zivilcourage zeigen kann,
– erklärt, warum Zivilcourage für unsere Gesellschaft so wichtig ist.

1 **a** Lest die Aufgabenstellung und klärt zunächst euer Vorwissen: Was bedeutet „Zivilcourage“ (wörtlich: Bürgermut) für euch? In welchen Situationen zeigen Menschen Zivilcourage?
b Erklärt genau, was die Aufgabenstellung von euch verlangt.

2 **a** Verschafft euch einen ersten Überblick über die Materialien 1 bis 4 (► S. 25–28), indem ihr sie überfliegt. Wendet hierzu die Strategie des orientierenden Lesens an (► Methodenseite, S. 29).
b Tauscht euch über eure ersten Leseeindrücke aus: Worum geht es eurer Meinung nach in den Texten?

M1

Warum manche Menschen ihr Leben für andere riskieren

Interview von Tanja Mokosch

Veronika Brandstätter-Morawietz ist Professorin für Motivationspsychologie an der Universität Zürich. Sie forscht zur Frage, welche Persönlichkeitsmerkmale und Wertvorstellungen Zivilcourage fördern.

Süddeutsche.de: Wovon hängt es dann ab, ob wir eingreifen oder nicht?

Veronika Brandstätter-Morawietz: Hauptsächlich von verschiedenen Ausprägungen bestimmter Persönlichkeitsmerkmale. Das ist einmal emotionale Stabilität: die Fähigkeit, in kritischen, hektischen, belastenden Situationen einen kühlen Kopf zu bewahren, im Gegensatz zu jemandem, der schnell in ängstliche Anspannung gerät oder gestresst ist. Ein weiteres Merkmal ist die Empathiefähigkeit[1]: Wie gut kann ich mich in die Gefühlslage und Gedankenwelt einer anderen Person hinein-

1 die Empathiefähigkeit: Fähigkeit und Bereitschaft, Empfindungen und Gedanken einer anderen Person zu verstehen und nachzuempfinden

versetzen? Jemand, der das gut kann, wird eher eingreifen und besser erkennen, was eine kritische Situation ist. Eine große Rolle spielt das Selbstvertrauen: Habe ich das Bild von mir, dass ich mit Schwierigkeiten gut zurechtkomme? Dass ich mir etwas einfallen lassen kann, wenn ich mit einer kritischen Situation konfrontiert werde? Der letzte Aspekt, den wir aus der Forschung kennen, sind Wertvorstellungen: Ist mir das Wohl anderer wichtig? Trage ich soziale Verantwortung? Da kommt es darauf an, ob man generell für Friedfertigkeit, Toleranz, gegenseitigen Respekt einstehen möchte.

Gibt es auch Situationen, in denen man besser nicht eingreift?

Wenn es um körperliche Auseinandersetzungen geht, wenn ein Täter eine Person bedroht, ist es definitiv besser, Sicherheitsabstand zu halten, den Täter nicht beschwichtigen zu wollen und ihn auf keinen Fall zu berühren

Was kann ich dennoch tun?

Einfach den Notruf abgeben. Viele Leute halten das nicht für Zivilcourage, aber das ist es eben auch.

Gibt es Gruppendynamiken in solchen Situationen?

Die gibt es in zwei Facetten. Die eine ist, dass man nicht wahrnimmt, dass etwas passiert. Zivilcourage-Situationen sind oft uneindeutig. Was machen wir, wenn wir nicht wissen, was vor sich geht? Wir orientieren uns an anderen. Das geht jedem so. Jeder schaut in das fragende Gesicht des anderen – und ein fragendes Gesicht gibt kein Signal. Also greift keiner ein, weil alle fragend gucken. Oft schiebt man die Verantwortung auf andere, die vielleicht schon länger dabeistehen. Das ist der sogenannte „Bystander-Effekt“. Wenn aber jemand in einer kritischen Situation das Drehbuch schreibt und sagt: „Wenn nicht ich, wer dann?“, und wenn jemand Leute auffordert zu handeln, entsteht eine Dynamik. Dann stehen viele auf und gehen mit. Oft helfen Menschen in sehr bedrohlichen Situationen aber eher, wenn sie alleine sind, weil sie sich dann nicht auf andere verlassen können.

Gibt es neben den Charaktereigenschaften Merkmale, an denen festgemacht werden kann, wer eher eingreift und wer nicht?

Ein wichtiger Aspekt ist neben den Eigenschaften einer Person die Umwelt. Wie ist das gesellschaftliche Klima im Hinblick auf grundlegende Werte? Werden in einer Familie, in einer Schulklasse, im Sportverein Respekt und Offenheit hochgehalten? Werden in einem Team auch kritische Geister geduldet? Haben wir Vorbilder für Zivilcourage?

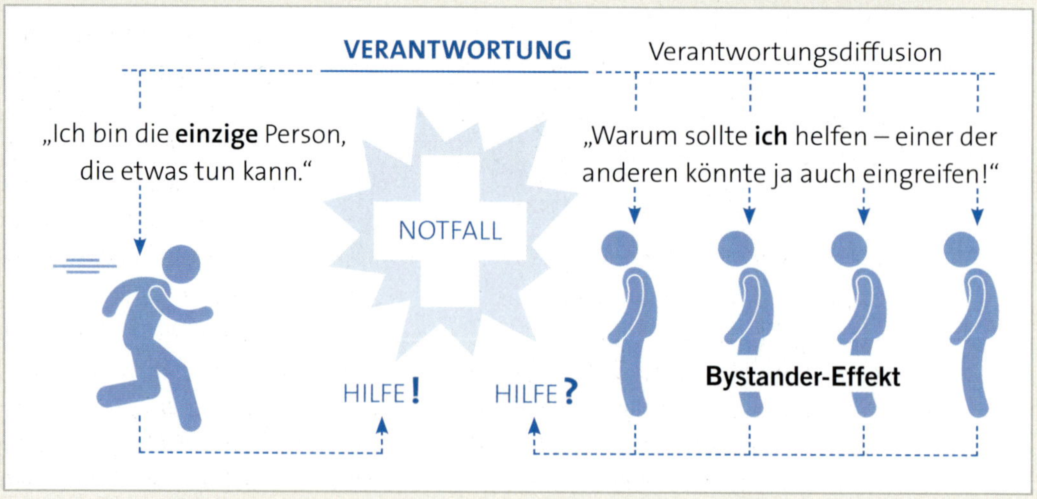

M2

Zivilcourage kann (und sollte) man lernen!

In vielen Initiativen wird an die Bevölkerung appelliert, mehr Zivilcourage zu zeigen (z. B. die Aktion „Gesicht zeigen!“). Appelle schaffen zwar ein Wertebewusstsein, sie zeigen jedoch sehr häufig keine Wirkung auf das Verhalten! Wie oft hört man: „Ich weiß schon, ich hätte eingreifen sollen, aber …“
Das Schweigen, die Tatenlosigkeit haben fatale Konsequenzen: Nicht nur, dass dem Opfer in einer konkreten Situation nicht geholfen wird, Schweigen kann auch als Zustimmung fehlinterpretiert werden und letztlich die Gewaltneigung sogar fördern. Gewalttäter rechtfertigen nämlich ihre Taten damit, sie vollzögen ja nur das, was die schweigende Mehrheit auch vertrete. Und damit gilt: Die schweigende Mehrheit, die Diskriminierung und Gewalt toleriert, macht diese erst möglich.
Dem Erlernen von Zivilcourage kommt also große Bedeutung zu. Menschen müssen befähigt werden, Ansatzpunkte für ihr Handeln zu erkennen und Verhaltensweisen einzuüben, mit denen sie andere Menschen vor Gewalt und Diskriminierung schützen können, ohne sich selbst in allzu große Gefahr zu bringen.

M3

Gelegenheiten für Zivilcourage

von Violetta Simon

Unser Alltag bietet viel öfter Gelegenheit zur Zivilcourage, als wir vermuten würden. Eine Bestandsaufnahme.

„Je mehr Bürger mit Zivilcourage ein Land hat, desto weniger Helden wird es einmal brauchen.“ Wer würde an dem Zitat der Journalistin Franca Magnani zweifeln. Dennoch fühlen wir uns von einem großen Begriff wie „Zivilcourage“ oft nicht angesprochen, denken an Flüchtlingshilfe, blutige Proteste und Bürgerrechtler, sehen Bilder von Anfeindung, Gewalttätigkeit und Aggression. Nichts für uns also. Dabei bietet unser direktes Umfeld im Alltag viel öfter Gelegenheit zur Courage, als wir vermuten würden. „Um sich für andere einzusetzen, muss nicht erst Blut fließen“, erklärt Gerd Meyer, Professor und Direktor des Instituts für Politikwissenschaft der Universität Tübingen. Zivilcourage sei jeden Tag gefragt – im Arbeitsalltag ebenso wie im privaten Umfeld.
Professor Meyer hält diese Gesinnung gerade bei Mobbing in Schulen für angebracht. „Dort sollten zwar alle Zivilcourage beweisen“, meint Meyer, „den Anfang machen müssen aber die Schüler, weil das oft erst mal niemand sonst mitbekommt.“ Auch wenn in erster Linie Sozialarbeiter und Psychologen zuständig sind, sollte man die Verantwortung nicht abschieben. Auch Eltern und Lehrer müssten reagieren, wenn sie davon erfahren, dass ein/e Mitschüler/-in gemobbt wird. Doch nicht nur an der Schule gilt: „Zivilcourage ist überall dort gefragt, wo Schwachen und Erfolglosen zu wenig Respekt entgegengebracht

wird", findet Meyer. „Wenn eine Verkäuferin vom Abteilungsleiter oder einem Kunden runtergemacht wird, sollte man sich demonstrativ dazustellen und laut sagen: ‚Ich finde Sie sehr freundlich, vielen Dank für den guten Service!'", sagt er. Für ihn steht fest: „Mut und Unrechtsbewusstsein sind von wesentlicher Bedeutung." Das könne zum Beispiel ein Betrieb sein, in dem eine klare Linie vorgegeben und Widerspruch als Kritik verstanden wird. Und es kann den Freundeskreis oder die Familie betreffen, die eine bestimmte Meinung vertritt und sich gegen jeden zusammenschließt, der aus der Rolle fällt. Zivilcourage ist eben auch die Bereitschaft, Nein zu sagen.

M4

Umfrage zum Thema Zivilcourage

Denken Sie, dass die Ursache von Gewalt in der Gesellschaft auch an der mangelnden Zivilcourage liegt?

Anzahl der Befragten: 1009
Alter: ab 18 Jahren
%: Anteil der Befragten
Quelle: © statista 2020

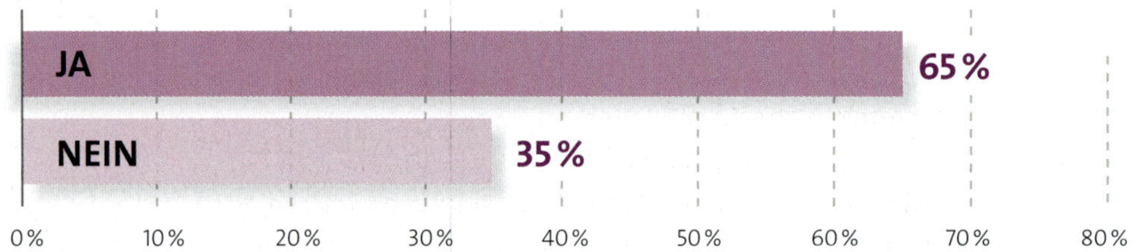

3 „Scannt" nun die Materialien im Hinblick auf die Aspekte der Aufgabenstellung (▶ S. 25). Wendet hierzu die Strategie des suchenden Lesens an (▶ Methodenseite, S. 29):

a Notiert, in welchen Materialien (M 1 bis M 4) ihr Informationen zu welchem Aspekt der Aufgabenstellung erhaltet.

b Tauscht euch über eure Ergebnisse aus. Inwiefern war das suchende Lesen hilfreich?

4 Wertet nun alle Materialien (▶ S. 25–28) für euren Informationstext aus. Arbeitet am besten mit Kopien der Materialien. Wendet die Methode des intensiven Lesens an (▶ S. 29). Geht so vor:

- Lest die Materialien besonders gründlich und markiert wichtige Informationen. Am besten nutzt ihr für die einzelnen Aspekte (Teilaufgaben) unterschiedliche Farben, z. B.:
  - Faktoren, die Zivilcourage befördern, und Bystander-Effekt
  - Beispiele aus dem Alltag für Mut und Zivilcourage
  - Warum ist Zivilcourage für die Gesellschaft wichtig?
- Nutzt den **Rand für Notizen,** knappe Zusammenfassungen in eigenen Worten oder Fragen, die sich während des Lesens für euch ergeben.
- Notiert wichtige Informationen in Stichworten.

5 Wendet gezielt die Strategie des vergleichenden Lesens an (▶ Methodenseite, S. 29):

a Vergleicht die Informationen aus dem Interview (▶ S. 26, Z. 39–60) mit den Informationen aus dem Schaubild (▶ S. 26 unten). Was bietet das eine, was das andere?

b Vergleicht die Informationen aus der Grafik (▶ M 4 oben) mit denen im Text „Zivilcourage kann (und sollte) man lernen!" (▶ M 2, S. 27). Prüft, ob sich die Informationen bestätigen oder ergänzen.

Verschiedene Lesestrategien anwenden

Je nach Leseziel wendet ihr unterschiedliche Lesestrategien an.

Leseziel – Lesestrategie

Sich einen Überblick verschaffen

Orientierendes (überfliegendes) Lesen

Lest den **Text** / die Texte **zügig,** ohne euch an Einzelheiten aufzuhalten, die ihr nicht versteht. Achtet hierbei vor allem auf die Überschriften (auch Zwischenüberschriften), Vorspänne, hervorgehobene Wörter und Abbildungen.

Eine bestimmte Information finden

Suchendes (selektives) Lesen

Bei dieser Technik **„scannt"** ihr einen **Text nach bestimmten Themen, Begriffen oder Informationen,** z. B. nach einem Aspekt in der Aufgabenstellung, beispielsweise zum Bystander-Effekt (▶ S. 26). Bei dieser Lesestrategie kommt es nicht darauf an, den gesamten Text zu verstehen, sondern darauf, ob er verwertbare Informationen enthält.

Alle Informationen eines Textes verstehen

Intensives (genaues, detailliertes) Lesen

Lest den Text **besonders gründlich** und **markiert wichtige Informationen.** Am besten nutzt ihr für die einzelnen Aspekte (Teilaufgaben) unterschiedliche Farben, z. B.:

- Faktoren, die Zivilcourage befördern, und Bystander-Effekt
- Beispiele aus dem Alltag für Mut und Zivilcourage
- Warum ist Zivilcourage für die Gesellschaft wichtig?

Nutzt den **Rand für Notizen,** knappe Zusammenfassungen in eigenen Worten oder Fragen, die sich während des Lesens für euch ergeben.

Gemeinsamkeiten und Unterschiede finden

Vergleichendes Lesen

Beim vergleichenden Lesen setzt ihr **zwei oder mehr Texte** und/oder eine Grafik / ein Bild **miteinander in Beziehung** und prüft, ob sich die Informationen in den Texten ergänzen, bestätigen oder vielleicht sogar widersprechen.

Den Informationstext planen und schreiben

1. Einleitung: Einführung ins Thema/in die Fragestellung
Muss man ein Held sein, um ....? Nein: Alltag bietet ...

2. Hauptteil: Aspekte der Aufgabenstellung

A Faktoren beschreiben, die Zivilcourage befördern; Bystander-Effekt erklären
- Persönlichkeitsmerkmale: ...
- Umweltfaktoren: ...
- Bystander-Effekt: In Gruppen sinkt Bereitschaft, einzugreifen, weil ...

B Alltagsbeispiele für Mut/Zivilcourage
- ...

C Gründe, warum Zivilcourage für Gesellschaft wichtig ist
- Durch Zivilcourage verteidigt man Grundwerte wie ... und zeigt, ...

3. Schluss: Zusammenfassung, Ausblick
Alle sind gefordert, .../Zusammenfassend ...

1 a Erklärt den Aufbau des Schreibplans. Woran orientiert sich z. B. die Gliederung im Hauptteil?
b Erstellt selbst einen Schreibplan für euren Informationstext.

2 Verfasst nun den Informationstext zum Thema „Zivilcourage zeigen“.
Lest hierzu die Hinweise im Merkwissen unter Punkt 4 (▶ S. 31).
Wählt a, b oder c:

●○○ a Nutzt die folgenden **Satzanfänge** zur **Einleitung, zum Hauptteil und zum Schluss.**

Einleitung	Muss man ein Held sein, um sich für andere einzusetzen? Nein, denn unser Alltag bietet viel häufiger die Gelegenheit, Zivilcourage zu zeigen, als wir denken. Warum es wichtig ist, ... und ..., darum soll es im folgenden Text gehen.
Hauptteil	Zuerst ist interessant zu erfahren, von welchen Faktoren es abhängt, ob jemand Zivilcourage zeigt oder ..., warum manche Menschen in kritischen Situationen ... Zum einen ...
Schluss	Wir alle sind gefordert, wenn es darum geht, Zivilcourage zu zeigen. Nur so können wir eine Gesellschaft ohne Gewalt und ...

●●○ b Nutzt den **Anfang** der folgenden **Einleitung.**
Immer wieder zeigen Menschen in brenzligen Situationen Zivilcourage und stehen anderen Menschen bei oder retten sie aus einer kritischen Lage. Warum Zivilcourage für unsere Gesellschaft ...

●●● c Schreibt **selbstständig** euren Informationstext.

d Gebt euch zu euren Texten ein Feedback und formuliert für eure Texte passende Überschriften.

3 Überarbeitet eure Texte im Team:
Tauscht eure Texte aus und überprüft sie mit Hilfe der folgenden Fragen:
- Hat der Text eine klare Struktur und beantwortet er die Aspekte der Aufgabenstellung?
- Habt ihr die Informationen für eure Leser/-innen verständlich dargestellt?
  Werden Fachbegriffe, die ihnen vermutlich unbekannt sind, erklärt?
- Macht ihr Zusammenhänge durch Überleitungen und Satzverknüpfungen deutlich?

Überleitungen und Satzverknüpfungen
weil, obwohl, daher, demnach, dennoch, deshalb, falls, folglich, einerseits, andererseits, sobald, sodass, sondern, sowohl ... als auch, interessant ist ..., ein anderer Punkt ist ..., laut dem ..., eine Grafik zur Frage ... zeigt, dass ...

Methode **Einen Informationstext verfassen**

In einem Informationstext erklärt und beschreibt ihr Sachverhalte in einer gut verständlichen Weise. Dabei wählt ihr wichtige Informationen aus verschiedenen Materialien (z. B. Texte und Grafiken) aus und verfasst auf dieser Grundlage einen neuen, zusammenhängenden Text.
Beim Verfassen eines Informationstextes könnt ihr so vorgehen:

1 **Die Aufgabenstellung verstehen**
- Klärt genau, was die Aufgabenstellung von euch verlangt:
- Um welches Thema geht es? Welche Aspekte sollt ihr berücksichtigen?
- Welchen Zweck soll euer Text erfüllen?
- Wer sind eure Adressaten (Leser/-innen)? Was bedeutet das für euren Text?

2 **Die Materialien erschließen** (► Lesestrategien, S. 29).
- Verschafft euch einen ersten **Überblick** über die Materialien, indem ihr sie zügig lest.
- **„Scannt“** dann die Materialien im Hinblick auf die Aufgabenstellung.
  In welchen Materialien findet ihr Informationen zu welchem Aspekt der Aufgabenstellung?
- **Lest** die Materialien **intensiv:**
  - Was ist für die Bearbeitung der Aufgabe wichtig, was überflüssig?
  - **Markiert** wichtige **Informationen,** die ihr für euren Text verwenden könnt.
    Am besten nutzt ihr für die einzelnen Aspekte (Teilaufgaben) **unterschiedliche Farben.**
- **Vergleicht** die Informationen in den unterschiedlichen Materialien.

3 **Den Schreibplan erstellen**
- Gliedert euren Text in **Einleitung** (Einführung ins Thema), **Hauptteil** (Aspekte der Aufgabenstellung beantworten) und **Schluss** (Zusammenfassung, Ausblick).
- Beachtet die **Struktur der Aufgabenstellung:** Die Abfolge der Teilaufgaben gibt euch die Gliederung des Hauptteils schon vor.

4 **Den Informationstext schreiben und überarbeiten**
- Macht euch klar, wer eure **Adressaten** sind: Welches Vorwissen zum Thema haben sie? Welche Fachbegriffe solltet ihr erklären? Wie müsst ihr euch sprachlich ausdrücken?
- Stellt die Informationen verständlich dar. **Beschreibt und erklärt** wichtige Zusammenhänge und macht diese **Zusammenhänge** auch sprachlich deutlich, z. B. durch **Satzverknüpfungen** und **Überleitungen** *(siehe Tippkasten oben).*
- Formuliert **sachlich** und in **eigenen Worten.** Schreibt im **Präsens** und verwendet – wenn nötig – die indirekte Rede (► S. 370).
- Formuliert eine treffende **Überschrift** für euren Text.

Einen Informationstext überarbeiten

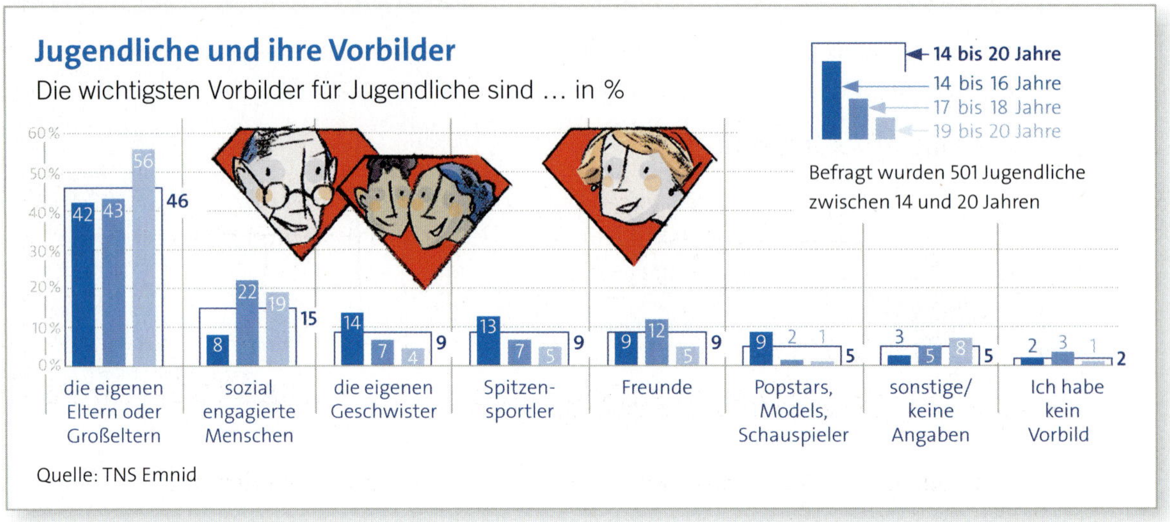

1 Die Redaktion eurer Schülerzeitung plant eine Ausgabe zum Thema „Helden und Vorbilder“. In einem Informationstext sollen folgende Aspekte beleuchtet werden:

A Erläutert mit Beispielen, welche Vorbilder Jugendliche haben.
B Beschreibt, welchen Einfluss das Alter auf die Wahl des Vorbilds hat.
C Erklärt, welche Eigenschaften ein Vorbild auszeichnen.

a Notiert, zu welchen Aspekten (A, B, C) die Grafik Informationen liefert.
b Der folgende Text ist auf der Basis der Grafik entstanden. An manchen Stellen wurde die Grafik aber falsch oder ungenau ausgewertet. Überarbeitet den Text, indem ihr
- falsche Informationen (auch Informationen, die nicht in der Grafik vorkommen) korrigiert und
- ungenaue Angaben präzisiert.

Es dürfte euch überraschen, dass die meisten Jugendlichen ihr wichtigstes Vorbild nicht im Internet, sondern in der eigenen Familie finden: Mehr als die Hälfte der 14- bis 18-Jährigen gibt an, dass ihre Eltern oder Großeltern für sie das wichtigste Vorbild darstellen. Aber nicht nur die ältere Generation ist als Vorbild geeignet: Jeder zehnte Befragte sieht in den eigenen Geschwistern das wichtigste Vorbild. Bei der Wahl des Vorbilds spielt vor allem das Alter eine große Rolle: Während etwa 13 % der älteren Jugendlichen zum Beispiel Spitzensportler wie Toni Kroos oder Manuel Neuer bewundern, sehen die jüngeren eher sozial engagierte Menschen als ihre wichtigsten Vorbilder an. Auffällig ist außerdem, dass nur wenige Jugendliche – unabhängig von ihrem Alter – Popstars und Schauspieler als Vorbilder angeben.

c Vergleicht eure Ergebnisse mit einer Lernpartnerin oder einem Lernpartner und korrigiert eure Textüberarbeitungen.

1.2 Superhelden in Computerspielen – Literarische Texte lesen und über Hintergründe informieren

Marcel van Driel

Pala – Das Spiel beginnt

Das Computerspiel „Superhelden" hat Iris von ihrem Bruder Justin bekommen. Der ist nach einem heftigen Streit mit ihrer Mutter von zu Hause weggelaufen und seitdem verschwunden. Jede freie Minute verbringt sie mit dem Spiel, bei dem man Abenteuer auf der virtuellen Insel Pala bestehen muss. Die 13-jährige Gamerin mit dem fotografischen Gedächtnis ist von dem Spiel begeistert – bis es plötzlich Realität wird. Denn die Insel gibt es wirklich. Und die besten Spieler werden nach Pala entführt und dort von Mr. Oz, dem Erfinder des Spiels, zu Geheimagenten ausgebildet.

In dem Raum gab es ein kompliziertes Schiebepuzzle mit Totenköpfen, mit dem Iris eine Weile beschäftigt war. Jedes Mal, wenn sie eine Reihe gelöst hatte, tauchte wieder eine neue auf. Und wieder eine. Und wieder eine. Dann geschah nichts mehr.

Eine Tür öffnete sich. Endlich das nächste Level! [...]

Iris legte ihre Finger auf die Tastatur und ließ ihre Figur vorwärtsgehen. Der Saal war nicht ganz so groß wie die Grotte mit dem Berg und dem Labyrinth, dennoch war er riesig.

„Grün, grün, grün sind alle meine Kleider ...", summte Iris, als ihre virtuelle Persönlichkeit den Raum betrat.

Alles im Saal war grün. Der Boden war grün, er war mit grünen Smaragden ausgelegt, und die Fugen zwischen den grünen Steinchen leuchteten grün auf.

Die Wände waren grün, genau wie die gewölbte Decke. Doch Iris Blick wurde unwillkürlich auf den riesigen steinernen Thron in der Mitte des Raumes gelenkt.

Über dem Thron schwebte ein Kopf – genauer gesagt war es ein Feuerball. Dies war der einzige Gegenstand im Raum, der gelb war und nicht grün, und er strahlte hell. In dem Feuerball *schwebten* Augen und ein Mund, so musste man es wohl beschreiben.

Iris war froh, dass alles nur ein Spiel war. Das hier war kein Kopf, dem sie in Wirklichkeit begegnen wollte.

„WILLKOMMEN AUF PALA. MEIN NAME IST MR. OZ."

Iris stellte die Lautstärke an ihrem Laptop etwas leiser und ließ ihren Avatar gemächlich im Raum auf und ab gehen, auf der Suche nach einem Hinweis. Der Feuerball folgte ihren Bewegungen und drehte sich mit, dahinter musste ein gekonnter Algorithmus stecken.

„MR. OZ IST HIER", sprach der Kopf. Klang die Stimme ein wenig verärgert?

Iris drückte auf den Trackball und sah zu, wie ihr Avatar dem Feuerkopf fröhlich zuwinkte.

„DU BRAUCHST NICHT WEITER ZU SUCHEN. DAS SPIEL IST ZU ENDE. DU HAST GEWONNEN."

Die Stimme ging einem durch Mark und Bein. Iris stellte das Volumen noch ein Stück leiser. Am unteren Rand des Bildschirms gab es ein Textfeld, in das die Spieler selbst etwas eintippen konnten. Iris schrieb: „Und jetzt?“

„JETZT WIRD MR. OZ DIR EIN ANGEBOT MACHEN.“

Was? Iris war automatisch davon ausgegangen, dass sie es mit einem programmierten Spielcharakter zu tun hatte – so wie die Spinne einer gewesen war. Deshalb hatte sie gar nicht mit einer Antwort gerechnet. Und woher kannte er überhaupt ihren Namen? Ihr Avatar hieß Iduna Rothaarig, ihr selbst gewählter *Nickname* im Internet. Saß dort wirklich jemand auf der anderen Seite und tippte? Aber selbst wenn es so wäre: Woher wusste dieser Jemand, wer sie war?

„Wer sind Sie?“

„MEIN NAME IST MR. OZ.“

„Ja, das habe ich begriffen, aber wer sind Sie in Wirklichkeit?“

„WILLST DU DAS TATSÄCHLICH WISSEN, IRIS?“

Ja, Mann, dachte Iris, sonst würde ich wohl kaum fragen. Sie tippte: „Ja.“

„SUPERHELDEN SPIELT MAN WELTWEIT. NUR WENIGE ERREICHEN DAS ZIEL IN DER ZEIT.“

„Das reimt sich“, kicherte Iris, aber sie tippte es lieber nicht in das Feld.

„ALLE GEWINNER KAMEN NACH PALA.“

Pala, das war die Insel, auf der das Spiel stattfand, das wusste sie doch. Nun rede schon weiter, Mann!

„MR. OZ WILL, DASS DU HERKOMMST. DANN KANN MR. OZ DIR ZEIGEN, WER ER WIRKLICH IST.“

„Wohin?“

„NACH PALA.“

„Aber ich bin doch auf Pala?“

DIE ECHTE INSEL IM GROSSEN OZEAN.“

„Es gibt Pala wirklich?

„ES GIBT SIE WIRKLICH. MR. OZ IST ECHT.“

„Hm ..., dann habe ich also eine Reise gewonnen?“

„SO KANNST DU ES AUCH NENNEN.“

„Cool! Und was muss ich nun machen?“

„ICH MAILE DIR DIE KOORDINATEN VON DEM ORT, AN DEM DU DICH MORGEN MELDEN SOLLST, IRIS GOUDHAAN.“

„Melden? Das wird wohl schwierig. Ich gehe morgen normal in die Schule. Wenn ich echt eine Reise gewonnen habe“ – und das glaubte sie, um ehrlich zu sein, nicht im Traum –, „dann schick mir die Tickets doch einfach zu. Ich muss gehen. Tschüss, Mr. Oz.“

„IRIS GOUDHAAN, WILLST DU DEINEN BRUDER WIEDERSEHEN?“, hallte die Stimme durch den Saal und aus den Lautsprechern des Computers.

Ihren Bruder Justin? Was war das denn jetzt, woher wusste er ...? „Was soll das heißen?“, tippte sie.

Der Feuerkopf wiederholte seine Frage: „WILLST DU DEINEN BRUDER WIEDERSEHEN?!“

„Ja“, antwortete Iris.

„DANN SOLLTEST DU DIR LIEBER MEINEN VORSCHLAG ANHÖREN.“

Iris hörte sich Mr. Oz’ Geschichte an.

„Und woher weiß ich, dass es stimmt, was Sie mir erzählen?“, fragte Iris schließlich.

Mr. Oz antwortete nicht. Stattdessen drehte er seinen Kopf zur hinteren Wand des Saales. Dort leuchtete ein Bildschirm auf – selbstverständlich in Grün –, auf dem nun ein Film gezeigt wurde.

„Oh, mein Gott, Justin?“

Da saß Justin. Er hatte den Kopf auf den Tisch, auf seine verschränkten Arme gelegt. *(Schlief er? War er tot?)* Die Zelle, in der er sich befand, war spartanisch eingerichtet. Es gab keine vergitterten Fenster oder Graffitis an der Wand, wie man das aus Filmen kannte, sondern nur einen Tisch, einen zweiten Stuhl und die Zahl Drei, die jemand an die Wand gemalt hatte. Justin hob den Kopf.

Er war es, zweifellos. Seine langen Haare, die Lederjacke, die Iris mit ihm zusammen gekauft hatte – es war unverkennbar ihr Bruder. Nur der Bart war neu. Dennoch sah Justin aus wie ein Schatten seiner selbst. Er hatte tiefe Ringe unter den Augen – ein Zeichen für schlaflose Nächte und für mehr Sorgen, als ein Achtzehnjähriger normalerweise haben sollte.
„Was hast du mit ihm gemacht?“, fragte Iris.
„NICHTS. DAS SIND VIDEOBILDER AUS FRANKREICH. MR. OZ HAT BEZIEHUNGEN.“

„Kann Mr. Oz ihn freibekommen?“
„MR. OZ KANN ALLES.“
„Und was muss ich tun?“
„DU HAST ZWÖLF STUNDEN ZEIT, UM DIR EIN SMARTPHONE ZU BESCHAFFEN. HIER IST DER CODE: N 52 5.260, E 5 7.170.“
Bevor Iris eine Antwort tippen konnte, flackerte der Kopf wie eine Flamme im Wind und verschwand. Auf dem Bildschirm zoomte die Kamera näher an ihren Bruder heran. Erst jetzt sah sie, dass sein linkes Auge blau war. Auf der Stirn hatte er eine Schnittwunde.
Justin schaute ausdruckslos vor sich hin – ein Familienmerkmal der Goudhaans: Was auch immer passierte, man ließ sich nichts anmerken.
„Was um alles in der Welt haben sie mit dir angestellt, Justin?“, murmelte Iris. „Und was hast du angestellt, Justin?“, murmelte Iris. […]
Woher hatte Mr. Oz diese Bilder, und was wollte er von ihr? Wie konnte sie ihrem Bruder helfen?
Iris wurde verrückt von all den Fragen, auf die sie keine Antwort wusste. Sie musste sich auf das Wesentliche konzentrieren. Sie musste versuchen, an ein Smartphone zu kommen.
Sie klappte ihren Laptop zu und ging nach unten.

1 Äußert eure ersten Leseeindrücke. Wie wirkt dieser Text auf euch?
Belegt anhand einzelner Textstellen, wodurch diese Leseeindrücke entstanden sind.

2 **a** Findet im Text (► S. 33–35) die Stelle, in der Iris zum ersten Mal merkt, dass das Computerspiel nicht nur ein Online-Spiel, sondern ein reales Spiel ist.
b Nennt weitere Textstellen, die zeigen, dass das Spiel bedrohliche Realität wird. Beschreibt auch Iris' Reaktionen. Wie verändert sich nach und nach ihre Haltung?

3 In dem Romanauszug finden sich Hinweise darauf, wie das Computerspiel „Superhelden“ gestaltet ist. Sammelt Informationen über dieses Computerspiel. Wählt a, b oder c.

●○○ **a** Erklärt am Beispiel von „Superhelden“, wie ein **Adventure-Spiel** funktioniert. Verwendet folgende Begriffe: *Avatar, Aufgaben lösen, Nickname, Spielwelt, Level.*
●●○ **b** Beschreibt, wie sich die **Gamerin Iris** durch die **virtuelle Spielwelt** bewegt. Welche **Fähigkeiten** und Spielmöglichkeiten hat sie bzw. ihr Avatar? Sucht Textstellen.
●●● **c** Sucht aus dem Text Hinweise auf die **Umgebung** (Räume, Aufgaben), **Farben** und **Effekte** der virtuellen **Spielwelt** heraus.
d Tragt eure Ergebnisse vor. Diskutiert, ob „Superhelden“ ein typisches Adventure-Spiel ist.

4 **a** Stellt Vermutungen an, wie der Roman weitergehen könnte: Berücksichtigt folgende Fragen:
– Welches Ziel hat Iris? Warum will sie unbedingt nach Pala aufbrechen?
– Welchen Plan hat vermutlich Mr. Oz? Lest hierzu auch den Vorspanntext (► S. 33).
– Was könnte es für Iris bedeuten, die Rolle ihres Avatars in der Realität einzunehmen?
b Diskutiert, ob ihr den Mut für eine Reise nach Pala hättet.

M1 Die Heldenreise: Geschichten erzählen in Computerspielen

Die Heldenreise ist ein Schema, das vielen spannenden Geschichten zugrunde liegt.

M2

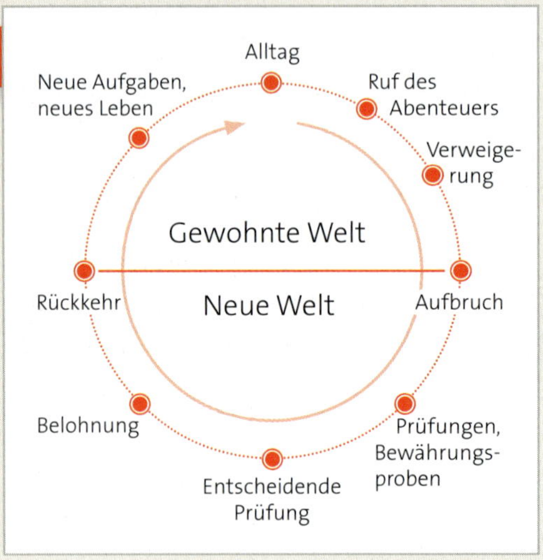

Egal, ob *Harry Potter, Star Wars, Lara Croft* oder *Tomb Raider* – viele Bücher, Filme und auch Computerspiele sind nach den Stufen der Heldenreise gebaut: Zu Beginn der Geschichte befindet sich der Held/die Heldin in seiner/ihrer gewohnten Umgebung (Alltag). Mit Antritt seiner/ihrer Heldenreise beginnt die eigentliche Geschichte: Der Held/Die Heldin muss Hindernisse überwinden, Konflikte lösen und Prüfungen bestehen. Dabei findet er/sie Verbündete und Freunde, trifft aber auch auf Widersacher und Feinde. Der Held/Die Heldin entwickelt sich weiter, erlernt neue Fähigkeiten und wird so bereit für die finale Prüfung. Je nach Geschichte stellt er/sie sich hier einem Feind, den eigenen Ängsten oder schwierigen Lebensumständen. Nach bestandener Prüfung kommt das Happy End: Der Held/Die Heldin kehrt – oft positiv verändert oder mit einem Schatz ausgestattet – in seine/ihre bekannte Welt zurück.

1 **a** Lest die Materialien (M1 und M2) intensiv (► intensives Lesen, Methodenseite, S. 29).
b Im Text (M1) wird nicht erklärt, wie die Stationen „Ruf des Abenteuers“ und „Verweigerung“ (M2) aussehen. Überlegt im Team, was hier passieren könnte.
c Erklärt mit eigenen Worten, wie das Schema der Heldenreise funktioniert.

2 Tauscht euch aus: Welche Bücher, Filme oder Computerspiele kennt ihr, die ihre Geschichte nach dem Muster der Heldenreise erzählen? Erklärt, wie das Schema dort funktioniert.

3 Am Ende des hier abgedruckten Romanauszugs (► S. 33–35) ist klar, dass Iris sich auf eine Heldenreise begeben wird.
a Erklärt, was in dem Roman „Pala – Das Spiel beginnt“ die „Gewohnte Welt“ ist und was die „Neue Welt“. Welche Stationen der Heldenreise hat Iris in dem Text (► S. 33–35) bereits durchlaufen?
b Entwickelt eine mögliche Heldenreise für Iris.
Orientiert euch an M2. Berücksichtigt folgende Fragen:
Wie könnte es nach der Begegnung mit Mr. Oz weitergehen?
Welche Prüfungen und welche entscheidende Hauptprüfung müsste Iris bewältigen? Wie könnte ihre Belohnung aussehen?

4 Diskutiert, ob Iris, die Protagonistin des Romans, eine Heldin ist. Begründet eure Meinung.

1.3 Fit in ... – Einen Informationstext verfassen

Die Aufgabenstellung verstehen

Stellt euch vor, ihr bekommt in der nächsten Klassenarbeit folgende Aufgabe gestellt:

Verfasse für eure Schülerzeitung einen Informationstext zum Thema „Helden am Telefon“. Gehe so vor:
- Erkläre, was die „Nummer gegen Kummer“ ist und wie häufig sich Jugendliche an diese Nummer wenden.
- Erläutere, warum sich die Jugendlichen an das Kinder- und Jugendtelefon wenden und wie die Mitarbeiter/-innen bei den Gesprächen vorgehen, um den Jugendlichen zu helfen.
- Begründe abschließend, warum die Telefonseelsorger „Helden des Alltags“ sind.

M1

„Mit meinen Eltern kann ich darüber nicht reden“

Wenn Kinder oder Jugendliche ein Problem haben, können sie die „Nummer gegen Kummer“ anrufen. Dort arbeitet Jeanine Rücker als ehrenamtliche Beraterin.

Wie bist du dazu gekommen, beim Kinder- und Jugendtelefon zu arbeiten?

Jeanine: Ich war noch Schülerin, als ich das erste Mal von der Möglichkeit gehört habe, sich als ehrenamtliche Beraterin bei der „Nummer gegen Kummer“ ausbilden zu lassen. Für das Angebot „Jugendliche beraten Jugendliche“ am Kinder- und Jugendtelefon wurden Jugendliche im Alter von 16 bis 21 Jahren gesucht. Sie sollten gut zuhören können, gerne telefonieren und empathisch[1] sein. Zusammen mit anderen Mitschülern habe ich mich beworben und kurz darauf die Ausbildung gestartet.

Wie viele Mitarbeiter und Mitarbeiterinnen gibt es denn?

Aktuell arbeiten rund 3300 ehrenamtliche Mitarbeiter und Mitarbeiterinnen in ganz Deutschland an unseren Beratungsangeboten, also für das Kinder- und Jugendtelefon, das Elterntelefon und die E-Mail-Beratung.

Wie viele Kinder und Jugendliche rufen pro Tag an?

Im Durchschnitt gehen am Kinder- und Jugendtelefon täglich rund 1130 Anrufe ein. In der E-Mail-Beratung erreichen uns am Tag zusätzlich rund 40 Nachrichten.

Wie gehst du bei einem Anruf vor? Gibt es eine Anleitung?

Eine Anleitung gibt es in dem Sinne nicht, dazu sind die Gespräche viel zu individuell. Aber wir haben in der Ausbildung Techniken zur Gesprächsführung gelernt. Dazu gehört zum Beispiel, jedem und jeder Anrufer/-in wertschätzend und einfühlsam zu begegnen, ihm oder ihr aktiv zuzuhören und das Gefühl zu geben, ihn oder sie zu verstehen. Unsere Beratung kann als Hilfe zur Selbsthilfe gesehen werden. In dem gemeinsamen Gespräch versuchen wir, eine Lösung für das jeweilige Problem zu finden. Wir geben also keine Anweisungen oder konkreten Ratschläge, sondern erarbeiten gemeinsam mit jedem Anrufenden eine Lösung.

1 empathisch sein: einfühlsam, verständnisvoll, mitfühlend sein

Was ist das häufigste Problem, weshalb Kinder und Jugendliche bei der „Nummer gegen Kummer“ anrufen?
Die Anliegen, mit denen sich die Kinder und Jugendlichen an uns wenden, umfassen die unterschiedlichsten Probleme. Häufige Anrufanlässe sind zum Beispiel psychische Probleme oder auch Einsamkeit, Fragen zur Liebe oder auch Probleme in der Familie und in der Schule.

Warum ist die „Nummer gegen Kummer“ wichtig für Kinder und Jugendliche?
„Mit meinen Eltern kann ich darüber nicht reden“, ist ein Satz, den wir immer wieder hören. In vielen Familien fehlt die gemeinsame Zeit für Gespräche, viel zu oft werden Kinder und Jugendliche heute mit ihren Problemen alleingelassen. Unsere Beratungsangebote bieten Hilfe, wenn sie keinen Ansprechpartner haben oder wenn das Vertrauen zu Eltern, Freunden, Verwandten oder Lehrern nicht ausreicht. Kinder und Jugendliche können anonym bei uns anrufen. Die Vertraulichkeit bietet ihnen den nötigen Raum, um auch über peinliche Themen sprechen zu können.

Wie verarbeitest du die ganzen Geschichten, die jeden Tag auf dich einströmen?
Um die gehörten Geschichten verarbeiten zu können, gibt es regelmäßige Supervisionen. Das sind Treffen, in denen sich das Beraterteam über besondere und auch besonders schwierige Telefonate austauschen kann (natürlich ohne Namen zu nennen).

M2 Wegen welcher Themen rufen Jugendliche an?

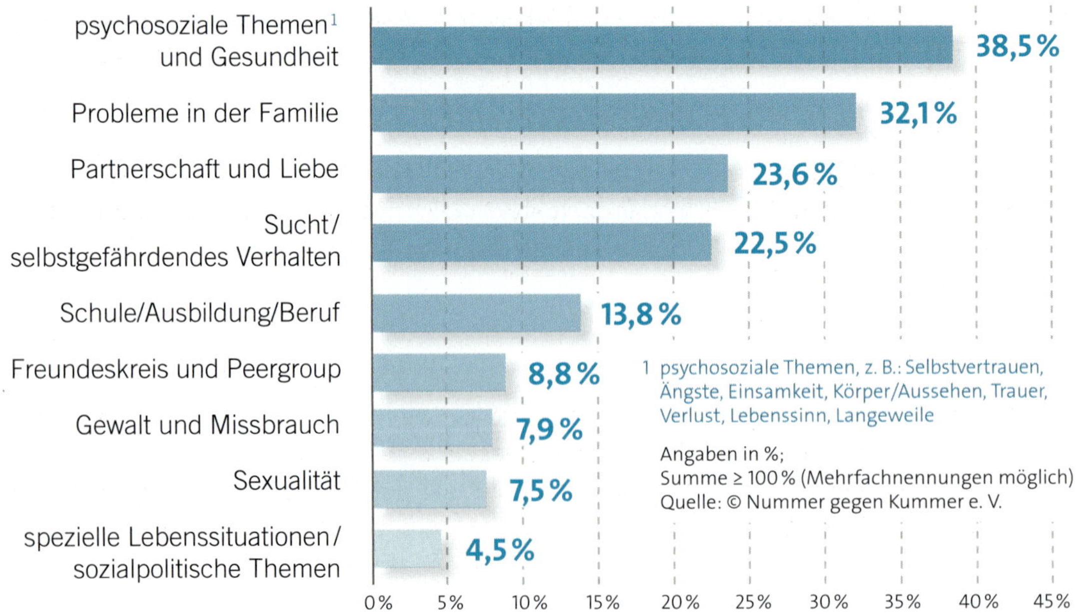

1 psychosoziale Themen, z. B.: Selbstvertrauen, Ängste, Einsamkeit, Körper/Aussehen, Trauer, Verlust, Lebenssinn, Langeweile

Angaben in %;
Summe ≥ 100 % (Mehrfachnennungen möglich)
Quelle: © Nummer gegen Kummer e. V.

M3

„Man muss ein bisschen auf sich selbst achten“ – So fühlt es sich an, am Kinder- und Jugendtelefon zu sitzen

Von Ole Siebrecht

Ein ehrenamtlicher Mitarbeiter gibt Einblicke in seine Arbeit und erzählt, wie er selbst mit den schweren Themen umgeht.

Wenn Tim ans Telefon geht, dann ist er allein. Keine andere Person sitzt neben ihm, hört zu oder kann ihm Ratschläge geben. Er sieht nicht mal die Nummer der Anrufer/-innen. Ich kann ihm anhören, dass es eine große Verantwortung ist, die in so einer Situation auf ihm lastet. Natürlich fragt er sich manchmal, ob er im Gespräch alles richtig gemacht hat, ob er nicht vielleicht doch etwas Schlaueres, Besseres, Hilfreicheres hätte sagen können. Doch auch wenn man weiß, dass es kein Richtig oder Falsch gibt, dass man vielen Menschen schon hilft, indem man ihnen ein offenes Ohr schenkt, gehen einige Themen doch unter die Haut und lassen einen auch nicht los, nachdem der Hörer wieder aufgelegt wurde. Wie schafft man es also, die zum Teil hochemotionalen Gespräche nicht mit nach Hause zu nehmen? Schafft man das denn überhaupt? „Der Idealfall ist, dass ich die Gespräche dort lasse. Bei mir funktioniert das so in 80 % der Fälle. Aber dann gibt es auch noch die 20 %, wo man nach Hause geht und merkt: Boah, das geht mir nah“, gibt Tim zu. Um auch mit solchen Situationen umzugehen und nicht selbst darunter zu leiden, gibt es einmal im Monat verpflichtende Supervisionen, erklärt Tim mir.

1 Lest die Aufgabenstellung auf Seite 37 und klärt in Partnerarbeit, was ihr tun sollt:
- Was ist das Thema des Informationstextes? Welche Aspekte sollt ihr berücksichtigen?
- Wer sind eure Adressaten (Leser/-innen)? Was bedeutet das für euren Text?

Die Materialien auswerten

2 Wertet die Materialien für euren Informationstext aus. Arbeitet am besten mit einer Kopie.

a Markiert Informationen, die ihr für euren eigenen Text verwenden könnt.
Nutzt für die einzelnen Aspekte, die in eurem Text vorkommen sollen, unterschiedliche Farben, z. B.:
- Gelb für Erklärung „Nummer gegen Kummer“ und Häufigkeit der Nutzung
- Grün für Gründe für Anrufe und Art und Weise der Hilfe
- …

b Notiert, zu welchem Aspekt der Aufgabe die Grafik Informationen liefert.

Den Informationstext planen

3 Erstellt eine Gliederung für euren Text.

1. **Einleitung (Einführung ins Thema):** Ansprechpartner für Probleme gesucht
2. **Hauptteil: Aspekte der Aufgabenstellung**
   A Nummer gegen Kummer: Kinder- und Jugendtelefon ...; Häufigkeit: 1130 Anrufe ...
   B Gründe für Anrufe: ...
   C Hilfe durch: ...
3. **Schluss (Begründung):** Heldenhaft ist: ...

Den Informationstext schreiben und überarbeiten

4 Verfasst nun euren Text für die Schülerzeitung.

a Formuliert eine interessante Einleitung, die in das Thema einführt, z. B.:
Sicher kennt ihr diese Situation: Ihr habt ein Problem, aber wisst nicht so richtig, mit wem ...?
Für solche Fälle ...

b Verfasst den Hauptteil des Informationstextes, z. B.:
Bei der „Nummer gegen Kummer" handelt es um ein telefonisches Beratungsangebot für ...
Jeden Tag ...
Die Gründe für die Anrufe sind vielfältig: ...

c Formuliert einen Schluss, in dem ihr begründet, inwiefern es sich bei den Mitarbeitenden des Kinder- und Jugendtelefons um „Helden des Alltags" handelt.

d Formuliert eine treffende Überschrift für euren Text.

5 **a** Besprecht eure Texte in Dreierteams in drei Runden:
Ein Gruppenmitglied liest seinen Text vor und die anderen prüfen ihn mit Hilfe der Checkliste.
– Eine/r der Zuhörer/-innen prüft, ob der Informationstext alle wichtigen Inhalte enthält.
– Der/Die andere Zuhörer/-in achtet darauf, ob der Text sprachlich gelungen ist.

b Überarbeitet eure Informationstexte mit Hilfe der Rückmeldungen.

Checkliste | **Einen Informationstext verfassen**

- Habt ihr euren Text gegliedert in: **Einleitung** (z. B. Einführung ins Thema), **Hauptteil** (Aspekte der Aufgabenstellung beantworten), **Schluss** (z. B. Zusammenfassung, Ausblick, Meinung zum Thema). Habt ihr diese Gliederung durch **Absätze** verdeutlicht?
- Habt ihr die **Informationen verständlich** dargestellt? Habt ihr wichtige Zusammenhänge beschrieben und erklärt und dies auch sprachlich deutlich gemacht, z. B. durch **Satzverknüpfungen** und **Überleitungen** *(weil, obwohl, ein anderer Punkt ist ...)*?
- Habt ihr **sachlich** und **in eigenen Worten** formuliert und das **Präsens** verwendet?
- Habt ihr eine **treffende Überschrift** für euren Text formuliert?

2 Rund um Berufe – Adressatengerecht beschreiben und erklären

1 **a** Beschreibt die abgebildeten Personen. Begründet, welche Berufe sie vermutlich ausüben.
b Ordnet diese Berufe sogenannten Berufsfeldern zu, z. B. den Berufsfeldern *Gesundheit, Wirtschaft, Bau/Architektur* oder *Dienstleistung*.

2 **a** Überlegt, welchen Beruf ihr später ausüben könntet. Begründet eure Wahl mit euren persönlichen Interessen und Fähigkeiten.
b Beschreibt, wie ihr euch euren Arbeitsalltag in fünfzehn Jahren vorstellt.
c Gebt euch gegenseitig Rückmeldungen, ob eure Beschreibungen genau genug waren:
- Konntet ihr euch den Arbeitsalltag gut vorstellen?
- Sind Fragen offengeblieben?

In diesem Kapitel ...

- tauscht ihr euch über eure beruflichen Zukunftspläne aus,
- beschreibt und erklärt ihr Arbeitsplätze und Arbeitsabläufe in ihrer Funktion,
- übt ihr, adressatengerecht zu kommunizieren,
- verfasst ihr eine Bewerbung für ein Berufspraktikum und erstellt eine Praktikumsmappe.

2.1 Berufsbilder – Beschreiben und erklären

Was macht eigentlich ...? – Sich über Berufe informieren

Anna

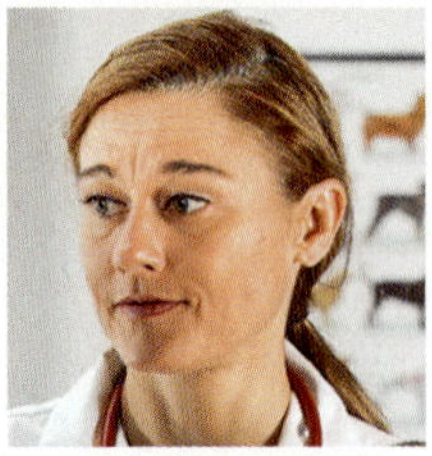
Dr. Ruf

Elias

Yasemin

Yasemin: Guten Tag, Frau Dr. Ruf! Vielen Dank, dass Sie sich die Zeit nehmen, sich mit uns zu unterhalten.

Dr. Ruf: Kein Problem, Yasemin. Worum geht es denn?

Elias: In der Schule beschäftigen wir uns als Vorbereitung auf ein Schülerpraktikum im Frühjahr mit der Erkundung verschiedener Berufe und Berufsfelder, die anschließend der Klasse vorgestellt werden sollen ...

Dr. Ruf: ... und ihr seid auf den Beruf des Tierarztes gekommen.

Anna: Genau. Wir würden uns gern bei Ihnen über diesen Beruf informieren und – wenn Sie es erlauben – einmal die Praxis genauer anschauen. Vielleicht dürfen wir Ihnen sogar bei der Behandlung eines Tieres über die Schulter blicken.

Yasemin: Für unsere Wandzeitung zum Thema „Berufe" sollen wir nämlich nicht nur den Arbeitsplatz, sondern auch typische Arbeitsabläufe vorstellen und beschreiben.
Wir würden auch gern ein paar Fotos machen, wenn Sie erlauben.

Dr. Ruf: Na, dann kommt mal mit. Wie ihr im Wartebereich erkennen könnt, handelt es sich bei meiner Tierarztpraxis um eine sogenannte Kleintierpraxis, d. h., ich behandle Haustiere, z. B. Hunde, Katzen und Kaninchen, aber keine Kühe oder Pferde.

Der Empfangs- und Wartebereich

Die Praxis besteht aus einem Empfangs- und Wartebereich, zwei Behandlungszimmern, einem Operationsraum, einem Labor und einem Röntgenraum.

Katze mit Bisswunde

Gerade eben habe ich eine Katze behandelt. Die eine Bisswunde hatte. Danach untersuche ich einen Golden Retriever, der nicht mehr richtig fressen will, weshalb ich vermute, dass er an Zahnschmerzen leiden könnte.

Zahnuntersuchung

Meine Arbeit ist sehr abwechslungsreich, weil meine kleinen Patienten sehr unterschiedlich sind und ich darum auch alle möglichen Erkrankungen behandeln muss.

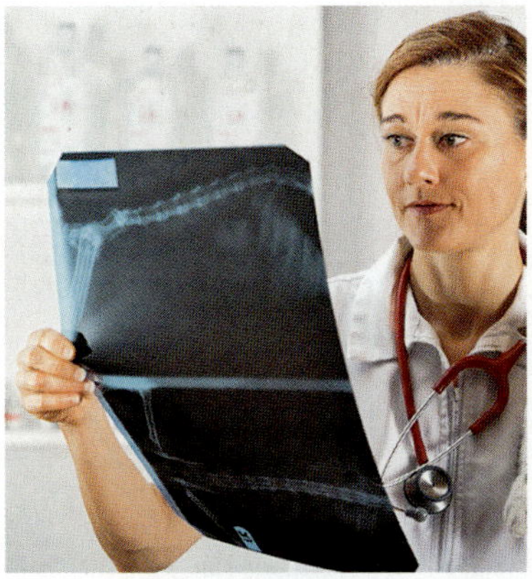
Röntgenbildanalyse

Außerdem entwickle ich Therapiepläne für verletzte Tiere oder ich berate, wie man schwierige Tiere liebevoll erzieht. Denn die Beratung der Tierhalter gehört ebenso zu meinen Aufgaben wie die Behandlung der tierischen Patienten selbst.

1 **a** Lest die Texte und betrachtet die Abbildungen auf dieser Doppelseite: Was erfahrt ihr hier über die Tätigkeit eines Tierarztes / einer Tierärztin?

b Was wisst ihr außerdem über die Tätigkeit eines Tierarztes / einer Tierärztin? Nennt Arbeitsabläufe, die ein Tierarzt bzw. eine Tierärztin beherrschen muss, und zählt besondere medizinische Geräte auf, mit denen er/sie umgehen können muss.

c Könnt ihr euch vorstellen, in einem solchen Beruf zu arbeiten? Begründet eure Meinung.

2 Als Vorbereitung auf euer Berufspraktikum sollt ihr Wandzeitungen zu verschiedenen Berufen erstellen. Darauf sollt ihr auch den Arbeitsplatz und einen typischen Arbeitsablauf beschreiben. Erklärt,
- warum solche Beschreibungen für eure Mitschüler/-innen interessant sind,
- worauf ihr beim Erstellen der Wandzeitung achten solltet, damit sie für eure Leser/-innen ansprechend und gut verständlich ist.

Die Tierarztpraxis –
Arbeitsplätze und ihre Funktion beschreiben und erklären

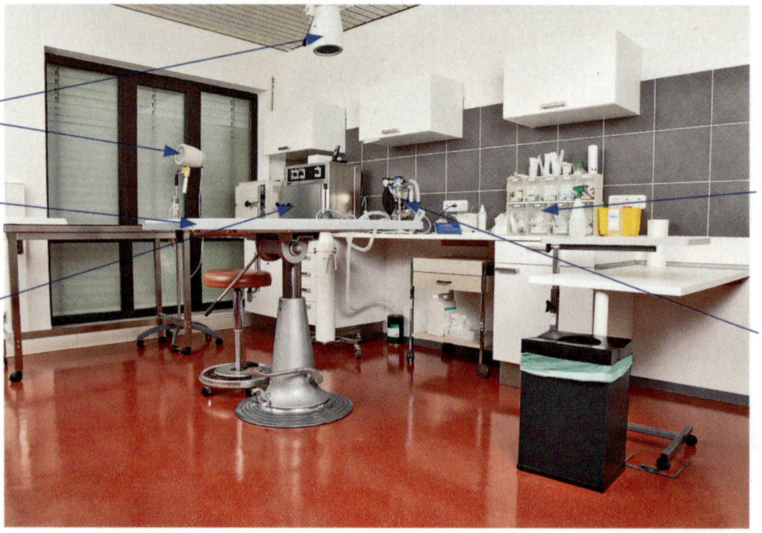

1 Betrachtet die Fotos eines Behandlungsraums (oberes Bild) und eines Operationsraums (unteres Bild) in einer Tierarztpraxis.
Benennt alle wichtigen Raumelemente, z. B. Fenster, Einrichtungsgegenstände und Geräte mit ihrer Position im Raum. Nutzt auch die Fachbegriffe oben (▸ Fotos) und das Wortmaterial im folgenden Kasten.

Begriffe zum Beschreiben von Bildern und Räumen:
rechts • links • rechts hinten/vorn • links hinten/vorn • im Vordergrund • im Hintergrund • in der Mitte • vor • davor • hinter • dahinter • neben • auf • über • oberhalb • unter • unterhalb • zwischen • gegenüber

2 Legt für die Beschreibung des Arbeitsplatzes eine Tabelle nach folgendem Muster an und füllt sie aus. Notiert Stichwörter und nutzt für die genaue Beschreibung den Wortspeicher unten.

Beschreibung: Raumelement, Einrichtungsgegenstand, Gerät	Funktion
– *Mikroskop: groß, auf hellem, abwischbarem Tisch*	– *genaue Untersuchung von Proben (z. B. Blut oder Gewebeprobe)*

Adjektive zur genaueren Beschreibung: höhenverstellbar • mobil • beweglich • verschiebbar • durchsichtig • transparent • glatt • sauber • steril • hygienisch • medizinisch • abwischbar • funktional • griffbereit • modern • praktisch • schlicht • übersichtlich • präzise • genau

3 Beschreibt für eure Mitschülerinnen und Mitschüler den abgebildeten Arbeitsplatz (► S. 44). Wählt Aufgabe a, b oder c und orientiert euch am Merkwissen unten.

●○○ **a** **Beschreibt** die Einrichtung des **Behandlungsraums** (oberes Bild). Beginnt links vorne und fahrt **im Uhrzeigersinn** fort. Beschreibt auch die Funktion der Raumelemente, Gegenstände und Geräte. *Auf dem Foto ist der ca. 15 m² große Behandlungsraum einer Tierarztpraxis zu sehen, in dem Kleintiere ... Wenn man den Raum betritt, befindet sich links vorne ... An der hinteren Wand ...*

●●○ **b** **Beschreibt** den **Operationsraum der Tierarztpraxis** (unteres Bild). Geht dabei **im Uhrzeigersinn** vor und beschreibt auch die Eigenschaften und Funktionen der einzelnen Raumelemente und Gegenstände. *Beim Betreten des Operationsraums, in dem Kleintiere ..., sieht man links hinten ...*

●●● **c** **Beschreibt** den **Operationsraum der Tierarztpraxis** (unteres Bild), indem ihr **vom Wichtigsten zum Unwichtigsten** geht. Erläutert auch die Eigenschaften und Funktionen der einzelnen Raumelemente und Gegenstände. *Dem Betrachter fällt sofort beim Betreten des Raums ... ins Auge ...*

d Vergleicht eure Ergebnisse und überprüft, ob die Beschreibungen vollständig sind und ob man sich die Räume gut vorstellen kann, ohne sie gesehen zu haben.

Information **Einen Ort beschreiben**

- **Einleitung:** Benennt den Ort und macht **allgemeine Angaben,** z. B. zur Größe des Raums: *Der Behandlungsaum ist ca. 30 m² groß.*
- **Hauptteil:**
  – Beschreibt den Ort in einer **sinnvollen Reihenfolge,** z. B. im Uhrzeigersinn oder vom Wesentlichen zum Unwesentlichen. Benennt wichtige Elemente der Raumgestaltung und Einrichtungsgegenstände und erläutert ihre Funktion, z. B.: *Die Wand rechts ist gekachelt, damit sie leicht gereinigt werden kann.*
  – Nutzt **treffende Begriffe** (auch **Fachbegriffe**) zur Bezeichnung der einzelnen Gegenstände, z. B.: *Behandlungstisch, Mikroskop, Laborschrank.*
  – Verwendet **treffende Adjektive** und **Verben,** z. B.: *funktional, glatt* bzw. *stehen, hängen.* Beschreibt die genaue **Lage der Gegenstände,** z. B.: *links vorne, unterhalb.*
  – Verwendet das **Präsens** und eine **sachliche Sprache.**
- **Schluss:** Beschreibt, wie der Ort auf euch **wirkt,** z. B.: *sehr sauber* oder *unübersichtlich.*

Untersuchung und Behandlung – Arbeitsabläufe beschreiben und erklären

Dr. Ruf beschreibt die Untersuchung einer Katze:
Mit Hilfe einer Ultraschalluntersuchung, auch Sonografie genannt, können bei einer trächtigen Katze die ungefähre Anzahl der Katzenjungen sowie die Gesundheit des Muttertiers auf einem Bildschirm überprüft werden. Für die Untersuchung benötigt man einen Rasierer, ein Ultraschallgerät und Kontaktgel.

Um eine gute Bildqualität zu erreichen, darf sich zwischen dem Schallkopf und der Haut keine Luft befinden. Desshalb muss die Katze zuerst am Bauch gründlich geschoren werden. Während der Untersuchung liegt das Tier auf einer weichen Unterlage auf dem Rücken und wird vom Halter/von der Halterin und einem Tierarzthelfer/einer Tierarzthelferin festgehalten. Die Sonografie ist völlig schmerzfrei und ungefährlich. Nur selten muss ein Tier zuvor sediert werden, damit es ruhig liegen bleibt. Dann trage ich ein Kontaktgel auf, anschließend fahre ich mit dem Schallkopf über den Bauch. Der Schallkopf des Ultraschallgeräts sendet Ultraschallwellen aus. Wegen der unterschiedlichen Dichte des Gewebes werden diese Wellen unterschiedlich reflektiert, sodass das Gerät daraus ein Bild errechnen kann, das auf dem Monitor dargestellt wird. Nach der Untersuchung wird das Kontaktgel sorgfältig abgewischt. Die erhobenen Befunde bespreche ich mit dem Halter/der Halterin meist schon während der Untersuchung.

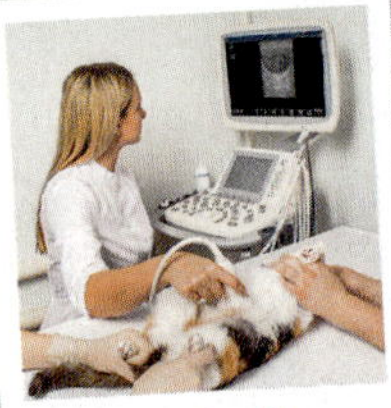
Ulltraschall

1 **a** Lest den Text: Worum geht es hier und an wen richtet er sich vermutlich? Begründet.
b Untersucht, welche Informationen der erste Absatz der Beschreibung (▶ Z. 1–9) enthält.
c Erklärt die folgenden Fachbegriffe aus dem Zusammenhang oder schlagt sie nach:
Sonografie, trächtig, Schallkopf, geschoren, sediert, Kontaktgel, reflektiert.
d Notiert die einzelnen Schritte des Untersuchungsvorgangs als Ablaufplan.
1. Katze wird am Bauch gründlich geschoren; 2. ...
e Neben der Beschreibung des Ablaufs enthält der Text auch erklärende Passagen. Sucht sie und gebt die Erklärungen in eigenen Worten wieder.

⊕ **2** Verfasst einen Schluss für die Beschreibung. Orientiert euch dabei am Merkwissen.

Information **Einen Arbeitsablauf beschreiben und erklären**

- **Einleitung:** Benennt den **Arbeitsablauf und seinen Zweck** sowie die notwendigen Materialien und Vorbereitungen.
- **Hauptteil:**
  - Beschreibt und erklärt den genauen Arbeitsablauf **Schritt für Schritt.**
  - Verdeutlicht die **Reihenfolge** der Arbeitsschritte, z. B. *zuerst, dann, danach.*
  - Nutzt möglichst **treffende Begriffe** (auch **Fachbegriffe**), z. B. *Sonografie,* und sucht **treffende Adjektive** und **Verben** (auch **Fachbegriffe**), z. B. *trächtig, sedieren.*
  - Verwendet **Aktiv- und Passivformulierungen,** damit euer Text nicht eintönig klingt.
  - Schreibt im **Präsens** und verwendet eine **sachliche Sprache.**
- **Schluss:** Gebt an, worauf man bei diesem Ablauf besonders achten sollte, was das **Besondere/Interessante** daran ist, oder formuliert **weiterführende Hinweise.**

Die Versorgung einer Wunde bei einer Katze

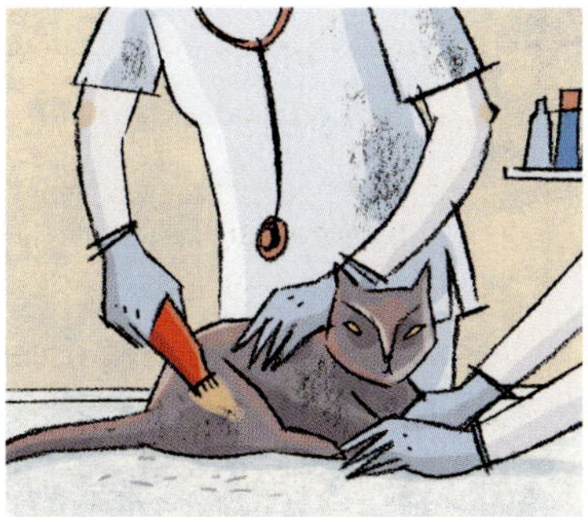
Scheren des Fells

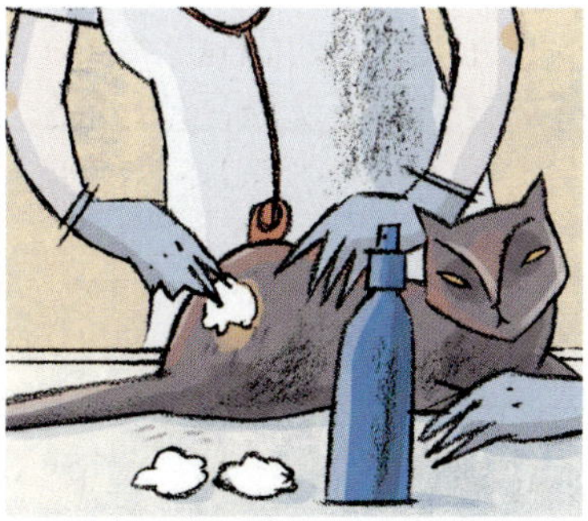
Reinigung, Desinfektion und Abtupfen mit steriler Gaze

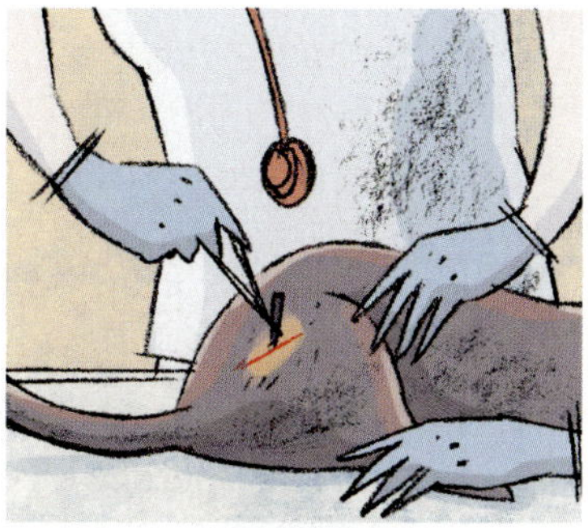
Entfernung eines Fremdkörpers mit einer Pinzette

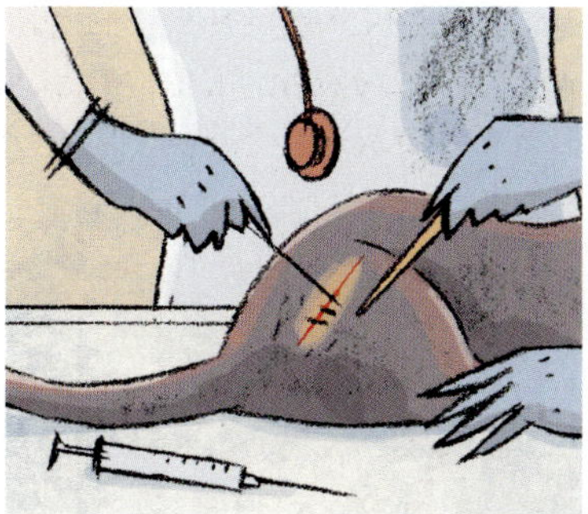
lokale Betäubung und Nähen der Wunde

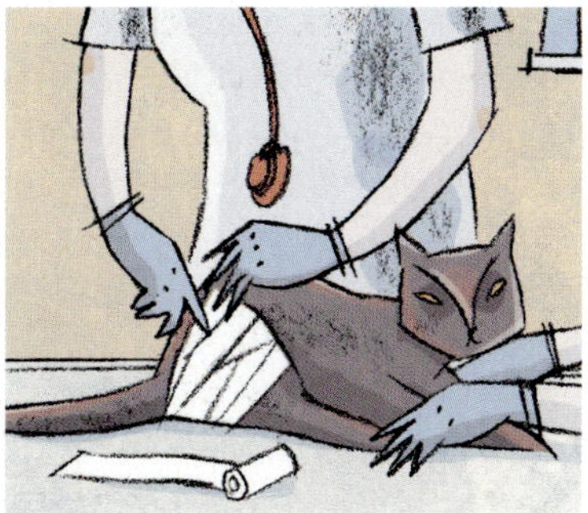
Anlegen eines Verbands

Anbringen einer Halskrause, Übergabe eines Rezepts

1 Beschreibt und erklärt auf der Grundlage dieser Abbildungen den Arbeitsablauf für die Wundversorgung bei einer Katze.
Entscheidet euch für Aufgabe a, b oder c.

●○○ **a** Formuliert zunächst eine **Einleitung,** z. B.:
Um die Wunde einer Katze zu versorgen, benötigt man …
Beschreibt und erklärt im **Hauptteil** die Arbeitsschritte in der richtigen Reihenfolge.
Nutzt bei Bedarf die Formulierungshilfen im Kasten.
Gebt zum **Schluss** an, worauf man bei diesem Arbeitsablauf besonders achten muss.

Reihenfolge der Arbeitsschritte:
erst • zunächst • anfangs • dann • danach • anschließend • während • daraufhin • schließlich • zuletzt

Erklärungen (Zweck, Funktion):
um • damit • weil • da • deswegen • daher • deshalb

●●○ **b** **Verfasst eine Beschreibung** des Arbeitsablaufs mit Einleitung, Hauptteil und Schluss.
Achtet besonders darauf, dass ihr die einzelnen Arbeitsschritte nicht nur beschreibt, sondern auch ihre Funktion erklärt.

●●● **c** **Beschreibt** und erklärt den Arbeitsablauf für eine **Kinderzeitschrift.**
Beachtet dabei, dass es besonders schwierig ist, komplizierte Sachverhalte für Kinder verständlich darzustellen.

d Vergleicht eure Ergebnisse. Überprüft, ob der Arbeitsablauf verständlich dargestellt wurde.
Gebt euch bei Bedarf Hinweise zur Verbesserung.

„Rund um Berufe“ – Eine Wandzeitung erstellen

Typisch! Tierarzt/Tierärztin

5 Fragen an Frau Dr. Ruf

1. Warum sind Sie Tierärztin geworden?
   Solange ich denken kann, haben Tiere ...
2. Welche Eigenschaften braucht man als Tierarzt/Tierärztin?
   ...
3. ...

Arbeitsplatz und Ausstattung der Praxis

Die Kleintierpraxis von Frau Dr. Ruf besteht aus ...
Im großzügigen Wartebereich ...
Die Behandlungsräume sind ...

Typische Arbeitsabläufe in der Tierarztpraxis

– **Sonografie bei trächtigen Katzen:**
  Die Untersuchung hat den Zweck, die Anzahl der Katzenjungen ... Zuerst ...
– **Versorgung von Wunden:**
  ...

1 Beschreibt die Wandzeitung. Erklärt,
– welche Funktion sie hat,
– was ihr besonders gelungen findet,
– welche Informationen euch noch fehlen.

2 Wählt in Kleingruppen einen Beruf, den ihr auf einer Wandzeitung vorstellen wollt.
TIPP: Informationen, welche Berufe es gibt, erhaltet ihr z. B. im Internet unter www.planet-beruf.de, www.berufenet.arbeitsagentur.de oder www.beroobi.de.

3 **a** Sammelt Informationen zu eurem Beruf, die ihr für eure Wandzeitung benötigt. Ihr könnt dazu z. B. weiter im Internet recherchieren oder jemanden interviewen.
b Verfasst am Computer informierende Texte zu verschiedenen Aspekten des Berufs, z. B. eine Beschreibung des Arbeitsplatzes oder wichtiger Arbeitsabläufe.
c Gestaltet den Wandzeitungsbeitrag für den von euch ausgewählten Beruf. Achtet darauf, alle Quellen zu euren Informationen, auch zu Bildern, anzugeben.

4 Stellt eure Berufe eurer Klasse in einem „Gallery Walk“ vor.

Information **Gallery Walk** (dt.: Galerie-Rundgang)

Als „Gallery Walk“ bezeichnet man eine **Methode zur Präsentation von Lernprodukten:**
- Die Plakate oder Wandzeitungen werden – wie in einer Galerie – im Klassenraum aufgehängt.
- Während ein **Gruppenmitglied** an dem eigenen Informationsplakat **stehen bleibt,** um dieses zu präsentieren und Fragen zu beantworten, **gehen die anderen Mitglieder durch den Raum** und informieren sich über die **Ergebnisse der anderen Gruppen.**
- Beim Präsentieren **wechseln sich** die einzelnen Gruppenmitglieder **ab.**

Arbeitsplätze und ihre Funktion beschreiben und erklären

1 Überarbeitet die folgende Beschreibung einer Fahrradwerkstatt in eurem Heft:
- Verwendet für die markierten Wörter geeignete Fachbegriffe aus dem Kasten.
- Präzisiert die Beschreibung der unterschlängelten Gegenstände, z. B. durch nähere Informationen zur Ausstattung, zur Funktion oder zur Farbe.
- Erklärt die Funktion der markierten Einrichtungsgegenstände, Geräte und Werkzeuge.

Fachbegriffe:
Lochplatten • Sichtlagerkästen • Werkbank • Montageständer • Reparaturwerkzeuge • Schraubstock • Briefablagekästen

Die Fahrradwerkstatt von Herrn Ott ist in einem Untergeschoss untergebracht. Sie ist ungefähr 40 m² groß und hat ein Fenster zu einem Gang. Der Fußboden der Werkstatt ist aus Beton. Die Wände sind in einem sehr hellen Gelb gestrichen.
Wenn man in den Raum hineinkommt, fällt einem als Erstes ein Ständer mit einem Fahrrad auf, der mitten im Raum steht. An der hinteren Wand sind über die gesamte Wandbreite Metallplatten angebracht, an denen alles Mögliche hängt. Vor der Wand befindet sich ein langer Tisch aus Holz und Metall. Im Regal stehen verschiedene Kisten. Außerdem befindet sich am linken Bein des Regals eine Steckdosenleiste. In der Mitte der Arbeitsplatte steht ein kleines Regal mit durchsichtigen Kästchen für Kleinteile. Davor ist ein Gerät zum Festklemmen von Werkstücken aus blauem Metall montiert. Ganz rechts auf der Arbeitsplatte stehen ein paar Kästen, um Papiere abzulegen.

2 Formuliert einen passenden Schluss für die Arbeitsplatzbeschreibung.

3 Vergleicht eure Ergebnisse. Gebt euch Hinweise zur Verbesserung.
Orientiert euch dabei an den Kriterien zur Beschreibung eines Ortes (▶ S. 45).

2.2 Der Ton macht die Musik – Mündlich angemessen kommunizieren

Den richtigen Ton treffen – Gezielt nachfragen und aktiv zuhören

Hallo Jana, wie geht's dir? Ich wollte mich mal bei dir nach dem Fahrradgeschäft erkundigen, bei dem dein Freund Marco als Zweirad-Mechatroniker arbeitet ...
...
Danke, dass du dir die Zeit genommen hast.
Bis bald, tschüss.

Hi Lene! Du hast doch letztes Jahr in den Osterferien so'n Praktikum gemacht. Weißt du noch? In dem Fahrradladen, wo immer die Rennräder vor der Tür stehen ...
...
Tschö, mach's gut.

Guten Tag, Herr Bernhards, mein Name ist Gregor Weber. Hätten Sie vielleicht einen Augenblick Zeit für mich? Ich interessiere mich für ein Praktikum in Ihrer Fahrradwerkstatt ...
...
Vielen Dank für die Auskunft.
Auf Wiederhören.

1 Gregor informiert sich bei verschiedenen Personen über einen Praktikumsplatz.
Erklärt, was die gewählte Sprachebene und einzelne Formulierungen (z. B. Anrede, Begrüßung) über die Beziehung zwischen den Gesprächspartnern verraten. Nennt Beispiele.

2 Stellt euch vor, ihr wollt Informationen über einen möglichen Praktikumsplatz einholen.

a Überlegt, wer euch diese Informationen geben könnte, und notiert eure Fragen.

b Verfasst zu zweit ein Gespräch, in dem ihr z. B. eine Freundin / einen Freund, einen Verwandten, einen Bekannten eurer Eltern oder eine fremde Person zu einem Praktikumsplatz befragt.

c Tragt eure Dialoge in der Klasse vor und überprüft folgende Punkte:
- Sind die Fragen geeignet, um die notwendigen Informationen zu erhalten?
- Passen Sprachebene, Begrüßung, Anredeformen und Verabschiedung mit Dank zur Situation und den jeweiligen Gesprächspartnern/Gesprächspartnerinnen?
- Ist die sprachliche Ausdrucksweise adressatengerecht?

d Diskutiert, was zum Gelingen eines Gesprächs beiträgt. Einigt euch auf die drei wichtigsten Punkte.

3 Untersucht die Äußerungen von Herrn Bernhards und Gregor und stellt fest, woran man erkennen kann, ob sie gut zuhören oder nicht.

4 Übt das aktive Zuhören und gezielte Nachfragen. Wählt Aufgabe a, b oder c.

●○○ **a** Sucht **Formulierungen,** die **Ausdruck des aktiven Zuhörens und gezielten Nachfragens** sind, z. B.:
Darf ich nachfragen, ob ...?

●●○ **b** **Trainiert das aktive Zuhören** und gezielte Nachfragen, indem ihr euer **Gespräch** aus Aufgabe 2 (► S. 50) noch einmal **überarbeitet** und **gezielte Nachfragen ergänzt.**

●●● **c** **Trainiert das aktive Zuhören** und gezielte Nachfragen, indem ihr in **Dreier-Gruppen** ein **Gespräch rund um das Thema „Berufswunsch"** führt. Geht dabei so vor:
- Schüler/-in A trägt eine Äußerung vor.
- Schüler/-in B wiederholt die Äußerung in eigenen Worten und äußert sich selbst zum Thema.
- Schüler/-in A fasst die Äußerungen von Schüler/-in B zusammen, bevor er/sie antwortet.
- Schüler/-in C beobachtet das Gespräch und achtet darauf, ob die Gesprächspartner/-innen die Aussagen richtig wiedergeben. Bei Bedarf korrigiert oder ergänzt er/sie.

d Besprecht, inwiefern aktives Zuhören und gezieltes Nachfragen zum Gelingen oder Misslingen eines Gesprächs beitragen.

5 Tauscht euch darüber aus, ob sich das aktive Zuhören verändert, wenn ein Gespräch von Angesicht zu Angesicht, telefonisch oder in einem Chat geführt wird.

Sich beschweren oder entschuldigen – Nonverbale und paraverbale Kommunikation untersuchen

Herr Bernhards: Gregor, feg doch mal schnell die Metallspäne zusammen.
Gregor: Dauernd muss ich hier die Bude fegen. Ich hab noch kein einziges Mal was an einem Fahrrad gemacht. Ich mach doch kein Praktikum zum Fegen und Kaffeekochen!
Herr Bernhards: Jeder fängt mal klein an. Wenn du hier Lehrling wärst, müsstest du dich auch erst mal nach der Decke strecken …
Gregor: Ich hab aber keinen Bock, dauernd zu fegen. In so einem Laden würde ich auch nie Lehrling werden wollen.
Herr Bernhards: Das sind mir die Richtigen, große Klappe und nichts dahinter. So wie du dich schon beim Fegen anstellst, lass ich dich doch nicht an die teuren Fahrräder meiner Kunden ran.
Gregor: Ich telefoniere heute Nachmittag mit meiner Lehrerin und erzähle ihr, dass ich hier nur die Deppenarbeit machen darf.
Herr Bernhards: Tu das. – Schülerpraktikanten machen einfach nichts als Arbeit … Idiot …

1 **a** Übt das Gespräch zwischen Herrn Bernhards und Gregor ein. Überlegt, in welchem Tonfall und in welcher Lautstärke die beiden miteinander sprechen und wie Mimik und Gestik der beiden während des Gesprächs aussehen.

b Spielt die eingeübten Gespräche eurer Klasse vor und tauscht euch anschließend darüber aus, warum das Gespräch zwischen Gregor und Herrn Bernhards misslingt.

2 Neben dem Inhalt eines Gesprächs spielen auch die nonverbalen und paraverbalen Mittel (► Methodenseite) eine entscheidende Rolle für das Gelingen oder das Misslingen. Welche Mittel der nonverbalen und der paraverbalen Kommunikation kennt ihr? Tragt sie in eine Tabelle ein:

Mittel nonverbaler Kommunikation	Mittel paraverbaler Kommunikation
– Blickkontakt – …	– Tonfall – …

⊕ **3** Nennt Beispiele aus eurem Alltag, in denen es besonders wichtig ist, auf nonverbale und paraverbale Signale in der Kommunikation zu achten.

4 Tragt die folgenden Äußerungen vor und nutzt dabei unterschiedliche nonverbale und paraverbale Mittel. Sprecht im Anschluss darüber, welche Gefühle und Einstellungen zum Ausdruck gekommen sind.

> **Gregor:** Ich möchte lernen, wie man ein Fahrrad repariert.
> **Herr Bernhards:** Zum Lernen gehört aber auch, dass man zuschaut, wie etwas gemacht wird, und die anderen bei ihrer Arbeit unterstützt.

5 **a** Verfasst einen Dialog zwischen Gregor und Herrn Bernhards, in dem Gregor seine berechtigte Beschwerde so formuliert, dass sie Aussicht auf Erfolg hat.

b Tragt eure Dialoge vor. Nutzt dabei auch nonverbale und paraverbale Mittel.

c Beurteilt die Erfolgsaussichten der einzelnen Gespräche.

6 Herr Bernhards ist bereit einzulenken, verlangt jedoch eine Entschuldigung von Gregor. Formuliert diese Entschuldigung. Wählt dazu zwischen Aufgabe a, b oder c:

●○○ **a** Formuliert eine kurze, angemessene **mündliche Entschuldigung,** mit der **Gregor** sich für sein Verhalten Herrn Bernhards gegenüber entschuldigt:
Herr Bernhards, es tut mir leid, dass ich ...

●●○ **b** Formuliert eine ausführliche, angemessene **mündliche Entschuldigung,** mit der **Gregor** sein **Verhalten begründet,** sich aber auch bei Herrn Bernhards entschuldigt.

●●● **c** Nicht nur Gregor, auch Herr Bernhards hat sich in dem Gespräch nicht korrekt verhalten. Formuliert einen **Dialog** der beiden, in dem sie ihre **Missverständnisse ausräumen** und sich **gegenseitig** für ihr Verhalten **entschuldigen.**

d Tragt eure Arbeitsergebnisse vor und überlegt gemeinsam, unter welchen Bedingungen eine Entschuldigung Erfolg versprechend ist.
Bedenkt dabei auch die Wirkung außersprachlicher Kommunikationsmittel (► S. 54).

7 **a** Auch digitale Texte, z. B. in Chats, können Mittel nonverbaler und paraverbaler Kommunikation enthalten. Nennt Beispiele dafür und beschreibt die jeweilige Wirkung.

b Diskutiert: Worin besteht der Unterschied zwischen dieser Form, schriftlich zu kommunizieren, und einem Brief?

Adressatengerecht mündlich kommunizieren

1. Adressatengerecht kommunizieren

Um adressatengerecht zu kommunizieren, müsst ihr eure **Sprache** und euer **Verhalten** auf die Gesprächspartner/-innen abstimmen:

- Wählt eine **angemessene Begrüßung und Anredeform,** z. B.: *Hallo Willi, ..., Guten Tag, Frau Möller ...*
- Berücksichtigt die **passende Sprachebene** abhängig davon, ob ihr z. B. mit Erwachsenen oder Gleichaltrigen, mit Fremden oder Bekannten sprecht.
- Sprecht **deutlich,** wählt ein **angemessenes Sprechtempo** und gut **verständliche Formulierungen.**
- Wählt eine **angemessene Verabschiedung,** in der ihr euch ggf. auch für das Gespräch oder eine Information **bedankt,** z. B.: *Vielen Dank für die Information. Ich wünsche Ihnen noch einen schönen Tag. Auf Wiedersehen/Wiederhören.*
- **Hört konzentriert zu** und lasst euren Gesprächspartner / eure Gesprächspartnerin **ausreden.**
- Übt euch im **aktiven Zuhören,** indem ihr z. B. das Gehörte **zusammenfasst,** in eigenen Worten **wiederholt** oder **gezielt nachfragt,** um sicher zu sein, dass ihr alles richtig verstanden habt, z. B.:
  Habe ich richtig verstanden, dass ...?
  Zielt Ihre Aussage auf ... ab?
  Wenn ich Sie richtig verstanden habe, ...

2. Nonverbale und paraverbale Kommunikationsmittel gezielt einsetzen

Unter **nonverbaler Kommunikation** versteht man nichtsprachliche Anteile eines Gesprächs oder eines Vortrags, die man nicht hören, sondern nur sehen kann.

- Signalisiert durch eure **Körperhaltung** und durch **Blickkontakt** Interesse an eurem Gegenüber.
- Setzt **Mimik** und **Gestik** gezielt ein, um als Zuhörer/-in eure Gefühle und Gedanken – z. B. Zustimmung, Ablehnung oder Zweifel – auszudrücken und als Sprecher/-in eure Aussagen zu unterstreichen.

Als **paraverbale Kommunikation** bezeichnet man dagegen nichtsprachliche Anteile, die man hören kann.

- Achtet auf das **Sprechtempo,** den **Tonfall** und die **Lautstärke** eurer Äußerungen.
- **Vermeidet unbewusstes** Kopfschütteln, Verdrehen der Augen oder Seufzen.

2.3 Projekt – Von der Bewerbung zur Praktikumsmappe

Ein Bewerbungsanschreiben verfassen

1 Antonia Sommer
Steinweg 23 a
5xxxx Neustadt
Tel.: 0123 xxxxxxx
E-Mail: AntoniaSommer@xxx.de

2 Landesbetrieb Wald und Holz
Forstamt Neustadt
z. H. Herrn Markus Maurer
Waldweg 2–6
5xxxx Neustadt

Neustadt, 29. 10. 20xx 3

4 **Bewerbung um eine Praktikumsstelle als Forstwirtin vom 13. 04. bis 28. 04. 20xx**

5 Sehr geehrter Herr Maurer,

6 da mein Onkel Förster ist und ich ihn schon häufig auf seinen Rundgängen durch den Wald begleiten durfte, interessiere ich mich schon sehr lange für die Arbeitsmöglichkeiten im Berufsfeld „Landwirtschaft, Natur und Umwelt".
Aus diesem Grund bewerbe ich mich um eine Praktikumsstelle als Forstwirtin im Forstamt Neustadt in der Zeit vom 13. 04. bis 28. 04. 20xx
Ich bin 14 Jahre alt und besuche die 8. Klasse des Sibylla-Merian-Gymnasiums in Neustadt, wo ich seit dem Beginn des 7. Schuljahres auch der AG „Technik und Werken" angehöre. Dort habe ich gelernt, mit Handwerkszeugen umzugehen und mit verschiedenen Werkstoffen, z. B. Holz und Metall, zu arbeiten.
In der Schule sind Biologie und Chemie meine Lieblingsfächer. In meiner Freizeit lerne ich Saxofon und engagiere mich seit zwei Jahren in der THW-Jugend.

7 Sehr gern würde ich mich persönlich bei Ihnen vorstellen.

Mit freundlichen Grüßen
8 Antonia Sommer

9 **Anlagen:**
Lebenslauf
Zeugnis 7. Schuljahr
Bescheinigung des THW

1 Beschreibt den Aufbau von Antonias Bewerbungsanschreiben.

2 Besprecht, wie Antonia ihren Wunsch begründet, ein Praktikum als Forstwirtin zu machen, und wie sie ihre Eignung für dieses Praktikum belegt.

3 **a** Wo würdet ihr gern ein Praktikum machen?
Erläutert kurz, welche Berufe zu euren Interessen und Fähigkeiten passen.
b Überlegt, wie ihr eure Motivation für ein Praktikum begründen könnt, z. B. weil ihr jemanden kennt, der diesen Beruf ausübt, oder weil ihr eine interessante Fernsehsendung über diesen Beruf gesehen habt.

4 *Girls' and Boys' Day, Schnuppertage, Berufsfelderkundung oder Betriebspraktikum:* All das sind Möglichkeiten, das Berufsbild eures „Traumberufs" zu erkunden.
Verfasst ein Bewerbungsschreiben für eine Praktikumsstelle, die euch interessiert.
– Orientiert euch am Merkwissen und am Muster auf Seite 55.
– Achtet auch auf einen angemessenen Stil und korrekte Rechtschreibung und Zeichensetzung (▸ Sprachtraining , S. 57).

⊕ MK **5** Verfasst ein Muster-Anschreiben für eine Bewerbung per E-Mail. Orientiert euch am Merkwissen.

Information **Ein Anschreiben für eine Bewerbung verfassen**

Die Bewerbung per Post:
Ein Bewerbungsanschreiben per Post enthält folgende Elemente:
- **Adresse des Absenders / der Absenderin** mit Telefonnummer und E-Mail-Adresse,
- **Adresse des Empfängers / der Empfängerin** mit Ansprechpartner/-in,
- **Ort und Datum,**
- **Betreffzeile** mit dem Thema des Schreibens (fett gedruckt),
- **höfliche Anrede,**
- **Hauptteil** mit der Darstellung der eigenen Qualifikationen für diesen Beruf und der Begründung für die Bewerbung, z. B. *Hobbys, Teilnahme an AGs in der Schule, eigene Erfahrungen durch Schnupperpraktika, Berichte von Freunden und Verwandten,*
- **Auflistung der Anlagen,** z. B. *tabellarischer Lebenslauf* (▸ S. 58), *Zeugnisse oder Praktikumsbescheinigungen.*

Die Bewerbung per E-Mail:
Bei einer Bewerbung per E-Mail gibt es einige Unterschiede:
- Angaben zum **Empfänger** / zur **Empfängerin** stehen als E-Mail-Adresse in der Adresszeile,
- das **Datum** erscheint automatisch und muss nicht hinzugefügt werden,
- der **Betreff** steht in der Betreffzeile,
- unter der **Grußformel** stehen zuerst dein Vor- und Nachname (ohne Unterschrift) und danach deine Kontaktdaten mit Adresse, Telefonnummer und E-Mail-Adresse.

Das Anschreiben enthält das Angebot, die Unterlagen in gedruckter Fassung zu schicken. Alle **Anlagen** werden im PDF-Format an die Mail angehängt. Dafür werden sie mit einem aussagekräftigen Dateinamen bezeichnet, z. B.: *tabellarischer Lebenslauf, Zeugnis Klasse 7.*

Stil, Rechtschreibung und Zeichensetzung in sachlichen Briefen

Vorsicht Fehler!

Hallo Frau Müller,

Wie sie vielleicht wissen müssen wir achter vom Altstädter Gymnasiums im Rahmen der Berufsfelderkundung ein Praktikum machen.

Sehr geehrte Frau Müller,

ich bin Schüler der achten Klasse des Altstädter Gymnasiums und möchte gern im Rahmen der Berufsfelderkundung bei Ihnen mein Praktikum absolvieren.

1 Vergleicht die beiden ersten Sätze aus einem Bewerbungsschreiben: Zeigt an Beispielen auf, worin sie sich in Wortwahl, Rechtschreibung und Zeichensetzung unterscheiden.

Vorsicht Fehler!

Ich hab mal auf der Homepage ihrer Goldschmiedewerkstatt nachgeschaut und da gesehen, dass sie megatolle Sachen machen. Deshalb würde mir ein Praktikum bei ihnen bestimmt superviel Spaß machen.
Außerdem habe ich am Boys' Day schon verschiedene andere Praktika im kreativen Bereich gemacht. Dort habe ich alles Mögliche gemacht. Vor allem aber habe ich die Erfahrung gemacht, dass es mir Spaß macht, etwas Handwerkliches und Künstlerisches zu machen.
Es wäre toll, wenn sie mich zu einem kurzen Vorstellungsgespräch einladen könnten. Dann kann ich sie nämlich davon überzeugen, dass ich es ernst meine ☺.
Viele liebe Grüße, Tobias Radtke

Formulierungshilfen:
Seit ... interessiere ich mich besonders für ... • Bereits seit ... • ... hat/haben mir gezeigt, ... • Ich würde mich freuen, ... • Gern würde ich ... • Ich würde Sie gern persönlich ...

2 Überarbeitet die weiteren Auszüge aus dem Bewerbungsschreiben. Nutzt dazu auch die Formulierungshilfen.

3 Prüft eure eigenen Bewerbungsschreiben hinsichtlich Inhalt, Sprache und Form.

Information **Sprachliche Normen und formale Regeln in sachlichen Briefen**

Wenn ihr einen offiziellen Brief wie ein Bewerbungsschreiben verfassen wollt, ist es wichtig, dass ihr die Normen und Regeln der schriftlichen Kommunikation berücksichtigt. Dazu gehören:
- Verwendung der **Standardsprache** oder **Bildungssprache** als angemessene Sprachebene, z. B. mit Hilfe des **Thesaurus** eures Schreibprogramms: *herstellen, durchführen* (statt *machen*),
- **Großschreibung** der höflichen **Anredepronomen,** z. B.: *Sie, Ihr, Ihre, Ihnen,*
- **angemessene Grußformeln,** z. B.: *Sehr geehrte/-r ... Mit freundlichen Grüßen,*
- Beachtung der **Zeichensetzung,** z. B. kein Satzzeichen in der Betreffzeile und nach der Grußformel am Schluss des Anschreibens; Komma nach der Anrede (klein weiterschreiben) oder Ausrufezeichen (groß weiterschreiben),
- **Überprüfung der Rechtschreibung,** z. B. mit Hilfe eures Schreibprogramms (▸ S. 324).

Einen tabellarischen Lebenslauf erstellen

Lebenslauf

Persönliche Daten	Antonia Sommer Steinweg 23 a 5xxxx Neustadt Tel.: 0123 – xxxxxxx E-Mail: AntoniaSommer@xxx.de	
Geburtsdatum und -ort	31. Mai 20xx, Neustadt	
Schulbildung	seit 08/20xx	Sibylla-Merian-Gymnasium, Neustadt
	08/20xx–07/20xx	Mutter-Teresa-Grundschule, Neustadt Lieblingsfächer: Biologie (Note: sehr gut), Chemie (Note: gut)
Praktika und weitere Qualifikationen	seit 08/20xx	Mitgliedschaft in der AG „Technik und Werken" der Schule
	seit 03/20xx	Engagement in der THW-Jugend
Freizeit	seit 09/20xx	Saxofonunterricht

Neustadt, 29.10.20xx
Antonia Sommer

1 **a** Beschreibt Aufbau und Inhalt von Antonias Lebenslauf.
b Erklärt, warum die Angaben für einen Betrieb oder ein Unternehmen wichtig sind.
c Diskutiert: Ist es für ein Unternehmen interessant, etwas über die Freizeitaktivitäten und Hobbys eines Bewerbers / einer Bewerberin zu erfahren? Begründet eure Meinung.

2 Entwerft einen tabellarischen Lebenslauf für euch. Weitere Tipps und Formatvorlagen findet ihr z. B. bei der Bundesagentur für Arbeit unter http://bwt.planet-beruf.de.

Information **Tabellarischer Lebenslauf**

Oft wird bei einer Bewerbung auch ein **tabellarischer Lebenslauf mit einem Foto** verlangt. Dieser sollte übersichtlich gegliederte Angaben zur Person des Bewerbers / der Bewerberin enthalten, die für den Empfänger / die Empfängerin der Bewerbung wichtig sind.
Dazu gehören **persönliche Angaben,** Informationen zur **Schulbildung,** zu **Interessen** und **besonderen Kenntnissen.**
Abgeschlossen wird der Lebenslauf mit **Ort, Datum** und **Unterschrift.**

Einen Tagesbericht schreiben

Tagesbericht: Montag, 20. April 20xx

Am heutigen Tag begleitete ich die Mitarbeiter des Forstamts Neustadt bei ihrem wöchentlichen Kontrollgang durch den Stadtwald. Herr Mathis, einer der Forstwirte, und ich übernahmen ab 08:00 Uhr die Entfernung von kleineren Hindernissen, z. B. Ästen, auf den Waldwegen, während die anderen das Wachstum der Pflanzen kontrollierten und sich der Schädlingsbekämpfung widmeten …
Größere Hindernisse, ein entwurzelter Baum und eine vom nächtlichen Sturm umgestürzte Hinweistafel, wurden per Funk an das Forstamt gemeldet, sodass …
Dabei zeigte Herr Mathis mir zunächst, dass auch modernste Technologien eingesetzt werden, z. B. eine Drohne, damit …
Nach der Mittagspause durfte ich bereits unter Anleitung selbst …
Bei dieser Arbeit habe ich gelernt, dass sich die Forstwirte nicht nur mit der sogenannten Holzernte und dem Pflanzen neuer Bäume beschäftigen, sondern auch mit der Pflege und dem Schutz des Waldes allgemein.

1 Tagesberichte sind zentraler Bestandteil eines Praktikumsberichts.

a Überlegt, welche Funktion ein Tagesbericht für euch und die Leser/-innen des Berichts hat.

b Untersucht, wie der Bericht aufgebaut ist und welche W-Fragen er beantwortet.

Formulierungen:
An diesem Tag lernte ich … kennen • Besonders interessierte mich, wie … • Danach … • Heute begleitete ich … • Ich wurde … zugeteilt, wo ich … • Im Mittelpunkt des heutigen Arbeitstages stand … • Mein Tätigkeitsschwerpunkt lag heute auf … • Nachdem ich … erledigt hatte, konzentrierte ich mich auf … • Schließlich …

2 Verfasst selbst einen Tagesbericht über einen Praktikumstag. Nutzt die Formulierungshilfen.

Information | **Einen Tagesbericht verfassen**

Der Tagesbericht dient der **Dokumentation des Arbeitsalltags** im Praktikumsbetrieb:

- **Überschrift und Einleitung:** Nennt **Tag, Datum, Arbeitsbeginn** sowie die **Abteilung,** der ihr an diesem Tag zugewiesen wurdet, oder die **betreuende Person,** die sich um euch gekümmert hat.
- **Hauptteil:** Beschreibt, welche **Aufgaben** ihr übernommen, welche **Tätigkeiten** ihr ausgeführt und welche **Arbeitsgeräte** ihr kennen gelernt habt.
- **Schluss:** Bewertet eure **neu erworbenen Kenntnisse** und euren Lernfortschritt.
- Orientiert euch an den **W-Fragen** und lasst **unwichtige Informationen** weg.
- Gliedert die Tagesberichte nach **chronologischen Kriterien** (Uhrzeiten, Tagesablauf).
- **Bildet Schwerpunkte,** indem ihr regelmäßig anfallende Tätigkeiten nur kurz erwähnt und zentrale oder besonders interessante Arbeitsabläufe ausführlich beschreibt.
- Verwendet die **Ich-Form** und das **Präteritum.**

Eine Praktikumsmappe erstellen

1 Oft wird das Anfertigen einer Praktikumsmappe nur als lästige Pflicht angesehen. Sammelt Argumente, die aus Sicht des Praktikanten / der Praktikantin, der Schule und des Praktikumsbetriebs für das Erstellen einer Praktikumsmappe sprechen.

2 Macht ein Brainstorming zu folgenden Punkten der Praktikumsmappe und notiert eure Antworten:
- Welche Informationen zum Praktikumsbetrieb sind für die Leser/-innen besonders interessant?
- Welche Tätigkeiten sollten dokumentiert werden?
- Welche Fragen sollten in der Schlussbetrachtung beantwortet werden?

3 **a** Erstellt ein Inhaltsverzeichnis für eure Praktikumsmappe. Orientiert euch an den einzelnen Punkten im Merkwissen.
b Sammelt Fragen, die ihr in den einzelnen Kapiteln des Praktikumsberichts beantworten solltet, z. B.:

> Vorstellung des Praktikumsbetriebs
> – Wie groß ist der Betrieb und wie ist er aufgebaut?
> – Wie viele Mitarbeiter/-innen hat der Betrieb?
> …

4 Informiert euch, ob es in eurer Schule weitere oder andere Vorgaben für die Gestaltung der Praktikumsmappe gibt.

Information **Die Praktikumsmappe**

Die Praktikumsmappe kann folgende Elemente enthalten:
1 **Deckblatt** mit Namen des Praktikumsbetriebs (z. B. *Berufspraktikum bei der Firma „Alles fürs Rad“*) dem Namen des Praktikanten / der Praktikantin, der Schule sowie Angaben zum Zeitraum des Praktikums,
2 **Inhaltsverzeichnis** mit genauen Überschriften der einzelnen Kapitel und Seitenangaben,
3 **Bewerbungsanschreiben** und **Lebenslauf** des Praktikanten / der Praktikantin,
4 **Vorstellung des Praktikumsbetriebs** mit Beschreibung des Arbeitsplatzes,
5 **Dokumentation des Arbeitsalltags** mit ausgewählten Tagesberichten,
6 **Vorstellung des Berufs** mit anschaulichen Abbildungen, z. B. Ausbildungsmöglichkeiten, Perspektiven im weiteren Berufsleben,
7 **Schlussbetrachtung** mit einer kritischen Reflexion des Praktikums,
8 **Anhang** mit weiteren Informationen und Dokumenten wie **Werkproben, Flyern** oder **Prospekten.**

3 Immer online, immer erreichbar? – Diskutieren und argumentieren

1 a Betrachtet das Bild und beschreibt dann die dargestellte Situation.
b Erklärt, was „Smombies" sind. Was sind ihre typischen Verhaltensweisen? Warum sind sie eine Gefahr im Straßenverkehr?

2 In einigen Städten werden versuchsweise spezielle Bodenampeln installiert, um Smombies über die Grün- und Rotphasen zu informieren. Was haltet ihr davon? Begründet eure Meinung mit Argumenten.

3 Lest die Informationen im Kasten rechts: Besprecht, worauf man achten sollte, wenn man andere von seiner Meinung überzeugen will.

In diesem Kapitel ...

- trainiert ihr, eure Meinung durch Argumente und Beispiele bzw. Belege sachlich zu begründen,
- lernt ihr, Einwände geschickt zu widerlegen,
- übt ihr, euren Standpunkt in einer Debatte überzeugend zu formulieren,
- wählt ihr aus Texten und Grafiken Informationen für eine materialgestützte Argumentation aus.

3.1 Streitpunkt Handy, PC & Co. – Argumentieren und überzeugen

Meinungen begründen, Argumente entfalten

Talkrunde: Dauerstress wegen des Handys?

Smartphone und Computer sind in vielen Familien ein permanenter Streitpunkt. Der häufigste Konfliktauslöser ist dabei die Nutzungsdauer: 70 Prozent aller Mütter und Väter ist diese zu hoch, so das Ergebnis einer aktuellen Umfrage. Wie viel Smartphone ist okay? Darüber diskutieren wir jetzt mit Betroffenen, Expertinnen und Experten.

Moderator: Emma, du bist Schülerin an einem Gymnasium. Welche Rolle spielt für dich das Handy? Nutzt du es den ganzen Tag? Oder gibt es für dich auch Zeiten, in denen das Handy keine Rolle spielt?

Emma (Schülerin): Mein Handy habe ich immer dabei: Morgens nutze ich es als Wecker und checke erst mal meine Nachrichten. Auf dem Weg zur Schule höre ich meist Musik, spiele oder schreibe Nachrichten. In der Schule habe ich das Handy natürlich auch dabei, aber während des Unterrichts müssen unsere Handys in der Tasche bleiben. Nachmittags und abends schreibe ich Nachrichten, surfe im Netz oder nutze das Handy auch mal, um für meine Hausaufgaben zu recherchieren.

Moderator: Ist das Smartphone bei euch zu Hause auch ein täglicher Streitpunkt?

Emma: Leider ja. Stress gibt's, wenn meine Eltern sagen: „Leg das Ding endlich weg." Ich finde solche Forderungen unfair, denn meine Eltern nutzen diese „Dinger" selbst intensiv. Meine Mutter gibt zum Beispiel ganz offen zu, mindestens zwei Stunden am Tag mit ihrem Smartphone zu verbringen.

Moderator: Herr Lutz, sie haben selbst einen Sohn in Emmas Alter. Gibt es auch bei Ihnen zu Hause Streit wegen der Handynutzung?

Herr Lutz (Vater): Wir haben ähnliche Konflikte: Die gemeinsam vereinbarten 120 Minuten Handyzeit am Tag werden ständig überschritten. Ich bin mittlerweile der Meinung, dass wir in der Familie handyfreie Tage einführen sollten, denn wir befürchten, dass unser Sohn durch das Handy seine schulischen Aufgaben vernachlässigt. Sein Smartphone mitsamt Ladekabel vergisst er nie, die Hausaufgaben aber schon. Wir fragen uns sogar manchmal, ob er handysüchtig ist.

Moderator: Herr Dr. Nau, Sie sind Psychologe und Experte im Bereich Medienkonsum. Sind die Sorgen von Herrn Lutz berechtigt? Kann man süchtig nach dem Smartphone werden?

Herr Dr. Nau (Psychologe): Ja, das kann man durchaus. Gerade durch die vielfältigen Funktionen, die in den Smartphones vereint sind, und die Spielereien lauert die Gefahr einer Handysucht. Viele Jugendliche chatten, posten und spielen von früh bis in die Nacht. Die aktuelle Befragung einer großen deutschen Krankenkasse belegt, dass 2,6 Prozent aller Jugendlichen zwischen zwölf und 17 Jahren handysüchtig sind. Das sind in absoluten Zahlen 100 000 Teenager, also nicht wenig Betroffene.

Frau Schneider (Expertin im Bereich Medienkonsum): Im Gegensatz zu Ihnen, Herr Nau, bin ich der Meinung, dass man mit dem Thema Handysucht gelassener umgehen kann, denn süchtig ist ja wirklich nur eine relativ kleine Gruppe. Ich kann die Sorgen der Eltern rund um die Handynutzung zwar verstehen, aber von Sucht kann man erst sprechen, wenn Jugendliche sich wegen ihres Handys nicht mehr mit ihren Freunden treffen, ihre Hobbys aufgeben oder in der Schule nicht mehr zurechtkommen.

Moderator: Welche Empfehlung würden Sie den Eltern geben, die sich Gedanken um den Medienkonsum ihrer Kinder machen?

Frau Schneider: Ein Zuviel an Handy, PC und Co. wirkt sich tatsächlich nachteilig auf die Gesundheit, die schulischen Leistungen, aber auch auf das Familienleben aus. Denn Streit gibt es nicht nur wegen der Nutzungsdauer, sondern auch wegen der Art und Weise der Mediennutzung. Wenn zum Beispiel während der gemeinsamen Mahlzeiten das Smartphone auf dem Tisch liegt, ist das störend. Damit es uns gut geht, brauchen wir eine vernünftige Balance zwischen Online- und Offline-Zeiten. Das gilt übrigens auch für uns Erwachsene.

Moderator: Emma, was denkst du? Machen sich Erwachsene zu viele Gedanken um den Medienkonsum von Jugendlichen? Ist der Streit ums Handy oft einfach überflüssig?

Emma: Tatsächlich denke ich, dass Eltern ihren Kindern mehr vertrauen sollten, denn wir Jugendlichen sind oft viel vernünftiger, als manche denken. Wir merken doch selbst, dass unser Leben nicht schöner wird, wenn wir alle vier Sekunden aufs Handy starren. Auch wenn ich seit zwei Jahren ein eigenes Handy habe, komme ich in der Schule klar, treffe mich mit meiner Clique und gehe zum Sport.

1 **a** Ist die Handynutzung auch bei euch zu Hause ein Streitthema? Berichtet.
b Äußert eure ersten Eindrücke: Welchen Beiträgen aus der Talkrunde würdet ihr zustimmen, welchen widersprechen?

2 Fasst knapp zusammen, welche Standpunkte die folgenden Talkshowgäste vertreten: Emma (Schülerin), Herr Lutz (Vater), Herr Dr. Nau (Psychologe), Frau Schneider (Expertin im Bereich Medienkonsum). Ihr könnt die folgenden Formulierungshilfen nutzen:

... vertritt die Meinung, ... • ... ist der Ansicht, dass ... • ... vertritt den Standpunkt ...

3 Untersucht im Team, wie die Beiträge der Diskussionsteilnehmer aufgebaut sind.
Wählt a, b oder c:

●○○ **a** Untersucht den Beitrag von **Herrn Lutz** (► Z. 34–44): **Schreibt** seinen **Standpunkt,** sein **Argument** und das **Beispiel** aus dem Text **heraus.** Unterstreicht Meinung, Argument und Beispiel in unterschiedlichen Farben.

●●○ **b** **Notiert die Passage,** in der **Frau Schneider** auf ein **Argument** eingeht, das gegen ihren Standpunkt spricht, und dieses dann **entkräftet.**

●●● **c** **Untersucht, wie Herr Dr. Nau** (► Z. 49–60) sein **Argument entfaltet** (► Merkwissen unten).
- Notiert, ob er ein Beispiel, eine Erläuterung, einen Beleg oder ein Zitat verwendet.
- Formuliert dann selbst eine andere Möglichkeit, wie Herr Dr. Nau sein Argument entfalten könnte.

d Stellt eure Ergebnisse vor. Begründet, wer eurer Meinung nach besonders gut argumentiert.

4 Nennt Situationen aus eurem Alltag, in denen euch die Kenntnis von Argumentationsstrukturen in Gesprächen helfen kann.
Wenn jemand mich von etwas überzeugen will, kann ich darauf achten, ob …
Mit meinen Eltern streite ich oft über … Jetzt weiß ich, wie ich sie im Gespräch …

⊕ **5** An Frankreichs Schulen sind Handys seit dem Jahr 2018 verboten. Was haltet ihr davon?
Formuliert euren Standpunkt und begründet ihn mit einem Argument und einem Beispiel.

Information **Argumentieren: Meinung, Argument, Beispiel/Beleg**

Beim Argumentieren versucht man, seine Meinung (These) überzeugend zu begründen. Man formuliert einen Standpunkt (Meinung, Wunsch, Forderung) und stützt diesen mit Argumenten und Beispielen oder Belegen, z. B.:
- **Standpunkt (Meinung):** *Smartphones sollten im Unterricht sinnvoll eingesetzt werden,*
- **Argument:** *weil dann die Schülerinnen und Schüler motivierter wären.*
- **Beispiel:** *So kann man mit dem Smartphone beispielsweise Filme für Projektarbeiten drehen oder Informationen recherchieren.*

Stützen könnt ihr eure Argumente durch:
- ein **Beispiel** aus eurem eigenen Erfahrungsbereich:
Mit dem Smartphone wird der Unterricht interessanter. Wir könnten zum Beispiel Filme für Projektarbeiten drehen und bearbeiten.
- einen **Beleg** aus einer Umfrage, z. B.:
Laut einer aktuellen Studie gibt das Smartphone den Schülerinnen und Schülern die Möglichkeit, selbstständig zu lernen.
- ein **Zitat** einer Expertin / eines Experten, z. B.: *Laut einer Bildungsexpertin sorgt das Smartphone sogar im Unterricht für eine höhere Lernleistung.*

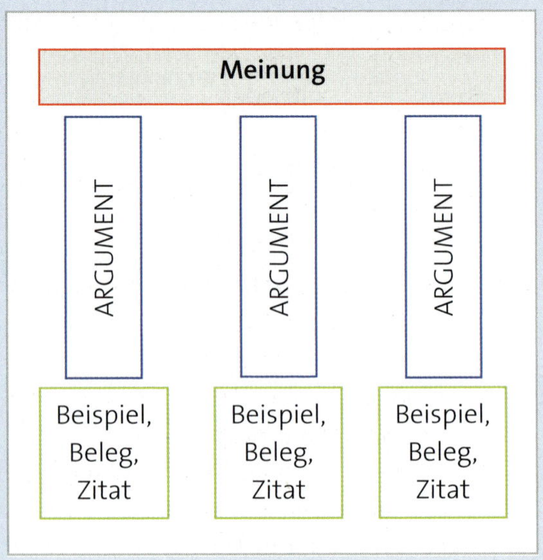

Gegenargumente nennen und entkräften

A Regelmäßig auf das Handy zu verzichten, zum Beispiel zwei Tage in der Woche, schützt Jugendliche davor, handysüchtig zu werden.
B Der Handykonsum von Jugendlichen wirkt sich nachteilig auf die schulischen Leistungen aus.
C Wie in Frankreich sollte es auch in Deutschland ein generelles Handyverbot an Schulen geben, denn das würde dazu führen, dass sich die Schüler/-innen besser konzentrieren können.
D Wir können uns nicht mehr auf ein Gespräch konzentrieren, weil wir durch unsere Handys abgelenkt sind. Deshalb sollte man das Handy während eines Gesprächs ausschalten.
E Es ist richtig, dass Eltern die Smartphones ihrer Kinder – auch ohne deren Wissen – überprüfen, wenn sie Sorge haben, dass sich Kinder mit nicht altersgerechten Inhalten beschäftigen.

1 Zum Thema Handy gibt es unterschiedliche Standpunkte. Entkräftet Argumente mit Hilfe der Formulierungshilfen im Wortspeicher unten. Wählt a, b oder c.
●○○ **a** Sucht euch **zwei Aussagen** aus dem Text aus, denen ihr widersprechen möchtet.
●●○ **b** Wählt **drei Aussagen** aus dem Text aus und entkräftet sie.
●●● **c** Entkräftet **alle Aussagen** aus dem Text zum Streitpunkt Handy.
d Stellt eure Ergebnisse vor. Diskutiert, welche Entkräftigungen ihr gelungen findet.

Gegenargumente nennen und entkräften
- Viele meinen zwar, dass ..., allerdings ...
- Viele vertreten den Standpunkt, dass ... Dagegen möchte ich einwenden, dass ...
- Natürlich besteht die Gefahr, dass ... Aber ...
- Es ist zwar nachvollziehbar, dass ... Aber viel entscheidender ist doch, dass ...
- Selbst wenn man der Ansicht ist, dass ..., folgt daraus nicht, dass ... Denn ...

2 Stellt euch folgende Situation vor: Eure Eltern wollen handyfreie Bereiche einrichten. Ihr findet den Umgang mit eurem Handy angemessen. Formuliert einen Kompromiss, mit dem beide Seiten zufrieden sein könnten. Tragt dann das Gespräch vor der Klasse vor.

Information **Gegenargumente (Einwände) nennen und entkräften**

Beim Argumentieren überzeugt ihr noch mehr, wenn ihr ein **Argument** nennt, **das gegen euren Standpunkt spricht (Gegenargument),** und dieses entkräftet. Schwächt es ab, indem ihr zum Beispiel erklärt, warum es euch nicht überzeugt, z. B.:
Viele meinen, dass ein Handyverbot wirkungsvoll sei, aber mittlerweile haben Experten herausgefunden, dass ein Verbot allein nichts bringt. Besser wäre es, gemeinsam über die Art der Handynutzung zu sprechen und Regeln zu vereinbaren.
TIPP: Nicht immer kann man andere von seiner Meinung überzeugen. Dann bleiben die unterschiedlichen Standpunkte erhalten und man muss einen **Kompromiss** (Zwischenlösung) finden. Dazu müssen die Partner jeweils auf Teile ihrer Forderung verzichten.

Machen Smartphones einsam? – Eine Debatte führen

Verpassen wir durch Smartphones das „echte“ Leben?

PRO

„Ja, durch Smartphones verpassen wir das ‚echte‘ Leben“, sagt Stefanie.

Wir reden nicht mehr. Anstatt uns zu unterhalten, sind wir permanent mit unseren Smartphones beschäftigt: im Wartezimmer, in der S-Bahn oder in der Mensa. Das soziale Miteinander verkümmert in Zeiten, in denen soziale Netzwerke ständig präsent sind und soziale Kontakte eigentlich fördern sollten. Natürlich, Smartphones sind praktisch, allerlei Apps erleichtern unseren Alltag. Aber bei den vielen Vorteilen, die ein Smartphone mit sich bringt, darf man eines nicht vergessen: Ein Chat kann eine richtige Unterhaltung nicht ersetzen. Der eigentliche soziale Kontakt fällt weg. Persönliche Beziehungen sind so gefährdet. Sie brauchen richtige Kommunikation und gemeinsame Erlebnisse. Aber nicht nur das: Smartphones können Beziehungen und Freundschaften auch auf eine andere Weise schädigen. Wer im Beisein anderer ständig auf das Handy schaut, gibt ihnen schnell das Gefühl, sich nicht richtig für sie zu interessieren. Stress und Enttäuschungen sind dann vorprogrammiert. Warum bei Treffen mit Freunden nicht eine einfache Regel einführen? Einfach alle Handys in einen Korb legen und erst wieder rausnehmen, wenn man nach Hause geht. Die Atmosphäre ist so viel schöner: Man ist nicht abgelenkt von ständigen Signaltönen irgendwelcher Nachrichten und kann sich besser aufeinander konzentrieren.

Streitereien und Konflikte sollten auf keinen Fall in den sozialen Netzwerken oder per SMS ausgetragen werden. Denn dabei kann es sehr schnell zu Missverständnissen kommen. Da helfen auch Smileys nur wenig, um den richtigen Ton zu treffen. Außerdem: Wenn man sich streitet, sollte man sich die Meinung wenigstens gegenseitig ins Gesicht sagen. Sich hinter dem Smartphone zu verstecken, ist feige.

Wenn wir uns nur mit unserem Handy beschäftigen, verpassen wir das eigentlich Wichtige. Wer uns alles begegnen könnte, während wir gebückt und auf unser Handy schauen und die Straße entlanglaufen! Ein Promi? Die große Liebe? Das mag weit hergeholt sein, aber Fakt ist: Uns entgeht zumindest eine ganze Menge „echtes“ Leben.

Das heißt nicht, dass man ganz auf Smartphones verzichten sollte. Natürlich erleichtern sie uns in vielen Situationen den Alltag. Aber deswegen müssen wir sie nicht ununterbrochen benutzen. Ein sensibler und bewusster Umgang mit dem Smartphone ist wichtig. Zum einen für unsere Mitmenschen, weil es unhöflich ist, in ihrer Gegenwart permanent auf das Handy zu gucken. Zum anderen ist der sensible Umgang auch wichtig für einen selbst: Wer möchte schon 400 Freunde und 300 Follower in sozialen Netzwerken und zahlreiche Chats haben, aber mit niemandem wirklich persönlich reden können?

KONTRA

„Nein, Smartphones helfen uns, Kontakte zu halten", meint Luisa.

„Leg doch mal das Handy weg!" „–" „Warum denn? Stört es dich etwa?" „–" „Ja." Ein typischer Dialog am Esstisch. Inzwischen werben sogar einige Restaurants mit einem Handyverbot in ihren Räumlichkeiten. Doch sind Smartphones & Co. wirklich kleine Monstergeräte, die nur darauf aus sind, uns in unkommunikative, sozialfeindliche Einsiedler zu verwandeln? Nein!

Virtuelle statt realer Kommunikation – ein Wandel, der vielen Bauchschmerzen bereitet. Dabei wird jedoch oft vergessen, dass uns Smartphones sogar helfen können, mit unseren Mitmenschen in Kontakt zu treten, und das rund um die Uhr. Treffen lassen sich schneller arrangieren, in Gruppen-Chats können mehrere Personen gleichzeitig kommunizieren und via Selfie können auch abwesende Freunde am Geschehen teilhaben. Schon längst haben die Minicomputer die Welt der Kommunikation revolutioniert.

Kritiker bemängeln hierbei, dass man sich bei Streitigkeiten hinter seinem Smartphone leichter verstecken könne. Tatsächlich sollten Konflikte immer besser persönlich als via Chat ausgetragen werden. Aber was ist, wenn ein persönliches Gespräch – aus welchen Gründen auch immer – zurzeit nicht möglich ist? Soll man das schlechte und bedrückende Gefühl dann tagelang mit sich rumtragen, bis es endlich zu einem Treffen kommt? Da ist es doch besser, die Meinungsverschiedenheit direkt aus dem Weg zu räumen. Und wenn das persönlich nicht geht, ist das Smartphone die beste Alternative.

Handelt es sich daher bei der Debatte über die Sozialverträglichkeit dieser Multifunktionsgeräte nicht eher um eine der vielen „Früher-war-doch-alles-besser-Diskussionen"? Natürlich musste man sich ohne soziale Netzwerke treffen, um sich austauschen zu können. Eben kurz eine Nachricht zu verschicken, war nicht möglich. Aber deshalb war die Zeit vor den Smartphones lange noch nicht besser.

Schließlich erleichtert ihr Service unseren Alltag. Und das bringt uns auch für das soziale Miteinander viele Vorteile. So ist man jederzeit erreichbar und kann insbesondere in Notfällen schnell reagieren. Nachrichten-Apps informieren uns mittels Liveticker brandaktuell über das Weltgeschehen – ein Unterhaltungsthema, das ohne App vielleicht gar nicht erst zur Sprache käme. Außerdem können Fotos und Videos auch für Gesprächsstoff sorgen. Folglich können Smartphones manchmal sogar eher zu Gesprächen anregen, als sie zu stören.

Wenn ein Tischgespräch also durch eine Nachricht nur ganz kurz unterbrochen wird, ist das noch lange kein Grund, ständig auf der scheinbar sozialen Unverträglichkeit dieser Geräte herumzureiten. Vielmehr sollten Tischsitten und Kommunikationsregeln eher endlich an das moderne Zeitalter angepasst werden.

1 **a** Formuliert mit eigenen Worten, um welche Streitfrage es geht.
b Welche unterschiedlichen Positionen werden vertreten? Begründet mit Textbelegen.
c Erklärt, welchen Aussagen aus den Texten ihr zustimmen und welchen ihr widersprechen würdet.

2 **a** Sucht in beiden Texten (Pro und Kontra) die Passagen, in denen die Autorinnen ein Gegenargument (▸ S. 65) nennen und entkräften.

b Sollte man bei einem Treffen mit Freunden alle Handys in einen Korb legen und sie erst wieder rausnehmen, wenn man nach Hause geht (▸ vgl. S. 66, Z. 25–33)? Diskutiert, was ihr von diesem Vorschlag haltet.

3 Sind unsere Smartphones eine Gefahr für das soziale Miteinander und verpassen wir durch diese Geräte das „echte" Leben? Erstellt in eurer Klasse ein Meinungsbild und notiert, wie viele von euch dafür (pro) und wie viele von euch dagegen (kontra) sind.

4 Bereitet eine Pro-und-Kontra-Debatte zu der Streitfrage (▸ Aufgabe 3) vor.

a Findet euch in Pro- und Kontra-Gruppen (jeweils vier bis sechs Personen) zusammen und legt euch eine Stoffsammlung für die Diskussion an:

- Notiert Argumente und Beispiele, Belege oder Zitate, die eure Position stützen.
- Überlegt, welche Argumente die Gegenposition anführen könnte, und entkräftet diese (▸ S. 65).

b Bereitet ein kurzes Statement (▸ Methodenseite, S. 69) vor.

5 Führt mehrere Debattenrunden durch (▸ Methodenseite, S. 69).
Lasst jeweils eine Pro- und Kontra-Gruppe miteinander diskutieren.

- Bestimmt eine Diskussionsleiterin oder einen Diskussionsleiter, die/der die Debatte eröffnet und auf die Zeitvorgaben achtet.
- Bestimmt eine Beobachtungsgruppe, die die Diskutanten beobachtet und ein Feedback gibt. Die Beobachter/-innen hören zu, machen sich Notizen und geben den Debattierenden eine Rückmeldung. Am besten wählt jeder einen Diskussionsteilnehmer aus und notiert, wie dieser seine Meinung vertritt.

Feedback-Bogen für Pro-und-Kontra-Debatte	☺	😐	☹
Vorgaben zum Eingangsstatement eingehalten?			
Überzeugende Argumente und Beispiele/Belege genannt?			
Gegenargument genannt und entkräftet?			
An Beiträge der Vorredner/-innen angeknüpft?			

6 Erstellt nach der Debatte noch einmal ein Meinungsbild zur Frage, ob unsere Smartphones eine Gefahr für das soziale Miteinander sind.
Hat sich das Meinungsbild nach den Debattenrunden in eurer Klasse verändert?
Wenn ja, diskutiert mögliche Gründe.

7 Diskutiert, inwiefern die strenge Debattenstruktur euch in der Diskussion geholfen hat und wo sie evtl. auch hinderlich war.

Eine Debatte durchführen

Die Debatte ist eine besonders streng geregelte Form der Diskussion, in der ein Diskussionsleiter / eine Diskussionsleiterin den Ablauf steuert. Dabei diskutieren zwei Parteien, nämlich eine Pro- und eine Kontra-Gruppe, mit ihren gegensätzlichen Positionen zu einer strittigen Frage.

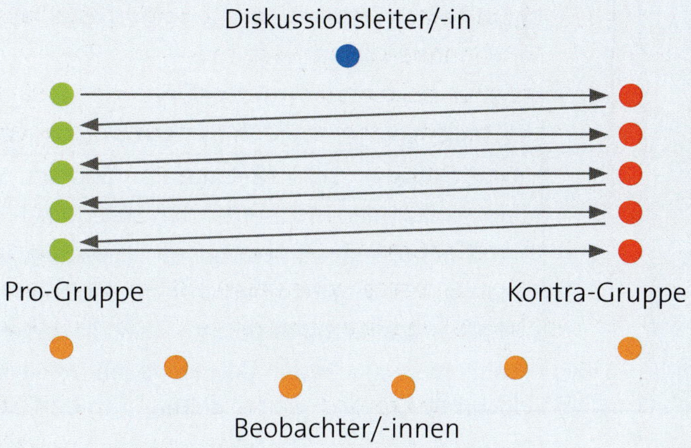

1. Eröffnung

Der Diskussionsleiter / Die Diskussionsleiterin eröffnet die Debatte, indem er/sie die Diskussionsfrage nennt und die beiden Gruppen um ihre Statements bittet.

- In unserer Diskussion geht es um die Frage, ...
- Für ihr erstes Statement dazu hat jede Gruppe ... Sekunden Zeit.
- Zuerst bitte ich die ... Gruppe ...
- Vielen Dank! Nun bitte ich die ...

2. Statements

Die Sprecher der Pro-Gruppe und der Kontra-Gruppe tragen nacheinander ihre Statements vor. Dabei achtet der Diskussionsleiter auf die genaue Einhaltung der Zeit (ca. 30–60 Sek.).

- Seit einiger Zeit wird darüber diskutiert ...
- Wir vertreten die Meinung ...
- Unser wichtigstes Argument lautet ...
- Wir können zwar verstehen, dass ... Aber ...
- Von daher kommen wir zu dem Fazit ...

3. Diskussion (freie Aussprache)

Die Diskutanten der Pro- und der Kontra-Gruppe diskutieren miteinander. Sie nennen ihre Argumente und entkräften die Argumente der Gegenposition.
Bezieht euch auf die Diskussionsbeiträge eurer Vorredner.
Haltet die Gesprächsregeln ein und diskutiert fair.

- Du sagst, dass ... Das sehe ich ähnlich, aber man muss auch bedenken ...
- Deine Meinung kann ich verstehen, aber wichtig ist doch auch, ...
- Selbst wenn ..., muss man doch beachten ...
- Wenn man sich vorstellt, dass ... / Wenn ich von ... spreche, meine ich zum Beispiel, dass ...

4. Beendigung der Diskussion

Der Diskussionsleiter / Die Diskussionsleiterin beendet die Diskussion nach der vereinbarten Zeit (ca. 6–10 Minuten) und fasst wichtige Ergebnisse zusammen.

- Vielen Dank für die interessanten Beiträge.
- Wir können abschließend festhalten, dass ...
- Einig waren sich die Diskutanten, dass ...
- Zu klären wäre noch ...

Argumentieren und überzeugen

1 Paul: Vor der Klassenfahrt sollten wir diskutieren, wie die Handynutzung auf der Klassenfahrt aussehen soll. **2 Lara:** Ich fände es schön, wenn wir uns auf ein Smartphone-Verbot einigen könnten. Klassenfahrten sollen doch die Klassengemeinschaft stärken. Wenn wir dauernd mit unseren Smartphones beschäftigt sind, kommen gar keine richtigen Gespräche zustande. **3 Sibel:** Sicherlich gibt es bei einer Klassenfahrt immer wieder Leute, die sehr viel chatten, daddeln und posten. Aber die meisten von uns haben doch viel mehr Lust, gemeinsam etwas zu erleben. Da mache ich mir keine Sorgen, dass durch die Smartphones das Miteinander verloren geht. **4 Tim:** Ich finde ein Handyverbot nicht richtig, denn Smartphones können auf einer Klassenfahrt auch sinnvoll eingesetzt werden. Auf einem Ausflug nach Aachen durften wir beispielsweise die Innenstadt erkunden. Ohne die Online-Kartendienste hätten wir uns nur schwer orientieren können. **5 Pia:** Dass Smartphones dabei sind, finde ich gut. Aber keiner von uns sollte permanent online sein. Was haltet ihr davon, wenn wir uns auf feste Nutzungszeiten einigen? **6 Esat:** Das ist eine gute Idee. Auf das Handy ganz zu verzichten, wäre wirklich schade, weil wir dann sehr wahrscheinlich gar keine Erinnerungsfotos und Filme hätten.

1 Untersucht die Aussagen. Ordnet jedem Satzanfang die richtige Fortsetzung zu und notiert den Lösungsbuchstaben. Rückwärts gelesen ergeben sie ein Lösungswort.
Achtung: In drei Sätzen sind zwei Fortsetzungen richtig.

In Satz 1 …	**G** entkräftet Paul einen Einwand.	**L** schlägt Paul einen Kompromiss vor.	**E** äußert Paul seine Meinung.
In Satz 2 …	**M** formuliert Lara einen Kompromiss.	**T** begründet Lara ihre Meinung mit einem Argument und Beispiel.	**R** nennt Lara ein Argument ohne ein stützendes Beispiel.
In Satz 3 …	**N** greift Sibel ein Argument von Lara auf und entkräftet es.	**S** führt Sibel Argumente für ein Handyverbot auf Klassenfahrten an.	**T** formuliert Sibel eine Forderung.
In Satz 4 …	**E** wird klar, dass Tim eine andere Meinung als Lara (Satz 2) hat.	**M** formuliert Tim seine Meinung und stützt sie durch ein Argument und ein Beispiel.	**K** sagt Tim seine Meinung, stützt sie durch ein Argument, bringt aber kein Beispiel.
In Satz 5 …	**U** schlägt Pia einen Kompromiss vor.	**G** spricht sich Pia gegen ein Handyverbot aus.	**H** entkräftet Pia die Position von Tim.
In Satz 6 …	**R** stützt Esat den Kompromiss von Pia.	**A** nennt Esat ein Argument für die Handymitnahme.	**P** führt Esat ein Beispiel an.

3.2 Machen soziale Netzwerke unglücklich? – Materialgestützt argumentieren

Informationen auswerten, eine Stoffsammlung anlegen

Immer wieder geraten soziale Netzwerke wie Twitter, Instagram oder Facebook in die Kritik, sodass einige besorgte Eltern sogar darüber nachdenken, ihren Kindern die Nutzung von sozialen Netzwerken zu verbieten.
Schreibt für eine Website, die vor allem Eltern über die Vor- und Nachteile sozialer Netzwerke aufklärt, einen Blogbeitrag, in dem ihr eure Leser/-innen von den Vorteilen sozialer Netzwerke überzeugt. Führt drei Argumente aus und entkräftet auch ein Gegenargument.
Die folgenden Materialien (▶ S. 72–74) helfen euch, gute Argumente und Beispiele oder Belege zu finden.

1 Erklärt, welches Ziel und welche Merkmale euer Text haben soll:
- Was ist der Anlass eures Beitrags? Welches Ziel verfolgt ihr mit eurer Argumentation?
- Wer sind eure Adressaten (Leser/-innen) und was bedeutet das für euren Text?

2 „Machen soziale Netzwerke unglücklich?" Diskutiert, wie ihr diese Frage versteht.

3 Legt euch – am besten am Computer – eine Stoffsammlung für eure Argumentation an.
- Sucht aus den folgenden vier Materialien (▶ S. 72–74) Argumente und Beispiele/Belege/Zitate heraus, die für (pro) soziale Netzwerke sprechen.
- Notiert auch ein mögliches Gegenargument (Argument, das gegen soziale Netzwerke spricht) sowie Ideen, wie ihr dieses entkräften könnt.

Stoffsammlung: Gründe, die für soziale Medien sprechen

Das muss vorkommen → Hier finde ich Informationen. ↓	Argumente + Beispiele, Belege, Zitate	mögliche Gegenargumente und Ideen zur Entkräftigung
M1: Wozu soziale Netzwerke?	...	...
M2: Grafik	...	...
M3: Social Media ...	...	...
M4: Was die Freundschaft ...	...	...

M1

Wozu soziale Netzwerke?

Heute nutzen 85 Prozent aller 12- bis 17-Jährigen täglich soziale Netzwerke zur Kommunikation. Wir fragen die Schülerin Juwita Maanema, was sie an Social Media reizt.

Frage: Warum nutzt du soziale Netzwerke?

Juwita: Fast alle meiner Freunde und Bekannten sind auf einer Plattform unterwegs. Da will ich natürlich dazugehören, um mich auszutauschen, Beziehungen zu pflegen und zu knüpfen und um etwas mitzubekommen. Schön finde ich auch, wenn ich auf Postings ein positives Feedback erhalte. So erfahre ich schnell, was ankommt und was nicht, und kann mich selbst ausprobieren. Mich selbst darzustellen und das Leben anderer zu beobachten, ist ja erst einmal nichts Schlechtes. Das macht man ja auch im normalen Leben.

Frage: Gibt es Dinge, die Jugendliche bei sozialen Netzwerken besonders schätzen?

Juwita: Ja, klar! Soziale Netzwerke bieten einen Raum, in dem wir uns treffen können, ohne von unseren Eltern beobachtet zu werden. Hier können wir die Regeln selbst bestimmen. Und noch etwas: Innerhalb sozialer Netzwerke ist die Kommunikation mit Freunden unabhängig von Zeit und Raum möglich. So kann ich mich zum Beispiel nach der Schule mit meinen Freunden austauschen und mich auch über Hausaufgaben informieren, die wir erledigen müssen.

Frage: Was würdest du Erwachsenen sagen, die die sozialen Netzwerke eher kritisch sehen?

Juwita: Meiner Meinung nach sollten Eltern ihre Kinder über die Chancen und Risiken von sozialen Netzwerken aufklären. Sie sollten ihre Kinder nicht bevormunden, sondern ihnen dabei helfen, Gefahren zu erkennen.

1 **a** Erklärt, welche Meinung zum Thema „soziale Netzwerke“ in dem Interview vertreten und mit welchen Argumenten diese gestützt wird.

b Diskutiert, welchen Statements und Argumenten Juwitas ihr euch anschließen könnt. Übernehmt diese in eure Stoffsammlung (▶ S. 71, Aufgabe 3).

M2

Wozu nutzen Jugendliche soziale Medien?

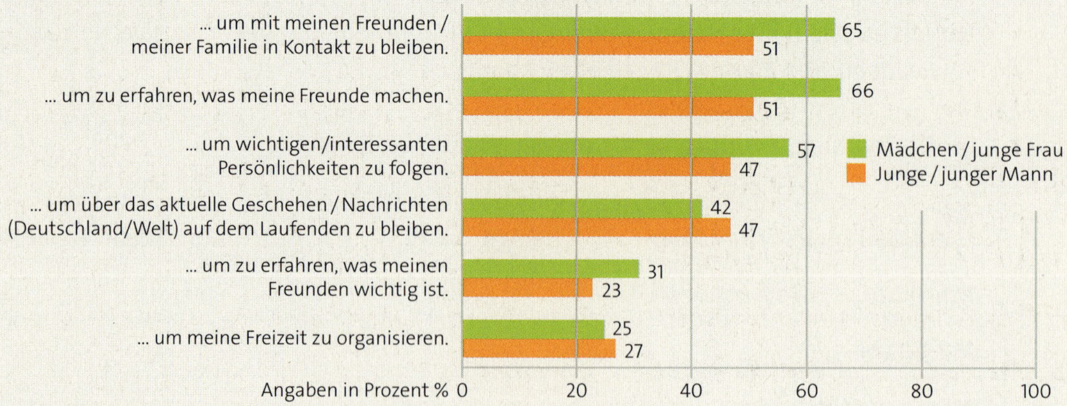

Quelle: Vodafone Stiftung Deutschland, 2018

2 Soziale Netzwerke bieten vielfältige Möglichkeiten und Chancen zu kommunizieren.
a Fasst zusammen, was in dem Diagramm dazu gezeigt wird. Was lässt sich ablesen?
b Erklärt, inwiefern ihr die Angaben aus der Grafik für euren Blogbeitrag nutzen könnt. Füllt eure Stoffsammlung (▶ S. 71, Aufgabe 3) entsprechend aus.

M3

Social Media senken Glückslevel

Eine Studie in Großbritannien belegt den Druck, den soziale Medien auf Jugendliche ausüben. Ein Großteil hat das Gefühl, den vermeintlichen Anforderungen von außen nicht standhalten zu können.

Wer kennt es nicht: Man scrollt durch Instagram und bestaunt die neuesten Fotos seiner Freunde aus dem Urlaub, die neu erlernte Yoga-Pose oder das tolle Abendessen mit dem riesigen Freundeskreis. Und egal, wie zufrieden man mit dem eigenen Leben ist, irgendwie ist da immer dieses Gefühl, vielleicht nicht von Neid, aber doch von der Unzulänglichkeit des eigenen Lebens. Und wir sind nicht allein: Eine Studie des Marktforschungsinstituts „YouGov“ unter britischen Jugendlichen im Auftrag des „Prince's Trust“ liefert nun erschreckende Zahlen. Fast ein Fünftel der 2162 befragten Jugendlichen zwischen 16 und 25 Jahren kann der Aussage: „Ich finde mein Leben lebenswert“, nicht zustimmen, wie die britische Zeitung „The Guardian“ berichtet. 27 Prozent sehen keinen wirklichen Sinn in ihrem Leben. Insgesamt ist das Glücklichkeitslevel unter Jugendlichen in den letzten Jahren stark gesunken, wenn es um Freundschaften und emotionale Gesundheit geht, zeigt die Studie. Das Ergebnis: Knapp die Hälfte aller britischen Jugendlichen, die heutzutage Social Media nutzen, hat mehr Angst vor der Zukunft, wenn sie sich auf Plattformen wie Instagram mit anderen vergleicht. Fast 60 Prozent gaben zudem an, dass soziale Netzwerke einen großen Druck auf sie ausübten. Aber es gab auch positive Stimmen: Ein Drittel der Befragten gab an, soziale Medien gäben ihnen das Gefühl, positiven Einfluss auf ihre Generation zu haben, und mehr als ein Viertel sagte, Social Media mache sie glücklich.

3 „Man scrollt durch Instagram […]. Und egal, wie zufrieden man mit dem eigenen Leben ist, irgendwie ist da immer dieses Gefühl, vielleicht nicht von Neid, aber doch von der Unzulänglichkeit des eigenen Lebens“ (▶ Z. 6–14). Erklärt, wie ihr diese Aussage versteht.

4 Fast 60 Prozent aller Jugendlichen gaben in einer Studie an, dass soziale Netzwerke einen großen Druck auf sie ausüben (▶ Z. 33–35). Begründet, ob euch dieses Ergebnis überrascht.

5 Spricht sich der Text eher für oder eher gegen soziale Netzwerke aus?
Ergänzt eure Stoffsammlung (▶ S. 71, Aufgabe 3). Achtet darauf, welche Spalte ihr füllen müsst.

M4

Was die Freundschaft vertieft

Einsamkeit, Sucht, Selbstmord – wenn Menschen ihre sozialen Beziehungen im Internet führen, drohen große Gefahren, heißt es oft. Doch Forscher stellen fest: Soziale Netzwerke machen nicht einsam, sondern helfen, Freundschaften zu erhalten.

Von Christian Weber

„Online-Freundschaften vertiefen und erhalten in aller Regel Offline-Freundschaften“, sagt der Sozialpsychologe Jaap Denissen von der Berliner Humboldt-Universität. Übers Internet kommunizieren Menschen am häufigsten mit jenen Freunden, denen sie auch offline am nächsten stehen. Selbst beim Handy gehen einer Studie zufolge 80 Prozent der Anrufe an nur vier Nummern. Die Sache liegt eher umgekehrt: Soziale Medien erleichtern es, alte Schulkameraden wiederzufinden, den Kontakt zu weggezogenen Freunden aufrechtzuerhalten und oft sogar neue Menschen kennenzulernen. Es ist eben nicht so, dass neue Medien und Technologien eher apathisch, unpolitisch und ungesellig machen. Dagegen spricht auch ein natürliches Experiment, das sich vor einigen Jahren in den neuen Ländern abspielte und von den Bildungsökonomen Stefan Bauernschuster, Oliver Falck und Ludger Wößmann für das Münchner Institut für Wirtschaftsforschung untersucht wurde: Sie nutzten die Tatsache, dass in einigen ostdeutschen Regionen aus technischen Gründen kein DSL-Zugang möglich war, sodass man Internetnutzer mit dieser Gruppe von Menschen vergleichen konnte, die aus Zufallsgründen ohne Netz war. Anhand der Daten von mehr als 18000 Menschen kamen die Forscher zu einem überraschenden Ergebnis: „Die neuen Befunde belegen erstmals, dass das Internet die gesellschaftliche Betätigung nicht zerstört, sondern sogar eher fördert“, berichtete Wößmann. „Der schnelle Internetanschluss führt dazu, dass Menschen sich nach eigenen Angaben öfter ehrenamtlich in Vereinen, Verbänden oder sozialen Diensten betätigen und sich in der Politik engagieren. Auch haben sie mehr enge Freunde und besuchen häufiger Theater, Oper, Ausstellungen, Konzerte, Kino, Clubs, Restaurants, Bars oder Sportveranstaltungen.“

6 **a** Erklärt, welchen Standpunkt der Autor zum Thema „soziale Netzwerke“ vertritt. Führt Textstellen als Belege an.

b Ein Einwand gegen soziale Netzwerke ist, dass die Freunde gar nicht „echt“, sondern nur virtuell existieren. Entkräftet diesen Einwand mit Hilfe der Informationen aus dem Artikel.

c Notiert die für euer Schreibziel brauchbaren Argumente in eurer Stoffsammlung (▶ S. 71, Aufgabe 3).

7 Bildet Teams und sichtet noch einmal eure Stoffsammlungen:
- Passen die Beispiele und Belege zu den Argumenten?
- Ordnet eure Argumente nach ihrer Überzeugungskraft und wählt die drei überzeugendsten Argumente aus, indem ihr sie in eurer Stoffsammlung markiert.
- Welches Gegenargument wollt ihr nennen und entkräften? Markiert es.

Eine überzeugende Argumentation schreiben

1 Die Einleitung für euren Blogbeitrag zum Thema „Vorteile von sozialen Medien" könnt ihr unterschiedlich gestalten. Untersucht die folgende Einleitung:
- Wie wird in das Thema eingeführt?
- An welcher Stelle wird die Meinung des Verfassers / der Verfasserin deutlich?
- Wie wird zum Hauptteil übergeleitet?

Jugendliche vereinsamen, sind unglücklich und jeder Goldfisch kann sich mittlerweile besser konzentrieren als sie. Schuld daran soll das Handy sein, genauer gesagt die Nutzung von sozialen Medien. Ist das wirklich so? Ich bin der Ansicht, dass soziale Netzwerke für uns Jugendliche vielfältige Chancen bieten, und möchte im Folgenden erläutern, warum.

2 Verfasst selbst eine Einleitung für euren Blogbeitrag. Wählt Aufgabe a, b oder c.

●○○ **a** **Wählt** eine der folgenden **Einleitungsideen** und formuliert sie aus.

A Machen soziale Netzwerke einsam und unglücklich? Haben unsere Eltern zu Recht den Wunsch, ...? Ich denke, das Gegenteil ist der Fall, denn ... In diesem Beitrag möchte ..., warum ...

B Täglich kommunizieren wir über die sozialen Netzwerke, zum Beispiel um ... Ist die Nutzung von sozialen Medien wirklich so schädlich, wie viele Eltern ...? Ich sage Nein und ...

●●○ **b** **Nutzt** das folgende **Umfrageergebnis** als Idee für eure Einleitung:

Laut einer Studie nutzen 85 Prozent aller Jugendlichen täglich soziale Netzwerke.

●●● **c** Formuliert **selbstständig** eine Einleitung für euren Blogbeitrag.

d Prüft eure Einleitungen mit Hilfe des Merkwissens: Was ist gut, was könnt ihr verbessern?

Information — **Eine Einleitung schreiben**

In der **Einleitung** sollt ihr ...

1 **ins Thema einführen** und eure Leser/-innen **neugierig machen,** z. B.:
- auf die Aktualität des Themas hinweisen, indem ihr auf einen Trend oder ein Umfrageergebnis hinweist (auch in zugespitzter Form), z. B.: *Jugendliche können sich keine Sekunde mehr konzentrieren und ... Schuld daran sollen ...*
- an ein persönliches Erlebnis oder eine persönliche Erfahrung anknüpfen, z. B.: *Egal, ob ich mich über Hausaufgaben informieren oder ..., täglich nutze ich soziale Medien ...*

2 euren **Standpunkt (Meinung)** formulieren und **zum Hauptteil überleiten.**

3 Schreibt den Hauptteil eures Blogbeitrags, in dem ihr eure Position zum Thema vertretet. Nutzt hierfür eure Stoffsammlung (▸ S. 71) und orientiert euch an der folgenden Gliederung:
TIPP: Leitet die Argumente und Beispiele, Belege oder Zitate sprachlich gut ein und verknüpft sie miteinander (▸ Sprachtraining und Formulierungshilfen, S. 77).

Hauptteil	
1. Argument + Beispiel/Beleg/Zitat	– Ein zentrales Argument für/gegen die Nutzung von ... ist, dass ... – Wissenschaftler des ... kamen zum Beispiel zu dem Ergebnis, dass ...
2. Argument + Beispiel/Beleg/Zitat	– Ein weiterer Grund für/gegen ... – Wenn man bedenkt, dass ... / Das zeigt beispielsweise ...
3. Argument + Beispiel/Beleg/Zitat	– Darüber hinaus ... – Damit meine ich zum Beispiel, dass ...
Gegenargument (Einwand) entkräften	– Viele machen sich Sorgen ... Das ist aus meiner Sicht ..., weil ... – Viele meinen zwar, dass ... Allerdings ist das aus meiner Sicht ...

4 Verfasst einen Schlussteil für eure Argumentation. Wählt Aufgabe a, b oder c.

●○○ **a** **Entscheidet** euch für eine **Schlussidee** (A oder B) und formuliert sie aus.

A Es ist deutlich geworden, wie wichtig heute die sozialen Netzwerke sind, um ...
Statt eines Verbots von sozialen Netzwerken würde ich mir wünschen, ...
B Zurück also zur Ausgangsfrage, ob die Nutzung von sozialen Netzwerken tatsächlich ...
Wie meine Ausführungen gezeigt haben, überwiegen ...

●●○ **b** Nutzt die folgenden **Formulierungsbausteine** für den Schluss:

Schluss
- Standpunkt zusammenfassen
- Fazit ziehen
- Vorschlag oder Wunsch äußern
- Appell (Aufruf) formulieren
- an Einleitungsgedanken anknüpfen

– Aus den dargelegten Gründen bin ich der Meinung, dass ...
– Insgesamt wird also ganz deutlich, dass ...
– Zusammenfassend möchte ich festhalten, dass ...
– Statt ... würde ich mir wünschen, dass ...
– Ich hoffe, dass durch meine Argumentation klar geworden ist, dass ...

●●● **c** Formuliert **selbstständig** einen Schluss für euren Blogbeitrag.

d Lest euch eure Schlussteile vor: Was ist gelungen, was könnt ihr noch verbessern?

Eine Argumentationskette bilden

A Ein besonders wichtiges Argument für die Nutzung von sozialen Netzwerken ist ihr hoher Verbreitungsgrad, denn laut einer Studie nutzen 85 Prozent aller Jugendlichen die Social Media. In unserer Klasse tauschen wir uns beispielsweise täglich über anstehende Aufgaben aus oder verabreden uns. Wer nicht in einem sozialen Netzwerk ist, wäre daher von diesen ganzen Informationen ausgeschlossen.

B Soziale Netzwerke haben einen hohen Verbreitungsgrad. 85 Prozent aller Jugendlichen nutzen Social Media. In unserer Klasse tauschen wir uns täglich über anstehende Aufgaben aus oder verabreden uns.

1 **a** Begründet mit Textstellen, welcher Text (A oder B) überzeugender ist.
b Prüft, welche sprachlichen Signale und Überleitungen es gibt.
Gibt es eine Schlussfolgerung aus dem Gesagten, die den Argumentationsschritt abrundet?

2 Verbindet die folgenden Stichpunkte zur einer Argumentationskette (Argument und Beispiel/Beleg/Zitat). Nutzt hierzu die Formulierungshilfen unten.

Soziale Medien helfen, Freundschaften und Beziehungen zu pflegen – über Landesgrenzen hinweg Nachrichten und Fotos austauschen, andere am Leben teilhaben lassen – Wissenschaftler des Münchner Institut für Wirtschaftsforschung kamen zum Ergebnis: Internet fördert Beziehungen zwischen Menschen – engere Freundschaften, häufiger ehrenamtliche Betätigung und häufiger Besuch von Veranstaltungen (Kino, Sport, Restaurant).

Information **Argumente sprachlich gut einleiten und verknüpfen**

Damit eure Argumente und Beispiele/Belege/Zitate nicht zusammenhangslos nebeneinanderstehen, müsst ihr sie sprachlich geschickt einleiten und zu einer Argumentationskette verknüpfen. Die folgenden Formulierungsbausteine können euch dabei helfen:

Begründung	*weil – da – denn*
Folge	*daher – darum – deshalb – deswegen – folglich – so – somit*
Aufzählung	*auch – außerdem – ferner – zudem – überdies – ebenso*
Argumente gewichten	*Ein Argument für ... – Eine wichtige Rolle spielt ... Hinzu kommt, dass ... – Ein weiterer Grund für/gegen ... ist ... – Besonders wichtig / Noch wichtiger ist ...*
Beispiele einleiten	*ein Beispiel dafür ist ... – Das zeigt ... – beispielsweise – Aus eigener Erfahrung kann ich sagen, dass ... – Wenn man sich vorstellt, dass ... – Umfrageergebnisse zeigen, dass ... – Laut dem Experten xy ...; Dies belegt auch eine Studie, die ...*

Information **Materialgestützt argumentieren**

Beim materialgestützten Argumentieren erhaltet ihr verschiedene Materialien (z. B. Texte und Grafiken), die ihr für eure Argumentation verwenden könnt. Ihr wählt also die passenden Informationen aus und verfasst auf dieser Grundlage eine überzeugende Argumentation.
Geht so vor:

1 Die Aufgabestellung verstehen
Klärt, was die Aufgabenstellung von euch verlangt:
- Um welches **Thema** geht es?
- Welches **Ziel** verfolgt ihr mit eurer Argumentation?
- Wer sind eure **Adressaten** (Leser/-innen)? Was bedeutet das für euren Text?

2 Informationen sammeln (Stoffsammlung)
Die Materialien geben euch Informationen zum Thema der Argumentation.
- Fragt euch während des Lesens: Was steht in diesem Abschnitt? Was ist für die Bearbeitung der Aufgabe wichtig, was nicht?
- Legt eine Stoffsammlung (▶ S. 71) an: Sucht aus den Materialien **Argumente** und **Beispiele/ Belege/Zitate** heraus, die ihr **für eure Argumentation** verwenden könnt.

3 Die Argumentation schreiben
- **Einleitung:**
  Führt in das Thema ein und macht eure Leser/-innen neugierig auf das Thema. Nennt zum Beispiel den **Anlass** eurer Argumentation oder weist auf die Aktualität des Themas hin. Formuliert auch eure Meinung zum Thema und leitet dann zum Hauptteil über (▶ Tipps zur Einleitung, S. 75), z. B.:
  Machen soziale Netzwerke einsam und unglücklich? Haben unsere Eltern zu Recht den Wunsch, ... Ich denke, das Gegenteil ist der Fall, denn ... In diesem Beitrag möchte ..., warum ...
- **Hauptteil:**
  Im Hauptteil nennt ihr **Argumente** und **Beispiele bzw. Belege für eure Position.**
  Macht den Zusammenhang eurer Argumentation deutlich, indem ihr die Argumente und Beispiele/Belege/Zitate auch sprachlich gut einleitet und zu einer Argumentationskette verknüpft (▶ Sprachseite, S. 77).
  Eure Argumentation wird noch überzeugender, wenn ihr einen **möglichen Einwand** (Gegenargument) nennt und diesen **entkräftet,** z. B.:
  Viele wenden ein, dass ... Das ist aus meiner Sicht nicht richtig, denn ...
- **Schluss:**
  Fasst zum Schluss noch einmal euren Standpunkt zusammen, äußert einen Vorschlag oder einen Wunsch für die Zukunft, formuliert einen Appell (Aufruf) oder knüpft an den Einleitungsgedanken an (▶ Tipps für den Schluss, S. 76), z. B.:
  Es ist deutlich geworden, wie wichtig heute die sozialen Netzwerke sind, um ... Statt eines Verbots von sozialen Netzwerken würde ich mir wünschen, ...

3.3 Fit in ...! – Materialgestützt argumentieren

Die Aufgabenstellung verstehen, eine Stoffsammlung anlegen

Stellt euch folgende Situation vor:

Freunde haben dir erzählt, dass es an ihrer Schule Tabletklassen gibt und im Unterricht häufig digitale Medien eingesetzt werden. Jetzt soll an eurer Schule abgestimmt werden, ob eure Schule komplett auf Unterricht mit Tablets umstellt oder nicht. Auf der Homepage eurer Schule willst du einen Artikel veröffentlichen, in dem du skeptische Lehrkräfte und Eltern von den Vorteilen der Tablets im Unterricht überzeugst. Schreibe einen argumentativen Artikel, in dem du drei Argumente ausführst und ein Gegenargument aufgreifst und entkräftest.
Die folgenden Materialen (► S. 79–81) helfen dir, gute Argumente und Beispiele/Belege/Zitate zu finden.

M1

Tablets im Unterricht: Unterrichtshilfe oder Spielzeug?

In Deutschland starteten vereinzelte Schulen den Versuch, mit Tablets zu arbeiten. In anderen Ländern hingegen gehören Tablets im Unterricht schon lange dazu. Deutschland hängt, was die digitale Mediennutzung im Unterricht angeht, hinterher. Dabei bringt der Einsatz von Tablets vielerlei Vorteile mit sich.

Schülern bliebe das schwere Schleppen von Büchern und sonstigen Schulmaterialien erspart. Arbeitsblätter, Übungen, Hausaufgaben liegen an einem zentralen Ort auf dem Schulserver, jeder Schüler und Lehrer hat von überall Zugriff darauf. Auch die klassischen Ausreden – „ich habe meine Hausaufgaben zu Hause vergessen“ oder „mein Hund hat das Aufgabenblatt gefressen“ – ziehen dann nicht mehr. Ein zusätzlicher Bonus sind die multimedialen Funktionen der Tablets. Schüler können Tafelbilder in Mathe abfotografieren, spannende Laborexperimente filmen und sich zur Verbesserung ihrer Fremdsprachenkenntnisse internationale Podcasts anhören. Nicht zu vergessen: Die Schüler können all das mit der Klasse teilen. Die ständige Arbeit mit Tablet und Internet verbessert außerdem die Medien- und Recherchekompetenz der Lernenden. Zudem bereitet sie ein Stück weit auf die digitale und online arbeitende Berufswelt vor.

Der Kostenpunkt, die Anschaffung eines Tablets, bereitet vielen Müttern und Vätern Sorgen. Jedoch gibt es an Schulen, die mit Tablets arbeiten, auch Geräte zur Ausleihe, falls ein Schüler mal keines zur Hand hat. Es gibt aber – außer den Kosten – noch weitere Nachteile: Versagt die Technik auf den Tablets, fällt der Unterricht, der mit den Tablets geplant war, ins Wasser. Auch die Software auf den Geräten ist nicht immer zu 100 Prozent zuverlässig. Die Speicher könnten kaputt- und somit wichtige Daten verloren gehen. Kürzlich wurde außerdem untersucht, dass sich mit der Hand Geschriebenes besser im Gedächtnis einprägt als am Laptop getippte Notizen. Beim intensiven Pauken gehört das Tablet also ruhig mal in die Schublade.

M2

Das sind die Top-3-Vorteile digitalen Lernens

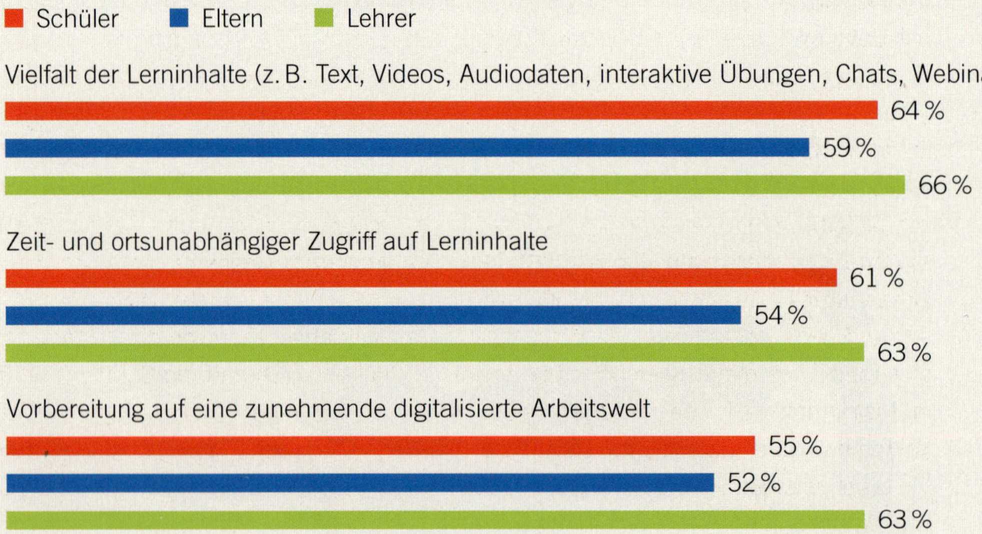

Quelle: Duden Learnattack/YouGov, 2019

M3

Smarter lernen in der Tabletklasse

In der Tabletklasse des Rückert-Gymnasiums hat jeder Schüler seinen eigenen Rechner. Bei IT-Problemen wissen die Kinder oft mehr als ihre Lehrer. Eine Vorbereitung auf das digitale Leben, bei der das Lernen allen Spaß macht.

Von Sylvia Vogt

Wenn Abdul morgens um sechs Uhr aufsteht, greift er sofort zu seinem Tablet. Aber nicht um damit zu spielen oder zu chatten, sondern um es in seine Schultasche zu stecken. Der schmale, schwarz glänzende Kleincomputer ist das wichtigste Arbeitsgerät des 13-jährigen Gymnasiasten. Hefter und Schulbücher, fast alles, was er für die Schule braucht, befindet sich im Tablet, digital gespeichert. Abdul geht in die Klasse 8d, es ist eine sogenannte Tabletklasse. Alle 30 Schüler besitzen ein eigenes Gerät, alle haben dasselbe Modell und sie benutzen es in nahezu jeder Unterrichtsstunde. In Mathematik zeichnen sie damit im Nu einen Graphen oder transformieren ein Dreieck von einer Position zur anderen. In Geschichte bereiten sie eine PowerPoint-Präsentation über den Buchdruck vor, kopieren dafür Illustrationen aus der Schulbuch-App und beschriften sie in ihren digitalen Heftern. In Sport filmen sie mit dem Tablet Bewegungsabläufe und analysieren sie später. Das Tablet, ein Microsoft Surface, ist teurer als andere Modelle. Die Schule entschied sich dafür, weil es leistungsstark ist und vor allem weil es einen Eingabestift hat, mit dem man direkt aufs Display schreiben kann. „Uns war wichtig, dass die Handschrift weiterhin kultiviert wird", sagt Schulleiter Jörg Balke. „Mathematische Brüche kann man viel leichter mit der Hand schreiben, das wäre mit Tastatur zu umständlich."

Maßgeblich beteiligt am Konzept der Tabletklassen war Thomas Klietsch, der Klassenlehrer der 8d. Vieles gehe einfacher mit digitaler Unterstützung, meint Klietsch, zum Beispiel in Mathematik. „In der 8d behandeln wir Vektoren. Früher wäre die ganze Stunde dafür draufgegangen, die Zeichnung anzufertigen. Mit dem Tablet geht das in ein paar Minuten. So habe ich mehr Zeit, um das Thema

zu erklären und zu vertiefen." Und außerdem: „Ich kann mir gar nicht mehr vorstellen, Schule zu machen, ohne auf die digitalen Entwicklungen einzugehen. Alle Schüler werden diese Kompetenzen brauchen."

Seine Achtklässler beherrschen mittlerweile PowerPoint, Excel und OneNote, das Matheprogramm Geogebra und manche auch die Programmiersprache TSS.

Doch abgesehen von diesen technischen Fähigkeiten: Lernen die Schüler mit Tablet tatsächlich mehr? Nicht unbedingt. Darauf deuten zumindest die ersten Studien zum Einsatz digitaler Medien im Unterricht hin: Die Schüler erbringen nicht unbedingt bessere Ergebnisse, aber sie sind motivierter bei der Sache.

1 Lest noch einmal die Aufgabenstellung auf Seite 79 und klärt folgende Fragen:
- Was ist der Anlass eures Artikels? Welches Ziel verfolgt ihr mit eurer Argumentation?
- Wer sind eure Adressaten (Leser/-innen) und was bedeutet das für euren Text?

2 Legt euch eine Stoffsammlung für eure Argumentation an.

a Markiert in den Materialien (▸ S. 79–81) die Informationen, die ihr für euren Text verwenden könnt.
- Markiert in einer Farbe, z. B. Gelb, die Argumente und Beispiele/Belege/Zitate, die für (pro) die Einrichtung einer Tabletschule sprechen. Ein Beispiel ist euch auf Seite 79 vorgegeben.
- Markiert in einer anderen Farbe, z. B. Grün, mögliche Gegenargumente, also Argumente, die gegen (kontra) eine Tabletschule sprechen.

b Prüft und filtert nun die markierten Informationen.
- Notiert die drei überzeugendsten Argumente (mit Beispiel oder Beleg) pro Tabletschule.
- Notiert auch ein Gegenargument sowie Ideen, wie ihr dieses entkräften wollt.

Die Argumentation schreiben und überarbeiten

3 **a** Verfasst nun einen Artikel für die Homepage eurer Schule, in dem ihr skeptische Eltern und Lehrkräfte von den Vorteilen einer Tabletschule überzeugt. Führt drei Argumente für eure Position aus und entkräftet ein Gegenargument.
Ihr könnt die folgende Vorlage nutzen:

Einleitung (ins Thema einführen, Meinung formulieren, zum Hauptteil überleiten)	Das Thema Digitalisierung gewinnt sowohl im Berufsleben als auch im Alltag zunehmend an Bedeutung. So stellt sich die Frage, ob … Ich bin der Meinung, dass wir auch an unserer Schule … In diesem Beitrag möchte ich …
Hauptteil 1. Argument + Beispiel/Beleg/Zitat	– Ein wichtiges Argument für die Tabletnutzung … – Eine Umfrage zeigt, dass … / Der Lehrer einer Tabletklasse sagt …
2. Argument + Beispiel/Beleg/Zitat	– Ein weiterer Grund ist, dass … / Hinzu kommt, dass … – Das bekräftigen beispielsweise …
3. Argument + Beispiel/Beleg/Zitat	– Auch wichtig ist, … / Darüber hinaus … – … sagen zum Beispiel, dass …
Gegenargument (Einwand) entkräften	– Viele meinen zwar …, aber … / dagegen möchte ich einwenden … – Natürlich ist unbestreitbar, dass … Allerdings …
Schluss Appell, Vorschlag, Wunsch, Standpunkt zusammenfassen	– Wenn man bedenkt, dass unsere Zukunft ohne digitale Medien …, würde ich mir wünschen, dass … – Daher möchte ich an Sie appellieren … – Aus den genannten Gründen möchte ich darum bitten, dass …

b Überarbeitet eure Texte in Partnerarbeit mit Hilfe der folgenden Checkliste:

Checkliste | **Eine Stellungnahme/Argumentation verfassen**

Einleitung
- Habt ihr ins Thema eingeführt und eure Leser/-innen **neugierig gemacht?**
- Habt ihr euren **Standpunkt (Meinung)** formuliert und **zum Hauptteil übergeleitet?**

Hauptteil
- Habt ihr **Argumente und Beispiele/Belege/Zitate für eure Position** genannt?
- Habt ihr die Argumente und Beispiele/Belege/Zitate auch **sprachlich gut eingeleitet** und zu einer **Argumentationskette** verknüpft (▶ S. 77)?
- Habt ihr einen **möglichen Einwand,** der gegen eure Position spricht (Gegenargument), genannt und **entkräftet?**

Schluss
- Habt ihr eure Position zusammengefasst oder einen Vorschlag formuliert?

4 Im Trubel – Schildern

1 Zur Musik eines DJs werfen Festivalbesucher Farbpulver in die Luft. Tauscht euch darüber aus, was daran faszinierend sein kann.

2 **a** Versetzt euch in die abgebildete Situation: Was seht, hört und spürt ihr? Notiert eure Wahrnehmungen stichpunktartig, z. B.:
knallbunte Wolken, ...

b Schildert die Situation anschaulich. Geht dabei auch auf eure Gedanken und Gefühle ein, z. B.: *Über mir steigen gelbe, blaue und ... Ich fühle mich wie ...*

3 **a** Erklärt, was ein schildernder Text für Zuhörer oder Leser leistet.

b Tragt zusammen, in welchen Texten euch schildernde Passagen begegnen können.

In diesem Kapitel ...

- übt ihr, Situationen und Stimmungen anschaulich zu schildern,
- verwendet ihr eine bildhafte Sprache,
- untersucht ihr Schilderungen in literarischen Texten,
- gestaltet ihr eigene Schilderungen zu literarischen Texten und begründet eure Schreibentscheidungen.

4.1 Mittendrin – Anschaulich schildern

Bildhafte Sprache verstehen und verwenden

Ein Konzertbesuch

Die Türen öffnen sich, und alles um mich herum gerät in Bewegung. Wie eine große, schwere Welle strömt das Publikum in den Konzertsaal, drängt in den Innenraum und verteilt sich auf den Rängen. Die grellen Scheinwerfer blenden mich. Ich halte die Hand schützend über meine Augen, erkenne die Umrisse der Bühne und riesige Boxen, die wie Türme in die Halle hinaufragen. Von der Decke glotzen flimmernde Videowürfel und nur die bereitgestellten Instrumente wirken seltsam still und verlassen. Sie scheinen, genau wie ich, auf die Band zu warten.
Nach und nach tauche ich in ein Meer aus Stimmen und Geräuschen ein: fröhliches Gelächter, knisternde Plastikbecher, vereinzelte Pfiffe, Einlassmusik. Der Geruch von Energydrinks und Bodennebel steigt mir in die Nase. Als ob ich Teil eines einzigen riesigen Körpers wäre, schaukle ich mit der Menge hin und her. Leute drücken sich an mich und entfernen sich wieder.
Dann endlich setzt mit einem ohrenbetäubenden Knall und einem Feuerwerk aus Lichtern die Musik ein. Jetzt gibt es kein Halten mehr …

1 **a** Ergänzt den Text um zwei oder drei Sätze.
b Lest eure Sätze vor und lasst eure Zuhörer und Zuhörerinnen begründen, ob sie zum Text passen oder nicht.

2 **a** Welche Sinneseindrücke werden in dem Text wiedergegeben? Übertragt die Mind-Map in euer Heft und ergänzt sie.

b Könnt ihr euch dank der geschilderten Sinneseindrücke besser in die Situation auf dem Konzert versetzen? Begründet eure Antwort.

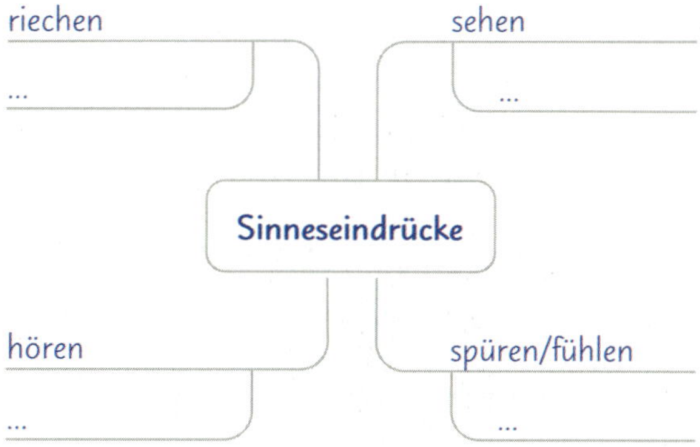

3 Erklärt, welche Vorstellungen durch bestimmte Wörter und sprachliche Bilder in dem Text „Ein Konzertbesuch" ausgelöst werden. Wählt a, b oder c.

●○○ **a** Notiert zwei weitere **Adjektive/Partizipien** sowie zwei **Verben** und erläutert jeweils die Vorstellung, die sie bei euch erzeugen, z. B.:
grellen (Z. 5): Das Licht ist so hell, dass es schmerzlich ist. Man kann nicht hineinschauen.

●●○ **b** Findet zwei weitere **Vergleiche** und erklärt, welche Vorstellung sie erzeugen, z. B.:
wie eine große, schwere Welle strömt das Publikum (Z. 2 f.): Das Bild erzeugt die Vorstellung von einer unaufhaltsamen Bewegung. Es wirkt, als würde das Publikum den Saal überschwemmen.
TIPP: Nur einer der beiden Vergleiche wird mit „wie" gebildet.

●●● **c** Erklärt, welche Vorstellungen durch die **Personifikation** und die beiden **Metaphern** ausgelöst werden.

d Stellt euch eure Ergebnisse vor und erläutert, was einen anschaulichen Text ausmacht.

⊕ **4** Auch Aufzählungen können zur Anschaulichkeit beitragen (▸ Merkwissen unten).

a Notiert eine Aufzählung im Text, die anschaulich wirkt.

b Ergänzt selbst eine anschauliche Aufzählung im Text. Notiert die ergänzte Textstelle.
TIPP: Nutzt entweder Adjektive/Partizipien oder Nomen.

Information **Schildern**

Wenn ihr schildert, beschreibt ihr eine Situation oder eine Atmosphäre so **anschaulich,** dass eure Leser diese genau vor Augen haben. Das gelingt dann besonders gut, wenn ihr **Beobachtungen, Sinneseindrücke** (z. B. sehen, hören, riechen) sowie **persönliche Gedanken und Empfindungen** wiedergebt.
Außerdem könnt ihr die folgenden **sprachlichen Gestaltungsmittel** nutzen:

- **anschauliche Adjektive und Partizipien,** z. B.: *stockdunkel, eiskalt, ohrenbetäubend.*
- **treffende, ausdrucksstarke Verben,** z. B.: *rattern, toben, drängeln, schaukeln.*
- **sprachliche Bilder** wie
  - Vergleiche, z. B.: *laut wie ein Presslufthammer.*
  - Personifikationen (= Vermenschlichung von Gegenständen), z. B.: *Die Lichter tanzen über die Bühne.*
  - Metaphern (= Verwendung von Wörtern in übertragener Bedeutung), z. B.: *Gitarrengewitter, Schlagzeugdonner.*
- **Aufzählungen** als Mittel der Hervorhebung, z. B.: *Die Leute singen, grölen, schreien.*

Eine Atmosphäre schildern

1 **a** Stellt euch vor, ihr seid im Fußballstadion. Notiert stichwortartig, was ihr wahrnehmt und beobachtet, z. B.:
laute Fangesänge,
Bratwurstgeruch,
rhythmisch klatschende Hände
über Tausenden von Köpfen,
Flutlicht im abendlichen Nebel ...

b Vergleicht eure Notizen und prüft, ob sie anschaulich und nachvollziehbar sind.

2 Schildert euren Besuch im Stadion. Achtet dabei darauf, dass euer ganz persönlicher Eindruck von der Atmosphäre im Stadion deutlich wird, und verwendet dazu eine bildhafte Sprache (▸ Sprachtraining, S. 87). Wählt Situation A, B oder C.

●○○ **a** **Situation A = Fan:**
Du bist Fan der Heimmannschaft und freust dich auf das Spiel, z. B.:
Mein Blick schweift durch den ovalen Fußballtempel. Ich sehe die Farben meines Vereins und die Fans stimmen unsere Hymne an ...

●●○ **b** **Situation B = neutraler Beobachter:**
Es ist dein erster Besuch in einem Stadion. Du bist interessiert und neugierig, z. B.:
Klitzeklein wie Ameisen sehe ich die Spieler auf dem hell erleuchteten Rasen. Ich hätte nicht gedacht, dass man ... Der Mann neben mir hat unglaubliche zehn Fanschals an den Armen ...

> **Details beschreiben:**
> Beschreibt Einzelheiten präzise. Arbeitet wie eine Filmkamera, die immer wieder Details heranzoomt und damit ins Zentrum der Betrachtung rückt.

●●● **c** **Situation C = Zuschauer wider Willen:**
Du begleitest deinen Vater, obwohl du die Atmosphäre eigentlich nicht magst, z. B.:
Nebelschwaden wabern über den Platz und verschlucken die Spieler.
Mein Nachbar zur Linken – einer von tausend Hobbytrainern – schreit dennoch ohne Pause Anweisungen auf den Platz. ...

d Tragt euch eure Ergebnisse gegenseitig vor und gebt euch eine Rückmeldung:
– Wird die Atmosphäre passend zur jeweiligen Situation (A, B oder C) geschildert?
– Ist die Sprache bildhaft (▸ Sprachtraining, S. 87) und anschaulich?

⊕ **3** Taucht in eine Alltagssituation ein, die voller Menschen und Bewegung ist, z. B. die große Schulpause, die Mensa zur Mittagszeit, die Bushaltestelle nach Schulschluss. Sammelt wie ein Reporter vor Ort eure Eindrücke (Beobachtungen, Geräusche, Gerüche) und formuliert im Anschluss einen kurzen schildernden Text.

Sprachliche Bilder entwickeln

Ein Abend im Zirkus

Als sich der Vorhang wie von Zauberhand öffnet, vergessen die Zuschauer augenblicklich ihre Popcornberge. Das Stimmengewirr versiegt, der Konfettiregen lässt nach und eine Gruppe von Schlangenmenschen gleitet in glänzenden Kostümen in die Manege.
Sie bewegen sich, als ob sie aus flüssigem Gummi wären. …

1 **a** Wie sind die unterstrichenen Metaphern gebaut? Ergänzt die folgende Antwort im Heft.
Die Metaphern in diesem Text sind jeweils aus zwei … zusammengesetzt.
b Woran erkennt ihr, dass die markierten Textstellen Vergleiche sind? Notiert die Signalwörter.
c Erklärt, welche Vorstellungen die sprachlichen Bilder bei den Lesern auslösen.
wie von Zauberhand: Der Vorhang öffnet sich scheinbar wie von selbst.
Popcornberge: …

2 **a** Entwickelt mit Hilfe der Kästen selbst Metaphern und Vergleiche, z. B.:
Lichtermeer, … leicht wie eine Feder / so leicht, als ob sie eine Feder wäre, …

Licht • Muskel • Trommel • Feuer
+
Meer • Wirbel • Schlucker • Paket

leicht • schnell • geschmeidig • stolz
wie / als ob
eine Katze • ein Pfau • eine Feder • ein Pfeil

b Entwickelt weitere sprachliche Bilder, indem ihr die Wörter links mit den Nomen rechts verbindet, z. B.:
knisternde Spannung, …

knistern • trompetend • donnern • tanzend **+** Flammen • Spannung • Elefant • Applaus

3 Setzt den Text „Ein Abend im Zirkus" um einige Sätze fort. Verwendet dabei ausgewählte sprachliche Bilder aus Aufgabe 2 und ergänzt eigenständig weitere. Beginnt so:
Ein lauter Trommelwirbel kündigt die nächste Attraktion an. …

4 Gelingt es euch mit Hilfe sprachlicher Bilder besser, eine Situation oder eine Stimmung anschaulich zu schildern? Tauscht euch über eure Schreiberfahrungen miteinander aus.

Information **Mit sprachlichen Bildern schreiben**

Sprachliche Bilder wie **Metaphern** (z. B. *Flussbett, eine Nadel im Heuhaufen suchen*) und **Vergleiche** (z. B. *schön wie ein Sommerregen*) helfen euch dabei, anschaulich zu schildern.
Das braucht ihr z. B., wenn ihr von eigenen Erlebnissen erzählt, journalistische Texte verfasst (besonders bei Reportagen) oder gestaltend zu literarischen Texten schreibt.

Schildern

A Die beiden ersten Mannschaften des Turniers haben sich auf dem Beachvolleyballfeld eingefunden und warten auf den Anpfiff. Einige Zuschauer jubeln der Heimmannschaft zu. Diese hat jedoch in diesem Spiel nur eine kleine Gewinnchance, denn der Gegner gilt als Anwärter auf den Gesamtsieg.

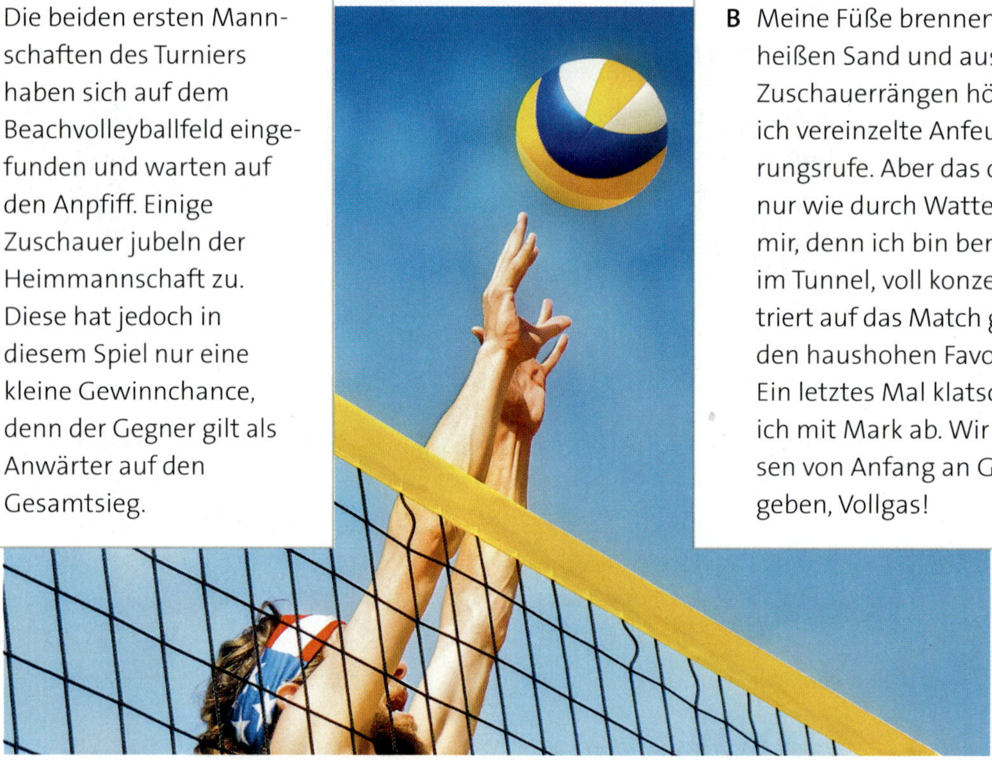

B Meine Füße brennen im heißen Sand und aus den Zuschauerrängen höre ich vereinzelte Anfeuerungsrufe. Aber das dringt nur wie durch Watte zu mir, denn ich bin bereits im Tunnel, voll konzentriert auf das Match gegen den haushohen Favoriten. Ein letztes Mal klatsche ich mit Mark ab. Wir müssen von Anfang an Gas geben, Vollgas!

1 **a** Notiert, welcher Text den Moment vor dem Anpfiff anschaulicher schildert: A oder B?
b Begründet eure Entscheidung, indem ihr aus dem Text eurer Wahl zwei Sinneseindrücke, ein ausdruckstarkes Verb, ein anschauliches Adjektiv, einen Vergleich und zwei Metaphern herausschreibt.

2 Überarbeitet die folgende Fortsetzung des Textes, indem ihr jeweils die anschaulichere der beiden unterstrichenen Formulierungsmöglichkeiten auswählt und notiert. Beachtet dabei:
– 1. Die treffendere Formulierung schlägt die allgemeinere.
– 2. Sprachliche Bilder wie Vergleiche und Metaphern erhalten den Vorzug.

> Ein lauter/schriller Pfiff ertönt und schon ist der Ball im Spiel. Mark springt/hechtet ihm entgegen und schaufelt/spielt ihn hoch in die Luft. Kurz / Für die Länge eines Atemzugs scheint der Ball über dem Netz zu stehen, bevor er herabfällt / wie ein Stein herabfällt.
> Ich schraube mich / hüpfe in die Höhe und treffe den Ball so hart/gut, dass er rasch / wie ein Geschoss zurücksaust. Mit einem dumpfen/tiefen Geräusch klatscht/fällt er in den Sand des Gegners, der ziemlich überrascht ist / dem vor Staunen beinahe die Augen aus dem Kopf fallen. Der erste Punkt geht an uns! So kann es weitergehen!

3 Vergleicht eure Ergebnisse aus den Aufgaben 1 und 2 in Partnerarbeit.

4.2 In Zeitlupe – Schilderungen in literarischen Texten

Franziska Gehm

Der Tote im Dorfteich

Der fünfzehnjährige Jannek ist mit seinem Freund Till beim Angeln, als sie einen grausigen Fund machen.

Till zeigte aufs Wasser. „Ich glaub, dein Schwimmer hat gewackelt. Schau mal nach, ob der Köder noch dran ist." Jannek stutzte. Er hatte nichts bemerkt. Vorsichtig zog er an der Angel. Er spürte einen Widerstand. Jannek stand auf und zog mit einem kräftigen Ruck und spulte die Angelschnur auf. Till war ebenfalls aufgestanden. „Verdammt, was ...?" Er starrte auf Janneks Fang, der jetzt aus dem Wasser auftauchte und auf sie zuschwebte.

Jannek spürte, wie seine Arme weich wurden. Sein rechtes Augenlid begann zu zucken. Er hatte das Gefühl, seine Beine versänken im Boden.

An der Angel hing eine Hand. Eine Menschenhand. Oder was davon noch übrig war.

Jannek sah die Hand näher kommen, erkannte einen grünlich-braunen Algenschimmer auf den Knochen. Zumindest hoffte er, dass es das war. Die leblose Hand schwebte in der Dämmerung über dem Weiher.

Jannek kam es so vor, als drückte etwas auf seine Kehle.

Wie ein Blitz schoss ihm ein Bild in den Kopf. Die Hand jagte auf ihn zu, krallte sich um sein Gesicht, umklammerte es wie ein Krake, fest und feucht, zerquetschte ihn, nahm ihm den Atem. Jannek wehrte sich, bäumte sich auf, schrie, schlug um sich, riss an der Hand. Er war schweißnass. Haare klebten an der Stirn. Sein Herz raste. Seine Beine verloren den Halt. Er war allein. Machtlos. Klein. Niemand würde ihm helfen. Niemand. Plötzlich spürte er die Hand auf der Schulter.

„NEIN!", brüllte Jannek. Er zuckte zusammen, die Angelrute glitt aus seinen feuchten Händen. Die leblose Hand versank wieder im Wasser. Jannek starrte auf die Wasseroberfläche.

„Ganz ruhig", sagte Till langsam und ließ den Weiher nicht aus dem Blick. Er nahm die Hand von Janneks Schulter. Sekunden vergingen. Keiner sagte etwas.

„Lassen wir sie einfach drin liegen", flüsterte Jannek. Hätte er seine Beine noch gespürt, er wäre weggerannt.

Sie blickten auf den dunklen Weiher. Alle Geräusche waren verstummt. Auf der Wasseroberfläche stieg eine Blase auf. Jannek sah kurz zu Till. Beide Jungen schüttelten gleichzeitig langsam den Kopf.

Behutsam hob Jannek die Angelrute auf. Sofort spürte er ihn wieder: den Widerstand. Die Hand war noch am Haken. Er zwang sich, seine Arme unter Kontrolle zu halten, obwohl sie jeden Moment einzuknicken drohten. Sie fühlten sich so schwach an, als könne er kaum einen Löffel halten. Langsam rollte er die Angelschnur auf. Abermals überkam ihn für eine Sekunde der Drang, alles in den Weiher zu werfen und wegzulaufen. Nur weg von hier.

Doch er wusste: Er könnte zwar vom Weiher davonlaufen, nicht aber vor dem Bild. Es war längst in ihm, würde ihn verfolgen, nicht mehr loslassen.

Janneks Lid zuckte jetzt so stark, dass die Hand an der Angel verschwommen vor seinen Augen tanzte, als er sie schließlich an Land zog und auf einem kleinen Grashügel zwei Schritte entfernt von ihnen ablegte.

Zunächst rührte sich keiner. Sie sahen die leblose Hand an wie ein fremdes, gefährliches Tier. Schließlich ging Till einen Schritt auf die Hand zu. Jannek zögerte. Seine Beine kamen ihm vor wie ferngesteuert. Er wäre am liebsten in die andere Richtung gelaufen, doch irgendetwas ließ ihn zu der Hand gehen.

„Ach du Scheiße“, flüsterte Till. Er schluckte mehrmals und atmete lautstark aus.

Jannek sah auf die Hand. Ein widerlicher Geruch stieg ihm in die Nase. Tod, Verwesung, Krankheit, Kloake[1] und alter Sickerschlamm. Der Geruch kroch durch die Nase in den Kopf,

breitete sich wie ein Virus im Körper aus. Jannek schwankte. Das Augenlidzucken wurde kleiner und schneller. Er spürte die Beine immer noch nicht, suchte mit den Armen nach Halt. Ihm wurde schwarz vor Augen. Er fiel.

„Jannek? Alles klar bei dir?“ Till hielt Jannek am Arm und blickte in sein blasses Gesicht.

1 die Kloake: Abflusskanal für Abwässer

1 **a** Schließt vom Text auf die Art der Geschichte. Wählt A, B oder C und begründet.

A Freundschaftsgeschichte	**B** Kriminalgeschichte	**C** Fantasy-Geschichte

b Hättet ihr Lust, den Roman weiterzulesen? Erklärt kurz, was euch reizt oder eher abhält.

2 Untersucht, wie der Text Janneks Situation veranschaulicht. Wählt a, b oder c.

●○○ **a** Untersucht wie die **Hand** in den Textstellen 15–21 und 79–83 beschrieben wird. Erklärt, welche **Sinneseindrücke** jeweils im Mittelpunkt stehen, und notiert ein besonders anschauliches Adjektiv aus den Zeilen 15–21 und einen Vergleich aus den Zeilen 79–83.

●●○ **b** Jannek steht kurz vor einer **Ohnmacht.** Schreibt aus den Absätzen (▸ Z. 11–14, 53–57 und 82–85) drei **sprachliche Bilder** heraus, die diesen Zustand verdeutlichen.

●●● **c** **Ein Horrorfilm im Kopf:** Erklärt, mit welchen **sprachlichen Gestaltungsmitteln** (▸ Merkwissen, S. 85) diese Textstelle (▸ Z. 24–34) ihre intensive Wirkung erzeugt.

d Stellt euch vor, ihr seid Literaturkritiker. Besprecht in Vierergruppen, ob und warum dieser Text gelungen ist. Geht dabei auch auf die Ansichten eurer Gesprächspartner ein.

Die Perspektive wechseln

1 Wer ist die Hauptfigur in dieser Geschichte: Jannek oder Till? Begründet eure Einschätzung mit Hilfe des Textes, z. B.: *Ich bin der Ansicht, dass ... die Hauptfigur ist, weil ...*

2 Wechselt die Perspektive: Versetzt euch in Till und schildert die Situation aus seiner Sicht. Geht dabei auf Wahrnehmungen, Gedanken und Gefühle Tills ein. Wählt a, b oder c.

●○○ **a** Lest noch einmal die **Zeilen 20–42.**
Schildert dann, wie Till die Situation erlebt und was er in diesem Moment erreichen will. Ihr könnt den folgenden Textanfang nutzen:
In mir lief wohl derselbe Horrorfilm ab wie in Jannek. Aber er war sehr blass und ich musste ...

Ganz ruhig!

●●○ **b** Lest noch einmal die **Zeilen 51–76** und schildert die Situation aus Tills Sicht. Ihr könnt dabei unter anderem die folgenden Formulierungsbausteine verwenden:
ich atmete tief durch – ich kämpfte gegen ... an – Jannek schien sich kaum noch auf den Beinen halten zu können – ich musste mich zwingen ...

Zunächst rührte sich keiner!

●●● **c** Lest noch einmal die **Zeilen 79–89** und schildert, wie Till auf Janneks Ohnmacht reagiert, indem ihr vor allem auf seine Gedanken und Gefühle eingeht. Führt die Handlung außerdem um zwei oder drei Sätze weiter: Was wird Till als Nächstes tun?

... und blickte in sein blasses Gesicht!

d Lest euch eure Texte gegenseitig vor und besprecht: Habt ihr Till durch den Perspektivwechsel besser kennen gelernt? Habt ihr die Handlung der Geschichte besser verstanden?

3 Lest euch eure Schreibergebnisse aus Aufgabe 2 noch einmal durch und begründet eure Schreibentscheidungen an zwei Stellen, z. B.:
„(kurzes Zitat der eigenen Textstelle)": An dieser Stelle war es mir besonders wichtig, ... hervorzuheben. Deshalb ...

Die Zeit dehnen

Thomas Klupp

Wie ich fälschte, log und Gutes tat

Benedikt und sein Freund Prechtl brechen bei ihrem Lehrer „Sargnagel" ein, um Klassenarbeitsergebnisse zu fälschen. Da Sargnagel Unterricht hat, fühlen sie sich ziemlich sicher.

Ich schloss die Tür des Arbeitszimmers, Prechtl schlug mir auf die Schulter. „Dschägga", rief er, „jetzt feiern wir." „Erst mal raus hier", sagte ich und bückte mich nach den Schuhen. Hielt ihm seine stinkenden Docs hin, er nahm sie mir ab. „Eins schwör ich dir", sagte er ... und verstummte. In der Diele miaute die Katze. Irgendwie aufgekratzt. Miaute ein zweites Mal. Pfoten schabten auf Holz. „Was hat'n das V...?" „Still", zischte ich. Lauschte mit angehaltenem Atem. Zückte mein Handy.
16:39. Sechs Minuten bis Ende der zehnten Stunde. Dazu der Fahrtweg. Nie! Niemals würde Sargnagel früher Schluss machen! Es sei denn, er fiele tot um. Und dann wäre er auch nicht hier. Ich atmete aus, unten ging die Haustür auf. Völlig unspektakulär. Mit einem leisen Schnappen. Das mir wie ein Stromstoß in den Leib fuhr. Im selben Moment lag ich auf dem Boden. Im Münzzimmer. Von Prechtl reingeschubst.
Hörte Schritte. Und Stimmen. Sie öffneten die Dielentür, die Katze, miaute, eine vierte Stimme sagte auch noch was. „Minki, du Liebe", sagte sie, „hat der Papa wieder dein Futter vergessen. Na komm!"
Trotz rasendem Puls und schockstarrem Körper ... mir klappte der Kiefer runter. PAPA! Hatte sie wirklich gesagt. Alles. Alles nehme ich auf meine Kappe. Aber nicht, dass Sargnagel eine Tochter hat. Die bei ihm wohnt! Und auch noch Freunde hat! Ich presste Prechtl die Lippen aufs Ohr. „Fenster", hauchte ich.
Wir zogen unsere Schuhe an. In Superzeitlupe. Streiften die Skimasken über. Und krochen los. Auf allen vieren. Wie Soldaten durch ein Minenfeld. Unterarm auf den Boden gesetzt, Gewicht allmählich darauf verlagert, Knie gehoben, Bein nachgerückt. Wieder. Pause. Und wieder. Pause. Und wieder. Nie kroch jemand leiser durch ein Zimmer. Nie jemand langsamer auch. Trotzdem. Unser Atem, das Reiben des Stoffs auf dem Teppich, sogar unser Schlucken ... alles wie durch den Verstärker gejagt.

1 So kann man sich täuschen! Erklärt, wie Benedikt und Prechtl sich das Leben ihres Lehrers ausgemalt haben und was sie zu ihrer Überraschung feststellen müssen.

2 **a** Erklärt, warum im letzten Absatz alles in „Superzeitlupe" geschieht, z. B.:
Benedikt und Prechtl versuchen, ganz ... Deswegen ...
b Untersucht, durch welche sprachlichen Mitteln das Gefühl der Zeitdehnung (▶ Merkwissen unten) im Text entsteht.

3 Versetzt euch in Benedikts Situation und schreibt den Text weiter.
Dehnt die Zeit dabei bis zum Äußersten.
Wählt a, b oder c.

A Ideen zum Inhalt
Hindernisse auf dem Weg zum Fenster:
- wackelnde Vase
- knarzende Holzdielen
- Niesreiz

B Formulierungshilfen
- Ein Meter hat 100 Zentimeter und ein Zentimeter hat ... Millimeterweise ...
- Die Stimmen kamen näher und ...
- Prechtl wagte kaum zu atmen ...

●○○ **a** Schreibt euren Text **mit Hilfe der Kästen A und B.**
●●○ **b** Verwendet die **Tipps aus Kasten A.** Arbeitet in eurer Fortsetzung mit **Vergleichen.**
●●● **c** Setzt den Text **ohne Hilfen** fort. **Greift** dabei die **sprachlichen Mittel des Textes auf.**
d Lest euch eure Fortsetzungen gegenseitig vor und erläutert euren Zuhörern und Zuhörerinnen anschließend, mit welchen sprachlichen Mitteln ihr die Zeit gedehnt habt.

4 Im Roman gelingt Benedikt und Prechtl die Flucht.
a Gebt mit dem Mittel der Zeitraffung (▶ Merkwissen unten) Einbruch und Flucht in zwei bis drei Sätzen wieder.
b Erklärt die Wirkung, die durch die Zeitraffung im Unterschied zur Zeitdehnung entsteht.

Information **Die Zeitgestaltung in erzählenden (epischen) Texten**

In erzählenden Texten kann die Zeit unterschiedlich gestaltet werden. Entscheidend dabei ist das **Verhältnis von Erzählzeit** (= Zeit, die man braucht, um den Text zu lesen) **und erzählter Zeit** (= Zeitraum, über den sich die Handlung erstreckt).

Man unterscheidet zwischen:
- **Zeitdeckung:** Erzählzeit und erzählte Zeit sind etwa gleich lang, z. B. bei Dialogen.
- **Zeitdehnung:** Die Erzählzeit ist länger als die erzählte Zeit, es wird quasi in Zeitlupe erzählt. Die Zeit wird z. B. gedehnt, um die Spannung zu steigern oder auch um Gedanken und Gefühlen einer Figur auf den Grund zu gehen.
- **Zeitraffung:** Die Erzählzeit ist kürzer als die erzählte Zeit, z. B. wenn größere Zeiträume in einem Satz zusammengefasst werden *(Jahre vergingen, ehe sie sich wiedersahen).*

4.3 Fit in … – Stimmungen schildern

Die Aufgabenstellung verstehen

Stellt euch vor, ihr bekommt in der nächsten Klassenarbeit folgende Aufgabe:

1. Versetze dich in die Situation des Ich-Erzählers und schreibe die Geschichte weiter, indem du schilderst, was er nach der Verabschiedung von seinen Eltern wahrnehmen, denken und empfinden könnte. Berücksichtige dabei die Erzählform und das Tempus der Vorlage.
2. Warum hast du deinen Text so gestaltet? Begründe deine Schreibentscheidungen. Nimm dabei Bezug auf den Ausgangstext.

John Green

Eine wie Alaska

Der 16-jährige Miles Halter kommt auf seiner Schule nicht zurecht und beschließt daher, auf das Internat Culver Creek in Alabama zu wechseln. Der folgende Textauszug schildert seine Ankunft.

Meine Eltern hatten den Wagen auf der Wiese vor dem Schlafsaal geparkt, nur ein paar Meter von Zimmer 43 entfernt. Doch jedes Mal, wenn ich die wenigen Schritte zum Auto und zurück ging, um meine Sachen auszuladen, die immer mehr zu werden schienen, brannte mir die Sonne durch die Kleider auf die Haut, dass ich plötzlich eine Ahnung hatte, wie sich das Höllenfeuer anfühlte. Zu dritt hatten wir in wenigen Minuten alles ausgeladen. Doch in meinem unklimatisierten Zimmer war es kaum kühler als draußen, auch wenn hier wenigstens nicht die Sonne schien.

Ich hatte es mir ganz anders vorgestellt: keine Spur von den dicken Teppichen, den holzverkleideten Wänden und antiken Möbeln, die ich von einer ehrwürdigen Privatschule erwartet hatte. Bis auf einen kleinen Luxus – ein eigenes Bad – zog ich in einen Schuhkarton ein. Die unverputzten Wände, die mehrmals überstrichen waren, und der schwarz-weiß karierte Linoleumboden erinnerten mehr an ein Krankenhaus als an das Internatszimmer meiner Träume. Ein Stockbett aus unbehandeltem Holz mit Nylonmatratzen stand am Fenster nach hinten raus. Je zwei Schreibtische, Schränke und Regale waren an den Wänden festgeschraubt, um jede kreative Einrichtungsidee zu unterbinden. *Und keine Klimaanlage.*

Ich setzte mich auf das untere Bett, während meine Mutter einen Stapel Biografien aus dem Koffer holte, von denen sich mein Dad hatte trennen können, und anfing, die Regale einzuräumen.

„Ich mach das schon, Mom", sagte ich. Dad stand bereits in der Tür. Abfahrtbereit. „Lass mich wenigstens das Bett beziehen", bat Mom. „Nein, ehrlich. Ich mach das schon. Das ist okay.“ Solche Dinge darf man nicht ewig rauszögern. Irgendwann muss das Pflaster ab, mit einem Ruck, auch wenn's wehtut, aber dann ist es vorbei, und du fühlst dich besser.

„Gott, wir vermissen dich“, platzte Mom heraus und stakste durch das Minenfeld der Koffer zu mir rüber. Ich ließ mich in den Arm nehmen. Dann kam auch Dad, und irgendwie umarmten wir uns alle drei. Aber es war heiß, und wir waren verschwitzt, und unsere Umarmung konnte nicht lange dauern. Vielleicht hätte ich weinen sollen, aber nach sechzehn Jahren im Schoß meiner Eltern schien es irgendwie an der Zeit für eine vorläufige Trennung.

„Keine Sorge.“ Ich grinste. „Endlich lern ich, wie mer in'n Südstaaten red't.“ Mom lachte.

„Mach keine Dummheiten“, sagte Dad. „Okay.“ [...] „Ich hab dich lieb“, schluchzten sie beide gleichzeitig. Wahrscheinlich musste es raus, aber irgendwie machten die Worte das Ganze peinlich, wie wenn man seinen Großeltern beim Küssen zusieht.

„Ich hab euch auch lieb. Ich rufe jeden Sonntag an.“ Auf den Zimmern gab es kein Telefon, aber meine Eltern hatten dafür gesorgt, dass ich in der Nähe von einer der fünf Culver-Cree'schen Telefonzellen war.

Sie umarmten mich noch einmal – erst Mom, dann Dad –, und dann war es vorbei. Ich sah ihnen durchs Fenster nach, wie sie über die kurvige Straße davonfuhren. Vielleicht hätte mich bittersüße Wehmut packen sollen, aber ich brauchte Abkühlung, unbedingt, und so nahm ich mir einen der zwei Stühle, setzte mich in den Schatten vor die Tür und wartete auf eine Brise, die nicht kam. Draußen war die Luft genauso reglos und drückend wie drinnen.

Ich ließ den Blick über mein neues Zuhause schweifen: ...

1 **a** Lest die Aufgabenstellung und den Textauszug aufmerksam durch.
b Klärt in Partnerarbeit, was die Aufgabenstellung von euch verlangt.

Ideen sammeln

2 **a** Versetzt euch in die äußere Situation des Ich-Erzählers. Notiert, was er in seinem Zimmer und draußen vor der Tür wahrnehmen (sehen, hören, riechen, spüren) könnte, z. B.:
Zimmer: muffiger Geruch, karge Einrichtung, ...
Draußen: sägende Zikaden, tanzender Staub, ...
b Führt euch die innere Situation des Ich-Erzählers vor Augen. Notiert, was er nach dem Abschied von seinen Eltern fühlen und denken könnte, z. B.:
eher positiv: Neuanfang, auf eigenen Beinen stehen, ...
eher negativ: Enttäuschung über Zimmer, ...
neutral: Ungewissheit (Mischung aus Spannung und Angst)

Figuren verstehen:
In Texten werden die Gedanken und Gefühle einer Figur nicht immer direkt benannt.
Oft muss man sie aus Andeutungen, aus dem Verhalten der Figur oder aus der Schilderung des Schauplatzes erschließen.

Die Schilderung schreiben und überarbeiten

3 **a** Macht euch klar, welche sprachliche Gestaltung eine Schilderung von euch verlangt, z. B.:
sprachliche Bilder (Metaphern, ..., ...), anschauliche ..., ausdrucksstarke ..., Aufzählungen als Mittel der ...

b Überprüft eure Lösung mit Hilfe der Checkliste unten.
TIPP: Ihr solltet einige, müsst aber nicht alle Gestaltungsmittel verwenden.

4 Setzt den Text mit Hilfe eurer Notizen aus Aufgabe 2 fort.
Schildert die Wahrnehmungen (geht dabei auch auf Details ein), die Gedanken und die Gefühle des Ich-Erzählers. Ihr könnt dazu Anregungen aus dem folgenden Wortspeicher nutzen.
TIPP: Schreibt im Präteritum und in der Ich-Form.

sengende Sonne • lähmende Hitze • verdorrte Sträucher • stickige Luft • wie in der Sauna • Staub tanzt auf der Straße • Zikaden geigen • dösen • schwitzen • dämmrig • enttäuscht • erwartungsvoll • ein Hauch von Freiheit

5 Warum habt ihr euren Text so gestaltet?
Begründet eure Schreibentscheidungen.
Geht dabei auch auf den zugrunde liegenden Text (► S. 94 f.) ein.
Die folgenden Formulierungsbausteine können euch helfen:
- *Ich wollte verdeutlichen, dass ... / Es war mir wichtig zu zeigen, wie ...*
- *In dem Textauszug kommt zum Ausdruck, dass ... (vgl. Z. ...). Ich habe versucht, diese Stimmung durch die Verwendung von ... herauszuarbeiten.*
- *Miles' Empfindung „...“ (Z. ...) wollte ich mit Hilfe von ... unterstreichen.*

6 Überarbeitet eure Texte in Partnerarbeit.
Nehmt dabei die folgende Checkliste zu Hilfe.

Checkliste – **Aus der Perspektive einer literarischen Figur schildern**

- Werden die **Wahrnehmungen, Gedanken** und **Gefühle** der Figur deutlich?
- Habt ihr die Situation so **anschaulich** und **detailliert** geschildert, dass eure Leserinnen und Leser eine genaue **Vorstellung von der Situation und der Atmosphäre** erhalten?
- Habt ihr **sprachliche Gestaltungsmittel** genutzt? Verwenden solltet ihr z. B.:
  - **anschauliche Adjektive und Partizipien,** z. B. *muffig, stickig, verschwitzt.*
  - **ausdrucksstarke Verben,** z. B. *prahlen, sägen, dösen.*
  - **sprachliche Bilder** (Vergleiche, Metaphern, Personifikationen), z. B.: *Es stinkt wie in der Umkleidekabine der alten Turnhalle im Sommer.*
  - **Aufzählungen** als Mittel der Hervorhebung.
- Habt ihr die **Erzählform** und das **Tempus der Vorlage** übernommen?
- Habt ihr verständlich **begründet, warum ihr euren Text so gestaltet habt?** Seid ihr dabei auf den zugrunde liegenden Text eingegangen?

5 „Ich bin dann mal weg …“ – Texte und Medien lesen, hören, verstehen

1 **a** Welche Gedanken und Gefühle weckt dieses Bild bei euch? Erklärt, warum das so ist.
b Diskutiert: Welche fünf Gegenstände würdet ihr in jedem Fall mitnehmen, wenn ihr auf eine Reise geht? Begründet, eure Auswahl.
c Kennt ihr Gefühle wie Abenteuerlust, Fernweh oder Heimweh? Tauscht euch darüber aus.

2 Erzählt von einem besonderen Reiseerlebnis, z. B. auf einer Klassenfahrt, bei einem Wandertag oder in einem Familienurlaub.

3 Durch welche Texte und Medien werden bei euch Reisefantasien und Abenteuerlust geweckt, z. B. durch Filme, Werbung, Gedichte, Romane oder Reiseberichte? Begründet eure Auswahl.

In diesem Kapitel …

- untersucht ihr verschiedene Texte und Medien zum Thema „Reisen“,
- vergleicht ihr unterschiedliche Texte und Medien, auch hinsichtlich ihrer Funktion,
- trainiert ihr eure Kompetenz, gut zuzuhören und Hörtexten Informationen zu entnehmen,
- lernt ihr, mit verschiedenen Aufgabenformaten euer Textverstehen zu überprüfen.

5.1 Auf ins Abenteuer! – Texte lesen und verstehen

Unter weißen Segeln – Eine Website untersuchen

1 a Überfliegt die Startseite der Homepage „Klassenfahrt unter weißen Segeln“. Wohin schweift euer Blick als Erstes? Welche Menüpunkte oder Links würdet ihr gern anklicken?
b An wen richtet sich die Website? Erklärt, woran ihr das erkennt.
c Begründet, ob die Website eure Reiselust weckt.

2 Untersucht die Website genauer:
- Überwiegen Bild- oder Textanteile? Welche Wirkung entsteht dadurch?
- Welchen Eindruck von einer Segel-Klassenfahrt vermitteln die Fotos auf der Website?
- Welche Vorstellungen von einer Segelreise werden durch den Text erzeugt?

3 a Stellt euch vor, ihr habt den Auftrag, für eure Klasse Informationen über eine Segel-Klassenfahrt zusammenzustellen. Erklärt, welche Links und Menüpunkte der Website ihr dafür nutzen würdet. Begründet eure Auswahl.
b Nennt Möglichkeiten, mit dem Reiseanbieter direkt in Kontakt zu treten.
c Das Reiseunternehmen bietet auch eine Reisebroschüre mit seinen Angeboten an. Nennt Vor- und Nachteile von Website und Reisebroschüre.

Start | Über uns | Unsere Boote | Wohin geht's? | Preise | Kontakt

Etwas Neues lernen

Bei einer Klassenfahrt auf einem Segelschiff kann man viel Neues lernen. Von Backbord und Steuerbord haben sicher schon die meisten von euch gehört. Wusstest ihr aber z. B., was eine „Backschaft" ist oder was es bedeutet, die Kombüse aufzuklaren?
Auch das Setzen und Bergen der Segel will gelernt sein, und um in die Takelage zu klettern, müssen die meisten sicher ihren ganzen Mut zusammennehmen.
Ihr seht also: Bei uns an Bord wird es nie langweilig.
Das Wichtigste, was man auf einem Schiff lernt, ist aber, wie notwendig Teamwork ist, damit alles funktioniert.

4 a Erklärt, über welchen Link auf der Startseite ihr zu diesem Text kommt.
b Erläutert die verschiedenen Funktionen der Startseite und dieses Textes, z. B. informieren, appellieren, argumentieren oder unterhalten.

5 Stellt euch vor, ihr sollt eine Homepage für ein Klassenfahrtangebot erstellen, z. B. für Hüttentouren in den Alpen, für Ökologiefahrten ans Wattenmeer oder für ein Sport-Allroundcamp. Entscheidet euch für eine Möglichkeit und erstellt ein Konzept für eine passende Website.

6 Formuliert für das Klassenfahrtangebot „Klassenfahrt unter weißen Segeln" eine knackige Werbebotschaft, die auf der Startseite erscheinen könnte.
Verwendet maximal sieben Wörter.

Information **Eine Website untersuchen**

Eine **Website** zeichnet sich dadurch aus, dass sie mit anderen Informationen, z. B. Texten, Grafiken oder Videos, vernetzt ist. Indem man auf einzelne **Links** klickt, kann man diese Informationen aufrufen und sich so schnell und umfassend über ein Thema informieren.
Verschafft euch bei der **Untersuchung einer Website** zunächst einen Überblick und findet heraus, was präsentiert wird.
Untersucht anschließend die Website genauer anhand folgender Kriterien:

- **Aufbau und Präsentation:** Wie ist die Website aufgebaut? Welche Wirkung erzeugt sie beim Betrachter / bei der Betrachterin?
- **Themen und Gestaltung:** Zu welchen Themen findet man Texte, Menüpunkte und Links auf der Seite? Wie ist das Verhältnis zwischen Text und Bild?
- **Interaktion:** Könnt ihr mit dem Anbieter der Website in Kontakt treten? Gibt es eine Suchfunktion? Könnt ihr selbst Kommentare schreiben?
- **Funktion:** Welches Ziel verfolgt die Website? Will sie z. B. in erster Linie informieren (z. B. digitale Zeitung, digitales Lexikon), appellieren (z. B. Werbung, Aufruf zu einer Aktion), argumentieren (z. B. von einer Sache überzeugen) oder unterhalten?

Herausforderungen – Einen Sachtext und seine Funktion erschließen

Margot Gasper

Neuntklässler auf Abenteuertour: „Coolste Herausforderung meines Lebens"

Hanan musste vor dem Start sogar Fahrradfahren lernen. Die ganzen Sommerferien hatte sie geübt. Und ist dann gleich mutig losgefahren in Richtung Nordsee, zusammen mit vier Freundinnen, insgesamt mehr als 300 Kilometer weit. Hanan und ihre Freundinnen, das war eine von 16 Gruppen, die sich an der 4. Aachener Gesamtschule ihrer ganz persönlichen Herausforderung gestellt haben.

Herausforderung: Mit diesem Projekt hat Aachens jüngste Gesamtschule in den vergangenen Wochen weit über die Region hinaus für Aufsehen gesorgt. Da schickte eine öffentliche Schule alle ihre Neuntklässler, Kinder im Alter von 14 und 15 Jahren, auf Abenteuertour. In Kleingruppen waren sie 17 Tage lang zu Fuß, mit dem Rad oder dem Boot unterwegs, die Reisekasse war mit 150 Euro pro Kind eher spärlich gefüllt. Einen studentischen Begleiter hatte jede Gruppe zwar dabei, aber nur im Hintergrund und für den Notfall.

Hinter der Aktion steht die Überzeugung, dass junge Leute in diesem Alter, mitten in der Pubertät, die Chance bekommen sollen, handlungsorientiert zu lernen und sich im echten Leben zu bewähren.

Letzte Woche ist das Abenteuer zu Ende gegangen, 17 Tage, die für alle – Schüler, Lehrer, Eltern und Begleiter – eine Herausforderung waren. […] Dass sie es können, das wissen jetzt auch Lennard, Leon, Kilian, Ediz und Tim. Mit einem großen Lachen im Gesicht erzählen sie, was so alles passiert ist, als sie gemeinsam mit dem Rad nach Trier und zurück gefahren sind. „Fast 600 Kilometer waren das", sagt Ediz. „Das hätte ich selbst von mir nicht gedacht." Dabei hatte schon die erste Etappe bis nach Monschau ihn ziemlich an seine Grenzen gebracht.

Notfalls eben umplanen, auch das haben sie gelernt. Vier Tage Zwangspause auf einem Bauernhof hinter Bitburg waren eigentlich nicht vorgesehen. Allerdings hatte einer der Jungs den Fahrradanhänger geschrottet, und das Ersatzteil musste erst besorgt werden. Netterweise ließ der Landwirt die Gruppe kostenlos übernachten. Und die Jungs machten sich dafür nützlich und fütterten das Vieh. „140 Kühe", sagt Ediz, „das war ein großer Bauernhof." Tim erzählt, wie sie dort zum Abschluss unter einer Brücke gegrillt haben, mit einer ausrangierten Wäschetrommel als Grill. „War'n echt cooles Erlebnis." Und dass Lennard einen großen Neufundländer für einen kleinen Esel hielt, ist in der Gruppe immer noch der Brüller.

Aufeinander aufpassen, Rücksicht nehmen: Das haben auch Hanan und ihre Freundinnen erlebt. Bis nach Stellendam in der niederländischen Provinz Zeeland sind sie geradelt – mit einer Anfängerin wie Hanan auf dem Rad war das nicht immer einfach. „Ich war voll oft megaweit hinten", gesteht sie. „Aber jetzt kann ich sogar einhändig Rad fahren."

Immer wieder erzählen die Jugendlichen, wie unglaublich freundlich viele Leute waren, die sie unterwegs getroffen haben, wie hilfsbereit, wie interessiert an der Aktion „Herausforderung". „Mittlerweile brauchen wir keine Minute mehr, um das ganze Projekt zu erklären", sagt Vanessa lachend.

Auf einem Bauernhof, auf dem die Mädchen campieren durften, war gerade ein Kalb zur

Welt gekommen. Da haben sie geholfen, einen Namen auszusuchen. „4. Aachener Gesamtschule fand der Bauer aber zu lang“, erzählt Xenia. Nun heißt das Kälbchen Xenia-Hanan.

Aus der Elternschaft, in der es durchaus auch Vorbehalte gab, hat Margret Lensges sehr viele positive Reaktionen erhalten. „Viele haben große Dankbarkeit ausgedrückt“, sagt sie. Den Eltern sei klar, wie mutig diese Aktion war. […] Und selten sind 14- und 15-Jährige ihren Eltern wohl so begeistert um den Hals gefallen wie bei der Rückkehr nach 17 Tagen Herausforderung. Die Annehmlichkeiten zu Hause, das eigene Bett hätten sie ganz neu schätzen gelernt, gestehen die jungen Leute. […] Für Hanan indes ist eines ganz klar: „Das war die coolste Herausforderung meines Lebens. Aber dieses Jahr steig' ich nicht mehr aufs Rad!“

1 **a** Verschafft euch einen schnellen Überblick über den Text: Welche Textsorte liegt vor? Worum geht es inhaltlich?
b Lest den Text einmal zügig durch und besprecht anschließend, ob ihr auch gern an einer solchen „Herausforderung“ teilnehmen würdet.

2 Lest den Text gründlich und erarbeitet stichwortartig Informationen. Wählt a, b oder c.
●○○ **a** Erklärt die **Ziele,** die das Fahrtenkonzept verfolgt. Nennt Beispiele.
●●○ **b** Nennt die **Rahmenbedingungen** (Wer? Wo? Was?) und die **Ziele** der Fahrt.
●●● **c** Erklärt **Ziel und Umsetzung** des Fahrtenkonzepts.
d Tauscht eure Informationen aus und erklärt, warum das Projekt „Herausforderung“ heißt.

3 Nennt besonders anschaulich beschreibende Textstellen. Erklärt, welche Wirkung sie haben.

4 Vergleicht die Funktionen dieses Sachtextes mit den Funktionen der Website auf Seite 98 f.

Information **Sachtexte und ihre Funktionen erschließen**

Für die **Erarbeitung von Sachtexten** helfen euch **vier Leseschritte.**
1 Verschafft euch vor dem Lesen einen **Überblick.**
2 Lest den Text zügig durch und bildet **„Verstehensinseln“.**
3 Lest den gesamten Text noch einmal gründlich **Absatz für Absatz.**
4 **Fasst** die zentralen Informationen des Textes **zusammen.**

Sachtexte **können unterschiedliche Funktionen und Ziele haben,** z. B.:
- **informieren:** Informierende Texte berichten sachlich, beschreiben und erklären Sachverhalte und erläutern Zusammenhänge.
- **argumentieren:** Das Ziel argumentierender Texte ist es, andere mit Hilfe von Begründungen und konkreten Beispielen von einer Meinung zu überzeugen.
- **appellieren:** Appellierende Texte fordern die Leser/-innen zu etwas auf.
- **unterhalten:** Unterhaltende Texte haben das Ziel, das Interesse der Leser/-innen zu wecken.

Wichtig: Meist haben einzelne Teile eines Sachtextes auch verschiedene Funktionen.

Traumurlaub – Infografiken und Diagramme auswerten

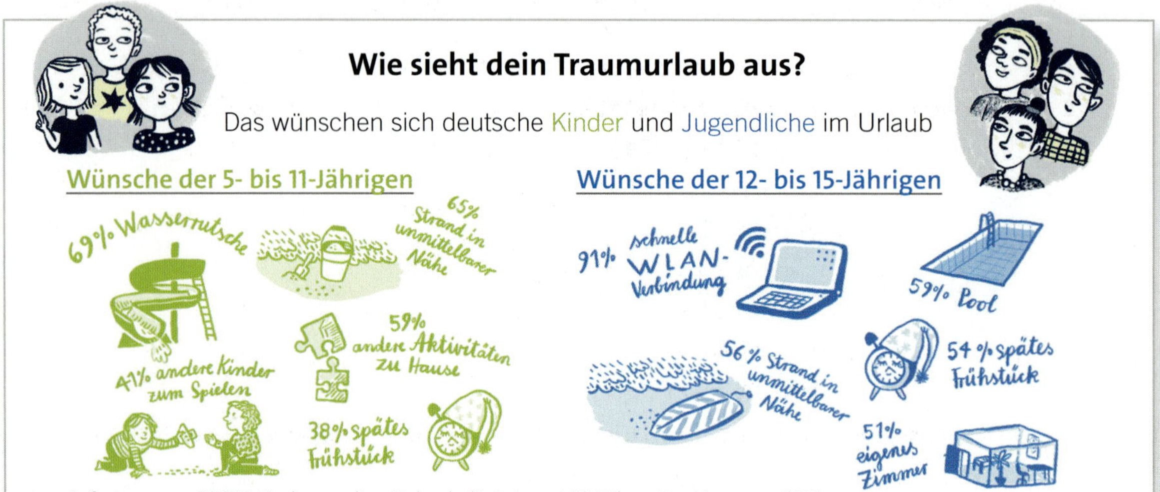

Befragung von 22 500 Kindern weltweit durch die Internet-Plattform Booking.com, 2016
Aus Deutschland nahmen 2099 Kinder und Jugendliche an der Befragung teil.

1 Betrachtet die Infografik. Worum geht es? Was fällt euch sofort auf oder überrascht euch?

2 Untersucht die Angaben genauer. Orientiert euch dabei an folgenden Fragen:
- Wer hat die Befragung durchgeführt?
- Wer wurde befragt?
- Wann fand die Befragung statt?

3 Wertet die Infografik aus. Wählt Aufgabe a, b oder c. Notiert Stichwörter ins Heft.

●○○ **a** Nennt **Gemeinsamkeiten der Wünsche** in beiden Altersgruppen.

●●○ **b** Stellt fest, welche **Wünsche** sich bei den **12- bis 15-Jährigen** verstärken, welche unwichtiger werden, welche entfallen und welche neu hinzukommen.

●●● **c** **Vergleicht** die **Wünsche** der beiden Altersgruppen.

d Stellt euch gegenseitig eure Ergebnisse vor und diskutiert, wie laut Grafik der optimale Urlaub aussieht, wenn jüngere und ältere Geschwister gemeinsam verreisen.

4 Schreibt auf der Basis der Infografik einen kurzen Informationstext über die Urlaubswünsche von 12- bis 15-Jährigen. Ihr könnt folgende Formulierungshilfen nutzen.

> Unverzichtbar wäre bei einem Traumurlaub für fast alle 12- bis 15-Jährigen … • Die Lieblingsaufenthaltsorte der Jugendlichen wären … • Dass ein spätes Frühstück für … besonders wichtig ist, ist … • Im Vergleich zu jüngeren Kindern ist den älteren außerdem besonders wichtig, …

⊕ **5** Überlegt, welche Fragen den Kindern und Jugendlichen vermutlich gestellt wurden, um die in der Infografik dargestellten Aussagen zu erhalten.

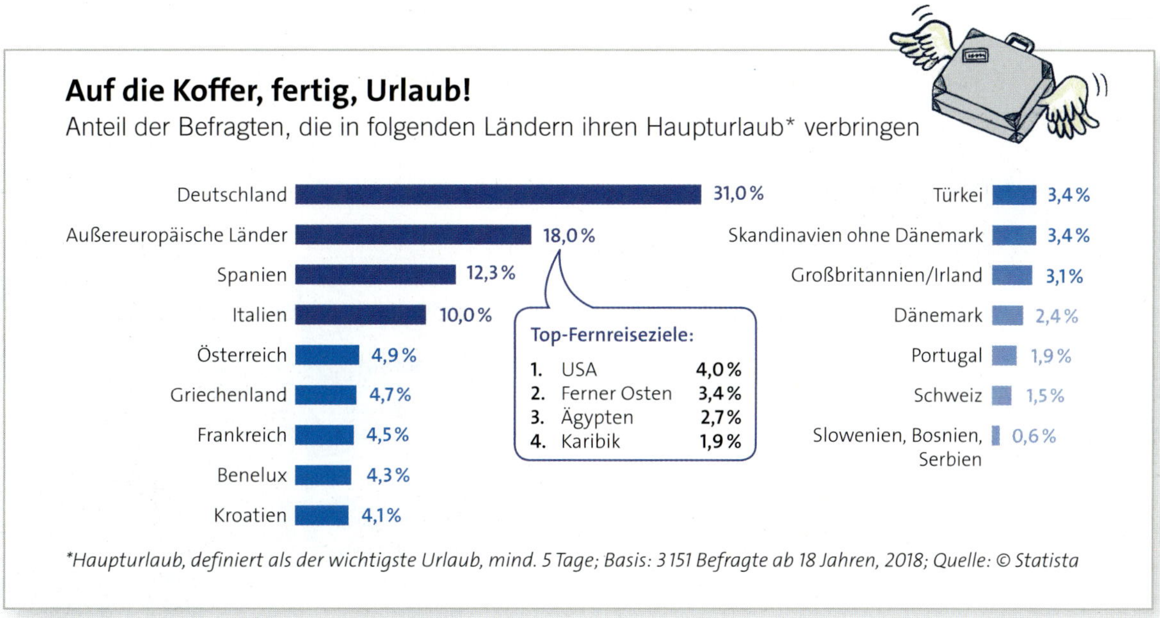

6 Erschließt das Diagramm genau und erklärt, worüber es informiert.

7 Überprüft, welche der folgenden Fragen sich mit Hilfe des Diagramms beantworten lassen. Gebt – wenn möglich – die entsprechenden Antworten.
- Wo verbringen die meisten Deutschen im Befragungsjahr ihren Urlaub?
- Welche Gründe gibt es für die Wahl des beliebtesten Reiseziels der Deutschen?
- Welches außereuropäische Land ist das beliebteste Fernreiseziel der Deutschen?
- Welche Reiseziele haben eindeutig an Beliebtheit gewonnen?

8 **a** Tauscht euch aus: Was hat euch an den Aussagen des Diagramms überrascht?
b Wie sieht euer Traumurlaub aus? Vergleicht eure Vorstellungen mit denen, die in der Infografik (▶ S. 102) und im Diagramm oben deutlich werden.

⊕ **9** Erstellt ein neues Diagramm, in dem ihr alle europäischen Länder, in die die Deutschen (außer Deutschland) reisen, in einem Balken zusammenfasst.
Beschreibt, wie sich der Eindruck von den Reisegewohnheiten der Deutschen dadurch verändert.

Information **Infografiken und Diagramme verstehen und auswerten**

Eine Infografik oder ein Diagramm ist eine anschauliche Darstellung von Daten und Informationen. Häufige **Diagrammarten** sind **Säulen-, Balken-, Kurven-** und **Kreisdiagramm.**
Bei der Auswertung einer Grafik oder eines Diagramms geht ihr so vor:
1. Lest die **Überschrift** und die übrigen Angaben und Erklärungen (z. B. Quelle der Information, Befragungs- und Erscheinungszeit, Angaben über befragte Personen/Gruppen).
2. Stellt fest, **worüber die Grafik oder das Diagramm informiert:** Welche Maßeinheiten werden verwendet, z. B. Prozentzahlen (%), Kilo (kg) oder Euro (€)?
3. **Vergleicht** die Angaben miteinander (höchster und niedrigster Wert, gleiche Werte).
4. **Fasst zusammen,** was in der Grafik oder im Diagramm gezeigt wird. Was lässt sich ablesen?

Nur weg von Zuhause – Erzähltexte verstehen

Sibylle Berg

Hauptsache weit (2001)

Und weg, hatte er gedacht. Die Schule war zu Ende, das Leben noch nicht, hatte noch nicht begonnen, das Leben. Er hatte nicht viel Angst davor, weil er noch keine Enttäuschung kannte. Er war ein schöner Junge mit langen dunklen Haaren, er spielte Gitarre, komponierte am Computer und dachte, irgendwie werde ich wohl später nach London gehen, was Kreatives machen. Aber das war später.

Und nun?

Warum kommt der Spaß nicht? Der Junge hockt in einem Zimmer, das Zimmer ist grün, wegen der Neonleuchte, es hat kein Fenster und der Ventilator ist sehr laut. Schatten huschen über den Betonboden, das Glück ist das nicht, eine Wolldecke auf dem Bett, auf der schon einige Kriege ausgetragen wurden. Magen gegen Tom Yan, Darm gegen Curry. Immer verloren, die Eingeweide. Der Junge ist 18, und jetzt aber Asien hatte er sich gedacht. Mit 1000 Dollar durch Thailand, Indien, Kambodscha, drei Monate unterwegs, und dann wieder heim, nach Deutschland. Das ist so eng, so langweilig, jetzt was erleben und vielleicht nie zurück. Hast du keine Angst, hatten die blassen Freunde zu Hause gefragt, so ganz alleine? Nein, hatte er geantwortet, man lernt ja so viele Leute kennen unterwegs. Bis jetzt hatte er hauptsächlich Mädchen kennen gelernt, nett waren die schon, wenn man Leute mag, die einen bei jedem Satz anfassen. Mädchen, die aussahen wie dreißig und doch so alt waren wie er, seit Monaten unterwegs, die Mädchen, da werden sie komisch. Übermorgen würde er in Laos sein, da mag er jetzt gar nicht dran denken, in seinem hässlichen Pensionszimmer, muss Obacht geben, dass er sich nicht aufs Bett wirft und weint, auf die Decke, wo schon die anderen Dinge drauf sind. In dem kleinen

Fernseher kommen nur Leute vor, die ihm völlig fremd sind, das ist das Zeichen, dass man einsam ist, wenn man die Fernsehstars eines Landes nicht kennt und die eigenen keine Bedeutung haben. Der Junge sehnt sich nach Stefan Raab, nach Harald Schmidt und Echt[1]. Er merkt weiter, dass er gar nicht existiert, wenn es nichts hat, was er kennt. Wenn er keine Zeitung in seiner Sprache kaufen kann, keine Klatschgeschichten über einheimische Prominente lesen, wenn keiner anruft und fragt, wie es ihm geht. Dann gibt es ihn nicht. Denkt er. Und ist unterdessen aus seinem heißen Zimmer in die heiße Nacht gegangen, hat fremdes Essen vor sich, von einer fremdsprachigen Serviererin gebracht, die sich nicht für ihn interessiert, wie niemand hier. Das ist wie tot sein, denkt der Junge. Weit weg von zu Hause, um anderen beim Leben zuzusehen, könnte man

1 Stefan Raab, Harald Schmidt, Echt: in der Zeit der Entstehung des Textes sehr bekannte deutsche Fernseh- und Popstars

umfallen und sterben in der tropischen Nacht und niemand würde weinen darum. Jetzt weint er doch, denkt an die lange Zeit, die er noch rumbekommen muss, alleine in heißen Ländern mit seinem Rucksack, und das stimmt so gar nicht mit den Bildern überein, die er zu Hause von sich hatte. Wie er entspannt mit Wasserbüffeln spielen wollte, in Straßencafés sitzen und cool sein. Was ist, ist einer mit Sonnenbrand und Heimweh nach den Stars zu Hause, die sind wie ein Geländer zum Festhalten. Er geht durch die Nacht, selbst die Tiere reden ausländisch, und dann sieht er etwas, sein Herz schlägt schneller. Ein Computer, ein Internet-Café[2]. Und er setzt sich, schaltet den Computer an, liest seine E-Mails. Kleine Sätze von seinen Freunden, und denen antwortet er, dass es ihm gut gehe und alles großartig ist, und er schreibt und schreibt und es ist auf einmal völlig egal, dass zu seinen Füßen ausländische Insekten so groß wie Meerkatzen herumlaufen, dass das fremde Essen im Magen drückt. Er schreibt seinen Freunden über die kleinen Katastrophen und die fremde Welt um ihn verschwimmt, er ist nicht mehr allein, taucht in den Bildschirm ein, der ist wie ein weiches Bett, er denkt an Bill Gates und Fred Apple, er schickt eine Mail an Sat.1, und für ein paar Stunden ist er wieder am Leben, in der heißen Nacht weit weg von zu Hause.

2 Das Internet-Café: In einem Internet-Café konnte man früher, als noch nicht fast jeder ein Smartphone hatte, gegen Bezahlung einen Computer mit Internetverbindung benutzen.

1 **a** Welchen Eindruck macht der Junge auf euch? Begründet.

b Diskutiert, welche Art der Reise der Junge hier unternimmt.

Urlaubsreise • Abenteuerreise • Selbsterfahrungstrip • Bildungsreise • Entdeckungsreise

c Unterteilt den Text in drei inhaltlich zusammenhängende Abschnitte und formuliert für jeden Abschnitt eine aussagekräftige Überschrift, z. B.:
Z. 1–9: Nur weg von zu Hause

2 „Warum kommt der Spaß nicht?", fragt sich der Junge. Findet Antworten, indem ihr die Zeilen 11–56 genau lest. Wählt dann Aufgabe a, b oder c und notiert eure Ergebnisse stichwortartig.

●○○ **a** **Beschreibt,** wie der Junge sein **Verhältnis zu seinen Mitmenschen,** z. B. zu den Mädchen und der Serviererin, sieht.

●●○ **b** **Erklärt,** wie der Junge **seine Umgebung,** z. B. die Unterkunft, das Essen und die anderen Menschen, wahrnimmt.

●●● **c** **Erläutert** anhand von Beispielen **die folgende Textstelle:**

> „Er merkt weiter, dass er gar nicht existiert, wenn es nichts hat, was er kennt. [...] Das ist wie tot sein, denkt der Junge. Weit weg von zu Hause, um anderen beim Leben zuzusehen, könnte man umfallen und sterben in der tropischen Nacht und niemand würde weinen darum" (▸ Z. 45–60).

d Tauscht euch über eure Ergebnisse aus und fasst die Situation des Jungen zusammen.

3 Begründet, wo der Wendepunkt der Geschichte liegt.

4 Beschreibt die Rolle des Erzählers. Beantwortet dabei folgende Fragen:
- Aus wessen Sicht wird die Handlung erzählt?
- Verhält sich der Erzähler personal oder auktorial (▶ S. 125)?
- Befindet sich der Erzähler innerhalb oder außerhalb der erzählten Welt?

5 Untersucht, wie die Gefühle des Jungen durch die sprachliche Gestaltung verdeutlicht werden. Ergänzt die Tabelle.
Achtet vor allem auf Fragen, auffällige Wiederholungen und Vergleiche, z. B. Z. 25 f., 77, 56 f. oder 79.

Zitat	Sprachliche Auffälligkeit	Wirkung/Deutung
„Und nun? Warum kommt der Spaß nicht?“ (Z. 10 f.)	zwei Fragen	verdeutlichen die Verunsicherung des Jungen
„Schatten huschen über den Betonboden“ (Z. 14 f.)	Personifikation	veranschaulicht die ... Atmosphäre

⊕ **6** Vergleicht die Texte „Neuntklässler auf Abenteuertour“ (▶ S. 100 f.) und „Hauptsache weit“ (▶ S. 104 f.): Wie nehmt ihr das Thema „Reise“ jeweils wahr? Begründet mit Textbeispielen.

Information | **Einen Erzähltext erschließen und interpretieren**

Orientiert euch an folgenden Leifragen, um einen literarischen Text zu erschließen:

Thema/Inhalt:
- Was ist das Thema des Textes? Gibt es zentrale Motive?

Aufbau der Handlung:
- Wie sind Ausgangssituation und Schluss gestaltet (offen/geschlossen)?
- Gibt es einen Höhe- bzw. Wendepunkt? Wird Spannung erzeugt?
- Wird linear erzählt oder gibt es Rückblicke und/oder Vorausdeutungen?

Figuren:
- Welche Figuren kommen vor? In welcher Beziehung stehen sie zueinander?
- Erfahrt ihr etwas über die Gefühle und Gedanken der Figuren (innere Handlung) oder liegt der Schwerpunkt auf der Darstellung der äußeren Handlung?

Erzähler:
- In welcher Erzählform (Ich-Erzähler/-in oder Er-/Sie-Erzähler/-in) ist der Text geschrieben?
- Welches Erzählverhalten (auktorial oder personal) liegt vor (▶ S. 125)?

Sprache:
- Gibt es Besonderheiten im Satzbau, z. B. einfache, kurze Sätze oder längere Satzgefüge?
- Werden Sätze oder Wörter wiederholt?
- Wird wörtliche Rede (Figurenrede) verwendet?
- Enthält der Text sprachliche Bilder (z. B. Personifikationen, Metaphern, Vergleiche)?

Erklärt die **Wirkung und Funktion der einzelnen Merkmale** und bestimmt die **Textsorte.**

„Dort bläht ein Schiff die Segel" – Ein Gedicht untersuchen

Friedrich Hebbel

Der junge Schiffer (1836)

Dort bläht ein Schiff die Segel,
Frisch saust dahin der Wind!
Der Anker wird gelichtet,
Das Steuer flugs gerichtet,
Nun fliegt's hinaus geschwind.

Ein kühner Wasservogel
Kreist grüßend um den Mast,
Die Sonne brennt herunter,
Manch Fischlein, blank und munter,
Umgaukelt keck den Gast.

Wär' gern hineingesprungen,
Da draußen ist mein Reich!
Ich bin ja jung von Jahren,
Da ist's mir nur ums Fahren,
Wohin? Das gilt mir gleich!

1 **a** Prüft, ob auch einer der Titel im Kasten zum Gedicht passen würde.
b Formuliert in ein bis zwei Sätzen, worum es in dem Gedicht geht.

> Heimkehr • Fernweh • Sehnsucht • Ruhe vor dem Sturm • Der mutige Schiffer

2 Beschreibt die formale Gestaltung des Gedichts. Geht dabei auf Reimform und Metrum ein.

3 **a** In dem Gedicht spricht ein „lyrisches Ich". Erklärt, was damit gemeint ist.
b Untersucht die Stimmung in den ersten beiden Strophen.
TIPP: Beachtet vor allem die Adjektive, Verben, Personifikationen und erläutert deren Wirkung.
c Was erfahrt ihr über den jungen Schiffer und seine Gefühle? Notiert Stichwörter und belegt eure Aussagen mit dem Text.

4 Reisegedichte, Erzählungen, Sachtexte oder Websites über das Reisen – was lest ihr am liebsten? Begründet.

⊕ **5** „Lyrik ist das Ballett der Sprache." Erklärt, was mit dieser Aussage gemeint ist.

Information **Ein Gedicht untersuchen**

Gedichte könnt ihr mit Hilfe der folgenden Leitfragen erschließen:
- **Inhalt:** Wovon handelt das Gedicht?
- **Sprecher/-in:** Wer spricht im Gedicht? Tritt ein lyrisches Ich in Erscheinung?
- **Form:** Wie ist das Gedicht aufgebaut (z. B. Strophen, Verse, Reimform, Metrum)?
- **Sprache:** Welche sprachlichen Mittel fallen auf (z. B. Metaphern, Personifikationen, Vergleiche, auffällige Wörter, Wiederholungen)? Herrscht eine bestimmte Wortart vor?

Wichtig: Erklärt immer auch die **Wirkung** der einzelnen Merkmale.

„Robinson Crusoe“ – Roman und Graphic Novel vergleichen

Daniel Defoe

Robinson Crusoe (1719)

In dem weltberühmten englischen Roman „Robinson Crusoe“ aus dem Jahr 1719 wird das Schicksal des jungen Kaufmanns Robinson Crusoe beschrieben, der als einziger Überlebender eines Schiffsunglücks auf einer einsamen Insel vor der Nordostküste Südamerikas strandet. In einer fremden Umgebung, vollkommen auf sich allein gestellt, versucht er nach einiger Zeit, in seinem neuen Leben zurechtzukommen. Doch zunächst beschreibt er seine Situation so:

Nachdem ich nun meine Seele in solcher Weise an der tröstlichen Seite meiner Lage erhoben hatte, begann ich umherzublicken und auszuschauen, auf was für einem Lande ich mich eigentlich befinde und was zunächst zu tun sei. Da sank nun bald wieder mein Mut und ich erkannte, dass meine Errettung eine furchtbare Begünstigung sei. Ich war durchnässt und konnte die Kleider nicht wechseln; hatte weder etwas zu essen noch etwas zu meiner Stärkung zu trinken; keine andere Aussicht bot sich mir, als Hungers zu sterben oder von den wilden Tieren gefressen zu werden; und, was mich besonders bekümmerte, ich besaß keine Waffen, um irgendein Tier zu meiner Nahrung zu töten oder mich gegen andere, die mich zu der ihrigen zu verwenden Lust hätten, zu wehren. Nichts trug ich bei mir als ein Messer, eine Tabakspfeife und ein wenig Tabak in einem Beutel. Dies war meine ganze Habe, und ich geriet darob in solche Verzweiflung, dass ich wie wahnsinnig hin und her lief. Die Nacht kam und ich begann, schweren Herzens zu überlegen, was mein Los sein würde, wenn es hier wilde Tiere gäbe, von denen ich wusste, dass sie stets des Nachts auf Beute auszugehen pflegen.

1 Erzählt, was ihr über die Geschichte von Robinson Crusoe wisst.

2 **a** Erklärt, in welcher Situation Robinson sich befindet und worüber er sich Sorgen macht.
b Untersucht, wie der Ich-Erzähler seine Lage beschreibt und welche Wirkung dies erzeugt.
Zu Beginn beschreibt der Erzähler ausführlich ... → Der Leser / Die Leserin erkennt ...

3 **a** Untersucht den Auszug aus der Graphic Novel auf der rechten Seite:
Wie wirkt die Szene auf euch? Begründet eure Meinung.
b Beschreibt am Beispiel einzelner Bilder (Panels), wie Robinsons Situation und seine Gefühle zeichnerisch dargestellt werden. Nutzt dafür auch Fachbegriffe zu Einstellungsgrößen und Perspektiven, die zur Beschreibung von Filmen genutzt werden (Orientierungswissen ▸ S. 362).
Zunächst wird Robinson in der Totalen gezeigt. Dadurch erkennt man ... Seine Körperhaltung zeigt ...

4 Vergleicht die Darstellung Robinsons und seiner Situation in der Graphic Novel mit der Darstellung im Romanauszug. Berücksichtigt dabei:
– die Umgebung,
– das Aussehen und die Kleidung Robinsons,
– den Ausdruck von Robinsons Gefühlen.

5 Roman oder Graphic Novel? Begründet, was ihr lieber lesen würdet.

Information **Der Comic und die Graphic Novel**

Comics (amerik. *comic strips:* komische Bildstreifen) sind **Bildgeschichten** aus einer **Folge** von gezeichneten **Einzelbildern** (Panels). Die Bilder sind wie im Film mit Hilfe von **Einstellungsgrößen** und **Perspektiven** gestaltet. Text und Bild werden durch **Sprech- und Denkblasen** (Balloons) verknüpft. Kennzeichnend für Comics sind auch **Geräuschwörter,** z. B. *gähn, keuch, schmatz.* Eine besondere Form des Comics ist die **Graphic Novel:** ein **Bildroman** mit einer umfangreicheren Geschichte, z. B. nach einer literarischen Vorlage.

„Robinson: The Journey“ – Ein Computerspiel untersuchen

Coverbild des Computerspiels „Robinson – The Journey“

1 Nennt Parallelen der Spielhandlung von „Robinson: The Journey“ zum Roman „Robinson Crusoe“ (▶ S. 108).

2 **a** Untersucht das Coverbild des Spiels oben: Beschreibt
- die dargestellte Szene,
- den Handlungsort und
- die Atmosphäre.

b Mit welchem Bild aus der Graphic Novel (▶ S. 109) lässt sich das Coverbild des Computerspiels am ehesten vergleichen? Begründet eure Ansicht.

3 Erklärt, wie User und Userinnen in Computerspielen das Schicksal eines Helden beeinflussen können und welche Ziele sie mit einem solchen Spiel verfolgen.

Spielhandlung „Robinson: The Journey“

Der zwölfjährige Robin lebte auf dem Raumschiff Esmeralda, das auf der Mission zum grünen Planeten „Tyson III“ war, um dort eine menschliche Kolonie zu errichten. Als das Raumschiff abstürzt, landet Robin dank einer Rettungskapsel zwar sicher, aber allein auf diesem Planeten, ohne seine Eltern oder andere Besatzungsmitglieder.

Das Spiel beginnt ein Jahr nach Robins Landung. Nachdem er lange vergeblich auf Rettung gehofft hat, begibt er sich selbst auf die Suche. Schritt für Schritt tastet er sich vor in den wilden, geheimnisvollen Dschungel des urzeitlichen Planeten. Ein Roboter namens „HIGS“ und ein Dinosaurierbaby namens Laika helfen ihm dabei, die gefährlichen Herausforderungen zu meistern.

4 a Beschreibt diesen Screenshot aus dem Computerspiel:
- Welche Situation innerhalb des Spiels wird hier dargestellt?
- Wie sind Perspektive und Größenverhältnisse?
- Welche Wirkung ruft die Darstellung hervor?

b Stellt Vermutungen an, welche Aufgabe die Spielenden hier lösen müssen.
Hinweis: Für die Spielenden gibt es verschiedene Steuerungsmöglichkeiten, z. B. umsehen, bewegen, Aktion ausführen oder greifen (z. B. zum Klettern).

5 Vergleicht am Beispiel von „Robinson: The Journey" und „Robinson Crusoe" Adventure-Computerspiele und erzählende Texte (z. B. Romane) miteinander. Wählt a, b oder c.

●○○ a Vergleicht die Bedeutung **des Handlungsortes.** Nutzt folgende Leitfragen:
- Welche Rolle spielen die Handlungsorte beim Computerspiel bzw. bei erzählenden Texten?
- Wie werden die Handlungsorte jeweils dargestellt?
- Wie können Lesende/Spielende sich zu verschiedenen Orten begeben?

●●○ b Vergleicht die **Rolle der Geschichte** für die Spielenden bzw. Lesenden. Nutzt folgende Leitfragen:
- Wodurch entstehen jeweils die Bilder von der Geschichte und der Umgebung in ihren Köpfen?
- Welche Möglichkeiten haben die Lesenden/Spielenden, in die Geschichte einzugreifen?
- Welche Ziele verfolgen sie jeweils?

●●● c Vergleicht **Literatur und Computerspiel,** indem ihr zu folgender Aussage Stellung nehmt:
„Die Spieler/-innen eines Computerspiels haben – anders als die Leser/-innen eines Romans – Macht über die Handlung."

d Tauscht euch über Gemeinsamkeiten und Unterschiede von Computerspielen und Erzählungen/Romanen aus.

Information **Das Computerspiel**

In Computerspielen stehen das **Spiel** und der **Wettkampf** im Vordergrund. Diese sind oft in eine **Geschichte** eingebettet, in welcher die Spielenden in die **Rolle des Helden / der Heldin** schlüpfen und ihn/sie durch verschiedene Stationen, sogenannte **Levels,** zum Ziel steuern. Besonders bei **Adventure- oder Rollenspielen** können sie den Handlungsverlauf innerhalb der Geschichte mitbestimmen.
Der **Handlungsort** in der **virtuellen Welt** kann vom einfachen Fußballfeld bei einem Sportspiel bis hin zu einer komplizierten Welt mit eigenen Gesetzen und Regeln reichen und grafisch unterschiedlich anspruchsvoll gestaltet sein.

Textsorten und ihre Funktionen unterscheiden

A Durch die sprachliche Gestaltung entstehen in meinem Kopf Bilder. Es ist wie Kino im Kopf.

B Ich kann mich in Figuren hineinversetzen und ihr Handeln mitentscheiden.

C Ich erhalte eine anschauliche Übersicht über die zentralen Informationen zu einer Fragestellung.

D Ich tauche in eine andere Welt ein und kann mir eigene Vorstellungen von den Figuren und Schauplätzen machen.

E Ich kann Herausforderungen annehmen und gewinnen.

F Ich kann gezielt ausführlichere Informationen beschaffen und sachliche Zusammenhänge verstehen.

G Ich kann mich schnell über Zahlen, Daten und Fakten informieren.

1 Welche Aussagen beschreiben die Funktionen der folgenden Textsorten?
Notiert die Textsorten mit den entsprechenden Buchstaben aus den Sprechblasen ins Heft.

Erzähltext | Sachtext | Diagramm | Computerspiel

2 Übertragt die Tabelle unten ins Heft und ordnet die Fachbegriffe aus dem Wortspeicher den einzelnen Textsorten zu.
TIPP: Ein Fachbegriff passt zu zwei Textsorten.

appellieren • Ich-Erzähler/-in • Metrum • Balloons • Balken • virtuelle Welt • Reim • sprachliche Bilder • Bericht • lyrisches Ich • informieren • Maßeinheiten • argumentieren • innere Handlung • Steuerungsbefehle • Panels • Vers • Level • personal • Kreissegment • Strophe • auktorial • Er-/Sie-Erzähler/-in

Gedicht	Erzählung	Sachtext	Diagramm	Graphic Novel	Computerspiel
...	...	...	...	...	...

3 Vergleicht eure Lösungen mit einem Lernpartner oder einer Lernpartnerin und erklärt euch gegenseitig die Fachbegriffe aus Aufgabe 2.

5.2 Reisen im Kopf – Hörtexte verstehen

Reisen per Buch – Mike Litt sagt, wie das geht

Moderator: Urlaub kann man natürlich auch in Balkonien machen, wenn man das Geld nicht hat, aber man kann trotzdem in fremde Länder und Städte reisen, wenn man kein großes Budget hat. Mike Litt von der Sendung „Loslesen!“ auf WDR 2 behauptet das, und du, Mike, sagst, man braucht nur die richtigen Bücher. Wohin reisen wir jetzt mit der richtigen Literatur?

Mike Litt: Wohin du möchtest, die ganze Welt steht uns offen. Ich weiß aber gar nicht, wo wir anfangen sollen. Das ist ja das Schöne beim Lesen. Wir vergessen alles um uns herum und plötzlich sind wir in großen Städten wie New York, Barcelona, Paris, wo wir eigentlich vorher noch nie waren. Aber beim Lesen werden diese Städte, werden ihre Atmosphären lebendig, weil sie eben toll beschrieben werden. Richtig interessant wird es allerdings, wenn man beides macht: ein Buch lesen, das in einer bestimmten Stadt spielt, und man auch noch selber vor Ort ist.

Moderator: Beispiel bitte?

Mike Litt: Also, ich fang mal mit einem Beispiel an aus meinem Leben. Ich war mal total begeistert von dem Buch „Gehen“ des österreichischen Schriftstellers Thomas Bernhard und da laufen zwei Typen immer über eine Straße, die heißt „Klosterneuburger Straße“ in Wien. Na ja, und da bin ich da hingereist und wollte denen das nachtun, aber es war ziemlich ernüchternd. Die Straße ist verhältnismäßig schmucklos, das war jetzt nicht so der Bringer. Aber nun war ich schon mal in Wien und da fiel mir ein, dass auch der Schriftsteller John Irving im Roman „Hotel New Hampshire“ unter anderem auch die Stadt Wien, die Altstadt, wunderbar beschrieben hat, und da habe ich mich da noch mal auf Spurensuche gemacht und das war nun wirklich klasse. Natürlich war nicht mehr alles so wie im Buch beschrieben, aber gleichzeitig habe ich die Stadt dann doch noch mal anders erlebt.

Moderator: Wenn du in eine Stadt reist, die du noch nicht kennst, hast du dann immer ein Buch mit, das in der Stadt dann spielt?

Mike Litt: Wenn möglich mache ich das mittlerweile tatsächlich immer so. Früher gab es ja Reiseführer mit allen wichtigen Adressen, Sehenswürdigkeiten oder Restaurants. Diese Infos bekommt man ja alle mittlerweile per App mit dem Handy. Aber die Atmosphäre, das Lebensgefühl, das bekommt man zeitlos wirklich in einer Story über eine Geschichte vermittelt, die in der Stadt spielt. […]

Moderator: Lesen ist Reisen im Kopf. Vielleicht reist man auch zu den Orten, über die man gelesen hat. Und das können wir mal festhalten: Bücher sind immer gute Reisebegleiter, egal, ob auf Balkonien oder sonst wo auf der Welt, sagt Mike Litt.

1 Lest die Überschrift dieses Radio-Interviews.
Notiert, welche Erwartungen ihr an den Inhalt des Textes habt.

2 a Lest das Interview mit verteilten Rollen oder lasst es euch von eurer Lehrkraft als Audiodatei vorspielen. Die anderen hören aufmerksam zu und notieren sich während des Hörens Stichwörter zum Textinhalt.

b Formuliert in einem Satz, worum es in dem Radiobeitrag geht.

3 a Lasst euch den Text ein zweites Mal vorlesen. Überprüft und korrigiert eure Notizen.

b Testet euer Hörverständnis, indem ihr die zutreffenden Antworten zu A–D aufschreibt.
TIPP: Manchmal treffen mehrere Antworten zu.

c Überprüft eure Ergebnisse mit Hilfe des Interviews.

A

Der Moderator
- wird von Mike Litt interviewt.
- hat ein Buch über das Reisen geschrieben.
- führt das Interview durch und stellt Fragen.
- moderiert das Interview an.

B

Mike Litt
- hat ein Buch über Wien geschrieben.
- ist der Moderator, der das Interview durchführt.
- ist ein Reisender, der im Urlaub interviewt wird.
- hat eine eigene Büchersendung beim WDR und wird vom Moderator interviewt.

C

Mike Litt ist nach Wien gereist, um …
- einen Schriftsteller, den er sehr gern mag, zu besuchen.
- die in einem Roman genannte Straße vor Ort zu sehen.
- ein Buch über die Stadt zu schreiben.
- die Stadt Wien endlich selbst zu sehen.

D

In dem Radiobeitrag wird deutlich, dass …
- die Orte in Büchern meist sehr realistisch beschrieben werden.
- man durch Lesen an fremde Orte gelangen kann, ohne dorthin zu verreisen.
- die Orte nicht immer so vorzufinden sind, wie sie in Büchern beschrieben werden.
- Reiseführer auch heutzutage noch sehr wichtig sind, um Städte kennenzulernen.

4 a Worin besteht die besondere Herausforderung, wenn man einen Text nur hört?
Erklärt den Unterschied zum Lesen eines Textes.

b Formuliert Tipps, wie man einem Hörtext (z. B. einem Radiobeitrag oder einem Podcast) gezielt Informationen entnehmen kann.

⊕ **5** Stellt eurer Klasse ein Buch vor, mit dem ihr gut im Kopf verreisen könnt.

Information **Hörtexten Informationen entnehmen**

1. Schritt: Klärt eure Erwartungen an den Text, z. B. anhand des Titels.
2. Schritt: Hört euch den Text einmal ganz an. Notiert dabei Stichwörter zum Inhalt.
3. Schritt: Hört euch den Text ein zweites Mal an. Prüft eure Notizen und korrigiert sie.

5.3 Fit in ... – Unterschiedliche Aufgabenformate in Tests kennen lernen

Azadê Peşmen

Virtuelles Reisen – der Programmierer als Reiseführer (2016)

Wer verreisen möchte, nimmt üblicherweise ein Flugzeug oder fährt mit dem Zug oder der Bahn. Das wird bald vielleicht nicht mehr nötig sein: Dann genügt es, eine Virtual-Reality-Brille aufzusetzen. Azadê Peşmen hat es ausprobiert.

Eine schwindelerregende Höhe von über 700 Metern. Der Blick reicht über die ganze Stadt: Graue Betonlandschaften wechseln sich mit Grünflächen ab. Und natürlich: die Copa Cabana. Ich bin in Rio de Janeiro und stehe vor der Christus-Statue auf dem Berg Corcovado. Die Virtual-Reality-Brille, die ich mir aufgesetzt habe, hat gar keinen Ton. Dafür aber echte Bilder, die mich nach Brasilien versetzen. Die Bilder sehen so echt aus, dass man das Gefühl hat, man stehe wirklich auf der Aussichtsplattform und blicke auf die Stadt hinunter.

Noch stecken die Virtual-Reality-Brillen in den Kinderschuhen, aber darauf verzichten können Reisebüros in der Zukunft nicht, meint Bernhard Rohleder, Hauptgeschäftsführer von Bitkom, dem Bundesverband für Informationswirtschaft, Telekommunikation und neue Medien: „Virtual Reality erlebt gerade einen unglaublichen Boom, wird technologisch sehr einfach gemacht in Zukunft und wird es uns ermöglichen, reale Reiseziele vorab virtuell zu erkunden, möglicherweise das Zimmer schon mal anzusehen, in das wir gerne einziehen würden auf unserer Reise, und vorher zu checken, ob es unseren Erwartungen entspricht, oder eben auch eine reale Reise durch eine virtuelle Reise zu ersetzen."

Das wird laut einer Studie, die der Branchenverband in Auftrag gegeben hat, in Zukunft zur Regel. Demnach meinen 64 Prozent der befragten Touristik-Manager, dass in den kommenden Jahren die virtuelle die tatsächliche Reise ablösen wird. Dass die Urlauber künftig zuerst ihr Reiseziel mit der Virtual-Reality-Brille besuchen werden, dessen sind sich drei Viertel der Unternehmer sicher.

Wobei die Virtual-Reality-Brille gar keine richtige Brille ist. Sie sieht eher aus wie ein schwarzer, rechteckiger Kasten, man setzt sie auf und wählt zwischen einem Tauchurlaub in Ägypten oder einem Städtetrip nach New York aus. Olympia Rambowska steht beratend zur Seite, sie arbeitet in einem Reisebüro, in dem schon einige Kunden ihre virtuelle Reise angetreten haben. In der Zukunft werden die Virtual-Reality-Brillen noch authentischere Bilder bieten, verspricht sie: „Da hat man zum Beispiel das Gefühl, dass man an einem Hundeschlittenrennen teilnimmt. Da sieht man die Hunde an einem vorbeilaufen, in der nächsten Szene ist man quasi auf dem Schlitten drauf und dann hört man die Hunde bellen und die Luft, die an einem vorbeirauscht [...]."

Das Bild, das Virtual-Reality-Brillen von den Urlaubsorten vermitteln, unterscheidet sich nicht grundsätzlich von den Hochglanzbildern im Reisekatalog, die auch ganz bestimmte Postkartenmotive illustrieren: das Paradies schlechthin. So verkauft sich auch die brasilianische Stadt Rio de Janeiro. Aber auf den Bildern der Virtual-Reality-Brille sind relativ wenige Menschen zu sehen. Als ich selbst – nicht per Virtual Reality, sondern klassisch mit dem Flugzeug – nach Brasilien gereist bin und vor der Christus-Statue stand, war es um einiges voller. Dicht an dicht gedrängte Touristen aus aller Welt, die versuchten, einen Schnappschuss aus der bestmöglichen Perspektive zu ergattern.

Virtuelle Realität zeigt nicht nur eine bestimmte Seite eines Urlaubsortes, sondern kann auch unsere Wahrnehmung verändern, wie der Philosoph Dr. Michael Madary von der Universität Mainz feststellt: „Ein deutliches Ergebnis sozialpsychologischer Studien ist, dass wir sehr stark von unserer Umgebung beeinflusst werden können. In der virtuellen Welt wird die gesamte Umgebung von demjenigen festgelegt, der sie zur Verfügung stellt. [...] Die Verantwortung, wie wir mit der virtuellen Realität unsere potenziellen Urlaubsorte wahrnehmen, liegt also bei den Programmierern, die diese Bilder erstellen und weiterentwickeln.“

Im Folgenden findet ihr verschiedene Aufgabenformate, mit denen ihr euer Textverständnis testen könnt. Bearbeitet sie. Falls ihr unsicher seid, überprüft noch einmal mit dem Text.

Auswahlaufgaben (Multiple-Choice-Aufgaben)

1 **a** Was versteht man unter virtuellem Reisen?
Schreibt den Buchstaben der zutreffenden Antwort ins Heft.
TIPP: Es ist immer nur eine Antwort richtig.
„Virtuelles Reisen“ bedeutet, dass

A die Reisekataloge in Reisebüros technisch so gut sind, dass man beim Betrachten der Bilder bereits in die Welt des Reiseziels eintaucht.
B man durch eine spezielle digitale Technik in eine computererzeugte Urlaubswelt eintaucht und diese genau erkunden kann.
C man auf Reisen immer online sein kann, um Genaueres über die Urlaubswelt zu erfahren.
D man die eigene Urlaubsreise im Nachhinein noch einmal erleben kann, wenn man sich die Aufnahmen anschaut.

b Wie viele der befragten Touristik-Manager glauben, dass die virtuelle Reise in Zukunft die reale Reise ablösen wird?
A 4 %   **B** 70 %   **C** 64 %   **D** 100 %

c Welche Bedenken hat die Journalistin?
Sie gibt zu bedenken, dass
A die virtuellen Brillen sehr teuer sind.
B die virtuellen Brillen umständlich zu bedienen sind.
C nicht genügend Urlaubsorte durch die virtuelle Brille zu erkunden sind.
D die Programmierer der Virtual-Reality-Reisen unsere Wahrnehmung des Ziels beeinflussen.

Richtig-Falsch-Aufgaben (True-/False-Aufgaben)

2 **a** Welche der folgenden Antworten sind korrekt und welche nicht?
Notiert in eurem Heft hinter jedem Buchstaben ein **r** für richtig oder ein **f** für falsch.

A Die Journalistin Azadê Peşmen berichtet über ihren Urlaub in New York.
B Durch Virtual Reality lassen sich Reisen gut vorbereiten, weil man sich vorab die Orte oder Unterkünfte genau anschauen kann.
C Die Mehrheit der Touristikunternehmer/-innen ist davon überzeugt, dass sich die Urlauber in Zukunft ihre Reiseziele zuerst mit der Virtual-Reality-Brille anschauen werden.
D Die Virtual-Reality-Brille ist vergleichbar mit einer einfachen Brille.
E Die Bilder der Virtual-Reality-Brille verschönern die Realität.

b Welche Funktionen hat der Sachtext „Virtuelles Reisen – der Programmierer als Reiseführer"?

A Er appelliert an die Leser/-innen, sich nicht von den virtuellen Bildern täuschen zu lassen.
B Er leitet die Leser/-innen an, wie sie virtuell verreisen können.
C Er informiert über Möglichkeiten sowie Vor- und Nachteile des virtuellen Reisens.
D Er argumentiert für virtuelles Reisen als Alternative zum herkömmlichen Reisen.
E Er unterhält mit der anschaulichen Schilderung eines Hundeschlittenrennens.

Kurzantworten

3 Beantwortet folgende Fragen in jeweils wenigen Sätzen. Schreibt ins Heft.
a Was ist mit der Aussage: „Noch stecken die Virtual-Reality-Brillen in den Kinderschuhen" (Z. 15 f.) gemeint?
b Wie ist der Titel „Virtuelles Reisen – der Programmierer als Reiseführer" zu verstehen?

Zuordnungsaufgaben (Matching-Aufgaben)

4 Verknüpft die Teilsätze zu Aussagen, die den Text richtig wiedergeben.
Schreibt die vollständigen Aussagen ins Heft.

Die Virtual-Reality-Brillen bieten spannende Abenteuer,	weil entsprechende Studien in Auftrag gegeben worden sind.
In Zukunft werden Virtual-Reality-Brillen noch häufiger verkauft werden,	weil die Technik einfacher wird und gerade eine große Nachfrage erkennbar ist.
Der Tourismusbranchenverband weiß, wie sich der Markt für virtuelle Reisen entwickeln wird,	weil die Erlebnisse sehr authentisch, also sehr echt wirken.

Lückentextaufgaben

5 Schreibt den folgenden Text ab und füllt die Lücken mit passenden Wörtern aus dem Wortspeicher.

> Beim virtuellen Reisen wird nicht die **?** eines Ortes gezeigt, sondern die **?** . Die Menschen sehen den Ort so, wie er **?** präsentiert wird. Daher besteht die **?** , dass Menschen beim **?** stark beeinflusst werden und eine völlig andere Vorstellung von einem Reiseziel bekommen, als es der Realität entspricht.

Gefahr • digital • wirkliche Umgebung • virtuellen Reisen • programmierte Wunschvorstellung

6 Kontrolliert eure Ergebnisse in Partnerarbeit.

7 Im Deutschunterricht, aber auch in anderen Fächern gibt es unterschiedliche Aufgabenformate. Einige habt ihr auf den Seiten 114 und 116–118 kennen gelernt.

a Diskutiert, welche Arten von Aufgaben ihr bevorzugt:
- offene Aufgaben, bei denen ihr euch relativ frei über einen Text äußern könnt, z. B. in einer Charakterisierung oder einer Gedichtinterpretation,
- geschlossene Aufgaben, die eine eindeutige Antwort haben.

b Tauscht euch über eure Strategien aus, die unterschiedlichen Aufgaben zu lösen.

8 **a** Entwickelt geschlossene Aufgaben zu einem Sachtext, z. B. aus diesem Kapitel. Nutzt dabei unterschiedliche Aufgabenformate.

b Testet anschließend gegenseitig euer Textverständnis mit Hilfe eurer Aufgaben.

c Überprüft eure Lösungen mit dem Text.

Information | **Geschlossene Aufgabenformate**

In Tests, bei denen es um das Textverständnis geht, begegnen euch häufig bestimmte geschlossene Aufgabenformate, deren Lösungen festgelegt sind. Dazu gehören:
- **Auswahlaufgaben** (Multiple-Choice-Aufgaben): Wählt aus verschiedenen Antwortmöglichkeiten die richtige Antwort aus.
- **Richtig-Falsch-Aufgaben** (True-/False-Aufgaben): Entscheidet, ob einzelne Aussagen zu einem Text korrekt sind oder nicht.
- **Zuordnungsaufgaben** (Matching-Aufgaben): Ordnet vorgegebene Informationen einander zu, z. B. indem ihr Teilsätze zu einer richtigen Aussage verbindet.
- **Lückentextaufgaben** (Einsetzungsaufgaben): Setzt in einen vorgegebenen Lückentext die passenden Wörter oder Wortgruppen ein.
- **Kurzantworten:** Formuliert eine knappe Antwort auf eine Frage.

6 „Unterm Birnbaum" –
Eine Novelle lesen und verstehen

1 **a** Versetzt euch in die Figur, die in der geöffneten Tür steht, um die Vorgänge im Nachbargarten zu beobachten. Formuliert, was ihr durch den Kopf gehen könnte, z. B.:
Soso, mitten in der Nacht hebt der Herr Nachbar eine Grube unterm Birnbaum aus. Aber warum …? Vielleicht … Ich glaube fast …

b Entwickelt Ideen dazu, wie die Geschichte nach der abgebildeten Szene weitergehen könnte.

2 Tauscht euch über eure Erfahrungen mit Kriminalgeschichten in verschiedenen Medien aus (z. B. Literatur, Film, Hörspiel): Worin liegt für euch der Reiz dieser Geschichten?

In diesem Kapitel …

- lernt ihr eine spannende Kriminalnovelle kennen,
- untersucht ihr die Figuren, die Handlung und den Erzähler der Novelle,
- charakterisiert ihr die Hauptfigur,
- gestaltet ihr eigene Texte zu Novellen-auszügen und zu einer Graphic Novel.

6.1 Ein verbrecherischer Plan – Erzähler, Figuren und Handlung untersuchen

Böse Ahnungen?! – Andeutungen entschlüsseln

Theodor Fontane

Unterm Birnbaum (1)

Vor dem in dem großen und reichen Oderbruchdorfe[1] Tschechin um Michaeli 20[2] eröffneten Gasthaus und Materialwarengeschäft von Abel Hradscheck (so stand auf einem über der Tür angebrachten Schild) wurden Säcke, vom Hausflur her, auf einen mit zwei magern Schimmeln bespannten Bauernwagen geladen. Einige von den Säcken waren nicht gut gebunden oder hatten kleine Löcher und Ritzen, und so sah man denn an dem, was herausfiel, dass es Rapssäcke waren. Auf der Straße neben dem Wagen aber stand Abel Hradscheck selbst und sagte zu dem eben vom Rad her auf die Deichsel steigenden Knecht: „Und nun vorwärts, Jakob, und grüße mir Ölmüller Quaas. […]“
Der als Jakob angeredete nickte nur statt aller Antwort, setzte sich auf den vordersten Rapssack und trieb beide Schimmel mit einem schläfrigen „Hüh“ an, wenn überhaupt von Antreiben die Rede sein konnte. Und nun klapperte der Wagen nach rechts hin den Fahrweg hinunter, erst auf das Bauer Orth'sche Gehöft samt seiner Windmühle (womit das Dorf nach der Frankfurter Seite hin abschloss) und dann auf die weiter draußen am Oderbruch-Damm gelegene Ölmühle zu. Hradscheck sah dem Wagen nach, bis er verschwunden war, und trat nun erst in den Hausflur zurück. Die-

1 das Oderbruchdorf: Dorf im Ufergebiet des Flusses Oder

2 Michaeli 20: Tag des Heiligen Michael = 29. September, im Jahr 1820

ser war breit und tief und teilte sich in zwei Hälften, die durch ein paar Holzsäulen und zwei dazwischen ausgespannte Hängematten voneinander getrennt waren. Nur in der Mitte hatte man einen Durchgang gelassen. An dem Vorflur lag nach rechts hin das Wohnzimmer, zu dem eine Stufe hinaufführte, nach links hin aber der Laden, in den man durch ein großes, fast die halbe Wand einnehmendes Schiebefenster hineinsehen konnte.

Früher war hier die Verkaufsstelle gewesen, bis sich die zum Vornehmtun geneigte Frau Hradscheck das Herumtrampeln auf ihrem Flur verbeten und auf Durchbruch einer richtigen Ladentür, also von der Straße her, gedrungen hatte. Seitdem zeigte dieser Vorflur eine gewisse Herrschaftlichkeit, während der nach dem Garten hinausführende Hinterflur ganz dem Geschäft gehörte. Säcke, Zitronen- und Apfelsinenkisten standen hier an der einen Wand entlang, während an der andern übereinandergeschichtete Fässer lagen, Ölfässer, deren stattliche Reihe nur durch eine zum Keller hinunterführende Falltür unterbrochen war. Ein sorglich vorgelegter Keil hielt nach rechts und links die Fässer in Ordnung, sodass die untere Reihe durch den Druck der oben aufliegenden nicht ins Rollen kommen konnte.

So war der Flur. Hradscheck selbst aber, der eben die schmale, zwischen den Kisten und Ölfässern freigelassene Gasse passierte, schloss, halb ärgerlich, halb lachend, die trotz seines Verbotes mal wieder offen stehende Falltür und sagte: „Dieser Junge, der Ede. Wann wird er seine fünf Sinne beisammen haben!"

Und damit trat er vom Flur her in den Garten. Hier war es schon herbstlich, nur noch Astern und Reseda blühten zwischen den Buchsbaumrabatten, und eine Hummel umsummte den Stamm eines alten Birnbaums, der mitten im Garten hart neben dem breiten Mittelsteige stand. Ein paar Möhrenbeete, die sich, samt einem schmalen mit Kartofeln besetzten Ackerstreifen, an eben dieser Stelle durch die Spargelanlage hinzogen, waren schon wieder umgegraben, eine frische Luft ging, und eine schwarzgelbe, der nebenan wohnenden Witwe Jeschke zugehörige Katze schlich, mutmaßlich auf der Sperlingssuche, durch die schon hoch im Samen stehenden Spargelbeete.

Hradscheck aber hatte dessen nicht acht. Er ging vielmehr rechnend und wägend zwischen den Rabatten hin und kam erst zu Betrachtung und Bewusstsein, als er, am Ende des Gartens angekommen, sich umsah und nun die Rückseite seines Hauses vor sich hatte. Da lag es, sauber und freundlich, links die sich von der Straße her bis in den Garten hineinziehende Kegelbahn, rechts der Hof samt dem Küchenhaus, das er erst neuerdings an den Laden angebaut hatte. Der kaum vom Winde bewegte Rauch stieg sonnenbeschienen auf und gab ein Bild von Glück und Frieden. Und das alles war sein! Aber wie lange noch? Er sann ängstlich nach und fuhr aus seinem Sinnen erst auf, als er, ein paar Schritte von sich entfernt, eine große, durch ihre Schwere und Reife sich von selbst ablösende Malvasierbirne mit eigentümlich dumpfem Ton aufklatschen hörte. Hrad-

scheck ging darauf zu, bückte sich und hatte die Birne kaum aufgehoben, als er sich von der Seite her angerufen hörte:
„Dag, Hradscheck. Joa, et wahrd nu Tied[3]. De Malvesieren kümme all von sülwst.“
Er wandte sich bei diesem Anruf und sah, dass seine Nachbarin, die Jeschke, deren kleines, etwas zurückgebautes Haus den Blick auf seinen Garten hatte, von drüber her über den Himbeerzaun guckte.
„Ja. Mutter Jeschke, ’s wird Zeit“, sagte Hradscheck.

3 die Tied: die Zeit

1 Schülerinnen und Schüler haben ihre ersten Eindrücke zu diesem Text geäußert.

a Ergänzt für jede Sprechblase eine passende Begründung.

> Ich erwarte, dass etwas Schlimmes passiert, denn …

> Es geht bestimmt ums Geld, weil …

b Tauscht eure weiteren Eindrücke zum Anfang der Novelle aus.

2 „Und das alles war sein! Aber wie lange noch?“ (▸ Z. 91 f.) Der Anfang der Novelle steckt voller Andeutungen und böser Vorahnungen (▸ Methode, S. 123). Untersucht das genauer. Wählt a, b oder c.

●○○ **a** Notiert Textstellen, in denen sich andeutet, das **Abels Geschäfte schlecht laufen.** Achtet auch auf die Figuren Jakob und Ede.
„zwei magern Schimmeln“ (Z. 6 f.), …

●●○ **b** Hradscheck hat **finanzielle Sorgen.** Begründet diese Aussage mit Hilfe des Textes und erläutert, warum diese Sorgen auch zu **Problemen mit seiner Ehefrau** führen könnten. Findet ihr eine Andeutung im Text?

●●● **c** Begründet, dass **von der alten Jeschke** eine **Bedrohung** für Hradscheck ausgeht. Achtet dazu auf das Verhalten ihrer Katze und auf die Zeilen 99–107. Was könnt ihr herauslesen?

d Stellt euch eure Ergebnisse vor und ergänzt die folgende Figurenskizze in eurem Heft. Notiert an den Pfeilen, was ihr über die Beziehung der Figuren bereits wisst.

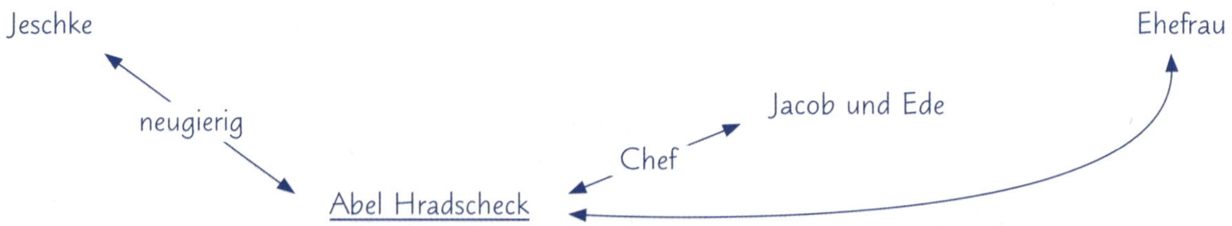

3 Erklärt die Funktion der Andeutungen für den Spannungsaufbau der Geschichte, z. B.:
Manchmal ist es vielleicht spannender …

Anspielungen in literarischen Texten deuten

Viele literarische Texte sind voller Anspielungen, die ihr erst entdecken und deuten müsst. Dabei sind eure Fantasie und eure Kombinationsfähigkeit gefordert. Erst wenn ihr als Leserinnen und Leser mitdenkt und auch mal zwischen den Zeilen lest, entfalten viele literarische Texte ihren ganzen Reiz.

1. Deutet Schauplätze.

„eine zum Keller hinunterführende Falltür" (▸ Z. 51 f.)	Klingt das nicht nach einer gefährlichen Stelle und einem unheimlichen Ort?

2. Fühlt euch in die Atmosphäre ein und achtet auf Symbole.

„Hier war es schon herbstlich, nur noch Astern und Reseda blühten …" (▸ Z. 65 f.)	Im Herbst wird es dunkler und kälter. Pflanzt man Astern und Reseda nicht auf Gräbern? Schlechtes Omen!

3. Entwickelt eine lebendige Vorstellung von den Figuren.

„halb ärgerlich, halb lachend" (▸ Z. 60)	Die Hauptfigur scheint nicht besonders streng, vielleicht sogar ein bisschen nachlässig zu sein.

4. Achtet auf Vorahnungen und Andeutungen.

„Und das alles war sein! Aber wie lange noch?" (▸ Z. 91 f.)	Offenbar fürchtet Hradscheck um seinen Besitz. Hat er Schulden?

5. Kombiniert Aussagen und zieht Schlussfolgerungen.

„zwei magern Schimmeln" + „rechnend und wägend" (▸ Z. 6 f. und 80)	Hradschecks Geschäfte laufen schlecht. Er ist einer finanziellen Notlage.

„Es geht nicht"?! – Den Erzähler untersuchen

Theodor Fontane

Unterm Birnbaum (2)

Nach dem kurzen Gespräch mit der alten Jeschke trifft Abel im Haus auf seine Frau Ursel und gesteht ihr seine finanziellen Sorgen. Besonders bedrückt ihn, dass schon sehr bald der Handelsreisende Szulski aus Krakau eintreffen wird, um Schulden einzutreiben. Ursel reagiert auf diese Eröffnungen zunächst mit Vorwürfen. Auch weil sie in Gedanken bei den gemeinsamen Kindern ist, deren Sterbetag sich jährt und für die sie einen Kranz geflochten hat.

„Ich weiß nicht aus noch ein und habe Sorgen über Sorgen."

„Worüber? Weil du nichts Rechtes zu tun hast und nicht weißt, wie du den Tag hinbringen sollst. Hinbringen, sag ich, denn ich will dich nicht kränken und von Zeit totschlagen sprechen. Aber sage selbst, wenn drüben die Weinstube voll ist, dann fehlt dir nichts. Ach, das verdammte Spiel, das ewige Knöcheln und Tempeln[1]. Und wenn du noch glücklich spieltest! Ja, Hradscheck, das muss ich dir sagen, wenn du spielen willst, so spiele wenigstens glücklich. Aber ein Wirt, der nicht glücklich spielt, muss davonbleiben, sonst spielt er sich von Haus und Hof. Und dazu das Trinken, immer der schwere Ungar[2], bis in die Nacht hinein."

Er antwortete nicht, und erst nach einer Weile nahm er den Kranz, der über der Stuhllehne hing, und sagte: „Hübsch. Alles, was du machst, hat Schick. Ach, Ursel, ich wollte, du hättest bessere Tage."

Dabei trat er freundlich an sie heran und streichelte sie mit seiner weißen, fleischigen Hand. Sie ließ ihn auch gewähren, und als sie, wie beschwichtigt durch seine Liebkosungen, von ihrer Arbeit aufsah, sah man, dass es ihrerzeit eine sehr schöne Frau gewesen sein musste, ja, sie war es beinah noch. Aber man sah auch, dass sie viel erlebt hatte, Glück und Unglück, Lieb und Leid, und durch allerlei schwere Schulen gegangen war. Er und sie machten ein hübsches Paar und waren gleichaltrig, Anfang vierzig, und ihre Sprech- und Verkehrsweise ließ erkennen, dass es eine Neigung gewesen sein musste, was sie vor länger oder kürzer zusammengeführt hatte. [...] „Wo drückt es wieder? Eben hast du den Raps weggeschickt, und wenn Leist das Öl hat, hast du das Geld. Er ist prompt auf die Minute."

„Ja, das ist er. Aber ich habe nichts davon, alles ist bloß Abschlag und Zins. Ich stecke tief drin und leider am tiefsten bei Leist selbst. Und dann kommt die Krakauer Geschichte, der Reisende von Olszewski-Goldschmidt und Sohn. Er kann jeden Tag da sein."

Hradscheck zählte noch anderes auf, aber ohne dass es einen tieferen Eindruck auf seine Frau gemacht hätte. [...] Zugleich hing er wieder allerlei Gedanken und Vorstellungen nach, wie sie seiner Fantasie jetzt häufiger kamen. Aber er hatte noch Kraft genug, das Netz, das ihm diese Gedanken und Vorstellungen überwerfen wollten, wieder zu zerreißen. „Es geht nicht."

Und als im selben Augenblick das Bild des Reisenden, dessen Anmeldung er jetzt täglich erwarten musste, vor seine Seele trat, trat er erschreckt zurück und wiederholte nur so vor sich hin: „Es geht nicht."

1 das Knöcheln und Tempeln: ein Würfel- und ein Kartenspiel

2 der Ungar: ungarischer Wein

1 a „Es geht nicht." Was meint Abel mit diesen Worten genau? Versetzt euch in seine Situation und formuliert in der Ich-Form, was ihm durch den Kopf gehen könnte, z. B.: *Die Schulden … Alles wäre einfacher, wenn … Aber …*

b Tauscht euch über eure Deutungen und Vermutungen in der Klasse aus.

2 Bestimmt das Erzählverhalten und untersucht es genauer. Lest zuerst das Merkwissen und wählt dann a, b oder c.

●○○ a Findet zwei **Textstellen, die auf keinen Fall von einem personalen Erzähler stammen können,** und begründet eure Auswahl, z. B.: *In den Zeilen …–… wird … Das kann kein personaler Erzähler erzählen, weil …*

●●○ b Wird die Novelle von einem **auktorialen oder** einem **personalen Erzähler** vermittelt? Begründet eure Entscheidung anhand von zwei Textstellen, z. B.: *Die Novelle wird von … erzählt. Das lässt sich z. B. an den Z. …–… erkennen, in denen …*

●●● c Ein auktorialer Erzähler kann sein **Wissen** mit seinen Lesern **teilen oder es auch bewusst zurückhalten.** Erläutert diese Aussage an je einer Textstelle und erklärt auch, **warum der Erzähler so vorgeht.** Was will er jeweils erreichen?

d Stellt euch eure Ergebnisse gegenseitig vor und kontrolliert sie mit Hilfe des Merkwissens: Haben alle verstanden, welches Erzählverhalten vorliegt und woran man es erkennen kann?

⊕ **3** Würdet ihr als Autor oder Autorin eines Kriminalromans die Geschichte eher von einem auktorialen oder einem personalen Erzähler vermitteln lassen? Begründet eure Wahl.

Information **Merkmale des Erzählens**

Der **Erzähler ist eine Figur,** die die Handlung einer Geschichte vermittelt und nicht mit dem Autor oder der Autorin verwechselt werden darf.

Erzählverhalten und Erzählform

Der Erzähler kann seine Geschichte auf unterschiedliche Weise vermitteln:

- Ein **auktorialer Erzähler** steht **außerhalb der Handlung.** Er kennt die Gedanken und Gefühle der Figuren und kann z. B. in ihre Vergangenheit und Zukunft blicken. Außerdem kann er seine Figuren beurteilen, die Handlung kommentieren oder auch seine Leser direkt ansprechen. In der Regel bedient sich der auktoriale Erzähler der **Er-/Sie-Erzählform.**
- Ein **personaler Erzähler** ist ganz **nah am Geschehen.** Er sieht, hört und weiß nichts anderes als die **Figur, aus deren Sicht er erzählt.** Der personale Erzähler bedient sich häufig der **Ich-Erzählform**, kann aber auch die **Er-/Sie-Erzählform** wählen.

Ein toter Soldat – Novellenmerkmale untersuchen

Theodor Fontane

Unterm Birnbaum (3)

Aufgrund seiner heimlichen Gedanken fürchtet Hradscheck die alte Jeschke, denn diese steht im Ruf, Tote sehen und Todesfälle vorhersagen zu können. Um sich abzulenken, gräbt Hradscheck den Garten um. Da stößt er mit dem Spaten direkt unter dem Birnbaum auf etwas Hartes.

Er grub also vorsichtig weiter und sah alsbald, dass er auf Arm und Schulter eines hier verscharrten Toten gestoßen war. Auch Zeugreste kamen zutage, zerschlissen und gebräunt, aber immer noch farbig und wohlerhalten genug, um erkennen zu lassen, dass es ein Soldat gewesen sein müsse. Wie kam der hierher?
Hradscheck stützte sich auf die Krücke seines Grabscheits und überlegte. „Soll ich es zur Anzeige bringen? Nein. Es macht bloß Geklätsch. Und keiner mag einkehren, wo man einen Toten unterm Birnbaum gefunden hat. Also besser nicht. Er kann hier weiter liegen."
Und damit warf er den Armknochen, den er ausgegraben, in die Grube zurück und schüttete diese wieder zu. Während dieses Zuschüttens aber hing er all jenen Gedanken und Vorstellungen nach, wie sie seit Wochen ihm immer häufiger kamen. Kamen und gingen. Heut aber gingen sie nicht, sondern wurden Pläne, die Besitz von ihm nahmen und ihn, ihm selbst zum Trotz, an die Stelle bannten, auf der er stand. Was er hier zu tun hatte, war getan, es gab nichts mehr zu graben und zu schütten, aber immer noch hielt er das Grabscheit in der Hand und sah sich um, als ob er bei böser Tat ertappt worden wäre. Und fast war es so. Denn unheimlich verzerrte Gestalten (und eine davon er selbst) umdrängten ihn so fassbar und leibhaftig, dass er sich wohl fragen durfte, ob nicht andere da wären, die diese Gestalten auch sähen. Und er lugte wirklich nach der Zaunstelle hinüber. Gott sei Dank, die Jeschke war nicht da. Aber freilich, wenn sie sich unsichtbar machen und sogar Tote sehen konnte, Tote, die noch nicht tot waren, warum sollte sie nicht die Gestalten sehn, die jetzt vor seiner Seele standen? Ein Grauen überlief ihn, nicht vor der Tat, nein, aber bei dem Gedanken, dass das, was erst Tat werden sollte, vielleicht in diesem Augenblicke schon erkannt und verraten war. Er zitterte, bis er, sich plötzlich aufraffend, den Spaten wieder in den Boden stieß.
„Unsinn. Ein dummes altes Weib, das gerade klug genug ist, noch Dümmere hinters Licht zu führen."

1 **a** Wie würdet ihr auf einen derart grauenhaften Fund reagieren? Beschreibt, was ihr denken und unternehmen würdet.
b Erklärt Hradschecks Reaktion. Was beschäftigt ihn vor allem?

2 Die Illustration zeigt typische Novellenmerkmale. Prüft, welche der Merkmale A bis D sich bis zu dieser Stelle der Novelle schon nachweisen lassen. Bezieht dabei euer gesamtes Wissen über die Handlung der Novelle mit ein.

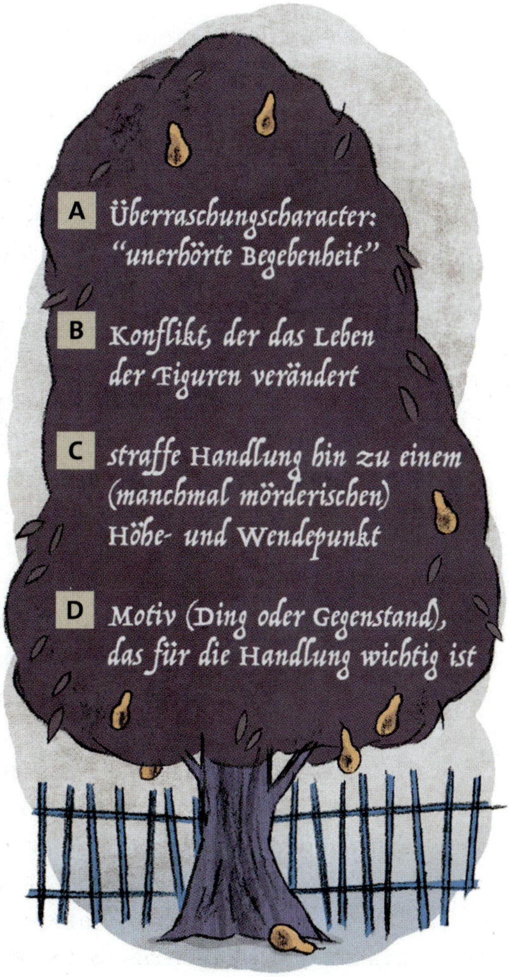

Historisch-biografische Hintergründe:

Ein Mordfall in Letschin

Theodor Fontanes Vater führte in dem Oderbruchdorf Letschin zwischen 1838 und 1850 eine Apotheke. Fontane kannte also die Gegend, die Leute und ihren Dialekt. Im Jahr 1842 wurde bei Bauarbeiten auf dem Grund eines Letschiner Gasthofs ein Skelett entdeckt, woraufhin der Betreiber des Gasthofs, Fittig, in Verdacht geriet. Bereits 1836 war nämlich ein reisender Händler nach einer Übernachtung in Fittigs Gasthof spurlos verschwunden. Die wahren Hintergründe und Zusammenhänge wurden nie aufgeklärt. Fittig aber geriet in finanzielle Not und starb als armer Mann.

3 **a** Lest die Informationen zum historisch-biografischen Hintergrund. Benennt dann die Gemeinsamkeiten zwischen dem historischen Kriminalfall und Fontanes Novelle, z. B.: geografische Lage: ...; ...

b Entwickelt mit Hilfe des historischen Falls und Novellenmerkmal C Ideen zum weiteren Handlungsverlauf.

⊕ **4** Erläutert mit Hilfe der historisch-biografischen Hintergründe die folgende Aussage: Die Geschichte „Unterm Birnbaum" hat sich der Autor Theodor Fontane ausgedacht, sie ist also fiktional. Aber die Geschichte wird auf eine realistische Weise, also wirklichkeitsnah, erzählt.

Information **Die Novelle**

Eine Novelle (ital. *novella:* Neuigkeit) ist eine Erzählung, in deren Mittelpunkt eine **unerhörte Begebenheit** (Johann Wolfgang Goethe) steht, deren Handlung also außergewöhnlich ist. Oft erleben die Figuren einen **Konflikt,** der sie zu einer Entscheidung für ihr Leben zwingt. Die Handlung entwickelt sich dann **geradlinig hin zu einem Höhe- oder Wendepunkt.** Häufig entwickelt sich die Handlung rund um ein **zentrales Motiv,** ein sogenanntes **Dingsymbol.** Das kann z. B. ein Tier, ein Gegenstand oder auch eine Pflanze sein.

Täuschungsmanöver Nr. 1 – Die Handlung verstehen

Theodor Fontane

Unterm Birnbaum (4)

Hradscheck erzählt seiner Frau von dem Leichenfund und weiht sie in seinen Plan ein. Daraufhin verbreitet das Ehepaar Hradscheck das Gerücht im Dorf, es habe eine beträchtliche Erbschaft erhalten und könne alle Schulden begleichen. Als der erwartete Händler aus Krakau, Szulski, dann an einem verregneten Novemberabend, bekleidet mit Pelzmantel und Pelzmütze, eintrifft, zahlt Hradscheck seine Schulden vor Zeugen zurück. (Das Geld dafür hat er sich heimlich anderweitig geliehen.) Bis Mitternacht wird getrunken und Szulski erwähnt noch, dass er sein Geld immer am Körper trage und am nächsten Morgen um 5 Uhr wieder abfahren wolle.
Mitten in der Nacht wird die Jeschke vom Sturm geweckt, öffnet den oberen Laden der Küchentür und gibt ihrem Hang zum Spionieren nach.

Eine Weile stand sie so, ohne dass etwas geschehen wäre, bis sie, als sie sich schon zurückziehn wollte, drüben plötzlich die Hradscheck'sche Gartentür auffliegen und Hradscheck selbst in der Türöffnung erscheinen sah. Etwas Dunkles, das er schon vorher herangeschafft haben musste, lag neben ihm. Er war in sichtlicher Erregung und sah gespannt nach ihrem Hause hinüber. Und dann war's ihr doch wieder, als ob er wolle, dass man ihn sähe. Denn wozu sonst das Licht, in dessen Flackerschein er dastand? Er hielt es immer noch vor sich, es mit der Hand schützend, und schien zu schwanken, wohin damit. Endlich aber musst er eine geborgene Stelle gefunden haben, denn das Licht selbst war weg und statt seiner nur noch ein Schein da, viel zu schwach, um den nach wie vor in der Türöffnung liegenden dunklen Gegenstand erkennen zu lassen. Was war es? Eine Truhe? Nein. Dazu war es nicht lang genug. Oder ein Korb, eine Kiste? Nein, auch das nicht.
„Wat he man hett?", murmelte sie vor sich hin. Aber ehe sie sich, aus ihren Mutmaßungen heraus, ihre Frage noch beantworten konnte, sah sie, wie der ihr auf Minuten aus dem Auge gekommene Hradscheck von der Tür her in den Garten trat und mit einem Spaten in der Hand rasch auf den Birnbaum zuschritt. Hier grub er eifrig und mit sichtlicher Hast und musste schon ein gut Teil Erde herausgeworfen haben, als er mit einem Male das Graben aufgab und sich aufs Neue nach allen Seiten hin umsah. Aber auch jetzt wieder (so wenigstens schien es ihr) mehr in Spannung als in Angst und Sorge.
„Wat he man hett?", wiederholte sie.
Dann sah sie, dass er das Loch rasch wieder zuschüttete. Noch einen Augenblick, und die Gartentür schloss sich, und alles war wieder dunkel.
„Hm", brummte die Jeschke. „Dat's joa binoah, as ob he een abmurkst hett'. Na, so dull wahrd et joa woll nich sinn ... Nei, nei, denn wihr dat Licht nich. Awers ick tru em nich. Un ehr tru ick ook nich."

1 Was denkt ihr? Hat Hradscheck Szulski in dieser Nacht ermordet? Tauscht euch aus.

2 Untersucht die Kriminalhandlung, indem ihr Hradschecks Auftritt als Täuschungsmanöver entlarvt. Wählt a, b oder c.

●○○ **a** Was spricht dagegen, dass Hradscheck Szulskis Leiche unterm Birnbaum vergräbt? Nennt zwei Gründe, die für ein **Täuschungsmanöver** sprechen, z. B.:
Erstens: Unterm Birnbaum ... Zweitens: Hradscheck kennt die Jeschke und weiß, ...

●●○ **b** Erklärt den wahrscheinlichen **Sinn des Täuschungsmanövers** und haltet eure Vermutungen zu den **tatsächlichen Vorgängen** in dieser Nacht in einem Satz fest.

●●● **c** Werft einen **Blick in die Zukunft:** Wird Hradschecks Plan aufgehen? Stellt euch vor, es kommt zu einer polizeilichen Untersuchung: Was sagt die Jeschke aus? Was findet man unterm Birnbaum? Inwiefern könnte Hradscheck all das helfen?

d Führt eure Ergebnisse zusammen und haltet fest, was ihr schon sicher wisst, was ihr mit hoher Wahrscheinlichkeit vermuten könnt und was noch nicht geklärt ist.

3 **a** Stellt die Beziehung zwischen Hradscheck und der Jeschke in einem „Shadowing" dar, d. h. in einem sprechenden Standbild:
- Zwei Schüler/-innen stellen die Figuren dar und verdeutlichen ihre Gefühle und ihre Beziehung zueinander durch ihre Körperhaltung sowie durch ihre Mimik und Gestik.
- Zwei weitere Schüler/-innen treten wie ein Schatten hinter die Figuren und sprechen die Gedanken der Figuren übereinander aus.

b Diskutiert, welche Rolle die alte Jeschke für die Kriminalnovelle spielt.

4 Die alte Jeschke spricht Plattdeutsch, das ist ein niederdeutscher Dialekt (▸ Merkwissen).

a Lest die letzten Sätze der Jeschke (▸ Z. 41–45) auf Hochdeutsch vor. Fällt euch das leicht oder braucht ihr eine Übersetzungshilfe? (▸ Sprachtraining, S. 130)

b Erklärt, warum Fontane die Jeschke Dialekt sprechen lässt. Wie wirkt das und was ginge auf Hochdeutsch verloren?

c Nehmt persönlich Stellung zum Thema Dialekt. Was gefällt euch daran? Was stört euch?

5 Die Grenze zwischen dem Mittel- und dem Niederdeutschen wird als „Ik-Ich-Linie" bezeichnet. Notiert aus dem letzten Satz der Jeschke neben dem „ick" noch ein weiteres Beispiel für diese Linie.

Information **Dialekte**

Dialekte (auch Mundarten genannt) sind Sprachvarianten, die an eine bestimmte geografische Region gebunden sind und von der **Standardsprache** (auch Hochdeutsch genannt) unterschieden werden. Man teilt die Dialekte grob ein in:
- das **Niederdeutsche** (Dialekte in Norddeutschland, auch „Plattdeutsch" genannt)
- das **Mitteldeutsche** (Dialekte in Mitteldeutschland)
- das **Oberdeutsche** (Dialekte in Süddeutschland)

Dialekt verstehen

Die alte Jeschke spricht mit dem Dorfpolizisten Geelhaar über ihre Beobachtungen:

„Et hett mi joa keener nich froagt. Un Se ook nich. Un wat weet ick denn ook?“
„Ihr wisst genug, Mutter Jeschke.“
„Nei, nei, Geelhaar. Ick weet joar nix.“
„Das ist genug, dass einer nachts in seinem Garten ein Loch gräbt und wieder zuschüttet.“
„Joa, ick weet nich, awers jed’ een möt doch in sien ejen Goarden en Loch buddeln künn.“

1 Lest den Dialog laut. Probiert beim Dialekt unterschiedliche Betonungsmöglichkeiten aus und versucht herauszuhören, um welche hochdeutschen Wörter es sich handelt.

2 **a** Bereitet eine Übersetzung der Dialektpassagen vor.
Vergleicht dazu die gleichfarbig markierten Buchstaben in den Dialektwörtern und notiert, für welche Buchstaben sie in den hochdeutschen Wörtern stehen, z. B.:
t = s und ß (Es, was, weiß), ee = …, oa = …, k und ck = …

b Leitet aus eurer Untersuchung eine Übersetzungshilfe ab. Vervollständigt den folgenden Satz:
Bestimmte Buchstaben im Niederdeutschen entsprechen regelmäßig …

3 Übersetzt die Aussagen der alten Jeschke ins Standarddeutsche und vergleicht eure Ergebnisse mit einer Partnerin oder einem Partner.

4 Bei welchen niederdeutschen Wörtern entdeckt ihr Ähnlichkeiten mit englischen Wörtern?
Lest die drei Sätze laut und notiert eure Ergebnisse dann so: wat = engl. what = hochdeutsch was; …

A „Wat he man hett?“

B „Klock feiv red ick ook nich veel.“

C „Un wihr binoah so, as ob he wull, dat man em seihn sull.“

Methode **Textaussagen im Dialekt verstehen**

Wenn euch Dialekt in geschriebener Form begegnet – z. B. in Sachtexten, Gedichten oder epischen Texten –, helfen euch die folgenden Strategien beim Verstehen:

1. Lest die Dialektpassagen **laut und mit verschiedener Betonung.** Vielleicht **hört** ihr dann heraus, **was die Wörter bedeuten.**
2. Achtet immer auf den **Textzusammenhang.** Der inhaltliche Kontext hilft euch.
3. Erkennt und nutzt **regelmäßige Unterschiede** zwischen dem **Dialekt** und der **Hochsprache.**
4. Erkennt und nutzt die **Verwandtschaft zu einer anderen Sprache,** z. B. Englisch.

Täuschungsmanöver Nr. 2 – Abel charakterisieren

Theodor Fontane

Unterm Birnbaum (5)

Jakob hat vergeblich versucht, Szulski zu wecken. Als er ungeduldig wird, beruhigt Hradscheck ihn mit den Worten, der Handelsreisende werde sicher bald erscheinen.

Und richtig, er kam auch und stieg, während Hradscheck so sprach, gerade die nicht allzu hohe Treppe hinunter. Diese lag noch in Dunkel, aber ein Lichtschimmer vom Laden her ließ die Gestalt des Fremden doch einigermaßen deutlich erkennen. Er hielt sich am Geländer fest und ging mit besonderer Langsamkeit und Vorsicht, als ob ihm der große Pelz unbequem und beschwerlich sei. Nun aber war er unten, und Jakob, der alles neugierig verfolgte, was vorging, sah, wie Hradscheck auf ihn zuschritt und ihn mit vieler Artigkeit vom Flur her in die Wohnstube hineinkomplimentierte[1], wo der Kaffee schon seit einer Viertelstunde wartete.

[...] ehe fünf Minuten um waren, erschien das Paar wieder auf dem Flur und trat von diesem her auf die Straße, wo der verbindliche Hradscheck nunmehr rasch auf den Wagen zuschritt und den Tritt herunterließ, während der Reisende, trotzdem ihm die Pelzmütze tief genug im Gesicht saß, auch noch den Kragen seiner Wolfsschur in die Höhe klappte.

„Das ist recht", sagte Hradscheck. „Besser bewahrt als beklagt. Und nun mach flink, Jakob, und hole den Koffer."

Dieser tat auch, wie befohlen, und als er mit dem Mantelsack[2] wieder unten war, saß der Reisende schon im Wagen und hatte den von ihm als Trinkgeld bestimmten Gulden vor sich auf das Spritzleder gelegt. Ohne was zu sagen, wies er darauf hin und nickte nur, als Jakob sich bedankte. Dann nahm er die Leine ziemlich ungeschickt in die Hand, woran wohl die großen Pelzhandschuhe schuld sein mochten, und fuhr auf das Orth'sche Gehöft und die schattenhaft am Dorfausgange stehende Mühle zu. Diese ging nicht; der Wind wehte zu heftig.

Hradscheck sah dem auf dem schlechten Wege langsam sich fortbewegenden Fuhrwerk eine Weile nach, sein Kopf war unbedeckt, und sein spärlich blondes Haar flog ihm um die Stirn. Es war aber, als ob die Kühlung ihn erquicke. Als er wieder in den Flur trat, fand er Jakob, der sich das Guldenstück ansah.

„Gefällt dir wohl? Einen Gulden gibt nicht jeder. Ein feiner Herr!"

„Dat sall woll sien. Awers worümm he man so still wihr? He seggte joa keen Wuhrt nich."

„Nein, er hatte wohl noch nicht ausgeschlafen", lachte Hradscheck. „Is ja erst fünf."

„Versteiht sich. Klock feiv red ick ook nich veel."

Gegen Mittag erfährt Hradscheck, dass eine Kutsche in die Oder gestürzt ist. Am Ort des Geschehens findet man Szulskis umgekippten Einspänner, den Mantelsack und die Pelzmütze. Von Szulski selbst fehlt jede Spur. Es wird vermutet, dass er in der Oder ertrunken ist. Bürgermeister Woytasch fordert Aufklärung.

1 hineinkomplimentieren: hereinbitten

2 der Mantelsack: ein Vorgänger des Koffers

1 **a** Jakob kennt den echten Szulski. Erklärt, welche Merkwürdigkeiten ihm auffallen und wie Hradscheck versucht, Jakobs Bedenken zu zerstreuen.
b Löst das Versteckspiel auf: Begründet, warum Szulski nicht spricht und wer seine Rolle wahrscheinlich übernommen hat.
c Erläutert den Sinn der Inszenierung. Wäre es nicht geschickter gewesen, Szulski unbemerkt verschwinden zu lassen?

2 Macht euch ein genaues Bild von Abel Hradscheck. Übertragt dazu die Mind-Map aus dem Merkwissen in euer Heft und haltet alle Informationen zu Abel in Stichpunkten fest. Nehmt die fünf Textauszüge dieses Teilkapitels (► S. 120–131) zu Hilfe.

3 Verfasst eine schriftliche Charakterisierung zu Abel Hradscheck im Präsens. Nutzt dazu eure Ergebnisse aus Aufgabe 2. Wählt a, b oder c
●○○ **a** Schreibt die Charakterisierung mit Hilfe der Kästen **A** und **B.**
●●○ **b** Schreibt die Charakterisierung mit Hilfe von Kasten **A.**
●●● **c** Schreibt die Charakterisierung mit Hilfe eurer **Vorarbeiten** (► Aufgabe 2).

A **Hilfen für Einleitung, Hauptteil und Schluss**

Einleitung	Abel Hradscheck ist ein ca. 40-jähriger Kaufmann …
Hauptteil	– Seine aktuelle wirtschaftliche Lage … Daraus resultieren … – Er hat sich in diese verzweifelte Lage durch … – Als Chef ist er … – Auch das Verhältnis zu seiner Frau Ursel ist aufgrund … – Vor seiner Nachbarin, Frau Jeschke, fürchtet …, weil … – Als er einen Ausweg sieht, plant er überraschend …
Schluss	Die Hauptfigur erscheint insgesamt …

B
Mögliche Eigenschaften
schlau • verzweifelt • skrupellos • hinterlistig • gutmütig • verängstigt • in die Enge getrieben • leichtsinnig • schwach • untreu • ehrlich • abergläubisch • strategisch

d Stellt eure Charaktersierungen in Schreibkonferenzen vor. Gebt euch Rückmeldungen auf inhaltlicher und sprachlicher Ebene. Überarbeitet dann eure Texte.

Methode **Eine literarische Figur charakterisieren**

1. Schritt: Die Charakterisierung vorbereiten
Notiert Informationen zu eurer Figur übersichtlich, z. B. in einer Mind-Map. **TIPP:** Zieht Schlüsse aus dem Verhalten und den Gedanken der Figur.

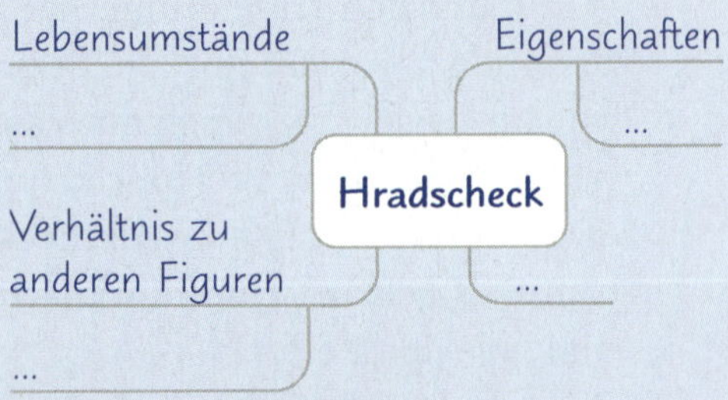

2. Schritt: Die Charakterisierung schreiben
- **Einleitung:** nennt allgemeine Informationen zur Figur, z. B. Name, Alter, Beruf.
- **Hauptteil:** Beschreibt z. B. Lebensumstände, Eigenschaften und Beziehungen.
- **Schluss:** Hier könnt ihr Stellung zur Figur nehmen, z. B. zu ihrem Verhalten.

Verwendet als Tempus das Präsens und belegt eure Aussagen mit Zitaten (► S. 210).

Handlung, Figuren, Erzählweise und Gattung untersuchen

1 Zeigt, dass ihr die Kriminalhandlung verstanden habt, indem ihr den Fragen links die richtigen Antworten rechts zuordnet. Notiert die richtigen Buchstabenkombinationen.

A Der Name des Täters?	**G** Szulski
B Der Name des Opfers?	**H** ein toter Soldat
C Das 1. Täuschungsmanöver?	**I** Ursel erscheint als Szulski.
D Das 2. Täuschungsmanöver?	**J** Abel Hradscheck
E Fund unterm Birnbaum?	**K** Jeschke
F Die Gegenspielerin?	**L** Abel gräbt nachts unterm Birnbaum.

2 Welche der beiden Aussagen trifft zu? Wählt aus und begründet in zwei bis drei Sätzen.

A Abel Hradscheck mordet aus reiner Habgier.
B Abel Hradscheck handelt aus Verzweiflung, weil er sich in einer finanziellen Notlage befindet.

3 Welche Aussagen zur Erzählweise und zur Gattung Novelle sind richtig?
Notiert die Ziffern der richtigen Aussagen und korrigiert fehlerhafte Aussagen in eurem Heft.

1. Der Erzähler in der Novelle kennt sowohl die Gedanken und Gefühle Hradschecks als auch die der Nachbarin Jeschke.
2. Aus Aussage 1 folgt, dass es sich um einen personalen Erzähler handelt.
3. Der Erzähler entscheidet, welche Informationen er seinen Leserinnen und Lesern gibt und welche er ihnen vorenthält. Die richtige Dosierung von Informationen erzeugt Spannung.
4. In der Novelle ist der Fund der Soldatenleiche unterm Birnbaum eine „unerhörte Begebenheit", die zum Wendepunkt im Leben der Figuren führt.

4 Vergleicht eure Ergebnisse mit einer Lernpartnerin oder einem Lernpartner.

6.2 Schuldig oder unschuldig? – Eine Erzählung um- und ausgestalten

„Donnerwetter!“ – Einen Dialog ausgestalten

Theodor Fontane / Birgit Weyhe

Unterm Birnbaum (2019, Auszug)

Hradscheck wird des Mordes an Szulski verdächtigt und befindet sich in Untersuchungshaft. Stichhaltige Beweise fehlen jedoch, sodass Abel kurz vor seiner Freilassung steht, als es zu einem folgenreichen Gespräch zwischen der Jeschke mit dem Dorfpolizisten Geelhaar kommt.

1 **a** Was erzählt die alte Jeschke dem Gendarmen Geelhaar? Beantwortet die Frage mit Hilfe eurer Textkenntnis und der oberen drei Panels aus Birgit Weyhes Graphic Novel (▶ S. 109).

b Überlegt anhand der Panels unten, wie die Geschichte nun weitergeht. Notiert eure Ideen.

2 Gestaltet den Dialog (▶ Methode, S. 139) zwischen der Jeschke und Geelhaar.

a Was könnte die Jeschke im mittleren Panel alles sagen?
Sammelt Ideen, indem ihr die Fragen aus der folgenden Tabelle stichpunktartig beantwortet, z. B.:
Fakten: stürmische Nacht, flackerndes Licht, Abel mit …

Fakten	Gedanken	Gefühle	Sprache
Was hat die Jeschke tatsächlich gesehen?	Welche Vermutungen könnte sie äußern? Will sie Abel be- oder entlasten?	Wie empfindet sie das Gespräch mit dem Polizisten? Ist sie z. B. geschmeichelt?	Was ist typisch für sie? Verzögert sie Antworten? Fragt sie viel? Deutet sie an?

b Notiert Fragen und Äußerungen, mit denen Geelhaar sich am Gespräch beteiligt.
Berücksichtigt dabei, dass Geelhaar sich mit Hradscheck zerstritten hat, z. B.:
Sieh an! – Soso! – Das klingt verdächtig. – Und wie ging es dann weiter? – Genauer, bitte!

c Formuliert den Dialog. Gestaltet neben der wörtliche Rede auch Redebegleitsätze und kurze beschreibende Passagen. Ihr könnt den folgenden Anfang nutzen.
TIPP: Ihr müsst die Äußerungen der Jeschke nicht im Dialekt schreiben.
„Ja, ja, Geelhaar …", nuschelte die alte Jeschke und schenkte zum dritten Mal Kaffee ein. „Ich will ja nichts sagen und es kann ja auch jeder machen, was er will, nur …" „Jetzt aber mal raus mit der Sprache, Mutter Jeschke", knurrte Geelhaar …

3 Präsentiert eure Dialoge und erklärt, warum ihr sie auf diese Weise gestaltet habt, z. B.:
Ich wollte verdeutlichen, dass die Jeschke die Aufmerksamkeit Geelhaars genießt. Deswegen …

Theodor Fontane

Unterm Birnbaum (6)

Geelhaar, guter Gendarm, aber noch besserer Saufaus[1], war, um Kognaks und Rums willen, durch viele Jahre hin ein Intimus[2] bei Hradscheck gewesen, bis dieser eines Tages, des ewigen Gratis-Einschenkens müde, mit mehr Übermut als Klugheit gesagt hatte: „Hören Sie, Geelhaar, Rum ist gut. Aber Rum kann einen auch rumbringen." Auf welche Provokation hin (Hradscheck liebte dergleichen Witze) der sich nun plötzlich aufs hohe Pferd setzende Geelhaar mit hochrotem Gesicht geantwortet hatte: „Gewiss, Herr Hradscheck. Was kann einen nich alles rumbringen? Den einen dies, den andern das. Und mit Ihnen, mein lieber Herr, is auch noch nicht aller Tage Abend." Von der aus diesem Zwiegespräch entstandenen Feindschaft wusste das ganze Dorf.

1 der Saufaus: der Zecher, der Trinker
2 der Intimus: der Vertraute; hier regelmäßiger Gast

4 **a** Gestaltet zu dieser Szene einen Comic. Greift dabei auf gestalterische Mittel der Graphic Novel (▶ S. 134) zurück und nutzt für die einzelnen Panels Elemente der Filmsprache (▶ S. 362), z. B. Einstellungsgrößen und Perspektiven.

b Stellt eure Ergebnisse aus und erläutert eure Gestaltungsweise.

c Diskutiert, welche Vorteile die Graphic Novel und welche der Novellentext hat.

Der Freispruch – Einen inneren Monolog verfassen

Theodor Fontane

Unterm Birnbaum (7)

Gendarm Geelhaar meldet unverzüglich, was er von der Jeschke erfahren hat, und bereits 24 Stunden später kommt es in Anwesenheit Hradschecks, der extra aus der Untersuchungshaft herbeigeholt wird, zu einer Ausgrabung der Leiche. Neben Geelhaar sind auch Bürgermeister Woytasch, Justizrat Vowinkel und allerhand Schaulustige zugegen.

Die Gerichtsmänner flüsterten und steckten die Köpfe zusammen, während Woytasch und Geelhaar sich umsahen. Es schien noch etwas zu fehlen, was auch zutraf. Als aber bald danach der alte Totengräber Wonnekamp mit noch zwei von seinen Leuten erschien, rückte man näher an den Birnbaum heran und begann den Schnee, der hier lag, fortzuschippen. Das ging leicht genug, bis statt des Schnees die gefrorne Erde kam, wo nun die Pickaxt aushelfen musste. Der Frost indessen war nicht tief in die Erde gedrungen, und so konnte man den Spaten nicht nur bald wieder zur Hand nehmen, sondern kam auch rascher vorwärts, als man anfangs gehofft hatte. Die herausgeworfenen Schollen und Lehmstücke wurden immer größer, je weicher der Boden wurde, bis mit einem Male der alte Totengräber einem der Arbeiter in den Arm fiel und mit der seinem Stande zuständigen Ruhe sagte: „Nu giw mi moal; nu kümmt wat." Dabei nahm er ihm das Grabscheit ohne Weiteres aus der Hand und fing selber an zu graben. Aber ersichtlich mit großer Vorsicht. Alles drängte vor und wollte sehn. Und siehe da, nicht lange, so war ein Toter aufgedeckt, der zu großem Teile noch in Kleiderresten steckte. Die Bewegung wuchs, und aller Augen richteten sich auf Hradscheck, der, nach wie vor, vor sich hinsah und nur dann und wann einen scheuen Seitenblick in die Grube tat.

„Nu hebben se 'n", lief ein Gemurmel den Gartenzaun entlang, unklar lassend, ob man Hradscheck oder den Toten meine; die Jungens auf dem Kegelhäuschen aber reckten ihre Hälse noch mehr als vorher, trotzdem sie weder nah noch hoch genug standen, um irgendwas sehn zu können.

Eine Pause trat ein. Dann nahm der Justizrat des Angeklagten Arm und sagte, während er ihn dicht an die Grube führte: „Nun, Hradscheck, was sagen Sie?“

Dieser verzog keine Miene, faltete die Hände wie zum Gebet und sagte dann fest und feierlich: „Ich sage, dass dieser Tote meine Unschuld bezeugen wird.“

Und während er so sprach, sah er zu dem alten Totengräber hinüber, der den Blick auch verstand und, ohne weitere Fragen abzuwarten, geschäftsmäßig sagte: „Ja, der hier liegt, liegt hier schon lang. Ich denke zwanzig Jahre. Und der Pohlsche, der es sein soll, is noch keine zehn Wochen tot.“

Und siehe da, kaum dass diese Worte gesprochen waren, so war ihr Inhalt auch schon bewiesen, und jeder schämte sich, so wenig kaltes Blut und so wenig Umsicht und Überlegung gehabt zu haben. In einem gewissen Entdeckungseifer waren alle wie blind gewesen und hatten unbeachtet gelassen, dass ein Schädel, um ein richtiger Schädel zu werden, auch sein Stück Zeit verlangt und dass die Toten ihre Verschiedenheiten und ihre Grade haben, geradesogut wie die Lebendigen.

Am verlegensten war der Justizrat. Aber er sammelte sich rasch und sagte: „Totengräber Wonnekamp hat Recht. Das ist nicht der Tote, den wir suchen. Und wenn er zwanzig Jahre in der Erde liegt, was ich keinen Augenblick bezweifle, so kann Hradscheck an diesem Toten keine Schuld haben. Und kann auch von einer früheren Schuld keine Rede sein. Denn Hradscheck ist erst im zehnten Jahr in diesem Dorf. Das alles ist jetzt erwiesen.“

1 **a** In dieser Szene kommt es zu einer entscheidenden Begegnung zwischen zwei Parteien. Erklärt, wer hier gegen wen ist, und wer gewinnt.

b Erläutert, mit welchen Mitteln der Erzähler in dieser Szene Spannung aufbaut.

2 Hradscheck steht in der Nähe des Birnbaums und der alte Wonnekamp beginnt zu graben. Versetzt euch in Abels Situation in diesem Moment und schreibt einen inneren Monolog.

a Überlegt zuerst, welche Gefühle und Gedanken für Abel in dieser Situation bestimmend sind, z. B.: *Nervosität, sich verstellen müssen, Vorfreude, Triumphgefühle, …*

b Schreibt nun den inneren Monolog aus Abels Sicht in der Ich-Form und im Präsens. Ihr könnt dazu die folgenden Formulierungshilfen und die Hinweise im Tippkasten nutzen.

- *Es funktioniert!*
- *Habt ihr wirklich, …*
- *O, ihr werdet noch …!*
- *Wenn erst mal die Knochen des alten Soldaten …*
- *Dem Geelhaar gönn ich …*
- *Wie sie dastehen! All die Schaulustigen sollten …*
- *Aber ich muss mich zusammenreißen, damit …*
- *Keiner wird der Jeschke …*

Verwendet in eurem **inneren Monolog** Ausrufe, Fragen, unvollständige Sätze (= Ellipsen), abbrechende Gedanken, Gedankensprünge und Umgangssprache.

3 **a** Lest euch eure Monologe gegenseitig vor und erklärt, welche Mittel ihr zur Gestaltung eures inneren Monologs eingesetzt habt. Welche Wirkung wolltet ihr erzielen?

b Tauscht euch darüber aus, ob ihr durch das Schreiben die Szene und Abel als Figur noch besser verstanden habt. Habt ihr z. B. neue Charaktereigenschaften an Abel entdeckt?

„Kein Gerede mehr!“ – Einen Erzählkern ausgestalten

1 Lest die folgende Zusammenfassung der weiteren Handlung und betrachtet die Bilder.

Hradscheck wird bald aus der Haft entlassen. Für den Toten in seinem Garten lässt er eine Grabstelle unter dem Birnbaum errichten, was ihm die Anerkennung der Dorfbewohner einbringt. Im Frühjahr stockt er sein Haus um eine Etage auf und ist auch sonst guter Dinge. Nur seiner Frau Ursel geht es nicht gut. Sie wird immer schmaler und stirbt schließlich. Nach einer kurzen Trauerzeit nimmt Hradscheck wieder aktiv am Leben teil. Er fährt häufig nach Berlin und lernt eine Frau kennen. Die Dorfbewohner kommen gern in seine Gaststätte, weil er immer neue Geschichten zu erzählen weiß. Nachbarin Jeschke hält jedoch die Gerüchteküche am Brodeln. Sie behauptet, dass es in Hradschecks Keller spuken würde. Ede, ein Angestellter Hradschecks, glaubt so fest an den Spuk, dass er sich weigert, in den Keller zu gehen. Hradscheck verliert irgendwann die Nerven und beschließt, die Leiche Szulskis, die er in seinem Keller vergraben hat, heimlich fortzuschaffen. Aus dem Kellerfenster scheint jedoch Licht, und um das Fenster zu verdunkeln, bedient er sich des Holzbretts, das die Ölfässer neben der Falltür zum Keller am Rollen hindert. Dann schließt er die Falltür über sich und steigt in den Keller hinab.

2 Gestaltet mit Hilfe der Zusammenfassung einen Erzählkern aus (▸ Methode, S. 139). Wählt a, b oder c.

●○○ **a** Gestaltet **Hradscheks** Anweisung in der Sprechblase zu einem kurzen **Streitgespräch mit Ede** aus. Ihr könnt die folgenden Formulierungshilfen nutzen:
„Hör mal, Ede, du musst ...“, sagte Hradscheck mit Nachdruck. / „Aber, aber die Jeschke ...“

●●○ **b** Fühlt euch in **Ursel** ein: Was beschäftigt sie und warum geht es ihr so schlecht? Haltet Ursels Gedanken und Gefühle in einem **Brief** fest, den sie in ihren letzten Lebenswochen an ihren Mann Abel schreibt.

●●● **c** Verdeutlicht Hradschecks Gedanken und Gefühle, nachdem die Ölfässer ins Rollen geraten sind und ihn im Keller eingesperrt haben. Schreibt einen **inneren Monolog,** in dem auch Erinnerungen an die vergangenen Ereignisse aufblitzen.

d Tragt eure Texte in Kleingruppen vor und gebt euch gegenseitig ein Feedback. Sprecht abschließend in der Klasse darüber, was euch an gestaltenden Schreibaufgaben gefällt / nicht gefällt und inwiefern sie euer Textverständnis fördern.

Gestaltend schreiben

Beim gestaltenden Schreiben versetzt ihr euch in eine literarische Figur (manchmal auch in mehrere) und schreibt aus ihrer Sicht einen eigenen Text. Dabei geht es vor allem darum, herauszuarbeiten, wie die Figur eine bestimmte Situation erlebt, was sie fühlt und denkt.

1. Den Ausgangstext verstehen und Ideen zur Figur sammeln

Lest den Ausgangstext genau – besonders im Hinblick auf eure Figur!
Überlegt: Was weiß meine Figur in diesem Moment? Was denkt und fühlt sie in dieser Situation?
Macht euch Notizen zu den folgenden Aspekten und Fragen:

Fakten	Gedanken	Gefühle	Sprache
Was weiß die Figur? Was hat sie z. B. gesehen oder gehört?	Was denkt die Figur? Was will sie erreichen? Was vermutet sie?	Was fühlt die Figur in diesem Moment? Hat sie klare oder gemischte Gefühle?	Wie spricht die Figur? Gibt es Auffälliges in ihrer Ausdrucksweise?

2. Die geforderte Textform beachten

Der Auftrag, einen gestaltenden Text zu schreiben, ist immer auch mit einer bestimmten Textform verbunden. Macht euch klar, was diese Textform von euch verlangt.

Der innere Monolog
Typisch für das stumme Selbstgespräch sind Ausrufe, Fragen (auch an sich selbst), unvollständige Sätze, Gedankensprünge.
Formal: Ich-Form, Präsens

Der Tagebucheintrag
Der Tagebucheintrag ist reflektierend. Die Figur teilt Gefühle, Überlegungen, Ansichten zu vergangenen Ereignissen mit.
Formal: Ich-Form

Der Brief
Die Figur erklärt ihre Wahrnehmungen, Gedanken und Gefühle und geht dabei auf ihren Adressaten ein.
Formal: Grußformel, Anredepronomen

Der Dialog
Ein Gespräch zwischen Figuren behandelt z. B. Probleme und arbeitet Positionen und Gefühle heraus.
Formal: direkte Rede, Redebegleitsätze, beschreibende Passagen

3. Den Text schreiben und Schreibentscheidungen begründen

Beachtet beim Schreiben,
- dass euer Text inhaltlich und sprachlich zum Ausgangstext passt,
- dass eure Text der geforderten Textform (Monolog, Dialog, Brief, Tagebuch) entspricht.

Erläutert abschließend die inhaltliche und sprachliche Gestaltung eures Textes.

6.3 Fit in ... – Gestaltend schreiben

Die Aufgabenstellung verstehen

Stellt euch vor, ihr bekommt in der nächsten Klassenarbeit folgende Aufgabe gestellt:

Lies den Textauszug aus der Novelle „Unterm Birnbaum" von Theodor Fontane.
Stelle dir dann vor, Gendarm Geelhaar trifft – nach dem Fund der beiden Leichen im Keller – die alte Jeschke an ihrem Gartenzaun und die beiden sprechen über die Ereignisse.

1. Versetze dich in die Figuren und verfasse einen Dialog, in dem Geelhaar von dem grausigen Fund erzählt und in dem die Gefühle beider Figuren deutlich werden. Bedenke dabei, dass beide Figuren Hradscheck immer für schuldig gehalten haben. Eure Figuren müssen dabei keinen Dialekt sprechen.
2. Erläutere, warum du deinen Dialog auf diese Weise gestaltet hast.

Theodor Fontane

Unterm Birnbaum (8)

Ede ist am Morgen pünktlich zur Arbeit erschienen, trifft aber Hradscheck nicht an. Aus Sorge alarmiert er die Nachbarn. Schon bald sind Bauer Kunicke, Gendarm Geelhaar und Bürgermeister Woytasch zur Stelle. Etwas später erscheint auch Eccelius, der Pastor der Gemeinde.

Ede, der noch eine Zeitlang in allen Ecken und Winkeln umhergesucht hatte, stand jetzt, als die Gruppe sich näherte, mitten auf dem Flur und wies auf ein großes Ölfass, das um ein Geringes vorgerollt war, nur zwei Fingerbreit, nur bis an den großen Eisenring, aber doch gerade weit genug, um die Falltür zu schließen.
„Doa sitt he in", schrie der Junge.
„Schrei nicht so!", fuhr ihn Schulze Woytasch an. Und Kunicke setzte mit mehr Derbheit, aber auch mit größerer Gemütlichkeit hinzu: „Halt's Maul, Junge."
Um diese Zeit war auch Eccelius aus der Pfarre herübergekommen, leichenblass und so von Ahnungen geängstigt, dass er, als man das Fass jetzt zurückgeschoben und die Falltür geöffnet hatte, nicht mit hinuntersteigen mochte, sondern erst in den Laden und gleich darnach auf die Dorfgasse hinaustrat.
Geelhaar und Schulze Woytasch, schon von Amts wegen auf bessre Nerven gestellt, hatten inzwischen ihren Abstieg bewerkstelligt, während Kunicke, mit einem Licht in der Hand, von oben her in den Keller hineinleuchtete. Da nicht viele Stufen waren, so konnt' er das Nächste

bequem sehn: unten lag Hradscheck, allem Anscheine nach tot, ein Grabscheit in der Hand, die zerbrochene Laterne daneben. Geelhaar und Woytasch krochen auf die Stelle zu, wo hinter einem Lattenverschlage der Weinkeller war. Die Tür stand auf, etwas Erde war aufgegraben, und man sah Arm und Hand eines hier Verscharrten. Alles andre war noch verdeckt. Aber freilich, was sichtbar war, war gerade genug, um alles Geschehene klarzulegen. Keiner sprach ein Wort, und mit einem scheuen Seitenblick auf den entseelt am Boden Liegenden stiegen alle drei die Treppe wieder hinauf.
Auch oben, wo sich Eccelius ihnen wieder gesellte, blieb es bei wenig Worten, was schließlich nicht wundernehmen konnte. Waren doch alle, mit alleiniger Ausnahme von Geelhaar, viel zu befreundet mit Hradscheck gewesen, als dass ein Gespräch über ihn anders als peinlich hätte verlaufen können. Peinlich und mit Vorwürfen gegen sich selbst gemischt. Warum hatte man bei der gerichtlichen Untersuchung nicht besser aufgepasst, nicht schärfer gesehn? Warum hatte man sich hinters Licht führen lassen?
Nur das Nötigste wurde festgestellt. Dann verließ man das durch so viele Jahre hin mit Vorliebe besuchte Haus, das nun für jeden ein Haus des Schreckens geworden war.
Geelhaar war im Hradscheck'schen Hause zurückgeblieben. Er hatte den Polizei-Kehrmichnichtdran und machte nicht viel von der Sache. Was war es denn auch groß? Ein Fall mehr. Darüber ging die Welt noch lange nicht aus den Fugen. Und so ging er denn in den Laden, legte die Hand auf Edes Kopf und sagte: „Hör, Ede, das war heut ein bisschen scharf. So zwei Dodige gleich morgens um neun! Na, schenk mal was ein. Was nehmen wir denn?"
„Na, 'nen Rum, Herr Geelhaar."

1 **a** Lest die Aufgabenstellung genau und erklärt euch gegenseitig, was ihr machen sollt. Nutzt dazu auch die Methodenseite zum gestaltenden Schreiben (▶ S. 139).
b Überlegt gemeinsam, welche der folgenden Aussagen zur Aufgabenstellung passen. Wählt jeweils eine Aussage aus den Aussage-Paaren aus und notiert die richtigen Buchstaben.

A Ich soll einen Monolog aus der Sicht Geelhaars schreiben.
B Ich soll einen Dialog zwischen Geelhaar und Jeschke verfassen.

C Ich soll wörtliche Rede, Redebegleitsätze und kurze beschreibende Passagen formulieren.
D Ich soll nur die wörtliche Rede, ähnlich wie in einem Drama, formulieren.

E Im Dialog soll ich nur aus der Sicht Geelhaars die wichtigsten Fakten wiedergeben.
F Im Dialog soll klar werden, was vorgefallen ist und wie sich die Figuren jetzt fühlen.

G Mein Dialog muss zum Ausgangstext passen. Es kommt nur auf den korrekten Inhalt an.
H Mein Dialog muss zum Ausgangstext passen. Dabei kommt es auf Inhalt und Sprache an.

Den Text verstehen und einen Schreibplan erstellen

2 Entscheidet, welche Aussagen zutreffen, und schreibt sie in euer Heft.

A Hradscheck und Szulski werden tot im Keller gefunden.
B Alle Beteiligten stehen vor einem unfassbaren kriminalistischen Rätsel.
C Allen wird auf den ersten Blick klar, dass Hradscheck Szulski umgebracht hat.
D Alle schämen sich, weil sie leichtgläubig waren.
E Alle mit Ausnahme Geelhaars schämen sich, weil sie so leichtgläubig waren.
F Geelhaar nimmt die Sache leicht.

3 Versetzt euch in Geelhaar. Was denkt und fühlt er? Wie erlebt er Abels Ende?
Notiert mögliche Gefühle, z. B.: *wenig überrascht, bestätigt, ...*

4 Notiert Fragen und Äußerungen, mit denen die alte Jeschke sich am Gespräch beteiligen könnte. Achtet auf ihre Art zu sprechen und macht auch ihre Gefühle deutlich.
Nun erzählen Sie mal, Geelhaar! – Ich habs ja immer ... – Nun kommt es ans Licht.

Den Text schreiben und überarbeiten

5 Formuliert den Dialog. Gestaltet neben der wörtliche Rede auch Redebegleitsätze und kurze beschreibende Passagen. Ihr könnt den folgenden Anfang nutzen.
Die alte Jeschke wartete am Gartenzaun. „Nun erzählen Sie mal, Geelhaar. War ja ganz schön was los heute Morgen beim Hradscheck." „Wohl wahr!", antwortete dieser. „Ich habe ja immer gedacht, dass das böse endet. Aber gleich zwei auf einen Schlag?" „Ja, wie denn das?", fragte die Jeschke nun schon etwas ungeduldig. „Ja", begann Geelhaar, „der Ede ..."

6 Erläutert, warum ihr euren Dialog so gestaltet habt. Was wolltet ihr besonders hervorheben? Welche Wirkung wolltet ihr erzielen und wie seid ihr dabei vorgegangen?
Ich wollte Geelhaars Zufriedenheit über den Ausgang des Falls verdeutlichen.
Deswegen habe ich ihn ... Bei der Jeschke wolle ich vor allem die Neugier ... Deshalb ...

7 Überarbeitet eure Texte in Partnerarbeit. Nutzt dazu die folgende Checkliste.

Checkliste | **Gestaltend schreiben**

- Bezieht ihr euch **inhaltlich** auf die geschilderte Situation im **Ausgangstext?**
- Passen die **Gedanken und Gefühle** zu denen der Figur(en) im Ausgangstext?
- Passt die **Sprache** zu der Figur oder den Figuren? Reden sie z. B. umgangssprachlich?
- Habt ihr die **Merkmale der geforderten Textform** beachtet, z. B. bei einem Dialog neben der direkten Rede auch Redebegleitsätze und kurze beschreibende Passagen formuliert?
- Habt ihr abschließend die inhaltliche und sprachliche **Gestaltung eures Textes erläutert?**

7 Wendepunkte – Kurzgeschichten lesen und verstehen

A Claudia beäugte das Objekt. Der greise Antiquar lächelte: „Damit haben die Menschen vor dem Krieg kommuniziert. Es hieß Handy."

B „... der unbekannte Bankräuber 560 000 € erbeutet." Pat starrte zum Fernseher. „350, ihr Idioten!" Der Kassierer auf dem Bildschirm lächelte.

C Tief im Inneren der Pyramide stoppte der kleine Roboter. Durch seine Kamera blickte die Welt auf eine Steintür. Langsam öffnete sie sich.

1 Sind die drei Texte von Florian Meimberg für euch Geschichten? Was spricht dafür, was dagegen? Tauscht eure Ansichten dazu aus.

2 Beantwortet die folgenden Fragen in Partnerarbeit:
- In welcher Zeit spielt Text A und was ist vor der Szene passiert?
- Worin besteht die überraschende Wende in Text B?
- Warum ist Text C spannend?

3 Gestaltet Text A, B oder C zu einer etwas längeren Geschichte aus, z. B.:
Pat hatte an alles gedacht. Er hatte keine Spuren hinterlassen. Seelenruhig schaltete er die Nachrichten im Fernsehen ein, um ...

In diesem Kapitel ...
- lest ihr Kurzgeschichten,
- lernt ihr typische Merkmale von Kurzgeschichten kennen,
- untersucht ihr den Aufbau, die Sprache und die Figuren,
- fasst ihr den Inhalt zusammen,
- entwickelt ihr Interpretationsansätze.

7.1 Konflikte – Kurzgeschichten erschließen

Stark um jeden Preis? – Merkmale von Kurzgeschichten erkennen

Marlene Röder

Chuck Norris und all seine Freunde (2011)

„Kennst du den schon? Kleine Jungs tragen Schlafanzüge mit Superman drauf, Superman trägt einen Schlafanzug mit Chuck Norris drauf!"

„Ja, kenn ich. Jetzt halt die Klappe und trag mich einfach da hoch. Oder willst du warten, bis Chuck vorbeikommt und mit anpackt?"

Chuck Norris ist ein Actionheld. Ich habe noch nie einen Film mit ihm gesehen, aber wie alle kenne ich die Witze. In denen geht es immer darum, dass Chuck Norris etwas tut, was eigentlich unmöglich ist. Leider ist er jetzt nicht hier, deswegen muss mein Kumpel Piet den Actionhelden spielen. Piet riecht nach Schweiß, als ich ihm den linken Arm um den Hals schlinge und er seinen unter meine Kniekehlen schiebt und mich hochhebt und trägt wie eine verdammte Braut.

„Ich bin nicht sicher, ob das so 'ne geniale Idee ist, Ben", keucht er, während wir die Metalltreppe hochwanken.

„Klar ist das genial", behaupte ich, obwohl ich mir gerade auch nicht mehr so sicher bin. Durch das Gitterwerk der Treppe kann man auf den Boden gucken. Er ist ziemlich tief unten.

Endlich sind wir oben. Piet setzt mich vorsichtig ab. Meine Beine, diese dummen, nutzlosen Anhängsel, baumeln über den Rand der Halfpipe. Über unserer zerkratzten, steilen, wunderbaren Halfpipe. Wie immer fühle ich mich sofort besser.

„Jetzt noch den Rolli", sage ich. „Los, beeil dich, die anderen müssten gleich hier sein."

Rainbow, denke ich, Rainbow, Rainbow.

Piet stöhnt, er hat einen ziemlich roten Kopf, aber er tut, was ich ihm sage, weil er weiß, dass mir das hier wirklich wichtig ist, und weil er ein guter Kumpel ist, der beste, vielleicht sollte ich ihm das mal sagen, aber dann lass ich es doch. Er geht die Treppe wieder runter und ich sitze hier und kann die ganze Prärie überblicken.

Wir nennen es die Prärie, weil hier nichts ist. Keine Häuser, nur verrostete Bahnschienen und Glasscherben und über allem das hohe Gras. Mittendrin unsere Halfpipe. Horror für jeden Rollifahrer. Außer für mich.

Es stimmt nicht, was ich über den Namen gesagt habe. Wir nennen es die Prärie, weil es cool klingt.

Jetzt kann ich die anderen sehen, sie sind schon beim Skelett des kaputten Kinderwagens. Johnny geht voran, natürlich, dann Patexx und Fred mit seinem Punkerhund. Zuletzt kommt Rainbow, wie ein Leuchtfeuer am Schluss. Sie geht mit ausgebreiteten Armen, als wollte sie mit den Händen über das Gras streichen, als wollte sie das Zittern spüren, das der Wind durch die Halme laufen lässt.

Ich würde das auch gerne machen, bei ihren Haaren. Wie sich das wohl anfühlt, all die Farben. Eigentlich heißt sie anders. Aber ich nenne sie Rainbow, weil ihre Haare so bunt sind.

Vielleicht hat jemand einen Witz erzählt, denn jetzt kann ich sie lachen hören, ihr Lachen sprudelt über die ganze Prärie. Niemand kann so lachen wie Rainbow. Ohne sie sind Piets Chuck-Norris-Witze nur halb so lustig.

Es stimmt nicht, was ich über Rainbows Namen gesagt habe. Ich nenne sie Rainbow, weil sie mir Glück bringt.

Johnny hat mich oben auf der Halfpipe gesehen, er salutiert vor mir wie vor einem General und ruft: „Zu Diensten! Warum hast du uns herbestellt, Ben?"

Johnny ist eine echt coole Sau, und wäre Chuck Norris hier, würde er das bestimmt auch finden und er und Johnny wären Freunde.

Johnny und ich sind auch so was wie Freunde, wir reden oft übers Skaten und ich weiß, dass er mich respektiert, weil ich mehr Ahnung davon habe als Piet und die anderen Jungs. Zumindest theoretisch.

Johnny hat mich auch schon auf Wettkämpfe mitgenommen. Du bist doch unser Maskottchen, Ben. Er ist echt in Ordnung, und wenn Johnny loslegt, Mann, er macht unglaubliche Sachen mit seinem Board. „Chuck Norris isst keinen Honig. Chuck Norris kaut Bienen!", sagt Piet dann immer. Wenn wir skaten gehen, sagen wir manchmal, wir gehen Bienen kauen. Und wenn es auf dieser Welt einigermaßen gerecht zugehen würde, würde mir Johnny beibringen, wie man sie richtig kaut.

„Wirste schon sehen, Johnny!", rufe ich zurück. „Wirste gleich sehen!"

Die Halfpipe ist echt hoch. Aber was soll mir schon passieren? Im Rollstuhl sitze ich ja schon.

Es stimmt nicht, was ich über das Skaten gesagt habe. Wir nennen es fliegen.

Fluchend zerrt Piet meinen Rolli auf die Plattform, klappt ihn auf und murmelt dabei, dass ich ihm was schuldig bin. Er hebt mich rein und ich lege den Gurt an. Unten witzeln Patexx und Fred, dass ich jetzt auch auf die Pipe will. Aber Rainbow lacht nicht. Nicht ein winziges bisschen.

„Was soll'n das werden, Ben?", fragt Johnny. „Willst du das wirklich durchziehen, nur wegen letzter Woche ...?", fragt Piet.

Letzte Woche waren wir bei Johnny und haben DVDs übers Skaten geguckt und ein paar Folgen Jackass. Rainbow hielt sich die Hände vor die Augen, während die Jackass-Truppe mit einem Bobbycar Rolltreppen runtersauste und alle möglichen anderen krassen Kamikaze-Aktionen machte. Ich musste über Rainbow lachen und sie selbst lachte auch und wiederholte immer wieder: „Sind die mutig oder einfach total durchgeknallt, oh Gott, ich kann nicht hingucken!" Aber dann guckte sie doch.

Johnny war neue Cola holen gegangen und da habe ich sie gefragt, obwohl ich doch weiß,

dass Rainbow auf Johnny steht, jeder weiß das, aber ich musste trotzdem fragen, ob sie mal Bock hat, was mit mir zu machen. Nur wir beide.

Rainbow zögerte ganz kurz, dann sagte sie: „Klar, warum nicht?“ Und einen Moment hab ich gedacht, dass ich ein Glückspilz bin, aber dann habe ich kapiert, dass ich nur ein Krüppel bin.

Jeden anderen hätte sie abblitzen lassen, weil sie sich wegen Johnny nicht mit anderen Jungs trifft. Aber ich zähle wohl nicht als Junge, ich bin nur der im Rollstuhl. Mit mir auszugehen ist ungefähr so erotisch, wie seinen Opa durch den Park zu schieben. Na, danke.

Das war letzte Woche und da wusste ich, dass ich was ändern muss.

„Willste das wirklich machen?“, wiederholt Piet.

Ich frage nur, ob er die Kamera hat.

„Klar“, antwortet Piet und klappt die Videokamera auf: „Mach mal winke, winke für deine Fans.“

Ich mache das Victory-Zeichen in die Kamera und sage: „Egal, was passiert, du stellst das auf YouTube.“

„Was soll'n das heißen, Ben, ‚egal, was passiert‘?“

Ich antworte nicht, setze den Helm auf, den ich mir gestern gekauft habe, rot und blau. Meine Finger zittern nur ein bisschen.

„Du hast gesagt, du kriegst das hin. Du rockst die Pipe. Es kann nichts passieren. Echt, Mann, dein Vater bringt mich um!“ Piet umklammert die Griffe meines Rollis.

„Wenn's nach meinem Vater ginge, würde ich zu Hause in meinem Zimmer sitzen und Modellflugzeuge bauen.“

Wir schauen uns an und schließlich nickt Piet, als würde ihn das Mühe kosten, und gibt die Griffe meines Rollis frei.

Das, was ich über meinen Vater gesagt habe, stimmt nicht. Vielleicht könnte er es sogar verstehen.

Ich rolle vor zur Kante.

Die anderen unten an der Halfpipe haben jetzt kapiert, dass ich es ernst meine. Johnny ruft zu mir hoch: „Hey, Ben, wir brauchen dich noch! Du bist doch unser Maskottchen!“ Aber ich hab keinen Bock, den Rest meines Lebens bloß das Scheißmaskottchen von anderen Leuten zu sein. Jetzt balanciere ich nur noch auf den Hinterreifen, es ist ein geiles Gefühl, den Rolli so unter Kontrolle zu haben.

„Mach keinen Scheiß, hörst du?!“, brüllt Johnny und vielleicht ist das Angst in seiner Stimme. Rainbow ist ganz still und sieht aus, als würde sie sich am liebsten die Augen zuhalten.

„Chuck Norris hat bis unendlich gezählt. Zweimal!“, flüstere ich, stoße mich ab über die Kante – und fliege.

1 Erklärt, inwiefern diese Kurzgeschichte von einem entscheidenden Moment in Bens Leben erzählt.

2 Ben ist mit seiner Rolle in der Clique unzufrieden und beschließt, etwas zu ändern (▶ Z. 139 f.). Untersucht seine Beweggründe dafür genauer. Wählt a, b oder c.

●○○ **a** Erklärt, was ein **Maskottchen** ist und warum Ben kein Maskottchen mehr sein will, z. B.:
Ein Maskottchen ist ... Ben möchte aber ...

●●○ **b** **Rainbow** verabredet sich mit Ben (▶ Z. 123–140). Erklärt Bens überraschende Reaktion darauf, z. B.:
Als Rainbow zusagt, wird Ben erst bewusst ...

●●● **c** Schreibt mit Hilfe der Stichworte ***Rainbow, Maskottchen*** und ***Chuck Norris*** einen kurzen inneren Monolog, der Bens Beweggründe verdeutlicht.

d Stellt euch eure Ergebnisse gegenseitig vor und fasst zusammen, wie Ben von seinen Freunden gesehen und behandelt werden möchte.

3 Mit einer lebensgefährlichen Rollstuhlfahrt auf der Halfpipe will Ben seinen Mut beweisen. Nehmt begründet Stellung zu diesem Entschluss. Ihr könnt so beginnen:
Ben befindet sich in einer schwierigen Lage. Seine Freunde nehmen ihn nicht ernst. Daher/Dennoch/Deswegen/Trotzdem finde ich seinen Entschluss ... Meiner Ansicht nach ...

4 Chuck Norris ist ein unbesiegbarer Actionheld im Kino und im wahren Leben ein Taekwondo-Meister.

a Lest den Tippkasten rechts und erläutert, welche leitmotivische Bedeutung Chuck Norris für die Clique hat. Für welche Eigenschaften steht er?

b Muss man um jeden Preis stark sein?
Diskutiert diese Frage in der Klasse. Überlegt auch, welche anderen Möglichkeiten es gibt, anerkannt zu werden.

> **Leitmotive sind Textbausteine,** die in einem Text häufiger wiederkehren und eine **besondere Bedeutung** haben (z. B. ein sprachliches Bild, eine bestimmte Wendung, ein Gegenstand). Diese Bedeutung muss man sich erschließen.

5 **a** „... und fliege." Ist dieses Ende zugleich der Höhepunkt der Geschichte? Begründet.

b Wie könnte die Geschichte ausgehen? Schreibt sie um einige Sätze weiter.

6 **a** Erklärt, warum Kurzgeschichten wie „Chuck Norris und all seine Freude" oder auch die Kürzestgeschichten auf Seite 143 ihre Leser stärker herausfordern als viele längere Texte.

b Diskutiert darüber, ob das Herausfordernde auch das Reizvolle an diesen Geschichten ist.

⊕ **7** Gestaltet eure Fortsetzung der Geschichte (▶ Aufgabe 5) als Comic aus. Nutzt dazu auch Techniken der Filmsprache, z. B. Einstellungsgrößen und Kameraperspektiven (▶ S. 362).

Herbert Malecha

Die Probe (1954)

A Redluff sah, das schrille Quietschen der Bremsen noch in den Ohren, wie sich das Gesicht des Fahrers ärgerlich verzog. Mit zwei taumeligen Schritten war er wieder auf dem Gehweg. „Hat es Ihnen was gemacht?“ Er fühlte sich am Ellbogen angefasst. Mit einer fast brüsken Bewegung machte er sich frei. „Nein, nein, schon gut. Danke“, sagte er noch, beinah schon über die Schulter, als er merkte, dass ihm der Alte nachstarrte. Eine Welle von Schwäche stieg von seinen Knien auf, wurde fast zur Übelkeit. Das hätte ihm gerade gefehlt, angefahren auf der Straße liegen, eine gaffende Menge und dann die Polizei. Er durfte jetzt nicht schwach werden, nur weiterlaufen, unauffällig weiterlaufen zwischen den vielen auf der hellen Straße. Langsam ließ das Klopfen im Halse nach. Seit drei Monaten war er zum ersten Mal wieder in der Stadt, zum ersten Mal wieder unter so viel Menschen. Ewig konnte er in dem Loch sich ja nicht verkriechen, er musste einmal wieder raus, wieder Kontakt aufnehmen mit dem Leben, überhaupt raus aus allem. Ein Schiff musste sich finden lassen, möglichst noch bevor es Winter wurde. Seine Hand fuhr leicht über die linke Brustseite seines Jacketts, er spürte den Pass, der in der Innentasche steckte; gute Arbeit war dieser Pass, er hatte auch nicht schlecht dafür bezahlt. Die Autos auf der Straße waren zu einer langen Kette aufgefahren. Nur stockend schoben sie sich vorwärts. Menschen gingen an ihm vorbei, kamen ihm entgegen; er achtete darauf, dass sie ihn nicht streiften. Einem Platzregen von Gesichtern war er ausgesetzt, fahle Ovale, die sich mit dem wechselnden Reklamelicht verfärbten. Redluff strengte sich an, den Schritt der vielen anzunehmen, mitzuschwimmen in dem Strom. Stimmen, abgerissene Gesprächsfetzen schlugen an sein Ohr, jemand lachte. Für eine Sekunde haftete sein Blick an dem Gesicht einer Frau, ihr offener, bemalter Mund sah schwarz geändert aus. Die Autos fuhren jetzt an, ihre Motoren summten auf. Eine Straßenbahn schrammte vorbei. Und wieder Menschen, Menschen, ein Strom flutender Gesichter, Sprechen und hundertfache Schritte. Redluff fuhr unwillkürlich mit der Hand an seinen Kragen. An seinem Hals merkte er, dass seine Finger kalt und schweißig waren. Wovor hab ich denn eigentlich Angst, verdammte Einbildung, wer soll mich denn schon erkennen in dieser Menge, sagte er sich. Aber er spürte nur zu genau, dass er in ihr nicht eintauchen konnte, dass er wie ein Kork auf dem Wasser tanzte, abgestoßen und weitergetrieben. Ihn fror plötzlich. Nichts wie verdammte Einbildung, sagte er sich wieder. Vor drei Monaten war das ja noch anders, da stand sein Name schwarz auf rotem Papier auf jeder Anschlagsäule zu lesen, Jens Redluff; nur gut, dass das Foto so schlecht war. Der Name stand damals fett in den Schlagzeilen der Blätter, wurde dann klein und kleiner, auch das Fragezeichen dahinter, rutschte in die letzten Spalten und verschwand bald ganz.

Redluff war jetzt in eine Seitenstraße abgebogen, der Menschenstrom wurde dünner, noch ein paar Abbiegungen, und die Rinnsale lösten sich auf, zerfielen in einzelne Gestalten, einzelne Schritte. Hier war es dunkler. Er konnte den Kragen öffnen und die Krawatte nachlassen. Der Wind brachte einen brackigen Lufthauch vom Hafen her. Ihn fröstelte.

B Ein breites Lichtband fiel quer vor ihm über die Straße, jemand kam aus dem kleinen Lokal, mit ihm ein Dunst nach Bier, Qualm und Essen. Redluff ging hinein. Die kleine, als Café aufgetakelte Kneipe war fast leer, ein paar Soldaten saßen herum, grelle Damen in ihrer Gesellschaft. Auf den kleinen Tischen standen Lämpchen mit pathetisch roten Schirmen. Ein Musikautomat begann, aus der Ecke zu hämmern. Hinter der Theke lehnte ein dicker Bursche mit bloßen Armen. Er schaute nur flüchtig auf.

C „Konjak, doppelt", sagte Redluff zu dem Kellner. Er merkte, dass er seinen Hut noch in der Hand hielt und legte ihn auf den leeren Stuhl neben sich. Er steckte sich eine Zigarette an, die ersten tiefen Züge machten ihn leicht benommen. Schön warm war es hier, er streckte seine Füße lang aus. Die Musik hatte gewechselt. Über gezogen jaulenden Gitarrentönen hörte er halblautes Sprechen, ein spitzes Lachen vom Nachbartisch. Gut saß es sich hier.

D Der Dicke hinter der Theke drehte jetzt seinen Kopf nach der Tür. Draußen fiel eine Wagentür schlagend zu. Gleich darauf kamen zwei Männer herein, klein und stockig der eine davon. Er blieb in der Mitte stehen, der andere, im langen Ledermantel, steuerte auf den Nachbartisch zu. Keiner von beiden nahm seinen Hut ab. Redluff versuchte, hinüberzuschielen, es durchfuhr ihn. Er sah, wie der Große sich über den Tisch beugte, kurz etwas Blinkendes in der Hand hielt. Die Musik hatte ausgesetzt.

[...]

E Der Mann war schon zum nächsten Tisch gegangen. Redluff klammerte sich mit der einen Hand an die Tischkante. Er sah, wie die Fingernägel sich entfärbten. Der rauchige Raum schien ganz leicht zu schwanken, ganz leicht. Ihm war, als müsste er auf dem sich neigenden Boden jetzt langsam samt Tisch und Stuhl auf die andere Seite rutschen. Der Große hatte seine Runde beendet und ging auf den anderen zu, der immer noch mitten im Raum stand, die Hände in den Manteltaschen. Redluff sah, wie er zu dem Großen etwas sagte. Er konnte es nicht verstehen. Dann kam er geradewegs auf ihn zu.

F „Sie entschuldigen", sagte er, „Ihren Ausweis, bitte!" Redluff schaute erst gar nicht auf das runde Metall in seiner Hand. Er drückte seine Zigarette aus und war plötzlich völlig ruhig. Er wusste es selbst nicht, was ihn mit einmal so ruhig machte, aber seine Hand, die in die Innentasche seines Jacketts fuhr, fühlte den Stoff nicht, den sie berührte, sie war wie von Holz. Der Mann blätterte langsam in dem Pass, hob ihn besser in das Licht. Redluff sah die Falten auf der gerunzelten Stirn, eins, zwei, drei. Der Mann gab ihm den Pass zurück. „Danke, Herr Wolters", sagte er. Aus seiner unnatürlichen Ruhe heraus hörte Redluff sich selber sprechen. „Das hat man gern, so kontrolliert werden wie –", er zögerte etwas, „ein Verbrecher!" Seine Stimme stand spröde im Raum. Er hatte doch gar nicht so laut gesprochen. „Man sieht manchmal jemand ähnlich", sagte der Mann, grinste, als hätte er einen feinen Witz gemacht. „Feuer?" Er fingerte eine halbe Zigarre aus der Manteltasche. Redluff schob seine Hand mit dem brennenden Streichholz längs der Tischkante ihm entgegen. Die beiden gingen.

G Redluff lehnte sich in seinen Stuhl zurück. Die Spannung in ihm zerbröckelte, die eisige Ruhe schmolz. Er hätte jubeln können. Das war es, das war die Probe, und er hatte sie bestanden. Triumphierend setzte der Musikautomat wieder ein. „He, Sie vergessen Ihren Hut", sagte der Dicke hinter der Theke. Draußen atmete er tief, seine Schritte schwangen weit aus, am liebsten hätte er gesungen.

H Langsam kam er wieder in belebtere Straßen, die Lichter nahmen zu, die Läden, die Leuchtzeichen an den Wänden. Aus einem Kino kam ein Knäuel Menschen, sie lachten und schwatzten, er mitten unter ihnen. Es tat ihm wohl, wenn sie ihn streiften. „Hans", hörte er eine Frauenstimme hinter sich, jemand fasste seinen Arm, „Tut mir leid", sagte er und lächelte in das enttäuschte Gesicht. Verdammt hübsch, sagte er zu sich. Im Weitergehen nestelte er an seiner Krawatte. Dunkel glänzende Wagen sangen über den blanken Asphalt, Kaskaden wechselnden Lichts gossen sich von den Fassaden, Zeitungsverkäufer riefen die Abendausgaben aus. Hinter einer großen, leicht beschlagenen Spiegelglasscheibe sah er undeutlich tanzende Paare; pulsierend drang die Musik abgedämpft bis auf die Straße. Ihm war wie nach Sekt. Ewig hätte er so gehen können, so wie jetzt. Er gehörte wieder dazu, er hatte den Schritt der vielen, es machte ihm keine Mühe mehr. Im Sog der Menge ging er über den großen Platz auf die große Halle zu mit ihren Ketten von Glühlampen und riesigen Transparenten. Um die Kassen vor dem Einlass drängten sich Menschen. Von irgendwoher flutete Lautsprechermusik. Stand dort nicht das Mädchen von vorhin? Redluff stellte sich hinter sie in die Reihe. Sie wandte den Kopf, er spürte einen Hauch von Parfüm. Dicht hinter ihr zwängte er sich durch den Einlass. Immer noch flutete die Musik, er hörte ein Gewirr von Hunderten von Stimmen. Ein paar Polizisten suchten, etwas Ordnung in das Gedränge zu bringen. Ein Mann in einer Art von Portiersuniform nahm ihm seine Einlasskarte ab. „Der, der!", rief er auf einmal und deutete aufgeregt hinter ihm her. Gesichter wandten sich, jemand im schwarzen Anzug kam auf ihn zu, ein blitzendes Ding in der Hand. Gleißendes Scheinwerferlicht übergoss ihn. Jemand drückte ihm einen Riesenblumenstrauß in die Hände. Zwei strahlend lächelnde Mädchen hakten ihn rechts und links unter, Fotoblitze zuckten. Und zu allem dröhnte eine geölte Stimme, die vor innerer Freudigkeit fast zu bersten schien: „Ich darf Ihnen im Namen der Direktion von ganzem Herzen gratulieren, Sie sind der hunderttausendste Besucher der Ausstellung!" Redluff stand wie betäubt. „Und jetzt sagen Sie uns ihren werten Namen", schmalzte die Stimme unwiderstehlich weiter. „Redluff, Jens Redluff", sagte er, noch ehe er wusste, was er sagte, und schon hatten es die Lautsprecher dröhnend bis in den letzten Winkel der riesigen Halle getragen.

Der Kordon der Polizisten, der eben noch die applaudierende Menge zurückgehalten hatte, löste sich langsam auf. Sie kamen auf ihn zu.

1 **a** Führt ein literarisches Gespräch in Gruppen (▸ Methode, S. 152).

b Tauscht euch über diese Methode aus: Worin seht ihr die Vor- und Nachteile gegenüber der Bearbeitung konkreter Aufgaben zum Text?

2 **a** Notiert, an welcher Stelle des Zeitstrahls diese Geschichte einsetzt.

b Haltet eure Annahmen zu Redluffs Vorgeschichte stichpunktartig fest.

3 Erklärt, worin die titelgebende Probe besteht und ob sie in Absatz F gelingt, z. B.:
Mit einem gefälschten Pass in der Tasche will Redluff ausprobieren, ob ... In Absatz F ...

4 a Wieso geht Redluffs Plan am Ende doch noch schief? Erläutert die Gründe, z. B.:
Nach der bestandenen Probe heißt es in Absatz G: „...“ (Z. ...). Redluff fühlt sich demnach ...
Das führt am Ende dazu, dass ...

b Ist der Höhepunkt zugleich der Wendepunkt der Geschichte? Begründet eure Einschätzung.

Metapher:
Einem Platzregen von Gesichtern war er ausgesetzt ... (► Z. 34 f.).

Vergleich:
... dass er wie ein Kork auf dem Wasser tanzte, abgestoßen und weitergetrieben (► Z. 55 ff.).

Zeitdehnung (► S. 93):
Er sah, wie die Fingernägel sich entfärbten. Der rauchige Raum schien ganz leicht zu schwanken, ganz leicht. Ihm war ... (► Z. 111 ff.).

5 Untersucht, wie die sprachliche Gestaltung die Gefühle der Hauptfigur widerspiegelt. Wählt a, b oder c und lest die entsprechende Stelle im Text noch einmal nach.

●○○ a Erklärt die **Metapher:** Warum empfindet Redluff die Gesichter als Platzregen?

●●○ b Erklärt den **Vergleich:** Warum fühlt sich Redluff wie ein Kork auf dem „Menschenstrom“?

●●● c Erläutert die **Zeitdehnung:** Warum vergeht die Zeit in Absatz E langsamer?

d Stellt eure Ergebnisse vor und werdet selbst kreativ:
- Erfindet ein eigenes sprachliches Bild, das Redluffs Gefühle verdeutlicht.
- Dehnt die Zeit im Beispiel oben noch etwas weiter.

6 Überprüft mit Hilfe des Merkwissens unten, welche typischen Merkmale einer Kurzgeschichte ihr in „Chuck Norris und all seine Freunde“ (► S. 144–146) und in „Die Probe“ (► S. 148–150) findet.

7 Diskutiert, ob euch das Wissen über Kurzgeschichten und ihre typischen Merkmale auch beim Verstehen der Geschichten hilft.

Information **Die Kurzgeschichte**

Eine **Kurzgeschichte** (engl.-amerik.: *short story*) ist meist von **geringem Umfang** und oft **an mehreren der folgenden Merkmale zu erkennen:**
- **entscheidende Situation:** Ein **wichtiger Moment im Leben der Figuren** wird erzählt,
- **unmittelbarer Einstieg** in die Handlung, ohne Vorgeschichte und Erklärungen,
- zielstrebiger Handlungsverlauf hin zu einem **Höhe- und Wendepunkt,**
- **offener Schluss,** der Deutungsmöglichkeiten zulässt und zum Nachdenken anregt,
- eher **einfache Sprache,** kürzere Sätze, Umgangssprache in der direkten Rede,
- zentrales Bild oder **Leitmotiv.**

Ein literarisches Gespräch in der Gruppe führen

Tauscht euch in kleinen Gesprächsrunden mit vier oder fünf Mitgliedern offen, d. h. ohne leitende Fragen, zu einem literarischen Text aus.

1. Den literarischen Text hören und lesen

- Wählt ein Gruppenmitglied aus, das den Text vorliest, oder hört den Text als Audioeinspielung.
- Lest den Text danach noch einmal still für euch.

2. Über den literarischen Text sprechen

- In einem freien Gespräch ohne Vorgaben und leitende Fragen könnt ihr alles zum Text äußern, was euch ein- oder auffällt.
- Ein Gruppenmitglied beginnt, indem es seinen persönlichen Leseeindruck schildert. Anschließend wird das Wort in der Gruppe weitergegeben.
- Ihr könnt ganz verschieden auf den Text reagieren. Eure persönlichen Ideen und Entdeckungen sind gefragt. Natürlich sollt ihr auch aufeinander eingehen.

Regeln für das literarische Gespräch:
– Achtet darauf, dass jede und jeder zu Wort kommt und dass kein Monolog oder Zweiergespräch entsteht.
– Gestattet euch auch Pausen zum Nachdenken und Nachlesen.
– Hört einander zu, ohne euch zu unterbrechen.
– Geht aufmerksam aufeinander ein, ohne euch zu verbessern.

3. Das literarische Gespräch beenden

- Denkt in der Gruppe gemeinsam darüber nach, wie euer Gespräch verlaufen ist: Ist jeder und jede zu Wort gekommen? Habt ihr euch zugehört?
- Stellt eure Erkenntnisse, aber auch eure Fragen und Widersprüche in der Klasse vor.
- Arbeitet mit den Ergebnissen aus den verschiedenen Gruppen im Unterricht weiter.

Viel zu nett? – Eine Kurzgeschichte interpretieren

Etgar Keret

Der höfliche Junge (2012)

Der höfliche Junge klopfte an die Tür. Seine Eltern waren zu beschäftigt mit Streiten, um zu antworten, aber nach ein paar Klopfern trat er trotzdem ein.

„Ein Fehler“, sagte der Vater zur Mutter, „das sind wir, ein Fehler. Wie auf diesen Zeichnungen, die zeigen, wie man was nicht tun soll, ja? So sind wir. Mit einem großen >NEIN!< drunter und einem roten X überm Gesicht.“

„Was willst du, dass ich dir sage?“, sagte die Mutter zum Vater. „Alles, was ich jetzt sage, werde ich nachher ja doch bloß bereuen.“

„Sag's, sag's nur“, spuckte der Vater, „warum denn bis nachher warten, wenn du gleich jetzt schon bereuen kannst?“

Der höfliche Junge hatte ein Modellflugzeug in der Hand. Er hatte es ganz allein gebaut. Die Anleitungsseite, die der Verpackung beilag, war in einer Sprache, die er nicht verstand, jedoch mit klaren Skizzen und Pfeilen, und der höfliche Junge, von dem sein Vater immer sagte, er habe gute Hände, hatte es geschafft, das Modell danach zu bauen, ohne weitere Hilfe.

„Früher hab ich mal gelacht“, sagte die Mutter, „viel gelacht, jeden Tag. Aber jetzt ...“ Sie strich über das Haar des höflichen Jungen, ohne sich dessen auch nur im Mindesten bewusst zu sein. „Jetzt nicht mehr. Das war's.“

„Das war's?“, röhrte der Vater. „Das war alles? Das war das, *was ich nachher bereuen werde? Früher hab ich mal gelacht?* Big fucking deal!“

„Ich bitte dich, Ido, hör auf“, sagte die Mutter.

„Was aufhören?“, fragte der Vater.

„Solchen Schmutz in den Mund zu nehmen vor dem Jungen“, flüsterte die Mutter.

„Das ist kein Fluchen“, winkte der Vater ab, „und es ist Englisch. Er kann kein Englisch.“

„Was für ein schönes Flugzeug“, bemerkte die Mutter und wandte ihren Blick demonstrativ vom Vater ab, „vielleicht gehst du raus und spielst ein bisschen damit?“

„Erlaubt ihr es?“, fragte der höfliche Junge.

„Aber sicher erlauben wir's", lächelte die Mutter und strich ihm wieder übers Haar, so wie man den Kopf eines Hundes streichelt.
„Wann soll ich zurück sein?", fragte der höfliche Junge.
„Wann du willst", explodierte der Vater, „und wenn's dir da draußen gefällt, kannst du auch gleich gar nicht mehr zurückkommen, ruf bloß alle paar Dingens mal an, damit sich Mama keine Sorgen macht."
Die Mutter stand auf und gab dem Vater mit voller Kraft eine Ohrfeige. Es war komisch, denn es schien, dass diese Ohrfeige den Vater nur freute, während ausgerechnet die Mutter zu weinen anfing. „Na, geh schon", sagte sie unter Tränen zu dem höflichen Jungen, „geh schon spielen, solang es noch hell ist. Aber komm heim, bevor es dunkel wird." Vielleicht ist sein Gesicht hart wie Stein, dachte sich der höfliche Junge, als er die Treppen hinunterging, und deshalb tut einem die Hand weh, wenn man hinhaut.
Der höfliche Junge warf sein Modellflugzeug mit aller Kraft hoch. Der Flieger drehte eine Schleife in der Luft und taumelte noch parallel zum Boden dahin, bis er gegen einen Wasseranschluss rumpelte. Sein einer Flügel war ein bisschen verbogen, und der höfliche Junge bemühte sich, ihn wieder zu begradigen.
„Wow", sagte ein rothaariges Mädchen, das er bisher nicht bemerkt hatte, und streckte ihre sommersprossige Hand in seine Richtung aus. „Was für ein irres Flugzeug. Ich will's auch mal fliegen lassen."
„Das ist kein Flugzeug", korrigierte sie der höfliche Junge, „das ist ein Modellflieger. Ein Flugzeug ist was mit Motor."
„Los, gib schon her", befahl das Mädchen, ohne die Hand sinken zu lassen, „sei kein Knicker."
„Ich muss ihm erst den Flügel richten", wich der höfliche Junge aus, „siehst du nicht, dass er verbogen ist?"
„Knickerkragen", gab das rothaarige Mädchen zurück, „gebe Gott, dass dir ganz viele schlimme Sachen passieren." Sie runzelte die Stirn in dem Versuch, sich etwas weniger Allgemeines auszudenken, und als sie es schließlich geschafft hatte, grinste sie: „Dass deine Mama stirbt. Das isses, dasse stirbt, amen." Der höfliche Junge ignorierte sie, haargenau wie man es ihm zu tun beigebracht hatte. Er war einen Kopf größer als die Rothaarige, und wenn er gewollt hätte, hätte er ihr eine Ohrfeige geben können, was dem rothaarigen Mädchen sehr wehgetan hätte, viel mehr als ihm, denn ihr Gesicht war hundertprozentig nicht aus Stein. Aber er gab ihr keine Ohrfeige, trat sie auch nicht und warf keinen Stein. Er verfluchte sie nicht einmal im Gegenzug. Er war höflich.
„Und dass auch dein Papa stirbt und du selber auch", fügte die Rothaarige hinzu, als habe sie sich gerade noch daran erinnert, „aus, Äpfel, amen." Und damit ging sie weg. Der höfliche Junge warf den Flieger noch ein paarmal hoch. Beim gelungensten Wurf drehte das Modell drei komplette Schleifen in der Luft, bevor es herunterfiel. Auch die Sonne über ihm begann nun zu fallen, und der Himmel ringsherum rötete sich zunehmend. Sein Vater hatte ihm einmal gesagt, wenn man lange Zeit kontinuierlich in die Sonne schaue, könne man blind werden, und deswegen achtete der höfliche Junge darauf, alle paar Sekunden die Augen zu schließen. Aber auch wenn er die Augen geschlossen hatte, sah er weiterhin das Rot des Himmels. Das war seltsam, und der höfliche Junge hätte das nur zu gerne noch ein bisschen erforscht, um es zu verstehen, aber er wusste auch, wenn er nicht rechtzeitig nach Hause käme, würde sich seine Mutter Sorgen machen. Die Sonne scheint jeden Tag, dachte sich der höfliche Junge und bückte sich, um das Modellflugzeug aus dem Gras aufzuheben, und ich komme nie zu spät.
Als der höfliche Junge nach Hause kam, hielt sich seine Mutter immer noch die Hand und weinte im Wohnzimmer. Sein Vater war nicht dort. Seine Mutter sagte, er sei in ihrem Zim-

mer und schlafe, denn er müsse eine Nachtschicht machen, und ging, um dem höflichen Jungen ein Abendomelette zuzubereiten. Der höfliche Junge drückte leicht gegen die Tür des Zimmers seiner Eltern, die nicht ganz geschlossen war. Auf dem Bett lag sein Vater mit Straßenkleidern und Schuhen. Er lag auf dem Bauch, mit offenen Augen, und als der höfliche Junge hineinspähte, fragte er, ohne den Kopf vom Bett zu heben: „Wie ist der Flieger?“

„In Ordnung“, antwortete der höfliche Junge, und da er das Gefühl hatte, dass das Gesagte nicht ausreichte, fügte er hinzu: „Völlig in Ordnung.“

„Ich und Mama streiten manchmal und sagen Dinge, die beleidigen“, sagte sein Vater, „aber du weißt, dass egal, was gesagt wird, ich dich immer, immer liebe, stimmt's?“

„Ja“, nickte der höfliche Junge und begann, die Tür hinter sich zuzuziehen, „ich weiß. Danke.“

1 a Beschreibt das Verhalten des höflichen Jungen. Wählt ein Wort aus dem folgenden Kasten und begründet eure Wahl anhand einer Situation aus dem Text, z. B.:
Ich finde das Wort … besonders passend, weil …

passiv • aktiv • klug • zurückhaltend • sensibel • vorlaut • geduldig • rücksichtsvoll • mutig • feige • ängstlich • traurig • verschlossen • freundlich

b Besprecht eure Auswahl aus Aufgabe a in Kleingruppen: Welches Bild vom Charakter des höflichen Jungen entsteht? Ist er vielleicht doch mehr als nur höflich?

2 Notiert zwei Textstellen mit Zeilenangaben und beurteilt jeweils das Verhalten der Figuren gegenüber dem Jungen. Wählt a, b oder c.

●○○ a Beurteilt das Verhalten des **Mädchens,** z. B.:
Textstelle 1: „‚Los, gib schon her', befahl das Mädchen“ (Z. 80). → Beurteilung: …

●●○ b Beurteilt das Verhalten der **Mutter,** z. B.:
Textstelle 1: „Sie strich über das Haar ….“ (Z. 25 f.) → Beurteilung: Die Mutter ist nett, aber …

●●● c Beurteilt das Verhalten des **Vaters:** *Textstelle 1: „…“ (Z. …). → Beurteilung: …*

d Stellt eure Ergebnisse vor und gestaltet eine Figurenkonstellation im Heft oder am Computer. Macht darin das Verhalten der Figuren deutlich, indem ihr die Pfeile beschriftet.

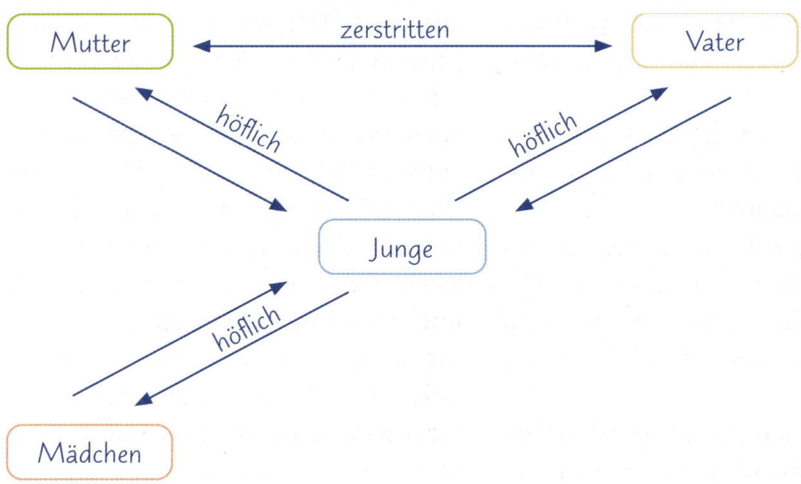

Computer-Tipps:
Öffnet eine Datei und klickt auf Einfügen und auf Formen. Schreibt die Namen in Textfelder und ordnet sie sinnvoll an. Wählt geeignete Pfeile aus und bewegt sie an die richtige Stelle.

3 **a** Welches Gefühl hat der Junge, wenn er sein Modellflugzeug fliegen lässt? Begründet eure Annahme, z. B.: Ich könnte mir vorstellen, …

b Das Modellflugzeug spiegelt auch die Situation des Jungen. Erklärt, was die Textstellen rechts bedeuten, wenn man sie auf die Situation des Jungen überträgt, z. B.: „Er hatte es ganz allein gebaut." → Diese Textstelle zeigt zum einen, dass der Junge selbstständig ist, sie zeigt aber auch, dass …

> **A** „Er hatte es ganz allein gebaut" (▶ Z. 17).
> **B** „Der Flieger … taumelte …" (▶ Z. 66 f.).
> **C** „Ich muss ihm erst den Flügel richten" (▶ Z. 82).

4 Verfasst einen inneren Monolog (▶ S. 139), in dem der Junge über seinen Tag nachdenkt.

a Bereitet den Monolog vor, indem ihr Stichworte zu den folgenden Fragen notiert:
- Wie empfindet er den Streit seiner Eltern und ihr Verhalten ihm gegenüber?
- Welche Gedanken gehen ihm beim Modellfliegen und auf dem Heimweg durch den Kopf?
- Was könnte er sich für die Zukunft vornehmen?

b Formuliert den inneren Monolog nun aus. Ihr könnt dabei die folgenden Formulierungshilfen nutzen und so beginnen: Es ist immer dasselbe: Sie streiten und ich …

> **A Gedanken des Jungen über andere:**
> - Ob sie mich für so dumm halten?
> - Sie denken nur an sich!
> - Unglaublich, wie meine Eltern …

> **B Gedanken des Jungen über sich:**
> - Bin ich unsichtbar!?
> - Ich muss mich endlich …
> - Warum bin ich nur …

c Erklärt, welche Gedanken und Gefühle des Jungen ihr in eurem Monolog besonders betonen wolltet und welche Schreibentscheidungen ihr deswegen getroffen habt, z. B.: Ich wollte vor allem zeigen, dass der Junge verunsichert ist, deshalb …

MK **5** Erstellt in Partnerarbeit Videos von euren Monologen.

a Lasst euch von eurer Partnerin oder eurem Partner aufnehmen, während ihr euren Monolog sprecht. Achtet dabei auf eine angemessene Betonung, Mimik und Gestik.

b Präsentiert eure Videos in der Klasse.

6 Besprecht, ob ihr die Geschichte durch das Schreiben eures Monologs und das Drehen des Videos besser verstanden habt.

7 **a** Höflichkeit ist ein Zeichen von Respekt. Diskutiert am Beispiel dieser Geschichte, ob man es mit der Höflichkeit auch übertreiben kann. Kann man „zu nett" sein?

b Formuliert einen konkreten und sinnvollen Ratschlag für den Jungen. Wie könnte er seine Situation eurer Ansicht nach verbessern?

8 Überprüft mit Hilfe des Merkwissens auf Seite 151, welche typischen Merkmale einer Kurzgeschichte ihr in diesem Text findet.

Eine Kurzgeschichte verstehen

Kurt Marti

Happy End (1960)

Sie umarmen sich, und alles ist wieder gut. Das Wort ENDE flimmert über ihrem Kuss. Das Kino ist aus. Zornig schiebt er sich zum Ausgang, sein Weib bleibt im Gedrängel hilflos stecken, weit hinter ihm. Er tritt auf die Straße und bleibt nicht stehen, er geht, ohne zu warten, er geht voll Zorn, und die Nacht ist dunkel. Atemlos, mit kleinen, verzweifelten Schritten holt sie ihn ein, holt ihn schließlich ein und keucht zum Erbarmen. Eine Schande, sagt er im Gehen, eine Affenschande, wie du geheult hast. Sie keucht. Ich hasse diese Heulerei, sagt er, ich hasse das. Sie keucht noch immer. Schweigend geht er und voll Wut, so eine Gans, denkt er, so eine blöde, blöde Gans, und wie sie keucht in ihrem Fett. Ich kann doch nichts dafür, sagt sie endlich, ich kann doch wirklich nichts dafür, es war so schön, und wenn es schön ist, muss ich einfach heulen. Schön, sagt er, dieser Mist, dieses Liebesgewinsel, das nennst du also schön, dir ist ja wirklich nicht zu helfen. Sie schweigt und geht und keucht und denkt, was für ein Klotz von Mann, was für ein Klotz.

1 Passt die Überschrift „Happy End" zum Inhalt der Geschichte? Begründet in einem Satz.

2 Wie wirkt das Happy End im Film auf das Paar? Schreibt die richtigen Aussagen heraus und belegt eure Auswahl anhand einer Textstelle.
- Der Mann reagiert aggressiv.
- Dem Mann ist das alles völlig egal.
- Die Frau ist angewidert.
- Die Frau ist von der Handlung gerührt.

3 In den folgenden Sätzen geht es um Merkmale der Kurzgeschichte und um eine Deutung des Textes. Notiert die nötigen Ergänzungen und die richtigen Formulierungen in eurem Heft.
„Happy End" von … ist eine … Das merkt man nicht nur an … (= Beschreibung des Umfangs), sondern auch daran, dass eine Nebensache / ein wichtiger Moment im Leben der Figuren gezeigt wird. Das Paar wird sich durch den Film nämlich über seine eigenen Gefühle klarer. Der … Schluss soll die Leserinnen und Leser zum Nachdenken anregen/verwirren.
Ich denke, die Aussage dieser Geschichte ist, dass …

4 Vergleicht eure Lösungen mit einem Lernpartner oder einer Lernpartnerin.

7.2 Happy End für alle? – Inhalte zusammenfassen und deuten

Siegfried Lenz

Die Nacht im Hotel (1949)

Der Nachtportier strich mit seinen abgebissenen Fingerkuppen über eine Kladde[1], hob bedauernd die Schultern und drehte seinen Körper zur linken Seite, wobei sich der Stoff seiner Uniform gefährlich unter dem Arm spannte.

„Das ist die einzige Möglichkeit", sagte er. „Zu so später Stunde werden Sie nirgendwo ein Einzelzimmer bekommen. Es steht Ihnen natürlich frei, in anderen Hotels nachzufragen. Aber ich kann Ihnen schon jetzt sagen, daß wir, wenn Sie ergebnislos zurückkommen, nicht mehr in der Lage sein werden, Ihnen zu dienen. Denn das freie Bett in dem Doppelzimmer, das Sie – ich weiß nicht aus welchen Gründen – nicht nehmen wollen, wird dann auch einen Müden gefunden haben."

„Gut", sagte Schwamm, „ich werde das Bett nehmen. Nur, wie Sie vielleicht verstehen werden, möchte ich wissen, mit wem ich das Zimmer zu teilen habe; nicht aus Vorsicht, gewiß nicht, denn ich habe nichts zu fürchten. Ist mein Partner – Leute, mit denen man eine Nacht verbringt, könnte man doch fast Partner nennen – schon da?"

„Ja, er ist da und schläft."

„Er schläft", wiederholte Schwamm, ließ sich die Anmeldeformulare geben, füllte sie aus und reichte sie dem Nachtportier zurück; dann ging er hinauf. Unwillkürlich verlangsamte Schwamm, als er die Zimmertür mit der ihm genannten Zahl erblickte, seine Schritte, hielt den Atem an, in der Hoffnung, Geräusche, die der Fremde verursachen könnte, zu hören, und beugte sich dann zum Schlüsselloch hinab. Das Zimmer war dunkel. In diesem Augenblick hörte er jemanden die Treppe heraufkommen, und jetzt mußte er handeln. Er konnte fortgehen, selbstverständlich, und so tun, als ob er sich im Korridor geirrt habe. Eine andere

1 die Kladde: das Notizbuch

Möglichkeit bestand darin, in das Zimmer zu treten, in welches er rechtmäßig eingewiesen worden war und in dessen einem Bett bereits ein Mann schlief.

Schwamm drückte die Klinke herab. Er schloß die Tür wieder und tastete mit flacher Hand nach dem Lichtschalter. Da hielt er plötzlich inne: neben ihm – und er schloß sofort, daß da die Betten stehen müßten – sagte jemand mit einer dunklen, aber auch energischen Stimme: „Halt! Bitte machen Sie kein Licht. Sie würden mir einen Gefallen tun, wenn Sie das Zimmer dunkel ließen."

„Haben Sie auf mich gewartet?" fragte Schwamm erschrocken; doch er erhielt keine Antwort. Statt dessen sagte der Fremde: „Stolpern Sie nicht über meine Krücken, und seien Sie vorsichtig, daß Sie nicht über meinen Koffer fallen, der ungefähr in der Mitte des Zimmers steht. Ich werde Sie sicher zu Ihrem Bett dirigieren: Gehen Sie drei Schritte an der Wand entlang, und dann wenden Sie sich nach links, und wenn Sie wiederum drei Schritte getan haben, werden Sie den Bettpfosten berühren können."

Schwamm gehorchte: er erreichte sein Bett, entkleidete sich und schlüpfte unter die Decke. Er hörte die Atemzüge des anderen und spürte, daß er vorerst nicht würde einschlafen können.

„Übrigens", sagte er zögernd nach einer Weile, „mein Name ist Schwamm."

„So", sagte der andere.

„Ja."

„Sind Sie zu einem Kongreß hierhergekommen?"

„Nein. Und Sie?"

„Nein."

„Geschäftlich?"

„Nein, das kann man nicht sagen."

„Wahrscheinlich habe ich den merkwürdigsten Grund, den je ein Mensch hatte, um in die Stadt zu fahren", sagte Schwamm. Auf dem nahen Bahnhof rangierte ein Zug. Die Erde zitterte, und die Betten, in denen die Männer lagen, vibrierten.

„Wollen Sie in der Stadt Selbstmord begehen?" fragte der andere.

„Nein", sagte Schwamm, „sehe ich so aus?"

„Ich weiß nicht, wie sie aussehen", sagte der andere, „es ist dunkel."

Schwamm erklärte mit banger Fröhlichkeit in der Stimme: „Gott bewahre, nein. Ich habe einen Sohn, Herr (der andere nannte nicht seinen Namen), einen kleinen Lausejungen, und seinetwegen bin ich hierhergefahren."

„Ist er im Krankenhaus?"

„Wieso denn? Er ist gesund, ein wenig bleich zwar, das mag sein, aber sonst sehr gesund. Ich wollte Ihnen sagen, warum ich hier bin, hier bei Ihnen, in diesem Zimmer. Wie ich schon sagte, hängt das mit meinem Jungen zusammen. Er ist äußerst sensibel, mimosenhaft[2], er reagiert bereits, wenn ein Schatten auf ihn fällt."

„Also ist er doch im Krankenhaus."

„Nein", rief Schwamm, „ich sagte schon, daß er gesund ist, in jeder Hinsicht. Aber er ist gefährdet, dieser kleine Bengel hat eine Glasseele, und darum ist er bedroht."

„Warum begeht er nicht Selbstmord?" fragte der andere.

„Aber hören Sie, ein Kind wie er, ungereift, in solch einem Alter! Warum sagen Sie das? Nein, mein Junge ist aus folgendem Grunde gefährdet: Jeden Morgen, wenn er zur Schule geht – er geht übrigens immer allein dorthin – jeden Morgen muß er vor einer Schranke stehenbleiben und warten, bis der Frühzug vorbei ist. Er steht dann da, der kleine Kerl, und winkt, winkt heftig und freundlich und verzweifelt."

„Ja und?"

„Dann", sagte Schwamm, „dann geht er in die Schule, und wenn er nach Hause kommt, ist er verstört und benommen, und manchmal heult

2 mimosenhaft: sehr empfindlich

er auch. Er ist nicht imstande, seine Schularbeiten zu machen, er mag nicht spielen und nicht sprechen: das geht nun schon seit Monaten so, jeden lieben Tag. Der Junge geht mir kaputt dabei!"

„Was veranlaßt ihn denn zu solchem Verhalten?"

„Sehen Sie", sagte Schwamm, „das ist merkwürdig: Der Junge winkt, und – wie er traurig sieht – es winkt ihm keiner der Reisenden zurück. Und das nimmt er sich so zu Herzen, daß wir – meine Frau und ich – die größten Befürchtungen haben. Er winkt, und keiner winkt zurück; man kann die Reisenden natürlich nicht dazu zwingen, und es wäre absurd und lächerlich, eine diesbezügliche Vorschrift zu erlassen, aber ..."

„Und Sie, Herr Schwamm, wollen nun das Elend Ihres Jungen aufsaugen, indem Sie morgen den Frühzug nehmen, um dem Kleinen zu winken?"

„Ja", sagte Schwamm, „ja."

„Mich", sagte der Fremde, „gehen Kinder nichts an. Ich hasse sie und weiche ihnen aus, denn ihretwegen habe ich – wenn man's genau nimmt – meine Frau verloren. Sie starb bei der ersten Geburt."

„Das tut mir leid", sagte Schwamm und stützte sich im Bett auf. Eine angenehme Wärme floß durch seinen Körper; er spürte, daß er jetzt würde einschlafen können.

Der andere fragte: „Sie fahren nach Kurzbach, nicht wahr?"

„Ja."

„Und Ihnen kommen keine Bedenken bei Ihrem Vorhaben? Offener gesagt: Sie schämen sich nicht, Ihren Jungen zu betrügen? Denn, was Sie vorhaben, Sie müssen es zugeben, ist doch ein glatter Betrug, eine Hintergehung."

Schwamm sagte aufgebracht: „Was erlauben Sie sich, ich bitte Sie, wie kommen Sie dazu!"

Er ließ sich fallen, zog die Decke über den Kopf, lag eine Weile überlegend da und schlief dann ein.

Als er am nächsten Morgen erwachte, stellte er fest, daß er allein im Zimmer war. Er blickte auf die Uhr und erschrak: bis zum Morgenzug blieben ihm noch fünf Minuten, es war ausgeschlossen, daß er ihn noch erreichte.

Am Nachmittag – er konnte es sich nicht leisten, noch eine Nacht in der Stadt zu bleiben – kam er niedergeschlagen und enttäuscht zu Hause an.

Sein Junge öffnete ihm die Tür, glücklich, außer sich vor Freude. Er warf sich ihm entgegen und hämmerte mit den Fäusten gegen seinen Schenkel und rief:

„Einer hat gewinkt, einer hat ganz lange gewinkt."

„Mit einer Krücke?“ fragte Schwamm.
„Ja, mit einem Stock. Und zuletzt hat er sein Taschentuch an den Stock gebunden und es so lange aus dem Fenster gehalten, bis ich es nicht mehr sehen konnte.“ R

1 Führt ein literarisches Gespräch (▶ Methode, S. 152) über diese Geschichte.

2 Tauscht euch in der Klasse über eure ersten Leseeindrücke aus:
– Was erscheint euch ungewöhnlich oder unglaubwürdig an dieser Geschichte?
– Stört euch diese Ungewöhnlichkeit oder findet ihr die Geschichte dadurch eher interessant?

3 Erklärt den Plan des Vaters mit eigenen Worten, z. B.:
Der Vater macht sich Sorgen um ... Deswegen hat er sich folgenden Plan ausgedacht: ...

4 Nehmt begründet Stellung zum Plan des Vaters. Handelt es sich um einen „Betrug“ (▶ Z. 163), wie der Fremde behauptet, oder um eine akzeptable Notlüge?

5 Welche Aussagen zu dem Unbekannten treffen zu? Begründet mit Hilfe des Textes.

– Der Unbekannte ist ein Optimist.
– Der Unbekannte ist ein Pessimist.
– Der Unbekannte hasst Kinder, weil seine Frau bei der ersten Geburt gestorben ist.
– Der Unbekannte hasst Kinder, weil er mit ihnen nichts anfangen kann.
– Der Unbekannte hilft dem Sohn, indem er ihm zeigt, dass es auch freundliche Menschen gibt.
– Der Unbekannte schützt den Vater davor, seinen Sohn zu hintergehen.

6 Wo liegt der Wendepunkt in dieser Geschichte? Diskutiert.

7 **a** Wie verändert sich das Leben der drei Figuren im Lauf der Geschichte? Entscheidet euch für das Schaubild, das die Entwicklung eurer Ansicht nach am besten wiedergibt, und begründet eure Wahl, z. B.:
Ich habe mich für Schaubild 1/2/3 entschieden, weil ...

Anfang			Ende
1. Schaubild:	☹ ☹ ☹	→	☹ ☺ ☺
2. Schaubild:	☹ ☺ ☺	→	☺ ☺ ☺
3. Schaubild:	☹ ☹ ☹	→	☺ ☺ ☺

b Diskutiert, ob die Geschichte mit einem Happy End für alle Figuren endet.

Eine erweiterte Inhaltsangabe schreiben: Den Text zusammenfassen

1 Bereitet die Inhaltsangabe vor:
- Gliedert den Text in Handlungsschritte.
- Gebt jedem Handlungsschritt eine Überschrift und fasst den Inhalt knapp und mit eigenen Worten in einem Flussdiagramm zusammen.

Ein neuer **Handlungsschritt** beginnt oft, wenn
- die Handlung eine **Wendung** erfährt,
- der **Ort** wechselt,
- ein **Zeitsprung** stattfindet oder
- eine neue **Figur** auftaucht.

Notlösung (Z. 1–34)
Herr Schwamm nimmt in einem überfüllten Hotel ein Doppelzimmer.
↓
Auf dem Weg zum Bett (Z. 35–64)
Der Bettnachbar lotst Schwamm im Dunkeln ...

2 Schreibt nun die Inhaltsangabe mit Hilfe eures Schreibplans aus Aufgabe 1.

a Formuliert eine Einleitung, die über Autor, Textart, Titel, Entstehungsjahr und Thema der Geschichte informiert. Ihr könnt den folgenden Satz ergänzen und fortführen:
In Siegfried Lenz' Kurzgeschichte „ ...“ aus dem Jahr ... geht es um ...

b Fasst für den Hauptteil eurer Inhaltsangabe den Text zusammen:
- Formuliert in eigenen Worten und achtet auf eine sachliche Sprache.
- Verwendet keine wörtliche Rede, sondern umschreibt wichtige Äußerungen von Figuren oder gebt sie in indirekter Rede wieder (▸ Sprachtraining, S. 165).
- Schreibt im Präsens, bei Vorzeitigkeit im Perfekt.
- Macht die Zusammenhänge der Handlung durch passende Satzverknüpfungen und Satzanfänge deutlich (▸ Tippkasten rechts).

Macht mit **Satzanfängen** und **Satzverknüpfungen Zusammenhänge deutlich,** z. B.:
- eine **zeitliche Abfolge:**
  als, daraufhin, später, zuerst, bevor, anschließend, während, nachdem, anfangs, am Ende
- **Ursachen, Wirkungen, Folgen:**
  weil, sodass, denn, deshalb, daher, um ... zu, dadurch
- **Einschränkungen:**
  obwohl, aber, trotzdem

Weil alle Einzelzimmer eines Hotels belegt sind, entschließt Herr Schwamm sich, in einem Doppelzimmer zu übernachten, in dem bereits ein Hotelgast schläft. Nachdem er den Raum leise betreten hat, lotst ihn der Fremde im Dunkeln bis zu dem gemeinsamen Bett. Schwamm stellt sich vor, aber der Fremde reagiert zunächst wortkarg und stellt dann Fragen nach dem Grund von Schwamms Aufenthalt. Schließlich räumt Schwamm ein, dass seine Beweggründe sehr ungewöhnlich sind. ...

c Vergleicht eure Ergebnisse und überarbeitet sie.

Eine erweiterte Inhaltsangabe schreiben: Den Text deuten

Zu der Kurzgeschichte „Die Nacht im Hotel“ wurde dieser weiterführende Arbeitsauftrag gestellt:

> Erklärt, wie sich das Leben der drei Figuren im Lauf der Geschichte verändert: Wie fühlen sie sich am Anfang und wie am Ende? Geht auch kurz auf den Grund für diese Veränderung ein. Belegt eure Aussagen mit Hilfe des Textes.

1 Bereitet euren Text vor.

a Macht euch für alle drei Figuren noch einmal bewusst, wie sie sich am Anfang und am Ende der Geschichte fühlen. Ergänzt dazu die folgenden Sätze.

Vater	Sohn	Fremder
– Am **Anfang** verzweifelt, weil …	– Am **Anfang** verzweifelt, weil …	– Am **Anfang** verbittert, weil …
– Am **Ende** erleichtert, weil …	– Am **Ende** überglücklich, weil …	– Am **Ende** weniger verbittert, weil …

b Sammelt Zitate, mit denen ihr eure Aussagen belegen könnt. Notiert dazu Zeilenangaben, z. B.:
der Sohn am Anfang: Z. 102–104 und Z. 107–109; der Vater am Anfang: …; der Fremde …
TIPP: Alternativ könnt ihr auf einer Kopie geeignete Textstellen verschiedenfarbig markieren.

c Lest das Merkwissen unten und notiert, ob es sich bei den folgenden Beispielen um direkte oder indirekte Zitate handelt, z. B.:
A = …

A Der Vater macht sich große Sorgen um seinen Sohn (vgl. Z. 125–129).
B Der Sohn hat eine „Glasseele“ (Z. 108 f.).
C Der Fremde ist ein Pessimist, der immer das Schlimmste annimmt (vgl. Z. 86, 96).
D Der Fremde ist verbittert, weil seine Frau „bei der ersten Geburt“ (Z. 150 f.) gestorben ist.

Information **Aussagen mit Zitaten belegen oder paraphrasieren (umschreiben)**

Wenn ihr Aussagen zu einem Text trefft, müsst ihr diese auch belegen.
Dafür gibt es zwei Möglichkeiten:
Beim **Zitat** übernehmt ihr ein Wort, eine Textstelle oder einen ganzen Satz wortwörtlich.
Das Zitat steht in Anführungszeichen, z. B.: *Der Sohn ist „äußerst sensibel“ (Z. 102).*
Bei der **Paraphrase** gebt ihr den Inhalt einer Textstelle mit eigenen Worten wieder.
Hier setzt ihr keine Anführungszeichen, nennt aber die Textstelle, auf die ihr euch bezieht, z. B.:
Der Vater hält seinen Sohn für überempfindlich (vgl. Z. 102).

2 Verfasst nun einen zusammenhängenden Text und belegt eure Aussagen mit Zitaten oder Paraphrasen. Die folgenden Satzanfänge können euch helfen.

Zu Beginn der Kurzgeschichte sind alle drei Figuren ...
Der Sohn ... (Z. ...)
Entsprechend ... (Z. ...)
Der Fremde seinerseits ist verbittert, weil ... (Z. ...)
Die Geschichte nimmt eine überraschende Wende als ... (Z. ...)
Am Ende ... (Z. ...)
Dies führt sicher dazu ...
Auch der Fremde dürfte sich nach seiner guten Tat ...
Zusammenfassend lässt sich demnach sagen, dass ...

Information **Eine erweiterte Inhaltsangabe schreiben**

Bei einer erweiterten Inhaltsangabe fasst ihr den Inhalt eines Textes knapp und sachlich zusammen (= Inhaltsangabe) und bearbeitet zusätzlich eine weiterführende Aufgabe zum Text (= erweiterte Inhaltsangabe).

Inhaltsangabe

- In der **Einleitung** nennt ihr die Textsorte (z. B. Kurzgeschichte, Ballade), den Titel, den Namen der Autorin / des Autors, falls angegeben das Erscheinungsjahr des Textes und das Thema.
- Im **Hauptteil** fasst ihr die wichtigsten Ereignisse der Handlung (Handlungsschritte) in der zeitlich richtigen Reihenfolge zusammen. Mögliche Rückblenden oder Vorausdeutungen werden in den zeitlich richtigen Handlungsverlauf eingeordnet und zusammengefasst.
  - Beschränkt euch auf das Wesentliche.
    Macht die **Zusammenhänge** der Handlung (z. B. zeitliche Abfolgen) **durch Satzverknüpfungen** und geeignete **Satzanfänge deutlich** (▶ Kasten auf S. 162).
  - Formuliert in **eigenen Worten.**
  - Schreibt **sachlich und nüchtern,** vermeidet ausschmückende Formulierungen.
  - Schreibt im **Präsens,** bei Vorzeitigkeit im Perfekt.
  - Verwendet **keine wörtliche Rede,** sondern gebt besonders wichtige Äußerungen der Figuren in der **indirekten Rede** oder durch **Paraphrasen** wieder (▶ S. 163).

Weiterführende Aufgabe

Im Anschluss an die Inhaltsangabe bearbeitet ihr eine Aufgabe zum Text. Dabei müsst ihr z. B. die Veränderung der Figuren oder auch bestimmte Textsortenmerkmale erklären.
Ihr schreibt einen **zusammenhängenden Text** und **belegt eure Aussagen mit Zitaten oder Paraphrasen** (▶ S. 163), z. B.:
Im Verlauf der Kurzgeschichte „Die Nacht im Hotel" verändern sich alle drei Figuren grundlegend. Ausgangspunkt der Handlung ist der „äußerst sensible" (Z. 102) Junge, der laut seinem Vater unter der Ignoranz der anderen Menschen leidet (vgl. Z. 135).

Formen der Redewiedergabe

Aussage: „Es gibt keinen Menschen, der mir aus dem Zug zurückwinkt", sagte der Junge.

Formen der Redewiedergabe:
A Der Junge sagt, es gebe keinen Menschen, der ihm aus dem Zug zurückwinke.
B Nach der Aussage des Jungen reagiert niemand auf sein Winken.
C Der Junge sagt, dass es keinen Menschen gibt, der ihm aus dem Zug zurückwinkt.

Frage: „Soll ich mich damit abfinden?", fragte er. **D** Er fragt, ob er sich damit abfinden soll.

1 **a** Beschreibt mit Hilfe der Markierungen, was sich bei der Umformung der wörtlichen Rede in Satz A ändert.
b Erklärt, worauf ihr bei einer Paraphrase oder Umschreibung (B) achten müsst. Schreibt den folgenden Satz richtig ins Heft.
Der Wortlaut muss derselbe sein / anders sein und es muss klar werden, dass die Äußerung von jemand anderem / von einem selbst stammt.

2 *dass*- und *ob*-Sätze können sowohl im Indikativ als auch im Konjunktiv stehen. Schreibt die Sätze C und D im Konjunktiv auf.

A „Ich sehe gerne den Zug vorbeirasen", erzählte der Junge.
B „Nimmst du immer denselben Weg zur Schule?", fragte das Mädchen den Jungen.
C „Ja, diesen Weg gehe ich am liebsten", antwortete der Junge.
D „Auf meinem Weg winken mir häufig zwei alte Damen zu", bemerkte das Mädchen.

3 Gebt die Sätze oben auf verschiedene Weise wieder:
– Satz A in der indirekten Rede mit Konjunktiv,
– Satz B als *ob*-Satz,
– Satz C mit Hilfe einer Paraphrase,
– Satz D mit Hilfe der *würde*-Ersatzform (▸ Merkwissen).

Information **Formen der Redewiedergabe**

Wenn ihr eine Inhaltsangabe schreibt, habt ihr verschiedene Möglichkeiten, die wörtliche Rede wiederzugeben. Wechselt am besten ab, damit sich euer Text nicht eintönig anhört:
- **mit Konjunktiv:** *Der Junge sei fröhlicher, sagt der Vater.*
- ***dass*-Satz** mit Indikativ/Konjunktiv: *Der Vater sagt, dass der Junge fröhlicher ist/sei.*
- **Paraphrase** mit eigenem Wortlaut: *Nach Ansicht des Vaters geht es dem Jungen besser.*
- ***ob*-Satz** bei **Fragen** mit Indikativ/Konjunktiv: *Ob er fröhlicher ist/sei, fragt der Vater.*
- ***würde*-Ersatzform,** wenn der Konjunktiv I nicht zu erkennen ist.

7.3 Fit in ... – Eine erweiterte Inhaltsangabe schreiben

Die Aufgabenstellung richtig verstehen

Stellt euch vor, ihr sollt in der nächsten Klassenarbeit folgende Aufgaben bearbeiten:

1. Verfasse zu der Kurzgeschichte „Zuerst den Linken" von Selim Özdogan eine Inhaltsangabe.
2. Erkläre den Wendepunkt der Kurzgeschichte. Gehe dabei zuerst auf den Ärger des Ich-Erzählers in der Nacht (▸ Z. 62–82) und dann auf das überraschende Ende ein.

Selim Özdogan

Zuerst den Linken (2003)

Es war ein ungewohntes Geräusch, aber es ging mir auf die Nerven, vor allem nachts. Es hatte lange gedauert, bis ich herausgefunden habe, was die Ursache der Geräusche war, immer zwei, kurz nacheinander, manchmal dumpf, manchmal polternd, aber immer zwei und immer kurz nachdem sie nach Hause gekommen war, egal, um welche Zeit.
Sie wohnte über mir, ich hatte einige Male versucht, zwei Meter fünfzig unter ihr den gleichen Weg durch meine Wohnung zu machen, um dahinterzukommen, was sie dort oben veranstaltete. Zuerst hörte man, wie sie die Tür aufschloss, dann das Klackern ihrer Absätze im Flur, das schnurstracks in die Küche führte, dort ein leises Knarren wie von einem alten Holzstuhl und schließlich die zwei polternden Geräusche wieder im Flur.
Sie schmiss ihre Schuhe von der Küche aus in den Flur. Tagsüber fiel es mir nicht immer auf, aber am späten Abend oder nachts rissen die Geräusche mich aus dem Schlaf. Wenn ich abends einschlief und sie war noch nicht zu Hause, wusste ich schon, dass sie mich wecken würde. Es nervte. Also sprach ich sie im Treppenhaus darauf an.

– Entschuldige, kann es sein, dass du deine Schuhe immer von der Küche in den Flur wirfst?
– Ja. Wie ...?
– Nun, man hört das unten, und nachts wache ich auf davon. Ich weiß, das mag jetzt kleinlich wirken, aber ich wache halt immer auf, wenn du vielleicht ...
Es schien ihr unangenehm zu sein.
– Natürlich, kein Problem. Wenn ich das gewusst hätte ... Und die Musik?
– Musik stört mich nicht.
Sie schien mich nicht spießig oder kleinkariert zu finden, sie hatte mich nicht angesehen, als hätte ich ihr eröffnet, in Wirklichkeit wäre ich die Prinzessin auf der Erbse, ich glaubte, sie hätte mich verstanden.
Noch in derselben Nacht wurde ich geweckt. Ich war entspannt eingeschlafen in dem Bewusstsein, dass ich durchschlafen würde, obwohl sie noch nicht zu Hause war. Ich wurde wach von dem Geräusch ihres Schuhs. Eines Schuhs. Ich wartete. Nichts geschah. Hatte ich den ersten etwa

verschlafen? Das war noch nie passiert. Ich wartete, dass sie den zweiten Stiefel – das Geräusch war so laut gewesen, es musste Stiefel sein –, ich wartete, dass sie den zweiten Stiefel auch in den Flur schleuderte. Was sie nicht tat. Vielleicht war sie völlig erledigt, kaum fähig, sich zu bewegen. Aber was ging mich das an. Ich hatte sie gebeten, nicht mehr diesen Lärm zu veranstalten, doch sie konnte wohl nicht anders. Ich wartete auf das zweite Poltern, damit ich weiterschlafen konnte. Zwei, drei, vier Minuten der Stille. Jetzt schmeiß schon, dachte ich, jetzt mach, damit ich schlafen kann, dumme Kuh, erst sagen, kein Problem, und sich dann einen Dreck scheren um das eigene Geschwätz von heute Mittag, schmeiß.

Es blieb still. Es blieb still, und ich blieb wach. Ich blieb noch eine Viertelstunde wach, in der ich auf das zweite Poltern wartete, eine Viertelstunde, in der ich mich so über diese Frau aufregte, dass ich weitere zwei Stunden brauchte, um mich zu beruhigen und einzuschlafen.

Hätte sie doch gleich sagen sollen, dass ich mich anstellte, anstatt so zu tun, als würde sie meiner Bitte nachgeben.

– Bist du gestern Nacht aufgewacht?, fragte sie mich am nächsten Tag im Treppenhaus. Ich hatte leider den linken Schuh so aus Gewohnheit schon in den Flur geschleudert, und erst dann fiel mir wieder ein, dass dich das stört, und so habe ich den rechten dann ganz leise danebengelegt.

1 Lest die Aufgabe auf Seite 166 aufmerksam durch. Besprecht dann in Partnerarbeit,
- worauf ihr beim Schreiben der Inhaltsangabe achten müsst,
- was die weiterführende Aufgabe verlangt.

Die Kurzgeschichte verstehen und einen Schreibplan erstellen

2 Welche Aussagen treffen zu? Notiert die Buchstaben der richtigen Aussagen.

A Der Ich-Erzähler schläft ungestört.
B Der Ich-Erzähler leidet unter dem nächtlichen Krach in der Wohnung über ihm.
C Der Ich-Erzähler stellt die Nachbarin zur Rede und diese reagiert positiv.
D Der Ich-Erzähler stellt die Nachbarin zur Rede und diese reagiert negativ.
E Als der Krach sich dennoch fortsetzt, bleibt der Ich-Erzähler entspannt.
F Als der Krach sich dennoch fortsetzt, ist der Ich-Erzähler enttäuscht und wütend.
G Die überraschende Wende am Ende ist für den Ich-Erzähler etwas peinlich.
H Die überraschende Wende am Ende empfindet der Ich-Erzähler als Frechheit.

3 Gliedert den Text in vier Handlungsschritte. Notiert für jeden Handlungsschritt eine Überschrift und haltet die wichtigsten Informationen in Stichworten oder kurzen Sätzen fest.

1. Schlaflose Nächte (Z. 1–…)
   - Der Ich-Erzähler wird nachts von Geräuschen aus der Wohnung über ihm geweckt.
   - Er vollzieht die Bewegungen nach und kommt darauf, dass die Geräusche von …
   - …
2. Eine Absprache (Z. …)
   - …
3. Enttäuschung und … (Z. …)
   - …
4. Ein überraschendes … (Z. …– Ende)
   - …

Die erweiterte Inhaltsangabe schreiben und überarbeiten

4 Verfasst nun mit Hilfe eurer Notizen aus Aufgabe 3 die Inhaltsangabe.

a Beginnt mit einem informativen Einleitungssatz, der auch das Thema des Textes benennt, z. B.:
In der Kurzgeschichte ... von ... aus dem Jahr ... geht es um einen Ich-Erzähler, der ...

b Schreibt den Hauptteil der Inhaltsangabe, indem ihr den Inhalt knapp und in eigenen Worten zusammenfasst. Ihr könnt so beginnen:
Der Ich-Erzähler wird von seltsamen Geräuschen aus der Wohnung über ihm aufgeweckt. Da er herausfinden will, was die Quelle des Lärms ist, ...

5 Bereitet die Beantwortung der weiterführenden Aufgabe (▶ S. 166) vor.

a Erklärt, wie der Wendepunkt vorbereitet wird. Notiert dazu, was der Ich-Erzähler von seiner Nachbarin denkt, als diese trotz ihrer Versprechungen nachts wieder Krach macht. Belegt eure Aussage mit Zitaten und Paraphrasen (▶ S. 163).

- *Der Ich-Erzähler empfindet die Nachbarin als ... (vgl. Z. ...).*
- *Er ist so wütend, dass er sie sogar eine „...“ nennt (Z. ...).*
- ...

b Notiert, worin die überraschende Wende am Ende der Geschichte besteht, und zitiert die entscheidende Textstelle.

6 Beantwortet die weiterführende Aufgabe nun in einem zusammenhängenden Text. Belegt eure Aussagen dabei mit Zitaten und Paraphrasen. Ihr könnt so beginnen:
Um die überraschende Wende am Schluss der Geschichte zu verstehen, muss man sich die Situation in der Nacht zuvor klarmachen. Trotz ihrer Versprechungen ...

7 Überarbeitet eure Inhaltsangabe und eure Deutung des Wendepunkts in der weiterführenden Aufgabe mit Hilfe der Checkliste unten.

Checkliste – Eine erweiterte Inhaltsangabe schreiben

Zur Inhaltsangabe:

- Habt ihr in der **Einleitung** die Textsorte, den Titel, den Namen der Autorin / des Autors, gegebenenfalls das Erscheinungsjahr und das Thema angegeben?
- Werden im **Hauptteil die wichtigsten Handlungsschritte** in der zeitlich richtigen Reihenfolge zusammengefasst? Wird nur das Wesentliche wiedergegeben?
- Habt ihr mit **eigenen Worten knapp** und **sachlich** formuliert?
- Habt ihr die Inhaltsangabe im **Präsens** verfasst?
- Habt ihr **keine wörtliche Rede** verwendet und **Formen der Redewiedergabe** genutzt?
- Habt ihr Zusammenhänge mit **Satzverknüpfungen** und **Satzanfängen** verdeutlicht?

Zur weiterführenden Aufgabe:

- Habt ihr die weiterführende Aufgabe in einem **zusammenhängenden Text** verfasst?
- Habt ihr eure **Aussagen durch direkte und indirekte Zitate belegt?**

Habt ihr die **Rechtschreibung** und die **Zeichensetzung** in euren **Texten** kontrolliert?

8 Sehnsuchtsort Stadt?! –
Songs und Gedichte untersuchen und gestalten

Jürgen Theobaldy
Neon (2005)

Je prächtiger
das Lichtermeer
desto weniger Sterne
sehen mehr her.

1 Stellt euch vor, ihr blickt von oben auf eine Stadt: Was seht ihr? Was fühlt und denkt ihr? Schildert eure Wahrnehmungen und Eindrücke – einmal bei Tag und einmal bei Nacht.

2 **a** Tauscht euch über das Gedicht aus:
- Worauf will es aufmerksam machen?
- Geht es auch um ein Umweltproblem?

b Beschreibt mit Hilfe eurer Vorkenntnisse Form und Sprache des Gedichts, z. B.:
vier Verse, „Lichtermeer" = ..., ...

3 Formuliert zu einem eurer Eindrücke aus Aufgabe 1 selbst vier Verse und gebt eurem Gedicht einen passenden Titel.

In diesem Kapitel ...
- lest ihr Gedichte und Songs rund um das Thema „Stadt" und tragt sie vor,
- untersucht ihr Inhalt, Form und Sprache und entwickelt Interpretationsansätze,
- vergleicht ihr Gedichte inhaltlich,
- schreibt ihr eigene Texte,
- gestaltet ihr Gedichte szenisch.

8.1 Die Stadt strengt an, die Stadt bezaubert – Gedichte verstehen

Wer spricht? – Den Sprecher im Gedicht bestimmen

Revolverheld

Lass uns gehen (2013)

Hallo, hallo
Bist du auch so gelangweilt
Genervt und gestresst von der Enge der Stadt?
Bist du nicht auch längst schon müde
Der Straßen, der Menschen, der Massen
Hast du das nicht satt?

Ich kann nicht mehr atmen
Seh' kaum noch den Himmel
Die Hochhäuser haben meine Seele verbaut
Bin immer erreichbar und erreiche doch gar nichts
Ich halte es hier nicht mehr aus

Lass uns hier raus
Hinter Hamburg, Berlin oder Köln
Hört der Regen auf Straßen zu füllen
Hör'n wir endlich mal wieder
Das Meer und die Wellen
Lass uns gehn, lass uns gehn, lass uns gehn

Hinter Hamburg, Berlin oder Köln
Hör'n die Menschen auf Fragen zu stellen [...]

Die Stadt frisst die Ruhe
Mit flackernden Lichtern
Schluckt Tage und Nächte in sich hinein
Gehetzte Gesichter in der drängelnden Masse
Jeder muss überall schnell sein

Zwischen den Zeilen hab ich gelesen
Dass wir beide weg von hier wollen
Wir stecken hier fest
Verschüttet im Regen
Und träumen vom Sommer in Schweden [...]

1 Lasst euch den Songtext vorlesen oder hört euch den Song an. Schließt dabei die Augen: Welche Vorstellungen entstehen? Könnt ihr die beschriebene Situation nachvollziehen?

2 Untersucht, wie das lyrische Ich die Stadt erlebt und was es sich wünscht oder vorstellt.

a Übertragt die Tabelle in euer Heft und sammelt passende Textstellen.

So erlebt das lyrische Ich die Stadt:	Vorstellungen vom Sehnsuchtsort:
gelangweilt (V. 2), genervt (V. 3), ...	„hör'n wir ..." (V. 15 f.), ...

b Benennt das sprachliche Bild in den Versen 20–22 mit dem richtigen Fachbegriff (▶ Merkwissen, S. 175) und beschreibt die Wirkung, die durch dieses Bild entsteht.

In diesen Versen wird eine ... genutzt. Dadurch erscheint die Stadt wie ...

c Fasst den Gegensatz zwischen der Stadt und dem Sehnsuchtsort in einem Satz zusammen.

3 Ich – du – wir: Untersucht wer in diesem Gedicht zu wem spricht.
Wählt a, b oder c.

●○○ **a** In der zweiten Strophe äußert sich ein lyrisches **Ich.** Beschreibt anhand der Verse 7–11 und 18–19, wie dieses lyrische Ich sich fühlt und was es sich wünscht.

Das lyrische Ich hat das Gefühl ... Daher wünscht es sich ...

●●○ **b** In der ersten Strophe wird ein **Du** angesprochen. Beschreibt mit Hilfe des ganzen Songs, was sich das lyrische Ich von diesem Du erhofft.

●●● **c** Ab der dritten Strophe ist von **Wir und Uns** die Rede. Erklärt, wer zu diesem Wir gehört und welche Bedeutung das Wir für das lyrische Ich hat.

d Stellt euch eure Ergebnisse gegenseitig vor und besprecht, wie ihr diesen Song versteht: Lässt sich anhand der Personalpronomen belegen, dass es sich um ein Liebeslied handelt?

4 Mögt ihr Städte? Habt ihr einen Sehnsuchtsort? Formuliert eure eigenen Erfahrungen und Wünsche in einigen Versen, die ihr an das lyrische Ich des Songs richtet, z. B.:

Hallo, hallo, ich bin nicht so gelangweilt von ...

⊕ **5** Schaut euch das Video zu „Lass uns gehen" an.
Findet ihr die filmische Umsetzung des Songs gelungen?
Nehmt begründet Stellung.

Information **Der lyrische Sprecher**

Wie zu jedem Erzähltext ein Erzähler, so gehört zu jedem Gedicht **ein Sprecher oder eine Sprecherin,** der/die nicht mit dem Autor oder der Autorin gleichzusetzen ist.
Oft stellt sich dieser Sprecher als ein „Ich" – das sogenannte **lyrische Ich** – vor, das seine Beobachtungen, Gefühle und Gedanken mitteilt. Deutlich wird dies an den Pronomen (*ich, mein, mir* usw.). Manchmal ist der Sprecher auch Teil eines „Wir".
Einige Gedichte wenden sich an ein „Du" oder „Ihr". Der lyrische Sprecher wendet sich also an **einen Adressaten, eine Adressatin** oder auch an mehrere Adressaten.
In vielen Gedichten **tritt der Sprecher gar nicht ausdrücklich in Erscheinung.** Er ist dann als eine beobachtende, beschreibende, nachdenkende Instanz zwar dennoch vorhanden, aber nicht an einem Personalpronomen wie „ich" oder „wir" erkennbar.

Form und Inhalt – Zusammenhänge erkennen

Hugo von Hofmannsthal

Siehst du die Stadt? (1890/1930)

Siehst du die Stadt, wie sie da drüben ruht,
sich flüsternd schmieget in das Kleid der Nacht?
Es gießt der Mond der Silberseide Flut
auf sie herab in zauberischer Pracht.

Der laue Nachtwind weht ihr Atmen her,
so geisterhaft, verlöschend leisen Klang:
Sie weint im Traum, sie atmet tief und schwer,
sie lispelt, rätselvoll, verlockend, bang …

Die dunkle Stadt, sie schläft im Herzen mein
mit Glanz und Glut, mit qualvoll bunter Pracht:
Doch schmeichelnd schwebt um dich ihr Wiederschein,
gedämpft zum Flüstern, gleitend durch die Nacht.

1 Lest das Gedicht zuerst leise und dann laut. Tauscht euch anschließend darüber aus, wie das Gedicht auf euch wirkt: Wie ein Traum? Wie die Beschreibung einer realen Stadt?

2 Untersucht die Wahrnehmungen und Gefühle des lyrischen Ichs Strophe für Strophe.

a Beschreibt die visuellen Eindrücke des lyrischen Ichs in Strophe 1. Findet dabei für die markierten sprachlichen Bilder eigene Worte, z. B.:
Die nächtliche Stadt liegt geborgen … Der Mond …

b Ordnet den akustischen Eindrücken in Strophe 2 jeweils ein reales Stadtgeräusch zu, z. B.:
weht ihr Atmen = fernes Stimmengewirr,
geisterhafter Klang = …

c Erklärt, woran ihr in Strophe 3 merkt, dass es nicht nur um äußere Wahrnehmungen, sondern auch um einen inneren Vorgang geht, z. B.:
In Vers … wird deutlich …

3 Vergleicht die Gefühle des lyrischen Ichs für die Stadt mit denen des lyrischen Ichs im Song von Revolverheld (▶ S. 170), z. B.:
Während das lyrische Ich im Song ...
Bestimmt das Metrum des Gedichts. Geht so vor:

a Probiert anhand des ersten Verses die folgenden Betonungsmöglichkeiten aus. Lest laut. Welche Betonung erscheint euch angemessen?
A Siéhst du die Stádt, wie síe da drǘben rúht
B Siehst dú die Stádt, wie síe da drǘben rúht

b Überprüft beide Betonungsarten anhand der zweiten Strophe, indem ihr versucht, ein durchgängiges Versmaß nachzuweisen.

c Überprüft eure Position aus Aufgabe a: Wie ist der erste Vers zu betonen und welches Metrum liegt vor (▶ Tippkasten)?

> **Das Metrum (Versmaß)**
> In vielen Gedichten wechseln sich betonte und unbetonte Silben regelmäßig ab. Häufige Versmaße (Metren) sind:
> - **Jambus:** xx́ xx́ ...
> - **Trochäus:** x́x x́x x́x ...
> - **Daktylus:** x́xx x́xx ...
> - **Anapäst:** xxx́ xxx́ ...

4 Untersucht, ob Inhalt und Form in diesem Gedicht zusammenpassen. Wählt a, b oder c.

●○○ **a** Die meisten **Verse enden** mit einem **Satzzeichen** und alle mit einer **betonten Silbe.** Beschreibt mit Hilfe der richtigen Formulierungen aus dem folgenden Kasten, wie das wirkt.

> beschleunigend • beruhigend • man macht eine kleine Pause, bevor man weiterliest • man macht keine Pause, sondern verbindet die Verse beim Lesen

●●○ **b** Beschreibt, wie die Verse durch die **Reime** und die **Reimform** (▶ Merkwissen) eng miteinander verbunden werden, z. B.:
Der ...reim verklammert ... Der Reim in den Versen 2 und 4 wiederholt ... Dadurch wirkt ...

●●● **c** Beschreibt den **Rhythmus,** der durch das **Metrum** entsteht. Wie wirkt er auf euch?

d Stellt eure Ergebnisse vor und besprecht, ob die träumerische Stimmung des lyrischen Ichs und seine enge Verbindung mit der Stadt auch durch die Form wiedergegeben werden.

5 Wie versteht ihr das Gedicht? Tauscht euch mit Hilfe der folgenden Deutungsansätze aus.
A In diesem Gedicht wird eine Stadt personifiziert, die dem lyrischen Ich viel bedeutet.
B Das lyrische Ich erblickt die Stadt von außen, erlebt sie aber auch in seinem Inneren.
C Vielleicht ist das angesprochene Du in der Nähe des lyrischen Ichs und schläft. Dadurch vermischen sich die Wahrnehmungen von der Stadt und von der schlafenden Person.

Information **Die Form eines Gedichts**

Verse und Strophen:
- Die **Verse** (= Zeilen) eines Gedichts können zu **Strophen** geordnet sein.
- Geht eine Sinneinheit über die Versgrenze hinaus, spricht man von einem **Zeilensprung (Enjambement).**
- Verse können ein festes **Metrum** (▶ Tippkasten oben) aufweisen.

Reimformen:
Wechseln sich die Reime am Ende der Verse regelmäßig ab, entstehen Reimformen, z. B.: **Paarreim** (aabb), **Kreuzreim** (abab), **umarmender Reim** (abba).

„Schlot-Ohren zittern" – Die Sprache untersuchen

Sprachliche Bilder – Metaphern und Personifikationen erklären

Wolfdietrich Schnurre

Angriff (1979)

Mit pumpenden Flanken
duckt sich die Stadt,
ihre Schlot-Ohren zittern;
sie lauscht
dem lautlosen Schritt
der Distelbrigaden[1],
der Hederichheere.
Löwenzahn sprang
mit Fallschirmen ab,
schon ist die City besetzt.
Nachtschatten[2] kommt,
Schachtelhalm schwärmt,
die Villen im Vorort
meuchelt Kamille.

1 die Distelbrigade: Eine Brigade ist eine militärische Truppeneinheit.

2 Nachtschatten: Kurzform für Nachtschattengewächse, z. B. Kartoffeln

1 **a** Wer greift hier wen an? Erklärt, was in diesem Gedicht passiert.
b Empfindet ihr das Gedicht als bedrohlich oder eher als lustig? Erläutert euren Eindruck.

2 In den ersten vier Versen erscheint die Stadt wie ein Tier.
a Benennt Metaphern (▸ Merkwissen, S. 175), durch die dieser Eindruck entsteht.
b Welches Tier stellt ihr euch vor, wenn ihr die ersten Verse lest? Begründet.
c Erläutert, welcher Eindruck von der Stadt durch die Metaphern vermittelt wird.

3 **a** Begründet mit Hilfe des Merkwissens (▸ S. 175), dass die Pflanzen personifiziert werden, z. B.:
Die Pflanzen handeln wie ... Der Löwenzahn zum Beispiel ...
b Setzt das Gedicht um einige Verse fort. Sammelt dazu Pflanzennamen (z. B. *Veilchen*) und Verben, die zu der Einnahme einer Stadt passen (z. B. *erobern*).

4 Was geschieht, wenn die Natur eine Stadt „zurückerobert"?
Sammelt Ideen und gestaltet sie als Songtext.

Uwe Greßmann

Moderne Landschaft (1966)

Stahlbäume wachsen auf den Bürgersteigen;
Und es zweigen die Drähte
Von Baum zu Baum.
Darunter brüllen
Die elektrischen Tiere
Mit Menschen im Herzen vorüber.
Und so mancher gehet vorbei dort
Und findet nichts weiter dabei;
Denn die steinerne Landschaft
Ist ja auch seine Mutter.

Franz Radziwil: Die Einsamkeit (1959)

1 Lest das Gedicht und betrachtet das Bild.
Diskutiert dann, ob man die beiden Titel auch tauschen könnte.

2 Untersucht die sprachlichen Bilder in diesem Gedicht.
Wählt a, b oder c.

●○○ **a** Erklärt, was in den **Versen 4–6** mit den „elektrischen Tiere[n]“ gemeint ist, z. B.:
Mit den „…“ (V. …) sind …

●●○ **b** Erläutert anhand der **Verse 1–3,** dass die Bereiche Natur und Stadt eng miteinander verwachsen sind. Erklärt dabei auch das Bild von den „Stahlbäume[n]“.

●●● **c** Deutet die **Verse 7–10:** Was ist mit der „steinerne[n] Landschaft“ gemeint und wieso ist sie wie eine „Mutter“? **TIPP:** Bildet Assoziationen zu dem Begriff „Mutter“, z. B. Geburt, Vertrauen …

d Erklärt anhand eurer Ergebnisse, wie die sprachlichen Bilder wirken und was sie zum Verständnis des Textes beitragen.

3 Vergleicht das Verhältnis von Natur und Stadt in den Gedichten dieser Doppelseite.

⊕ **4** Malt ein Bild oder schießt ein Foto zum Thema „Stadtlandschaft“. Gebt eurem Bild eine aussagekräftige Überschrift und stellt es in der Klasse aus.

Information **Sprachliche Bilder**

- **Vergleich:** Bei einem Vergleich werden zwei verschiedene Vorstellungen durch ein „wie“ oder ein „als ob“ miteinander verknüpft, z. B.: *Die Stadt atmet wie ein großes Tier.*
- **Metapher:** Bei einer Metapher wird ein Wort oder eine Formulierung nicht wörtlich, sondern in einer übertragenen (bildlichen) Bedeutung gebraucht, z. B.: *Wolkenkratzer* für Hochhaus, dessen Spitze, die Wolken zu berühren scheint.
- **Personifikation:** Die Personifikation ist eine besondere Form der Metapher. Dabei werden leblosen Gegenständen, Begriffen oder der Natur menschliche Verhaltensweisen und Eigenschaften zugeschrieben, z. B.: *Die Pflanzen nicken mit den Köpfen.*

Die Wirkung weiterer sprachlicher Gestaltungsmittel erläutern

Lilly Sauter

Ballade von der Métro (2013)

Gelbe Gesichter und braune,
schwarze, rote und weiße,
Gesichter, aus Bein geschnitten,
Gesichter, aus Erde geformt –
Boissière – Kléber – Etoile.

Gesichter aus Abenteuern,
Gesichter aus Müdigkeit,
blitzend, erlöschend, verzerrt,
lebendig und längst gestorben –
Clichy – Blanche – Pigalle.

Sprechen, lesen, küssen,
riechen nach Knoblauch, Schweiß, Wäsche,
Parfum, Schminke und Dumpfheit,
grübeln, schlafen, auffahren –
Concorde – Bastille – Châtelet.

Gänge, gekachelt, gewunden,
Stiegen, Aufzüge, Gänge,
klappernde Stangen aus Eisen,
Gummi an lautlosen Türen –
Balard – Pantin – Nation.

Weine, Filme, Rasierklingen,
Wolle, Theater, Schaukästen,
der beste, die beste, das beste,
großes und kleines Lachen –
Madeleine – Opéra – Richelieu.

Kein Schloss, kein Fluss, keine Gärten,
Namen aus schwarzen Lettern –
Louvre – Pont Neuf – Tuileries,
Stoßgebete der Eile –
St. Germain – St. Sulpice – St. Placide.

Wie viele Stunden des Tages,
wie viele Tage des Lebens,
wie viele Sterne am Himmel,
wie viele Meter von Erde –
Passage – Limite – Sortie.

1 a Tragt zusammen, was der Sprecher / die Sprecherin bei der Fahrt mit der Pariser U-Bahn sieht, hört und riecht.
b Habt ihr schon ähnliche Erfahrungen gemacht? Tauscht euch aus.

2 In der Metro rauscht das echte Leben an einem vorbei! Notiert Textbelege zu dieser These.

3 Erklärt anhand von Textbeispielen, wie die Stimmung des Gedichts durch Aufzählungen und Wiederholungen betont wird (► Sprachtraining, S. 177). Lest zuerst die folgenden Definitionen.

Aufzählung: Gleichartige grammatische Einheiten, z. B. Nomen, Adjektive, Verben oder Satzteile, werden aufgelistet.

Wiederholung: Formulierungen werden wörtlich wiederholt (z. B. am Satz- oder Versanfang) oder auch variiert, wie es bei einem Refrain möglich ist.

4 Tragt den Text so vor, dass der Zusammenhang von Inhalt und Sprache deutlich wird.
TIPP: Ihr könnt das Gedicht als Rap sprechen oder euren Vortrag mit einem Beat unterlegen.

Sprachliche Mittel mit Fachbegriffen beschreiben

Gelbe Gesichter und braune,
schwarze, rote und weiße,
Gesichter, aus Bein geschnitten,
Gesichter, aus Erde geformt –
Boissière – Kléber – Etoile.

Beschreibung der sprachlichen Mittel
In der ersten Strophe des Gedichts „Ballade von der Métro" steht dreimal das Nomen „Gesichter". Durch diese Wiederholung und durch die Aufzählung von Farbadjektiven wird die große Vielfalt von Menschen in der U-Bahn veranschaulicht.

1 Untersucht die Beschreibung der sprachlichen Mittel im Text oben rechts.

a Schreibt zwei Fachbegriffe aus dem Bereich „Grammatik" und zwei Fachbegriffe aus dem Bereich „rhetorische Mittel" heraus. **TIPP:** Das Merkwissen kann euch helfen.
Grammatik = Nomen, ...

b Was leistet der unterstrichene Satz? Wählt A oder B aus und notiert den richtigen Satz.

A Die Fachbegriffe werden erklärt. **B** Die Wirkung der sprachlichen Mittel wird erklärt.

2 **a** Beschreibt die grün markierten Textstellen mit Hilfe der Wörter rechts, z. B.:
In dieser Strophe des Gedichts werden einmal vier und einmal ... aneinandergereiht ...

Sprechen, lesen, küssen,
riechen nach Knoblauch, Schweiß, Wäsche,
Parfum, Schminke und Dumpfheit,
grübeln, schlafen, auffahren – [...]

Infinitive | Aufzählung | durch | verdeutlicht

b Beschreibt die blau markierte Textstelle mit Hilfe geeigneter Fachbegriffe und erklärt, was hier veranschaulicht werden soll.

Information **Sprachliche Mittel mit Fachbegriffen beschreiben**

Die Sprache eines Gedichts beschreibt ihr am besten mit Fachbegriffen:
- Häufige **rhetorische Mittel** sind z. B.: Vergleich, Metapher, Aufzählung, Wiederholungen eines Wortes oder Wiederholungen am Satz- bzw. Versanfang (= Anapher).
- Wichtige Mittel aus dem Bereich der **Grammatik** sind z. B.: Häufungen von Wortarten (z. B. Nomen und Verben), ein auffälliger Satzbau und der Modus- oder Tempusgebrauch.

Außerdem solltet ihr immer auch **die Wirkung der sprachlichen Mittel erläutern.**
Nutzt dafür zum Beispiel die folgenden Verknüpfungswörter und Verben:
- Verknüpfungswörter: *dadurch, durch, damit, hierdurch, indem.*
- Verben: *verdeutlichen, veranschaulichen, unterstreichen, hervorheben, betonen.*

Ein Gedicht analysieren und interpretieren

1. Schritt: Mit dem Gedicht ins Gespräch kommen

Oliver Tietze

See in der Großstadt (2006)

Ein Blatt tanzt froh nach frischen Windes Willen
Herab vom Ahornstamm, der schilfwärts strebt.
Im Sinkflug kommt ein Kranich eingeschwebt.
Der ferne Baukran lauscht wohl auch im Stillen.

Ein Plötz[1] im Sprung sich übers Naß erhebt.
Im Grase zirpen Mobilfon und Grillen.
Bis hierher fliegen SMS-Postillen[2],
Als wären Strauch und Strand ins Netz gewebt.

Besonnt am See bis zur Besinnung sitzen,
Wo schwarzer Schwan schwimmt um den hölzern Steg,
Seh ich den Fischschwarm auseinanderspritzen.

Noch hundert Jahre wächst die Weide schräg.
Sie summt und brummt aus tief gefurchten Ritzen
Den Abschiedsgruß: Jetzt gabelt sich der Weg.

1 der Plötz: ein Fisch
2 die Postille: die Nachricht

1 Notiert nach dem ersten Lesen spontan eure Eindrücke und Fragen zum Text.
TIPP: Der Titel des Gedichts kann euch als Verständnishilfe dienen.

2 Lest den Text mit Hilfe der Methode „Talking to the Text" intensiv (▶ S. 179). Die folgenden Fragen zu Inhalt, Form und Sprache können euch dabei helfen.

1. Inhalt
- Hat das Gedicht ein Thema?
- Herrscht eine bestimmte Stimmung?
- Gibt es in den Strophen verschiedene inhaltliche Schwerpunkte?

2. Sprecher und Adressat
- Gibt es einen erkennbaren Sprecher?
- Spricht z. B. ein lyrisches Ich?
- Wird ein Adressat angesprochen?

3. Form
- Wie viele Strophen und Verse gibt es?
- Gibt es Reime und ein Reimschema?
- Ist ein Metrum erkennbar?
- Gibt es Zeilensprünge?

4. Sprache
- Werden rhetorische Mittel, z. B. sprachliche Bilder, genutzt?
- Ist die Grammatik auffällig? Gibt es z. B. Aufzählungen, häufige Wortarten?

Talking to the Text

Bei dieser Methode kommt ihr mit dem Text ins Gespräch. Ihr arbeitet dazu mit einer Kopie des Textes und haltet alles fest, was euch zu Inhalt, Form und Sprache auffällt.
Nutzt dazu knappe Notizen, Markierungen und Symbole (Zeichen und Buchstaben).

1. Den Text intensiv lesen

Satzbau	Ein Blatt tanzt froh nach frischen Windes Willen	a Personifikation, W W
	Herab vom Ahornstamm, der schilfwärts strebt.	b Zeilensprung
Sinkflug: Flugzeug?	Im Sinkflug kommt ein Kranich eingeschwebt.	b
Stadtidylle!	Der ferne Baukran lauscht wohl auch im Stillen.	a Metrum = ...

Notizen:
Notiert z. B. Fachbegriffe, Deutungsansätze und knappe Zusammenfassungen.

Markierungen:
Markiert und unterstreicht mit unterschiedlichen Farben, z. B.
sprachliche Bilder grün, ähnliche Klänge blau und Grammatikalisches orange.
TIPP: Legt unten rechts auf der Seite eine entsprechende Legende an.

Legende:
- Personifikation
- Gleichklang
- Grammatik

Zeichen und Buchstaben:
Verwendet z. B.:
- kleine Buchstaben zur Bestimmung der Reimform, aabb
- Akzente zur Bestimmung des Metrums, ´
- Pfeile von einem Vers zum nächsten für Zeilensprünge, ⤸
- Ausrufezeichen für wichtige Stellen und Deutungsansätze, !
- Fragezeichen für offene Fragen und Vermutungen, ?
- Pfeile, um thematische Bezüge herzustellen, →
- Trennlinien, um Themenwechsel anzuzeigen. ——

2. Die Lektüre auswerten

- Überlegt, welche Untersuchungsergebnisse und Deutungsansätze brauchbar sind.
- Nutzt eure Arbeit wie einen Spickzettel für weitere Untersuchungen und Schreibaufgaben.

2. Schritt: Das Gedicht analysieren und interpretieren

3 Gebt den **Inhalt** des Gedichts mit eigenen Worten wieder.

a Beschreibt die Gesamtsituation, z. B.:

Das lyrische Ich (vgl. V. 11) befindet sich …

b Beschreibt den Inhalt Strophe für Strophe ganz knapp, z. B.:

– 1. Strophe: friedliche Naturbeobachtung am großstädtischen Parksee

– 2 Strophe: Technik und Natur …

4 Untersucht **Aufbau** und **Form** des Gedichts.

a Weist anhand des folgenden Lexikonartikels nach, dass es sich um ein Sonett handelt.

Sonett: Das Sonett besteht meist aus vier Strophen, zwei Quartetten (= Vierzeilern) und zwei Terzetten (= Dreizeilern). Die Quartette weisen meist einen umarmenden Reim auf, während das Reimschema in den Terzetten oft variiert. Zwischen Quartetten und Terzetten gibt es häufig auch eine inhaltliche Zäsur (einen inhaltlichen Einschnitt).

b Erklärt, ob es in diesem Gedicht eine Zäsur gibt.

TIPP: Achtet auf Vers 9.

Das Wort „Besinnung" (V. 9) weist darauf hin, … Das wäre dann ein Einschnitt gegenüber …

c Bestimmt das Metrum des Gedichts.

5 Notiert **sprachliche Mittel,** die ihr bei eurem „Talking to the Text" (▶ S. 179) entdeckt habt. Benennt die Stilmittel und beschreibt ihre Wirkung.

Textbeleg (Verszeilen)	Stilmittel	Wirkung, Deutung
– „Ein Blatt tanzt froh" (V. 1) – …	Personifikationen	Durch die Personifikationen erscheint die ganze Umgebung des lyrischen Ichs – Natur und Technik – belebt.
– „Windes Willen" (V. 1) – …	Gleichklänge	Durch den Gleichklang entsteht …
„frischen Windes Willen" (V. 1)	ungewöhnliche Wortstellung	Die Wortstellung wirkt altmodisch. Das passt zum Inhalt, weil hier die Natur wahrgenommen wird wie …
…	…	…

6 Wählt einen Deutungsansatz (A oder B) aus, der zu euren Untersuchungsergebnissen passt.

A Das Gedicht zeigt durch die traditionelle Form des Sonetts und eine altmodische Sprache, dass eine idyllische Begegnung mit der Natur heute nicht mehr möglich ist.

B Das Sonett zeigt auf, dass Natur und Technik heute untrennbar miteinander verbunden sind. Es deutet aber auch an, dass diese Verbindung zukünftig an einen Wendepunkt kommen wird.

3. Schritt: Die Gedicht schriftlich analysieren und interpretieren

7 Formuliert eine Einleitung, in der ihr über die Art des Textes, den Titel, den Autor/die Autorin, das Entstehungsjahr und das Thema des Gedichts informiert, z. B.:
Das Gedicht mit dem Titel ... von ... stammt aus dem Jahr ...
In dem Gedicht geht es um .../Das Gedicht beschäftigt sich mit ...

8 Stellt im Hauptteil die Ergebnisse eurer Gedichtanalyse (▸ Aufgaben 3–6) geordnet dar. Belegt eure Aussagen mit Zitaten aus dem Gedicht (▸ Methode, S. 210).
Ihr könnt die folgenden Formulierungsbausteine zu Hilfe nehmen:

Inhalt	In der ersten Strophe beschreibt der Sprecher ... Elemente aus dem Bereich der Technik ... Während der Sprecher in den Quartetten ..., scheint er in den Terzetten ... Am Ende wird deutlich ...
Sprecher	Erst in Vers 11 gibt sich der Sprecher des Gedicht als ... zu erkennen. Dieses ... teilt Beobachtungen und ... mit.
Form und Aufbau	Bei diesem Gedicht handelt es sich um ... Es besteht aus zwei ... und ... Das Reimform in den Quartetten ..., in den Terzetten hingegen aba. Auffällig ist auch die formale Zäsur zwischen ... Sie passt inhaltlich ... Das Metrum ist ... Die Form des Sonetts wirkt heute ...
Sprache	Personifikationen erwecken den Eindruck ... Die vielen ähnlich klingenden Laute erzeugen eine ... Stimmung. Auffällige Wortstellungen wie ... wirken ... Insgesamt wird veranschaulicht/hervorgehoben/verdeutlicht ...

9 Fasst zum Schluss eure wichtigsten Ergebnisse zusammen oder nehmt Stellung zum Gedicht, z. B.:
Zusammenfassend kann man sagen, dass .../Mir gefällt besonders ...

10 Überarbeitet eure Texte mit Hilfe des folgenden Merkwissens.

Methode **Ein Gedicht schriftlich interpretieren**

- In der **Einleitung** nennt ihr die Art des Textes, den Titel, den Autor/die Autorin, das Entstehungsjahr und das Thema.
- Im **Hauptteil** fasst ihr die wichtigsten Ergebnisse eurer Analyse geordnet zusammen:
  1. Fasst den Inhalt strophenweise zusammen.
  2. Bestimmt die Sprechsituation: Gibt es einen Sprecher oder einen Adressaten?
  3. Beschreibt Form und Aufbau, z. B. Strophen, Verse, Reime, Metrum.
  4. Führt sprachliche Mittel auf und erläutert ihre Wirkung.

  Belegt alle Aussagen zum Text mit Textstellen (▸ Richtig zitieren, S. 210).
- Fasst zum **Schluss** die Ergebnisse zusammen oder nehmt Stellung zum Text.

Gedichte untersuchen

Joseph von Eichendorff

In Danzig[1] (1842)

Dunkle Giebel, hohe Fenster,
Türme tief aus Nebeln sehn.
Bleiche Statuen wie Gespenster
Lautlos an den Türen stehn.

Träumerisch der Mond drauf scheinet,
Dem die Stadt gar wohl gefällt,
Als läg zauberhaft versteinet
Drunten eine Märchenwelt.

Ringsher durch das tiefe Lauschen,
Über alle Häuser weit,
Nur des Meeres fernes Rauschen –
Wunderbare Einsamkeit!

Und der Türmer[2] wie vor Jahren
Singet ein uraltes Lied:
Wolle Gott den Schiffer wahren,
Der bei Nacht vorüberzieht!

1 Danzig: Stadt in Polen an der Ostsee
2 der Türmer: Wächter auf einem Turm, der die Stadt vor Gefahren warnt

1 Notiert die Buchstaben vor den richtigen Aussagen hintereinander in eurem Heft.

BE	Der Sprecher erlebt die Stadt als bedrückend und fühlt sich einsam.
HA	In einer nebligen Nacht erscheint die stille Stadt dem Sprecher wie ein Märchenbild.
NS	Das Gedicht besteht aus vier Strophen mit vier Versen im Kreuzreim.
SI	In allen Versen wechseln unbetonte und betonte Silben regelmäßig im Versmaß des Jambus.
ES	Das regelmäßige Metrum unterstreicht den Eindruck nächtlicher Ruhe.
TA	Der personifizierte Mond spiegelt die positive Stimmung des Sprechers.
RE	Die Bewohner der Stadt werden mit Gespenstern verglichen und wirken daher bedrohlich.
DT	In der letzten Strophe wird deutlich, dass das Meer bei Nacht auch gefährlich ist.

2 Vergleicht eure Ergebnisse mit einem Lernpartner. Wie lautet das Lösungswort?

8.2 In der Lyrikwerkstatt – Spielen, schreiben und gestalten

Ein Parallelgedicht schreiben

Sting

Englishman in New York (1987)

I don't take coffee, I take tea, my dear
I like my toast done on one side[1]
And you can hear it in my accent when I talk
I'm an Englishman in New York

See me walking down Fifth Avenue
A walking cane[2] here at my side
I take it everywhere I walk
I'm an Englishman in New York

Oh, I'm an alien, I'm a legal alien
I'm an Englishman in New York
Oh, I'm an alien, I'm a legal alien
I'm an Englishman in New York

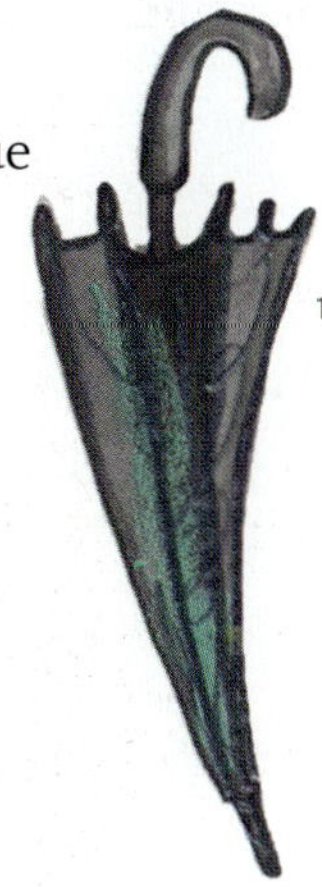

If "manners maketh man"[3] as someone said
He's the hero of the day
It takes a man to suffer ignorance and smile
Be yourself no matter what they say

Oh, I'm an alien, I'm a legal alien [...]

1 done on one side: auf einer Seite getoastet
2 walking cane: Spazierstock
3 manners maketh man: Sitten machen Menschen

1 **a** Übersetzt den Text in Partnerarbeit. Die Fußnoten helfen euch dabei.
b Tauscht euch darüber aus, warum der Sprecher sich in New York fremd fühlt.

2 **a** Überlegt, welche eurer Vorlieben und Angewohnheiten in einer fremden Stadt auffallen und vielleicht belächelt würden. Verfasst dann ein Parallelgedicht.
b Tragt eure Gedichte vor und gebt euch gegenseitig ein Feedback: Passt das Gedicht zum Thema und zur Form der Vorlage?

Ein Kölner in ...
Ich trinke Kaffee, wenig Tee, mein Freund,
Ich esse ...
Mein Akzent klingt stark nach Rhein.
Ich bin in ... ganz allein.

3 **a** Hört euch Stings Song an und beschreibt, wie die Musik auf euch wirkt.
b Verändert sich die Aussage des Textes durch die Musik? Begründet eure Ansicht.

Methode **Ein Parallelgedicht verfassen**

Macht euch klar, worum es in der Gedichtvorlage geht, und verfasst dann ein **neues Gedicht zum selben Thema,** in dem eure Gedanken und Erfahrungen im Mittelpunkt stehen.
Haltet euch dabei weitgehend an die Form der Vorlage, z. B. an die Anzahl der Strophen und Verse und gegebenenfalls auch an das Reimschema.

Eine Geschichte zu einem Gedicht schreiben

Andreas Noga

nachtzug nach berlin (2010)

Für Titus Müller

dies ist das gedicht
vom nachtzug nach berlin
der um 23:27 in wiesbaden
steht auf gleis 3

dies ist das gedicht
vom nachtzug nach berlin
der um 23:27 in wiesbaden
wartet auf gleis 3

dies ist das gedicht
vom nachtzug nach berlin
der um 23:27 in wiesbaden
auf mich wartet auf gleis 3

dies ist das gedicht
vom nachtzug nach berlin
der um 23:27 in wiesbaden
auf mich wartete auf gleis 3

dies ist das gedicht
von der nacht in wiesbaden
auf bahnsteig 3

Alfred Andersch

Paris, 1. Mai 1977 (1977)

sich an den händen fassen
die augen zumachen
und losrennen

daran
dass euch dieser wunsch überfällt
erkennt ihr
die ankunft der liebe

dann
dürft ihr nicht zögern

fasst euch an den händen
macht die augen zu
rennt los

Tanja Dückers

Zwischen Stoppschild und Einfahrt (2016)

Auf dem Fahrrad
gegen diesen LKW
irgendwo zwischen Stoppschild und Einfahrt
in einem weiten Bogen
Schlüssel Münzen Fotos Stifte Pfefferminzdrops
Telefonnummern Tampons
Taschentücher am Gullyrand
ein Brief geht weiter
Kaufhausmusik aus der Ferne

Das Loch im Rocksaum der aufgeregten Bäckerin
das letzte Bild

1 Wählt ein Gedicht aus und schreibt mit Hilfe der folgenden Tipps eine Geschichte. Beachtet auch die Hinweise im Merkwissen.

●○○ **a** Tipps zu **„Zwischen Stoppschild und Einbahnstraße“:**
Eine junge Frau wacht nach einem Fahrrandunfall im Krankenhaus auf und beginnt, sich Stück für Stück zu erinnern. Schreibt ein Selbstgespräch in der Ich-Form. Ihr könnt dazu die folgenden Formulierungsangebote nutzen:

> Das Letzte, an das ich mich erinnere, ist ein Loch. Wie war das bloß? •
> Autsch! Ich glaube, es ist besser, wenn ich mich nicht bewege. •
> Moment mal, dieser Lkw hat mir doch die Vorfahrt ... oder war da ein Stoppschild?

●●○ **b** Tipps zu **„nachtzug nach berlin“**
- Überlegt:
  - Wer ist die Figur, die den Zug verpasst?
  - War die Reise wichtig? Wen wollte die Figur in Berlin besuchen?
  - Wie endet die Geschichte?
- Inszeniert die Geschichte als einen Wettlauf gegen die Zeit.
- Schreibt in der Ich-Form oder in der Er-/Sie-Form und formuliert im Präsens.

●●● **c** Tipps zu **„Paris, 1. Mai 1977“**
- Überlegt:
  - Welche Art von Geschichte passt zu diesem Gedicht?
  - Wie viele Hauptfiguren braucht ihr?
  - Wo in Paris soll eure Geschichte spielen? Vielleicht am Ufer der Seine?
  - Welche Rolle könnte das Datum im Titel des Gedichts spielen?
- Schreibt eure Geschichte in der Er-/Sie-Form und formuliert im Präteritum.

2 Tauscht euch über eure Geschichten in einem Partnerpuzzle aus.
Geht so vor:
- Besprecht und verbessert euren Text mit jemandem, der das gleiche Gedicht gewählt hat.
- Stellt eure fertigen Texte dann jemandem vor, der ein anderes Gedicht gewählt hat.
- Gebt euch Rückmeldungen zum Einfallsreichtum und zur Schlüssigkeit eurer Geschichten.

3 Besprecht, ob die Geschichten euch geholfen haben, die Gedichte besser zu verstehen.

Methode **Zu einem Gedicht eine Geschichte verfassen**

- Haltet in Stichworten fest, **welche Informationen das Gedicht** euch liefert. Enthält es Hinweise auf **Ort** und **Zeit,** zu **Figuren** und zum **Geschehen?**
- Ergänzt die Informationen passend mit **eigenen Einfällen.**
- Wählt eine **Erzählform: Ich-Erzählung** oder **Er-/Sie-Erzählung.**
- Entscheidet euch für eine **Zeitform.** Schreibt im **Präteritum** oder im **Präsens.**
- Nutzt verschiedene **gestalterische Möglichkeiten,** z. B.: die innere Handlung schildern, wörtliche Rede einbauen, die Zeit dehnen usw.

Ein Gedicht szenisch und medial interpretieren

Erich Kästner

Berlin in Zahlen (1930)

Lasst uns Berlin statistisch erfassen!
Berlin ist eine ausführliche Stadt,
die 190 Krankenkassen
und 916 ha Friedhöfe hat.

53 000 Berliner sterben im Jahr,
und nur 43 000 kommen zur Welt.
Die Differenz bringt der Stadt aber keine Gefahr,
weil sie 60 000 Berliner durch Zuzug erhält.
Hurra!

Berlin besitzt ziemlich 900 Brücken
und verbraucht an Fleisch 303 000 000 Kilogramm.
Berlin hat pro Jahr rund 40 Morde, die glücken.
Und seine breiteste Straße heißt Kurfürstendamm.

Berlin hat jährlich 27 600 Unfälle.
Und 57 600 Bewohner verlassen Kirche und Glauben.
Berlin hat 606 Konkurse, reelle und unreelle,
und 700 000 Hühner, Gänse und Tauben.
Halleluja!

Berlin hat 20 100 Schank- und Gaststätten,
6300 Ärzte und 8400 Damenschneider
und 117 000 Familien, die gerne eine Wohnung hätten.
Aber sie haben keine. Leider.

Ob sich das Lesen solcher Zahlen auch lohnt?
Oder ob sie nicht aufschlussreich sind und nur scheinen?
Berlin wird von 4 500 000 Menschen bewohnt
und nur, laut Statistik, von 32 600 Schweinen.
Wie meinen?

1 **a** Lasst euch das Gedicht von eurer Lehrkraft vorlesen und lest es dann noch einmal still.
b Sprecht in einem literarischen Gespräch (▸ Methode, S. 152) über eure Eindrücke.
Diskutiert z. B.:
- Wie aktuell kommt euch das – 1930 entstandene – Gedicht vor?
- Was meint ihr zu den Fragen aus der letzten Strophe, ob solche Zahlen aufschlussreich sind?

2 Untersucht in Partnerarbeit, wie das Gedicht Komik und Kritik miteinander verbindet.
- a Beschreibt, wie die Auswahl und die Kombination der statistischen Daten auf euch wirken.
- b Schreibt spöttische Kommentare des lyrischen Sprechers heraus, z. B.: „Hurra!" (V. 9), ...
- c Erklärt, wie ihr die letzten drei Verse versteht.

3 Gestaltet in Teams eine szenische Interpretation, die den spöttischen Ton des Gedichts gut zum Ausdruck bringt.
Stellt euch dazu zum Beispiel diese Szene vor:
Ein heutiger städtischer Beamter stellt die statistischen Daten zu Berlin in einer Bildschirmpräsentation vor. Sein Publikum steht der Statistik kritisch gegenüber und macht freche Zwischenrufe.

> Ihr könnt auch eine andere Szene wählen, z. B. eine politische Talkrunde.

- a Markiert auf einer Kopie des Gedichts, welchen Text der Beamte sprechen soll und welche Zwischenrufe und Aussagen aus dem Publikum kommen sollen.
- b Erstellt eine Bildschirmpräsentation für den Vortrag des Beamten. Auf den Folien könntet ihr z. B. die Zahlen groß darstellen und passende Fotos zeigen.
- c Verteilt die Rollen (Beamter, Publikum) und Aufgaben. Probt eure Inszenierung und auch den Einsatz der Präsentation.

> **Bildersuche im Internet**
> Achtet bei der Bildersuche darauf, nur lizenzfreie Bilder auszuwählen:
> Suchbegriff eingeben → Bilder → Suchfilter → Nutzungsrechte → Zur nicht kommerziellen Wiederverwendung gekennzeichnet.
> In eurem Vortrag müsst ihr dann die Quellen der Bilder angeben.

4
- a Führt eure Gedichtinszenierungen vor und nehmt sie – wenn ihr das Einverständnis der Schauspieler habt – mit einer Handykamera auf.
- b Schaut euch die Videos in Kleingruppen an und gebt euch ein begründetes Feedback zu euren Gedichtinszenierungen. Geht z. B. auf das Spiel und die Bildschirmpräsentation ein.

Methode **Ein Gedicht szenisch interpretieren und medial begleiten**

- Wählt ein Gedicht aus, das sich gut mit verteilten Rollen inszenieren lässt.
- Überlegt, welche mediale Begleitung passt, z. B. eine Präsentation oder ein kurzer Film.
- Besprecht in Gruppen, wie genau sich das Gedicht szenisch umsetzen lässt. Notiert eure Ideen und legt gegebenenfalls einen Regieplan an.
- Erstellt das mediale Begleitmaterial (z. B. den Film) möglichst arbeitsteilig.
- Probt das Spiel. Bezieht dabei euer mediales Material mit ein.

8.3 Fit in ... – Ein Gedicht analysieren und interpretieren

Die Aufgabenstellung verstehen

Stellt euch vor, ihr bekommt in der nächsten Klassenarbeit folgende Aufgabe:

Verfasse eine Analyse und Interpretation des Gedichts „Besuch vom Lande". Gehe so vor:

a Analysiere und deute das Gedicht im Hinblick darauf, wie der „Besuch vom Lande" die Stadt wahrnimmt und welche Gefühle die Stadt bei ihm auslöst. Gehe dabei auch auf die Form und die sprachlichen Gestaltungsmittel des Gedichts ein.

b Schreibe auf Grundlage deiner Ergebnisse einen Text mit Einleitung, Hauptteil und Schluss.

Erich Kästner

Besuch vom Lande (1930)

Sie stehen verstört am Potsdamer Platz.
Und finden Berlin zu laut.
Die Nacht glüht auf in Kilowatts.
Ein Fräulein[1] sagt heiser: „Komm mit, mein Schatz!"
Und zeigt entsetzlich viel Haut.

Sie wissen vor Staunen nicht aus und nicht ein.
Sie stehen und wundern sich bloß.
Die Bahnen rasseln. Die Autos schrein.
Sie möchten am liebsten zu Hause sein.
Und finden Berlin zu groß.

Es klingt, als ob die Großstadt stöhnt,
weil irgendwer sie schilt.
Die Häuser funkeln. Die U-Bahn dröhnt.
Sie sind alles so gar nicht gewöhnt.
Und finden Berlin zu wild.

Sie machen vor Angst die Beine krumm.
Sie machen alles verkehrt.
Sie lächeln bestürzt. Und sie warten dumm.
Und stehn auf dem Potsdamer Platz herum,
bis man sie überfährt.

1 das Fräulein: hier für Prostituierte

1 Lest euch die Aufgabenstellung aufmerksam durch und besprecht, was genau ihr machen sollt.

Analyse und Interpretation vorbereiten: Eine Stoffsammlung anlegen

2 **a** Lest das Gedicht „Besuch vom Lande“ mehrmals durch und überlegt, worum es geht:
In dem Gedicht wird beschrieben, wie Menschen vom Land ...
b Notiert eure ersten Eindrücke und Fragen zu dem Gedicht.

3 Kopiert das Gedicht oder schreibt es ab. Haltet dann mit Hilfe von Notizen, Markierungen und Symbolen (► Methode „Talking to the Text“, S. 179) fest, was euch beim intensiven Lesen auffällt. Beachtet dabei die Leitfragen zu Inhalt, Sprecher, Form und Sprache.

Sie stehen verstört am Potsdamer Platz.	a = siehe Titel: Besuch vom Lande in Berlin
Und finden Berlin zu laut.	b Adjektiv „laut“ = Überforderung
Die Nacht glüht auf in Kilowatts.	a Metapher für grelle Beleuchtung = weitere Überforderung
...	...
...	...
Die Bahnen rasseln. Die Autos schrein.	a Wiederholung kurzer Sätze + Personifikation = Hektik, in Angst und Schrecken versetzt
Sie möchten am liebsten zu Hause sein.	a Konjunktiv = Fluchtwünsche
Und finden Berlin zu groß.	b Gefühl, am falschen Ort zu sein
...	...

Inhalt:
– Worum geht es in dem Gedicht?
– Haben die Strophen unterschiedliche inhaltliche Schwerpunkte?

Sprecher:
– Gibt es einen erkennbaren Sprecher, z. B. ein lyrisches Ich?
– Wird ein Adressat angesprochen?

Form und Aufbau:
– Wie viele Strophen mit wie vielen Versen hat das Gedicht?
– Gibt es eine Reimform (abba / aabb / abab)?
– Liegt ein bestimmtes Metrum vor (xx́xx́)?
– Sind Zeilensprünge häufig oder selten?

Sprache:
– Werden sprachliche Bilder (► S. 175) und andere sprachliche Mittel eingesetzt?
– Ist die Grammatik auffällig, z. B. in Bezug auf Wortarten oder den Satzbau?

Den Text schreiben und überarbeiten

4 Verfasst auf Grundlage eurer Untersuchungsergebnisse einen Text mit Einleitung, Hauptteil und Schluss. Geht so vor:

a Formuliert eine Einleitung, in der ihr über die Art des Textes, den Titel, den Autor, das Entstehungsjahr und das Thema des Gedichts informiert. Ihr könnt die folgenden Formulierungsbausteine zu Hilfe nehmen:
- *In dem Gedicht mit dem Titel … von … aus dem Jahr … wird beschrieben wie …*
- *Erich Kästners Gedicht …, entstanden …, schildert, wie …*

b Stellt im Hauptteil eure Ergebnisse geordnet dar. Belegt eure Aussagen mit Zitaten (▶ S. 210). Ihr könnt die folgenden Formulierungsbausteine nutzen:

Inhalt	*Das Gedicht beschreibt in allen vier Strophen …* *In der ersten Strophe stehen die Leute vom Land …* *Strophe 2 schildert zunächst … Am Ende …*
Sprecher	*Ein Sprecher tritt nicht in Erscheinung. Die Szene wird von außen und eher unbeteiligt geschildert. Der Tonfall ist spöttisch.*
Form und Aufbau	*Das Gedicht besteht aus … Jede Strophe …* *Die Reimform ist ab … Es gibt keine Zeilensprünge, was zu … passt.* *Die Untersuchung des Metrums ergibt kein … Dadurch wirkt …*
Sprache	*Viele Sätzen beginnen mit … (V. …, …, …) Dadurch …* *Die kurzen, abgehackten Sätze spiegeln die Wahrnehmung …* *Personifikationen wie … (V. …) bewirken …*

c Fasst zum Schluss die wesentlichen Ergebnisse zusammen und nehmt kurz Stellung , z. B.:
Insgesamt amüsiert das Gedicht seine Leserschaft auf Kosten …
Mir hat das Gedicht gefallen / nicht so gut gefallen, weil …

5 Überarbeitet die Texte in Partnerarbeit mit Hilfe der Checkliste.

Checkliste – Ein Gedicht analysieren und interpretieren

- Habt ihr in der **Einleitung** die Textart, den Titel, den Autor / die Autorin, das Entstehungsjahr und das Thema des Textes benannt?
- Habt ihr im **Hauptteil** die wichtigsten Untersuchungsergebnisse geordnet dargestellt:
  1. Habt ihr den **Inhalt** des Gedichts mit eigenen Worten zusammengefasst?
  2. Seid ihr auf **den Sprecher / die Sprecherin** und ggf. auf den Adressaten eingegangen?
  3. Habt ihr **Form und Aufbau** beschrieben und auf den Inhalt bezogen?
  4. Habt ihr die **sprachlichen Mittel** benannt und ihre Wirkung erläutert?
     - Habt ihr eure **Aussagen** zum Gedicht mit Textstellen (▶ Richtig zitieren, S. 210) **belegt?**
     - Habt ihr zum **Schluss** die Gesamtaussage des Textes noch einmal zusammengefasst oder Stellung zum Text bezogen?

9 „Das Herz eines Boxers“ – Ein modernes Drama untersuchen

Jojo: Was glotzt du denn so? Der erste Besuch seit dem Krieg, was? Glaub bloß nicht, dass ich das hier aus Menschenfreude mache. Seh ich aus wie jemand, der ein Herz für Senioren hat?

Inszenierung von „Theater Spielzeit / Mobiles Kinder- und Jugendtheater Landshut“

Lutz Hübner

Das Herz eines Boxers

Raum

Zimmer in einem Altersheim, ungemütlich, klein. Ein Tisch, Sessel, ein Fenster zum Park. Viele Kartons, keine Bilder an der Wand.

Darsteller

Jojo: Ein Jugendlicher, etwa sechzehn Jahre

Leo: Ein Mann Ende sechzig, Bewohner des Zimmers

1 **a** „Was glotzt du denn so? ...“ Versetzt euch in Leo und antwortet an seiner Stelle, z. B.:
Hör mal, Junge, ich bin vielleicht alt, aber ...
b Worum könnte es in diesem Drama gehen? Haltet eure Ideen fest.

2 **a** *Szene, Bühnenbild, Monolog ...* Tragt alle Fachbegriffe zusammen, die ihr bei der Untersuchung von Dramen bereits kennenglernt habt.
b Tauscht euch über die Bedeutung der Fachbegriffe aus.

In diesem Kapitel ...

- lernt ihr ein spannendes Jugenddrama kennen,
- untersucht ihr Figuren und Konflikte,
- tragt ihre Szenen vor und spielt sie,
- analysiert ihr Szenen und entwickelt Interpretationsansätze.

9.1 Mit- oder gegeneinander? – Szenen analysieren, vortragen und spielen

Konflikte! – Die Exposition untersuchen

Lutz Hübner

Das Herz eines Boxers, Szene 1

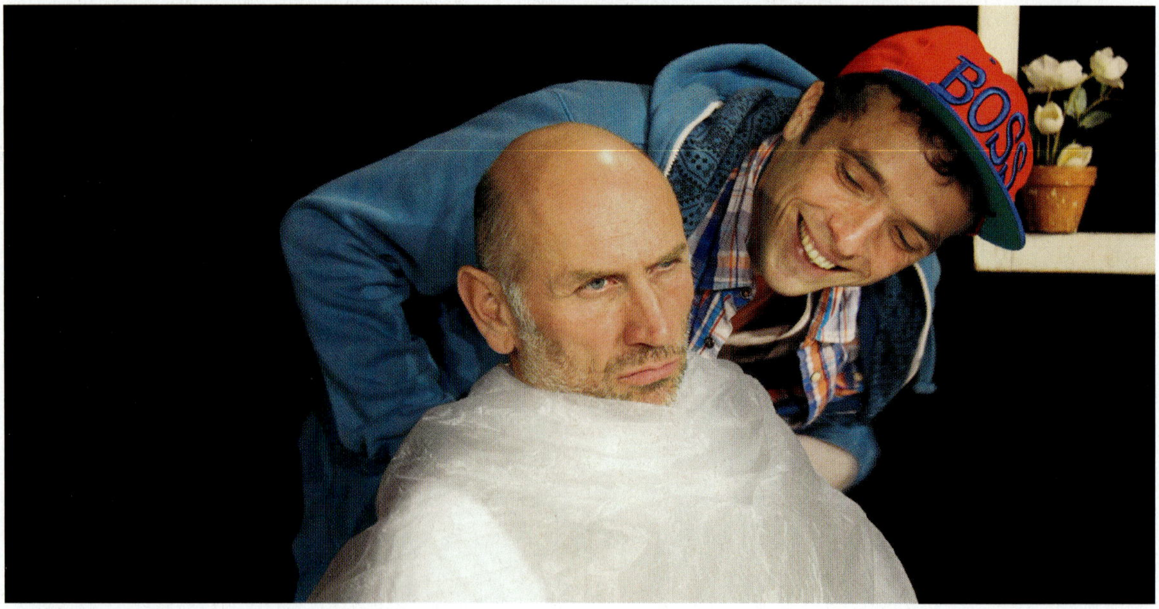

Leo kommt herein, auf einem Tisch liegen ein frisches Handtuch und eine kleine Schale mit Tabletten. Leo hängt sich das Handtuch um, schüttet sich die Tabletten in die Hand, geht zum Fenster, öffnet es, sieht sich um, dann schmeißt er die Tabletten in hohem Bogen nach draußen, er schließt das Fenster. Er markiert ein paar Boxschläge, ein Geräusch ist von draußen zu hören. Leo setzt sich schnell in den Sessel, zieht sich eine Decke über die Füße, rückt den Sessel Richtung Fenster, sieht nach draußen. Die Tür geht auf, Jojo kommt herein, er hat Folie, einen Eimer weiße Wandfarbe und Pinsel dabei.

Jojo: Schönen Tag, die Knackibrigade Schöner Wohnen soll aus der Butze hier wieder eine menschliche Behausung machen. Glückwunsch, dass es ausgerechnet dich erwischt hat, lass die Korken knallen, die nächste Kolonne kommt frühestens in hundert Jahren, und wer weiß, ob wir das noch erleben, was?
Er stellt die Sachen ab.
Also, die nächsten Tage geht hier die Post ab. Da hilft nur eins, Ruhe bewahren, keine Panik. Die Pantoffeln und die Strickweste bleiben sauber, du wirst gleich hübsch in Folie verpackt, ich hab sogar durchsichtige mitgebracht, damit du mir schwer beeindruckt beim Streichen zusehen kannst. Kommt ja schließlich nicht alle Tage vor, dass hier im Heim einer arbeitet, was? Klar, Strohsterne und so'n Tinnef ist ja auch ne Schweinearbeit. Okay, das war der Showteil. Wo fang ich denn an?
Er sieht sich um.
Die Wand hier ist ganz gut.
Leo dreht sich um, sieht Jojo an.

Was glotzt du denn so? Der erste Besuch seit dem Krieg, was? Glaub bloß nicht, dass ich das hier aus Menschenfreude mache. Seh ich aus wie jemand, der ein Herz für Senioren hat? Eben.

Also, bringen wir's hinter uns, ich streiche dir die Bude, reiß meine Stunden runter und du versuchst, mir nicht im Weg rumzustehen, okay?

Also, ran an die Buletten.

Jojo setzt sich, zündet sich eine Zigarette an.

Ich rauch erst mal eine, darf ich doch, oder? Ist doch für dich auch mal was anderes, nich?

Jojo raucht, Leo sieht ihn an.

Zigaretten heißen die Dinger. Gabs das zu deiner Zeit in Freiheit noch nicht? Oder findest du, dass ich faul und unverschämt bin: Also, dass das mal klar ist: Wenn da irgendwelche Rentnersprüche kommen, werde ich ungemütlich. Ich will das hier in Frieden hinter mich bringen, und es ist mir scheißegal, ob die Arbeitsmoral früher besser war. Ich krieg keinen Cent für den Job, also seh ich auch nicht ein, dass ich mir hier den Buckel krumm schufte, das sind Strafstunden, höchstrichterliche Anordnung.

Leo sieht ihn an. Stille.

Ich habe keinen umgebracht, ich hab auch keinem Rentner das Hundefutter aus dem Kühlschrank gestohlen, keine Panik.

Stille.

Kannst ruhig wieder aus dem Fenster starren, ich klau dir schon keinen Karton unterm Arsch weg, ich stehe nicht so auf Altertum, darfste alles behalten.

Jojo löscht die Zigarette.

Ich hol jetzt mal die Leiter rein, nur damit du nicht erschrickst und plötzlich gar nichts mehr sagst, wäre doch schade um die schöne Plauderei, was? Was starrst du mich denn so an? Ich hab kapiert, dass du ganz prima ne alte Echse nachmachen kannst, ich bin echt beeindruckt. Also, lass mir meine Ruhe und guck aus'm Fenster. Oh Mann, hier macht man was mit, ätzend! Weißt du, ich hab das nicht so gerne, das macht mich nervös. Ich fang nachher noch an, deinen Lehnstuhl weiß zu streichen, und das wäre doch echt irgendwie voll übel, wo du dich jetzt so schön an das Kackbraun gewöhnt hast, oder? Dreh ab, hab ich gesagt!

Leo sieht zum Fenster hinaus.

Na, geht doch.

Jojo holt die Leiter, stellt sie auf, Leo dreht sich wieder um.

Oder soll ich dich zu den Bauklötzchen runterbringen, während ich hier rumzaubere? So ein Partyknüller wie du kommt da doch bestimmt gut an.

Stille. Jojo räumt Kartons in die andere Ecke, legt Folie aus.

Also wenn du Spaß dran hast, bring ich dir auch gerne Sprechen bei. So die Grundbegriffe: ja, nein, bitte, danke, cool, kult, ätzend. Das kann wahre Wunder wirken, kommt man locker mit durch. Na ja, hier im Heim wahrscheinlich besser „Hose voll" und „Schmerzen". So, Meister, jetzt geht's los!

Er steigt auf die Leiter, nimmt einen Pinsel voll Farbe und streicht eine Ecke.

Na? Wirkt doch gleich viel freundlicher. Ja, hast du alles meinem Jugendrichter zu verdanken. Ein geklautes Mofa, und schon geht für einen Rentner die Sonne auf.

Er streicht weiter.

Oder bedanke dich besser bei der Alten, die nachts um zwei noch aus dem Fenster gafft, während Jugendliche versuchen, sich zu motorisieren. Ohne die hätte ich jetzt ein Mofa und nen freien Nachmittag. Mit einem schönen Platz hier im Heim wäre das nicht passiert, da hätte sie höchstens petzen können, wenn ihr euch die Gebisse aus dem Nachttisch angelt. Na ja, aber dann hätten wir uns nie kennengelernt, so ist das Leben.

Er streicht.

Finde ich echt bombig, dass dir mein Humor liegt, renk dir bloß nichts aus beim Lachen, nachher bin ich noch schuld.

Jojo streicht, Leo hustet.

Oh Mann, ich bin richtig erleichtert, ich hab schon angefangen, mir Sorgen zu machen. Wie bei meinem Opa. Sitzt der mit Oma beim Essen, sagt sie, morgen gibt's Regen, sagt er, interessiert mich nicht mehr, legt sich hin und geht übern Jordan.

Jojo streicht, steigt dann von der Leiter.

So, Halbzeit, große Pause. Ich will ja schließlich auch nicht zu früh fertig werden, nachher schaffe ich's in der halben Zeit und die kommandieren mich in eine andere Zelle und da sitzt einer rum und starrt mich nur an. So Typen soll's ja geben. Ne, ne, hier ist's gemütlich, das teil ich mir gut ein. Wenn ich hier fertig bin, sind meine Stunden rum, dann hat sich's mit dem Scheiß.

Jojo isst einen Schokoriegel.

Das ist ja richtig Knast hier. Seid ihr alle gemeingefährlich oder was? Bei den Bekloppten drüben versteh ich's ja, aber bei so Opas wie euch? Die haben wohl Angst, dass ihr vor ein Auto latscht, was? Also eines weiß ich, bevor ich mal in so einem Rentnerknast lande, schieß ich mir ne Kugel in den Kopf. Na ja, genug gelabert, der Berg ruft.

Jojo nimmt den Pinsel, steigt auf die Leiter.

Oh Scheiße, die Farbe. Sag mal, Kumpel, kannst du mir mal eben den Eimer hochgeben?

So ein Mann in meinem Alter geht nicht gerne zweimal ne Leiter hoch.

Leo erhebt sich langsam, Jojo steckt die Hand aus, Leo gibt Jojo den Farbeimer hoch, schrägt ihn dabei immer mehr an.

Hey, pass auf, der kippt gleich.

Die Farbe läuft Jojo über die Füße.

Sag mal, bist du bescheuert?

1 Regt euch dieser Anfang des Dramas zum Weiterlesen an? Begründet eure Antwort, z. B.:
Ja, denn ich würde gern erfahren, warum/weswegen/wieso/ob/wie …

2 Als Jojo das Zimmer betritt, starrt Leo wie geistesabwesend aus dem Fenster.
Tauscht euch über Leos mögliche Gründe dafür aus. Warum verstellt er sich?

3 **a** Lasst Leo seine Gedanken äußern, indem ihr die Szene in Stopp-Technik spielt.
Geht so vor:
- Spieler/-in 1 sitzt auf dem Stuhl und verkörpert Leo.
- Spieler/-in 2 übernimmt Jojos Rolle und spricht den Text.
- Spieler-/in 3 unterbricht Jojo an einigen Stellen mit einem lauten STOPP.
- Spieler/-in 1 schildert spontan, was Leo in diesem Moment durch den Kopf geht, z. B.:

  Jojo: „... du wirst gleich hübsch in Folie verpackt ..."
  Spielleiter: „Stopp!"
  Leo: „In Folie verpackt. So, so! Bin ich also nicht mehr als ein Möbelstück für den Jungen."

b Besprecht, ob die Stopp-Technik euch geholfen hat, die Szene besser zu verstehen.

4 Untersucht, wie die Exposition (▸ Merkwissen) in die Handlung einführt. Wählt a, b oder c.

●○○ **a** Benennt den **Ort** der Handlung und beschreibt seine **Atmosphäre** mit Hilfe des Textes, z. B.:
Das Stück spielt ... Wie man aus der Regieanweisung auf Seite 191 erfährt ...
Jojo beschreibt das Zimmer sogar als ... (Z. ...). Die Atmosphäre ist demnach insgesamt ...

●●○ **b** Welche Probleme haben **Leo** und **Jojo** schon, bevor sie sich das erste Mal begegnen?
Beschreibt ihre jeweiligen Situationen.

●●● **c** Erläutert den **Konflikt zwischen den Figuren.** Geht dabei auf die verschiedenen Lebenssituationen der Figuren und auf Jojos Sprache ein.

d Besprecht eure Ergebnisse und überlegt, wie sich die Beziehung zwischen Leo und Jojo im Verlauf des Dramas entwickeln könnte. Wählt eine der drei Grafiken aus und begründet, z. B.:
Ich denke, die Beziehung zwischen Leo und Jojo wird sich wie in Grafik ... entwickeln, weil ...

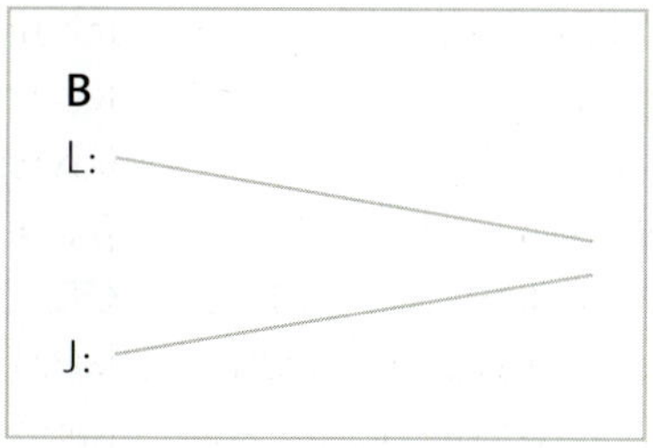

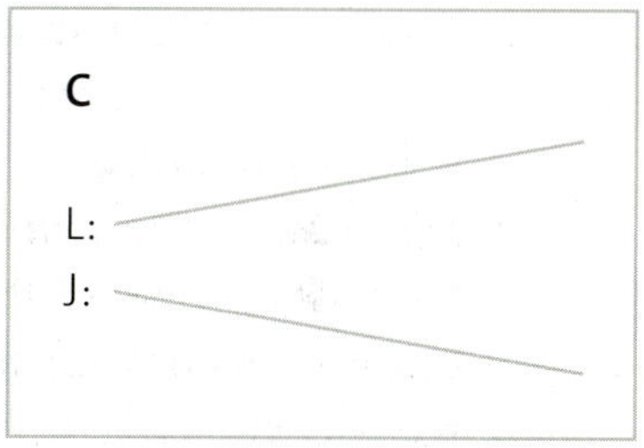

5 Nur Jojo spricht. Erläutert, warum man diese Szene dennoch nicht als Monolog bezeichnen würde. Der Tipp rechts kann euch helfen.

⊕ **6** „Kommunikation ist eine/keine Einbahnstraße!?"
Passt diese Redewendung in der einen oder der anderen Form zu dieser Szene? Begründet.

> Ein **Bühnenmonolog** ist das Selbstgespräch einer Figur, in dem sich diese über ihre Situation, über ihre Gedanken und Gefühle klar wird. Er richtet sich nicht an eine andere Figur, sondern ist nur für die Ohren des Publikums bestimmt.

Information **Die Exposition**

Die **Exposition** ist eine Art Einleitung, die **in die Handlung des Dramas einführt.** Die Zuschauer und Zuschauerinnen lernen **Ort** und **Zeit** der Handlung sowie die wichtigsten **Figuren** kennen. Außerdem wird meist der zentrale **Konflikt** des Dramas deutlich.

„Du hast ja richtig Charakter!“ – Dialoge untersuchen

Lutz Hübner

Das Herz eines Boxers, Szene 2

Der nächste Tag. Jojo kommt völlig durchnässt herein, Leo sitzt wieder im Sessel, sieht nach draußen, Jojo flucht.

A **Jojo:** Verdammtes Scheißwetter. Hast du mal ein Handtuch oder so was?

Leo reagiert nicht.

Geben Sie euch nicht, haben wohl Angst, ihr könnt euch damit abseilen, was? Na ja, egal, kommt nun auch nicht mehr drauf an.

Er zieht seine Jacke aus.

Also das mit der Farbe gestern wollen wir mal vergessen. Sie haben mir unten gesagt, dass du nicht mehr ganz richtig tickst, also Gnade vor Recht. Aber eins muss klar sein: Wenn heute irgendein krummes Ding läuft, werde ich ungemütlich, verdammt ungemütlich. Ich hab nämlich eine Scheißlaune, und da kann ich's überhaupt nicht haben, wenn man mir querkommt.

Jojo geht die Leiter hoch, beginnt, verbissen zu arbeiten.

Leise. So ein Arschloch, so ein verdammtes Arschloch.

Laut. Ich mein nicht dich.

Er streicht.

Sag mal, musst du in einer Tour die Schnauze halten? Die älteren Jahrgänge sind doch sonst so redselig. Keine Storys aus dem Mittelalter? Stalingrad? Mein erster Büffel?

Stille.

Du hältst mich halt für nen Gangster. So ein Typ, der nachts in seiner Lederkutte loszieht, Joe Cool, der Rentnerschreck. Also, dann halt jetzt mal dein Gebiss fest, ich hab das Mofa gar nicht geklaut. Da staunst du, was? Ich bin genauso ein Trottel wie du, ich hab's für nen anderen auf mich genommen, weil der mit seinen Vorstrafen sonst direkt in den Bau gegangen wär. Echt edel von mir, was? So richtig Robin Hood.

Er streicht.

Und jetzt gibt er überall an, dass er einen Idioten gefunden hat, der für ihn die Strafe reißt;

einfach, weil ich ihn so toll finde und mich bei ihm einscheißen will, da hab ich mir echt Ruhm eingehandelt, was? Ein Idiot, der einem Idioten kostenlos bei Regen die Bude pinselt, dolle Welt.

Er streicht, Leo hustet.

Sag mal, musst du so nen Krach machen? Ich muss mich konzentrieren.

Er holt ein Hustenbonbon aus der Tasche und gibt es Leo.

Teils dir gut ein, mehr gibts nicht. Kommt mit der Karre direkt zu unseren Bauwagen gefahren, Fluppe im Maul, gibt an wie Oskar. So geht das Jojo, was de haben willst, musste dir nehmen, wenn du ein Kerl bist. Fünf Minuten später sind die Bullen da. Ach, was laber ich hier rum, ich streich die Bude, dann hat sich's.

B **Leo:** Du hast ja richtig Charakter.

Jojo lässt den Pinsel sinken, sieht Leo an.

Jojo: Hast du gerade was gesagt, oder bilde ich mir das ein?

Leo: Du hast ja richtig Charakter.

Jojo: Sag mal, kriegst du etwa alles mit, was ich da labere?

Leo steht auf, gibt dem völlig verdatterten Jojo ein Handtuch, der beginnt, sich die Haare trocken zu reiben. Leo lässt eine Tasse Tee aus dem Samowar, Jojo steigt die Leiter herunter, Leo gibt ihm die Tasse.

Jojo: Ich glaub, mein Schwein pfeift.

Jojo trinkt einen Schluck.

Sag mal, was ist denn das für ne Sorte?

Leo lächelt.

Leo: Russischer Tee mit Wodka.

Jojo: Besonders viel Tee ist aber nicht drin.

Leo: Tee macht den Kopf klar und Wodka das Herz.

Jojo: Warum hast du denn die Schnauze gehalten?

Leo: Ich hatte vor zwei Wochen einen Schlaganfall, seitdem kann ich nicht mehr sprechen. Ich bin völlig hilflos, keiner weiß, wie viel ich überhaupt noch mitkriege, der arme alte Mann.

Jojo starrt Leo an.

Jojo: Klar doch, Schlaganfall, du sprichst doch ganz normal, verarschen kann ich mich alleine.

Leo lächelt.

Leo: Ein Wunder, mein Kind, Gott hat ein Wunder geschickt.

Leo setzt sich wieder in den Sessel, sieht nach draußen.

Jojo: Mann, du bist ja wirklich bekloppt, du hast ja original einen Sprung in der Schüssel.

Jojo geht die Leiter wieder hoch, streicht, wirft zuweilen beunruhigte Blicke auf Leo.

Jojo: Was soll das heißen, ich hab Charakter, soll das ne Beleidigung sein?

Leo: Du hast für einen anderen eine Strafe auf dich genommen, das ist Charakter. Das ist, was man tut für einen Freund. Jetzt hat dich der Freund verraten, die Welt ist schlecht.

Jojo: Der war nie mein Freund, der hat nur eine große Schnauze und spielt den Chef, also das ist es nicht.

C **Leo:** Ist sie ein schönes Mädchen?

Jojo: Was soll der Scheiß denn jetzt, ich hab kein Wort von einer Tussi gesagt, bist du ein alter Schweinigel oder was?

Leo: Das ist keine Schande.

Jojo: Was red ich denn überhaupt mit dir, Lebensberatung bei den Bekloppten, so weit kommts noch.

Leo: Du wolltest ein Held sein, damit dein Mädchen dich liebt, und hast eine gute Tat begangen. Es bleibt eine gute Tat, auch wenn dich jetzt alle für einen Trottel halten. Du musst stolz darauf sein und wenn dein Mädchen nicht blöd ist, ist sie auch stolz auf dich.

Jojo: Hör mal, das hier ist nicht Hollywood, so denkt die nicht.

Leo: Wie denkt sie denn?

Jojo *kleinlaut:* Das wüsst ich auch gerne. Sie ist ne Freundin von einer aus unserer Clique, ich kenne sie kaum.

Leo: Na, und da wolltest du ein bisschen Eindruck schinden als großer Zampano, ist eigentlich nicht verkehrt gedacht.

Jojo: Mir wird das hier langsam ein bisschen zu privat.

Leo: Streich deine Wand, sonst musst du noch ein Mofa klauen, um fertig zu werden.

Jojo streicht.

Jojo: Das ist doch vollkommen bescheuert, oder?

Leo: Ich hab mal bei einem Rodeo mitgemacht, weil ich verliebt war.

Jojo: Und?

Leo: Ich hab zwei Wochen nicht sitzen können.

Jojo: Hats sich denn wenigstens gelohnt?

Leo: Nun wirds mir ein bisschen zu privat.

Jojo streicht.

Leo: Du solltest zu ihr gehen und mit ihr sprechen.

Jojo: Tolle Idee, dass ich da nicht selbst draufgekommen bin. Ich geh einfach hin und sage: Hier bin ich, dich habe ich unter Millionen Frauen ausgesucht. Ich, der große Jojo, der letzte Depp meiner Gang, weil ich so cool bin, dass ich noch nicht einmal schwarzfahren kann. Der Meister des Universums, der's noch nicht mal geschafft hat, ne Lehrstelle zu kriegen und deshalb seine Zeit auf Erden damit zubringt, bei einem Trödler das Lager auszumisten. Folge mir in die kosmischen Weiten, ich spendier dir ne Currywurst, ich hab zwei Tage gespart.

Leo: Kauf dir eine Rose.

Jojo: Wie?

Leo: Das sind diese roten Blumen mit den Dornen am Stiel, leg sie ihr vor die Tür.

Jojo: Alles klar, ich reite auf einem weißen Gaul in ihre Mietskaserne und leg ihr Gemüse vor die Tür.

Leo: Und morgen wieder, eine Woche lang.

Jojo: Das geht bei der nicht.

Leo: Dann nicht, du kennst ihr Herz besser.

Jojo streicht, denkt nach.

Jojo: Wenn da irgendwas schiefgeht, komm ich morgen mit Silberfarbe hier an, da wird das hier Raumschiff Enterprise, ob dir das passt oder nicht, klar?

1 a Lest die Szene (Textabschnitte A–C) mit verteilten Rollen.
b Haltet fest, mit welchem Satz dieses Drama zu einem „echten" Dialogstück wird.

2 a Definiert mit eigenen Worten, was Leo unter „Charakter" versteht.
b Hat Jojo für euch Charakter oder ist er der „letzte Depp" (► Z. 148)? Diskutiert.

3 Untersucht, wie die Figuren miteinander sprechen und wie sich ihre Beziehung entwickelt. Wählt a, b oder c.

●○○ **a** Jojo spricht mal herablassend, mal ehrlich. Belegt diese Aussage mit je einer Textstelle aus **Auszug A,** z. B.: *herablassend: „…" (Z. …); ehrlich: „…" (Z. …).*

●●○ **b** Belegt anhand von **Auszug B,** dass Leo sich wertschätzend gegenüber Jojo äußert und dass er sich außerdem einfühlsam in dessen Lage versetzt.

●●● **c** Begründet anhand von **Auszug C,** dass Leo und Jojo sich anfreunden.

d Stellt euch eure Lösungen gegenseitig vor und haltet kurz fest, wie sich die Beziehung der Figuren im Lauf dieser Szene entwickelt.

4 Tragt die Textauszüge B und C in Kleingruppen szenisch vor. Ihr braucht zwei Sprecher und einen Regisseur, der den Dialog filmt.

a Überlegt, in welcher Absicht und in welchem Tonfall die Figuren sprechen, und ergänzt dann auf einer Kopie Regieanweisungen.
Die folgende Auswahl kann euch helfen.

> Beim **szenischen Lesen** tragt ihr den Text mit Hilfe selbst verfasster Regieanweisungen so betont vor, als ob ihr auf der Bühne wärt. Ihr verzichtet aber auf das eigentliche Spielen.

Regieanweisungen zur Auswahl:
abweisend • spöttisch • zweifelnd • vorsichtig • aggressiv • interessiert • beleidigend • wertschätzend • überrascht • augenzwinkernd • sachlich • beruhigend • motivierend • zurückhaltend • ironisch/selbstironisch (gemeint ist das Gegenteil des Gesagten) • belustigt

b Tragt den Dialog mit Hilfe eurer Regieanweisungen vor und filmt ihn mit dem Handy. Klärt vorher, ob die Sprecher und Sprecherinnen mit dem Filmen einverstanden sind.

c Wertet eure Dialoge anhand eurer Aufnahmen aus.
Habt ihr den richtigen Ton getroffen?

d Tauscht euch zum Schluss in der Klasse darüber aus, ob ihr die Beziehung zwischen den Figuren durch den szenischen Vortrag besser verstanden habt.

Methode **Figuren und ihr Gesprächsverhalten untersuchen**

Mit Hilfe dieser Fragen könnt ihr die Figurenbeziehung und das Gesprächsverhalten untersuchen:

- Welche **Absichten** verfolgen die Figuren?
- Wie **sprechen** die Figuren? Achtet auf die **Wortwahl,** auf Fragen und Ausrufe, auf gute und schlechte Argumente, auf Schmeicheleien und Beleidigungen usw.
- **Verändert sich das Verhalten** der Figuren im Lauf des Gesprächs?
- Welches **Ergebnis** steht am Ende des Gesprächs (z. B. Übereinkunft oder Streit)? Hat sich die Beziehung der Figuren durch das Gespräch am Ende verändert?
- Wie sind die **Redeanteile** der Figuren verteilt? Wer ist aktiv, wer reagiert nur?

TIPP: Lest die **Regieanweisungen** aufmerksam.

Killer oder Gentleman? – Figuren und ihre Positionen verstehen und darstellen

Lutz Hübner

Das Herz eines Boxers, Szene 3

Leo im Bademantel, über und über mit Orden behängt, bittet Jojo am nächsten Tag, seine Erinnerungsstücke zu Geld zu machen. Aber Jojo ist skeptisch. Für Orden und kaputte Taschenuhren kriegt man kein Geld. Beim Stöbern in Leos Kisten stößt er dann jedoch auf vergilbte Zeitungsausschnitte, die von den Triumphen eines Boxers berichten, vom „roten Leo"!

A **Jojo:** Wieso denn der rote Leo?

Leo: Nun, weil ich immer in Rot geboxt habe, ich hab mir extra knallrote Boxhandschuhe machen lassen. Ich war sehr jung und ich war ein bisschen verrückt.

Jojo: Der rote Leo! Du warst ne richtig große Nummer.

Leo: Was sollte ich denn tun? Ich hatte keinen Job, kein Geld, was hätte ich denn machen sollen, von irgendwas musste ich ja leben. Damals haben alle geboxt, die ganze Stadt war verrückt danach, die Boxer waren richtige Stars, na, und ich hab Glück gehabt. [...]

Jojo: Du warst ein richtiger Held, Mann.

Leo: Ich hab nur mein Leben lang versucht, durchzukommen. Weißt du, ich schlag mich nicht gerne. Der schönste Job, den ich hatte, war, Lose im Zirkus zu verkaufen, als ich zu alt zum Boxen war.

Jojo: Und das soll ich dir glauben?

Jojo wühlt in den Kartons, findet ein paar zerschlissene rote Boxhandschuhe, er betrachtet sie ehrfürchtig.

B **Jojo:** Du stehst da im Ring, alle sehen dich an, und da ist so ein Kerl, der will dir ans Leder, der will dich vernichten, er tänzelt um dich rum, und du schlägst zu, du machst ihn fertig, du bist der Sieger, das muss doch ein irres Gefühl sein.

Leo: Ich hab immer Angst gehabt.

Jojo: Angst?

Leo: Dass ich mal an so einen gerate, so einen Killer, der kämpft, um sich zu beweisen, dass er der Größte ist, dass er ein Kerl ist, so einer, der es genießt, wenn Blut fließt. Ich hab solche Typen immer gehasst. Ein richtiger Boxer ist ein Gentleman, ein Künstler. Ein richtiger Boxer hat ein so großes Herz, dass er niemanden hassen kann. Er schlägt zu, aber nicht aus Hass, und wenn er einsteckt, nun, davon geht die Welt nicht unter, so ist das Leben, ganz k. o. ist man nie. Na gut, man liegt am Boden, dann steht man wieder auf. Es ist schön, wenn man gewinnt, aber wenn man verliert, okay, dann das nächste Mal.

Jojo: Aber wenn man so richtig zuschlagen kann, ist man doch der King. Wenn einen so ein Arsch blöd anlabert, rums, eins in die Fresse.

Leo: Ich bin immer weggelaufen.

Jojo: Aber du bist ein Boxer.

C **Leo:** Aber ich sag dir doch, ich schlag mich nicht gern, nur im Ring.

Jojo: Nie?

Leo *räuspert sich:* Doch, einmal, und das ist mir heute noch unangenehm. Ich war vorher in einem Heim, in dem ich mich richtig wohlgefühlt habe. Na ja, und da ist es mir passiert, wie soll ich sagen, da hab ich mir einmal in die Hose gemacht, und das war mir sehr peinlich. Weißt du, es ist nicht immer einfach, alt zu sein, wenn einen die Leute wie einen Idioten behandeln. Und da war dieser Pfleger, ich hab ihn nie leiden können, so einer wie du, als du vorgestern hier reingekommen bist, so einer, der mit dir umgeht, als wäre man ein Meerschweinchen. Er holt die Wäsche ab und bemerkt mein Missgeschick. Da brüllt er, sodass es alle hören können: He, Leo, wird wohl langsam Zeit für die Windeln. Da hab ich mich sehr geschämt, aber ich dachte: Du bist nur ein kleiner Rotzlöffel, du wirst auch noch alt, schneller, als du denkst. Aber als er dann am nächsten Tag kommt und mich mit so einem gemeinen Lächeln fragt, ob ich denn noch trocken sei, ist mir doch die Wut gekommen. Weißt du, ich war einmal berühmt für meine Linke, den Stahlhammer haben sie sie genannt. Er ging sofort zu Boden, die anderen haben ihn noch lachend ausgezählt, aber ich wusste, jetzt kriege ich Ärger. Also kam ich hierher, in die Geschlossene, weil sie dachten, ich bin gemeingefährlich. Wenn ich nicht den Schlaganfall vorgetäuscht hätte, würden sie mich jetzt noch nicht in Ruhe lassen. Ich hätte das nicht tun dürfen, es war falsch. […]

Stille. Jojo sieht ihn bewundernd an.

Jojo: Zeig mir, wie man boxt.

Leo: Du willst ein Held sein, es ist besser, wenn du es nicht weißt.

Jojo: Ich nehm den Kram mal mit, aber es wird eine Menge Arbeit, das zu verkaufen, ich werd es probieren.

Leo: Ich denke mal drüber nach, vielleicht ein bisschen Beinarbeit.

Jojo packt die Sachen zusammen, geht zur Tür.

Leo: Keine Silberfarbe?

Jojo: Ich hab das Ding hingelegt und bin so schnell wie möglich weg.

Leo: Du musst heute wieder hin.

Jojo: Sei ehrlich, hast du das schon mal gemacht?

Leo: Ich habe mal zwei Tage und Nächte unter dem Fenster einer Frau gewartet, die mein Herz gebrochen hat.

Jojo: Das könnte ich nicht.

Leo: Das ist keine Schande.

Jojo: Sie wohnt im fünfzehnten Stock.

Leo: Dann bring ihr Rosen.

1 **a** Haltet in einem Zeitstrahl fest, was ihr über Leos bisheriges Leben erfahrt.

Erfolge als …

b Erklärt mit eigenen Worten, warum Leo einen Schlaganfall vortäuscht.

c Wie verändert sich Jojos Sicht auf Leo in dieser Szene? Begründet eure Antwort.

2 Stellt in einem kurzen Text dar, was Leo und Jojo unter einem Boxer verstehen. Geht so vor:

a Übertragt die Tabelle in euer Heft und ergänzt weitere Textbelege.

Was zeichnet einen Boxer aus? Leo:	Jojo:
Gentleman (Z. 37)	Held (Z. 14)
…	…

b Stellt Leos und Jojos Ansichten in einem kurzen Text gegenüber. Nutzt dazu passende Verknüpfungen aus dem Tippkasten rechts und belegt eure Aussagen mit Zitaten (▸ Sprachtraining, S. 210), z. B.:

Für Jojo ist ein Boxer ein „…“ (Z. …), während er für …

Anders als Jojo sieht Leo den Sinn des Boxens nicht nur im Siegen, sondern auch …

Entgegensetzende Verknüpfungen:
während – hingegen – im Gegensatz – aber – anders als – jedoch

3 Killer oder Gentleman? Diskutiert euer Bild von einem Boxer und das Bild, das in den Medien von Boxern vermittelt wird, z. B. bei TV-Kämpfen oder in Boulevardzeitungen (▸ S. 217).

4 Bildet Dreiergruppen (Leo, Jojo und Regie) und spielt die Szene. Lest dazu den Methodenkasten unten und geht entsprechend vor. Wählt a, b oder c.

●○○ a Probt **Text A. TIPP:** Jojo ist überrascht und bewundert Leo; Leo wiegelt ab.

●●○ b Probt **Text B. TIPP:** Die beiden haben unterschiedliche Ansichten zum Boxen.

●●● c Probt **Text C. TIPP:** Die beiden unterstützen sich gegenseitig.

d Spielt eure Szenen vor und gebt euch ein Feedback: Passt euer Spiel zu den Figuren?

5 a Versetzt euch in Leo oder Jojo und schreibt aus der Perspektive der Figur eine Rollenbiografie. Greift dabei auf euer Wissen aus den ersten drei Szenen des Dramas zurück. Die folgenden Fragen können euch helfen:

- Wie heiße ich? Wie alt bin ich?
- Wie ist meine derzeitige Lebenssituation?
- Was habe ich bisher erlebt?
- Welche Wünsche und Hoffnungen habe ich?
- Welche Ängste habe ich?

Mein Name ist … Ich bin … Jahre alt.
Meine jetzige Lebenssituation empfinde ich als sehr …, weil …
Bevor ich …

b Erläutert, inwieweit euch die Rollenbiografie hilft, die Figur besser zu verstehen.

Methode **Szenisches Spiel**

Beim **szenischen Spiel** zeigt ihr, wie ihr die Figuren und die Handlung versteht:
- Führt ein Vor- oder Regiegespräch über die Figuren. Was denken und fühlen sie?
- Legt geeignete Sprechweisen und eine passende Mimik und Gestik fest.
- Notiert auf einer Kopie entsprechende Regieanweisungen.
- Verteilt die Rollen und probt das Spiel.

Ein Drama verstehen

1 Ordnet die folgenden Zitate den Figuren richtig zu. Notiert ein J für Jojo und ein L für Leo, z. B.:
Aussage A = ...

A „Echt edel von mir, was? So richtig Robin Hood."
B „Ein richtiger Boxer ist ein Gentleman, ein Künstler."
C „Du hast ja richtig Charakter."
D „Warum hast du denn die Schnauze gehalten?"
E „Du hältst mich halt für nen Gangster."
F „Ich hab nur mein Leben lang versucht, durchzukommen."

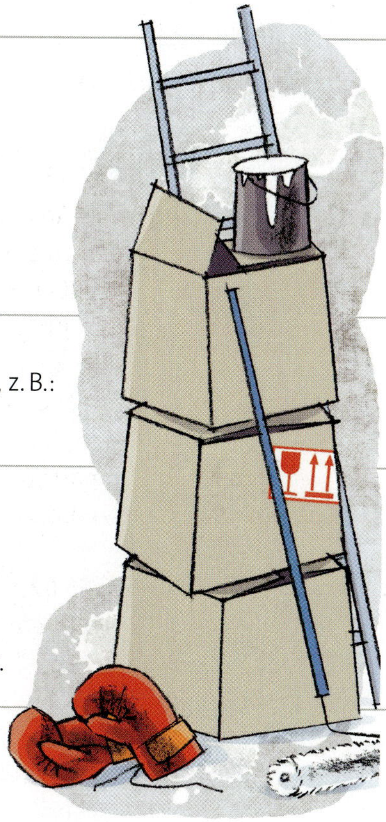

2 Bringt die Handlungsschritte in die richtige Reihenfolge. Notiert, z. B.:
1 = A/B/C

A Leo bricht sein Schweigen.
B Die beiden tauschen ihre Ansichten über Boxer aus.
C Leo spricht Jojo auf seine Freundin an und gibt ihm Tipps.
D Jojo gesteht, dass er das Mofa nicht gestohlen hat.
E Leo schweigt, während Jojo beinahe ununterbrochen redet.

3 Entscheidet jeweils, welche Definition korrekt ist. Notiert z. B.:
Exposition = A/B.

1. Exposition
A Anfang eines Dramas, in dem Figuren, Schauplatz und Konflikt vorgestellt werden
B Beginn eines Dramas, in dem ein Konflikt ausgetragen wird

2. Regieanweisung
A Anregungen des Autors / der Autorin zur Handlung und Sprechweise auf der Bühne
B Anmerkungen des Regisseurs zu möglichen Textkürzungen

3. Konflikt
A Auseinanderansetzung zwischen Figuren aufgrund unterschiedlicher Ziele und Interessen
B Gespräch über ein strittiges Thema, das in einem ernsten Streit endet

4. Bühnenmonolog
A Gespräch, bei dem nur eine Figur redet und die andere schweigt
B Selbstgespräch einer Figur, das sich nicht an eine andere Figur richtet

4 Vergleicht eure Ergebnisse in Partnerarbeit und prüft sie anhand des Textes und des Merkwissens.

9.2 „Und was ist mit deiner Ehre?" – Eine Szene analysieren und interpretieren

Lutz Hübner

Das Herz eines Boxers, Szene 4

A *Jojo kommt herein und stellt seine Sachen ab, er trägt eine Sonnenbrille. Leo sieht ihn verwundert an.*

Leo: Guten Tag, Jojo. Scheint denn die Sonne?

Jojo geht die Leiter hoch, fängt aber nicht an zu arbeiten, starrt nur die Wand an.

Leo: Ist was passiert?

Stille [...]

Leo: Jojo, mein Junge, was ist denn los?

Jojo: Sag nicht Junge zu mir.

Leo: Gut, gut, ich hab's nicht böse gemeint.

Stille. Jojo dreht sich weg, nimmt kurz die Sonnenbrille ab und reibt sich die Augen, setzt die Brille dann wieder auf.

Leo: Ist da was mit deinem Auge?

Jojo: Was soll denn sein?

Leo: Bei einem blauen Auge ist ein Stück kaltes Fleisch gut oder ein Eisbeutel.

Jojo: Ich hab kein blaues Auge.

Leo: Nun, ich seh nicht mehr so gut, wahrscheinlich hast du dich nur ungeschickt geschminkt.

Jojo: Ich war besoffen und bin gegen die Tür gelaufen, so was kommt vor, oder? So was kann einem ja mal passieren.

Stille

Leo: Natürlich. Warum soll man nicht gegen eine Tür laufen. Das ist keine Schande. Die mutigsten und stärksten Kerle, die ich kannte, sind gegen Türen gelaufen, und manchmal waren das ganz kleine, unscheinbare Türen, wo kein Mensch draufkommt, dass man sich ein blaues Auge dran holen kann. So ist das Leben, man will durch die Tür und läuft dagegen.

Jojo: Eben.

Stille

Jojo: Ich hab heute keine Lust zu streichen.

Jojo greift in seine Hosentasche.

Ich hab dein Zeug verkauft.

B *Er holt ein paar Geldscheine heraus, dabei rutscht ihm ein Klappmesser aus der Tasche, es fällt zu Boden. Leo hebt es auf.*

Leo: Das ist ein schönes Messer.

Jojo: Gib's her.

Leo: Warum hast du ein Messer dabei?

Jojo: Ich hab immer eins dabei.

Leo: Nein, hast du nicht, es ist ganz neu.

Jojo: Ich hab mein altes verloren. [...]

Leo gibt ihm das Messer.

Leo: Also los, mach ihn fertig, er hat deine Ehre beleidigt, er hat dich vor allen zum Gespött gemacht, räch dich. Ehre kann man nur mit Blut reinwaschen.

Jojo nimmt das Messer.

Jojo: Verarsch mich nicht.

Leo: Das würde ich nie tun, schließlich hast du jetzt ja begriffen, wo es langgeht, du hast dich lang genug zum Trottel gemacht.

Jojo rammt das Messer in die Wand.

Jojo: Halt die Schnauze!

Leo: Wieso, stimmt es nicht, was ich sage?

Jojo: Ich mach ihn fertig.

Leo: Du willst ihn am Boden sehen.

Jojo: Der soll kapieren, dass er mich nicht zum Arsch machen kann.

Leo: Er wirds kapieren, wenn er das Messer im Bauch hat, und wenn er durchkommt, kann er immer denken: Durch dich, Jojo, hab ich was kapiert. Der geht für acht Jahre ins Gefängnis, damit ich was kapiere. Was hat Jojo nicht alles für mich getan, und dann wird er dir mit der Krücke zuwinken, wenn du gerade an deinem Zellenfenster stehst, um frische Luft zu schnappen.

Jojo: Schnauze!

Leo: Und wenn du rauskommst und eine Arbeit suchst und der Chef fragt dich, was du die letzten Jahre gemacht hast, und du sagst, ich habe für meine männliche Ehre Tüten geklebt, dann wird er aufstehen, dir auf die Schulter klopfen und sagen: Sie sind ein ganzer Kerl. Einer, der für ein blaues Auge einen absticht, ist viel zu schade für meinen Betrieb. Hier arbeiten nur Leute, die mit dem Kopf denken, das ist nichts für Sie.

Stille

Jojo: Ich bin von hier direkt zum Laden, hab ihm dein Zeug gezeigt. Er wirft einen Blick drauf, wühlt ein bisschen herum und sagt „dreißig Mark". Ich überlege noch, da wirft so ein Kunde, der im Laden rumlungert, einen schrägen Blick drauf und fischt so ein altes Autogramm raus, kriegt leuchtende Augen und fragt mich, ob er das für zwanzig Mark haben könnte. Nee, sag ich, ich hab ein Angebot von zweihundert für die ganze Ladung und fange an, einzupacken. Sagt der Chef „hundert", und wenn er so schnell raufgeht, hat er angebissen. Ich verkaufe seelenruhig das Autogramm und gehe Richtung Tür, ruft der Chef „hundertfünfzig", und da hab ich eingeschlagen. Mir gings so richtig gut.

C **Jojo:** Da dachte ich mir, der Tag ist richtig, da bringst du alles ins Reine und bin zum Bauwagen. Waren auch alle ganz nett zu mir, dass ich das gemacht hab und so, kommt der Arsch an. Ich frage ihn, was für Scheiße er da über mich erzählt, er stellt sich doof, hört mir gar nicht zu, was ich denn wolle, einen Heiligenschein oder was. Da hab ich ihn angeschrien, was für ein Arschloch er ist, er hört das und reicht mir voll eine rein.

Leo: Und die anderen?

Jojo: Von denen traut sich doch keiner, das Maul aufzumachen. Die fanden das bestimmt alle nicht richtig, aber wenn der Meister spricht.

Leo: Aber wenn du ihn fertiggemacht hast, bist du der Meister, dann sagst du, wo es langgeht.

Jojo: Quatsch, ich will mit den feigen Schweinen nichts mehr zu tun haben.

Leo: Was willst du denn?

Jojo: Ich will mich rächen. Scheiße, jetzt kommts mir irgendwie auch blöde vor.

Leo: Und was ist mit deiner Ehre?

Jojo: Jetzt komm mir doch nicht so. Ich will mit denen sowieso nichts mehr zu tun haben.

Leo: Dann ist es vielleicht ein bisschen aufwendig, zum Abschied noch einen abzuschlachten.

Jojo lacht.

Jojo: Ja, irgendwie lohnt sich das nicht, obwohl man's ja eigentlich machen müsste.

D **Leo:** Ich musste mal im Krieg alleine auf Patrouille. Ich sollte rausfinden, wo im Wald die ersten feindlichen Stellungen sind. Ich krieche da angstschlotternd durch den Wald und sehe plötzlich vor mir einen feindlichen Soldaten sitzen, das Gewehr liegt neben ihm und er isst eine große, saftige Wassermelone. Da bemerkt er mich, sieht mich starr an. Ich hab mein Gewehr im Anschlag und ich hab Hunger.

Jojo: Und?

Leo: Ich hab mein Gewehr auch weggelegt und er gab mir die halbe Melone. Wir haben gegessen, zusammen eine Zigarette geraucht und dann bin ich wieder zurückgekrochen. Bin ich ein Held?

Jojo: Du bist'n Schnorrer.

Leo: Morgen zeig ich dir, wie ein Boxer sich vor Schlägen schützt. Jetzt geh, ich streich heute für dich.

Jojo packt seine Sachen.

Ich bin stolz auf dich.

Jojo: Wieso?

Leo: Weil du so ein gerissener Händler bist.

Jojo: Das war wirklich keine schlechte Nummer.

Leo: Ich bin auch sonst stolz auf dich. Wenn ich so klug wie du gewesen wäre, säße ich jetzt nicht hier. Deine Selbstbeherrschung möchte ich haben.

Jojo *lacht:* Kann man lernen, Alter.

Leo: Vergiss die Rose nicht.

Jojo: Wozu brauchst du das Geld?

Leo: Das wirst du morgen sowieso erfahren.

Die Szene verstehen

1 Lest euch die Szene still durch und notiert eure ersten Leseeindrücke, z. B.:
Beim ersten Lesen habe ich den Eindruck, dass ... Besonders auffällig finde ich, ...

2 Ordnet jedem Textabschnitt die passende Überschrift zu, z. B.: Abschnitt A = 1/2/3/4.

1 Jojo erzählt von der Bauwagensituation und erkennt die Unsinnigkeit seiner Rachegedanken.
2 Leo entdeckt das Messer und hinterfragt Jojos Rachegedanken.
3 Leo berichtet von einem Kriegserlebnis, bei dem er auf Gewalt verzichtet hat.
4 Jojo weicht einer Erklärung für sein blaues Auge aus.

3 Diskutiert, welche der folgenden Aussagen den Kern der Szene am besten trifft.

A Jojo lernt, dass man mit Gewalt keine Probleme löst.
B Leo wird seinen Plan umsetzen können, da Jojo das Geld besorgt hat.
C Leo und Jojo lernen sich besser kennen.

4 Erklärt mit eigenen Worten, warum Leo am Ende der Szene (▸ Z. 160–167) stolz auf Jojo ist.

Die Szene in den Zusammenhang einordnen

5 Ordnet die Szene in den Handlungsverlauf ein.

a Beschreibt den Standort der Szene innerhalb des Dramas in einem Satz., z. B.:
Die vierte Szene steht genau ...

1. Szene (Exposition) • 2. Szene • 3. Szene • 4. Szene • 5. Szene • 6. Szene • 7. Szene (Schluss)

b Haltet die Vorgeschichte in einem Flussdiagramm fest. Überlegt: Was ist wichtig, um diese vierte Szene zu verstehen?

Leo und Jojo begegnen sich ..., weil Jojo ...

↓

Eine Freundschaft entwickelt sich, als Jojo gesteht, dass ...
Der Chef der Clique, dem Jojo geholfen hat, ist nicht dankbar, sondern ...

↓

Leo, der ein erfolgreicher Boxer war, bittet Jojo, seine Erinnerungsstücke ...

c Wie wird das Stück weitergehen? Notiert eure Vermutung.

Die Figurenbeziehung und den Dialog untersuchen

6 Untersucht das Gesprächsverhalten und die Beziehung zwischen Leo und Jojo.

a Welche Grafik entspricht den Redeanteilen in Textabschnitt A am besten? Schätzt spontan und überprüft dann eure Schätzung, indem ihr die Zeilen zählt.

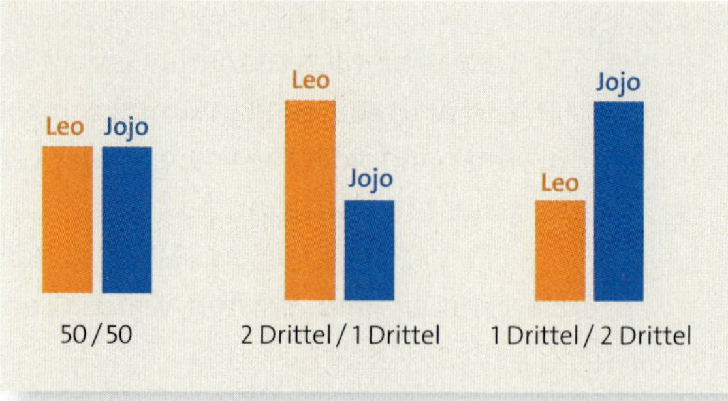

b Erklärt, warum Leo die ganze Szene über aktiver ist. Welche Absichten verfolgt er?
Leo möchte ..., deswegen ...

c Leo wendet in den markierten Textstellen (▸ S. 204–206) unterschiedliche sprachliche Mittel an. Ergänzt in den folgenden Sätzen die fehlenden Zeilenangaben und die jeweilige Absicht Leos.

- Leo stellt drei aufeinanderfolgende Fragen (vgl. Z. ?, ?, ?) und zeigt damit, ?.
- Mit dem Bild von der Tür (vgl. Z. ? – ?) äußert sich Leo ironisch, um ?.
- Die Aufforderung „mach in fertig“ (Z. ?) soll Jojo ... Leo will Jojo damit erreichen, ?.
- In den Zeilen ? – ? führt Leo Jojo ironisch vor Augen, welche Auswirkungen eine Gewalttat ?.
- Leo lobt Jojo (vgl. Z. ?; ?) in der Absicht, dessen Selbstbewusstsein ?.

d Beschreibt Jojos Gefühlslage in Textabschnitt A und B.
Achtet dazu auf Jojos Äußerungen und auf die Regieanweisungen.
Jojo ist ... Das merkt man, wenn er sagt: „...“ (Z. ...) Die Regieanweisung in Z. ... verdeutlicht zudem ...

e Welches Schaubild beschreibt die Gefühle Jojos im Verlauf der ganzen Szene am besten? Begründet eure Wahl (A–D stehen für die Textabschnitte, die Farben für den Grad an Wut).

A		B		C		D
Rot	→	Rot	→	Orange	→	Gelb
Rot	→	Rot	→	Rot	→	Rot
Rot	→	Orange	→	Orange	→	Gelb

f Was lässt sich über die Figuren und ihre Beziehung zueinander am Ende der Szene sagen? Könnt ihr den folgenden Aussagen zustimmen? Begründet eure Meinung in einem Gespräch.

Jojo hat dank Leo begriffen, dass Gewalt keine gute Lösung für Probleme ist.
Jojo erkennt, dass Leo ihn tatsächlich mag, weil dieser sich Sorgen um ihn macht.

7 Untersucht das Ende des Dialogs (▸ Z. 164–167). Beantwortet dazu die folgende Fragen: Welche Themen spielen am Ende der Szene eine Rolle, welches Thema nicht mehr?

Die Szene schriftlich analysieren und interpretieren

1 Verfasst auf der Grundlage eurer Vorarbeiten einen zusammenhängenden Text, in dem ihr die Szene analysiert und interpretiert. Arbeitet (wenn möglich) am Computer.

a Formuliert eine Einleitung. Geht dabei auch kurz darauf ein, worum es in der Szene geht, z. B.: *In der 4. Szene des Dramas „..." von ... gelingt es Leo, ...*

b Schreibt den Hauptteil. Nutzt die folgende Gliederung und die Formulierungshilfen.

1 Stellung der Szene im Handlungsverlauf mit Vorgeschichte	*Die vierte Szene steht genau ... des Dramas.* *Weil Leo einen Pfleger ..., befindet er sich ...* *Jojo muss Arbeitsstunden ableisten, weil ...* *Zwischen Jojo und Leo entwickelt sich ...* *Der Anführer der Clique ist Jojo jedoch nicht dankbar, ...*
2 Zusammenfassung der Szene mit eigenen Worten	*In dieser Szene bringt Leo Jojo davon ab, ...* *Am Anfang ... Im Verlauf der Szene ...* *Am Ende ...*
3 Analyse und Deutung der Figurenbeziehung und des Dialogs mit Textbelegen (▸ Sprachtraining „Richtig zitieren", S. 210)	*Jojo tritt mit „Sonnenbrille" (Z. ...) auf, weil ....* *Leo will Jojo helfen, indem ... Zunächst versucht er, ...* *Aber Jojo reagiert ... Daraufhin provoziert ... (vgl. Z. ...)* *Auch mit ironischen Bemerkungen wie ... (Z. ...)* *Im Verlauf des Gesprächs ändert Jojo ...* *Er sieht ein ... Am Ende ist die Freundschaft ...*

c Schreibt einen Schluss, in dem ihr auf die Bedeutung der Szene eingeht, z. B.: *Für Jojo ist diese Szene besonders wichtig, weil er versteht ... Die Freundschaft der beiden ...*

2 Überarbeitet eure Texte gemeinsam am Computer. Nutzt dazu die Methodenseite „Texte gemeinsam am Computer überarbeiten" (▸ S. 211).

Methode **Eine Dramenszene analysieren und interpretieren**

Schreibt einen Text mit Einleitung, Hauptteil und Schluss. Der Hauptteil gliedert sich so:

1 **Stellung der Szene im Handlungsverlauf:** Wo steht die Szene im Handlungsverlauf? Welche wichtigen Ereignisse sind ihr vorausgegangen?
2 **Inhalt und Thema der Szene:** Worum geht es in der Szene? Was geschieht?
3 **Analyse und Deutung** der Figurenbeziehung und des Dialogs (▸ Merkwissen, S. 199).

Richtig zitieren

Leo nennt Jojo fast liebevoll „Junge“ (Z. 9), worauf dieser jedoch schroff reagiert. Er will nicht so genannt werden (vgl. Z. 10). Sein blaues Auge erklärt er trotzig damit, dass er „gegen die Tür gelaufen“ (Z. 23–25) sei.

1 Beschreibt mit Hilfe des Textes oben, wie man Zitate und Paraphrasen kennzeichnet, z. B.:
Das Zitat steht in ... Danach folgt eine ... in Klammern.
Die Paraphrase (= Umschreibung) steht nicht in ... Da nicht wörtlich zitiert wird, steht vor der Zeilenangabe ein „...“. Diese Abkürzung bedeutet „...“.

2 Verbessert die Schüleranalyse in eurem Heft, indem ihr die unterstrichenen Textstellen aus dem Originaltext korrekt zitiert. Setzt Anführungszeichen und macht Zeilenangaben.
TIPP: Im zitierten Satz entfällt der Schlusspunkt.

Originaltext:

Leo: Ich bin auch sonst stolz auf dich. Wenn ich so klug wie du gewesen wäre, säße ich jetzt nicht hier. Deine Selbstbeherrschung möchte ich haben.
Jojo *lacht:* Kann man lernen, Alter.

Schüleranalyse:

Es tut Jojo gut, dass Leo stolz auf ihn ist. Gerade Selbstbeherrschung war bislang nicht seine Stärke. Aus seiner Erwiderung Kann man lernen, Alter lässt sich bereits ein neues Selbstbewusstsein ablesen.

3 Die markierten Wortgruppen verändern sich im Zitat geringfügig. Zitiert sie mit Hilfe des Tipps rechts korrekt.

A Bei einem blauen Auge ist ein Stück kaltes Fleisch gut.
Leo behauptet, für ein ... (Z. 17) sei Kühlen hilfreich.

B Ich will mit den feigen Schweinen nichts mehr zu tun haben.
Jojo bezeichnet die Mitglieder der Clique als ... (Z. 120 f.).

Änderungen im Zitat:
Kleine Veränderungen an Wörtern werden direkt am Wort kenntlich gemacht, z. B.:
- Auslassung: *„frohe[ ]“*
- Ergänzung oder Änderung: *„frohe[s]“*

Information **Aussagen mit Zitaten belegen**

Wenn ihr einen Text, z. B. ein Drama, analysiert und interpretiert, müsst ihr eure Aussagen mit Zitaten belegen. Erst dadurch werden eure Texte wirklich überzeugend.
Zitate stehen immer in **Anführungszeichen** und werden durch eine **exakte Zeilenangabe** für eure Leser überprüfbar, z. B.:
Man nannte Leo in seiner aktiven Zeit als Boxer den „rote[n] Leo“ (Z. ...).

Texte gemeinsam am Computer überarbeiten

Eure Texte könnt ihr gemeinsam am Computer überarbeiten:

- Verbessert den **Inhalt,** indem ihr z. B. Fehlendes ergänzt und Überflüssiges streicht.
- Verbessert **Sprachliches,** indem ihr z. B. Formulierungen präzisiert.
- Korrigiert **Fehler** z. B. in der Rechtschreibung, der Zeichensetzung und der Zitierweise.

Für eure Arbeit am Computer gibt es **verschiedene Möglichkeiten:**

1. Möglichkeit: Änderungen und Kommentare einfügen

- **Tauscht** eure Textdateien mit einem Lernpartner oder einer Lernpartnerin.
- Aktiviert im Menü Überarbeiten die Funktion Änderungen nachverfolgen. Dadurch werden eure Änderungen im Text sichtbar.
- Nutzt die Funktion Neuer Kommentar, um Hinweise oder Vorschläge zu machen.

Jojo ~~kommt~~ tritt in dieser Szene mit „Sonnenbrille“ (Z. 2) ~~rein~~ auf. Leo fragt Jojo dreimal, was ihm passiert sei (vgl. Z. 7, 9 und 15.).

Kommentar [Valentin]:
Vielleicht könntest du noch auf die Wirkung der Fragen eingehen, z. B.: *Dadurch wird deutlich, dass Leo sich um Jojo sorgt.*

- Nehmt die Hinweise zu eurem Text an oder lehnt sie ab (Funktion Annehmen oder Ablehnen).

2. Möglichkeit: Gemeinsam in einem Dokument schreiben

- **Gebt eure Textdatei** mit Hilfe eines Programms (z. B. ZUMpad, CryptPad, Google Docs, Teams) für einen oder zwei Mitschüler **frei.** Ihr könnt den Text dann gleichzeitigt überarbeiten, weil ihr die Vorschläge aller Gruppenmitglieder auf eurem Bildschirm seht.
- **Diskutiert alle Verbesserungsvorschläge.** Wenn ihr nicht im selben Raum seid, könnt ihr dazu die **Audiofunktion** des Programms nutzen.
- Einigt euch, wer die besprochene **Änderung im Text** vornimmt:
  – Möchte der Autor / die Autorin die Verbesserungen gern selbst vornehmen?
  – Freut sich der Autor / die Autorin, wenn die anderen die Korrekturen vornehmen?

Zoe | Tim

Leo fragt Jojo dreimal, was ihm passiert ist (Z. 7, 9 und 15). Dadurch …

9.3 Fit in … – Eine Dramenszene analysieren und interpretieren

Die Aufgabenstellung richtig verstehen

Stellt euch vor, euch wird in der nächsten Klassenarbeit die folgende Aufgabe gestellt:

Analysiere die Schlussszene des Dramas „Das Herz eines Boxers" von Lutz Hübner.
- Nenne in der Einleitung Autor und Titel und halte kurz fest, worum es in der Szene geht.
- Formuliere den Hauptteil in drei Schritten:
  1. Ordne die Szene in den Handlungsverlauf ein.
  2. Fasse die Szene zusammen.
  3. Analysiere und deute die Figurenbeziehung und das Gesprächsverhalten mit Textbelegen.
- Erkläre zum Schluss, was Jojo durch die Begegnung mit Leo gelernt hat.

Lutz Hübner

Das Herz eines Boxers, Szene 7

In einer spektakulären Aktion will Leo aus dem Altersheim und nach Südfrankreich fliehen. Sein Fluchtversuch scheitert jedoch und er wird mit Medikamenten ruhiggestellt. Deprimiert sieht er den letzten Ausweg im Selbstmord. Doch es wartet noch eine Überraschung auf ihn …

Leo sitzt im Sessel. Eine dicke alte Frau kommt herein: langer Mantel, Hut mit Schleier, Handschuhe.

Leo: Was wollen Sie hier?

Jojo: Das ist doch ne erstklassige Montur, oder?

Jojo nimmt die Perücke ab.

Scheiße, ist das heiß. Kein Wunder, dass die immer so griesgrämig gucken, da läuft einem der Schweiß ja bis in die Schuhe. Das ist ja auch so ne Sache für sich, ich habe mir fast die Haxen gebrochen, aber Turnschuhe wären nicht gegangen, fällt ja auf. Das musst du unbedingt üben, bevor du rausgehst.

Leo: Ich?

Jojo: Ja klar, wer denn sonst? Kapierst du denn nicht? Du ziehst den ganzen Plunder hier an und marschierst zum Bahnhof, Fahrkarte hast du ja schon.

Leo: Das kann ich doch nicht machen.

Jojo: Das ist doch nicht dein Ernst, oder?

Leo: Ich kann das nicht, da schäme ich mich.

Jojo: So, wer will denn jetzt den Helden spielen? Mit nem geklauten Auto vom Gelände rasen, aber nicht auf die Stöckelschuhe wollen. Wer macht denn jetzt auf Männerehre?

Leo: Und wenn sie mich erkennen?

Jojo: Dann kommst du halt auf die geschlossene Frauenstation, ist doch auch mal was anderes.

Ach, mach doch, was du willst, spring aus dem Fenster, lass mich in Ruhe.

Stille. Jojo zündet sich eine Zigarette an.

Leo: Aber ich mach es doch.

Jojo: Na endlich, du bist aber auch ein sturer Bock.

Leo: Ich habs gleich machen wollen.

Jojo: Und warum zickst du dann so rum?

Leo: Sei mir nicht böse, aber es hat mich gefreut, dass du dich so aufregst.

Jojo: Du hast Nerven. Ich reiß mir den Arsch auf und du freust dich.

Leo: Es ist schon lange nicht mehr vorgekommen, dass sich jemand für mich, wie hast du gesagt? – den Arsch aufreißt.

Jojo: Ich hab einfach keine Lust, heute mit meiner Süßen auszugehen und zu wissen, dass sie dich gerade in den Kühlschrank schieben, das hätte mir den Appetit verdorben.

Leo: Warum ist es dir so wichtig, dass ich hier rauskomme?

Jojo: Man kann dich doch hier nicht vergammeln lassen.

Außerdem weiß ich dann, wohin ich im Sommer in den Urlaub fahre, ich wollte schon immer mal nach Frankreich.

Leo: Und was wirst du machen?

Jojo: Heute Abend, na ja, hoffen, dass ich nicht zu früh zu Hause bin.

Leo: Und dann?

Jojo: Irgendwas wird mir schon einfallen, irgendwie seh ich's grade nicht mehr so eng.

Leo: Du kannst eine Menge.

Jojo: Da oben sind ein paar Farbnasen, sonst siehts ganz manierlich aus.

Leo: Nein, hier oben, mach was draus.

Jojo: Du warst eine gute Lektion.

Leo holt die Boxhandschuhe und gibt sie Jojo.

Leo: Hier, damit du die Lektion nicht vergisst.

Jojo: Also, an die Arbeit, junge Frau.

Leo krempelt seine Hose hoch, zieht sich Strümpfe an, den Mantel, staffiert sich aus.

Leo: Wie seh ich aus?

Jojo: Ganz die Frau Mutter. Wenn das nicht klappt, graben wir nächste Woche einen Tunnel.

Leo: Grüß dein Mädchen von mir.

Jojo: Hast du noch irgendeinen Tipp für heute Abend?

Leo: Schmink dir die Lippen ab.

Leo geht, Jojo stellt sich ans Fenster.

Jojo: Bittebittebitte.

Jojo stößt einen Jubelschrei aus. Dann zieht er sich die roten Boxhandschuhe an, macht ein paar Schläge in die Luft.

Okay, Freunde, hier kommt der rote Jojo, was kostet die Welt.

Ab. Musik.

1 **a** Lest die Aufgabenstellung auf Seite 212 aufmerksam durch.

b Besprecht in Partnerarbeit, was von euch erwartet wird.

Analyse und Interpretation vorbereiten: Eine Stoffsammlung anlegen

2 Die folgenden knappen Informationen sind nötig, um die Schlussszene zu verstehen. Ordnet sie, indem ihr die Buchstaben in der richtigen Reihenfolge notiert: B, ...

A Leos erster Fluchtversuch scheitert. Er denkt an Selbstmord.
B Jojo muss bei Leo, der sich im Altersheim eingesperrt fühlt, Sozialstunden leisten.
C Leo hilft Jojo, z. B. bei den Problemen mit der Clique, und Jojo unterstützt Leos Fluchtplan.
D Leo und Jojo fassen schon bald Vertrauen zueinander und entwickeln eine Freundschaft.

3 Fasst den Inhalt der Szene stichpunktartig zusammen.
Beantwortet dazu diese Fragen:
Was will Jojo erreichen? Wie verhält sich Leo im Verlauf der Szene? Wie endet die Szene?
Flucht ermöglichen mit Hilfe ...; zuerst reagiert Leo ..., dann ...; am Ende ...

4 Markiert auf einer Kopie Textbelege zu den folgenden Aussagen.

Jojo ist stolz auf seinen Plan. – Leo reagiert zurückhaltend. – Jojo ist wütend und wirft Leo vor, sein eigenes Lebensmotto zu missachten. – Leo ist glücklich über Jojos Freundschaft. – Jojo nutzt sehr eindrückliche sprachliche Bilder, um Leo seine Hilfe zu erklären. – Leo lobt Jojo. – Jojo spricht eine Art Stoßgebet. – Jojo ist selbstbewusst und blickt positiv in die Zukunft.

Den Text schreiben und überarbeiten

5 **a** Formuliert eine Einleitung, z. B.: In der 7. Szene des Dramas „..." von ... verhilft ...
b Formuliert den Hauptteil.
1. Ordnet die Szene knapp in den Handlungsverlauf ein.
2. Fasst den Inhalt der 7. Szene zusammen.
3. Analysiert und deutet die Beziehung der Figuren sowie ihr Gesprächsverhalten.
– Die 7. Szene steht ... des Dramas. Die Handlung nimmt ihren Anfang ...
– Die vorliegende Schlussszene ... Zu Beginn ... Im Verlauf ... Am Ende ...
– Zunächst ist Jojo der Aktivere. Er ist stolz auf seine „erstklassige" (Z. 5) Idee ...

c Erklärt zum Schluss, welches Lebensmotto Jojo von Leo übernommen hat.

6 Überarbeitet eure Texte mit Hilfe der folgenden Checkliste.

Checkliste | **Eine Dramenszene analysieren und interpretieren**

1 Ist eure **Einleitung** vollständig (Autor/-in, Titel, Thema)?
2 Habt ihr im **Hauptteil**
– die Szene in den **Handlungsverlauf eingeordnet?**
– den Inhalt der **Szene in eigenen Worten zusammengefasst?**
– die **Beziehung der Figuren** und ihr **Gesprächsverhalten analysiert und interpretiert?** Habt ihre eure Aussage dabei mit **Zitaten** (► S. 210) belegt?
3 Habt ihr zum **Schluss** ein Fazit gezogen oder die Bedeutung der Szene erklärt?

10 Immer auf dem Laufenden – Print- und Online-Texte untersuchen

1 Seid ihr immer auf dem Laufenden? Berichtet darüber, wie ihr euch über Neuigkeiten z. B. in Politik, Sport und Musik informiert.

2 Erklärt Unterschiede zwischen Print- und Online-Medien. Geht dabei auch auf die folgenden Stichpunkte ein:

Aktualität • Netzwerke • Multimedia

3 Werft einen Blick in das Jahr 2040 und diskutiert, wie das Informationsmedium der Zukunft aussehen wird: Was wird es alles können? Welche Inhalte und Funktionen wird es anbieten?

In diesem Kapitel …

- lernt ihr journalistische Textsorten in (Online-)Zeitungen kennen,
- untersucht ihr Funktionen und Absichten von Sachtexten,
- schreibt ihr journalistische Texte,
- setzt ihr euch mit Vor- und Nachteilen von Online-Nachrichten auseinander,
- erstellt ihr einen Klassenblog.

10.1 Sachlich, anschaulich oder wertend? – Journalistische Textsorten kennen lernen

Zeitungstypen unterscheiden

1 Welche Titelseite gefällt euch auf den ersten Blick besser? Begründet eure Entscheidung.

2 Vergleicht die Titelseiten der beiden Zeitungen vom selben Tag. Wählt a, b oder c.

●○○ **a** Beschreibt die **Farbigkeit** und den **Anteil von Bild und Text,** z. B.:
Im Vergleich wirkt die rechte Titelseite ... Das liegt daran, dass ...

●●○ **b** Vergleicht die beiden **Schlagzeilen** zum Coronavirus. Geht dabei auf die **Schriftgröße** und auf **sprachliche Unterschiede** ein.

●●● **c** Vergleicht anhand der Überschriften die **Themenvielfalt** in den beiden Zeitungen. Über welche Themen wird informiert? Haltet Unterschiede fest.

d Tragt eure Ergebnisse zusammen und notiert erste Kriterien, anhand derer man eine eher seriöse (ernsthafte) von einer eher „reißerischen“ Zeitung unterscheiden kann.

3 Tauscht euch über eure Erwartungen an einen Zeitungsartikel aus:
Was muss er euch inhaltlich bieten? Wie sollte er geschrieben sein?

4 Bunt = reißerisch? Schreibt unter dem Titel „So einfach ist das nicht!“ eine kurze persönliche Stellungnahme zu dieser Frage.

5 Bringt verschiedene Zeitungen vom selben Tag mit und vergleicht die Titelseiten.

a Legt eine Tabelle nach dem folgenden Muster an und füllt sie stichwortartig aus.

Name der Zeitung	Themen-vielfalt	Titelbild	Schlagzeile	Text/Bild	Farbigkeit
...	Politik, ...	Bundestag	sachlich	ca. 70 % Text	zurück-haltend

b Erstellt anhand eurer Tabelle ein Zeitungsranking von 1 (seriös) bis X (besonders reißerisch).

c Lest das Merkwissen unten und ordnet den Zeitungen bestimmte Zeitungstypen zu, z. B.:
Zeitung ... = überregionale Boulevardzeitung.

6 Gestaltet in Partnerarbeit die Titelseiten einer seriösen und einer „reißerischen“ Zeitung.
Ihr könnt dazu die Schlagzeilen und Bilder aus verschiedenen Zeitungen von einem Tag nutzen.

a Überlegt euch ein Layout (▶ Merkwissen unten) und ordnet die Beiträge auf der Seite an.

b Stellt eure Titelseiten vor und begründet euer Layout sowie die Themenwahl.

Information **Zeitungstypen unterscheiden**

Zeitungen können nach ihrer **Erscheinungshäufigkeit** (Tages- oder Wochenzeitung), nach ihrem **Verbreitungsgebiet** (regional oder überregional) und nach ihrem journalistischen **Anspruch** (seriöse Presse oder Boulevardzeitung) unterschieden werden:
Boulevardzeitungen sind im Gegensatz zur **seriösen Presse** sensationsorientiert und „reißerisch“ aufgemacht (plakative Schlagzeilen, hoher Bildanteil, auffällige Farben, wenig Text), z. B.: *Bild* (überregionale Tageszeitung), *Express* (regionale Tageszeitung).

Die Titelseite einer Zeitung

Die Titelseite soll Leser und Leserinnen **schnell über inhaltliche Schwerpunkte informieren.** Damit die Themenvielfalt einer Zeitung auf der Titelseite abgebildet werden kann, werden die Texte unter der Überschrift oft nur angerissen. Ausführlichere Darstellungen folgen dann im Innenteil der Zeitung.
Jede Zeitung hat ihr eigenes **Layout.** Die folgenden Elemente finden sich jedoch auf den meisten Titelseiten: **Zeitungskopf** (Name, Ausgabennummer, Datum, Preis), **Schlagzeile** (auch Headline genannt), Titelbild, Aufmacher (zentraler Artikel der Zeitung), **Nachrichten.**

Für jeden etwas – Die Ressorts einer Zeitung

A
Serena Williams erreicht das Halbfinale

Serena Williams hat beim Grand-Slam-Turnier in Wimbledon erneut das Halbfinale erreicht. Die 37-Jährige aus den USA …

B
Ursula von der Leyen in Äthiopien

Die erste Dienstreise außerhalb Europas führt die neue EU-Kommissionspräsidentin nach Äthiopien …

C
Das Elektroauto kommt

Fahrzeuge mit Hybrid- oder Elektroantrieb werden immer häufiger gekauft. Noch ist ihr Marktanteil zwar gering, aber die Unternehmen rechnen in der Zukunft mit deutlichen Steigerungen.

1 a Ordnet die Artikelanfänge je einem Ressorts (Themenbereich) zu. Notiert z. B.: A = …

Politik | Kultur | Sport | Wirtschaft | Lokales

b Welches Ressort interessiert euch am meisten, welches am wenigsten? Begründet.

2 Entwerft Schlagzeilen und Texte für die Ressorts einer Zeitung. Wählt a, b oder c.

●○○ a Formuliert **eine eigene Schlagzeile** für die Bereiche **Politik, Sport** und **Kultur,** z. B.:
Kultur: Der neue … füllt alle Kinosäle.

●●○ b Formuliert für die Bereiche **Politik** und **Lokales Schlagzeilen** und **Artikelanfänge.**
TIPP: Die Artikelanfänge oben können euch als Vorbild dienen.

●●● c Formuliert für **Wirtschaft, Kultur** und **Sport Schlagzeilen** und **Artikelanfänge.**

d Stellt euch eure Ergebnisse gegenseitig vor und begründet, weshalb es sinnvoll ist, eine Zeitung in verschiedene Ressorts zu gliedern.

3 Seht euch Online-Zeitungen an und beantwortet dann die folgenden Fragen:
- Wo findet ihr die Ressorts auf der Startseite?
- Welche Ressorts bietet die Zeitung an? Lässt sich ein thematischer Schwerpunkt erkennen?
- Gibt es Ressorts, die sich speziell in Online-Zeitungen finden? Wie heißen diese Ressorts und warum finden sie sich nicht oder seltener in Printausgaben?

Information **Die Ressorts (Themenbereiche) einer Zeitung**

Zeitungen sind in verschiedene Themenbereiche gegliedert, die man „Ressorts“ nennt. Wichtige Bereiche sind **Politik, Wirtschaft, Sport, Kultur** (auch „Feuilleton“ genannt) und **Lokales.** Die einzelnen Ressorts werden in den unterschiedlichen Abteilungen der Zeitungsredaktion bearbeitet.
Neben den klassischen Themenbereichen gibt es in **Online-Zeitungen** häufig Ressorts, die beispielsweise „Digital“ oder „Netzwelt“ heißen. Hier finden sich die aktuellsten Nachrichten rund um die Themen „Computertechnik“, „Medien“ und „Internet“.

Journalistische Textsorten unterscheiden

Der Zeitungsbericht – Sagen, was ist!

Tornado fegt durch Eifel-Gemeinde – Dächer abgedeckt

A *ROETGEN, 14.03.2019. Es war ein Tornado: Ein kurzer, heftiger Sturm hat in Roetgen in der Eifel 40 Häuser beschädigt und Dächer abgedeckt. Fünf Menschen wurden verletzt.*

B Ein Tornado hat in der Eifel-Gemeinde Roetgen an der Grenze zu Belgien Dächer abgedeckt und rund 40 Häuser beschädigt. „Zehn Häuser davon sind nicht mehr bewohnbar", sagte ein Sprecher der Feuerwehr-Einsatzleitung in der Städteregion Aachen am Mittwochabend. „Fünf Menschen sind leicht verletzt worden, vier von ihnen wurden im Krankenhaus behandelt."

C In der Grundschule in Roetgen wurde eine Betreuungsstelle eingerichtet. Die Feuerwehr schätzte, dass etwa 30 Menschen vorübergehend eine andere Unterkunft brauchten. Viele Menschen seien aber für die Nacht bei Bekannten untergekommen, sagte Bürgermeister Jorma Klauss (SPD). Außerdem habe ein Roetgener Hotelier für die Betroffenen kostenlos seine Zimmer angeboten. Natürlich habe der Sturm die 8600-Einwohner-Gemeinde hart getroffen. „Aber wir sind gefasst, bei uns bricht keine Panik aus", sagte Klauss.

D Feuerwehr und Rettungsdienst waren mit mehr als 200 Kräften im Einsatz. Der Deutsche Wetterdienst (DWD) bestätigte, dass es sich bei dem starken Unwetter um einen Tornado gehandelt hat. „Solche Windhosen sind zwar selten, können aber immer mal wieder aufkommen – selbst in Mitteldeutschland", sagte eine DWD-Sprecherin.

E Unter Tornados verstehen Wetterkundler eine Luftsäule mit Bodenkontakt, die um eine mehr oder weniger senkrecht orientierte Achse rotiert und sich dabei unter einer tiefen Wolkenbasis befindet.

1 Fasst in wenigen Worten zusammen, worüber berichtet wird.
Überlegt dann, welcher Abschnitt des Berichts eurer Zusammenfassung am meisten entspricht.

2 Ein Bericht beantwortet die wichtigsten W-Fragen.
a Beantwortet die W-Fragen rechts mit Hilfe des Textes in Stichworten.
b Untersucht:
– Welche W-Fragen werden schon am Anfang des Textes beantwortet?
– Welche W-Fragen werden ausführlicher beantwortet? Überlegt, warum.

W-Fragen:
Wann? Wo?
Wer? Was?
Welche Folgen?

3 Untersucht den Aufbau des Berichts im sogenannten Lead-Stil. Wählt a, b oder c.

●○○ a **Beschreibt** den **Aufbau,** indem ihr in den folgenden Sätzen ergänzt, welche **Funktion** der Vorspann (Lead) und der Haupttext haben.
Die Schlagzeile liefert die Basisinformationen. Der Vorspann (= Textabschnitt A) fasst ... zusammen. Der Haupttext stellt ... dar.

●●○ b **Erklärt,** warum es besonders in Abschnitt B zu inhaltlichen **Wiederholungen** des Vorspanns (Lead) kommt. **TIPP:** Versetzt euch in die Leser und Leserinnen des Berichts.

●●● c **Erläutert,** was man unter **Lead-Stil** versteht. **TIPP:** Der vorliegende Bericht und die Bedeutung des englischen Wortes „Lead" können euch dabei helfen.

d Überprüft eure Ergebnisse gemeinsam mit Hilfe der Lead-Stil-Pyramide im Merkwissen unten.

4 a Beschreibt die sprachliche Gestaltung des Textes und benennt seine Funktion, z. B.:
Der Text besteht überwiegend aus ... Sätzen. Die Sprache ist ... Das passt zur Funktion des Textes, denn der Bericht will seine Leserinnen und Leser im Wesentlichen ...

b Notiert, welcher Abschnitt des Textes am deutlichsten eine erklärende Funktion hat und euch so auch in einem Sachbuch begegnen könnte.

c Berichte sollen darüber informieren, was tatsächlich vorgefallen ist, d. h., sie sollen objektiv sein. Diskutiert, welche Grenzen der Objektivität es gibt.

MK **5** Als Online-Bericht enthält der Text ein Video und einige Links (blau unterstrichen). Welche Vorteile haben diese Funktionen aus eurer Sicht? Begründet eure Meinung.

⊕ **6** Lest das Merkwissen und nehmt dann Stellung zu der Frage, ob ein Online-Bericht der Definition eines Print-Berichts eigentlich noch entspricht, z. B.: Ich denke, ..., weil ...

Information **Der Bericht**

Ein Zeitungsbericht **informiert knapp und sachlich über ein aktuelles Ereignis.**
Er beantwortet zu Beginn die wichtigsten W-Fragen und berichtet dann über die näheren Einzelheiten des Ereignisses. Diesen Aufbau nennt man **Lead-Stil:** Die **wichtigsten Informationen stehen am Anfang.**

Zeitungsberichte enthalten oft knappe erklärende Passagen, die den Sachverhalt erläutern. Dies kann z. B. auch über Zitate von Experten und Betroffenen geschehen, die zudem der Glaubwürdigkeit dienen und den Bericht lebendiger wirken lassen.

Die Nachricht oder **Meldung** ist die „kleine Schwester" des Berichts. Sie ist ganz knapp und verzichtet auf weiterführende Detailinformationen.

Online-Berichte sind häufig **multimedial,** enthalten z. B. kurze Videos und **Links,** die eine eingehendere Beschäftigung mit dem Ereignis ermöglichen.
(▸Nachrichten in interaktiven Medien, S. 229)

Die Reportage – Informationen zum Anfassen?

Verena Mayer

Am Wasser gebaut

In Berlin, Hamburg und Leipzig entstehen ganze Siedlungen mit Hausbooten. Für manche Bewohner sind die schwimmenden Häuser ein Ausweg – für andere ein Albtraum.

A Sobald Uta Eisenhardt ihre Berliner Wohnung betritt, ist sie im Urlaub. Direkt auf dem Wasser, vor ihrem Küchenfenster, kräuselt sich graublau der Fluss. Enten und Schiffe ziehen vorbei, und wenn Eisenhardt im Bett liegt, hört sie, wie die Wellen gegen ihre vier Wände schwappen. Dabei wohnt Eisenhardt mitten in der Großstadt. Dass das Leben hier wie auf einer Urlaubsinsel ist und zugleich auf eine Weise urban[1], liegt an Eisenhardts Wohnung. Ein Schiff, 32 Meter lang, hundert Tonnen schwer, die „Helene". Vier Zimmer, Wohnküche, Terrasse, fest verankert in bester Hauptstadtlage.

B Hausboot – das klingt erst einmal sehr speziell. Nach Aussteigern und Abenteuer. Doch auf den Hausbooten leben inzwischen meistens Städter. Grund dafür sind die Metropolen selbst, die teurer und vor allem voller werden. Wenn es nach den Zukunftsprognosen geht, werden in wenigen Jahrzehnten 80 Prozent der Weltbevölkerung Städter sein. Das wiederum verlangt nach immer ausgefalleneren Wohnformen. Man bezieht aufgelassene Schlachthöfe, ehemalige Flughafengebäude oder alte Bunker aus dem Krieg. Und jetzt sind eben die Schiffe dran. Nur: Wie lebt man dauerhaft auf einem Boot? Sind Schiffe der Ausweg aus der Wohnungsnot oder ein Zeichen dafür, dass die Metropolen keinen Plan mehr haben, wie sie ihre Bewohner unterbringen sollen?

C Uta Eisenhardt wuchtet eine schwere Schiffstür auf und geht durch einen engen Flur, in dem es nach Metall riecht. Ein Bad, ein

begehbarer Schrank, zwei Kinderzimmer, und dann steht man in einem riesigen Raum, der mehr von einer Dachgeschosswohnung hat als von einer früheren Kajüte. Holzboden, Kamin, ein helles Sofa, offene Küche, durch große Fenster und das halb verglaste Dach fällt Licht herein. Dass man auf einem Schiff ist, merkt man nur daran, dass die Wellen im Sonnenlicht tanzende Schatten an die Wände werfen. Und wenn draußen ein Ausflugsboot vorbeibrettert, schwankt die Lampe über dem Esstisch hin und her. Eisenhardt, 47, beginnt auch gleich zu schwärmen. Von der Freiheit, die man auf einem Schiff hat, von der Nähe zur Natur. Und wie sie es im Winter knacken hört, wenn der Fluss zufriert, bis er ein einziger Teppich aus Eis und Schnee ist. Eisenhardts Sohn, 14, sitzt währenddessen mit dem Smartphone auf dem Sofa. Er blickt kurz auf und sagt, dass das Leben auf dem Schiff eigentlich ganz normal sei. Und seine Kumpels und Schulfreunde – beneiden ihn die nicht? Bevor man noch überlegen kann, was wohl die Nachteile einer

1 urban: städtisch

Wohnform sein könnten, die schön und verhältnismäßig günstig ist und durch Solarzellen und ein eigenes Windrad auch noch energieautark[2], hat er schon geantwortet. „Das langsame Internet hier ist echt krass.“ Aha, na gut. Uta Eisenhardt fallen noch ein paar andere Dinge ein. Dass sie nie gleichzeitig den Toaster und die Waschmaschine anstellen darf, weil das die Schiffsbatterie nicht schafft. Um ihre Abwässer loszuwerden, müssen sie ein Entsorgungsschiff kommen lassen. Und da ist noch die viele Arbeit, „das ist wie ein Haus, da ist immer etwas“. Reparaturen, Bürokratie, und die Erlaubnis, an ihrem Liegeplatz zu sein, müssen sie jedes Jahr neu beantragen.

D Inzwischen sind Hausboote Teil der Stadtplanung. Deutsche Kommunen setzen auf schwimmende Häuser, Wasser gibt es ja meistens selbst dort, wo der Wohnraum knapp ist. In der Hauptstadt, in die jedes Jahr 50 000 Leute neu zuziehen, wächst in der Rummelsburger Bucht gerade eine ganze Wasserstadt aus dem Boden. Jedes bewohnbare Fleckchen soll dort genützt werden. Und mitten auf dem Wasser könnten irgendwann Lofts schwimmen, aus Holz und Glas, die auf Beton-Pontons[3] aufgesetzt werden. Die Nachfrage sei riesig, sagt Christian Sternke. Er vertreibt Hausboote für eine Berliner Firma. Eigentlich sei das Phänomen alt. Städter hätten immer mal wieder auf Booten gewohnt. Als nach dem Krieg alles zerstört war, richteten sich viele übergangsweise auf alten Schiffen ein. Neu sei jedoch die Klientel[4]. Das seien keine Aussteiger mehr, sagt Sternke. Sondern durchwegs „sehr betuchte Leute“, die für ein schwimmendes Haus auch schon mal eine Million Euro hinlegen. Das Wohnschiff ist die neue Villa. Meine Frau, mein Auto, mein Hausboot.

Alternativ Wohnen:
Mehr als 80 % können sich das vorstellen

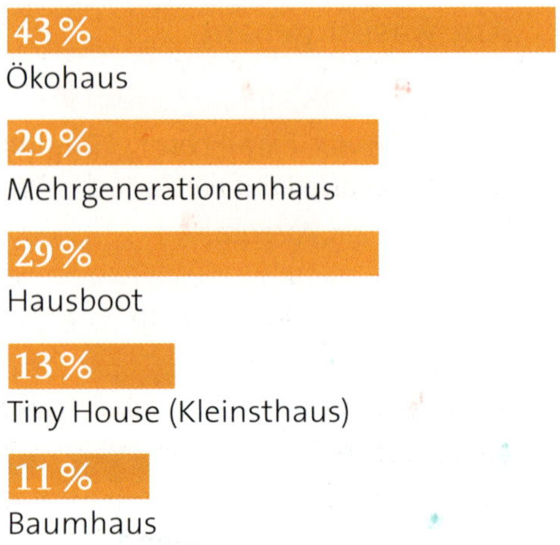

E Doch das Leben auf dem Wasser kann auch ein Albtraum sein. In London etwa. Die Leute auf den Kähnen sind oft nicht freiwillig hier, sondern weil sie sich in London keine andere Unterkunft mehr leisten können. Selbst wenn sie aus der urbanen Mittelschicht kommen. Es sind inzwischen so viele, dass die Hausboote dicht gedrängt in zwei Reihen nebeneinanderliegen.

F In Berlin sitzt die Familie Eisenhardt jetzt auf der Terrasse ihres Schiffs. Felix Eisenhardt erzählt, dass er demnächst seine Arbeit aufs Wasser verlegen möchte. Er ist gerade dabei, ein Schiff zu bauen, auf dem man Konferenzen und Meetings abhalten kann. Die Schiffe werden dann wohl auch in der Hauptstadt zum Alltag gehören. Jedenfalls, solange die Boote nicht voll sind.

2 energieautark: unabhängig von fremder Energie
3 der Beton-Ponton: schwimmender Hohlkörper
4 die Klientel: die Kundengruppe

1 Könnt ihr euch ein Leben auf dem Hausboot vorstellen? Tauscht eure Gedanken dazu aus.

2 Lest die Reportage gründlich und erläutert, warum ein Hausboot sowohl Ausweg als auch Albtraum sein kann.

3 a Weist nach, dass Reportagen sachlich informativ, aber auch anschaulich und lebendig sind. Ordnet dazu jedem Textabschnitt eine der folgenden Funktionen zu, z. B.:
– eher veranschaulichend und lebendig: Absätze A, ...
– z. B. durch Erklärungen und Hintergrundinformation eher sachlich: Absätze ...
b Diskutiert, ob die Reportage für euch eher der Information oder der Unterhaltung dient.

4 a Erklärt, was eine Reportage im Unterschied zu einem Bericht ausmacht. Geht dabei auch auf die Rolle der Reporterin, Verena Mayer, ein, z. B.:
Ein Bericht beschränkt sich ... Die Reportage dagegen ...
Während der Autor / die Autorin in einem Bericht unsichtbar bleibt, ...
b Welche Textsorte entspricht euren Vorlieben eher: Bericht oder Reportage? Begründet.

5 Als Leser/Leserin live am Ort des Geschehens: Untersucht, wie es der Reportage gelingt, dieses Gefühl zu erzeugen. Wählt a, b oder c.
●○○ a Notiert Textstellen, die es den Lesern/Leserinnen ermöglichen, den Besuch auf dem Hausboot **mit allen Sinnen** mitzuerleben, z. B.: sehen: kräuselt (Z. 7), ... / hören: ...
●●○ b Schreibt aus Absatz C **sprachliche Mittel** heraus, die der Veranschaulichung dienen. Notiert drei Adjektive/Partizipien, fünf ausdrucksstarke Verben und zwei sprachliche Bilder.
●●● c Erklärt die **Funktion von Absatz A.** Geht dabei auch auf die Zeitform **Präsens** ein, z. B.:
Der erste Absatz führt die Leser/Leserinnen ... Die Zeitform Präsens verstärkt das Gefühl ...
d Besprecht anhand euer Ergebnisse, ob die Reportage euch ein Live-Gefühl vermittelt hat.

6 a Notiert in einem Satz, worüber das Diagramm informiert.
b Haltet fest, zu welchem Textabsatz das Diagramm genauere Informationen liefert.

7 Bearbeitet den Text für eine Online-Veröffentlichung. Schreibt dazu aus Abschnitt D Wörter und Textstellen heraus, die ihr verlinken würdet. Begründet eure Wahl.

Information **Die Reportage**

Eine **Reportage informiert in besonders anschaulicher Weise über ein Ereignis.**
Der **Reporter** schreibt aus seiner **subjektiven Sicht,** als Augenzeuge des Geschehens.
Er gibt dabei seine persönlichen Eindrücke und oft auch seine Empfindungen wieder.
- Reportagen **führend direkt in eine interessante Szene ein** (szenischer Einstieg, Schilderung einer Situation), sodass die Neugier der Leser/Leserinnen geweckt wird.
- Eine Reportage enthält **sachliche Informationen** (Beantwortung der W-Fragen), gibt aber auch die **persönliche Sichtweise** des Reporters / der Reporterin wieder.
- Die Reportage vermittelt Lesern und Leserinnen das Gefühl, **live an einem Geschehen** teilzuhaben. Deshalb beschreibt der Reporter die **Atmosphäre und Stimmung vor Ort und schildert seine Wahrnehmungen.** Zitate von Personen und eine bildhafte Sprache (ausdrucksstarke Verben, Adjektive, sprachliche Bilder) sorgen für **Anschaulichkeit.**
- Reportagen können die **Zeitform wechseln.** Das **Präsens** vermittelt Lesern und Leserinnen den Eindruck, direkt vor Ort dabei zu sein.

Der Kommentar – Informativ, urteilend oder abwägend?

von Hendrik Lünenborg

E-Scooter – eine gute Alternative?

327

Elektro-Tretroller: Sie erschienen wie aus dem Nichts, gehören seit einigen Tagen aber zum Innenstadtbild dazu. Die Anbieter von Leih-Rollern waren gut vorbereitet, denn sie erwarten in Hamburg ein gutes Geschäft und geben mächtig Gas. Doch die Erfahrung in anderen Städten zeigt: Ganz unproblematisch ist der Einsatz der kleinen Zweiräder nicht.

Es macht wirklich wahnsinnig viel Spaß, mit den elektrischen Rollern zu fahren. Keine Frage. Ich finde es selbst toll. Aber die Flitzer sind ganz sicher kein substanzieller Beitrag zur Verkehrswende. Und ich frage mich auch, ob die Roller einen Beitrag zum Klimaschutz leisten. Denn für welche Strecken werden sie voraussichtlich genutzt? Wahrscheinlich für die kurzen Wege, die man bislang zu Fuß oder mit dem Fahrrad zurückgelegt hat. Beides sind die deutlich umweltfreundlicheren Alternativen.

In Amerika fahren die E-Scooter schon länger und es hat sich gezeigt, dass Sie nicht besonders lange halten. Sie werden vom flotten Flitzer schnell zum Elektroschrott. Für ein reines ökologisches Gewissen sind die Dinger nichts. Aber jetzt sind sie da und wir müssen uns mit diesem Trend beschäftigen. Aus anderen Großstädten wissen wir, dass dort die Elektro-Tretroller auf Gehwegen und in Parks großes Chaos verursacht haben.

Mittlerweile hat zum Beispiel Paris reagiert: Wer mit seinem Tretroller auf dem Gehweg erwischt wird, der muss ab Montag 135 Euro Strafe zahlen, falsches Parken kostet 35 Euro. In den ersten Tagen habe ich viele Tretroller auf Gehwegen gesehen – das ist natürlich

nicht erlaubt. Sie gehören auf den Radweg oder auf die Straße. Deutschland wäre nicht Deutschland, wenn nicht auch alles gut geregelt wäre. Es gilt jetzt die Elektrokleinstfahrzeuge-Verordnung, die ebenfalls Bußgelder vorsieht. Fahren auf dem Gehweg kostet demnach 15 Euro. Mal abwarten, wie abschreckend das ist.

Die Stadt Hamburg darf nicht abwarten und muss sich ab sofort intensiv mit den Folgen der bevorstehenden Roller-Invasion beschäftigen. Dazu gehören auch intensive Kontrollen, damit erst gar kein Chaos entsteht. Und wem es wirklich um Nachhaltigkeit geht, der nutzt für kurze Strecken einfach das Rad oder noch besser: seine Füße. Letzteres ist seit Jahrtausenden erprobt und in Wahrheit ist das auch viel hipper und cooler als ein Tretroller.

1 **a** Erklärt, welche Meinung der Autor, Hendrik Lünenborg, in seinem Kommentar vertritt: Ist er für oder gegen Elektro-Roller?

b Ist der Text im Kern informativ, abwägend oder urteilend? Begründet eure Meinung.

2 Untersucht, wie der Autor seine Position vertritt. Wählt a, b oder c.

●○○ **a** Benennt **das Gegenargument,** mit dem der Autor seinen Kommentar einleitet.

●●○ **b** Schreibt **Argumente** heraus, **mit denen der Autor seine Position stützt,** z. B.:
Der Autor weist darauf hin, ... Außerdem führt er an, ...

●●● **c** Notiert **zwei Apelle,** die der Autor im letzten Absatz formuliert.

d Stellt eure Ergebnisse vor und tauscht euch darüber aus, ob der Autor seine Position überzeugend vertritt oder nicht. Leuchtet der Aufbau des Textes euch ein?

3 Vergleicht die Textsorte Kommentar mit dem Bericht (▸ S. 220) und der Reportage (▸ S. 223), indem ihr jeder Textsorte eines der folgenden Adjektive zuordnet:

anschaulich • sachlich • wertend

4 Formuliert selbst einen knappen Kommentar zu einem aktuellen Trend eurer Wahl.
Ihr könnt auch einen Vorschlag aus dem Kasten unten wählen.

Noice-Cancelling-Kopfhörer •
Das digitale Klassenzimmer •
Immer mehr Pay-TV

5 Erklärt die Bedeutung der Symbole (▸ S. 224) neben der Überschrift des Textes.

6 Formt den Kommentar in ein Interview um und filmt das Interview dann als Video.

a Formuliert passende Fragen und Antworten, z. B.:
Frage: Herr Lünenborg, Sie streiten doch nicht ab, dass E-Rollern Spaß macht, oder?
Lünenborg: Um Himmels willen, nein! Ich fahre ja selbst ganz gerne. Aber ...
Frage: Das müssen Sie mir genauer erklären.
Lünenborg: ...

MK

b Filmt das Interview mit dem Handy. Arbeitet zu dritt (Interviewer, Autor, Kameramann).

c Stellt eure Videos vor und diskutiert, ob und wie sich Interview und Kommentar unterscheiden.

Information **Der Kommentar**

Ein Kommentar ist **ein wertender Text,** in dem ein namentlich genannter Autor zu einem aktuellen Thema Stellung bezieht und **seine persönliche Meinung äußert.**
Der Autor erläutert die Bedeutung seines Themas, erklärt Zusammenhänge und setzt sich mit unterschiedlichen Meinungen argumentativ auseinander. Ziel des Kommentars ist es, **Leser und Leserinnen dazu anzuregen, sich eine eigene Meinung** zum Thema **zu bilden.**
Typisch für **Online-Veröffentlichungen** ist die **Interaktivität.** Leser und Leserinnen können einen Artikel z. B. in sozialen Netzwerken teilen oder direkt kommentieren.

Die Glosse – Überzeugen oder provozieren?

Von Tina Stommel

Der Selfie-Stick: Ich! Ich! Ich!

Auf die Gefahr hin, dass alle Selfie-Fans jetzt schreiend das Browserfenster schließen: Ich mag sie nicht – die Selfies nicht und auch nicht die, die Selfies ständig und überall machen.

Noch weniger mag ich die, die in unzähligen Posen in ihre Smartphone-Kamera gucken, um hernach Stunden damit zu verbringen, das Ergebnis zu bearbeiten, bis das Selbstporträt von Pickel, Stirnfalte, Zahnlücke befreit ist. Dann wird es prompt gepostet, irgendwo, Hauptsache veröffentlicht, und schon weiß jeder – ja, was? Dass man lebt? Dass man tatsächlich in Paris ist, weil man es geschafft hat, über dem „Mir geht's supa!“-Grinsen auch noch irgendwo links oben den Eiffelturm abzubilden?

Das schafft der Selfie-Stick. Wenn Sie jetzt fragen: „Selfie-was?“, dann zählen Sie zu den 20 Prozent der Deutschen, die laut einer Umfrage noch nichts von den Stangen wissen, die das Handy in höchste Höhen heben, um neben dem Hauptmotiv – „Ich! Ich! Ich!“ – auch den Rest aufs Bild zu kriegen.

Laut Umfrage finden 68 Prozent der Deutschen die Sticks peinlich. In den USA liegt die Peinlichkeitsgrenze höher. Schon mal von der „Selfie-Brush“ gehört? Das ist eine Bürste (nur in den USA erhältlich), die man ans Handy klemmt. Um sich, jawohl, die Haare zu bürsten – jederzeit, weil das Handy ja so sicher bei einem ist wie das Haar auf dem Kopf. Wer das braucht? Selfie-Fans im Wind, ist doch klar!

1 Haltet fest, welche Meinung die Autorin in ihrer Glosse vertritt. Führt Textbelege an.

2 Eine Glosse darf provozieren und übertreiben. Nennt Textstellen, die dies belegen. Achtet z. B. auf die Wortwahl und die Art, in der die Leser und Leserinnen angesprochen werden.

3 Definiert die Textsorte „Glosse“. Grenzt sie dabei vom Kommentar (▸ S. 225) ab und beschreibt auch ihre Funktion. Was will eine Glosse erreichen? Will sie überzeugen oder provozieren?

⊕ **4** Verfasst entweder einen Leserbrief, in dem ihr zu der vorliegenden Glosse Stellung nehmt, oder eine eigene Glosse zu einem Thema, das euch wirklich aufregt.

Information **Die Glosse**

Die Glosse ist ein **kurzer, pointierter** (zugespitzter) Meinungsbeitrag zu einem Thema. Im Unterschied zum Kommentar (▸ S. 225) verzichtet die Glosse auf eine überzeugende Argumentation und ist betont subjektiv. Ihre Sprache ist **humorvoll, spöttisch, ironisch;** ein beliebtes **Stilmittel** ist die **Übertreibung.** Die Glosse provoziert, denn sie will Leser und Leserinnen wachrütteln, zum Schmunzeln, aber auch zum Nachdenken bringen.

Online – Vor- und Nachteile interaktiver Nachrichten

Online-Zeitungen – Verändert sich das Lesen?

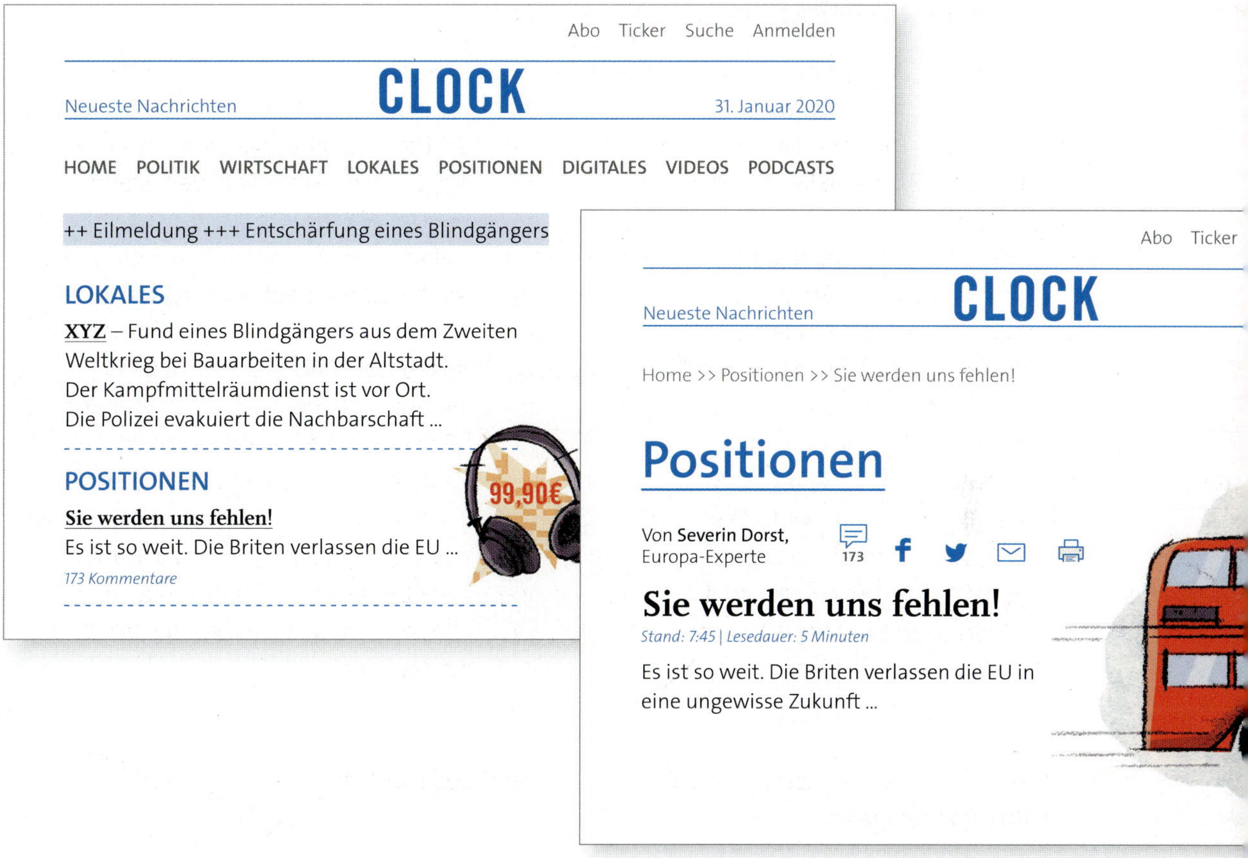
Abo Ticker Suche Anmelden

Neueste Nachrichten **CLOCK** 31. Januar 2020

HOME POLITIK WIRTSCHAFT LOKALES POSITIONEN DIGITALES VIDEOS PODCASTS

++ Eilmeldung +++ Entschärfung eines Blindgängers

LOKALES

XYZ – Fund eines Blindgängers aus dem Zweiten Weltkrieg bei Bauarbeiten in der Altstadt. Der Kampfmittelräumdienst ist vor Ort. Die Polizei evakuiert die Nachbarschaft ...

POSITIONEN

Sie werden uns fehlen!

Es ist so weit. Die Briten verlassen die EU ...

173 Kommentare

99,90€

Abo Ticker

Neueste Nachrichten **CLOCK**

Home >> Positionen >> Sie werden uns fehlen!

Positionen

Von **Severin Dorst**, Europa-Experte

173

Sie werden uns fehlen!

Stand: 7:45 | Lesedauer: 5 Minuten

Es ist so weit. Die Briten verlassen die EU in eine ungewisse Zukunft ...

1 Orientiert euch auf der Startseite der Online-Zeitung und beantwortet die folgenden Fragen:
- **a** Welche Ressorts (= graue Schrift) verweisen auf ein multimediales Angebot?
- **b** Welches Element verdeutlicht, dass die Seite ständig aktualisiert wird?
- **c** Welche weiteren Elemente findet ihr, die für ein Online-Angebot typisch sind? Notiert sie und erklärt ihre Funktion, z. B.: *Suchfunktion → gezielte Recherche; Links → ...*
- **d** Welcher unterstrichene Link führt von der Titelseite auf die Online-Seite rechts?

2 Eilmeldungen, Links, Werbung: Erklärt, wie Online-Zeitungen das Lesen verändern. Bestehen aus eurer Sicht Vorteile oder Gefahren?

3 Erläutert, welche Möglichkeiten die Symbole auf der Online-Seite rechts den Lesern bieten, z. B.: *Durch die Kommentarfunktion ... Die folgenden drei Funktionen ermöglichen es, ...*

4 Diskutiert Vor- und Nachteile der Kommentarfunktion. Überlegt, warum diese Funktion häufig genutzt wird, und warum manche Online-Zeitungen diese Funktion einschränken.

5 Netiquette (Benimmregeln) im Internet! Begründet die Wichtigkeit dieser Forderung.

Soziale Netzwerke – Zuverlässige Nachrichten?

1 Auch soziale Netzwerke bieten aktuelle Nachrichten.

a Wie lautet die Nachricht auf dem Handy?

b Notiert, aus welchen beiden Bausteinen die Nachricht besteht, z. B.: *Aus einer kurzen Textnachricht und …*

c Benennt alle Online-Elemente und Funktionen, die ihr auf dem Handybildschirm erkennt, z. B.: *Video, Like-Button, …*

2 **a** Lest Marias Kommentar und erklärt, wie er sich auf die Nachricht bezieht, z. B.: *Maria geht davon aus, dass es infolge der Bombenentschärfung zu … Deshalb fragt sie, ob …*

b Erläutert anhand von Marias Kommentar, welchen Vorteil die Kommentarfunktion für sie und andere Nutzer hat.

3 **a** Beschreibt anhand von „CLOCK" (▸ S. 227) und der Nachricht oben, wie sich die Berichterstattung in einer Online-Zeitung und auf einem Handy unterscheiden.

b Wie schätzt ihr die Zuverlässigkeit von Handynachrichten ein? Diskutiert.

4 Ständig und überall auf dem Laufenden: Tauscht euch darüber aus, ob das Smartphone mit seinen Möglichkeiten der Informationsbeschaffung euren Alltag beeinflusst.

⊕ **5** In sozialen Netzwerken geht es nicht um die Nachricht, sondern um ihre Verbreitung. Stimmt ihr dieser Behauptung zu? Nehmt begründet Stellung.

Nachrichtenvideos – Ergänzung oder Ersatz?

1 a Haltet Unterschiede zwischen einem Zeitungsartikel und einem Nachrichtenvideo fest. Ergänzt dazu die folgende Tabelle in eurem Heft.

	Zeitungsartikel	Nachrichtenvideo
Art der Rezeption (= Aufnahme)	...	sehen und hören
Darstellungsart	Text	...
Anschaulichkeit	...	hoch
Dauer der Rezeption (vermuteter Durchschnitt)	...	...

b Informiert ihr euch lieber mit Hilfe eines Textes oder eines Videos? Begründet eure Antwort.

c Diskutiert, ob audiovisuelle Nachrichten Textbeiträge ergänzen oder ersetzen können.

2 Seht euch verschiedene Nachrichtenvideos zu einem aktuellen Thema an, z. B. von Online-Zeitungen oder auf Videoportalen.

a Vergleicht die Art der Präsentation.

b Legt gemeinsam einen Kriterienkatalog für eine zuverlässige Nachrichtenquelle fest.
Autor/Urheber: ... Geprüft von: ...

3 Dreht selbst ein kurzes Nachrichtenvideo zu einem aktuellen Thema eurer Wahl. Stellt euer Video in der Klasse vor und lasst euch ein Feedback geben.

Information **Nachrichtenvermittlung in interaktiven Medien**

- **Interaktivität:** Leser und Leserinnen von **Online-Formaten** können **selbst aktiv** werden, indem sie z. B. eine Nachricht **kommentieren** (Kommentarfunktion) oder **teilen** (direkte Verlinkung mit sozialen Netzwerken). Außerdem können sie sich umfassender über ein Thema informieren, indem sie weiterführenden **Links** (Hyperlinks) folgen. **Suchfunktionen** ermöglichen zudem eine gezielte Recherche nach bestimmten Inhalten.
- **Multimedialität:** Die meisten Online-Formate, die Nachrichten vermitteln, bieten auch **Bild- und Audiobeiträge** an.
- **Vor- und Nachteile:** Neben vielen Vorteilen gibt es auch einige Gefahren. Die **Kommentarfunktion** in Online-Zeitungen oder in sozialen Netzwerken wird zum Beispiel häufig für verbale Übergriffe und – meist anonyme – Hassbotschaften missbraucht. Die **Netiquette** (► S. 237) im Internet sollte immer befolgt werden. Grundsätzlich sollte geprüft werden, ob die **Quelle** einer Nachricht **seriös** ist: Wer hat die Nachricht verfasst? Wurden die Inhalte von einer Redaktion geprüft?

Eine Online-Reportage verstehen und zusammenfassen

Von Annika Jensen

Auf Tour mit der Potsdamer Tafel

A Im Transporter liegen 200 leere schwarze Klappkisten. Bereit, gefüllt zu werden. Vorne steigen Carsten Stegemann und Kathrin Killat ein. Sie machen sich um acht Uhr morgens in der Drewitzer Straße auf den Weg zu den Supermärkten in Potsdam und im Umland. Die beiden sind für die Potsdamer Tafel unterwegs. Ihre Mission: all die leeren Klappkisten mit Lebensmitteln befüllen. Lebensmittel, die für einige Menschen in der Landeshauptstadt im Supermarkt kaum erschwinglich sind.

B „Die Geschäfte koordinieren immer exakter“, sagt Carsten Stegemann. Der 54-Jährige fährt nicht nur. Er leitet auch das mobile Team, das aus 20 Fahrern besteht. In den Supermärkten sei inzwischen alles automatisiert. „Die Ware, die rausgeht, wird sofort nachbestellt“, sagt Stegemann. Durch das ausgeklügelte System werde die Lebensmittelmenge für die Tafeln kleiner. „Gleichzeitig werden aber jene Menschen mehr, die auf unsere Spenden angewiesen sind. Zum einen wegen der Asylbewerber. Aber auch wegen der Rentner mit nur kleinem Einkommen.“

C Carsten Stegemann und Kathrin Killat fahren ihren ersten Supermarkt in Babelsberg an. Vor allem Gemüse bekommen sie in Pappkartons in den Lieferanteneingang gestellt. Sie schauen sich die Ware an und sortieren. Allerdings nur grob. Die genaue Auslese passiert in der Ausgabestelle. „Aber wenn etwas offensichtlich schlecht ist, wie das hier, kommt es gleich hier weg“, sagt Stegemann und zeigt auf eine matschige Paprika.

D Gegen halb elf ist der Frachtraum des Transporters gut gefüllt. Es geht zurück zur Ausgabestelle in die Drewitzer Straße. Dort warten schon die Kollegen. Sie haben viel zu tun, denn das war nur die erste Ladung. Carsten Stegemann und Kathrin Killat fahren noch einmal los; Die Ladungen von knapp 70 Supermärkten kommen so täglich in der Ausgabestelle an. Sie werden an bis zu 120 Menschen verteilt.

E Dennoch: So einiges könnte sich bessern bei der Potsdamer Tafel. Allem voran mangelt es an Helfern an der Ausgabe. Nur durch findiges Einsetzen der wenigen Ehrenamtler lassen sich die großen Mengen an Lebensmitteln sortieren und ausgeben. Zehn Leute werden dafür gebraucht. Oft genug sind nur sechs im Einsatz. Aber auch in Sachen Lebensmittelspenden hat Carsten Stegemann Wünsche: Es müsste noch mehr sein! Er wünscht sich deswegen mehr Engagement des Gesetzgebers, damit es für die Tafeln einfacher ist, Grundnahrungsmittel an Bedürftige auszugeben.

Rund 1000 Tafeln versorgen Deutschlands Bedürftige

Anzahl der Tafeln in Deutschland

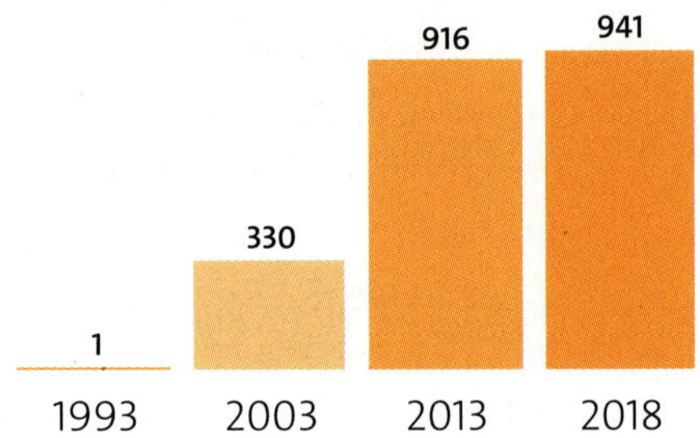

Quelle: Tafel Deutschland e.V.

1. Den Sachtext verstehen

1 a Verschafft euch mit Hilfe der Überschrift und des Diagramms einen ersten Eindruck und haltet fest, worum es in diesem Text gehen könnte.
b Erklärt, was die Aufgabe der Tafel ist. Lest den Text dazu selektiv (▶ S. 29).
c Lest den Text intensiv (▶ S. 29) und beantwortet die folgenden Fragen:
– Warum wird die Arbeit für die Tafel immer schwieriger?
– Was könnte die Arbeit der Tafel erleichtern?

2. Den Sachtext zusammenfassen

2 a Gliedert den Text in Sinnabschnitte und formuliert Zwischenüberschriften. Fasst jeden Abschnitt in Stichworten oder kurzen Sätzen zusammen.
b Verdeutlicht euch mit Hilfe eurer Zwischenüberschriften den Aufbau des Textes (▶ Methode, S. 232). Ordnet dazu den Absätzen A bis E die folgenden Funktionen zu. Notiert z. B.:
Absatz A führt in das Thema ein.

Absatz ? weist auf Probleme hin. •
Absatz ? führt in das Thema ein. •
Absatz ? formuliert Wünsche. •
Absatz ? und ? verdeutlichten die Arbeit.

3 Verfasst mit Hilfe eurer Vorarbeiten eine Zusammenfassung mit Einleitung und Hauptteil.
a Formuliert die Einleitung. Nennt Autor, Titel, Textsorte, Quelle (falls bekannt) und Thema, z. B.:
In der Online-Reportage „…" informiert die Autorin … über …
b Fasst im Hauptteil die wichtigsten Textinformationen knapp, sachlich und in eigenen Worten zusammen. Formuliert im Präsens (bei Vorzeitigkeit im Perfekt) und verwendet keine wörtliche Rede. Macht Zusammenhänge durch Satzverknüpfungen und Satzanfänge deutlich., z. B.:
Zu Beginn zeigt die Reportage zwei Mitarbeiter der … Im Anschluss erklärt …

4 Überarbeitet eure Zusammenfassung mit Hilfe der Checkliste auf Seite 240.

3. Das Diagramm auswerten

5 a Fasst den Inhalt des Diagramms knapp zusammen: Was stellt es dar?
b Erklärt, welche Aussage aus Absatz B sich mit Hilfe des Diagramms untermauern lässt.

4. Die Textsorte bestimmen

6 a Weist nach, dass es sich um eine Reportage (▶ S. 223) handelt. Geht dazu in einem zusammenhängenden Text auf die Merkmale im Kasten rechts ein und führt als Belege passende Textstellen an, z. B.:
Dass dieser Text eine Reportage ist, kann man an einigen Merkmalen erkennen. Zum einen … Gleich die ersten Sätze „…" (Z. …–…) führt …
b Nennt Funktionen, die nur ein Online-Text bietet, und erläutert deren Vorteile.

- direkter Einstieg
- Anschaulichkeit durch Zitate
- Präsens vermittelt „Live-Gefühl"

Den Aufbau eines Sachtextes verstehen

Wenn ihr wisst, wie die einzelnen Teile eines Sachtextes (seine Absätze oder Sinneinheiten) zusammenhängen, wie sie sich inhaltlich ergänzen und aufeinander beziehen, dann versteht ihr auch den Text im Ganzen. Ein Blick auf den Aufbau lohnt sich also!

1. Schritt: Fasst die Absätze des Textes knapp zusammen.

Wenn ihr im Prozess der Texterschließung (▸ Lesemethode, S. 358) bereits Zwischenüberschriften formuliert habt, könnt ihr diese übernehmen.

2. Schritt: Macht euch klar, wie sich die Absätze inhaltlich aufeinander beziehen.

Häufig erfüllen Absätze eine oder zwei der folgenden Funktionen (siehe linke Spalte).
Prüft, ob diese Funktionen zu dem Text, den ihr untersucht, passen.

Funktionen der Absätze:

Einleitung:
- eine Frage aufwerfen
- in das Thema einführen

Hauptteil:
- eine Frage beantworten
- das Thema entfalten
- Beispiele anführen
- einen Aspekt vertiefen
- ein Argument stärken/entkräften
- auf Probleme verweisen
- einen Beweis liefern
- Ursachen erläutern
- auf Folgen verweisen
- etwas verdeutlichen

Schluss:
- ein Fazit ziehen
- einen Appell formulieren

Textbeispiel:	So beziehen sich die Absätze aufeinander:
Absatz A: Einleitung	*führt in das Thema ein.*
Absatz B: Hauptteil	*benennt Probleme, die sich aus A ergeben.*
Absatz C: Hauptteil	*vertieft einen Aspekt aus B.*
Absatz D: Hauptteil	*führt Beispiele für C an.*
Absatz E: Schluss	*leitet aus B, C und D einen Appell ab.*

3. Schritt: Fasst den Aufbau des Textes in wenigen Sätzen zusammen, z. B.:

Die Autorin führt zu Beginn des Textes ... Im zweiten Absatz werden, gestützt auf Expertenaussagen ...
Die Absätze C und D vertiefen einen Aspekt anhand von ... Zum Schluss wird ein Appell an ... gerichtet.

Journalistische Textsorten bestimmen

1

Petra Plane

Der Flughafen schläft nie

Am Flughafen sorgen Mitarbeiter auch nachts dafür, dass der Flugbetrieb am Tag reibungslos abläuft.

DÜSSELDORF In der großen Abflughalle herrscht kurz nach Mitternacht Ruhe. Während einige Reisende es sich auf Bänken bequem gemacht haben, drehen nur noch die Reinigungswagen emsig ihre Runden. Doch hinter den Kulissen passiert in der Nacht weit mehr, als auf den ersten Blick erkennbar ist. Männer wie Armin Mack halten den Betrieb 24 Stunden am Laufen.

2

Männer aus Falkensteiner Höhle gerettet

SCHWÄBISCHE ALB In der Falkensteiner Höhle in Baden-Württemberg sind am Sonntag zwei Menschen von ansteigenden Wassermassen überrascht und eingeschlossen worden. Die besorgten Familien alarmierten die Polizei, die mit erfahrenen Rettungskräften zu Hilfe eilte. Einer der beiden Höhlengänger konnte bereits am Montagmorgen geborgen werden. Die Bergung des zweiten, leicht verletzten Mannes zog sich bis in die frühen Abendstunden. Die Polizei teilte per Twitter mit, dass beide Männern im städtischen Krankenhaus untersucht werden.

3

Von Axel von Buche

Das Fahrrad ist die Zukunft

Sagen wir es, wie es ist: Das städtische Verkehrsmittel der Zukunft ist schon erfunden. Es ist nämlich nicht das Elektroauto und nicht die Magnetbahn, sondern ein Ding, auf dem wir schon seit 200 Jahren unterwegs sind: das Fahrrad. Zwar kürt sich fast jede Metropole zurzeit selbst zur „Fahrradhauptstadt", doch es passiert noch immer viel zu wenig …

1 **a** Ordnet den Texten je eine der folgenden Textsorten zu: Reportage, Bericht, Kommentar. Notiert: Text 1 = ..., Text 2 = ..., Text 3 = ...

b Begründet eure Zuordnung anhand von typischen Textsortenmerkmalen.

2 Welche Aussagen sind richtig? Notiert die entsprechenden Buchstaben.

- **A** Online-Nachrichten sind häufig interaktiv, weil man sie z. B. kommentieren kann.
- **B** Eine Glosse enthält nie die eigene Meinung des Autors.
- **C** Kommentare sind meist länger als Reportagen.
- **D** Eilmeldungen oder Live-Ticker berichten über die Ereignisse der vergangenen Woche.
- **E** Eine Reportage sollte nicht nur sachlich informieren, sondern auch anschaulich sein.

3 Vergleicht und begründet eure Ergebnisse aus Aufgabe 1 und 2 in Partnerarbeit.

10.2 Projekt: Was gibt es Neues? – Einen Klassenblog gestalten

1 a Tauscht euch über den Klassenblog der 8 a aus. Was gefällt euch gut, was weniger gut?
b Beschreibt euch gegenseitig den Aufbau des Klassenblogs, indem ihr euch die folgenden Elemente abwechselnd auf dem Bild zeigt.

Datum • Name des Blogs • Schlagzeile • Blogbeitrag • Foto • Kommentarfunktion • Links • Ressorts

2 a Ordnet die Blogbeiträge rechts jeweils einem Ressort (Themenbereich) zu, z. B.:
Beitrag A = Kultur, ...
b Welche journalistischen Textsorten (▶ S. 219–226) passen zu den Blogbeiträgen? Begründet eure Wahl, z. B.:
Blogbeitrag A passt am besten zur Textsorte „Kommentar", weil ...

A Keine Langeweile! Buchtipps für die Ferien
B „Verantwortung für Tiere!" – Unser Klassenausflug ins Tierheim
C Ganz klar: Der beste Film des Jahres!
D Die Stadt plant einen neuen Radweg

3 Ein Klassenblog ist keine Privatsache, sondern öffentlich.
Diskutiert, was das im Hinblick auf eure Texte und den Umgang mit Fotos und Videos bedeutet.

Information **Der Blog**

Ein **Blog** ist eine selbst erstellte **Website,** auf der man Beiträge (z. B. Texte, Fotos, Videos) veröffentlicht. Der **aktuellste Beitrag** steht meist **am Anfang** der Seite. Die Beiträge können – wie in einer Zeitung – bestimmten **Ressorts** zugeordnet und miteinander **verlinkt** werden. Manche Blogs bieten auch eine **Kommentarfunktion** an.

Einen Klassenblog anlegen und führen

Einen Klassenblog planen

1 Plant gemeinsam einen Klassenblog. Berücksichtigt dabei die folgenden Fragen:
- Wie soll euer Klassenblog heißen?
- Welche Ressorts soll es in eurem Klassenblog geben?
- Wollt ihr als Autoren/Autorinnen Fantasienamen verwenden, um euch zu schützen?
- Möchtet ihr eine Kommentarfunktion einrichten? Tauscht euch über Vor- und Nachteile aus.

2 Legt einen Klassenblog an (▸ Methode, S. 237).

Themen für den Klassenblog sammeln

3 Bildet Gruppen zu den einzelnen Ressorts eures Blogs. Überlegt gemeinsam, zu welchen Themen ihr Blogbeiträge verfassen könnt, z. B.:
Ressort Kultur: neuer Kinofilm: ..., Premiere von ... im Jugendtheater, Ausstellungen, ...

4 **a** Stellt eure Themenvorschläge für euer Ressort in der Klasse vor.
b Diskutiert die Vorschläge und entscheidet, zu welchen Themen es Blogbeiträge geben sollte.

Zu einem Thema recherchieren

5 **a** Teilt die festgelegten Themen für euer Ressort unter euch so auf, dass ihr immer zu zweit zu einem Thema arbeitet.
b Erstellt zu eurem Thema einen Rechercheplan. Je nach Thema könnt ihr
- vor Ort recherchieren (z. B. Umfragen/Interviews durchführen, Fotos machen, Video drehen)
- und/oder in Büchern, Zeitschriften, Zeitungen sowie im Internet nach Informationen suchen.

Rechercheplan zum Thema „Der neue Imbiss vor unserer Schule“

Fragen zum Thema	Informationsquelle	Bildmaterial (Fotos, Grafiken, Videos)
– Wann ...? – Wie kommt der Imbiss an? (Umfrage bei Kunden) – Welche Speisen gibt es?	– Bericht in der Tageszeitung – eigene Beobachtungen – Interview mit Imbissbetreiber	– Foto vom Imbiss – Foto von der Speisekarte – in Absprache Foto vom Imbissbetreiber

6 Recherchiert mit Hilfe eures Plans Informationen zu eurem Thema.

Die Textsorte festlegen und die Blogbeiträge erstellen

7 a Entscheidet mit Hilfe der Denkblasen, welche Textsorte zu eurem Thema passt.

Reportagen vermitteln ein lebendiges und anschauliches Bild von ...

In einem Bericht informiert man sachlich und nüchtern.

Eine Glosse ist humorvoll und spöttisch.

Mit einem Kommentar möchte man überzeugen.

b Stellt eure Entscheidung in der Klasse vor. Begründet und diskutiert eure Auswahl, z. B.:
Wir möchten über die Eröffnung des neuen Imbisses gern in einer Reportage informieren, weil wir dabei anschaulich die tolle Atmosphäre am Eröffnungstag schildern können.

c Wertet eure Materialien aus Aufgabe 6 mit Blick auf die Textsorte aus.
- Sammelt geeignete Aussagen, Textstellen usw.
  TIPP: Überlegt, ob ihr zum Beispiel eure Umfrageergebnisse grafisch darstellen wollt, damit sie für eure Leser anschaulich sind.
- Wählt aussagekräftiges Bildmaterial aus (Fotos, Grafiken, Videos).

8 Erstellt die Blogbeiträge. Beachtet dabei die Hinweise auf der Methodenseite 237.

a Verfasst euren Blogbeitrag. Formuliert auch eine Schlagzeile.

b Entscheidet, ob ihr Bildmaterial direkt in euren Text einfügen oder ob ihr es verlinken wollt.

c Schaut euch euren Blogbeitrag in der Vorschau an und überarbeitet ihn bei Bedarf.
Für weitere Bearbeitungen müsst ihr euren Beitrag speichern!

d Veröffentlicht euren Blogbeitrag, wenn ihr mit ihm zufrieden seid.

9 Lest die veröffentlichten Beiträge in eurem Klassenblog und kommentiert sie, wenn ihr mögt. Beachtet dabei die Netiquette (► S. 237).

Einen Blog gestalten

1. So legt ihr einen Blog an

Einen Blog legt man auf einer Blog-Plattform an. Ihr könnt euren Blog so aufbauen:

2. So erstellt ihr einen Blogbeitrag

1. **Meldet** euch in eurem Blog **an,** z. B. mit eurer E-Mail-Adresse und einem Passwort.
2. Klickt auf +Verfassen und **fugt euren Blogbeitrag hinzu.**
3. Schau euch unter **Vorschau** euren Blogbeitrag an. Wenn ihr die Vorschau wieder schließt, könnt ihr euren Beitrag weiter bearbeiten.
4. Klickt auf **Speichern**, wenn ihr euren Beitrag später noch einmal überarbeiten möchtet.
5. Klickt auf **Veröffentlichen**, wenn ihr euren Beitrag für alle zugänglich machen wollt.

3. Das solltet ihr beim Bloggen beachten

Eure Blogbeiträge sind öffentlich und können für immer im Netz bleiben. Beachtet deshalb:

- Ladet nur **eigene Inhalte** (Texte, Bilder, Videos, Musik) hoch, um das **Urheberrecht** nicht zu verletzen.
- Beachtet das **Persönlichkeitsrecht:** Fragt nach einer ausdrücklichen Erlaubnis, wenn auf Fotos oder Videos Personen zu sehen sind.
- Beachtet die **Netiquette:** Im Internet gelten dieselben Regeln für gutes Benehmen wie im realen Leben. Man darf in seinen Beiträgen und Kommentaren niemanden beleidigen, beschimpfen, bedrohen, verletzen oder bloßstellen.

10.3 Fit in … – Einen Online-Sachtext untersuchen

Die Aufgabenstellung verstehen

Stellt euch vor, ihr bekommt in der nächsten Klassenarbeit folgende Aufgabenstellung:

Untersuche den Kommentar „Nur kein Salto zurück, bitte!“:

1. Schreibe eine Zusammenfassung mit Einleitung und Hauptteil.
2. Weise anhand von zwei Merkmalen nach, dass der Text ein Kommentar ist. Führe für jedes Textmerkmal eine passende Textstelle als Beleg an.
3. Suche drei Funktionen aus, die nur ein Online-Text bietet, und erkläre, welche Vorteile diese Funktionen für Leser und Leserinnen haben.

Von Lars Laue

Nur kein Salto zurück, bitte!

173

Klar, die kleinen Taschencomputer nerven zuweilen. Doch ein Verbot in Schulen, wie es in Frankreich beschlossen wurde, ist der völlig falsche Weg, meint NWZ-Redakteur Lars Laue.

Ein Handy-Verbot an Schulen, wie es jetzt in Frankreich beschlossen wurde, ist schnell gefordert und wäre im Zweifel auch in Deutschland einigermaßen zügig umzusetzen. Klar, die kleinen Taschencomputer, mit denen man nebenbei auch telefonieren kann, nerven zuweilen. Nicht nur, dass manche selbst in gemütlicher Runde die Finger nicht von den Geräten lassen können – man könnte ja etwas verpassen. Man verpasst indes meist viel Wichtigeres, wenn der ständige Blick aufs Handy die Aufmerksamkeit für die Mitmenschen lähmt. Und auch in der Schule dürften viele Lehrer so ihre Last mit den allgegenwärtigen Geräten haben, die manche Schüler bereits ab der ersten Klasse im Ranzen tragen. Das muss nun wirklich nicht sein. Auf der anderen Seite helfen Verbote nichts, dürfen wir nicht die Augen verschließen vor einer gesellschaftlichen Entwicklung, die sich nicht mehr aufhalten lassen wird. Handys gehören heutzutage zum Alltag – mit all ihren erwähnten Nachteilen (bis hin zur Suchtgefahr), aber eben auch mit ihren Annehmlich-

keiten und praktischen Vorzügen, die im Alltag häufig dabei helfen, Termine zu organisieren, schnelle Internetrecherchen ermöglichen und selbst Prozesse im Arbeitsalltag verschlanken können.
Es wäre also ein fatales Signal, Handys in Schulen zu verbieten und stattdessen weiter nur auf Kreide und Füllfederhalter zu setzen. Unsere Kinder stehen auf der Suche nach einem attraktiven Arbeitsplatz im internationalen Wettbewerb. Da erscheinen Forderungen nach Handyverboten an Schulen regelrecht rückwärtsgewandt. Das darf freilich nicht in einen Freibrief für uneingeschränkte Handynutzung immer und überall münden. Viel wichtiger ist es, sich kritisch mit dieser Technik auseinanderzusetzen und den Kindern in den Schulen aufzuzeigen, wo die Gefahren der Geräte liegen, die schon so manche Eltern verflucht und zur Verzweiflung getrieben haben. Wer indes die Gefahren kennt, weiß schließlich auch die Vorzüge besser für sich zu nutzen – und dürfte immer auch in der Lage sein, ein gutes persönliches Gespräch dem starren Blick aufs Smartphone vorzuziehen.

Quelle: Nordwest-Zeitung-Online

1 **a** Lest die Aufgabenstellung auf Seite 238 aufmerksam durch:
Habt ihr verstanden, was ihr tun sollt? Von den folgenden Aussagen sind drei richtig. Welche? Notiert die jeweiligen Buchstaben.

Ich soll ...
A mit eigenen Worten erklären, warum ein Handyverbot in Schulen überflüssig ist.
B eine Zusammenfassung des Textes mit Einleitung und Hauptteil schreiben.
C anhand von zwei Merkmalen beweisen, dass es sich um einen Kommentar handelt.
D die Wirkung des Artikels auf mich beschreiben und dies begründen.
E Argumente gegen die Handynutzung im Text nachweisen.
F Zusatzfunktionen eines Online-Textes benennen und deren Vorteile erklären.

b Vergleicht eure Lösungen in Partnerarbeit und tauscht euch darüber aus, wie ihr bei der Erledigung der Aufgaben vorgehen wollt.

Den Text lesen und verstehen

2 Orientiert euch im Text und schließt von der Überschrift auf die Position des Autors: Ist er für oder gegen ein Handyverbot an Schulen? Notiert eure Vermutung.

3 Lest den Text zweimal durch, einmal selektiv mit Bezug zur Aufgabe und einmal intensiv (▸ S. 29): Welche Aussagen zur Position des Autors treffen zu? Schreibt sie in euer Heft.
– Handys sollten grundsätzlich verboten werden.
– Handyverbote an Schulen helfen nichts, weil Handys Teil unseres täglichen Lebens sind.
– Handys verursachen Probleme, aber sie sind auch in vieler Hinsicht hilfreich.
– Wer Handys verbietet, verschließt die Augen vor den Anforderungen der Zukunft.
– Schüler/Schülerinnen sollen jederzeit alles mit ihren Handys machen dürfen.

Die Aufgaben zum Text beantworten und den eigenen Text überarbeiten

4 Bearbeitet die Aufgaben 1–3 von Seite 238. Geht Schritt für Schritt vor:

Aufgabe 1:

a Gliedert den Text in Sinnabschnitte. Formuliert Zwischenüberschriften und fasst die Abschnitte in Stichworten oder kurzen Sätzen zusammen, z. B.:
Abschnitt 1: Handyverbot in Deutschlands Schulen?
– Verbot genauso wie in Frankreich durchsetzbar

b Verfasst mit Hilfe eurer Vorarbeit die Zusammenfassung.
- Geht in der Einleitung auf Autor, Textsorte, Titel, Quelle und Thema ein, z. B.:
  Im Kommentar „...“, der in ... erschienen ist, äußert der Autor ... seine Meinung zum Thema ...
- Fasst den Inhalt im Hauptteil knapp, sachlich und in eigenen Worten zusammen. Formuliert im Präsens und verwendet keine wörtliche Rede, z. B.:
  Zu Beginn stellt der Autor fest, dass sich ein Handyverbot auch hierzulande ...
  Die Gründe dafür nennt er im Anschluss. Beispielsweise ... Jedoch ...

Aufgabe 2:

Führt euch noch einmal vor Augen, welche Merkmale ein Kommentar hat. Wählt dann zwei Textsortenmerkmale aus, die der Zeitungsartikel aufweist.
Sucht für diese jeweils eine passende Textstelle, mit der ihr eure Aussage belegen könnt (▸ Zitieren, S. 210).

Merkmale eines Kommentars:
- Der Autor äußert seine Meinung, wobei er wertet.
- Der Autor begründet seine Meinung.
- Der Autor setzt sich mit Meinungen argumentativ auseinander, entkräftet Gegenargumente.
- Ziel: Leser und Leserinnen sollen sich eine Meinung bilden.

Aufgabe 3:

Überlegt, welche Vorzüge die Online-Funktionen für Leser und Leserinnen haben, und erklärt diese: Was ermöglicht etwa der erste Link? Inwiefern ist die Kommentarfunktion von Vorteil?

5 Überarbeitet euren Text in Partnerarbeit. Die folgende Checkliste hilft euch dabei.

Checkliste – Einen Online-Sachtext untersuchen

Aufgabe 1 (▸ S. 238):
- Ist die **Einleitung** eurer Textzusammenfassung vollständig (Autor, Textsorte, Titel des Textes, Quelle, Thema des Textes)?
- Habt ihr im **Hauptteil** die wichtigsten Inhalte und Positionen knapp, sachlich und mit eigenen Worten zusammengefasst? Habt ihr im Präsens geschrieben?

Aufgabe 2 (▸ S. 238):
- Habt ihr zwei Merkmale des Kommentars benannt und dafür Textbelege angeführt? Habt ihr dabei die Zitierregeln (▸ Zitieren, S. 210) beachtet?

Aufgabe 3
- Habt ihr die Vorteile von Online-Funktionen für die Leser und Leserinnen erklärt?

11 „Tschick“ – Roman und Film vergleichen

1 Sammelt eure Ideen und euer Wissen zu „Tschick“ in zwei Runden:

a Runde 1: Stellt – wenn ihr Roman und Film nicht kennt – Vermutungen zur Handlung an. Bezieht euch dabei auf die Bilder und Texte auf dem Romancover und dem Filmplakat.

b Runde 2: Erzählt – wenn ihr den Roman gelesen oder den Film gesehen habt – die Handlung in groben Zügen nach. Geht dabei auch auf das Cover und das Filmplakat ein.

2 Kennt ihr Jugendbücher oder Filme mit einem ähnlichen Thema? Berichtet davon.

3 Lest den Kasten rechts und tauscht euch aus: Was könnt ihr schon? Was ist neu für euch?

In diesem Kapitel ...

- untersucht ihr die Figuren, die Handlung und den Erzähler des Romans,
- schreibt ihr eine Rezension,
- wendet ihr Begriffe der Filmanalyse an,
- vergleicht ihr Roman und Verfilmung,
- verfilmt ihr selbst einen Romanauszug.

11.1 Antihelden? – Einen Roman untersuchen

Maik und Tschick – Die Hauptfiguren kennen lernen

Wolfgang Herrndorf

Tschick (1)

Ich hatte nie einen Spitznamen. Ich meine, an der Schule. Aber auch sonst nicht. Mein Name ist Maik Klingenberg. Maik. Nicht Maiki, nicht Klinge und der ganze andere Quatsch auch nicht, immer nur Maik. Außer in der Sechsten, da hieß ich mal kurz Psycho. Das ist auch nicht der ganz große Bringer, wenn man Psycho heißt. Aber das dauerte auch nicht lang, und dann hieß ich wieder Maik.

Wenn man keinen Spitznamen hat, kann das zwei Gründe haben. Entweder man ist wahnsinnig langweilig und kriegt deshalb keinen, oder man hat keine Freunde. Wenn ich mich für eins von beiden entscheiden müsste, wär's mir, ehrlich gesagt, lieber, keine Freunde zu haben, als wahnsinnig langweilig zu sein. Weil, wenn man langweilig ist, hat man automatisch keine Freunde, oder nur Freunde, die noch langweiliger sind als man selbst. Es gibt aber auch noch eine dritte Möglichkeit. Es kann sein, dass man langweilig ist und keine Freunde hat. Und ich fürchte, das ist mein Problem. Jedenfalls seit Paul weggezogen ist. Paul war mein Freund seit dem Kindergarten, und wir haben uns fast jeden Tag getroffen, bis seine endbescheuerte Mutter beschlossen hat, dass sie lieber im Grünen wohnen will. [...]

Auf dem Gymnasium habe ich dann erst mal niemanden kennengelernt. Ich bin nicht wahnsinnig gut im Kennenlernen. Und das war auch nie das ganz große Problem für mich. Bis Tatjana Cosic kam. Oder bis ich sie bemerkte. Denn natürlich war Tatjana schon immer in meiner Klasse. Aber bemerkt habe ich sie erst in der Siebten. Warum, weiß ich nicht. Aber in der Siebten hatte ich sie auf einmal voll auf dem Schirm, da fing das ganze Elend an. Und ich sollte jetzt wahrscheinlich langsam mal anfangen, Tatjana zu beschreiben. Weil sonst alles, was danach kommt, unverständlich ist. Tatjana heißt mit Vornamen Tatjana und mit Nachnamen Cosic. Sie ist vierzehn Jahre alt und 1,65 m groß, und ihre Eltern heißen mit Nachnamen ebenfalls Cosic. Wie sie mit Vornamen heißen, weiß ich nicht. Sie kommen aus Serbien oder Kroatien, jedenfalls kommt der Name daher, und sie wohnen in einem Mietshaus mit vielen Fenstern – badabim, badabong. Schon klar: Ich kann hier noch lange rumschwafeln, aber das Erstaunliche ist, dass ich überhaupt nicht weiß, wovon ich rede. Ich kenne Tatjana nämlich überhaupt nicht. Ich weiß über sie, was jeder weiß, der mit ihr in eine Klasse geht. Ich weiß, wie sie aussieht, wie sie heißt und dass sie gut in Sport und Englisch ist. Und so weiter. Dass

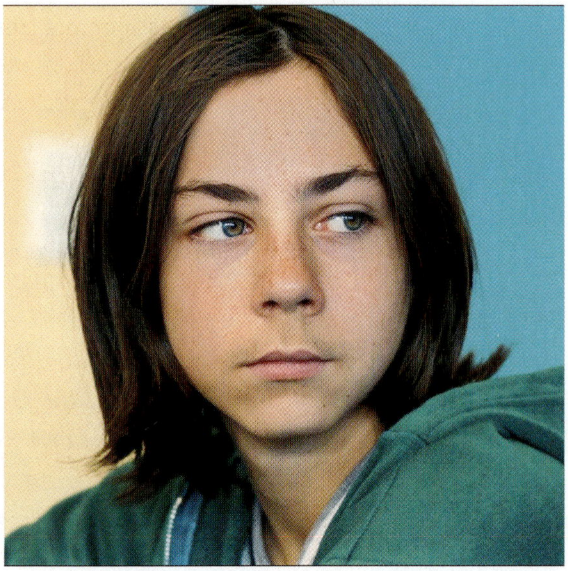

Tschick, 2016

sie 1,65 m groß ist, weiß ich vom Tag der Schuluntersuchung. Wo sie wohnt, weiß ich aus dem Telefonbuch, und mehr weiß ich praktisch nicht.

Und ich könnte logisch noch ihr Aussehen ganz genau beschreiben und ihre Stimme und ihre Haare und alles. Aber ich glaube, das ist überflüssig. Weil, kann sich ja jeder vorstellen, wie sie aussieht: Sie sieht super aus. Ihre Stimme ist auch super. Sie ist einfach insgesamt super. So kann man sich das vorstellen.

Tschick, 2016

1 Beschreibt in einem Satz die Position oder die Rolle, die Maik in seiner Klasse hat.

2 Macht euch mit Hilfe des Textes ein genaues Bild von Maik.

a Notiert stichwortartig, wie Maik sich selbst und seine Beziehungen einschätzt, z. B.:
wahnsinnig langweilig (Z. 11 f.), ...

b Lest den Text noch einmal. Achtet auf Maiks Sprache und auf verstecktere Hinweise auf seinen Charakter. Wählt dann drei passende Adjektive aus und begründet, z. B.:
nachdenklich: Maik denkt über sich und seine Wirkung nach. Das merkt man z. B., wenn ...

nachdenklich • unsicher • entschlossen • ehrlich • eingebildet

c Lest das Merkwissen unten. Diskutiert, ob ihr direkt oder indirekt mehr über Maik erfahrt.

3 Stellt Vermutungen dazu an, welche Rolle Tatjana im weiteren Romanverlauf spielen wird.

4 „Sie sieht super aus. Ihre Stimme ist auch super. Sie ist einfach insgesamt super" (Z. 64 ff.). Erklärt, warum diese Beschreibung wenig über Tatjana, dafür aber umso mehr über Maiks Gefühle aussagt.

Information **Merkmale und Eigenschaften einer Figur**

Merkmale und Eigenschaften einer Figur können im Text **direkt** benannt, aber auch **indirekt** dargestellt werden, sodass man sie sich selbst erschließen muss.

- **Direkt charakterisiert** wird eine Figur, wenn **andere Figuren** oder der **Erzähler** ihre Ansichten über die Figur direkt zur Sprache bringen, oder durch **Aussagen, die sie über sich selbst trifft,** z. B.: *„Es kann sein, dass man langweilig ist und keine Freunde hat. Und ich fürchte, das ist mein Problem."*
  Vorsicht: Figuren können sich auch falsch einschätzen oder falsch eingeschätzt werden.
- **Indirekt charakterisiert** wird eine Figur z. B. durch die Art und Weise, wie sie spricht, fühlt, denkt und handelt, z. B.: *„Wo sie wohnt, weiß ich aus dem Telefonbuch" → die Figur (Maik) ist schüchtern, traut sich nicht, direkt zu fragen.*

Wolfgang Herrndorf

Tschick (2)

Ich konnte Tschick von Anfang an nicht leiden. Keiner konnte ihn leiden. Tschick war ein Assi, und genau so sah er auch aus. Wagenbach schleppte ihn nach Ostern in die Klasse, und wenn ich sage, er *schleppte* ihn in die Klasse, dann meine ich das auch so. Erste Stunde nach den Osterferien: Geschichte. [...] „Wir haben hier einen neuen Mitschüler. Sein Name ist Andrej –" Und dann schaute er auf seinen Notizzettel, und dann schaute er wieder den Jungen an. Offenbar sollte der seinen Nachnamen selber sagen. Aber der Junge guckte mit seinen zwei Schlitzaugen durch den Mittelgang ins Nichts und sagte auch nichts. [...]

„Andrej", sagte Wagenbach, starrte auf seinen Zettel und bewegte lautlos die Lippen. „Andrej Tsch... Tschicha...tschoroff."

Der Russe nuschelte irgendwas.

„Bitte?"

„Tschichatschow", sagte der Russe, ohne Wagenbach anzusehen. [...]

„Schön, Tschischaroff. Andrej. Willst du uns vielleicht kurz was über dich erzählen? Wo du herkommst, auf welcher Schule du bisher warst?"

Das war Standard. Wenn Neue in die Klasse kamen, mussten sie erzählen, wo sie her waren und so. Und jetzt ging die erste Veränderung mit Tschick vor. Er drehte den Kopf ganz leicht zur Seite, als hätte er Wagenbach erst in diesem Moment bemerkt. Er kratzte sich am Hals, drehte sich wieder zur Klasse und sagte: „Nein." Irgendwo fiel eine Stecknadel zu Boden.

Wagenbach nickte ernst und sagte: „Du willst nicht erzählen, wo du herkommst."

„Nein", sagte Tschick. „Mir egal."

„Na schön. Dann erzähle ich eben etwas über dich, Andrej. Aus Gründen der Höflichkeit muss ich dich schließlich der Klasse vorstellen."

Tschick, 2016

Er sah Tschick an. Tschick sah die Klasse an. „Ich nehme dein Schweigen als Zustimmung", sagte Wagenbach. Und er sagte es in einem ironischen Ton, wie alle Lehrer, wenn sie so was sagen.

Tschick antwortete nicht.

„Oder hast du was dagegen?", fragte Wagenbach. „Beginnen Sie", sagte Tschick und machte eine Handbewegung.

Irgendwo im Mädchenblock wurde jetzt doch gekichert. *Beginnen Sie!* Wahnsinn. Er betonte jede Silbe einzeln, mit einem ganz komischen Akzent. Und er starrte immer noch die hintere Wand an. Vielleicht hatte er sogar die Augen geschlossen. Es war schwer zu sagen. Wagenbach machte ein Gesicht, das zur Ruhe aufforderte. Dabei war es schon absolut ruhig.

„Also", sagte er. „Andrej Tschicha...schoff heißt unser neuer Mitschüler, und wie wir an seinem Namen bereits unschwer erkennen, kommt unser Gast von weit her, genau genommen aus den unendlichen russischen Weiten, die Napoleon in der letzten Stunde vor Ostern erobert hat – und aus denen er heute, wie wir sehen werden, auch wieder vertrieben werden wird. [...] Jedenfalls ist Andrej vor vier Jahren mit seinem Bruder hier nach Deutschland gekommen, und – möchtest du das nicht lieber selbst erzählen?“

Der Russe machte eine Art Geräusch.

„Andrej, ich spreche mit dir“, sagte Wagenbach.

„Nein“, sagte Tschick. „Nein im Sinne von ich möchte es lieber nicht erzählen.“

Unterdrücktes Kichern. Wagenbach nickte kantig.

„Na schön, dann werde *ich* es erzählen, wenn du nichts dagegen hast, es ist schließlich sehr ungewöhnlich.“

Tschick schüttelte den Kopf.

„Es ist nicht ungewöhnlich?“

„Nein.“

„Also, *ich* finde es ungewöhnlich“, beharrte Wagenbach. „Und auch bewundernswert. Aber um es kurz zu machen – kürzen wir das hier mal ab. Unser Freund Andrej kommt aus einer deutschstämmigen Familie, aber seine Muttersprache ist Russisch. Er ist ein großer Formulierer, wie wir sehen, aber er hat die deutsche Sprache erst in Deutschland gelernt und verdient folglich unsere Rücksicht in gewissen ... na ja, Bereichen. Vor vier Jahren besuchte er zuerst die Förderschule. Dann wurde er auf die Hauptschule umgeschult, weil seine Leistungen das zuließen, aber da hat er es auch nicht lange ausgehalten. Dann ein Jahr Realschule, und jetzt ist er bei uns, und das alles in nur vier Jahren. So weit richtig?“

Tschick rieb sich mit dem Handrücken über die Nase, dann betrachtete er die Hand. „Neunzig Prozent“, sagte er.

Wagenbach wartete einen Moment, ob da noch mehr käme. Aber da kam nichts mehr. Die restlichen zehn Prozent blieben ungeklärt.

1 Stellt euch vor, Tschick käme neu in eure Klasse. Begründet, was ihr von ihm halten würdet.

2 **a** Notiert stichwortartig, was ihr über Tschick erfahrt, z. B.: *Russe, ...*
b Erklärt mit eigenen Worten, was Wagenbach an Tschick „bewundernswert“ (► Z. 85) findet.

3 Versetzt euch in Tschicks Situation und verfasst einen inneren Monolog, aus dem hervorgeht, wie er sich fühlt und was er denkt. Schreibt in der Ich-Form und im Präsens. Wählt a, b oder c.
●○○ **a** Schreibt, was Tschick über **Wagenbach** denkt. Beginnt z. B. so:
Merkt der eigentlich nicht, ...? Der Typ soll mich in Ruhe lassen!
●●○ **b** Schreibt, was Tschick über **die Klasse** denkt.
●●● **c** Schreibt, was Tschick über **die Klasse** und **seine Position** in der Klasse denkt.
d Stellt eure Ergebnisse vor und erklärt, welche Gefühle Tschicks ihr ausdrücken wolltet.

4 **a** Erklärt, warum ausgerechnet Maik und Tschick im weiteren Verlauf des Romans zusammen durchbrennen. Was verbindet die beiden?
b Sind Maik und Tschick für euch Helden oder Antihelden? Überlegt mit Hilfe des Schaubilds rechts, was die Begriffe bedeuten, und diskutiert dann.

Antiheld		**Held**
– Donald Duck		– Micky Maus
– Peter Parker	→	– Spiderman

5 Welche Antihelden aus Film und Literatur kennt ihr? Stellt einen Antihelden, den ihr besonders mögt, in der Klasse vor und erklärt, was ihn auszeichnet.

Peinlich oder mutig? – Den Erzähler untersuchen

Wolfgang Herrndorf

Tschick (3)

Maik ist unglücklich in Tatjana verliebt und sitzt in den Sommerferien zu Hause. Da kreuzt Tschick in einem gestohlenen Lada auf und überredet Maik zu einem Abenteuer: Die beiden beschließen, mit dem Auto nach Werder zu Tatjanas Geburtstagsparty zu fahren, obwohl sie nicht eingeladen sind. Außerdem soll Maik sich ein Herz fassen und Tatjana sein Geschenk übergeben: eine Zeichnung der Popsängerin Beyoncé, deren Augen jedoch verräterisch an die Tatjanas erinnern.

„Wir warten, bis es dämmert, und dann schwingst du deinen Arsch ins Auto.“

„Nee.“

„Und warum nicht?“

„Ich bin nicht eingeladen.“

„Du bist nicht eingeladen! Na und? Ich bin auch nicht eingeladen. Und weißt du, warum? Logisch, der Russenarsch ist nicht eingeladen. Aber weißt du, warum *du* nicht eingeladen bist? Siehst du – du weißt es nicht mal. Aber ich weiß es.“

„Dann sag's, du Held. Weil ich langweilig bin und scheiße ausseh.“

Tschick schüttelte den Kopf. „Du siehst nicht scheiße aus. Oder vielleicht siehst du scheiße aus. Aber daran liegt's nicht. Der Grund ist: Es gibt überhaupt keinen Grund, dich einzuladen. Du fällst nicht auf. Du musst auffallen, Mann.“

„Was meinst du mit auffallen? Jeden Tag besoffen in die Schule kommen?“

„Nein, mein Gott. Aber wenn ich du wär und aussehen würde wie du und hier wohnen würde und solche Klamotten hätte, wär ich schon hundertmal eingeladen.“

„Brauchst du Klamotten?“

„Lenk nicht ab. Sobald es dämmert, fahren wir nach Werder.“

Tschick, 2016

„Never.“

„Wir gehen nicht auf die Party. Wir fahren nur vorbei.“

Was für eine endbescheuerte Idee. Genau genommen waren es gleich drei Ideen, und jede einzelne davon war bescheuert: Uneingeladen aufkreuzen, mit dem Lada quer durch Berlin, und – am bescheuertsten von allen – die Zeichnung mitnehmen. Denn eins war mal klar: Auch Tatjana würde merken, was es mit dieser Zeichnung auf sich hatte. Ich wollte auf keinen Fall da hin.

[...] Das Haus war nicht schwer zu finden. [...] Ich rutschte von meinem Sitz hinunter in den Fußraum, während Tschick das Fenster runterkurbelte, lässig einen Ellenbogen raushängte und mit achteinhalb Stundenkilometern an der ganzen Gesellschaft vorbeifuhr. Ungefähr ein Dutzend Leute stand im Vorgarten und in der offenen Haustür, Leute mit Gläsern und Flaschen und Handys und Zigaretten in den Händen. Unmengen hinten im Garten. Bekannte und unbekannte Gesichter, aufgedonnerte Mädchen aus der Parallelklasse. Und wie eine Sonne mittendrin Tatjana.

[...] Wie hypnotisiert stieg ich aus, und was dann passierte – frag mich nicht. Ich weiß es nicht mehr. Plötzlich stand ich mit der Zeichnung neben Tatjana, und ich glaube, sie guckte mich genauso irritiert an wie vorher Tschick. Aber ich hab's eigentlich nicht gesehen.

Ich sagte: „Hier.“
Ich sagte: „Beyoncé.“
Ich sagte: „Eine Zeichnung.“
Ich sagte: „Für dich.“
Tatjana starrte die Zeichnung an, und bevor sie wieder von der Zeichnung hochgucken konnte, hörte ich schon, wie Tschick zu André sagte: „Nee, keine Zeit. Wir haben noch was zu erledigen.“ Er stieß mich an, ging zum Auto zurück, und ich hinterher – und den Motor gestartet und ab.

1 Wärt ihr an Maiks Stelle auf Tatjanas Party gegangen? Diskutiert.

2 Nehmt Stellung zu Maiks Verhalten. Ist das alles schrecklich peinlich oder doch eher mutig? Begründet eure Einschätzung.

3 Macht euch ein möglichst genaues Bild vom Erzähler und seiner Art zu erzählen.

a Welche der folgenden Aussagen treffen zu? Belegt eure Entscheidungen mit Textbeispielen.

A Die Geschichte wird aus der Sicht von Tschick erzählt.
B Die Geschichte wird aus der Sicht von Maik erzählt.
C Der Erzähler erscheint gleichzeitig als erlebende und als erzählende Figur.
D Der Erzähler tritt als Figur ganz in den Hintergrund und ist nicht am Geschehen beteiligt.
E Der Erzähler weiß alles und kennt die Gedanken und Gefühle aller Figuren.
F Der Erzähler weiß nicht mehr als die Figur, aus deren Sicht er erzählt.
G Der Erzähler erzählt von allen Figuren in der Er-/Sie-Form.
H Der Erzähler erzählt von den Ereignissen in der Ich-Form.

b Lest die Informationen zum Erzähler (► S. 125). Ergänzt dann in eurem Heft die Lücken in den folgenden Sätzen und wählt zum Schluss das passende Adjektiv aus.

Der Erzählform nach ist Maik ein ? -Erzähler. Er scheint gleichzeitig als erzählende und ? . Da der Erzähler nicht mehr weiß als ? , ist sein Erzählverhalten personal/auktorial.

4 **a** Vergleicht die veränderte Textpassage mit dem Originaltext (► S. 246, Z. 54–64). Erklärt die Unterschiede: Was wurde verändert und wie wirkt die Textpassage jeweils?

Wie hypnotisiert stieg er aus, und was dann passierte – frag ihn nicht. Er weiß es nicht mehr. Plötzlich stand er mit der Zeichnung neben Tatjana, und er glaubte, sie guckte ihn genauso irritiert an wie vorher Tschick. Aber er hat's eigentlich nicht gesehen.
Er sagte: „Hier.“ Er sagte: „Beyoncé.“ Er sagte: „Eine Zeichnung.“ Er sagte: „Für dich.“

b Erklärt, warum der Autor Wolfgang Herrndorf sich in „Tschick“ für die Ich-Form entschieden hat.

5 Formt einige Sätze des Ich-Erzählers aus der Umgangs- bzw. Jugendsprache in die Standardsprache um und vergleicht die Wirkung eurer Sätze mit den Originalsätzen.

Freunde? – Figurenbeziehungen und Orte betrachten

Wolfgang Herrndorf

Tschick (4)

A: *Maik und Tschick brechen mit dem Lada zu einer Reise in die Walachei auf. Als der Tank leer ist, suchen sie auf einer Müllhalde nach einem Schlauch, mit dem sie Benzin aus einem anderen Auto abzapfen wollen. Dabei treffen sie auf ein hungriges und völlig heruntergekommenes Mädchen, das Anschluss sucht, aber von Tschick schroff zurückgewiesen wird.*

„Wir gehen jetzt allein weiter", sagte Tschick, als wir wieder auf dem Weg standen.

„Wieso?"

„Wir müssen nach Hause."

„Da komm ich mit. Das ist auch meine Richtung", sagte das Mädchen, und Tschick sagte: „Das ist überhaupt nicht deine Richtung."

Er erklärte ihr ungefähr fünfhundert Mal, dass wir sie nicht dabeihaben wollten, aber sie zuckte nur die Schultern und lief uns hinterher, und schließlich baute Tschick sich vor ihr auf und sagte: „Ist dir eigentlich klar, dass du stinkst? Du stinkst wie ein Haufen Scheiße. Jetzt hau ab."

Beim Weitergehen hatte ich ein paarmal den Eindruck, dass sie uns noch immer folgte. Aber sie schien langsamer zu werden, und bald konnten wir sie nicht mehr entdecken.

B: *Auf einem nächtlichen Parkplatz versuchen Maik und Tschick vergeblich, Benzin zu stehlen. Da hören sie hinter sich plötzlich wieder die Stimme des Mädchens:*

„Schon mal was von ansaugen gehört?"

„Und was machen wir hier die ganze Zeit? Los, hau ab!"

„Pschhhht!", sagte ich.

Geduckt standen Tschick und ich zwischen den Autos, nur dem Mädchen war natürlich alles egal. Sie überblickte den ganzen Parkplatz.

„Ist doch eh keiner da, ihr Angsthasen. Wo habt ihr denn den Schlauch?"

Sie zog unsere Gerätschaften unter dem Golf hervor. Dann steckte sie ein Ende vom Schlauch in den Tank und das andere Ende und einen Finger in ihren Mund. Sie saugte zehn-, fünfzehnmal, als würde sie Luft trinken, dann nahm sie den Schlauch mit dem Finger drauf aus dem Mund.

„So. Jetzt, wo ist der Kanister?"

Ich stellte ihr den Kanister hin, sie hielt den Schlauch in die Öffnung, und das Benzin schoss aus dem Tank. Von ganz allein, und es hörte auch überhaupt nicht mehr auf.

„Wieso ging das bei uns nicht?", flüsterte Tschick.

„Das hier muss unter dem Wasserspiegel sein", sagte das Mädchen.

„Ach ja, unter dem Wasserspiegel", sagte ich.

„Ach ja", sagte Tschick, und wir sahen zu, wie der Kanister sich langsam füllte. [...]

Und so lernten wir Isa kennen. Die Ellenbogen auf die vorderen Sitzlehnen gelegt, schaute sie von der Rückbank genau zu, wie Tschick den Lada anließ und Gas gab. Und natürlich hatten wir da überhaupt keine Lust drauf. Aber nach dieser Benzinsache war es schwer, sie nicht wenigstens ein Stück mitzunehmen.

C: *Nach einiger Zeit erreichen die drei einen wunderschönen See.*

Wir hatten uns die kleinste Straße ausgesucht, und der Lada schaffte die Steigung mit Mühe im ersten Gang. Wie Handtücher auf abschüssigem Gelände lagen die Felder rechts und links. Dann kam der Wald, und als der Wald endete, standen wir über einer Schlucht mit einem glasklaren See drin. Ein winziger See. Zur Hälfte eingefasst von hellgrauen Felsen und zu einer Seite eine Beton- und Eisenkonstruktion, der Rest von einer Staustufe oder so. Und außer uns kein Mensch. Wir parkten den Lada unten am See. Von der Betonsperre aus konnte man ins Tal und über die ganzen Berge sehen. Nur ein paar Hundert Meter unter uns lag ein Dorf. Der ideale Platz zum Übernachten.
Zum Baden schien der See zu kalt zu sein. Ich stand am Ufer neben Isa und atmete tief ein – und Tschick ging noch einmal zum Auto und kam mit etwas zurück, was er unauffällig hinterm Rücken hielt. Offenbar hatten wir genau den gleichen Gedanken gehabt. Auf ein Zeichen von Tschick packten wir Isa und warfen sie ins Wasser.
[...] Sie schüttelte die nassen Haare, machte ein paar Brustschwimmzüge und verfluchte uns. Tschick warf ihr eine Flasche Duschdas zu. Und während ich noch überlegte, ob ich das jetzt lustig finden oder Mitleid haben sollte, bekam ich schon einen Stoß in den Rücken und fiel auch in den See. [...]
Als wir an Land kamen, zog Isa sofort Shirt und Hose und alles aus und fing an, sich einzuseifen. Das war ungefähr das Letzte, womit ich gerechnet hatte.
„Herrlich“, sagte sie. Sie stand im knietiefen Wasser, schaute in die Landschaft und schäumte ihre Haare ein, und ich wusste nicht, wo ich hingucken sollte. Ich guckte mal hier-, mal dahin. Sie hatte eine wirklich tolle Figur und eine Gänsehaut. Ich hatte auch eine Gänsehaut. Als Letztes kam Tschick zu der flachen Stelle gekrault, und komischerweise gab es überhaupt keine Diskussionen mehr. Keiner sagte etwas, keiner fluchte, und keiner machte einen Witz. Wir wuschen uns nur und keuchten vor Kälte und benutzten alle dasselbe Handtuch.

1 Stellt in drei Standbildern dar, wie sich die Beziehung zwischen Maik, Tschick und Isa verändert. Gestaltet je ein Standbild zu Textabschnitt A, B und C.

2 Verfasst kurze Tagebucheinträge aus Sicht der Figuren. Wählt a, b oder c.

●○○ **a** Schreibt **aus Isas Sicht.** Was denkt sie am Ende von **Abschnitt A?** Beginnt so:
Ist mir egal, ob ...

●●○ **b** Schreibt **aus Maiks Sicht.** Was denkt er am Ende von **Abschnitt B?** Beginnt so:
O Mann, jetzt haben wir ...

●●● **c** Schreibt **aus Tschicks Sicht.** Bezieht euch dabei auf die **Abschnitte A–C,** z. B.:
O.k., anfangs dachte ich vielleicht: „Drei sind einer zu viel“, aber ...

d Stellt eure Ergebnisse vor und diskutiert: Sind die drei am Ende Freunde?

3 Spiegeln die Schauplätze (Müllhalde, Parkplatz, See) die Stimmung in den Szenen und die Beziehungen zwischen den Figuren wider? Wählt zwei Orte aus und beantwortet die Frage.

4 Verändert sich Maiks Verhältnis zu Tatjana in dieser Szene? Begründet eure Ansicht.

Ist das hilfreich? – Buchrezensionen untersuchen

A

Es lohnt sich schon!

★★★☆☆

Maik Klingenberg ist 14 Jahre alt und der Ich-Erzähler in Wolfgang Herrndorfs Roman „Tschick“. In seiner Klasse gilt er als Außenseiter und Langweiler. Er ist heimlich in seine Mitschülerin Tatjana verliebt. Als er am letzten Schultag frustriert feststellt, dass er zu ihrer großen Geburtstagsparty keine Einladung erhält, stellt er sich auf einsame Sommerferien ein. Tschick, Maiks russischer Mitschüler, der in seiner Klasse als „asozial“ gilt, besucht Maik zu Hause. Nach einer Spritztour in einem gestohlenen, alten Lada beschließen die zwei, sich mit dem Auto auf die Reise in die Walachei zu machen. Und damit beginnt ihr gemeinsamer Roadtrip.
Ich habe das Buch innerhalb von drei Tagen gelesen. Die Handlung hat mich wirklich gepackt. Die Kapitel sind kurz, die Sprache ist einfach und die Identifikation mit Maik als Ich-Erzähler fällt überhaupt nicht schwer.

Der Jugendroman handelt von Freundschaft, die wichtiger ist als Coolness, vom Erwachsenwerden, von Freiheit und Verantwortung.
Mein Kritikpunkt: Die Sprache wirkt manchmal aufgesetzt jugendlich („alter Finne“, „endgeil“ oder „Das zog mir den Stecker“). Aus diesem Grund vergebe ich nur drei von fünf Sternen. Trotzdem: Dieses Buch wird auch in zwanzig Jahren noch gelesen. Mein Fazit lautet daher: Sowohl für Jugendliche als auch für Erwachsene wirklich empfehlenswert!

B

Geniales Buch!

★★★★★

Das Buch wurde mir von meiner besten Freundin empfohlen – und sie hatte Recht: Es ist wirklich richtig gut! Wenn man einmal damit angefangen hat, kann man es nicht mehr aus der Hand legen. Ich habe während der ganzen Handlung mitgefiebert, gelacht, gelitten und geträumt! Viel Spaß beim Lesen!

C

Lasst die Finger von diesem Buch!

★☆☆☆☆

Schlechtes Buch, sinnlose Handlung, Sprache miserabel. Ich habe es nach 50 Seiten weggelegt.

D

Hype um das Buch nicht nachvollziehbar!

★★☆☆☆

Im Roman „Tschick" von Wolfgang Herrndorf geht es um zwei jugendliche Außenseiter, die in den Sommerferien mit einem gestohlenen Auto auf Tour gehen. Das Buch lässt sich aufgrund seiner frischen Sprache sehr gut und einfach lesen. Allerdings wurde mir der Roman als Jugendbuch empfohlen, das auch Erwachsene mögen. Ich muss sagen, das wundert mich! Ich kann gerade noch akzeptieren, dass zwei Jugendliche in einem gestohlenen Auto durch Ostdeutschland fahren. Die weitere Handlung des Romans wirkt dann übertrieben und unglaubwürdig. Es geht um Verfolgungsjagden mit der Polizei, um schießende Rentner und sich überschlagende Autos. Das ist wirklich schade. Geschichte und Handlung fehlt es an Tiefgang und Genialität. Der Roman ist sicherlich ein gutes Jugendbuch, aber mehr auch nicht.

1 Welcher Rezension stimmt ihr spontan zu? Begründet.

2 Erklärt, warum Rezensionen überhaupt geschrieben werden. Welche Ziele verfolgen sie?

3 Untersucht, wie in den vier Rezensionen informiert und gewertet wird. Wählt a, b oder c.

●○○ **a** **Ordnet** den Rezensionen die folgenden **Wertungen** zu. Notiert z. B.: Rezension A = …

klar negativ • ziemlich negativ • ziemlich positiv • klar positiv

Notiert außerdem, welche der vier Rezensionen **die meisten Informationen** zum Inhalt des Romans enthält.

●●○ **b** Schreibt Textstellen heraus, in denen **Sprache** und **Handlung** bewertet werden. Unterstreicht die Wertungen und beurteilt, ob sie gut begründet sind, z. B.:
Rezension A: „Die Sprache wirkt manchmal aufgesetzt jugendlich" (Z. 24 f.).
→ anhand von Beispielen gut begründet

●●● **c** **Jugend-** oder **Erwachsenenbuch?** Erklärt, wie diese Frage in den Texten A und D entschieden wird. Geht dabei auf die Punkte **Identifikation** und **Glaubwürdigkeit** ein.

d Stellt euch eure Ergebnisse gegenseitig vor und diskutiert: Welche Rezension ist für eine Kaufentscheidung am hilfreichsten?

4 **a** Formuliert eine eigene Rezension zum Roman „Tschick". Geht so vor:
- Nennt in der Einleitung Textsorte, Titel und Autor und sagt, worum es geht.
- Bewertet die Aspekte „Handlung", „Figuren" und „Sprache" .
- „Finger weg!" oder „Unbedingt lesen!": Formuliert zum Schluss eine Empfehlung.

b Tauscht eure Texte mit einem Lernpartner / einer Lernpartnerin und gebt euch gegenseitig eine Rückmeldung: Ist die Rezension für eine Kaufentscheidung hilfreich?

⊕ **5** „Dieses Buch wird auch in zwanzig Jahren noch gelesen" (Z. 28 f.).
Stimmt ihr dieser Aussage aus Rezension A zu? Nehmt begründet Stellung.

Maik – Figur und Erzähler untersuchen

Wolfgang Herrndorf

Tschick (5)

Nach einem Autounfall, bei dem sich Tschick verletzt, und einer Nacht im Krankenhaus stehen Maik und Tschick vor dem Wrack ihres Autos.

Das Dach und die rechte Seite waren einigermaßen eingedetscht. Allerdings nicht so stark, dass man nicht noch bequem drin sitzen konnte. Die Beifahrertür war im Eimer und ließ sich nicht mehr öffnen, aber über die Fahrertür konnte man einsteigen. Im Innenraum sah es aus wie auf einer Müllkippe. Der Unfall, das Umdrehen und Wiederaufrichten hatten alle unsere Vorräte, Konservendosen, Kanister, Papiere, leere Flaschen und Schlafsäcke quer durchs Auto verteilt. Sogar die Richard-Clayderman-Kassette flog noch zwischen den Sitzen rum. Die Kühlerhaube hatte einen leichten Knick, und wo der Lada auf dem Dach gelegen hatte, klebte eine ölverschmierte Sandkruste. „Ende, aus“, sagte ich.

Tschick zwängte sich auf den Fahrersitz, schaffte es aber nicht, den Gips aufs Gaspedal zu stellen, der war zu breit. Er nahm den Gang raus, steckte die Kabel zusammen, drehte sich ein bisschen im Sitz herum und tippte mit der linken Fußspitze aufs Gas. Der Lada sprang sofort an. Tschick rutschte rüber auf den Beifahrersitz und ich sagte: „Du hast sie doch nicht alle.“

[...]

Und dann legte ich den ersten Gang ein und rollte los. Es war so traurig gewesen, die Nacht über im Krankenhaus zu sitzen und zu denken, alles wäre vorbei, und es war so fantastisch, wieder durch die Windschutzscheibe vom Lada zu gucken und das Steuer in der Hand zu halten. Ich fuhr eine Proberunde auf dem Parkplatz. Die meisten Probleme machte immer noch das Schalten, aber wenn Tschick das übernahm und ich nur auf Kommando die Kupplung treten musste, ging es, und dann rollten wir mit einem Schwung auf die Autobahn.

1 Zu Beginn des Romans sagt Maik über sich:
„Es kann sein, dass man langweilig ist und keine Freunde hat. Und ich fürchte, das ist mein Problem.“
Erklärt anhand des Textauszugs, wie sich Maik und sein Leben verändert haben.
Führt als Beleg auch eine Textstelle an.

2 Untersucht den Erzähler.
- **a** Bestimmt die Erzählform. Handelt es sich um einen Ich- oder um einen Er-/Sie-Erzähler?
- **b** Erklärt mit Hilfe der markierten Textstelle und dem weiteren Handlungsverlauf in diesem Textauszug, dass das Erzählverhalten personal ist.
- **c** Schreibt drei Textstellen heraus, in denen sich der Erzähler der Umgangs- oder der Jugendsprache bedient.

3 Vergleicht eure Ergebnisse aus den Aufgaben 1 und 2 in Partnerarbeit.

11.2 Mehr als Worte? – Filmsprache verstehen

Die Exposition – Handlungsstränge entdecken

2016 verfilmte der Regisseur Fatih Akin den Roman „Tschick".

1 Maiks Situation in der Klasse. (9:14)

2 Tatjana verteilt Einladungen. (11:52)

3 Wird Maik seine Zeichnung zerreißen? (14:29)

4 Maik ist enttäuscht und sitzt allein zu Hause. (14:38)

1 **a** Schaut den Anfang des Films an und erklärt anhand der Szenenbilder, welche Konflikte Maiks deutlich werden, z. B.: *Bild 1 verdeutlicht ... Die Bilder 2 bis 4 zeigen ...*

b Prüft mit Hilfe des Merkwissens, ob die Bilder die Anforderungen an eine Exposition erfüllen.

2 Übt euer Auge für Filmbilder, indem ihr ganz genau hinschaut. Wählt a, b oder c.

●○○ **a** Erklärt, was Maiks **Position** am Tisch (Bild 1) über sein Verhältnis zu Tschick aussagt.

●●○ **b** Erklärt, warum Maiks Hände (Bild 3) in einer **Detaileinstellung** (▶ S. 362) gezeigt werden.

●●● **c** Erklärt die leichte **Vogelperspektive** (▶ S. 362) in Bild 3:
Warum schaut Maik in diesem Moment auf Tatjana herab, obwohl er sie sonst anhimmelt (Bild 2)?

d Stellt eure Ergebnisse vor und diskutiert, ob Bilder mit ihren Betrachtern „sprechen" können.

⊕ **3** Wie geht die Geschichte weiter? Haltet knapp fest, welche Konflikte Maiks sich lösen.

Information **Die Exposition**

Die **Exposition führt in die Handlung eines Films** (oder z. B. auch eines Dramas) **ein:**
- Sie stellt **Ort und Zeit der Handlung** sowie die **Hauptfiguren** vor.
- Sie führt **Konflikte** ein, die sich im weiteren Verlauf der Handlung lösen oder verschärfen.

Die Kamerabewegung untersuchen

A Kameraschwenk (41:35): Maik und Tschick fahren im Lada Richtung Supermarkt.

B Kamerafahrt (45:55): Maik bleibt im Gespräch mit Tschick stehen, weil er mal muss.

1 a Welche Zeichnung zeigt einen Kameraschwenk und welche eine Kamerafahrt? Ordnet die Zeichnungen den Bilderfolgen A und B zu. Notiert z. B.:
Zeichnung 1 passt zu Bilderfolge …
b Erklärt, wie Schwenk und Fahrt funktionieren. Wie bewegt sich die Kamera?

1

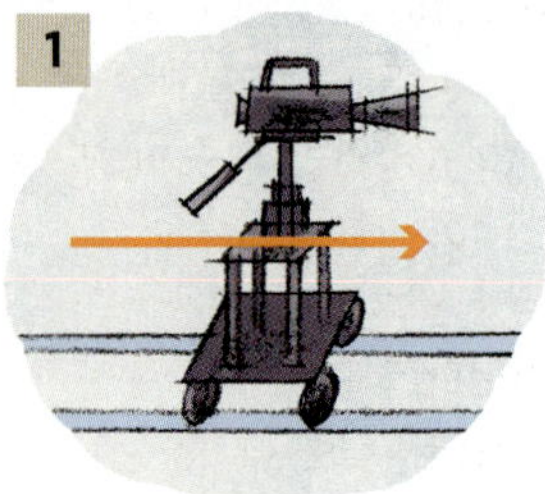

2

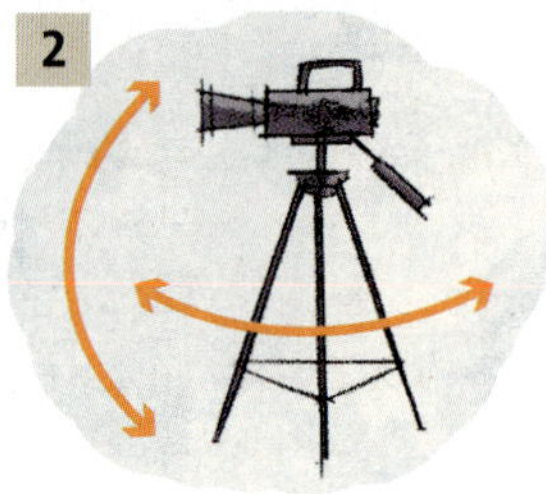

2 Untersucht, warum Schwenk und Fahrt in diesen beiden Szenen eingesetzt werden.
a Stellt euch vor, ihr steht anstelle der Kamera und der Lada fährt auf euch zu und an euch vorbei. Erklärt, warum hier ein Schwenk gewählt wurde. Was soll gezeigt werden?
b Stellt euch vor, ihr lauft anstelle der Kamera leicht versetzt vor Maik und Tschick her. Erklärt, warum in dieser Szene eine Fahrt sinnvoll ist.

3 Wählt aus Textauszug 4 (► S. 248 f.) je eine geeignete Szene für einen Kameraschwenk und eine Kamerafahrt (► Merkwissen) aus. Begründet eure Wahl.

4 Ist Tschick ein Roadmovie? Informiert euch über das Genre und beantwortet die Frage.

Information **Die Kamerabewegungen: Kameraschwenk und Kamerafahrt**

- Bei einem **Kameraschwenk** steht die Kamera fest (z. B. auf einem Stativ) und dreht oder neigt sich – ähnlich wie bei einer Kopfbewegung – um einen fixen Punkt.
- Bei der **Kamerafahrt** bewegt sich die Kamera durch den Raum, z. B. auf ein Objekt zu oder von ihm weg oder parallel zu einem sich bewegenden Objekt (Parallelfahrt).

Die Mise en Scène beschreiben und deuten

Nach ihrer Begegnung auf der Müllhalde, nach Streitigkeiten und einer langen Fahrt baden Isa, Maik und Tschick in einem klaren See. Danach sieht Maik Isa mit anderen Augen (1:04:03).

Tschick, 2016

1 a Beschreibt, wie das Bild auf euch wirkt. Welche Stimmung vermittelt es?
b Welche Gedanken und Gefühle könnten Maik und Isa haben? Notiert Stichworte.

2 Betrachtet das Bild wie ein Gemälde und untersucht, wie es seine Wirkung erzielt. Wählt a, b oder c.

●○○ a Beschreibt die **Atmosphäre,** die durch den **Schauplatz** erzeugt wird, z. B.:
Maik und Isa befinden sich in der Natur. Außer ihnen ... Der See wirkt ...

●●○ b Beschreibt den **Bildaufbau.** Beantwortet dazu die folgenden Fragen:
- Wie sind die Figuren im Bild angeordnet und aufeinander bezogen?
- Wie ist der Hintergrund gestaltet?
- Wie sind Maik und Isa – über den See in der Bildmitte hinweg – miteinander verbunden?

●●● c Erklärt, warum genau diese **Kameraeinstellung** gewählt wurde und warum das hellste **Licht** gerade auf Isas Gesicht liegt.

d Stellt euch eure Ergebnisse vor und diskutiert, ob Bilder mehr als Worte sagen können.

⊕ **3** Stoppt den Film an einer eindrucksvollen Stelle und beschreibt die Mise en Scène mit Hilfe des Merkwissens.

Information **Die Mise en Scène** (die Bildinszenierung)

Ein Filmbild kann so sorgfältig gestaltet oder inszeniert sein wie ein Gemälde. Man bezeichnet diese **Inszenierung** als „Mise en Scène" (franz.: in Szene setzen). Ziel einer solchen Inszenierung ist es, eine **bestimmte Wirkung** bei den Zuschauerinnen und Zuschauern zu erzielen.
Wichtige Aspekte der Bildinszenierung sind:
- der **Bildaufbau:** Was fällt zuerst ins Auge? Wie sind Figuren und Gegenstände angeordnet?
- die **Location:** Welche Atmosphäre vermittelt der Schauplatz?
- die **Beleuchtung** (Licht und Schatten) und die **Farbgestaltung.**

Kameraeinstellung und **Kameraperspektive** ergänzen die Bildwirkung.

Schnitt, Montage und Ton untersuchen

1 Mit dem Lada durchs Maisfeld

2 Kühe stoppen das Auto.

3 Der Landwirt nähert sich.

4 Maik warnt Tschick.

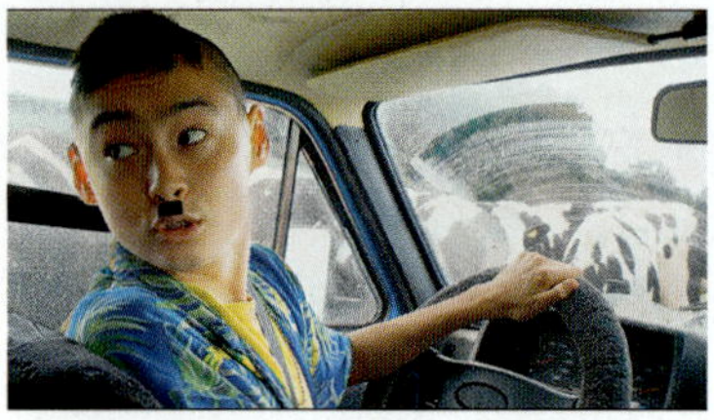
5 Auch Tschick entdeckt den Landwirt.

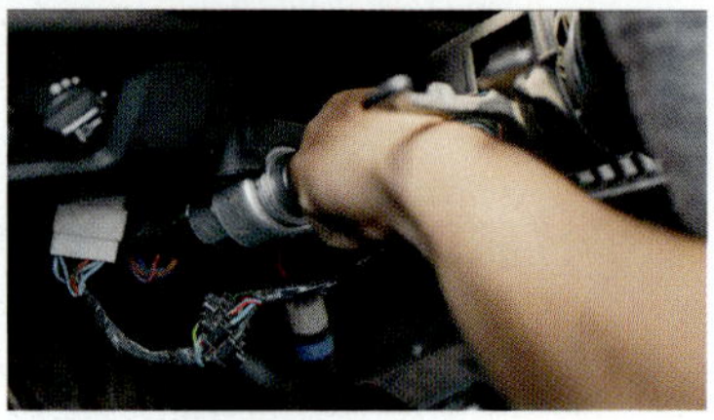
6 Er startet den Lada.

7 Der Landwirt hat sie fast erreicht.

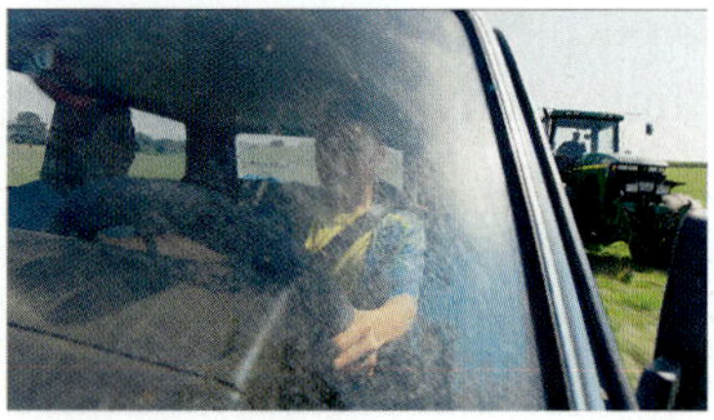
8 Flucht in letzter Sekunde

9 Sie entkommen.

1 a Notiert zu den Szenenbildern je einen Ausruf oder einen Satz in direkter Rede, z. B.:
Bild 1 → Maik: Wow! Schneller, Tschick, schneller!
Bild 2 → Tschick: ...
Bild 3 → Bauer: ...
b Seht euch die Szene an (34:00–36:30) und gebt ihr eine passende Überschrift.

2 Aktiviert in einem Partnerquiz euer Vorwissen zu Kameraperspektiven (▶ S. 362) und Einstellungsgrößen (▶ S. 362). Ordnet dazu den folgenden Stichworten abwechselnd ein passendes Bild zu, z. B.: Normalperspektive = Bild 5.

Normalperspektive • Detail • Froschperspektive • Nah • Halbnah • Totale • Vogelperspektive

3 Untersucht den Schnitt und die Montage (▶ Merkwissen, S. 257) in der Szene. Wählt a, b oder c.
●○○ a Erklärt, warum diese Szene **schnell und mit vielen Schnitten** erzählt wird.
●●○ b Erklärt, warum die **Einstellungen so geschnitten und montiert** sind, dass man mal den Bauern in seinem Traktor und mal Maik oder Tschick sieht.
●●● c Ein Film im Film? Erläutert, wie der Schnitt die **Szene in Einleitung, Hauptteil und Schluss gliedert,** und erklärt, warum die Schnitte im Hauptteil am schnellsten sind.

d Stellt euch eure Ergebnisse vor und entscheidet, welche der folgenden Montagetechniken während der Verfolgungsjagd (35:37–36:30) genutzt wurde. Achtet auf die Kamera(s)!

A Parallelmontage
Gezeigt werden zwei Handlungen, die zeitgleich an verschiedenen Orten ablaufen, ohne dass die Protagonisten sich sehen, z. B. Mutter und Sohn suchen sich an verschiedenen Orten.

B Kontinuitätsmontage
Ein Geschehen wird von verschiedenen Kameras und Kamerastandorten so gezeigt, dass für die Zuschauer der Eindruck einer flüssigen (= kontinuierlichen) und natürlichen Bewegung durch den Raum (z. B. eine Stadt) entsteht.

C Schuss-Gegenschuss-Technik
Zwischen den Beteiligten an einer Handlung wird hin- und hergesprungen. Dabei werden nur zwei Kameras genutzt. Zum Beispiel sieht man in Dialogen eine Figur jeweils aus der Perspektive der anderen.

4 Die Szene im Maisfeld (34:00) wird mit Musik der Band „Bilderbuch“ unterlegt.
Beurteilt, ob Text und Musik des Songs zur Filmszene passen und die Handlung unterstützen.

Bilderbuch
Willkommen im Dschungel! (2015)

Wo ich mich tummel?
Willkommen im Dschungel!
Wo der Handel blüht
Mit dem frohen Gemüt
Wo sind die Drinks?
Wo sind die Drinks?
Willkommen im Dschungel!
Die Luft ist so elektrisch
Mädels werden hektisch
Sind das Dschungelbells?
So verdächtig!
Hol die police!
Hol die police!
Ich fühl mich so verbrecherisch!

5 Überlegt euch eine Szene für den Film „Tschick“, in der entweder eine Parallelmontage oder Schuss-Gegenschuss-Technik sinnvoll wäre. Beschreibt eure Idee einer Lernpartnerin oder einem Lernpartner.

Information **Schnitt, Montage und Ton**

Je nachdem, wie die **einzelnen Einstellungen im Schnitt miteinander verknüpft** oder montiert (= Montage) werden, wird eine Szene erzählt. Typische **Montagetechniken** sind **Schuss-Gegenschuss-Technik, Kontinuitätsmontage** und **Parallelmontage.**
Zum **Ton** gehören **Sprache, Geräusche** und **Musik.** Die Musik kann bestimmte Stimmungen erzeugen und die Handlung gezielt unterstützen.

Eine Filmszene analysieren

Maik und Tschick treffen auf einen Dorfpolizisten. Während Tschick allein mit dem Lada flüchtet, versucht Maik, mit dem Fahrrad des Polizisten zu entkommen (46:55–47:37).

1 (einsetzender Geigenton)

2

3

4 (Schlagzeug setzt ein, Streicher)

5

6 „Mach dich nicht unglücklich!“

7

8 „Stehen bleiben, hab ich jesacht!“

9

10 (Musik wird fröhlicher)

11

12

1 Erklärt den Ablauf der Handlung in Partnerarbeit. Wechselt euch dabei Bild für Bild ab, z. B.:
Bild 1: Maik überblickt die Lage und erkennt seine Chance, das Rad als Erster zu erreichen.
Bild 2: Maik starrt den Polizisten an und schätzt ab, ob ...
Bild 3: Der Polizist ...

2 Untersucht die Arbeit der Kamera.
a Die Kamera steht mal hinter, mal vor den Figuren. Erläutert diesen häufigen Standortwechsel.
b Benennt die Einstellungsgrößen und erklärt ihre Wirkung. Ergänzt dazu die Tabelle im Heft.

Bild	Einstellungsgröße	Wirkung der Einstellungsgröße
1	*Totale*	*Ausgangslage: Maik überblickt die Situation*
2	*Großaufnahme*	...

3 Untersucht Schnitt und Montage.

a Erklärt, warum diese Szene schnell geschnitten ist und aus vielen einzelnen Einstellungen besteht. Inwiefern passt das zum Inhalt?

b Bestimmt die verwendete Montagetechnik (► S. 257) und erklärt, warum sich gerade diese Montagetechnik für diese Szene eignet, z. B.: *In dieser Szene wird ... verwendet, weil ...*

4 Beschreibt den Einsatz der Musik in dieser Filmszene. Wie wirkt sie?
Am Anfang wirkt die Musik ... Das einsetzende Schlagzeug ... Zum Schluss ...

5 Erläutert zusammenfassend, mit welchen Mitteln in dieser Szene Spannung erzeugt wird.

Die Filmszene mit der Romanvorlage vergleichen

Wolfgang Herrndorf

Tschick (6)

Und was ich dann gemacht habe – frag mich nicht. Normal und mit Nachdenken hätte ich das garantiert nicht gemacht. Aber es war ja schon nicht mehr normal, und so dumm war es dann vielleicht auch wieder nicht. Ich rannte nämlich zum Fahrrad hin. Ich warf den Kürbis weg und rannte zum Fahrrad vom Polizisten. Ich war jetzt deutlich näher dran als der Polizist, schleuderte das Rad am Rahmen herum und sprang in den Sattel. Der Polizist brüllte, aber glücklicherweise brüllte er noch in einiger Entfernung, und ich trat in die Pedale. Bis zu diesem Moment war ich nur wahnsinnig aufgeregt gewesen, aber dann wurde es der reinste Albtraum. Ich trat mit aller Kraft und kam nicht von der Stelle. Die Gangschaltung war im hundertsten Gang oder so, und ich konnte den Hebel nicht finden. Das Geschrei kam immer näher. Ich hatte Tränen in den Augen, und meine Oberschenkel fühlten sich an, als würden sie vor Anstrengung gleich platzen. Der Polizist brauchte im Grunde nur noch die Hand nach mir auszustrecken, und dann kam ich langsam in Fahrt und fuhr ihm davon.

6 **a** Vergleicht den Romanauszug mit der Filmszene (42:49–44:19):
Welche Unterschiede in der Darstellung des Geschehens erkennt ihr?
Die folgenden Stichworte können euch helfen.

Gedanken • Action • Gefühle • Tempo • Spannung • Humor • Präsens/Präteritum

b Findet ihr die filmische Umsetzung gelungen? Begründet euer Urteil.

Projekt – Eine Filmszene drehen

Lars Hubrich

Tschick – Das Drehbuch

Nach ihrer ersten unfreiwilligen Tour auf der Autobahn bleiben Maik und Tschick an einer Kreuzung stehen und überlegen, wie sie weiterfahren sollten. Da man ihnen ansieht, dass sie noch zu jung für einen Führerschein sind, wollen sie häufig befahrene Strecken meiden, aber Richtung Süden vorankommen.

Maik: Und wo ist jetzt Süden?

Tschick nimmt seine Armbanduhr ab und gibt sie Maik.

Tschick: Du weißt schon, dass man mit einer Armbanduhr die Himmelsrichtung bestimmen kann? Hier. Der eine Zeiger muss auf die Sonne zeigen, der andere zeigt dann nach Norden.

Auf der Armbanduhr ist es Viertel nach drei, beide Zeiger zeigen also in die gleiche Richtung.

Maik: Es ist Viertel nach drei. Dann ist da Norden. Seit wann steht die Sonne im Norden?

Tschick: Na jetzt.

Maik: Pass mal auf: Im Osten geht die Sonne auf, im Süden nimmt sie ihren Lauf, im Westen wird sie untergehen, im Norden ist sie nie zu sehen!

Tschick: Das ist wegen der Sommerzeit. Im Sommer geht das nicht. Dreh mal eine Stunde zurück.

Maik: Die Himmelsrichtung dreht sich doch nicht dauernd.

Tschick: Aber wenn der Kompass sich dreht – vielleicht ist es ein Kreiselkompass.

Maik: Ein Kreiselkompass hat nichts mit Kreiseln zu tun. Der hat was mit Alkohol zu tun.

Tschick: Du verarschst mich.

Maik: Das weiß ich aus einem Buch, da bricht ein Matrose den Kompass auf, weil er Alkoholiker ist, worauf die auf dem Schiff komplett die Orientierung verlieren. Das Buch hieß, glaube ich, Der Seebär. Oder Der Seewolf.

Tschick: Du meinst Steppenwolf. Da geht es um Drogen.

Maik: Steppenwolf ist zufällig eine Band.

Tschick: Fahren wir Sandpiste, da ist weniger los.

1 Diskutiert, welche der folgenden Stimmungen in dieser Szene vorherrscht:

Aufbruchstimmung • Ratlosigkeit • genervte Besserwisserei

Tschick, 2016

1. Schritt: Ideen sammeln und einen Drehplan erstellen

2 Entwickelt Ideen: Wie stellt ihr euch eure Filmszene vor?
Notiert eure Ideen auf einzelnen Kärtchen:

Spiel
– Mimik: ...
– Gestik: ...
– Betonung: ...

Kamera
– Einstellung: ...
– Perspektive: ...
– Bewegung: ...

Schnitt
– Geschwindigkeit: ...
– Montagetechnik: ...

Requisite, Maske
...

Ton
– Musik: ...
– Geräusche: ...

3 Erstellt mit Hilfe eurer Ideen aus Aufgabe 2 einen Drehplan, z. B.:

Einstel-lung	Figuren, Ort, Requisiten, Inhalt	Text	Kamera	Ton
1	Maik und Tschick im Auto; Uhr; Tschick reicht Uhr rüber	Maik: Und wo ist jetzt Süden? Tschick: Du weißt schon ...	durch Beifahrerfenster; Halbnah, Normalperspektive	Motor, der ausgeschaltet wird
2	Uhr: Viertel nach drei	...	Detail	...

2. Schritt: Den Film drehen und das Material bearbeiten

4 a Bildet mehrere Filmteams. Ihr braucht pro Filmteam Zuständige für: *Schauspiel, Regie, Kamera, Ton, Maske, Requisiten und Schnitt.*

b Trefft Vorbereitungen: Lernt den Dialog, stattet die Darsteller aus, sucht Musik aus usw.

c Filmt jede Einstellung mehrfach, damit ihr bei Schnitt und Montage genug Material zur Auswahl habt.

Achtung!
Wenn ihr einen Film auf die **Schulhomepage** stellen oder ihn **öffentlich vorführen** wollt, benötigen die Darsteller eine **Einverständniserklärung** ihrer Eltern.

5 a Gestaltet euer Material mit Hilfe eines Schnittprogramms am Computer zu einer fertigen Filmszene (▶ Methode, S. 262).

b Unterlegt die Bilder mit Musik, die eine passende Stimmung erzeugt.

3. Schritt: Die Filmszene präsentieren und bewerten

6 a Präsentiert eure Ergebnisse in der Klasse.

b Gebt euch Rückmeldungen zu den folgenden Aspekten: Umsetzung des Drehbuchs, Schauspiel, Kameraeinsatz, Schnitt und Montage, Ton, Requisite/Maske und Gesamtwirkung.

Einen Film schneiden – Die Postproduktion

Nach dem Dreh folgt die Arbeitsphase, in der ihr euer aufgenommenes Filmmaterial mit Hilfe eines Videoschnittprogramms zu einem fertigen Film schneidet und montiert.
Ihr könnt euch dafür ein kostenloses Schnittprogramm auf dem PC installieren.

1. Das Material sichten

- Speichert euer Filmmaterial auf dem PC.
- Ihr habt jede Einstellung mehrfach gedreht. Wählt nun jeweils die beste Version aus.

2. Videos schneiden und montieren

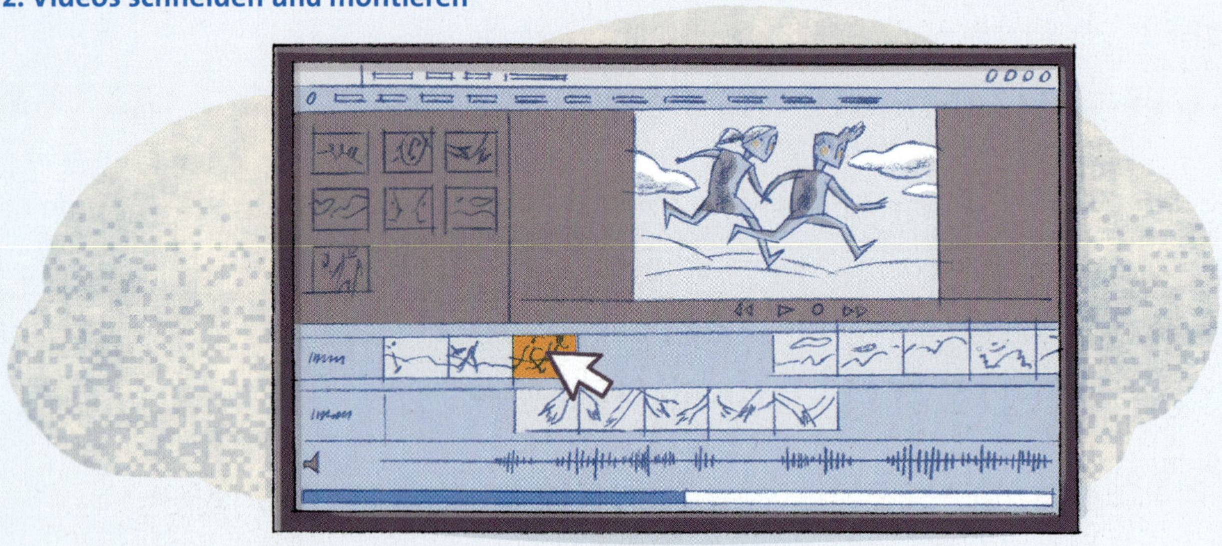

- Öffnet das Schnittprogramm und schneidet eure Einstellungen mit Hilfe des Zeitstrahls.
  Bei diesem Arbeitsschritt entfernt ihr, was ihr im fertigen Film nicht sehen oder hören wollt, und ihr nutzt die Möglichkeiten der Montage, z. B. Schuss-Gegenschuss, Parallelmontage.
- Prüft euer Ergebnis mit Hilfe des Vorschaumonitors.
- Fügt die einzelnen Einstellungen in der richtigen Reihenfolge zu einem Film zusammen.
- Prüft, ob alle Übergänge zwischen den Einstellungen passen.

3. Geräusche und Musik einfügen

Unterlegt euren fertig geschnittenen und montierten Film mit passenden Geräuschen und einer Musik, die die Stimmung eurer Szene unterstreicht.

4. Texte einfügen

Fügt mit Hilfe des Texteditors eures Schnittprogramms Texte in euren Film ein, z. B. den Titel oder die Namen der Beteiligten im Abspann.

5. Der letzte Schliff

Seht euch euren Film noch einmal an und nehmt – falls nötig – letzte Änderungen vor.

11.3 Fit in ... – Eine Filmszene analysieren

Die Aufgabenstellung verstehen

Stellt euch vor, ihr bekommt in der nächsten Klassenarbeit folgende Aufgaben:

1. Tschick besucht Maik mit dem Lada. Schau dir die Szene (19:30–23:53) zweimal an. Fasse die Handlung dann mit Hilfe der sechs Szenenbilder zusammen.
2. Analysiere die Filmszene. Nutze dabei auch die folgenden Bilder.
   a Benenne und erkläre die Wirkung von Einstellungsgrößen anhand von drei Beispielen.
   b Erkläre die Montage am Ende dieser Szene. Beispielhaft dafür stehen Bild 5 und 6.
   c Erläutere die Aufgabe der Musik am Anfang der Filmszene.
3. „Maik und Tschick – der Beginn einer wunderbaren Freundschaft“: Beurteile in wenigen Sätzen, inwiefern diese Aussage zu der Szene passt.

Maik ist allein zu Hause, als zu seiner Überraschung plötzlich Tschick auftaucht.

1 a Lest euch die Aufgabenstellung genau durch.
b Habt ihr verstanden, was ihr tun sollt? Entscheidet, welche der folgenden Aussagen zutreffen, und schreibt die Buchstaben in euer Heft. Vergleicht dann die Lösungen in Partnerarbeit.

Ich soll ...

A anhand der Szenenbilder erklären, warum Tschick Maik zu Hause besucht.
B anhand der Szenenbilder zusammenfassen, wie Tschicks erster Besuch bei Maik abläuft.
C Einstellungsgröße, Montage und Musik analysieren.
D Einstellungsgröße, Kamerabewegung und Musik analysieren.
E beurteilen, ob Tschick ein echter Freund ist.
F die Richtigkeit einer Aussage über Maiks und Tschicks Beziehung beurteilen.

Die Aufgaben bearbeiten und den eigenen Text überarbeiten

2 Bearbeitet die Aufgaben 1–3 von Seite 263. Geht Schritt für Schritt vor.

Aufgabe 1:

a Ordnet die folgenden Sätze den Bildern auf Seite 263 zu.
Notiert dazu jeweils die Ziffer und den Buchstaben, z. B.: 1 = D.

A Maik erkennt, dass das Auto gestohlen ist, weil es kurzgeschlossen wurde.
B Tschick ermutigt Maik, Tatjana die Zeichnung zu schenken.
C Maik ist überfordert und reagiert wütend.
D Tschick besucht Maik überraschend mit einem blauen Lada.
F Tschick entdeckt den Riss in der Zeichnung und zieht daraus seine Schlüsse.
E Maik zeigt Tschick seine Zeichnung von Tatjana.

b Nutzt die Sätze aus Aufgabe 2 a als Handlungsgerüst und fasst die Szene im Präsens zusammen, z. B.:
Tschick besucht Maik in dieser Filmszene …

Aufgabe 2 a, b und c:

– Bestimmt drei Einstellungsgrößen und erklärt ihre Wirkung: Worauf wollen sie aufmerksam machen?
– Erklärt, um welche Art der Montagetechnik es sich handelt und warum sie sich für diese Situation besonders eignet.
– Erläutert, inwiefern die Musik Maiks Stimmung in dieser Szene unterstreicht.

Einstellungsgrößen:
1. Totale, 2. Halbnah,
3. Nah, 4. Groß, 5. Detail

Aufgabe 3

Nehmt begründet Stellung dazu, ob die getroffene Aussage zutrifft oder nicht, z. B.:
Ich stimme der Aussage, dass in dieser Szene eine wunderbare Freundschaft ihren Anfang nimmt, zu / nicht zu / teilweise zu / eingeschränkt zu, weil …

3 Überarbeitet eure Ergebnisse in Partnerarbeit. Die Checkliste hilft euch dabei.

Checkliste **Aufgaben zu einer Filmszene bearbeiten**

Aufgabe 1
- Habt ihr die Szene in ihrem Handlungsablauf verständlich zusammengefasst?

Aufgabe 2
- Benennt ihr Einstellungsgrößen und beschreibt ihre Wirkung?
- Benennt ihr die Montagetechnik und erklärt, warum sie in dieser Szene eingesetzt wird?
- Erläutert ihr, inwiefern die Musik die Handlung unterstützt und die Stimmung verstärkt?

Aufgabe 3
- Seid ihr auf die Aussage eingegangen und habt begründet Stellung genommen?

12 Wörtern auf der Spur – Über Sprachgebrauch nachdenken

1 a Die *Aktion Mensch* bietet Postkarten an, auf denen das Wort „Respekt“ mit erhabenen Punkten in Blindenschrift steht.
Nennt verschiedene Möglichkeiten, wie man den Satz auf der Postkarte verstehen kann.
b Diskutiert, welches Ziel die *Aktion Mensch* mit dieser Karte wohl verfolgt.

2 a Sammelt Aussagen oder berichtet von Situationen aus eurem Alltag, in denen das Wort „Respekt“ vorkommt.
b Erklärt, ob der Begriff „Respekt“ in euren Beispielen stets dasselbe bedeutet oder unterschiedliche Bedeutungen hat.

In diesem Kapitel ...

- untersucht und unterscheidet ihr die Bedeutung von Wörtern,
- diskutiert ihr die Funktion von beschönigenden Formulierungen (Euphemismen),
- untersucht ihr den Bedeutungswandel von Wörtern,
- unterscheidet ihr Alltags-, Bildungs- und Jugendsprache sowie Dialekte,
- beschäftigt ihr euch mit Mehrsprachigkeit,
- führt ihr ein Projekt zu „bedrohten Wörtern“ durch.

12.1 Respekt und Fair Play – Die Bedeutung von Wörtern klären

Ist Respekt gleich Respekt? – Begriffe definieren

Respekt ist das soziale Schmiermittel der Gesellschaft

Niels van Quaquebeke (30) erforscht die Funktion von Respekt in der Gesellschaft

Was ist Respekt, Herr van Quaquebeke?
Psychologisch gesehen ist Respekt eine Einstellung. Er entsteht nicht, weil ihn jemand einfordert, sondern weil man selbst erkennt, dass Respekt die „richtige" Einstellung dem anderen Menschen gegenüber ist.

Ist Respekt gleich Respekt oder gibt es da Unterschiede?
Der Begriff wird leider oft unpräzise benutzt. Jemand, der sagt, er hat Respekt vor dem Kampfhund, meint eigentlich Angst. Ein Chef kann Respekt einfordern, meint aber Gehorsam. Ältere Menschen sprechen vielleicht davon, dass Jugendliche heutzutage keinen Respekt haben, bedauern aber eher den Mangel an Höflichkeit. Psychologen unterscheiden zwei Arten von Respekt: Es gibt den respektvollen Umgang miteinander im Sinne von Achtung. Die einzige Bedingung dafür ist, dass man einander als gleichwertige Menschen betrachtet. Die andere Art von Respekt bringt man einem Menschen für eine besondere Leistung entgegen. Das ist der Respekt, den man beispielsweise einem Trainer für seine Errungenschaften im Fußball zollt. Bei dieser Art lässt man den Einfluss des Respektierten zu, man folgt ihm sogar in diesem Bereich, in dem er sich den Respekt verdient hat.

Respekt ist in aller Munde, jeder will ihn: Anhänger der Hip-Hop-Szene genauso wie die Dame am Bridge-Tisch.
Es ist ein verständlicher, menschlicher Wunsch. Das Problem ist nur, dass der Begriff nicht differenziert genug benutzt wird. Von der UNESCO[1] gibt es eine Erklärung zu Respekt und Toleranz, die UN[2] fordern immer wieder Respekt in verschiedenen Bereichen ein. Die UEFA[3] macht eine Respekt-Kampagne. Alle Welt spricht von Respekt, aber die wenigsten präzisieren den Begriff. Das halte ich für schwierig.

1 die UNESCO (engl. für United Nations Educational, Scientific and Cultural Organization): gegründet 1945 nach dem Zweiten Weltkrieg; internationale Organisation, die weltweit Bildung, Wissenschaft und Kultur fördern will

2 die UN (engl. für United Nations, deutsch: Vereinte Nationen): gegründet 1945 nach dem Zweiten Weltkrieg; Zusammenschluss zwischen fast allen Ländern der Welt mit dem Ziel, sich für den Weltfrieden einzusetzen

3 die UEFA (engl. für Union of European Football Associations): europäischer Fußballverband, der die europäischen Fußballwettbewerbe ausrichtet

1 „Alle Welt spricht von Respekt, aber die wenigsten präzisieren den Begriff" (▶ Z. 38–40). Erklärt, auf welches Problem van Quaquebeke damit hinweist.

2 a In dem Interview wird ausgeführt, was verschiedene Personen unter „Respekt" verstehen. Tragt die verschiedenen Vorstellungen des Wortes „Respekt" in einem Cluster zusammen:

Angst — **Respekt** — ...

b Erklärt, was van Quaquebeke unter Respekt versteht: Durch welche Merkmale zeichnet sich Respekt aus? Welches Synonym verwendet er für Respekt?

c Stellt Vermutungen dazu an, warum der Begriff „Respekt" von verschiedenen Menschen und Institutionen wie z. B. der UEFA häufig so unpräzise verwendet wird.

3 Sammelt für die zwei Arten von Respekt, die Psychologen unterscheiden, weitere Beispiele.

4 Definiert, was ihr unter Respekt versteht. Wählt Aufgabe a, b oder c.

●○○ a Nennt **Beispiele** für respektvolles Verhalten. Beginnt z. B. so:
Ich zeige einem Menschen gegenüber Respekt, wenn ich zum Beispiel ...

●●○ b Nennt geeignete **Synonyme** und **Antonyme** für „Respekt".
„Respekt" heißt so viel wie ... „Respekt" ist das Gegenteil von ...

●●● c Nennt **Merkmale,** durch die sich respektvolles Verhalten auszeichnet.

d Stellt euch eure Arbeitsergebnisse gegenseitig vor. Beispiele, Synonyme, Antonyme, Merkmale: Diskutiert, welche Definition besonders gut verständlich ist.

5 Ist Respekt gleich Respekt? Diskutiert diese Frage in der Klasse.

6 Das Grundgesetz der Bundesrepublik Deutschland beginnt mit dem folgenden Artikel 1: „Die Würde des Menschen ist unantastbar. Sie zu achten und zu schützen, ist Verpflichtung aller staatlichen Gewalt." Begründet, ob man den Begriff „Würde" durch „Respekt" ersetzen könnte.

Information **Die Bedeutung von Wörtern und Begriffen definieren**

Wörter und Begriffe sind für uns dann verständlich, wenn ihre Bedeutung klar ist. Ist die Bedeutung unklar oder uneindeutig, kann es zu Missverständnissen kommen.
Wenn wir einen Begriff definieren, versuchen wir, seine Bedeutung festzulegen, z. B.

- indem wir **Merkmale** nennen, die ein Begriff aufweist, z. B. *Höflichkeit ist eine Haltung gegenüber anderen Menschen, die sich in rücksichtsvollem und höflichem Verhalten zeigt.*
- indem wir ein **Beispiel** zur Erklärung heranziehen, z. B.: *„Chatiquette" bedeutet zum Beispiel, andere in einem Chat nicht zu beleidigen.*
- indem wir **Synonyme** nennen, also Begriffe, die dieselbe oder eine ähnliche Bedeutung haben, z. B.: *„Fair Play" heißt so viel wie „anständiges Verhalten".*
- indem wir **Antonyme** (Wörter mit gegensätzlicher Bedeutung) nennen, z. B.: *„Fair Play" ist das Gegenteil von „Foulspiel".*

Ist das „Fair Play"? – Denotation und Konnotation

Fair-Play-Geste des Jahres

Der Mannschaftskapitän von Galatasaray Istanbul, Beknaz Almazbekov, begeisterte mit einer selten gewordenen Fair-Play-Geste. Als er im gegnerischen Strafraum zu Boden ging, bekam er zu Unrecht einen Elfmeter zugesprochen. Anstatt die Chance wahrzunehmen und den Elfmeter zu verwandeln, zeigte Almazbekov echtes Fair Play und schoss den Ball absichtlich neben das Tor. Schlägt man Fair Play in einem Lexikon nach, findet man folgende Definition: *(1) die Regeln befolgend, (2) faires Spiel; ehrbares, anständiges Verhalten.* „Fair Play", so ein Trainer, „ist in meinen Augen ein sportliches Verhalten, das über die Einhaltung von Regeln hinausgeht. Es hat etwas mit Achtung und Respekt gegenüber dem Gegner zu tun."

1 **a** Erklärt, warum Almazbekov für seine Fair-Play-Geste weltweit Anerkennung bekam.
b War das Fair Play? Stellt euch vor, in der Kabine von Galatasaray Istanbul wird nach dem Spiel heftig über das Verhalten Almazbekovs gestritten. Improvisiert dieses Streitgespräch.

2 **a** Lest das Merkwissen und erklärt, was man unter *Denotation* und *Konnotation* versteht.
b Erstellt wie im Merkwissen unten eine Grafik zum Begriff „Fair Play". Nehmt hierzu die Informationen aus dem Text zu Hilfe und ergänzt selbst weitere konnotative Bedeutungen.

3 **a** Wählt aus den folgenden Begriffen zwei aus und erstellt jeweils ein Schaubild wie im Merkwissen unten: *Hund, Computerspiel, Nacht, Winter, Musik.*
b Prüft eure Denotation mit Hilfe eines Wörterbucheintrags. Vergleicht dann untereinander die konnotativen Bedeutungen, die ihr einem Wort gegeben habt, und erklärt die Unterschiede.

4 Erklärt mit Beispielen, warum die konnotative Bedeutung eines Wortes je nach Erfahrung, Alter oder Kulturkreis von Person zu Person sehr unterschiedlich sein kann.

Information **Denotation und Konnotation**

Die **Denotation** eines Wortes ist seine klar definierte Grundbedeutung, die man im Wörterbuch oder Lexikon nachschlagen kann. Die **Konnotation** bezeichnet die Nebenbedeutung eines Wortes, d. h. die Vorstellungen, Erfahrungen, Empfindungen und Assoziationen, die wir mit ihm verbinden. Sie können – je nach Erfahrung, Alter oder Kulturkreis einer Person – positiv oder negativ sein.

Konnotation

Arbeitsmöglichkeiten

Anonymität

Freiheit
Kino, Theater, Kultur

Stadt
Denotation: größere Siedlung

Kriminalität
schlechte Luft
Stau

Vielfalt und Gleichheit? – Hochwertwörter untersuchen

Wir leben **Vielfalt.**
Nach dem Prinzip der
Gleichheit.

Die Bundesregierung startete unter dem Motto „Wir sind Rechtsstaat" eine Informationskampagne mit Plakaten, Kinospots, Erklärfilmen usw. Im Mittelpunkt der Kampagne stehen die Grundrechte, die der Rechtsstaat allen Bürgerinnen und Bürgern garantiert. Es werden aber auch die Meinungs-, Versammlungs- und Religionsfreiheit und die Chancengleichheit sowie der Schutz vor Diskriminierung thematisiert.

1 **a** Erläutert, was eurer Meinung nach der Slogan deutlich machen soll.
Lest hierzu auch den Informationstext rechts.

b „Vielfalt" und „Gleichheit" sind sogenannte Hochwertwörter, also Wörter, mit denen wir positive Vorstellungen verbinden.
Notiert in Clustern für beide Wörter die positiven Konnotationen, die sie auslösen.

- **Vielfalt**
  - Jeder ist etwas Besonderes.
  - …
- **Gleichheit**
  - gleiche Chancen
  - …

c Erklärt den Zusammenhang zwischen dem Slogan oben und dem Thema „Respekt".

2 Vielfalt und Gleichheit sind auf den ersten Blick gegensätzliche Begriffe. Diskutiert, ob die Aussage des Slogans deswegen widersprüchlich ist.

3 Unten findet ihr zwei weitere Sätze der Kampagne. Erläutert, welche Nomen Hochwertwörter sind und was eurer Meinung nach jeweils über das Land Deutschland vermittelt werden soll.

Wir glauben an die Freiheit.
Und an die Freiheit des Glaubens.

Wir schützen vor Willkür.
Und schwören auf Gerechtigkeit.

Information **Sprachliche Gestaltungsmittel: Hochwertwörter**

Hochwertwörter sind **Wörter oder kurze Phrasen, mit denen positive Vorstellungen verbunden sind,** die also positiv konnotiert (► S. 268) sind, z. B.: *Gleichheit, Frieden, Gesundheit.*
Sie sollen bei den Lesern oder Zuhörern positive Emotionen hervorrufen und werden gezielt eingesetzt, um für die eigenen Position zu werben.

Euphemismen oder Klartext? – Sprache beurteilen

Mitteilung der Lema-Werke: Da die Umsätze in den letzten Jahren suboptimal waren, stehen die Lema-Werke in diesen Tagen vor großen Herausforderungen. Um am Standort Trübenthal auch zukünftig wettbewerbsfähig zu bleiben, müssen wir umfassende Umstrukturierungen im Betrieb vornehmen und rund 25 Prozent unserer Mitarbeitenden freisetzen. Zudem sehen wir uns gezwungen, unsere Preise am Markt anzupassen und die Arbeit hier im Betrieb zu verdichten. Diese Maßnahmen halten wir leider für alternativlos, um das Unternehmen neu auszurichten und damit zukunftsfähig zu machen.

1 a Erklärt mit eigenen Worten, worum es in dieser Mitteilung geht.
b Stellt Vermutungen an, warum in dieser Mitteilung nicht „Klartext" gesprochen wird.
c „Übersetzt" die markierten Euphemismen aus dem Text in „Klartext". Ordnet hierzu jedem markierten Euphemismus eine Übersetzung aus dem Wortschatzkasten zu.

nicht diskutierbar • entlassen • Arbeitspensum erhöhen • Preise erhöhen • schlecht • Probleme • Entlassungen

2 Diskutiert: Findet ihr es gut, wenn man schlechte Nachrichten in schöne Worte (Euphemismen) kleidet, vielleicht auch aus Mitgefühl? Oder sollte man immer Klartext sprechen?

3 Im Folgenden findet ihr jeweils drei Begriffe, die Ähnliches bedeuten. Diskutiert, welche der Begriffe ihr für Euphemismen haltet.

Klimawandel	Seniorenresidenz	teuer	Schlägerei
Erderhitzung	Altenheim	hochpreisig	Meinungsverschiedenheit
Klimakatastrophe	Seniorenzentrum	kostspielig	Prügelei

4 Stellt euch vor, ihr müsstet folgende Dinge bewerben. Welche Euphemismen könntet ihr nutzen? Arbeitet im Team und wählt a, b oder c.
●○○ a Findet Euphemismen für eine **„Reise für alte Menschen"**.
●●○ b Findet Euphemismen für **„Autos mit großem Reparaturbedarf"**.
●●● c Findet Euphemismen für **„ein Hotel, das an einer lauten Straße mit vielen Kneipen liegt"**.
d Stellt eure Ergebnisse vor. Diskutiert, welche Euphemismen besonders werbewirksam sind.

Information **Sprachliche Gestaltungsmittel: Euphemismen**

Euphemismen sind Ausdrücke oder Phrasen, die etwas beschönigen, z. B.: *Versorgungspark* für *Mülldeponie*, *Freisetzung* für *Entlassung von Mitarbeitern*.
Euphemismen werden vor allem in der Politik und in der Wirtschaft verwendet, um unangenehme Sachverhalte zu verharmlosen oder zu verschleiern.

„Witz, Gift, Opfer" – Wörter verändern ihre Bedeutung

Witz, der: Das Nomen *Witz* ist abgeleitet von dem mittelhochdeutschen Verb *wizzen* (wissen, wissen über, wissen von) und bedeutete somit ursprünglich „Verstand, Klugheit, Wissen".
Seit dem 17. Jahrhundert setzte ein Bedeutungswandel ein. Beeinflusst von dem französischen Wort *esprit* (Esprit, Geist) und dem englischen *wit* (Witz) entwickelte sich die Bedeutung „Gabe, sich geistreich, treffend (witzig) zu äußern".
Seit dem Ende des 19 Jahrhunderts wird das Wort *Witz* vor allem in seiner heutigen Bedeutung verwendet, nämlich als „kurze, lustige Geschichte" (einen *Witz* erzählen).
Daneben wird *Witz* auch heute noch verwendet im Sinne von „Gabe, sich geistreich, schlagfertig zu äußern", aber auch noch weiterhin (veraltet) im Sinne von „Klugheit".

1 Der Text stammt aus einem Herkunftswörterbuch (etymologisches Wörterbuch). Dieses Wörterbuch erklärt, woher ein Wort stammt und was es ursprünglich bedeutete.
- **a** Erklärt, wie sich die Bedeutung des Wortes „Witz" im Lauf der Zeit gewandelt hat. Ordnet hierzu jeder Bedeutungsstufe einen Beispielsatz aus der Abbildung oben zu.
- **b** Diskutiert, ob die ursprüngliche Bedeutung des Wortes „Witz" mit der heutigen Hauptbedeutung des Wortes etwas gemeinsam hat.

2 Lest die Informationen zum Bedeutungswandel (▶ Merkwissen, S. 272). Erklärt, welche Art von Bedeutungswandel beim Wort „Witz" vorliegt. Vergleicht hierzu die ursprüngliche Wortbedeutung mit den heutigen Bedeutungen des Wortes.

⊕ **3** Es gibt viele Redensarten, in denen das Wort „Witz" (auch in übertragener Bedeutung) verwendet wird. Erläutert die Bedeutungen von „Witz" in den folgenden Sätzen:

Etwas mit Witz und Laune vortragen • Das ist ja gerade der Witz an der Sache! • Das soll doch wohl ein Witz sein?! • Ein gewitzter Typ ist das! • Das ist doch wohl ein schlechter Witz!

Gift, das: Das Nomen „Gift" (mhd. *gift*) ist abgeleitet vom Verb „geben" und hatte ursprünglich die Bedeutung „Gabe, Geschenk". Diese Bedeutung ist im Deutschen nur noch in der Zusammensetzung *Mitgift* (Heiratsgut der Braut, eigentlich das Mitgegebene) erhalten, während sie im englischen Nomen *gift* (Geschenk) noch weiterlebt. Der Bedeutungswandel von „Gabe, Geschenk" zu „tödlicher Gabe, Gift" vollzieht sich seit dem 15. Jh. Ab dem 18. Jh. setzt sich die heute allein übliche Bedeutung „Gift" (Verb: *vergiften*; Adjektiv: *giftig*) durch.

Opfer, das: Das Nomen „Opfer" ist abgeleitet vom mhd. Verb „opfern" und bedeutete ursprünglich „etwas einer Gottheit darbieten, ein religiöses Opfer bringen". Später wird als „Opfer" auch jemand bezeichnet, der einen Schaden erleidet oder umkommt *(Opfer eines Verkehrsunfalls, eines Verbrechens, Kriegsopfer)*. Etwa seit dem Jahr 2000 wird das Wort „Opfer" in der Jugendsprache abwertend im Sinne von „Schwächling, Verlierer" verwendet.

toll: Das ahd. Adjektiv *tol* (9. Jh), mhd. *tol* (niederl. *dol*, engl. *dull*) bedeutete „stumpf, unempfindlich" und wurde auch im Sinne von „umnebelt, verwirrt, des Verstandes beraubt" genutzt. Die Verwendung von *toll* in *Tollwut* oder *herumtollen* erinnern heute noch an die ursprüngliche Bedeutung des Wortes. Heute wird das Adjektiv *toll* vor allem als (umgangssprachlicher) Ausdruck einer positiven Bewertung genutzt *(ein tolles Fest)*.

4 Untersucht mit Hilfe des Merkwissens, wie sich die Bedeutungen der Wörter im Lauf der Zeit gewandelt haben. Wählt a, b oder c und vergleicht eure Lösungen.

●○○ **a** Lest den Eintrag zu **„Gift"**. Erklärt mit Hilfe von Beispielsätzen die **frühere** und die **heutige Bedeutung** des Wortes. Notiert die **Art des Bedeutungswandels.**

●●○ **b** Lest den Eintrag zum Wort **„Opfer"**. Erklärt mit Hilfe von Beispielsätzen, welche **Bedeutungen** das Wort **früher** hatte und **heute** hat. Notiert die **Art des Bedeutungswandels.**

●●● **c** Lest den Eintrag zum Wort **„toll"**. Erklärt mit Hilfe von Beispielsätzen die **früheren** und die **heutigen Bedeutungen** des Wortes. Notiert die **Art des Bedeutungswandels.**

Information **Der Bedeutungswandel von Wörtern**

Frühere Bedeutung	Heutige Bedeutung	Bedeutungswandel
hôchgezît (mhd.) = Feste aller Art	Hochzeit = Fest zur Eheschließung	**Bedeutungsverengung**
vrouwe (mhd.) = adlige Dame, Herrin	Frau = erwachsene, weibliche Person	**Bedeutungserweiterung**
minister (mhd.) = Diener	Minister = Mitarbeiter einer Regierung	**Bedeutungsverbesserung**
wîp (mhd.) = Frau, Ehefrau	abwertende Bezeichnung für eine Frau	**Bedeutungsverschlechterung**
virabend (mhd.) = Vorabend eines Festes	Feierabend = Freizeit nach der Arbeit	**Bedeutungsverschiebung**

Wörter und ihre Bedeutung

1

Respekt, der: *auf Anerkennung beruhende Achtung; vor jemandem wegen seiner höheren Stellung empfundene Scheu*

Dieser Wörterbucheintrag enthält:
LE die denotative Bedeutung des Begriffs „Respekt".
ST die konnotative Bedeutung des Begriffs „Respekt".
FA die frühere (nicht mehr gültige) Bedeutung des Begriffs „Respekt".

2

Zu „Hund" fällt mir „treuer Freund" ein. Hier wird genannt:
AR eine denotative Bedeutung
DN eine konnotative Bedeutung
AH die Definition des Wortes

3

Welches der folgenden Wörter ist **kein** Hochwertwort?
AD Freiheit
AW Rassismus
KE Menschenwürde

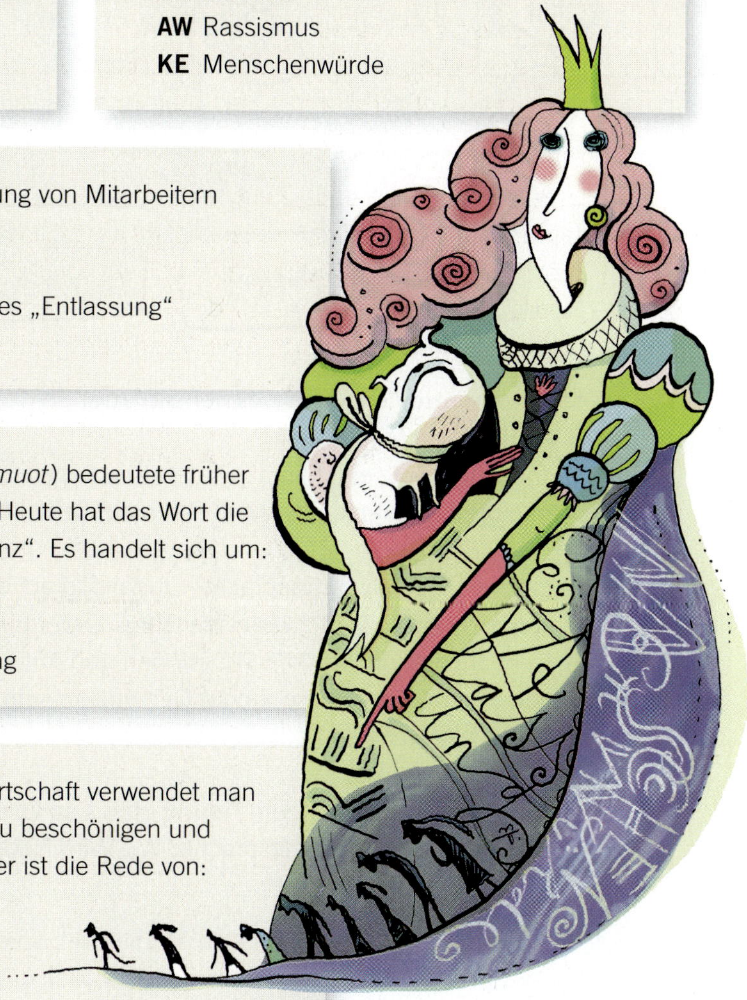

4

Ein Unternehmen nennt die Entlassung von Mitarbeitern „Freisetzung von Personal". Dies ist:
KE eine konnotative Umschreibung
BE ein Bedeutungswandel des Wortes „Entlassung"
HC ein Euphemismus

5

Das Wort „Hochmut" (mhd. *hôchgemuot*) bedeutete früher „frohe Stimmung, edle Gesinnung". Heute hat das Wort die Bedeutung „Überheblichkeit, Arroganz". Es handelt sich um:
PO eine Bedeutungserweiterung
MA eine Bedeutungsverbesserung
AR eine Bedeutungsverschlechterung

6

Vor allem in der Politik und in der Wirtschaft verwendet man sie, um etwas Negatives sprachlich zu beschönigen und dadurch besser wirken zu lassen. Hier ist die Rede von:
PS Euphemismen
UL Hochwertwörtern
IE anschaulichen Beispielen

1 Notiert die Lösungsbuchstaben der einzelnen Kärtchen (1–6) untereinander. Rückwärtsgelesen ergeben sie ein Lösungswort, das in diesem Kapitel eine Rolle spielt.

12.2 Ich spreche viele Sprachen – Sprachvarietäten und Sprachgebrauch untersuchen

Angemessene Ausdrucksweisen? – Bildungs-, Alltags-, Jugendsprache, Dialekt

1 a Stellt Vermutungen an: In welchen Situationen werden die Sätze jeweils gesprochen und an wen richten sie sich (Adressaten)?

b Ordnet jeden Satz einer Sprachvarietät zu. Begründet eure Zuordnung anhand sprachlicher Merkmale. Lest hierzu das Merkwissen auf Seite 275.

2 a Alltagssprache – Bildungssprache – Jugendsprache – Dialekt:
- Notiert, welche Sprachvarietäten ihr selbst – zumindest im Ansatz – sprecht.
- Gebt auch an, in welchen Situationen und mit welchen Gesprächspartnern ihr sie nutzt.

b Vergleicht eure Ergebnisse. Findet Gemeinsamkeiten und Unterschiede.

c Diskutiert, in welchen Situationen welche Sprachvarietät angemessen ist.

3 Tim unterhält sich mit einem Freund über sein Referat. Fasst zusammen, was ihr erfahrt: Welche Merkmale hat Netzsprache? Wie wird Netzsprache von Sprachforschern bewertet?

A Ich halte doch morgen ein Referat über Netzsprache. Das ist ein echt cooles Thema. Die Sprache im Netz ist echt besonders. Weil da geht's um Schnelligkeit! Deshalb kein langes Gefasel, sondern Abkürzungen. „GN8" heißt z. B.: „Gute Nacht!" Wie ich mich fühle, also ob ich mich freue oder ärgere, das macht man durch Emoticons klar. Rechtschreibung ist natürlich auch egal. Muss ja schnell gehen!

4 a Am folgenden Tag hält Tim sein Referat vor der Klasse. Vergleicht die beiden Texte (A und B). Wie unterscheiden sie sich inhaltlich und sprachlich? Nennt Merkmale.

b Gespräch mit einem Freund – Sprechen vor der Klasse:
Erklärt, inwiefern verschiedene Situationen und Adressaten für die Wahl einer Sprachvarietät wichtig sind.

B

Die Netzsprache, also die Sprache, die wir beim Chatten oder Whatsappen nutzen, hat besondere Merkmale. Das wichtigste Merkmal ist die Verwendung von Abkürzungen, denn im Netz kommuniziert man schnell. Deshalb werden ganze Sätze oder Satzteile in einem Wort zusammengefasst. „GN8“ heißt z. B. „Gute Nacht!“. Zu dem Punkt „schnelle Kommunikation“ gehört auch, dass Rechtschreibung und Kommasetzung nebensächlich sind, denn auch das spart Zeit. Wie bei einem persönlichen Gespräch werden bei der Netzsprache auch Gefühle wie Freude, Trauer oder Ärger gezeigt. Dies geschieht mit Hilfe von Emoticons. Dabei verrät die Mimik des Smileys etwas über die eigene Gefühlslage.

5 Tim nutzt einmal Alltagssprache (Text A) und einmal Bildungssprache (Text B). Untersucht die Merkmale dieser beiden Sprachvarietäten genauer. Wählt a, b oder c.

●○○ a Schreibt aus **Text A vier umgangssprachliche Wörter** (z. B. *cool*) und **zwei Sätze** heraus, die man bei einem Referat vor der Klasse so nicht verwenden würde.

●●○ b Beschreibt mit Beispielen, was euch bei der **Wortwahl** und beim **Satzbau** von **Text A** im Unterschied zur Standardsprache auffällt.

●●● c **Vergleicht beide Texte** (A und B). Notiert mit Beispielen die Unterschiede bei der **Wortwahl,** beim **Satzbau** (auch Verknüpfung von Sätzen) und bei der **Grammatik.**

d Tauscht euch aus und haltet die Unterschiede zwischen Alltags- und Bildungssprache fest.

Information **Sprachvarietäten: Bildungs-, Alltags-, Jugendsprache, Dialekt**

Es gibt viele Varianten der deutschen Sprache, sogenannte Sprachvarietäten, z. B.:

- Die **Standardsprache** ist die allgemein verbindliche Form unserer Sprache, wie sie besonders im Schriftlichen verwendet wird.
- Die **Bildungssprache** ist eine besondere Form der Standardsprache. Man verwendet sie z. B. im Unterricht. Typisch sind vollständige Sätze, korrekte Grammatik und die Verwendung von Fachbegriffen/Fremdwörtern, z. B.: *Bilingualität bringt einige Vorteile.*
- Die **Alltagssprache** (Umgangssprache) benutzen wir bei unserer täglichen mündlichen Kommunikation. Dabei achtet man weniger auf vollständige Sätze oder korrekte Grammatik und verwendet umgangssprachliche Wendungen, z. B.: *Das ist echt doof!*
- **Jugendsprache** unterscheidet sich bewusst von der Sprache der Erwachsenen und verändert sich sehr schnell. Typische Merkmale sind z. B. Anglizismen *(chillen)*, bildliche Ausdrücke/Metaphern *(Alugurke)*, Neologismen, also Wortneubildungen *(Smombie)*, Abkürzungen *(Yolo)* und Wortverstärker/Übertreibungen *(mega, krass, de luxe)*.
- **Dialekte (Mundarten),** z. B. Kölsch, Berlinisch, Hessisch, weichen von der Standardsprache ab und sind an eine bestimmte geografische Region gebunden.

MK

Sprache im Netz – Netzjargon unter der Lupe

1 In dem Chat findet ihr Kommentare zu einem Videoclip über „Respekt im Netz: Chatiquette“.

a Erklärt, was ihr unter Chatiquette versteht. Aus welchen Wörtern ist der Begriff gebildet?

b Untersucht, ob die Beiträge oben die Regeln der Chatiquette befolgen.

2 **a** Notiert mit Beispielen, welche typischen Merkmale von Netzsprache der Chat oben aufweist. Arbeitet im Team und nehmt das Merkwissen zu Hilfe.

b Listet weitere Abweichungen von der Standardsprache auf.

c Übersetzt gemeinsam mit einer Partnerin oder einem Partner den Chat in Alltagssprache.

3 Verfasst selbst einen Kommentar über Chatiquette in Netzsprache. Übersetzt ihn in Bildungssprache und beschreibt dann die Unterschiede zwischen Netz- und Bildungssprache.

Information | **Merkmale von Netzsprache**

Hauptmerkmal der Netzsprache ist die **Verkürzung der Sprache,** wodurch Aufwand und Zeit gespart werden. Außerdem weist sie – wie ein Gespräch – **Merkmale der gesprochenen Sprache** auf. Man verwendet z. B.:

- **unvollständige Sätze, jugend-** oder **umgangssprachliche Ausdrücke** *(krass!),*
- **Abkürzungen** und **Akronyme** (aus den Anfangsbuchstaben gebildetes Kurzwort), um Zeit und Tippaufwand zu sparen, z. B.: *bb* (Bye Bye); *np* (no problem).
- **Emoticons,** um Stimmungen und Gefühle auszudrücken, z. B.: ☺ ♥.
- **Asterisken** (zwischen zwei Sternchen gesetzte reduzierte Verbform), die eine Tätigkeit in diesem Moment ausdrückt, z. B.: **grins*; *seufz*.*

Mehrsprachigkeit – Meine Sprachbiografie

1) Welche Sprache hast du wann kennen gelernt und welche willst du noch erlernen?

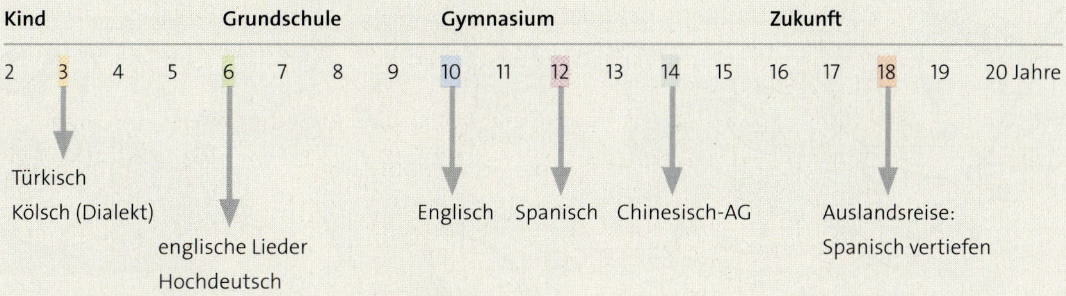

2) Mit wem und/oder in welcher Situation sprichst du welche Sprache?
- in meiner Familie: Türkisch, Kölsch
- in meinem Freundeskreis: Kölsch, Türkisch, Jugendsprache
- im Unterricht, Filme/Videos zu Hause: Englisch
- ...

1 **a** Entwerft selbst eine Sprachlernbiografie wie im Beispiel oben.
b Vergleicht eure Sprachlernbiografien in Gruppen:
- Welche Sprachen tauchen in eurem Lebenslauf auf?
- Wo (Schule – außerhalb der Schule) habt ihr diese Sprache kennengelernt?
- Welche Sprachen sind für euch heute wichtig und warum?
- Was mögt ihr an welcher Sprache besonders, was eher nicht?

2 **a** Lest die Informationen im Merkwissen.
Wertet dann in der Klasse aus:
- Wie viele Sprachen gibt es in eurer Klasse?
- Wie viele Schüler/-innen in eurer Klasse sind mehrsprachig, wie viele sind bilingual?

b Stellt den Schülerinnen und Schülern, die andere Sprachen als ihr selbst sprechen, Fragen zu ihrer Sprache, z. B.: *Wie begrüßt man sich? Was sind besonders schöne Wörter?*

Information **Äußere und innere Mehrsprachigkeit**

Man unterscheidet zwischen äußerer und innerer Mehrsprachigkeit:
Äußere Mehrsprachigkeit bedeutet, dass man neben seiner **Muttersprache** eine oder mehrere **Zweit- oder Fremdsprachen** so gut beherrscht, dass man sie problemlos sprechen und verstehen kann. Als **bilingual** (im engeren Sinne) bezeichnet man Menschen, die eine nahezu muttersprachliche Sprechfähigkeit in zwei Sprachen aufweisen.
Innere Mehrsprachigkeit bedeutet, dass man mehrere Varietäten einer Sprache spricht (z. B. Hochdeutsch, Dialekt, Jugendsprache).

Verschiedene Sprachen – Verschiedene Weltsichten?

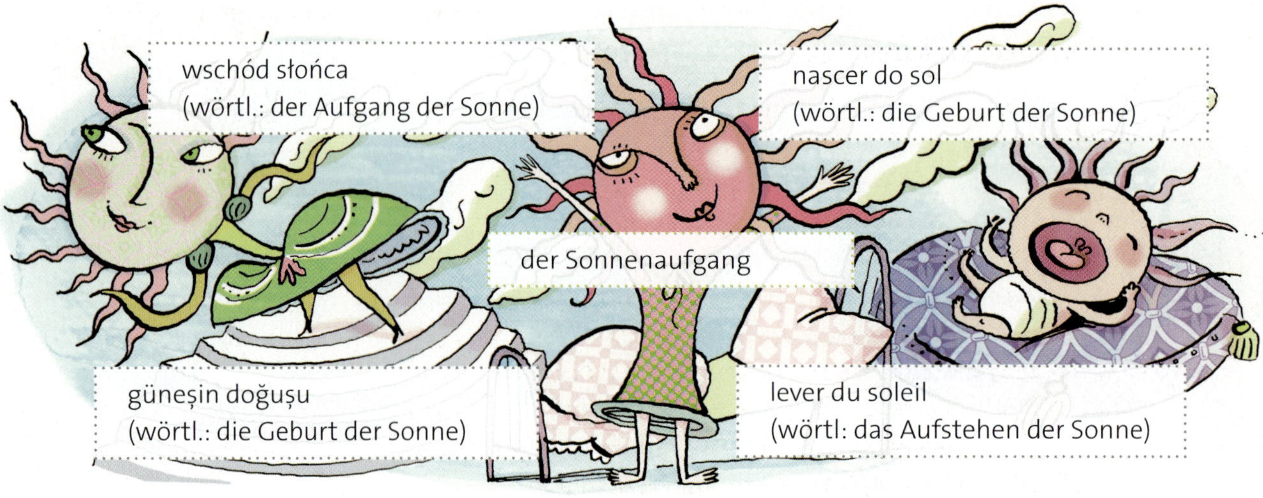

1 Untersucht, wie das deutsche Wort „Sonnenaufgang“ gebildet wird.
- **a** Nennt Beispiele: In welchen Zusammenhängen wird das Wort „Aufgang“ im Alltag genutzt? Erklärt dann, was durch das Wort „Sonnenaufgang“ genau beschrieben wird.
- **b** Begründet, ob ihr das Wort „Sonnenaufgang“ als Bezeichnung treffend findet.
  Das Wort „Sonnenaufgang“ passt gut / eigentlich nicht gut zu den Gegebenheiten, denn …

2
- **a** Oben findet ihr das Wort „Sonnenaufgang“ in den Sprachen Französisch, Polnisch, Türkisch und Portugiesisch. Ordnet die Sprachen richtig zu.
- **b** Übersetzt das Wort „Sonnenaufgang“ in weitere Sprachen, die ihr kennt.
- **c** Begründet, welche Sprachen – inklusive des Deutschen – in ihrer bildhaften Bezeichnung für „Sonnenaufgang“ ähnlich sind und welche sich stärker unterscheiden.

3 Stellt Vermutungen an, warum die verschiedenen Sprachen zu diesen verschiedenen Bezeichnungen für „Sonnenaufgang“ kommen.

4
- **a** Die Galaxie hat in manchen Sprachen andere Namen. Formuliert Erklärungen für die verschiedenen Bezeichnungen. Betrachtet hierzu auch das Foto, z. B.:
  Die Deutschen sehen in der Galaxie eine Straße, die weiß wie …

  Milchstraße (Deutsch) •
  Vintergatan (Schwedisch, Winterstraße) •
  Linnunrata (Finnisch, Weg der Vögel) •
  银河 (Chinesisch, Silberfluss)

- **b** Lest euch eure Erklärungen vor. Welche sind besonders plausibel?
- **c** Diskutiert, inwiefern verschiedene Sprachen auch verschiedene Weltsichten spiegeln.

12.3 Projekt – Bedrohte Wörter

Kein Kokolores – diese Wörter sterben aus

Bandsalat, Backfisch, Spargeltarzan, Hagestolz – solche Wörter sind vom Aussterben bedroht, denn wir nutzen sie nicht mehr. Die Gründe hierfür sind unterschiedlich: Manchmal bezeichnen die Wörter Dinge, die es heute nicht mehr gibt, wie zum Beispiel *Wählscheibe* oder *Rechenschieber.* Oft verdrängen auch moderne Bezeichnungen die alten Wörter. So wurden *Stöckelschuhe* zu *High Heels* und *phänomenal* zu *cool.* Andere Wörter sterben aus, weil sie heute als diskriminierend und politisch unkorrekt gelten, z. B. die Bezeichnung *Fräulein* für eine unverheiratete, kinderlose Frau. Und dann gibt es noch die Wörter, die aussterben, weil sie einfach als *altbacken* gelten. Wer sagt heute noch *honett* oder bezeichnet etwas als *Kleinod?*

1 **a** Lest die markierten Wörter und äußert euch spontan: Welche Wörter kennt ihr, welche nicht?
b Formuliert für diese Wörter Erklärungen. Prüft sie dann mit Hilfe von Online-Wörterbüchern.
c Nennt die im Text genannten Gründe für das Aussterben von Wörtern.
d Tauscht euch aus: Fallen euch weitere Wörter ein, die vom Aussterben bedroht sind? Was könnte hierfür der Grund sein?

2 **a** Werdet selbst zu Sprachforschern und führt in Gruppen eigene Sprachuntersuchungen durch. Hier findet ihr drei verschiedene Projektideen:

A Führt **Interviews** mit älteren Personen und fragt sie, welche Wörter aus früheren Zeiten heute kaum noch gebraucht werden und was sie bedeuten. Filmt die Interviews oder nehmt sie als Hörbeiträge auf. Führt auch Interviews mit jüngeren Personen und stellt ihnen die „alten" Wörter vor. Sind ihnen die Wörter unbekannt, lasst sie Worterklärungen erfinden.
TIPP: Beachtet, dass alle Personen, die ihr filmt, damit einverstanden sein müssen.

B Recherchiert im **Internet** nach bedrohten Wörtern und/oder nach Wörtern, die in den Neuauflagen des Duden gestrichen wurden. Diskutiert und findet Erklärungen, warum die Wörter aus unserem Wortschatz verschwinden.

C Erstellt eine Liste bedrohter Wörter, z. B. auch mit Hilfe einer Internetrecherche. Wählt per **Umfrage** die schönsten bedrohten Wörter aus und erstellt ein Ranking.

b Erstellt eine digitale Präsentation eurer Arbeitsergebnisse (▶ Methodenseite, S. 280, Schritte 1–3).
c Führt eure Bildschirmpräsentationen vor. Gebt euch anschließend ein Feedback (▶ Methodenseite, S. 280, Schritt 4).

Arbeitsergebnisse multimedial präsentieren

Arbeitsergebnisse können in einer **Bildschirmpräsentation** in unterschiedlichen Formaten eingebunden sein, z. B. als Text, als Tabelle, als Grafik/Diagramm, als Video, als Audio-Datei. Zur Erstellung einer solchen **multimedialen Präsentation** gibt es kostenlose Programme.

1. Die Arbeitsergebnisse auswählen

- Wählt die besten Arbeitsergebnisse aus: Überlegt, was für eure Mitschüler/-innen besonders **interessant** sein könnte.
- Überlegt auch, **in welcher Form** (Text, Foto, Grafik, Tabelle, Video, Audio usw.) ihr eure Ergebnisse präsentieren wollt.

2. Die Arbeitsergebnisse aufbereiten

A Grafiken und Diagramme erstellen

- Erstellt mit eurem Textverarbeitungsprogramm **Grafiken und Diagramme,** um eure Umfrage- und/oder Rechercheergebnisse zu veranschaulichen.
- Gebt in einer **Überschrift** präzise an, was die Grafiken und Diagramme darstellen.
- Denkt auch daran, eure **Quellen** zu nennen.

B Videos und Audios bearbeiten

- Verwendet **Video- und Audio-Bearbeitungsprogramme,** um Filmaufnahmen und Audiobeiträge zu bearbeiten. Gestaltet die Beiträge **kurz und lebendig.**
- Holt das **Einverständnis** der Gefilmten ein.

C Präsentationsfolien erstellen

- Nutzt ein Präsentationsprogramm, um Folien zu erstellen. Achtet bei **Folien mit Text** auf große Schrift, Übersichtlichkeit, ein einheitliches Design und sparsame Animationen. Denkt auch an Quellenangaben.

3. Die multimediale Präsentation erstellen

- Nutzt zur Erstellung der multimedialen Präsentation ein **Präsentationsprogramm.**
- Wählt unter dem Menüpunkt **Einfügen** Funktionen, um eure selbst erstellten **Videos, Audios, Grafiken, Präsentationsfolien usw. einzubinden.**
- Legt eine sinnvolle **Reihenfolge** der Folien fest. Achtet darauf, am Anfang einen interessanten Einstieg zu finden.
- Plant nun die Vorstellung eurer Ergebnisse. Erstellt für die einzelnen Folien **Notizen,** die euch während der Präsentation unterstützen. Druckt euch dafür eure Präsentation unter **Drucken** und **Notizenseiten** aus.

4. Die multimediale Präsentation vorführen und Feedback geben

- Versucht **frei vorzutragen** und **blickt euer Publikum an.** Dann seht ihr auch, ob es **Zwischenfragen** gibt.
- Wurden die Inhalte klar strukturiert und verständlich vermittelt?
- Sind die Diagramme und Grafiken anschaulich und aussagekräftig?
- Wurden Video- und Audiobeiträge gut bearbeitet und sinnvoll in die Präsentation eingefügt?
- Wurden zu den Stichpunkten auf den Folien ausführliche Informationen frei vorgetragen?

13 Grammatiktraining – Konjunktiv und Sätze

1 Stellt euch vor, ihr wärt für einen Tag unsichtbar. Was würdet ihr machen?

2 Erklärt, wie in den folgenden Sätzen deutlich gemacht wird, dass es sich um ein Gedankenexperiment handelt:
Wenn ich unsichtbar wäre, ginge ich unbemerkt kostenlos ins Kino. Außerdem würde ich heimlich meine Lehrer belauschen.

In diesem Kapitel ...

- nutzt ihr den Konjunktiv II, um unwirkliche (irreale) Aussagen oder Wünsche zu formulieren,
- verwendet ihr den Konjunktiv I in der indirekten Rede,
- nutzt ihr verschiedene Modalverben,
- wiederholt ihr wichtige Satzglieder,
- unterscheidet ihr Nebensatzarten,
- übt ihr, euch klar und genau auszudrücken.

13.1 Fakten, Fiktionen, Fälschungen – Konjunktiv und Modalverben

Mit dem Konjunktiv II Wünsche ausdrücken

Was wäre, wenn wir nicht mehr lügen könnten?

Obwohl uns schon seit frühester Kindheit beigebracht wurde, stets die Wahrheit zu sagen, lügen wir täglich. Forscher haben herausgefunden, dass man in einem Gespräch von zehn Minuten etwa zwei- bis dreimal lügt. Dies betrifft aber meist nur Lügen, die dem harmonischen Zusammenleben nutzen. Auch ihr verwendet sicher solche Lügen und habt dafür gute Gründe.

Welche Folgen hätte es, wenn ihr auch nur einen Tag lang nicht lügen könntet? Euer Lehrer sähe euch auf jeden Fall mit anderen Augen, wenn er durch eure ehrliche Antwort den wahren Grund für eure Unpünktlichkeit herausfände. Und die Wahrheit über die im Bus abgeschriebenen Hausaufgaben täte eurem Ruf auch nicht gut. Wie eure Freunde mit eurer neuen Ehrlichkeit zurechtkämen, hinge von deren Selbstbewusstsein ab. Sicher wären sie nach eurem Hinweis auf ihre missratene Frisur oder ihre langweiligen Geschichten zumindest verunsichert.

1 Warum ist es unrealistisch, einen ganzen Tag lang nur die Wahrheit zu sagen? Tauscht euch darüber in der Klasse aus.

2 Erklärt, woran ihr im Text sprachlich erkennen könnt, dass es im ersten Absatz (► Z. 1–6) um reale Aussagen und im zweiten Absatz (► Z. 7–14) um ein Gedankenexperiment geht. Vergleicht eure Überlegungen mit dem Merkwissen auf Seite 283.

3 **a** Untersucht die Verbformen im zweiten Absatz (► Z. 7–14). Legt eine Tabelle in eurem Heft an und tragt in die linke Spalte die Verbformen aus dem Text ein. Notiert in der rechten Spalte die Verbformen im Indikativ Präteritum.

Verbform aus dem Text (Konjunktiv II)	Indikativ Präteritum
es hätte ihr könntet	es hatte ...

b Erklärt anhand der Beispiele, wie der Konjunktiv II gebildet wird. Vergleicht eure Ergebnisse anschließend mit dem Merkwissen auf Seite 283, z. B.:
Der Konjunktiv II wird vom ... abgeleitet.
Aus a, o oder u im Wortstamm werden ...

Ein Tag ohne Lüge ...

A Unsere Geburtstagsgäste (sein) sicher enttäuscht, wenn sie (wissen), dass uns ihr liebevoll gebasteltes Geschenk nicht besonders gefällt.
B Sie (haben) sicherlich wenig Lust, uns noch einmal etwas zu schenken.
C Möglicherweise **?** wir bald sehr einsam, weil unsere Freunde unsere harte Kritik an ihrem Aussehen oder ihrem Verhalten auf Dauer nicht gut **?**.
D Sie **?** kein Interesse mehr daran, weiter mit uns befreundet zu sein.
E Wir (müssen) uns auch im Kontakt mit fremden Personen auf Schwierigkeiten einstellen, denn sie (sein) sicher sehr irritiert, wenn sie immer (erfahren), was wir wirklich denken.
F Dass wir regelmäßig (lügen) oder zumindest nicht ganz die Wahrheit (sagen), (sein) also nicht grundsätzlich ein Problem, sondern (erleichtern) manchmal auch das Zusammenleben.

4 Ein Tag ohne Lüge ... Wählt a, b oder c.
●○○ **a** Setzt bei den **Sätzen A und B** die **Verben in den Konjunktiv II** und schreibt sie in euer Heft.
●●○ **b** Schreibt die **Sätze C und D** mit **passenden Verben im Konjunktiv II** in euer Heft.
●●● **c** Entscheidet bei den **Sätzen E und F,** wo ihr den **Indikativ** und wo ihr den **Konjunktiv II** verwenden müsst, und schreibt sie richtig in euer Heft.
d Tauscht eure Ergebnisse aus. Prüft, ob ihr den Konjunktiv II jeweils richtig gebildet habt.

5 **a** Erklärt, warum in den folgenden Sätzen der Konjunktiv II verwendet wird.
– Könntest du bitte höflicher zu mir sein?
– Ich hätte gern eine ehrliche Antwort.
– Dürfte ich dich um deine ehrliche Meinung bitten?
b Formuliert selbst drei höfliche Aufforderungen, in denen ihr den Konjunktiv II verwendet.

⊕ **6** Habt ihr noch weitere Ideen, was passieren könnte, wenn man immer die Wahrheit sagen würde? Formuliert drei weitere Sätze im Konjunktiv II.

Information **Konjunktiv II (Irrealis)**

Mit dem **Indikativ** drückt man aus, dass etwas **wirklich (real)** ist, z. B.: *Jeder Mensch lügt manchmal.*
Den **Konjunktiv II** verwendet man, ...
- wenn man ausdrücken möchte, dass eine Sache **unwirklich** (irreal) oder nur vorgestellt ist, z. B.: *Wäre ich immer ehrlich, ... Hätte ich doch ...*
- wenn man eine Aufforderung **besonders höflich** formulieren möchte, z. B.: *Könntest du bitte ehrlich sein?*

Der Konjunktiv II wird **vom Präteritum Indikativ abgeleitet.**
Aus ***a, o, u*** im Wortstamm werden ***ä, ö, ü.***

Indikativ Präteritum	Konjunktiv II
er ging	*er ginge*
er sah	*er sähe*

Die Konjunktiv-Ersatzform mit *würde* bilden

Was wäre, wenn wir in die Vergangenheit reisen könnten?

Die meisten Wissenschaftler nehmen an, dass Zeitreisen in die Vergangenheit nicht möglich sind. Andere fragen sich aber, ob es nicht doch möglich sein könnte, durch einen Raum-Zeit-Tunnel in eine andere Zeit zu reisen. Diese Tunnel bezeichnen sie als Wurmlöcher: Der Weg eines Wurms gerade durch den Apfel ist kürzer als der außen herum.

Eine Abkürzung durch die Zeit könnte man nehmen, wenn man den Raum krümmen würde und durch einen Raum-Zeit-Tunnel reisen würde. Die Existenz von solchen Wurmlöchern konnte aber bisher nicht nachgewiesen werden. Auf jeden Fall würde eine Zeitreise in die Vergangenheit zu kniffligen Problemen führen. Die bekannteste Theorie dazu ist das Großvater-Paradoxon: Der Zeitreisende hätte möglicherweise das Ziel, die Vergangenheit so zu verändern, dass bestimmte Ereignisse in der Zukunft nicht mehr stattfänden. Wenn ein Zeitreisender in der Vergangenheit aber z. B. seinen Großvater töten würde, bevor dieser seinen Nachwuchs gezeugt hätte, käme er selbst nie auf die Welt. Folglich könnte er nicht in die Vergangenheit reisen und seinen Großvater töten. Um dieses Paradoxon auszuschließen, entwickelten Forscher die Theorie, dass das Vergangene bereits geschehen ist. Der Zeitreisende besäße also nicht die Fähigkeit, das Geschehen in der Vergangenheit zu ändern, und wäre damit auch nicht in der Lage, seinen Großvater zu töten. Eine andere Theorie geht davon aus, dass man bei einer Zeitreise die Vergangenheit durchaus verändern kann und dann in einem zweiten Universum landen würde. In der einen Welt wäre der Großvater dann also tot, in der Parallelwelt, in der auch der Zeitreisende existieren würde, würde der Großvater noch leben.

1 a Erläutert die kniffligen Probleme, die Reisen in die Vergangenheit mit sich bringen würden.
b Kennt ihr Filme oder Romane, die von Zeitreisen in die Vergangenheit handeln? Berichtet, wie darin mit diesen Problemen umgegangen wird.

2 Im ersten Textabsatz (▸ Z. 1–4) gibt es Verbformen im Indikativ und im Konjunktiv II. Erklärt, warum welche Form verwendet wird, z. B.:
– ... (Z. x) und ... (Z. y) stehen im Indikativ, weil ...
– ... (Z. x) steht im Konjunktiv II, weil ...

3 Untersucht, warum an einigen Stellen im Text (▶ S. 284) statt des Konjunktivs II die *würde*-Ersatzform verwendet wurde.

a Übertragt die folgende Tabelle in euer Heft und tragt alle *würde*-Ersatzformen aus dem Text in die linke Spalte ein. Ergänzt dann die Verbformen in den übrigen Spalten.

würde-Ersatzform	Konjunktiv II	Indikativ Präteritum
man würde krümmen (Z. x) ...	man krümmte	man krümmte

b Begründet bei jeder Verbform, warum die *würde*-Ersatzform gewählt wurde (▶ Merkwissen).

c Begründet bei den folgenden Formen des Konjunktivs II, warum hier die *würde*-Ersatzform geeigneter ist: *Wenn es nicht so schrecklich röche, wäre ich froh. Wenn sie eine Decke hätte, fröre sie weniger. Wenn er Bescheid wüsste, hälfe er dir gern.*

A Ich (reisen) am liebsten in die Steinzeit. Dort (können) ich die Menschen in ihrem Alltag beobachten. Ich (fragen) sie, wie sie Feuer machen und sich gegen wilde Tiere verteidigen.

B Wenn meine Zeitreise mich ins alte Ägypten (führen), (versuchen) ich auf jeden Fall, Kleopatra zu treffen. Sie (können) mir von ihren sagenumwobenen Liebesbeziehungen zu großen römischen Herrschern erzählen und ich (erfahren) ihre besten Schönheitstipps.

C Ich (reisen) nach Italien um 1500 und (können) dort Leonardo da Vinci beim Malen der berühmten Mona Lisa zuschauen. Ich (verlieren) keine Zeit und (lassen) mir die Skizzen seiner Fluggeräte zeigen. Er (staunen) sicher, wenn ich ihm (beschreiben), wie wir heute fliegen.

4 Konjunktiv II oder *würde*-Ersatzform? Wählt a, b oder c.

●○○ **a** Schreibt **Textteil A** in euer Heft. Prüft, bei welchen Verben der Konjunktiv II mit der Präteritumform im Indikativ identisch ist. Nutzt hier die *würde*-Ersatzform.

●●○ **b** Schreibt **Textteil B** in euer Heft. Prüft, bei welchen Verben ihr anstatt der Konjunktiv-II-Form die *würde*-Ersatzform wählen würdet.

●●● **c** Schreibt **Textteil C** in euer Heft. Prüft, bei welchen Verben ihr anstatt der Konjunktiv-II-Form die *würde*-Ersatzform wählen würdet.

d Tauscht eure Ergebnisse aus. Erklärt, wo und warum ihr die *würde*-Ersatzform gewählt habt.

⊕ **5** In welche Zeit in der Vergangenheit würdet ihr gern reisen? Formuliert in mehreren Sätzen, was ihr dort erleben könntet. Verwendet den Konjunktiv II und die *würde*-Ersatzform.

Information **Die *würde*-Ersatzform**

- Wenn die **Konjunktiv-II-Form der Präteritumform im Indikativ** entspricht, kann man die *würde*-Ersatzform nehmen, um Missverständnisse zu vermeiden, z. B.: *Er beleidigte alle.* (Konjunktiv II) → *Er würde alle beleidigen.* (*würde*-Ersatzform)
- Wenn die **Konjunktiv-II-Form** als **ungebräuchlich oder unschön** empfunden wird, kann man die *würde*-Ersatzform verwenden, z. B.: *Das wärfe ich weg.* → *Das würde ich wegwerfen.*

Den Konjunktiv I in der indirekten Rede verwenden

Falschgeld auf der Spur

Kriminelle versuchen immer wieder, sich durch das Drucken von Falschgeld ihren Traum vom Reichtum zu erfüllen. Das Bundeskriminalamt (BKA) ist beim Kampf gegen Geldfälscher jedoch recht erfolgreich. So erklärt ein Sprecher des BKA, es gebe in der Bundesrepublik relativ wenig Falschgeld. Dies verdanke man der systematischen Aufklärungsarbeit der Bundesbank. Zudem seien Währungsexperten ständig damit beschäftigt, für Geldscheine verbesserte Sicherheitsmerkmale zu entwickeln. Diese könne ein talentierter Fälscher zwar recht gut imitieren, im Detail komme er aber doch an seine Grenzen. Ein Währungsexperte erklärt: „Es gibt auf Geldscheinen viele Sicherheitsmerkmale: Das durchsichtige Porträtfenster kann man schlecht fehlerfrei nachahmen. Außerdem lässt sich die Smaragdzahl, die beim Kippen des Scheins die Farbe ändert, bislang nicht fälschen. Auch das besondere Papier stellt für die Fälscher eine Herausforderung dar. Fast jeder Laie kann den Unterschied zwischen echtem und gefälschtem Geld fühlen.“

Die Frage ist jedoch, wie gut eine Fälschung überhaupt sein muss. Dazu berichtet ein Sprecher des BKA: „Meist versucht ein Fälscher gar nicht, alle Sicherheitsmerkmale zu erfüllen. Er nimmt bei seiner Arbeit nur den Aufwand in Kauf, der unbedingt notwendig ist, um Falschgeld in Umlauf zu bringen. Daher kann ein Laie eine gefälschte Banknote in der Regel erkennen. Er muss sie dafür nur aufmerksam befühlen, genau anschauen und kippen.“

Die Verantwortung, die man als normaler Laie hat, sollte man dabei nicht unterschätzen. „Wer das Falschgeld annimmt, hat auch den Schaden“, so der Sprecher des BKA, „denn die Bank ersetzt die Blüten nicht. Von diesem Problem sind häufig Inhaber von Geschäften oder Restaurants betroffen. Aber auch eine Privatperson kann schnell zu Falschgeld im Portemonnaie kommen.“

1 **a** Erklärt, an welchen Merkmalen auch ein Laie Falschgeld erkennen kann.
b Beschreibt, wie die Äußerungen des BKA-Sprechers in den unterstrichenen Sätzen wiedergegeben werden.

2 Vergleicht anhand der folgenden Sätze die direkte Rede mit der indirekten Rede:
A Ein Sprecher des BKA erklärt: „Es existiert in der Bundesrepublik relativ wenig Falschgeld. Dies verdankt man der systematischen Aufklärungsarbeit der Bundesbank.“
B So erklärt ein Sprecher des BKA, es existiere in der Bundesrepublik relativ wenig Falschgeld. Dies verdanke man der systematischen Aufklärungsarbeit der Bundesbank.
a Beschreibt, wie sich die Wirkung verändert, wenn man einen Satz von der direkten in die indirekte Rede (im Konjunktiv) setzt.
b Untersucht die unterstrichenen Verben und erläutert, wie der Konjunktiv I gebildet wird. Prüft eure Aussagen mit Hilfe des Merkwissens auf Seite 287.

3 Formuliert Aussagen aus dem Text (▶ S. 286) in indirekte Rede um. Wählt a, b oder c.

●○○ **a** Formt den **zweiten Textabsatz** (▶ Z. 15–24) in indirekte Rede um. Geht so vor. Setzt zuerst die **markierten Verben** in den Infinitiv und unterstreicht den Stamm des Verbs, z. B. geben.
Schreibt dann den Text in indirekter Rede in euer Heft. Beginnt so:
Ein Währungsexperte erklärt, es gebe auf Geldscheinen …

●●○ **b** Formt den **dritten Textabsatz** (▶ Z. 25–35) in indirekte Rede um und schreibt ihn in euer Heft.
Beginnt so: Dazu berichtete der Sprecher des BKA, meist versuche ein Fälscher …

●●● **c** Formt den **vierten Absatz** (▶ Z. 36–44) in indirekte Rede um und schreibt ihn in euer Heft.

d Lest euch eure Texte Satz für Satz vor. Die Zuhörer/-innen nennen jeweils den Infinitiv und den Stamm des Verbs und prüfen, ob der Konjunktiv I richtig gebildet wurde.

⊕ **4** Wie kann man gefälschte Münzen erkennen? Formuliert die Erklärung des Münzexperten in indirekte Rede um. Beginnt so: Der Münzexperte erklärt, ein Laie …

Ein Laie kann auch eine gefälschte Münze leicht erkennen. Das Münzbild von Falschmünzen wirkt oft unscharf. Auch die Riffelung und die Schrift auf dem Rand der Münze sind häufig unsauber gearbeitet. Auch farblich unterscheidet sich eine Fälschung meist von einer echten Münze. Wer ganz sicher sein will, soll den Magnettest machen: Nur der Mittelteil der Ein- und Zwei-Euro-Münze ist leicht magnetisch.

Information **Konjunktiv I in der indirekten Rede**

Mit der **indirekten Rede** gibt man wieder, was jemand anderes gesagt hat. Anders als in der direkten Rede steht das Verb in der indirekten Rede im **Konjunktiv I.**
TIPP: Bei der Umformung in die indirekte Rede ändern sich manchmal auch die Pronomen.
- **direkte Rede (im Indikativ):** *BKA-Sprecher: „Ich* ***erkenne*** *Falschgeld sofort."*
- **indirekte Rede (im Konjunktiv):** *Ein BKA-Sprecher sagt, er* ***erkenne*** *Falschgeld sofort.*

Bildung des Konjunktivs I
Der Konjunktiv I wird aus dem Präsensstamm des Verbs (Infinitiv ohne *-en*) und den Personalendungen für den Konjunktiv I gebildet, z. B.:

Indikativ Präsens	Konjunktiv I
ich komm-e	*ich komm-e*
du komm-st	*du komm-est*
er/sie/es komm-t	*er/sie/es komm-e*
wir komm-en	*wir komm-en*
ihr komm-t	*ihr komm-et*

Ersatzformen für den Konjunktiv I verwenden

Das Geschäft mit den Fälschungen: Produkt- und Markenpiraterie

1 Kleidung, Turnschuhe, Handtaschen, Schmuck, Sonnenbrillen, Kosmetik, Spielzeug, technische Produkte, Medikamente, Software – es gibt kein Produkt, das nicht gefälscht wird. Aber was genau ist eine Fälschung? Herr Süss, Professor für internationales Wirtschaftsrecht, erklärt, bei einer Fälschung würden Firmen häufig Waren herstellen, an denen andere Firmen das geistige Eigentumsrecht besäßen. Dann spreche man von Produktpiraterie. Bei der Markenpiraterie hingegen würden Hersteller illegal die Logos oder Namen von Markenherstellern verwenden.

2 „Etwa 30 bis 40 Prozent der deutschen Verbraucher haben schon einmal ein Plagiat gekauft", sagt Judith Berg vom Hauptzollamt Frankfurt. „Die meisten Käufer", so Berg weiter, „wissen schon beim Kauf, dass es sich um eine Fälschung handelt. Vor allem bei Mode und Schmuck ist der Kauf von Plagiaten bekannter Designermarken mittlerweile gesellschaftsfähig geworden." Und sie fügt hinzu: „Die zahlreichen Internetplattformen machen den Kauf gefälschter Produkte unkompliziert möglich. Auch das ist ein Problem."

3 Die Folgen solcher Käufe sieht der Unternehmenssprecher des Einzelhandels kritisch. Er warnt: „Gefälschte Ersatzteile für Autos oder Flugzeuge können enorme Sicherheitsrisiken zur Folge haben. Und gefälschte Medikamente mit falsch dosierten Wirkstoffen haben oft dramatische Folgen für die Gesundheit der Patienten." Weiter führt er aus: „Aber auch bei vermeintlich ungefährlichen Fälschungen müssen sich die Verbraucher die Folgen ihres Kaufs bewusst machen. Schließlich profitiert von den Plagiaten die organisierte Kriminalität." Ähnlich sieht das auch die Geschäftsführerin eines Sportartikelherstellers: „Die Firmen, die die Originale herstellen, erzielen durch die Produktpiraterie natürlich auch weniger Umsatz und müssen unter Umständen sogar Arbeitsplätze abbauen. Hinzu kommt der Imageschaden für die Firmen", so die Geschäftsführerin weiter. „Käufer, die die Fälschungen nicht bemerken, sind möglicherweise von der schlechten Qualität des vermeintlichen Markenprodukts enttäuscht."

4 Für den Zoll ist das Sicherstellen gefälschter Waren eine große Herausforderung. Ein Zollbeamter erklärt uns, wie die Fälscher arbeiten: „Viele Händler lassen die Fälschungen im Ausland anfertigen. Anschließend importieren sie diese nach Deutschland. Der Zoll stellt jedes Jahr ganze Containerladungen gefälschter Markenprodukte sicher. Allerdings arbeiten Fälscher mittlerweile mit diversen Tricks", erklärt der Zollbeamte. „Manche führen die gefälschten Produkte ohne Markenlogo ein und lassen dieses erst in Deutschland aufnähen. So kann der Zoll die Fälschung nicht so leicht erkennen. Andere verkaufen ihre Produkte direkt in beliebten Urlaubsorten und bieten den Käufern zusätzlich zu dem gefälschten Produkt ein Echtheitszertifikat an. Dieses Zertifikat ist dann natürlich auch gefälscht", betont der Zollbeamte.

1 Habt ihr Erfahrungen mit Produkt- oder Markenfälschungen gemacht? Berichtet davon.

2 Im ersten Absatz (▶ Z. 1–13) werden die Aussagen von Professor Süss wiedergegeben.
a Bestimmt die Verbformen in der unterstrichenen Passage: Wo wurde für die indirekten Rede der Konjunktiv I verwendet, wo der Konjunktiv II und wo die *würde*-Ersatzform?
b Erklärt: Warum wurde anstelle des Konjunktivs I der Konjunktiv II oder die *würde*-Ersatzform zur Kennzeichnung der indirekten Rede gewählt?
TIPP: Bildet von der *würde*-Ersatzform den Konjunktiv II und von der Konjunktiv-II-Form den Konjunktiv I, z. B.: *sie würden herstellen → sie stellten her.*

3 Formt die direkte Rede im Text in indirekte Rede um. Entscheidet, ob ihr den Konjunktiv I oder den Konjunktiv II bzw. die *würde*-Ersatzform verwenden solltet. Wählt a, b oder c.
●○○ **a** Schreibt **den zweiten Absatz** (▶ Z. 14–26) in indirekter Rede in euer Heft. Bildet von den markierten Verben den Konjunktiv I. Stimmt dieser mit dem Indikativ Präsens überein, nutzt ihr den Konjunktiv II. Wenn er mit dem Indikativ Präteritum übereinstimmt, nutzt ihr die *würde*-Ersatzform, z. B.:
sie haben (Konjunktiv I = Indikativ Präsens) → sie hätten.
●●○ **b** Schreibt **den dritten Absatz** (▶ Z. 27–49) in indirekter Rede in euer Heft. Prüft jeweils, wann ihr anstatt des Konjunktivs I den Konjunktiv II oder die *würde*-Ersatzform verwenden solltet.
●●● **c** Schreibt **den vierten Absatz** (▶ Z. 50–68) in indirekter Rede in euer Heft.
d Stellt eure Sätze in der Klasse vor und erläutert, warum ihr welche Form gewählt habt.

4 **a** In den beiden folgenden Sätzen wird der Indikativ zur Redewiedergabe genutzt. Erklärt, wodurch dennoch deutlich wird, dass es sich dabei um Aussagen von anderen handelt.
– Der Zollbeamte erklärte, dass es sich bei den Uhren um eine Fälschung handelt.
– Nach Meinung einer Expertin sind diese Fälschungen sehr gut gemacht.
b Sucht aus dem ersten Absatz (▶ Z. 1–13) den Satz in indirekter Rede heraus, in dem man auch den Indikativ verwenden darf.
c Formuliert einen weiteren Satz aus dem ersten Absatz (▶ Z. 1–13) so um, dass man auch hier den Indikativ verwenden kann.

Information **Ersatzformen für den Konjunktiv I in der indirekten Rede**

Bei der indirekten Rede steht das Verb im Konjunktiv I (▶ S. 287). **Wenn** sich der **Konjunktiv I** nicht vom **Indikativ Präsens** unterscheidet, verwendet man in der Regel den **Konjunktiv II** (▶ S. 283), um Missverständnisse zu vermeiden, z. B.:
- *Sie betont, hier kommen viele Fälschungen an.* (Konjunktiv I nicht eindeutig)
- *Sie betont, hier kämen viele Fälschungen an.* (Konjunktiv II als Ersatzform)

TIPP: Wenn der Konjunktiv II mit der Indikativ-Präteritumform identisch ist oder als ungebräuchlich empfunden wird, kann für die indirekte Rede auch die ***würde*-Ersatzform** verwendet werden, z. B.: *Er meint, viele wollten … → Er meint, viele würden … wollen.*

Möglichkeiten der Redewiedergabe im Indikativ
Wenn bei der indirekten Rede durch den Redebegleitsatz **deutlich wird, wer der Sprecher / die Sprecherin** ist, kann man anstelle des Konjunktivs auch den Indikativ verwenden. Das gilt vor allem für Sätze, die mit den **Konjunktionen** *dass, ob* oder mit einem **Fragewort** (z. B. *wer, wann, wo, wie*) eingeleitet werden, z. B.: *Die Sprecherin erklärte, dass diese Produkte oft gefälscht sind/seien. Die Reporterin fragte, was man tun kann/könne.*

Modalverben richtig verwenden

Gefälschte Kunst: Die Kunst des Fälschens

Wer wertvolle Bilder nachmachen möchte, muss künstlerisches Talent und kriminelle Energie besitzen. Denn man darf bestehende Kunstwerke nicht kopieren und das Werk dann als Original ausgeben.

Wenn Fälscher mit ihren Werken nicht auffallen wollen, müssen sie so gut arbeiten, dass auch Kunstexperten ihre Fälschungen nicht erkennen können. Sie müssen sich vorher also genau informieren, welche Farben und Materialien ein Künstler oder eine Künstlerin zu Lebzeiten nutzte. Außerdem sollten Kunstfälscher einige Tricks kennen, z. B. wie man Alterungseffekte imitiert und Ölgemälden zum Beispiel feine Risse und Flecken zufügen kann, die sie jahrhundertealt aussehen lassen. Kunstexperten sagen, dass man die Zahl der Fälschungen nicht unterschätzen dürfe und man davon ausgehen könne, dass bis zu 40 Prozent aller älteren Kunstwerke Fälschungen seien.

1 Fasst zusammen, was ihr in dem Text über Kunstfälschungen erfahrt.

2 **a** Formuliert den ersten Absatz (▶ Z. 1–3) um, ohne die unterstrichenen Verben zu verwenden. Arbeitet zu zweit und wählt jeweils einen passenden Ausdruck aus dem Kasten aus:

(nicht) erlaubt sein • (nicht) gestattet sein • sich wünschen • den Wunsch haben • gezwungen sein • notwendig sein • fähig sein • imstande sein • in der Lage sein

b Vergleicht eure neu formulierten Sätze mit den Sätzen oben. Erklärt dann, welche Bedeutung die Verben *mögen, müssen, dürfen* jeweils haben.

3 Die Verben *können, sollen, müssen, dürfen, wollen* und *mögen* nennt man Modalverben. Schreibt aus dem Text alle Modalverben heraus und notiert dahinter, ob sie jeweils eine Möglichkeit, eine Empfehlung, ein Gebot, eine Erlaubnis, eine Absicht oder einen Wunsch angeben, z. B.:
wollen (Z. …) → Wunsch, …

Kunstfälschern auf der Spur

Kunstfälscher und Händler von Fälschungen ? davon ausgehen, dass Kunstexperten ihnen auf die Schliche kommen. Wenn Kriminalämter oder verunsicherte Sammler wissen ?, ob sie es mit einer Fälschung zu tun haben, wenden sie sich an spezielle Institute. Diese ? schnell feststellen, ob es sich um ein Original oder um eine Fälschung handelt. Mit Hilfe von Röntgenaufnahmen ? man beispielsweise verborgene Malschichten sichtbar machen.

Wenn Fälscher keine Leinwand aus der entsprechenden Epoche bekommen ?, versuchen sie, diese künstlich alt aussehen zu lassen. Mit Tee ? man die Rückseite einer Leinwand entsprechend einfärben, was ein Experte aber schnell erkennen ?. Manche Fälscher ? neue Rahmen alt wirken lassen. Diesen Eindruck ? Wurmlöcher erwecken, die aber wenig echt wirken, wenn sie mit einer Schrotflinte erzeugt werden.

Wer sich mit Fälschungen auseinandersetzt, ? sich immer klarmachen, dass nicht jeder Händler unbedingt wissen ?, ob ein Kunstwerk echt ist, weil er auch mit einer Fälschung Geld verdienen ?. Interessant ist auch, dass ein Kunstexperte eine erkannte Fälschung nicht immer als solche kennzeichnen ?. Manchmal ? ein Sammler, dessen Kunstwerk als Fälschung enttarnt wurde, diese sogar einfach wieder mitnehmen und damit machen, was er ?.

4 Setzt in den Text oben passende Modalverben ein. Wählt a, b oder c.

●○○ **a** Schreibt den **ersten Absatz** (▶ Z. 1–11) in euer Heft und setzt die **Modalverben *können, müssen*** und ***wollen*** an passender Stelle ein.

●●○ **b** Schreibt den **zweiten Absatz** (▶ Z. 12–21) ab und setzt **passende Modalverben** ein. Notiert hinter jedem Modalverb, ob es eine **Fähigkeit,** eine **Absicht** oder einen **Wunsch** verdeutlicht.

●●● **c** Schreibt den **dritten Absatz** (▶ Z. 22–32) ab und setzt **passende Modalverben** ein. Notiert hinter jedem Modalverb jeweils in Klammern seine **Bedeutung.**

d Vergleicht eure Ergebnisse. Erklärt, warum an einigen Stellen unterschiedliche Modalverben passend sind und inwiefern sich dadurch der Aussagewert des Satzes ändert.

Information **Modalverben**

Mit Modalverben verändert man die **Bedeutung** eines Verbs. Im Satz stehen sie meist zusammen mit einem Vollverb im Infinitiv, z. B.: *Ich möchte/darf/will/muss dir etwas zeigen.*

Modalverb	Bedeutung	Beispiel
können	Möglichkeit, Fähigkeit	*Talentierte Maler können Gemälde fälschen.*
sollen	Empfehlung, Absicht	*Man soll ein Gemälde genau prüfen.*
müssen	Gebot, Zwang	*Nicht jedes Gemälde muss echt sein.*
dürfen	Erlaubnis, Möglichkeit	*Man darf die Echtheit prüfen lassen.*
wollen	Absicht, Bereitschaft	*Experten wollen Fälschungen entlarven.*
mögen	Wunsch, Möglichkeit	*Fälscher möchten reich werden.*

TIPP: Manchmal stehen Modalverben auch allein im Satz, z. B.: *Sie mag seine Bilder.*

Konjunktiv und Modalverben

Ein Blick in die Zukunft

Um 1900 stellte sich der französische Künstler Jean-Marc Coté vor, wie die Welt im Jahr 2000 aussehen könnte.

A Er dachte, in 100 Jahren ? alle Menschen Fluggeräte ? *(besitzen)*, mit denen sie den Luftraum ? ? *(erobern)*. Dies ? die Arbeit von Polizisten, Feuerwehrleuten und Postboten, aber auch das Leben von Privatpersonen sehr ? *(erleichtern)*. Coté stellte sich auch vor, dass zukünftig Maschinen viele Arbeiten ? ? *(übernehmen)*. Vollautomatisierte Friseursalons, Reinigungs- und Schminkroboter ? allen Menschen im Jahr 2000 das Leben ? *(ermöglichen)*.

B Der Zukunftsforscher Gregor Isenbort erklärt, Coté ? einfach die technischen Möglichkeiten seiner Zeit logisch weitergedacht ? *(haben)*. Viele seiner Ideen ? erstaunlich nah an der heutigen Realität ? *(sein)*. So ? Feuerwehr, Polizei und Post heute schon Hubschrauber und Drohnen ? *(nutzen)*. Und auch diverse Saug- und Rasenmähroboter ? heute schon die menschliche Handarbeit wunderbar ersetzen ? *(können)*.

1 Die Sätze im Abschnitt A (▸ Z. 4–10) beschreiben nur die Vorstellungen des Künstlers.
Macht dies sprachlich deutlich, indem ihr die Sätze in den Konjunktiv II setzt. Prüft auch, bei welchen Verben ihr statt der Konjunktiv-II-Form besser die *würde*-Ersatzform wählen solltet.
Beachtet: Es gibt immer zwei Lücken, dennoch ist die Verbform oft einteilig.

2 Schreibt den Absatz B (▸ Z. 11–15) in indirekter Rede in euer Heft. Prüft, bei welchen Verben ihr statt des Konjunktivs I den Konjunktiv II oder die *würde*-Ersatzform verwenden solltet.

Beruf Zukunftsforscher/-in

Wer als Zukunftsforscher/-in arbeiten ? (1), ? (2) kein bestimmtes Fach studiert haben. Ein Zukunftsforscher ? (3) sich aber natürlich für die Zukunft interessieren. Zukunftsforschung ist wichtig, weil viele wissen ? (4), was sie erwartet. Vor allem Politikerinnen und Politiker ? (5) wissen, was auf die Menschheit zukommt, damit sie wichtige Entscheidungen darauf abstimmen ? (6).

3 In dem Text fehlen die Modalverben. Notiert für jede Lücke ein passendes Modalverb und dahinter seine Bedeutung, z. B.: 1) möchte = Wunsch; 2) …

4 Vergleicht eure Ergebnisse aus den Aufgabe 1, 2 und 3 in Partnerarbeit.

13.2 Alles nur Bluff? – Satzglieder wiederholen, Formen von Nebensätzen unterscheiden

Satzglieder wiederholen

Subjekt, Prädikat, Objekt

Hochstapler

Sie praktizieren als Ärzte ohne Zulassung und fliegen als Piloten ohne Pilotenschein. Hochstapler täuschen ihren Mitmenschen eine falsche Identität vor. Sie streben nach gesellschaftlicher Anerkennung und Geld. Ihre spektakulären Geschichten liefern regelmäßig Stoffe für Romane, Dramen und das ganz große Kino: So spielt Leonardo DiCaprio in dem Film „Catch me if you can" den amerikanischen Scheckfälscher Frank Abagnale, der in den 1960er-Jahren einen Schaden von über zwei Millionen Dollar verursachte. Um seine Vertrauenswürdigkeit bei den Banken zu stärken, gab er sich als Pilot aus. Erst nach zehn Jahren wurde er verhaftet und des Betrugs überführt. Wie vielen Hochstaplern werden auch Abagnale eine schnelle Auffassungsgabe und ein hohes Einfühlungsvermögen bescheinigt. Häufig schämen sie sich ihrer Taten nicht. So auch Frank Abagnale. Heute ist Abagnale ein erfolgreicher Unternehmer: Seine Firma berät vor allem Banken in Sachen Scheck- und Kreditkartenbetrug.

1 Diskutiert: Was haltet ihr davon, wenn ein Kreditkartenbetrüger Banken berät?

2 Bestimmt die markierten Satzglieder mit Hilfe der Frageprobe (▸ Merkwissen unten).

3 Formuliert einen Satz mit mindestens zwei verschiedenen Objekten.

Information Satzglieder erkennen und bestimmen

Wörter und Wortgruppen, die bei einer Umstellprobe (▸ S. 371) zusammenbleiben, bilden ein Satzglied. Das **Prädikat** ist der Kern des Satzes und wird durch Verben gebildet.
Mit der **Frageprobe** könnt ihr weitere Satzglieder ermitteln:

Subjekt (Wer oder was ...?)	*Hochstapler betrügen andere.*
Akkusativobjekt (Wen oder was ...?)	*Sie liefern Stoff für Kinofilme.*
Dativobjekt (Wem ...?)	*Meist schaden sie großen Banken.*
Genitivobjekt (Wessen ...?)	*Manche sind sich ihrer Sache sicher.*
Präpositionalobjekt (Wofür ...? Worum ...? Worüber ...? Woraus ...? usw.)	*Viele freuen sich über die Tricks.* *Andere rechnen mit ihrer Verhaftung.*

Adverbiale Bestimmungen

Der Hauptmann, der ein Schuster war

A Dem Schuster Friedrich Wilhelm Voigt gelang Anfang des 19. Jahrhunderts ein wahres Meisterstück der Hochstapelei. Über eine längere Zeit hinweg sammelte er akribisch die Teile einer Hauptmannsuniform zusammen. Am 16. Oktober 1906 sprach er als Hauptmann verkleidet einen Trupp Soldaten vor einer Wache an und stellte sie unter sein Kommando. Wegen der ranghohen Uniform hinterfragten die Soldaten die Befehle des Hauptmanns nicht und folgten den Anweisungen des falschen Offiziers.

B Voigt marschierte mit den Soldaten **?**, ließ den Bürgermeister verhaften und die Stadtkasse beschlagnahmen. **?** verließ Wilhelm Voigt **?** das Rathaus. Schließlich wurde er verhaftet und **?** zu vier Jahren Zuchthaus verurteilt. Kaiser Wilhelm II. amüsierte sich jedoch **?** über den Streich des Schusters, sodass er ihn **?** begnadigte. Der Schriftsteller Carl Zuckmayer verarbeitete die Geschichte von Wilhelm Voigt in seinem Theaterstück „Der Hauptmann von Köpenick", das 1931 **?** uraufgeführt wurde.

1 Bestimmt die unterstrichenen adverbialen Bestimmungen im Textabsatz A (▸ Z. 1–8) mit Hilfe der Frageprobe, z. B.: Wann gelang …? → Adv. Best. der Zeit; Wie lange sammelte …? → …

2 Schreibt Absatz B (▸ Z. 9–14) ab und setzt dabei passende adverbiale Bestimmungen aus dem Wortspeicher ein. Notiert in Klammern, um welche adverbiale Bestimmung es sich jeweils handelt.

in aller Ruhe • in Berlin • zum Köpenicker Rathaus • nach dieser Aktion • köstlich • bereits zwei Jahre später • wegen Freiheitsberaubung und Betrug

⊕ **3** Ergänzt die folgende Schlagzeile durch eine adverbiale Bestimmung der Zeit, des Ortes und des Grundes: *Theater gibt für den „Hauptmann von Köpenick" Zusatzvorstellung.*

Information **Adverbiale Bestimmungen** (auch Adverbiale)

Adverbiale Bestimmungen sind **Satzglieder,** die zusätzliche Informationen über den **Ort,** die **Zeit,** den **Grund** und die **Art und Weise eines Geschehens** oder einer Handlung liefern.
Mit der Frageprobe könnt ihr ermitteln, welche adverbiale Bestimmung vorliegt.

Adverbiale Bestimmung	Fragen	Beispiel
der **Zeit**	Wann? Wie lange?	*durchgängig, eines Tages*
des **Ortes**	Wo? Woher? Wohin?	*vor dem Haus, draußen*
des **Grundes**	Warum? Warum nicht?	*wegen der Kälte, aus Angst*
der **Art und Weise**	Wie? Woraus? Womit?	*mit Freude, laut, furchtlos*

Attribute als Teil eines Satzglieds

Der größte Hochstapler der Geschichte?

Victor Lustig gilt als einer der größten Hochstapler der Geschichte. Sein berühmtester Betrug war 1925 der Verkauf des Eiffelturms. Der Turm, das heutige Wahrzeichen von Paris, war nur für die Weltausstellung 1889 errichtet worden. Danach sollte das riesige Monument aus Eisen wieder abgerissen werden. Nun schlüpfte Victor Lustig in die Rolle eines hohen Beamten und schrieb den Turm zum Verkauf aus. Sechs bekannte Schrotthändler aus Paris glaubten an die Echtheit des Schreibens und interessierten sich für die unglaubliche Menge an Stahl. Victor Lustig lud sie zu einem vertraulichen Treffen in das „Hôtel de Crillon“, eines der besten Hotels der Stadt, ein. Und tatsächlich fand der Hochstapler in Andrea Poisson einen gutgläubigen Käufer. Mit der Kaufsumme von 50 000 Dollar setzte sich Victor Lustig nach Wien ab.

1 a Bestimmt die unterstrichenen Attribute im ersten Textabsatz (▸ Z. 1–4).
TIPP: Auch in Attributen können Attribute stecken. Das ist hier an einer Stelle der Fall.
b Lest den ersten Absatz (▸ Z. 1–4) ohne die unterstrichenen Attribute. Erklärt, inwiefern die Attribute bei der Erklärung von Sachverhalten wichtig sind.

2 Schreibt aus dem zweiten Absatz (▸ Z. 5–10) alle Attribute mit ihren Bezugswörtern heraus. Unterstreicht die Attribute und kennzeichnet mit einem Pfeil, auf welches Bezugswort sich das jeweilige Attribut bezieht. Bestimmt dann die Attribute nach ihrer Form, z. B.:
Rolle eines hohen Beamten (Genitivattribut)   hohen Beamten (Adjektivattribut)

⊕ **3** Victor Lustig wurde weltweit bekannt. Formuliert Zeitungsmeldungen, die damals hätten erscheinen können. Nutzt dazu Nomen und erweitert sie mit passenden Attributen, z. B.:
Genialer Jahrhundertcoup durch Verkauf des Eiffelturms.

Information Attribute (Beifügungen)

Attribute **bestimmen ihr Bezugswort** (meist ein Nomen) **näher.** Ein Attribut ist immer nur ein Teil eines Satzglieds und bleibt bei der Umstellprobe mit seinem Bezugswort verbunden. Attribute können vor oder nach ihren Bezugswörtern stehen.
Man kann sie oft mit „Was für …?“ erfragen → *ein cleverer Betrug* → *ein Treffen mit Folgen*
(cleverer: Attribut, Betrug: Bezugswort; Treffen: Bezugswort, mit Folgen: Attribut)

Es gibt verschiedene Formen des Attributs:
- **Adjektivattribut** (vor dem Bezugswort), z. B.: *der größte Hochstapler*
- **präpositionales Attribut** (nach dem Bezugswort), z. B.: *ein Hochstapler mit Erfolg*
- **Genitivattribut** (nach dem Bezugswort), z. B.: *der größte Hochstapler der Geschichte*
- **Apposition** (nach dem Bezugswort), z. B.: *Victor Lustig, der Verkäufer des Eiffelturms*

Formen von Nebensätzen unterscheiden

Adverbialsätze – Adverbiale Bestimmungen als Nebensätze

Karl May: ein Hochstapler als Literat

1 Wenn man über Karl May spricht, denkt man sofort an Old Shatterhand und Winnetou. **2** Die Abenteuer der beiden Wildwest-Figuren sind bekannt. Nur wenige kennen das eigenwillige Leben ihres Erfinders Karl May. *(wohingegen)* **3** Karl May hatte als junger Mann jahrelang im Gefängnis gesessen. Er machte mit seinen Winnetou-Romanen eine steile Karriere. *(nachdem)* **4** Er gab vor, all diese Abenteuer im Wilden Westen selbst erlebt zu haben. In Wirklichkeit hatte er kaum sein Arbeitszimmer in Sachsen verlassen. **5** Der Hochstapler Karl May wollte die Echtheit seiner Reisen und Abenteuer beweisen. Er zeigte bei seinen Lesungen sogar Pferdehaare, die vom Kopf Winnetous stammen sollten. **6** Er verteilte auch Fotos von sich in Old-Shatterhand-Kostümen. Seine Fans glaubten, er selbst habe als Old Shatterhand all diese Abenteuer erlebt. **7** Aufgrund seiner blühenden Fantasie genügte ihm für das Schreiben seiner Wildwestgeschichten eine Bibliothek mit geografischen Sachbüchern und Reiseberichten.

1 Karl May hat mit seinen Romanen die ganze Welt begeistert und gilt als der meistgelesene Autor Deutschlands. Diskutiert: Ist er ein genialer Schriftsteller oder ein genialer Hochstapler?

2 a Überarbeitet Satz 1: Wandelt das vorliegende Satzgefüge in einen Hauptsatz um. Formt dazu den unterstrichenen Adverbialsatz in eine adverbiale Bestimmung um, z. B.: Beim …

b Beschreibt die Unterschiede zwischen den beiden Sätzen mit grammatischen Fachbegriffen. Nehmt hierzu auch das Merkwissen (▶ S. 297) zu Hilfe.

3 Formuliert selbst Satzgefüge mit Adverbialsätzen. Wählt a, b oder c.

●○○ a Verknüpft die **Satzpaare** unter **2 und 3** mit Hilfe der **angegebenen Konjunktion** zu Satzgefügen. Achtet auf die Kommasetzung.

●●○ b Verknüpft die **Satzpaare** unter **4 und 5** jeweils zu einem **Satzgefüge mit Adverbialsatz.** Überlegt, welches logische Verhältnis zwischen den Sätzen besteht, und wählt dann eine passende Konjunktion. Achtet auf die Kommasetzung.

●●● c Verknüpft das **Satzpaar** unter **6** zu einem **Satzgefüge** mit Adverbialsatz und formt den **Hauptsatz 7** in ein **Satzgefüge** mit Adverbialsatz um.

d Tauscht euch aus und bestimmt in euren Satzgefügen die Art der Adverbialsätze.

4 Wandelt die folgenden Satzgefüge in Hauptsätze mit adverbialen Bestimmungen um.

– Weil er mit seiner ärmlichen Herkunft unzufrieden war, gab er sich als Arzt und Polizist aus.
– Bevor Karl May Erfolg als Schriftsteller hatte, war er schon als Hochstapler im Gefängnis gelandet.

TIPP: Die Konjunktion des Adverbialsatzes wird zu einer Präposition umgewandelt.

5 Sollte man Karl Mays Romane lesen, auch wenn er den Wilden Westen gar nicht selbst bereist hat? Schreibt hierzu ein kurzes Statement, in dem ihr möglichst viele Adverbialsätze verwendet, z. B.:
Man sollte die Romane lesen / nicht lesen, weil … / Wenn man einen Roman liest, …
Als Leser fühle ich mich (nicht) hintergangen, wenn … / Obwohl Karl May seine Leser/-innen …,

Information **Nebensätze unterscheiden: Adverbialsätze**

Je nach Funktion im Satz unterscheidet man unterschiedliche Arten von Nebensätzen. **Adverbialsätze nehmen** im Satz zum Beispiel die **Stelle einer adverbialen Bestimmung** (Satzglied) **ein,** z. B.: *Wegen der vielen Romanverfilmungen* (adverbiale Bestimmung) *wurde die Figur Winnetou sehr bekannt.*

→ *Weil viele Romane verfilmt wurden,* (Adverbialsatz) *wurde die Figur Winnetou sehr bekannt.*

Wie die adverbialen Bestimmungen können Adverbialsätze mit Hilfe der Frageprobe näher bestimmt werden. Es gibt folgende Arten von Adverbialsätzen:

Adverbialsatz	Frageprobe	Konjunktionen	Beispiel
Kausalsatz (Grund)	Warum …?	*weil, da*	***Weil** Winnetou-Filme auch im Fernsehen laufen, kennen viele Karl Mays Figuren.*
Temporalsatz (Zeit)	Wann …? Seit wann …? Wie lange …?	*nachdem, als, während, bis, bevor, solange, sobald …*	***Als** der Film begann, waren wir sehr neugierig.*
Konditionalsatz (Bedingung)	Unter welcher Bedingung …?	*wenn, falls, sofern*	***Falls** dir der Roman gefällt, kann ich ihn dir leihen.*
Konsekutivsatz (Folge)	Mit welcher Folge … ?	*sodass* (auch: *so …, dass*)	*Karl May erzählt sehr anschaulich, **sodass** man sich alles gut vorstellen kann.*
Finalsatz (Absicht, Zweck)	Wozu …?	*damit*	*Komm zu mir, **damit** ich dir das Buch leihen kann.*
Modalsatz (Art und Weise)	Wie …?	*indem, dadurch / ohne dass, wie, als (ob)*	*Karl May machte Winnetou zu einem Helden, **indem** er ihm gute Eigenschaften zuschrieb.*
Konzessivsatz (Einräumung)	Trotz welcher Umstände …?	*obwohl, obgleich, obschon, auch wenn*	***Obwohl** Karl May nie in Amerika gewesen war, schrieb er über den Wilden Westen.*
Adversativsatz (Gegensatz)	Was passiert/ ist im Gegensatz zu …?	*wohingegen, während*	*Ich mag Abenteuerromane, **wohingegen** du lieber Fantasyromane liest.*

Subjekt- und Objektsätze – Subjekte und Objekte als Nebensätze

Carlos Kaiser: Der Fußballer, der nie spielte

Der brasilianische Fußballer Carlos Kaiser wird zum Star, ohne auch nur ein einziges Pflichtspiel zu absolvieren.

1 Carlos Kaiser sagte einmal über sich, dass er sogar Angst vor dem Ball gehabt habe. **2** Dass er es dennoch in die Kader großer brasilianischer Vereine schaffte, gilt als eine der irrwitzigsten Fußballgeschichten.

3 Mit Tricksereien und Lügen verhinderte Carlos Kaiser, dass er in den Spielen eingesetzt wurde. **4** Meistens täuschte er vor, dass er verletzt sei. **5** Gleich mehrfach musste er an Spieltagen seine Oma beerdigen oder zu Vertragsgesprächen ins Ausland fliegen. **6** In allerletzter Sekunde verhinderte er einmal durch das Anzetteln einer Prügelei mit einem Zuschauer, dass er eingewechselt wurde. **7** Wie er mit solchen Schwindeleien durchkommen konnte, stellt die Fußballwelt vor ein Rätsel.

8 Sicherlich half es ihm, dass er ein lustiger und hilfsbereiter Mensch und Freund war. **9** Dies erklärt aber noch lange nicht, warum ihn so viele Menschen schützten und verteidigten. **10** Über 20 Jahre lang gelang es ihm immer wieder, dem Fußballfeld zu entkommen. **11** Bis heute weiß man nicht genau, ob alle Geschichten rund um seine Person wirklich wahr sind. **12** Folgendes weiß man aber genau: **13** Er genoss das exklusive Fußballerleben in vollen Zügen. **14** Das können viele Freunde und Weggenossen bezeugen.

1 Carlos gilt als „der größte Fußballer, der niemals Fußball gespielt hat". Erklärt dieses Zitat.

2 **a** Prüft mit Hilfe der Frageprobe, welche Satzglied-Funktionen die unterstrichenen Nebensätze (Sätze 1 + 2) erfüllen. Erläutert daran die Begriffe Subjekt- und Objektsatz.
b Findet im zweiten Absatz (▸ Z. 7–12) alle Satzgefüge mit Subjekt- oder Objektsatz. Wendet die Frageprobe an: Subjektsatz: „Wer oder was …?", Objektsatz: „Wen oder was?".

3 Subjekt- und Objektsätze kommen in Form von *dass*-Sätzen, indirekten Fragesätze und Infinitivgruppen vor (▸ Merkwissen, S. 299). Sucht aus dem dritten Textabsatz (▸ Z. 13–18) alle Subjekt- und Objektsätze heraus und bestimmt sie nach ihrer Satzform genau.

4 An manchen Stellen klingt der Text noch etwas umständlich. Erprobt verschiedene Umformungen. Wählt a, b oder c.

●○○ **a** Verbindet die **Sätze 13 und 14** zu einem **Satzgefüge mit Objektsatz.**
Beginnt so: *Viele Freunde und Weggenossen können …*

●●○ **b** Die **Sätze 3 und 4** sind vom Satzbau sehr ähnlich. Wandelt einen der beiden Sätze in einen **Hauptsatz ohne Nebensatz** um.

●●● **c** Wandelt **Satz 6** in ein **Satzgefüge mit Adverbialsatz** um. Löst dabei den Objektsatz auf.

d Stellt euch eure Ergebnisse vor. Prüft, welche Vor- oder Nachteile eure Umformulierungen gegenüber den Originalsätzen haben.

5 Der Sportjournalist Pedro da Silva stellte Carlos Kaiser in einem Interview einige Fragen.

Fragen für das Interview mit Carlos Kaiser
- *Warum sind Sie Fußballer geworden?*
- *Wie viele Tore haben Sie geschossen?*
- *Wie viele Fußballspiele haben Sie komplett gespielt?*
- *Welche ihrer Tricks halten Sie für besonders genial?*
- *Haben Sie sich nie für Ihre Betrügereien geschämt?*

a Gebt die Fragen des Journalisten in der indirekten Rede wieder.
Nutzt dazu indirekte Fragesätze und achtet auf die Kommasetzung.
TIPP: Bei der indirekten Rede steht das Verb in der Regel im Konjunktiv I.
Der Journalist fragte, warum Carlos Kaiser Fußballer werden wollte.

b Welche Fragen würdet ihr Carlos Kaiser stellen? Formuliert indirekte Fragesätze, z. B.:
Es würde mich wirklich interessieren, wie/ob/warum ...
Ich frage mich natürlich, wie/ob/warum ...

Information **Nebensätze unterscheiden: Subjekt- und Objektsätze**

Subjekt- und Objektsätze sind Nebensätze, die die Rolle des Subjekts bzw. des Objekts für den Hauptsatz übernehmen. Sie lassen sich wie das **Subjekt *(Wer oder was?)*** oder das **Objekt *(Wen oder was?)*** mit Hilfe der Frageproben ermitteln.

- **Subjektsatz:** Das Subjekt eines Satzes kann von einem Nebensatz gebildet werden, z. B.:
  Dass er kein Talent hatte, war vielen nicht klar. (Satzgefüge mit Subjektsatz: Wer oder was?).
  Sein fehlendes Talent war vielen nicht klar. (Satz mit einfachem Subjekt: Wer oder was?)
- **Objektsatz:** Das Objekt eines Satzes kann von einem Nebensatz gebildet werden, z. B.:
  Viele denken, dass so ein Betrug unmöglich ist. (Satzgefüge mit Objektsatz: Wen oder was?).
  Viele halten so einen Betrug für unmöglich. (Satz mit einfachem Objekt: Wen oder was?)

Subjekt- und Objektsätze können unterschiedliche Gestalt annehmen, z. B.:

Satzform	Subjektsatz	Objektsatz
indirekter Fragesatz	*Ob er Talent für die Liga gehabt hätte, weiß man nicht.*	*Man fragt sich, warum sein Betrug so lange unentdeckt blieb.*
dass-Satz	*Dass er 20 Jahre lang nicht aufflog, ist kaum zu glauben.*	*Viele glauben nicht, dass so ein Betrug möglich ist.*
Infinitivgruppe (Infinitivsatz)	*Ein solches Fußballer-Image aufzubauen, ist natürlich schwer.*	*Er bedauerte, sein Talent nicht genutzt zu haben.*

TIPP: Objektsätze stehen oft nach **Verben des Sagens und Denkens** (z. B. *meinen, glauben, behaupten, finden, merken, wissen, erklären*), z. B.: *Ich glaube, dass er lügt.*

Relativsätze – Attribute in Form eines Nebensatzes

Dr. rer. oec. Christian E.

1 Assistenzarzt Christian E., der eigentlich gelernter Bankkaufmann war, half bei über 190 Operationen aus. **2** Der 28-Jährige, der sich schon sein Abiturzeugnis selbst ausgestellt hatte, fälschte auch seine Universitätsurkunden. **3** Das ihn als Arzt beschäftigende Klinikum Erlangen hielt ihn für einen begabten Arzt. **4** Bei einem Ärztekongress hielt er sogar einen Vortrag über gefäßchirurgisch-plastische Rekonstruktionen, bei dem die Elite der Gefäßchirurgie versammelt war. **5** Niemand unter den Experten schien an seinem Können zu zweifeln. **6** Die Experten folgten interessiert seinen Ausführungen. **7** Aber dann erhielt die Bayrische Landesärztekammer einen ihn als Hochstapler entlarvenden Brief. **8** Die Blamage der ihn jahrelang unterstützenden Ärzte war perfekt. **9** Wegen Urkundenfälschung und Betrug wurde er zu einer Haftstrafe, die auf drei Jahre angesetzt war, verurteilt. **10** Zum Glück kam bei den vielen mit seiner Hilfe vorgenommenen Operationen niemand zu Schaden.

1 Erklärt, warum Christian E. auf dem Ärztekongress wohl nicht als Hochstapler aufgefallen ist.

2 **a** Der Fachbegriff „Relativsatz“ leitet sich ab von lateinisch relativus = sich beziehen auf. Erklärt anhand von Satz 1, was dies bedeutet.
b Sucht drei weitere Satzgefüge mit Relativsätzen heraus und erklärt, auf welches Bezugswort sich der jeweilige Relativsatz bezieht.

3 Der Text ist stellenweise etwas umständlich formuliert. Überarbeitet ihn. Wählt a, b oder c.
●○○ **a** Verknüpft die **Sätze 5 und 6** mit Hilfe eines **Relativpronomens** zu einem Satzgefüge.
●●○ **b** Verwandelt die **Sätze 7 und 8** in **Satzgefüge,** indem ihr die unterstrichenen Formulierungen in Relativsätze umformt.
●●● **c** Wandelt die **Sätze 3 und 10** jeweils in ein **Satzgefüge mit Relativsatz** um.
d Tauscht eure Ergebnisse aus. Wo gefällt euch der Relativsatz besser, wo nicht?

4 Verwandelt Satz 9 in einen Hauptsatz ohne Relativsatz. Vergleicht beide Varianten und diskutiert, wann ein Relativsatz hilfreich ist und wann er eher umständlich wirkt.

Information **Nebensätze unterscheiden: Relativsätze**

- **Relativsätze** sind **Nebensätze,** die ein Bezugswort im Hauptsatz näher erklären. Sie werden mit einem **Relativpronomen** *(der, die, das; welcher, welche, welches)* eingeleitet und durch Komma vom Hauptsatz abgetrennt. Das Relativpronomen bezieht sich auf das Bezugswort im Hauptsatz, z. B.: *Christian E., der als Arzt gearbeitet hatte, wurde als Hochstapler entlarvt.* Vor dem Relativpronomen kann auch eine Präposition stehen, z. B.: *Das Klinikum, an dem er angestellt war, hatte lange nichts gemerkt.*
- Relativsätze nehmen im Satz häufig die **Rolle eines Attributs ein** und werden deshalb auch Attributsätze genannt.

dass oder *das?* – Achtet auf die Wortart

Wie viel Fake steckt im Pop?

1 Auch in der Popmusik kommt es vor, dass „Künstlerinnen" und „Künstler" als Hochstapler auftreten. **2** Ein Pop-Duo, das oft im Zusammenhang mit einer der größten Musik-Betrügereien genannt wird, ist Milli Vanilli. **3** Jahrelang hatte die Öffentlichkeit nicht mitbekommen, **?** die beiden gut aussehenden Männer mit den Rastazöpfen keines ihrer Lieder selbst gesungen hatten. **4** Mit dem ersten Album, **?** vom Erfolgsproduzenten Frank Farian produziert worden war, landete das Duo aus Deutschland sogar auf Platz eins der amerikanischen Charts. **5** Aber dann blieb bei einem Auftritt die Playback-Maschine stehen und das Publikum bemerkte, **?** Milli Vanilli gar nicht selber sangen. **6** Als bekannt wurde, **?** die beiden gar nicht singen konnten, sondern nur synchron die Lippen zum abgespielten Gesang richtiger Sänger bewegten, war der Skandal perfekt und das Duo am Ende.

1 Wann schreibt ihr *das*, wann *dass?* Erklärt dies anhand der Sätze 1 und 2. Verwendet dabei folgende grammatikalische Fachbegriffe: Relativpronomen, Bezugswort, Konjunktion, Ersatzprobe.

2 Schreibt den Text in euer Heft und ergänzt in den Lücken *das* oder *dass*. Wendet hierzu die Ersatzprobe (▸ Merkwissen) an. Macht beim Relativpronomen *das* mit einem Pfeil deutlich, auf welches Bezugswort es sich jeweils bezieht.

3 Verknüpft die folgenden Satzpaare zu Satzgefügen mit *das* oder *dass*. Denkt an die Kommas.
– Nach der Playback-Panne war klar: Milli Vanilli hatten ihre Fans betrogen.
– Die beiden versuchten später noch ein Comeback. Das Comeback gelang nicht.
– Mit den echten Sängern wurde noch ein Album produziert. Dieses war aber ein Misserfolg.
– Es wird deutlich. Die Technik erlaubt in der Popmusik mehr Schein als Sein.

Information **Relativpronomen *das* oder Konjunktion *dass?***

- ***das* = Relativpronomen:** Das Relativpronomen *das* leitet einen Nebensatz (Relativsatz) ein und bezieht sich auf ein vorher genanntes **Bezugswort.** Es **kann durch *welches* ersetzt werden,** z. B.: *Das Konzert,* ***das*** *(welches) ich gesehen habe, war wirklich gut.*
- ***dass* = Konjunktion:** Die Konjunktion *dass* leitet einen Nebensatz ein und **kann nicht durch *welches* ersetzt werden,** z. B.: *Ich glaube,* ***dass*** *~~(welches)~~ viele im Musikgeschäft betrügen.*
  TIPP: Nebensätze, die mit der Konjunktion *dass* eingeleitet werden, stehen häufig nach Verben des Sagens und Denkens, z. B.: *sagen, hoffen, wissen, merken, meinen.*

Macht die Probe (Ersatzprobe):
Könnt ihr ***welches*** einsetzen, schreibt ihr ***das.*** Ist dies nicht möglich, schreibt ihr ***dass.***

Partizipialgruppen erkennen und umformen

Memoiren einer Hochstaplerin: La Grande Thérèse (1856–1918)

1 Bonjour, mein Name ist Thérèse Humbert. **2** In ärmlichen Verhältnissen aufgewachsen, setzte ich alles auf die Verbesserung meiner Lebenssituation. **3** Mit einer blühenden Fantasie ausgestattet, konnte ich mir leicht eine adlige Herkunft erdichten. **4** Eine Erbschaft von 100 Millionen Francs erfindend, begann ich meine Karriere als Hochstaplerin. **5** Im Bürgermeistersohn Frédéric Humbert den passenden Ehemann gefunden, so öffneten sich mir die Türen zur feinen Gesellschaft. **6** Mein Ehemann und ich, unsere Kontakte zu Politikern und Bankiers nutzend, häuften ein beachtliches Vermögen an. **7** Dieses abenteuerliche Leben, bis zu meiner Verhaftung 20 Jahre lang geführt, möchte ich in meinem Memoiren festhalten. **8** In die Geschichte mit dem klangvollen Namen „La Grande Thérèse" eingegangen, verbrachte ich meinen Lebensabend einsam und zurückgezogen in den USA.

1 **a** Thérèse Humbert erhielt den Beinamen „La Grande Thérèse" (die großartige Thérèse). Trägt sie diesen Namen zu Recht? Begründet eure Meinung.
b Wie wirkt der Text sprachlich auf euch? Beschreibt eure Eindrücke anhand von Beispielen.

2 **a** Den markierten Satzteil nennt man „Partizipialgruppe". Findet das Partizip dieses Satzteils.
b Nennt in den Sätzen 3–8 die Partizipialgruppe und identifiziert das Partizip.

3 **a** Überarbeitet den Text: Lest hierzu auch das Merkwissen (▶ S. 303).
– Formt die Partizipialgruppen in den Sätzen 2, 3, 4, 5, 6 und 8 in Adverbialsätze um, z. B.:
Weil ich in ärmlichen Verhältnissen …
– Formt die Partizipialgruppe in Satz 7 in einen Relativsatz um.
b Vergleicht eure Überarbeitung mit dem Originaltext: Wie hat sich die Wirkung des Textes verändert? Prüft, ob alle Veränderungen sinnvoll und gelungen sind.

4 Prüft mit Hilfe der Informationen im Merkwissen die Kommasetzung in den Sätzen 2, 5, 6 und 7. Welche Kommas sind verpflichtend, welche nicht?

Hochstaplerinnen unter sich

Anna Sorokin gab sich in den 2010er-Jahren – wie damals Thérèse Humbert – als Millionenerbin aus und betrog die feine New Yorker Gesellschaft. Im folgenden fiktiven Gespräch tauschen sich die beiden Damen über ihre Lebensgeschichten aus:

Anna Sorokin: Liebe Thérèse, wie sind Sie auf die Erfindung Ihrer Erbschaft gekommen?

Thérèse Humbert: Das verrate ich Ihnen gerne, meine Teuerste. Mister Robert Henry Crawford, der einen Herzinfarkt erlitt, bescherte mir die besten Jahre meines Lebens. Dadurch, dass ich dem Millionär geistesgegenwärtig zu Hilfe eilte, wurde ich zu seiner Lebensretterin und vorgeblichen Erbin. Doch nun erzählen Sie. Wie ist es Ihnen in New York ergangen?

Anna Sorokin: Es war genial! Weil ich von meinem öden Leben in Deutschland genervt war, legte ich mir in New York eine neue Identität zu. Indem ich mich als Tochter eines russischen Multimillionärs ausgab, gelangte ich an Bankkredite. Ich führte ein Leben in Luxus, reiste mit einem Privatjet und gab in teuren Hotels die coolsten Partys. Weil ich Selfies mit Szene-Leuten postete und 400 000 Follower hatte, war meine Geschichte für die New Yorker Gesellschaft glaubhaft. Wie haben Sie das nur ohne soziale Netzwerke geschafft?

5 Mit Partizipialgruppen lässt sich einiges kürzer sagen. Wählt a, b oder c.

●○○ **a** Formuliert **den markierten Nebensatz** (▸ Z. 6) in eine **Partizipialgruppe** um.

●●○ **b** Formt den **Relativ- und** den **Adverbialsatz** im Dialogteil Humberts (▸ Z. 5–8) jeweils in eine **Partizipialgruppe** um.

●●● **c** Formt alle Adverbialsätze im **Dialogteil Sorokins** (▸ Z. 9–14) in **Partizipialgruppen** um.

d Stellt eure Ergebnisse vor. In welchen Sätzen würdet ihr Partizipialgruppen verwenden, wo nicht?

Information **Partizipialgruppen**

- Obwohl Partizipialgruppen statt eines gebeugten Verbs ein Partizip haben, können sie im Satz die Funktion eines Nebensatzes übernehmen. Deshalb nennt man sie auch Partizipialsätze. Eine Partizipialgruppe wird mit dem *Partizip I* (Partizip Präsens: *gehend*) oder einem *Partizip II* (Partizip Perfekt: *gegangen*) gebildet. Die **Partizipialgruppe bezieht** sich meist **auf das Subjekt des Hauptsatzes,** z. B.:
  *Eine schillernde Lebensgeschichte **erfindend**, täuschte ich die feine Gesellschaft.*
- Partizipialgruppen haben oft die Funktion von Adverbialsätzen oder Relativsätzen, z. B.:
  Thérèse, geboren in Armut, gelangte zu Reichtum. (Partizipialgruppe)
  Thérèse, die in Armut geboren wurde, gelangte zu Reichtum. (Relativsatz)
  Eine adlige Herkunft erfindend, gelangte ich in feine Kreise. (Partizipialsgruppe)
  Indem ich eine adlige Herkunft erfand, gelangte ich in feine Kreise. (Adverbialsatz)

TIPP: Bei Partizipialgruppen darf man immer ein **Komma** setzen. Ein Komma **muss** stehen,

- wenn durch ein **hinweisendes Wort** wie *so* auf die Partizipialgruppe Bezug genommen wird, z. B.: *Eine Erbschaft erfindend, so änderte sie ihr Leben.*
- wenn die Partizipialgruppe eine **nachgestellte Erläuterung** zu einem Nomen oder Pronomen ist, z. B.: *Sie, eine Erbschaft erfindend, änderte ihr Leben.*

Infinitivgruppen erkennen und nutzen

Das Hochstapler-Syndrom

1 Solche Gedanken sind typisch für Menschen, die unter dem Hochstapler-Syndrom leiden. **2** Sie zweifeln zu Unrecht an ihren Fähigkeiten und haben Angst, nicht gut genug zu sein. **3** Die Angst vor der Entlarvung als Hochstapler ist allgegenwärtig. **4** Das Problem: Das Hochstapler-Syndrom hält die Betroffenen oft von dem Ausschöpfen ihrer Potenziale ab. **5** Sie vermeiden zum Beispiel das Bewerben auf gute Jobs und verpassen dadurch im Leben wichtige Chancen. **6** Für einen Teil der Betroffenen besteht auch die Gefahr der Erkrankung an einer Depression. **7** In diesen Fällen ist eine Inanspruchnahme psychologischer Hilfe sinnvoll. **8** Welche Tipps gibt es für Menschen mit Hochstapler-Syndrom? **9** Man kann das Annehmen von Komplimenten lernen. **10** Dabei hilft auch das Nicht-Kleinreden seiner eigenen Person. **11** Und wenn diese Tipps greifen? Werde ich dann am Ende vielleicht wirklich zu einem Hochstapler? **12** „Keine Sorge“, meint ein Experte. **13** „Menschen mit Hochstapler-Syndrom neigen einfach nicht dazu, sich selbst zu überschätzen.“

1 Erklärt den Unterschied zwischen Hochstaplern und Menschen, die unter dem Hochstapler-Syndrom leiden.

2 **a** Im Text gibt es zwei Infinitivgruppen. Findet sie und beschreibt, woran ihr sie erkannt habt.
b Erklärt mit Hilfe des Merkwissens (▸ S. 297), ob die Kommasetzung hier zwingend ist.

3 Findet ihr den Text verständlich und stilistisch gelungen?
Begründet eure Meinung anhand von Beispielen aus dem Text.

4 **a** Überarbeitet den Text in Partnerarbeit, indem ihr die unterstrichenen Textstellen durch Infinitivgruppen ersetzt. Trennt alle Infinitivgruppen durch Kommas ab, z. B.:
3) Die Angst, als Hochstapler entlarvt zu werden, ist allgegenwärtig.
b Vergleicht eure umformulierten Sätze mit den Originalsätzen.
Diskutiert: An welchen Stellen findet ihr welche Formulierung stilistisch gelungener?

Liebes Publikum, verehrte Jurymitglieder, ich kann es kaum fassen, aber heute stehe ich tatsächlich vor Ihnen, um einen Oscar entgegenzunehmen. Bereits vor dem Beginn der Dreharbeiten befürchtete ich, dem Anspruch dieser Rolle niemals gerecht werden zu können. Es wäre angemessen, diesen Preis abzulehnen und meinen Kolleginnen und Kollegen zu überlassen ...

5 Schreibt die Rede weiter oder verfasst eine neue Rede. Wählt Aufgabe a, b oder c.

●○○ **a** Setzt die Rede fort und verwendet dabei **zwei Infinitivgruppen.** Ihr könnt die folgenden **Satzanfänge zu Hilfe** nehmen: Ohne die Filmcrew wäre es unmöglich gewesen, ... Nie im Traum hätte ich gedacht, ...

●●○ **b** Setzt die Rede fort. Verwendet dabei **mindestens drei Infinitivgruppen** Denkt an die Kommasetzung.

●●● **c** **Erfindet** eine **kurze Laudatio** (Lobesrede), die vor der Rede der Schauspielerin hätte gehalten werden können. **Verwendet** an passenden Stellen **vier Infinitivgruppen.**

d Präsentiert eure Ergebnisse. Prüft die Kommasetzung und besprecht, ob die Infinitivgruppen verständlich formuliert wurden.

Information | **Infinitivgruppen**

- Obwohl Infinitivgruppen statt eines gebeugten Verbs einen Infinitiv mit *zu* haben, können sie im Satz die Funktion eines Nebensatzes übernehmen. Deshalb nennt man sie auch Infinitivsätze.
- Eine **Infinitivgruppe** besteht aus einem Infinitiv mit *zu* und mindestens einem weiteren Wort, z. B.: *Ich habe mir vorgenommen, diese Rede **zu halten**.*
- Infinitivgruppen ersetzen oft einen *dass*-Satz, z. B.: *Ich denke, dass ich diesen Preis nicht verdiene.* → *Ich denke, diesen Preis nicht zu verdienen.* (Infinitivgruppe)
- Infinitivgruppen werden auch verwendet, um eine Häufung von Nomen (Nominalstil) zu vermeiden, z. B.: *Ich träume von der Verwirklichung dieses Films.* (Nominalstil) → *Ich träume davon, diesen Film zu verwirklichen.* (Verbalstil mit Infinitivgruppe)

TIPP: Bei Infinitivgruppen darf man immer ein **Komma** setzen. Ein Komma muss stehen:

- wenn die Infinitivgruppe durch *um, ohne, statt, anstatt, außer, als* eingeleitet wird, z. B.: *Ich fälschte Dokumente, **um** Kredite zu bekommen. Dies tat ich, **ohne** Skrupel zu haben.*
- wenn die Infinitivgruppe von einem Nomen oder einem hinweisenden Wort wie *daran, darauf,* oder *es* im Hauptsatz abhängt, z. B.: *Ich liebte **es**, den Luxus zu genießen.*

Bei einfachen Infinitiven (*zu* + Infinitiv) kann man das Komma weglassen.
Bei Infinitivgruppen empfiehlt es sich, immer Kommas zu setzen, weil sie die Gliederung eines Satzes verdeutlichen und niemals falsch sind.

Infinitivgruppen international – Sprachen vergleichen

Die Verbraucherzentrale warnt:
Bilinmeyen e-posta adreslerinden gelen ekleri açmak tehlikelidir.
Es ist gefährlich, Anhänge von unbekannten Mailabsendern zu öffnen.
It is dangerous to open attachments from unknown mail senders.
Il est dangereux d'ouvrir des pièces jointes dont d'expéditeur est inconnu.
È pericoloso aprire gli allegati di mittenti di posta sconosciuta.
Es peligroso abrir archivos adjuntos de remitentes desconocidos.
Otwieranie załączników od nieznanych nadawców poczty jest niebezpieczne.
Het is gevaarlijk om bijlagen van onbekende afzenders te openen.

Phishing (von engl. „fishing" = *Angeln*) beschreibt den Versuch, über gefälschte E-Mails oder SMS an persönliche Daten wie Passwörter, Kontodetails oder Kreditkartennummern zu gelangen.

1 **a** Erklärt, warum die Verbraucherzentrale diese Warnung ausspricht.
b Nennt die Sprachen, die ihr erkennt. Könnt ihr die Sätze in weitere Sprachen übersetzen?

2 **a** Vergleicht die Infinitivgruppen in den verschiedenen Sprachen.
Nennt zum Beispiel Unterschiede in der Reihenfolge der Satzglieder.
b Ein Spanier behauptet: „Die Deutschen möchten eben immer, dass man ihnen bis zum Ende zuhört."
Erläutert diese Behauptung anhand der Satzgliedstellung in der Infinitivgruppe.

3 Findet für alle Sprachen, die ihr sprecht, eine Möglichkeit, diese Aussage ohne eine Infinitivgruppe zu formulieren.

4 In einem Internetforum findet man folgenden ergänzenden Hinweis:

Vorsicht Fehler!

We recommend these mails immediately to delete.

a Die User rätseln, aus welchem Land der Verfasser oder die Verfasserin stammen könnte.
Habt ihr eine Vermutung? Achtet besonders auf den Satzbau.
b Wie müsste der Satz richtig lauten? Korrigiert ihn.

Formen von Nebensätzen unterscheiden

Hochstapelei macht Schule

Die Lehrkräfte an eurer Schule wollen einfach eure überragenden Fähigkeiten und Leistungen nicht würdigen und verkennen eure Genialität? Das geht so natürlich nicht weiter! Wir geben euch Tipps, wie ihr das ändern könnt.

1 Es wirkt ungemein intelligent sich eine Harry-Potter-Brille aufsetzen.
2 Versehentlich in der Bibliothek eingeschlossen kannst du natürlich nicht pünktlich zum Unterricht erscheinen.
3 Falls du dir eine offizielle Bescheinigung über einen IQ von 160 besorgen kannst, wird dies der Anerkennung deiner Genialität natürlich sehr nützen.
4 Auch die Anschaffung eines Papier fressenden Hundes ist äußerst empfehlenswert, damit du fehlende Hausaugaben erklären kannst.
5 Aus deiner Schultasche sollte stets die aktuelle Ausgabe eines Wissenschaftsmagazins herausschauen. Alle sollen an deine Intelligenz und Belesenheit glauben.
6 Dir fällt ausnahmsweise keine schlagfertige Antwort auf eine knifflige Frage ein? Du solltest Kopfschmerzen aufgrund von Geistesblitzen vortäuschen.

1 **a** Schreibt Satz 1 und Satz 2 in euer Heft. Unterstreicht die Infinitivgruppe in dem einen Satz blau und die Partizipialgruppe im anderen Satz grün. Trennt die Infinitiv- und die Partizipialgruppe durch Kommas vom Hauptsatz ab.
b Formuliert Satz 1 in ein Satzgefüge mit Adverbialsatz um, z. B.: Wenn du/man ...

2 Übertragt Satz 3 und 4 in euer Heft. Unterstreicht die Adverbialsätze und notiert, um welche Art von Adverbialsatz es sich handelt.

3 **a** Verknüpft die Satzpaare unter 5 und 6 jeweils zu einem Satzgefüge mit Adverbialsatz. Überlegt, welches logische Verhältnis zwischen den Sätzen besteht, und wählt dann eine passende Konjunktion. Achtet auf die Kommasetzung.
b Bestimmt dann die Art des jeweiligen Adverbialsatzes. Notiert so: Satz 5 = ...; Satz 6 = ...

4 Kontrolliert eure Lösungen in Partnerarbeit.

13.3 Fit in … – Einen Text überarbeiten

Beispiel 1: Indirekte Rede verwenden

Stellt euch vor, ihr bekommt in der Klassenarbeit folgende Aufgabenstellung:

Emma hat für die Schülerzeitung einen Artikel über Fake-Shops geschrieben. Sie möchte in ihrem Text allerdings keine direkte Rede verwenden.

1. Überarbeite den Text und forme alle Sätze in direkter Rede in indirekte Rede um. Prüfe jeweils, wann du anstatt des Konjunktivs I den Konjunktiv II oder die *würde*-Ersatzform verwenden solltest.
2. Unterstreiche in deinen Sätzen in indirekter Rede die Verbformen im Konjunktiv I grün, die Verbformen im Konjunktiv II blau und die *würde*-Ersatzformen gelb. Begründe an je einem Beispiel, warum du an dieser Stelle den Konjunktiv II bzw. die *würde*-Ersatzform gewählt hast.

Fake-Shops: Betrug im Internet

Wenn ihr etwas im Internet kauft, solltet ihr aufpassen, dass ihr nicht versehentlich auf der Seite eines Fake-Shops landet. Aber was ist überhaupt ein Fake-Shop?
Dazu erklärt die Expertin für Cyberkriminalität Judith Schmitt: „Ein Fake-Shop ist ein Online-Shop, der in Wirklichkeit nicht existiert. Die Betreiber von Fake-Shops kassieren also von ihren Online-Kunden das Geld, die bestellten Waren liefern sie aber nicht."
Merkt man als Kunde denn nicht, dass man auf einer Fake-Shop-Seite gelandet ist?
Der Verbraucherschützer Thomas Klein meint: „Die Fake-Shops betreiben sehr professionell gestaltete Internetseiten mit gut kopierten Produktbildern. Das können Sportschuhe, Kleidung oder Elektroartikel sein. Wenn teure Smartphones neu auf den Markt kommen, muss man besonders vorsichtig sein", so der Verbraucherschützer weiter. „Denn Fake-Shops bieten ihre Waren besonders günstig an und locken mit verführerischen Angeboten."
Wie kann man einen Fake-Shop erkennen?
Der Verbraucherschützer erklärt: „Man kann einen Fake-Shop zum Beispiel daran erkennen, dass das Impressum auf der Website fehlt oder unvollständig ist. Auch wenn eine Adresse außerhalb Europas angegeben ist, muss man misstrauisch sein. Extrem günstige Preise oder sehr gute Bewertungen können ebenfalls ein Hinweis auf einen Fake-Shop sein. Auch wenn eine Bezahlung nur per Vorkasse möglich ist, spricht das oft für betrügerische Absichten."
Und was, wenn man doch versehentlich bei einem Fake-Shop bestellt hat?
Eine Sprecherin der Polizei erklärt: „Wir empfehlen den Kunden immer, die Rückzahlung des Kaufpreises zu verlangen. Wenn die Händler das Geld nicht zurückzahlen, bleibt den Kunden nur die Möglichkeit, bei der Polizei Anzeige zu erstatten."

1 **a** Lest die Aufgabenstellung auf Seite 308 sorgfältig. Schreibt dann die drei Sätze in euer Heft, die erklären, was die Aufgabenstellung von euch verlangt.

- Ich soll aus dem Text alle Sätze in direkter Rede heraussuchen und sie in die indirekte Rede umformulieren.
- Ich soll bei meiner Überarbeitung keine indirekte Rede verwenden.
- Ich soll in der indirekten Rede immer den Konjunktiv I verwenden.
- Ich soll an den richtigen Stellen den Konjunktiv I, den Konjunktiv II oder die *würde*-Ersatzform verwenden.
- Ich soll erklären, warum ich in der indirekten Rede immer den Konjunktiv I verwendet habe.
- Ich soll erklären, warum ich einmal den Konjunktiv II und einmal die *würde*-Ersatzform anstatt des Konjunktivs I verwendet habe.

b Vergleicht eure Ergebnisse in Partnerarbeit.

2 Wann verwendet man in der indirekten Rede anstelle des Konjunktivs I besser den Konjunktiv II oder die *würde*-Ersatzform? Macht euch das anhand der folgenden Sätze klar:

A Ein Experte sagt: „Fake-Shops sind ein Problem."
B Eine Betroffene meint: „Kriminelle Online-Händler haben einfach keine Skrupel."
C Sie fügt hinzu: „Websites der Fake-Shops täuschen ihre Kunden geschickt."

- In Satz A kann man ... verwenden.
- In Satz B unterscheidet sich der Konjunktiv I (haben) nicht vom ... Deshalb ...
- In Satz C ...

3 Überarbeitet den Text (▸ S. 308).
Geht so vor:
- Sucht den ersten Satz in direkter Rede und findet die Verben, die ihr umformen müsst.
- Probiert aus, ob ihr den Konjunktiv I verwenden könnt oder lieber den Konjunktiv II bzw. die *würde*-Ersatzform nehmen solltet.
- Schreibt den Satz dann in der indirekten Rede in euer Heft.
- Verfahrt so auch mit den weiteren Sätzen, die in direkter Rede stehen.

4 Unterstreicht in euren umgeformten Sätzen alle Verbformen im Konjunktiv I grün, alle Verbformen im Konjunktiv II blau und alle *würde*-Ersatzformen gelb.

5 Begründet jeweils an einem Beispiel, warum ihr an dieser Stelle den Konjunktiv II bzw. die *würde*-Ersatzform genutzt habt. Beginnt z. B. so:

- Ich habe im Satz „..." den Konjunktiv II verwendet, weil ...
- Ich habe die würde-Ersatzform (...) verwendet, weil sich ... nicht vom ... unterscheidet und der ...

Beispiel 2: Formen von Nebensätzen unterscheiden

Stellt euch vor, ihr bekommt in der nächsten Klassenarbeit folgende Aufgabenstellung:

Die Klasse 8 c hat einen Radiobeitrag für den Lokalfunk erstellt. Als Mitglied des Redaktionsteams sollst du den Beitrag sprachlich und stilistisch verbessern.
Folgende Überarbeitungsaufträge hat man dir gestellt:

1. Setze im ersten Absatz (▸ S. 310, Z. 2–9) die Überarbeitungsvorschläge in der Randspalte um. Trenne die Infinitivgruppen durch Kommas vom Hauptsatz ab.
2. Im zweiten Absatz (▸ S. 311, Z. 10–23) fehlen die logischen Verknüpfungen zwischen den Sätzen. Überarbeite den Absatz und verknüpfe die farbigen Satzpaare jeweils zu einem Satzgefüge mit Adverbialsatz. Achte auf die Kommasetzung.
3. Setze im dritten Absatz (▸ S. 311, Z. 24–34) die Überarbeitungsvorschläge in der Randspalte um. Trenne jede Infinitivgruppe durch Komma vom Hauptsatz ab.
4. Der vierte Absatz (▸ S. 311, Z. 35–46) enthält einen Satz mit einer umständlich klingenden Partizipialgruppe. Forme diese in ein Satzgefüge mit Adverbialsatz um.

Liebe Hörerinnen und Hörer,

1 in unserer Reihe über Hochstapelei, Tricks und Täuschungen wollen wir uns heute mit einer ganz besonderen Spezies von Hochstaplern beschäftigen: den tierischen Hochstaplern. <u>Zum Austricksen der Fressfeinde und zur Verbesserung ihrer Überlebenschancen</u> lügen, betrügen und schwindeln nämlich auch Tiere. <u>Beim Organisieren von Nahrung</u> sind Affen besonders einfallsreich.

Umformung in Infinitivgruppe

Umformung in Infinitivgruppe

2 Affen können Dinge erlernen und sogar Handlungen planen. Sie sind unglaublich intelligente Tiere. Die Makaken auf der indonesischen Insel Bali haben zum Beispiel einen neuen Trick erlernt, der sich wie ein Lauffeuer in der Affenpopulation weiterverbreitet. Sie bestehlen Touristen. Sie entwenden ihnen wertvolle Gegenstände wie Sonnenbrillen und Handys. Dabei begreifen die Makaken ganz genau, wie sie die Erpressung inszenieren müssen. Dreist spielen sie mit dem Diebesgut herum. Der Besitzer bangt mit Recht um das Wohlergehen seines Eigentums. Man bietet den Affen etwas Essbares zum Tausch an. Die Affen geben erst dann die Sachen an die Bestohlenen zurück.

3 Auch im Sexualleben der Tiere spielt Täuschung eine große Rolle. Zur Verhinderung eines Seitensprungs bei seinem Weibchen wendet das Rauchschwalbenmännchen einen Trick an. Ist das Weibchen nicht im Nest, vermutet das Männchen, dass es bei einem anderen Liebhaber ist. Sofort stößt es einen Warnruf aus. Dieser Warnruf signalisiert „Gefahr“. Das Weibchen hört diesen Warnruf und kommt sofort zurück zum sicheren Nest. Mit diesem Trick unterbindet das Männchen das außereheliche Liebesspiel.

Umformung in Infinitivgruppe

Sätze verknüpfen zu einem Satzgefüge mit Relativsatz

4 Wer andere über den Tisch zieht, kann sich aber auch unbeliebt machen. In einem Versuch mussten zwei Raben gleichzeitig an einem Seil ziehen, um eine Plattform mit zwei Käsestücken heranzuholen, also jeweils einen Leckerbissen für jeden. Und natürlich gab es bei diesem Experiment auch Betrüger, die sich bereichern wollen. Neben ihrem Käse auch den ihres Artgenossen mitverschlingend, wurden sie sofort bestraft. Das betrogene Opfer verweigerte nach diesem Vorfall jede Zusammenarbeit mit dem Artgenossen. Das zeigt, dass auch Raben mit einem Betrüger nichts zu tun haben wollen.

1 **a** Lest die Aufgabenstellung auf Seite 310 und den Text (inklusive der Randbemerkungen) sorgfältig durch.

b Besprecht in Partnerarbeit, was ihr tun sollt.

2 Überarbeitet den Text. Geht gemäß der Aufgabenstellung Absatz für Absatz vor.

Abschnitt 1 (▶ S. 310, Z. 2–9)
Überarbeitet den ersten Textabsatz.
Setzt hierzu die beiden Überarbeitungsvorschläge in der Randspalte um.
- Formt die unterstrichenen Textstellen jeweils in eine Infinitivgruppe um, z. B.:
  Um Fressfeinde ...
- Trennt die Infinitivgruppen jeweils durch Komma vom Hauptsatz ab.

Abschnitt 2 (▶ S. 311, Z. 10–23)
Überarbeitet den zweiten Textabsatz.
Für die Verknüpfung der Sätze könnt ihr aus den unten stehenden Konjunktionen passende aussuchen. Häufig sind mehrere Verknüpfungen möglich.
Denkt daran, die Nebensätze (Adverbialsätze) durch ein Komma vom Hauptsatz zu trennen, z. B.:
Weil Affen unglaublich intelligente ..., ...

dadurch, dass • *sodass* • *indem* • *wenn* • *falls* • *nachdem* • *da* • *weil* • *als*

Abschnitt 3 (▶ S. 311, Z. 24–34)
Überarbeitet den dritten Textabsatz.
Setzt hierzu die beiden Überarbeitungsvorschläge in der Randspalte um.
- Formt die unterstrichenen Textstellen in eine Infinitivgruppe um. Trennt die Infinitivgruppe durch ein Komma vom Hauptsatz ab.
- Verknüpft die beiden Sätze mit Hilfe eines Relativpronomens *(der, die, das)* zu einem Satzgefüge. Trennt den Relativsatz durch Kommas vom Hauptsatz ab.

Abschnitt 4 (▶ S. 311, Z. 35–46)
Überarbeitet den vierten Textabsatz.
Findet die Partizipialgruppe und formt sie in einen Adverbialsatz um. Überlegt, welche der folgenden Konjunktionen die Sätze logisch miteinander verknüpft.

sodass • *weil* • *indem* • *obwohl* • *nachdem* • *als* • *während* • *falls*

3 Kontrolliert eure Texte. Prüft:
- Sind die überarbeiteten Sätze verständlich formuliert?
- Habt ihr die Nebensätze (Adverbialsätze, Relativsätze, Infinitivgruppen) durch Komma vom Hauptsatz abgetrennt?
- Ist die Rechtschreibung korrekt?

14 Rechtschreibung – Fehler vermeiden, Regeln sicher anwenden

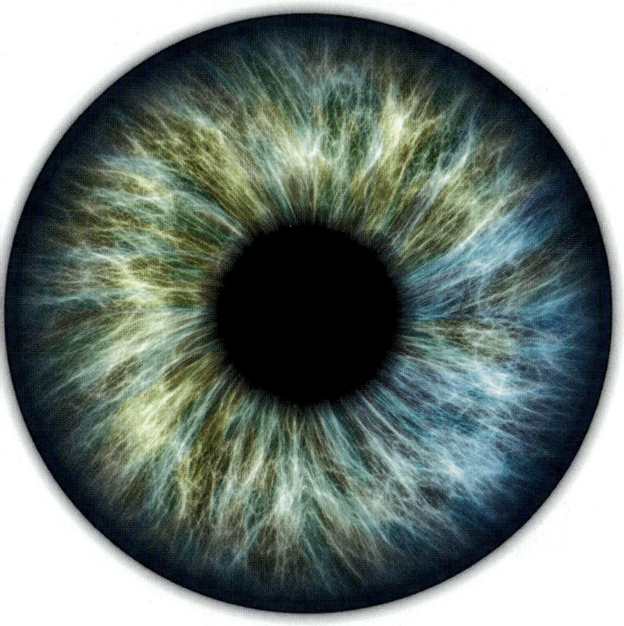

1 **a** Betrachtet das Bild und erklärt an dem Beispiel den Begriff „Bionik“: Welche beiden Wissenschaften vereint das Wort?
b Kennt ihr weitere Gebiete der Technik, in denen die Bionik eine Rolle spielt? Beschreibt sie.

2 Welche der folgenden Strategien (auch Mehrfachnennungen sind möglich) helfen euch, um die korrekte Schreibweise der markierten Buchstaben zu entscheiden?
zerlegen – verlängern – ableiten – offene und geschlossene Silbe unterscheiden

die Mit/tte des Auges • der Sehsin/nn • die Sehschä/erfe • der Aug/kapfel • der Glas/ßkörper • das Se/ehorgan

In diesem Kapitel …

- wiederholt ihr Rechtschreibstrategien und Rechtschreibregeln,
- vertieft ihr eure Kenntnisse zur Groß- und Kleinschreibung,
- wendet ihr Regeln zur Getrennt- und Zusammenschreibung an,
- lernt ihr, Fremdwörter richtig zu schreiben,
- übt ihr, Kommas und andere Satzzeichen richtig zu setzen.

14.1 Bionik, von der Natur lernen – Richtig schreiben

Strategien zum Rechtschreiben

Strategie 1: Wörter schwingen und in Silben sprechen

1 a Diktiert euch die folgenden Wörter. Sprecht sie dabei deutlich in Silben.

b Zeichnet Silbenbögen unter jede Silbe und prüft eure Ergebnisse.

Naturerscheinung • Erfindergeist • Umweltforschung • Zukunftsentwurf

Strategie 2: Auf die erste Silbe achten – Doppelkonsonanten, *s*-Laut, *i* oder *ie*

wir verpa(s)en • sie verbe(s)ert • er erke(n)t • sie ru(f)t • der We(t)lauf • unverschä(m)t • der Vo(l)bart • schne(l) • die Wi(s)enschaft • die Bli(k)richtung • der Pla(n)

Doppelkonsonanten nur bei geschlossener Silbe! (▶ S. 382).

2 Muss der Konsonant in Klammern verdoppelt werden oder nicht? Schreibt die Wörter richtig in euer Heft. Nutzt hierzu die Informationen auf Seite 382.

3 a Begründet die Schreibung des *s*-Lauts in den blau markierten Wörtern. Nutzt hierzu das Schaubild im Orientierungswissen (▶ S. 382).

Lebewesen sind auf ideale Weise an ihren Lebensraum angepasst. Mitunter entwickeln sie außergewöhnliche Merkmale. So reißt eine Kuh mit ihrem Gebiss Gras ab und frisst es – für den Beobachter auf den ersten Blick wenig fesselnd. Wer jedoch weiß, dass die Kuh für ihre Ernährung mehrere Mägen besitzt, lässt sich vielleicht doch beeindrucken.

b Bildet zu den orange markierten Verben verschiedene Zeitformen (Infinitiv, Präteritum, Partizip II). Erklärt die unterschiedliche Schreibung des *s*-Lauts in den Verbformen.

4 *ie* oder *i*? Schreibt die markierten Lückenwörter richtig auf. Nutzt hierzu die Informationen auf Seite 382.

Schon immer träumten Menschen davon, wie ein Vogel zu fl ? gen, bl ? tzschnell wie ein F ? sch zu schw ? mmen oder sich wie eine R ? ngelnatter b ? gen zu können. Im Laufe der Evolution haben T ? re und Pflanzen v ? le Merkmale entw ? ckelt, die uns beeindrucken. Bioniker wollen diese Vorb ? lder aus der Natur auf techn ? sche Geb ? te übertragen.

Strategie 3: Am Wortende verlängern – Wörter mit *b/p, d/t, g/k*

Höchstleistung dan ? Haihaut-Effekt

Seit Millionen von Jahren erpro ? t die Natur in der Luft, im Wasser und auf dem Lan ? unterschie ? liche Varianten, um den Widerstan ? bei der Fortbewegung zu verringern. Haie sind zum Beispiel auf die Jag ? spezialisiert und unglau ? lich flin ? . Ihre Hau ? ist mit winzi ? kleinen Hautzähnen besetzt, die feine Rillen aufweisen. Wasserteilchen werden so in geordnete Bahnen gelen ? t und die Reibung wird erhe ? lich verringert. Auf dieser Grun ? lage haben Bioniker einen Schwimmanzu ? für Spitzensportler entwickelt. Mancher Spor ? verban ? war mit diesen Anzügen bei den Schwimm-Meisterschaften sehr erfol ? reich und hat einen Rekor ? nach dem nächsten erzielt. Inzwischen dürfen diese Hightech-Ausrüstungen bei einem Wettbewer ? nicht mehr genutzt werden.

5 *b* oder *p*, *d* oder *t*, *g* oder *k*? Entscheidet über die Schreibweise der markierten Wörter, indem ihr sie verlängert (► Merkwissen, S. 381).
TIPP: Zusammengesetzte Wörter müsst ihr zuerst zerlegen und dann verlängern, z. B.:
unterschiedlich → Unterschiede, …

Strategie 4: Ableiten – Wörter mit *ä* und *äu*

Wettkä/empfe • Oberflä/eche • beschrä/enkt • Läu/eufer • erzäu/eugen • Gebeu/äude

6 Schreibt die Wörter richtig in euer Heft. Begründet für jedes Wort mit *ä* oder *äu* die Schreibweise durch ein verwandtes Wort mit *a* oder *au*, z. B.: Jäger – jagen.
TIPP: Wenn ihr Hilfe braucht, lest das Merkwissen auf Seite 381.

⊕ **7** Verwandtschaft kann auch trügen!
Untersucht das Verhältnis zwischen den Verbformen in der unten stehenden Reihe. Ergänzt dann folgende Regel:
Bei einer Reihe von starken Verben steht im … und im … ein … im Wortstamm. Im … wechselt der Vokal zu … In diesen Fällen kann man also aus dem verwandten Wort nicht …

messen / er maß • gelten / sie galt •
rennen / sie rannten • sprechen / sie sprach

Groß- und Kleinschreibung

Nominalisierungen erkennen

Von der Natur für die Technik lernen

Viele technische Erfindungen nahmen ihren Anfang im genauen Erforschen von Naturphänomenen. Das Erstaunliche dabei ist, dass Pflanzen und Tiere unendlich viele Tricks zur Anpassung an extreme Lebensräume entwickelt haben, z. B. das klebstofffreie Haften an glatten Oberflächen, das kabellose Übertragen von Daten oder das Wiederverwerten von Abfällen. IMMMER WIEDER GELINGT ES DER NATUR AUFS NEUE, DIE FORSCHER ZUM STAUNEN ZU BRINGEN. SO ZEIGT SICH ZUM BEISPIEL BEIM BEOBACHTEN VON VOGELSCHWÄRMEN ETWAS FASZINIERENDES. SIE VOLLFÜHREN BLITZSCHNELLE WENDUNGEN, WOBEI ES KEIN ZUSAMMENSTOẞEN GIBT. WORAUF DAS SCHNELLE REAGIEREN DER TIERE BERUHT, IST NOCH IMMER NICHT VOLLSTÄNDIG GEKLÄRT. IHR VERHALTEN IST Z. B. INTERESSANT, UM ABSTANDSSENSOREN ZU ENTWICKELN, DIE EIN AUFFAHREN IM STRAẞENVERKEHR VERHINDERN.

IN BESONDERS UNÜBERSICHTLICHEN VERKEHRSSITUATIONEN SIND DIE MENSCHLICHEN SINNE AM HÄUFIGSTEN ÜBERFORDERT. EIN REAKTIONSVERMÖGEN NACH DEM VORBILD DER VÖGEL KÖNNTE IN DIESEN SITUATIONEN AM BESTEN DABEI HELFEN, UNFÄLLE ZU VERMEIDEN.

1 Fahrzeugtechnik, Architektur, Robotik, Umwelttechnik, Medizin – das alles sind Gebiete, auf die die Bionik Einfluss hat. Begründet, welcher Bereich euch davon interessiert.

2 **a** Im ersten Abschnitt (▸ Z. 1–4) sind fünf Wörter markiert. Erklärt die Großschreibung dieser Wörter, indem ihr Regeln zur Nominalisierung von Verben und Adjektiven formuliert, z. B.:
Verben und Adjektive schreibt man groß, wenn ...
Man erkennt solche Nominalisierungen häufig an ...
b Nicht immer wird ein nominalisiertes Wort durch einen Begleiter angekündigt. Mit Hilfe welcher Probe könnt ihr dennoch entscheiden, ob das Wort groß- oder kleingeschrieben wird?

3 **a** Groß oder klein? Schreibt den zweiten Abschnitt (▸ Z. 5–11) richtig in euer Heft. Achtet dabei besonders auf die Großschreibung der nominalisierten Adjektive und Verben.
b Unterstreicht die Begleitwörter, die die Nominalisierungen ankündigen, und bestimmt sie genau, z. B.: *aufs Neue – Präposition mit verschmolzenem Artikel (aufs = auf das).*

4 Formuliert eine Regel zur Schreibweise des Superlativs von Adjektiven mit „am“. Sucht dazu zwei Beispiele aus dem letzten Textabschnitt (▸ Z. 12–15) heraus.

5 Notiert drei weitere Sätze zum Thema „Natur und Technik“, in denen ihr Nominalisierungen und Superlative mit „am“ verwendet. Achtet auf die richtige Groß- und Kleinschreibung.

Schreibung von Eigennamen und Herkunftsbezeichnungen

Baubionik – von den Baumeistern der Natur lernen

Für die Weltausstellung 1851 baute der englische Gartenarchitekt Joseph Paxton ein dreistöckiges Glasgebäude, das als Londoner Kristallpalast in die Geschichte einging. Um das gewächshausartige Gebäude stabil konstruieren zu können, orientierte er sich bewusst an einem natürlichen Vorbild: der südamerikanischen Riesenseerose der Art Victoria, die er auf den Britischen Inseln erstmals zur Blüte brachte. Ihre hauchdünnen Blätter besitzen auf der Unterseite ein festes Netz aus Stützrippen, sodass sie ein Gewicht von bis zu 60 kg tragen können. Paxton nahm den Blattaufbau zum Vorbild für die Konstruktion seines Crystal Palace, der damals in einem Londoner Park stand. Die Riesenseerose, die in Südamerika beheimatet ist, könnt ihr auch in Deutschland bewundern, z. B. im Botanischen Garten der Freien Universität Berlin. Eine andere natürliche Inspirationsquelle für die Architektur war z. B. die Große Riesenmuschel aus dem Pazifischen Ozean, deren Schalenform sich in verschiedenen Bauwerken widerspiegelt. Der Bukarester Stadtzirkus und die Markthalle in der südwestfranzösischen Stadt Royan am Atlantischen Ozean wurden zum Beispiel nach ihrem Vorbild mit einem muschelförmigen Wellendach ausgestattet.

1 **a** Der Text enthält einige Eigennamen und Herkunftsbezeichnungen.
Übertragt die Tabelle in euer Heft und ordnet die markierten Wörter ein.

Eigennamen	Herkunftsbezeichnungen	
	Ableitungen auf *-er*	Ableitungen auf *-isch*
...	...	– der englische Gartenarchitekt

b Versucht, aus der Tabelle Regeln für die Schreibung von Eigennamen und Herkunftsbezeichnungen abzuleiten. Führt dazu in Kleingruppen ein Rechtschreibgespräch (▸ Merkwissen unten).

c Vergleicht eure Ergebnisse mit den Informationen im Merkwissen auf Seite 318.

Methode **Ein Rechtschreibgespräch führen**

1. **Bereitet das Gespräch vor:** Prüft, welche **besonderen Merkmale** ein Wort hat oder welche **Strategien bzw. Regeln** euch beim Lösen der Aufgabe helfen.
2. **Tauscht euch im Gespräch darüber aus,** wie ihr die Aufgabe gelöst habt, welche Strategien und Regeln euch geholfen haben und welche Schwierigkeiten ihr hattet.
3. **Berichtigt und vervollständigt** eure Ergebnisse mit den Hinweisen aus dem Gespräch.

Der Eiffelturm: Leichtbautrick aus der Natur

Wusstet ihr, dass ein Knochen für die Bauweise des PARISER EIFFELTURMS Modell stand? „Die Konstruktion des FRANZÖSISCHEN ARCHITEKTEN Gustave Eiffel ist nach dem Vorbild des menschlichen Oberschenkelknochens gebaut, der aus einem feinen Netz aus Knochenbälkchen besteht und dadurch leicht und dennoch äußerst stabil ist", erklärt Professor Thomas von der GOETHE-UNIVERSITÄT in FRANKFURT AM MAIN.

Nach dieser Leichtbauweise ist auch die schmiedeeiserne MARIA/PIA/BRÜCKE konstruiert, die über den PORTUGIESISCHEN/FLUSS/DOURO führt, oder die Decke eines Hörsaals an der ALBERT/LUDWIGS/UNIVERSITÄT IN FREIBURG im Bundesland BADEN/WÜRTTEMBERG.

Auch für die Wasser- und Energiegewinnung gibt es Vorbilder in der Natur: Ein Beispiel hierfür ist der Nebeltrinker-Käfer, der in der NAMIB/WÜSTE am ATLANTISCHEN/OZEAN zu Hause ist. Er überlebt die extreme Trockenheit, weil er über seinen Rücken Wasser aus der Luft aufnehmen kann. Spannend für die Bionik ist auch der Eisbär, der in der ARKTISCHEN KÄLTE durch sein besonderes Fell, das im Prinzip aus Luftkammern besteht, überlebt.

2 Übt die Schreibung von Herkunftsbezeichnungen und Eigennamen. Wählt a, b oder c.

●○○ **a** Schreibt die markierten Eigennamen und Herkunftsbezeichnungen aus dem **ersten Absatz** (▸ Z. 1–5) richtig in euer Heft.

●●○ **b** Schreibt die markierten Eigennamen und Herkunftsbezeichnungen aus dem **zweiten Absatz** (▸ Z. 6–8) richtig in euer Heft. Achtet auch auf Bindestrich-Schreibungen.

●●● **c** Schreibt die markierten Eigennamen und Herkunftsbezeichnungen aus dem **zweiten und dritten Absatz** (▸ Z. 6–13) richtig in euer Heft.

d Besprecht und prüft eure Ergebnisse in einem Rechtschreibgespräch (▸ S. 317).

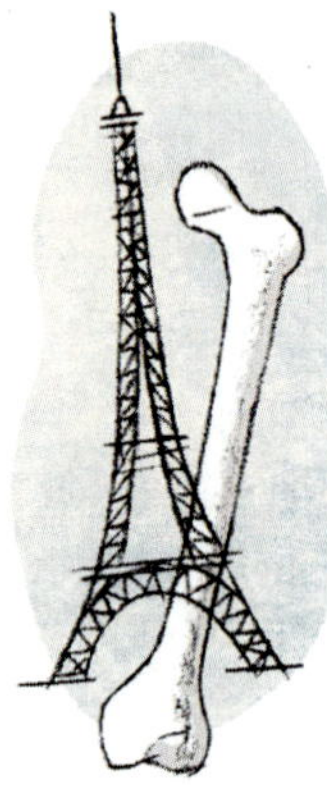

⊕ **3** Bildet bzw. erfindet weitere mehrteilige Eigennamen und Herkunftsbezeichnungen und schreibt sie auf, z. B.: Georg-Büchner-Allee, Berliner Olympiastadion, ...

Information **Schreibung von Eigennamen und Herkunftsbezeichnungen**

1 **Eigennamen** sind z. B. **Personennamen** *(Anna, Friedrich der Große)*, **geografische Namen** *(die Kanarischen Inseln, Frankfurter Straße)*, Namen von **Institutionen, Organisationen** *(die Staatlichen Museen, das Rote Kreuz)*, **historische Ereignisse** *(der Zweite Weltkrieg)* oder **Pflanzen-** und **Tiernamen** *(die Weiße Rosskastanie)*. **Eigennamen** schreibt man **groß.**
In mehrteiligen Eigennamen schreibt man alle Wörter groß mit Ausnahme der Artikel, Konjunktionen und Präpositionen, z. B.: *die Freie Universität Berlin, der Erste Mai.*
Zusammensetzungen aus **mehreren Eigennamen** schreibt man in der Regel mit Bindestrich, z. B.: *Ludwig-Maximilians-Universität, Rheinland-Pfalz.*

2 **Herkunftsbezeichnungen**
– Die von geografischen Namen abgeleiteten **Wörter auf *-er* schreibt man** immer **groß,** z. B. *eine Köln**er** Fußgängerzone.*
– Die von geografischen Namen abgeleiteten **Adjektive auf *-isch*** schreibt man **klein,** außer sie sind Teil eines Eigennamens, z. B.: *indischer Tee,* aber: *der Indische Ozean.*

Schreibung von Zeitangaben

Hängeseilbrücken – Adrenalin pur

Im Harz und im Hunsrück ist Spektakuläres zu erleben: Hier gibt es zwei der längsten Hängeseilbrücken der Erde. Auch sie sind von der Natur inspiriert, ahmen sie doch einen extrem stabilen, leichten Knochenbau nach. Auf einem Gitterrost von ca. 120 cm Breite kann man hier in ca. 100 Metern Höhe über die Täler spazieren. Ein Abenteuer für alle, die schwindelfrei sind.

„Titan RT" heißt die 483 Meter lange Seilbrücke im Harz, die von Februar bis März TAGSÜBER (außer AM MONTAG) TÄGLICH besucht werden kann. Von April bis Oktober ist dieses Bauwerk der Superlative auch MONTAGS für euch begehbar. Wer sich im Sommer schon FRÜH AM MORGEN auf den Weg macht, ist fast allein, und ABENDS kann man wunderschöne Sonnenuntergänge erleben. Die Hängeseilbrücke „Geierlay" im Hunsrück hat eine Gesamtlänge von 360 Metern und ist damit die zweitlängste Hängebrücke in Deutschland. Außer DIENSTAGS kann man hier TÄGLICH in 100 Metern Höhe über ein Seitental der Mosel spazieren. Am SPÄTEN NACHMITTAG wird das Bauwerk geschlossen. Die „Geierlay" hat GANZJÄHRIG geöffnet und kann JEDEN TAG kostenlos besucht werden.

TIPP: Die „Titan RT" wird jeden Abend beleuchtet. Wegen dieser Brückenbeleuchtung kann man auch abends in der Dämmerung die Brücke überqueren.

1 **a** Wann schreibt man Tageszeiten und Wochentage groß, wann klein? Prüft die grün markierten Wörter im letzten Absatz (▶ Z. 20–22) und formuliert eine Regel. Achtet auf die Wortarten.

b Groß oder klein? Schreibt die orange markierten Zeitangaben aus dem Text richtig in euer Heft.

2 Schreibt die blau markierten Wortgruppen richtig in euer Heft. Begründet jeweils die Groß- oder Kleinschreibung.
Der ERSTE MAI ist in diesem Jahr auch gleichzeitig der ERSTE SONNTAG im Monat.

Information **Schreibung von Zeitangaben (Tageszeiten und Wochentage)**

Zeitangaben (Tageszeiten und Wochentage) schreibt man **groß,** wenn sie **Nomen** sind, und **klein,** wenn sie **Adverbien** sind, z. B.: *am Nachmittag, diesen Dienstag, tagsüber, freitags.*
Auch bei kombinierten Angaben schreibt man die Adverbien klein und die Nomen groß, z. B.: *heute Abend, gestern Nachmittag, morgen Mittag.*
Macht die Probe: Wenn ihr vor der Zeitangabe einen Nomenbegleiter (Artikel/Adjektiv) einsetzen könnt, schreibt ihr groß, z. B.: *Freitagmorgen → (der) Freitagmorgen.*

Fremdwörter richtig schreiben

Bionische Roboter – mit der Natur als Vorbild

Wenn Kängurus springen, kostet sie das kaum Energie. Entwickler haben dieses Prinzip jetzt auf Roboter übertragen. Wie ein echtes Känguru kann das Roboter-Känguru beim Springen Energie gewinnen und im nächsten Sprung nutzen. Obwohl der Känguru-Roboter wie ein Spielzeug aussieht, wird die Technologie schon in verschiedenen Branchen der Autoherstellung eingesetzt. Ein anderes Beispiel für diese Bionik-Roboter, also Roboter, die sich die Natur zum Vorbild nehmen, sind Roboter mit künstlichen Sinnesorganen. Diese Roboter sind in der Lage, über einen künstlichen Tastsinn oder eine Kamera Informationen über ihr Umfeld aufzunehmen, um dann selbstständig zu agieren. Ein Team aus Ingenieuren und Naturwissenschaftlern konstruiert derzeit diese neuen Maschinen. Sie könnten selbstständig neues Terrain auf fremden Himmelskörpern erkunden oder Menschen bei riskanten Einsätzen wie Bergungsarbeiten unterstützen.

1 Erklärt, was Bionik-Roboter sind. Diskutiert dann, welche anderen Einsatzgebiete für diese Roboter denkbar wären.

2 **a** Klärt in Partnerarbeit, was die grün markierten Fremdwörter im Textzusammenhang bedeuten. Nutzt dazu evtl. auch ein Wörterbuch.

b Stellt Vermutungen zur Herkunft der markierten Fremdwörter im Text an. Übertragt hierzu die Tabelle in euer Heft. Arbeitet im Team und prüft eure Einordnung mit Hilfe eines Wörterbuchs.

Wörter aus dem **Griechischen**	Wörter aus dem **Lateinischen**	Wörter aus dem **Französischen**	Wörter aus dem **Englischen**
…	…	– die Energie	…

3 Wie das Verb „agieren" (► Z. 10) stammen viele Verben mit der Endung „-ieren" aus dem Lateinischen. Notiert drei weitere Verben mit der Endung „-ieren" und erklärt ihre Bedeutung. Nutzt dazu evtl. ein Wörterbuch, z. B.: musizieren = Musik machen, …

4 Erklärt anhand der folgenden Einträge aus einem Fremdwörterbuch, welche Angaben in einem solchen Wörterbuch zu finden sind.

agie|ren *<lat.>:* **a)** handeln, tun, wirken, tätig sein; **b)** [als Schauspieler/-in] auftreten, eine Rolle spielen

In|ge|ni|eur [ɪnʒeˈni̯øːɐ̯] *<lat.-fr.>, der; -s, -e:* auf einer Hoch- oder Fachhochschule ausgebildeter Techniker; Abkürzung: Ing.

5 Übt das Schreiben von Fremdwörtern aus dem Griechischen. Wählt a, b oder c.

●○○ **a** Bei **einigen Fremdwörtern fehlt** der **Buchstabe *h*.** Sucht sie heraus, korrigiert sie und schreibt sie richtig in euer Heft.

Vorsicht Fehler!

die Apoteke • der Astronaut • die Antipatie • der Atlet • der Automat • das Teater

●●○ **b** **Ergänzt** bei den Fremdwörtern die fehlenden **Buchstabenkombinationen** *th, ph* und *rh* und den Artikel. **Erklärt** die **Bedeutung** der Wörter, wenn nötig mit einem Wörterbuch.

? ema • ? ysik • ? eorie • T ? eke • Atmos ? äre • Eu ? orie • ? y ? mus • Meta ? er • Stro ? e

●●● **c** Notiert **mit** jedem **Präfix** (Vorsilbe) aus dem Griechischen **zwei Fremdwörter** und **erklärt** ihre **Bedeutung.**

auto- • dys- • mikro- • pseudo- • ortho- • anti- • hyper-

d Tragt zusammen, was typisch für Fremdwörter aus dem Griechischen ist.

6 Sucht die Fremdwörter heraus, bei denen es eine zweite, eingedeutschte Schreibweise gibt, und ergänzt sie.

das Mikrophon • das Joghurt • der Computer • die Phantasie • der Thron • das Portemonnaie • der Panther • der Photograph • das Rheuma • die Jeans

⊕ **7** Beschreibt, was euch an diesem Wort auffällt: Wie lässt sich die Beobachtung erklären?

– Deutsch: *die Atmosphäre*
– Französisch: *l'atmosphère*
– Englisch: *the atmosphere*
– Türkisch: *atmosfer*

Information **Fremdwörter**

- **Fremdwörter** sind **Wörter, die aus anderen Sprachen kommen.** Meist haben sie sich in ihrer Schreibweise und Aussprache noch nicht oder nur zum Teil an die deutsche Sprache angepasst, z. B.: *Gymnastik* (griech.), *diskutieren* (lat.), *Garage* (franz.), *Spaghetti* (ital.), *Snowboard* (engl.).
- **Häufig gebrauchte Fremdwörter** werden **eingedeutscht,** d. h. in ihrer Schreibweise dem Deutschen angeglichen. In diesen Fällen ist sowohl die eingedeutschte als auch die fremdsprachige Schreibung korrekt, z. B.: *Graphik/Grafik, Sauce/Soße.*
- Fremdwörter, die als **Fachbegriffe** verwendet werden, werden **nicht eingedeutscht,** z. B.: *Metapher, Strophe, Hypochonder, provisorisch, fragil.*
- Viele Fremdwörter übernehmen wir gegenwärtig aus dem Englischen **(Anglizismen).**

Zusammen- und Getrenntschreibung

Die Sinnesleitungen der Tiere

Wie kann eine Grille feststellen, ob eine Raubspinne sie von hinten attackieren will oder ein harmloser Schmetterling vorbeifliegt, sie also sitzen bleiben oder die Flucht ergreifen soll? Um diese Frage zu klären, haben Wissenschaftler aus ganz Europa zusammengearbeitet. Ihre Forschungsergebnisse haben viel Aufsehen erregt: Eine Grille besitzt feine Härchen am Hinterleib, mit deren Hilfe sie kleinste akustische Wellen bemerken und interpretieren kann. Mit diesem empfindlichen Bewegungssensor kann die Grille gut beurteilen, wie groß und gefährlich ein sich näherndes Objekt ist. So kann sie ihre Fressfeinde leicht erkennen, auch wenn in ihrem Umfeld zahlreiche Reize aufeinandertreffen und viele akustische Signale die Atmosphäre durchdringen, z. B. ein Wind stark weht oder ein Mensch laut redet.

„Im Vergleich dazu ist das menschliche Ohr bzw. der menschliche Tastsinn in seiner Entwicklung stehen/geblieben“, meint der Bionik-Forscher Julian von der Twer. „In Situationen, in denen viele Leute laut/lachen oder durcheinander/reden, können wir zwar Hintergrundgeräusche aus/blenden, aber trotzdem fällt uns dann das Zuhören schwer. Die Sinne von Tieren sind dagegen perfekt auf ihre Umgebung ab/gestimmt“, so der Bionik-Forscher. Diese Sensoren, die weit über das menschliche Wahrnehmungsvermögen hinaus/gehen, sind enorm/interessant für die Technik. Einem Elektrosensor nach dem Vorbild der Grille wird es leicht/fallen, die Entfernung zu Objekten und ihre Materialeigenschaften zu unter/suchen. Einsatzgebiete für diese Sensoren sind Gebiete, die für den Menschen nicht zugänglich sind oder in denen schlechte Sichtverhältnisse herrschen, z. B. in der Tiefsee.

1 Kennt ihr weitere Sinne bei Tieren, über die wir Menschen nicht verfügen? Sammelt Beispiele.

2 Untersucht die Zusammen- und Getrenntschreibung von Verbindungen mit Verben.

a Ordnet die markierten Wortgruppen aus dem ersten Textabschnitt (▸ Z. 1–19) den folgenden Gruppen zu. Arbeitet im Team.

Wortgruppe aus **Nomen + Verb** • Wortgruppe aus **Verb + Verb** • Wortgruppe aus **Adjektiv + Verb** • Wortgruppe aus **Adverb + Verb** • Wortgruppe aus **Präposition + Verb**

b Getrennt oder zusammen? Führt ein Rechtschreibgespräch (▸ S. 317) und formuliert zu jeder Gruppe eine Regel. Vergleicht anschließend eure Ergebnisse mit dem Merkwissen (▸ S. 323).

c Getrennt oder zusammen? Entscheidet, wie die markierten Wortgruppen im zweiten Textabsatz (▸ Z. 20–40) geschrieben werden, und schreibt sie richtig in euer Heft.

3 Schlagt die Adjektive „hoch“ und „wahr“ in einem Wörterbuch nach. Welche Informationen bekommt ihr zur Schreibung dieser Adjektive in Verbindung mit Verben?

Kiefernprachtkäfer – lebende Feuermelder

Waldbrände können sich schnell/ausbreiten und großen Schaden/anrichten. Zukünftig sollen diese Großbrände durch Feuermelder nach Prachtkäferart vermieden/werden. Wie das funktioniert? Kiefernprachtkäfer können ohne Waldbrände nicht über/leben, weil ihre Larven bei der Ernährung auf frisch verbranntes Holz angewiesen/sind. Nur so können sie sich satt/essen. Um das zu voll/bringen, besitzen Kiefernprachtkäfer an ihren Beinen kleinste Infrarotsensoren. Mit diesen Feuerfühlern können die Insekten Brände aus kilometerweiter Entfernung auf/spüren – lebende Feuermelder! Diese Fähigkeit soll jetzt als Vorbild für Waldbrandsensoren dienen, die Waldgebiete automatisch/überwachen und bei Bränden rechtzeitig/warnen. „Es wird uns nicht schwer/fallen, diese bionischen Infrarotsender zu entwickeln, wenn wir Forscher zusammen/arbeiten und unsere Ergebnisse systematisch zusammen/tragen", meint die Elektroingenieurin Katharina Barth.

4 Getrennt oder zusammen? Wählt a, b oder c und tauscht eure Ergebnisse anschließend aus.

●○○ **a** **Entscheidet** und **begründet** die Schreibweise der blau **markierten Wortgruppen.**

●●○ **b** **Entscheidet** und **begründet** die Schreibweise der blau und grün **markierten Wortgruppen.**

●●● **c** **Entscheidet** und **begründet** die Schreibweise der grün und orange **markierten Wortgruppen.**

5 Für die Schreibweise von Verbindungen mit *wieder* und *zusammen* spielt die Betonung, aber auch die Bedeutung eine Rolle. Bildet mit „wieder" und „zusammen" jeweils zwei Beispielsätze für Getrennt- und zwei Beispielsätze für Zusammenschreibung, z. B.:

Kannst du mir das Buch wiedergeben (= zurückgeben)? Das kann ich wieder (= noch einmal) verwenden.

Information | **Getrennt- und Zusammenschreibung**

Getrennt schreibt man in der Regel:

- **Nomen + Verb,** z. B.: *Rad fahren, Fußball spielen, Schlange stehen.*
  TIPP: Nominalisierungen aus Nomen + Verb schreibt man zusammen, z. B. *das Radfahren.*
- **Verb + Verb,** z. B.: *einkaufen gehen, lesen lernen, schwimmen können.*
- **Adjektiv + Verb,** z. B.: *lange warten, schnell fahren, laut schreien.*
- **Wortgruppe + *sein*,** z. B.: *reich sein, aufmerksam sein, verletzt sein.*

Zusammen schreibt man in der Regel:

- **Adjektiv + Verb,** wenn ein **Wort mit einer neuen Bedeutung** entsteht, z. B.: *blaumachen* (schwänzen), *freisprechen* (vor Gericht), aber: *frei sprechen* (freie Rede ohne Skript).
- **Adverb + Verb,** wenn die **Hauptbetonung auf dem Adverb** liegt, z. B.: *Wir müssen zusammenhalten. Uns ist etwas dazwischengekommen.*
  Aber: Werden Adverb + Verb gleich betont, schreibt man getrennt, z. B.: *Ich wohne in dem Haus, das du gegenüber siehst.* Macht die Erweiterungsprobe: Wenn ihr ein Wort oder eine Wortgruppe zwischen Adverb und Verb einfügen könnt, schreibt ihr getrennt, z. B.: *Wollen wir das Regal zusammen (in die Küche) tragen?*
- **Präposition + Verb** schreibt man in der Regel zusammen. Die Hauptbetonung liegt bei der Zusammenschreibung auf der Präposition, z. B.: *Können wir umkehren?*

MK

Die Rechtschreibprüfung am Computer nutzen

Wildbienen – Vorbilder für Umwelthelfer

Wie lässt sich Öl efficient sammeln und transportieren? Ein Forschungstaem an der rheinischen Friedrich-Wilhelms-Universität Bonn unter suchte Wildbienen, die nicht Nektar, sondern Pflanzenöle aus Blüten sammeln. Das besondere bei diesen Binen ist ihre Harstruktur an den Beinen. Mit diesen speziellenWerkzeugen nehmen sie das Öl auf, ohne beim Flug etwas von dieser Substanz zu verlieren. Ein weiteres Pänomen dabei ist: Nach dem entladen des Öls sind die Härchen wieder rückstandslossauber, weil sie nicht durch das Öl zusammen kleben. Nach der Struktur dieser Bienenhaare will das Forscherteam nun Textilien entwikeln, die das transportieren von Ölen er möglichen.

1 Der Text wurde am Computer erstellt und mit einem Korrekturprogramm geprüft.

a Prüft, was an den acht Wörtern falsch ist, die das Programm rot unterschlängelt hat.

b Gerade bei der Groß- und Kleinschreibung findet das Korrekturprogramm nicht alle Fehler: Sieben weitere Wörter sind falsch geschrieben und wurden nicht markiert. Findet sie und korrigiert: Überlegt, warum das Programm hier versagt hat.

2 **a** Nutzt den Thesaurus. Schreibt den Text am Computer und ersetzt die markierten Verben an geeigneter Stelle durch andere, treffende Verben, damit der Text abwechslungsreicher klingt.

> Bedauerlicherweise kommen Ölkatastrophen auf See häufiger vor. Manchmal kommt ein Öltanker in Seenot, weshalb dann Mineralöl ins Meer kommt. Mitunter kommt auch altes Öl verbotenerweise im Meer an, wenn die Besatzung eines Schiffes das Öl ins Meerwasser ablässt, statt es teuer zu entsorgen. Dadurch kommen zahlreiche Fische und Vögel um, weil ihre Kiemen oder ihr Gefieder verkleben.

b Erklärt, wie ihr vorgegangen seid, um sinnvolle Formulierungsalternativen zu finden.

Methode **Die Rechtschreibprüfung und den Thesaurus nutzen**

- Die **Rechtschreibprüfung** hilft euch, in einem Text falsch geschriebene Wörter zu finden. So könnt ihr das **Rechtschreibprogramm** aktivieren: in der **Menüleiste** Überprüfen anklicken, dann Rechtschreibung und Grammatik auswählen. Das Programm markiert nun mögliche **Rechtschreibfehler rot** und mögliche **Grammatikfehler blau.**
  Achtung: Das Programm ist nicht ganz zuverlässig. Nutzt in Zweifelsfällen das Wörterbuch.
- Der **Thesaurus** enthält eine Sammlung bedeutungsähnlicher Wörter. Ihr könnt ihn nutzen, um euch genau und abwechslungsreich auszudrücken. So könnt ihr den Thesaurus aktivieren: in der **Menüleiste** Überprüfen anklicken, dann Thesaurus auswählen.
  Achtung: Nicht alle aufgelisteten Wörter eignen sich, um das gewünschte Wort zu ersetzen.

Ein Spiel: Groß oder klein? Getrennt oder zusammen?

A Das DEUTSCHE Museum in einem BONNER Ortsteil zeigt Experimente EUROPÄISCHER Forscherteams.

B An der WESTFÄLISCHEN Hochschule BOCHOLT gibt es ENGLISCHE Lehrveranstaltungen.

C Das Museum öffnet MORGEN um 10.00 Uhr und schließt HEUTE NACHMITTAG schon um 17.00 Uhr.

D Die Hängeseilbrücke öffnet MORGEN VORMITTAG um 10.00 Uhr und bleibt dann TAGSÜBER bis 17.00 Uhr geöffnet.

E Das genaue BEOBACHTEN der Natur ermöglichte Wissenschaftlern ein ENTDECKEN von UNGEAHNTEN Lösungsmöglichkeiten für die Technik.

F Zufällige Entdeckungen in der Natur haben in der Bionik etwas unheimlich FASZINIERENDES, da ihnen kein GEZIELTES SUCHEN vorangeht.

G Aus den Beobachtungen in der Natur werden wir wichtige Erkenntnisse heraus/filtern und mit Hilfe von Experimenten über/prüfen. Es wird uns nicht schwer/fallen, gute Lösungen zu entwickeln.

H Die Forschung darf nicht still/stehen, denn es gibt immer neue Herausforderungen, die wir an/gehen müssen. In der Wissenschaft kann man nicht an jedem Ergebnis fest/halten.

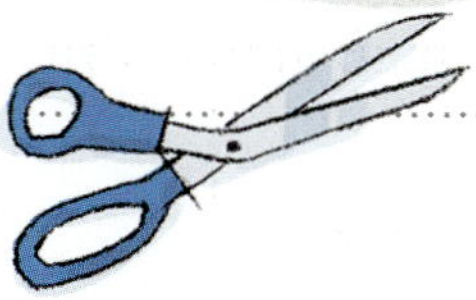

Lösungen
k = klein, g = groß
A: g, g, k • **B:** g, g, k • **C:** k, k, g • **D:** k, g, k • **E:** g, g, k • **F:** g, k, g
z = zusammen, g = getrennt
G: z, z, z • **H:** z, z, z

1 **a** Das Spiel wird zu zweit gespielt. Kopiert die Seite, schneidet die einzelnen Kärtchen aus und legt sie umgedreht auf den Tisch.
b Zieht abwechselnd ein Kärtchen. Notiert den Buchstaben des Kärtchens und schreibt die markierten Wörter in der richtigen Schreibweise auf.
c Kontrolliert zum Schluss eure Ergebnisse mit Hilfe der Lösungskarte.

14.2 Tierische Ideen – Zeichen setzen

Das Komma in Satzreihen und Satzgefügen

Der Flossenstrahl-Effekt

A 1997 beobachtete Leif Kniese dass sich eine Fischflosse unter Druckeinwirkung atypisch verhält. **B** Wenn man mit dem Finger leicht gegen die Schwanzflosse eines Fisches drückt krümmt sich diese gegen die Druckrichtung zum Finger hin. **C** Ganz anders verhält es sich z. B. bei einem Bogen Papier weil dieser sich bei Druck vom Finger wegbewegt. **D** Im Unterschied zum Papier besteht die Fischflosse aus elastischen Elementen die man Flossenstrahlen nennt. **E** Dieser Flossenstrahl-Effekt der vom Bioniker Leif Kniese zufällig entdeckt wurde wird heute in der Technik vielfältig genutzt.

1 Sammelt Ideen, wie der Flossenstrahl-Effekt in der Technik genutzt werden kann.

2 **a** Schreibt die Satzgefüge A bis E in euer Heft und setzt die fehlenden Kommas.
- Umkreist die Konjunktionen oder Relativpronomen, die die Nebensätze einleiten.
- Markiert das gebeugte Verb, das im Nebensatz am Ende steht.

A 1997 beobachtete Leif Kniese, dass sich eine Fischflosse unter Druckeinwirkung atypisch verhält.

b Vergleicht eure Ergebnisse und klärt, wie ihr die Kommastellen ermittelt habt.

c Begründet, welcher Satzbauplan zu welchem Satz (A bis E) passt.

1 — Hs —, — Ns —, — Hs (Forts.) —. **2** — Ns —, — Hs —. **3** — Hs —, — Ns —.

3 Übt die Kommasetzung. Wählt a, b oder c und tauscht anschließend eure Ergebnisse aus.

●○○ **a** Setzt im **Satz A** das fehlende **Komma.**

●●○ **b** Setzt im **Satz B** die drei fehlenden **Kommas.**

●●● **c** **Verbindet** die **Sätze unter C** zu einer Satzreihe und zu einem Satzgefüge. Nutzt hierfür unterschiedliche Konjunktionen und denkt an die Kommasetzung.

A Obwohl Wasser gegen die Schwanzflosse drückt bleibt ein Fisch dank des Flossenstrahl-Effekts auf Kurs.

B Nach dem Flossenstrahl-Effekt werden Sitzmöbel die flexible Lehnen haben konstruiert sodass der Rücken geschont wird.

C Der Flossenstrahl-Effekt wird heute für die Konstruktion von flexiblen Greifern genutzt. Sie passen sich den Gegenständen behutsam an.

Das Komma bei Infinitiv- und Partizipialgruppen

Vorsicht Fehler!

Schnell wie eine Rakete

1 Tintenfische können blitzschnell hervorschießen, ohne von ihrer Beute entdeckt zu werden. **2** Sie haben ein geniales Antriebssystem entwickelt, um sich fortzubewegen. **3** Anstatt Flossen zu nutzen, saugen sie Wasser ein und stoßen es wieder aus. **4** Dieses Rückstoßprinzip ermöglicht es den Tintenfischen ihre Beute pfeilschnell im Rückwärtsgang zu jagen. **5** Bei Gefahr entscheiden sie sich eine dunkle Flüssigkeit auszustoßen. **6** Diese dient dazu den Angreifer zu verwirren um im Schutz des Nebels unbemerkt zu entfliehen. **7** Das Rückstoßprinzip des Tintenfischs wird genutzt um lautlose Antriebssysteme für Boote zu entwickeln. **8** Bewegungsbioniker suchen in der Natur immer wieder nach neuen Möglichkeiten der Fortbewegung um diese technisch zu nutzen.

1 Welche außergewöhnlichen tierischen Fortbewegungsarten kennt ihr? Sammelt eure Ideen.

2 **a** Sucht aus den Satzgefügen 1, 2 und 3 alle Infinitivgruppen heraus. Beschreibt, woran ihr die Infinitivgruppen erkannt habt.
b Prüft mit Hilfe des Merkwissens, ob die Kommas in den Sätzen 1 bis 3 verpflichtend sind.

3 **a** Schreibt die Sätze 4 bis 8 in euer Heft. Unterstreicht die Infinitivgruppen und trennt sie alle durch Kommas ab.
b Markiert die Kommas, die verpflichtend sind, und unterstreicht das Wort, das ausschlaggebend für die verpflichtende Kommasetzung ist.

4 Ohne Komma sind hier zwei Lesarten möglich. Erklärt, warum.
– Ihre Enkel bitten Oma zu essen.
– Maja rät Karl eine Nachricht zu schreiben.

Information **Komma bei Infinitivgruppen (Infinitivsätzen)**

Infinitivgruppen (auch Infinitivsätze genannt) **darf** man immer durch **Komma** vom Hauptsatz trennen. Ein Komma **muss** stehen,

- wenn die Infinitivgruppe durch *um, ohne, statt, anstatt, außer, als* eingeleitet wird, z. B.: *Tintenfische nutzen das Rückstoßprinzip,* ***anstatt*** *sich mit Flossen fortzubewegen.*
- wenn die Infinitivgruppe von einem Nomen oder einem hinweisenden Wort wie *dazu, daran, darauf* oder *es* im Hauptsatz abhängt, z. B.: *Wir zweifeln nicht daran, Neues zu entdecken.*

Bei einfachen Infinitiven (*zu* + Infinitiv) kann man das Komma weglassen.
TIPP: Bei Infinitivgruppen (Infinitivsätzen) empfiehlt es sich, immer ein Komma zu setzen, weil sie die Gliederung eines Satzes verdeutlichen und niemals falsch sind.

Eine Rakete selbst bauen

Auch eine Rakete wird wie der Tintenfisch durch das Rückstoßprinzip vorwärtsbewegt. Leicht zu bauen ist eine Wasserrakete. Allerdings erfordert diese Rakete, aus einer leeren Plastikflasche konstruiert, etwas handwerkliches Geschick. Selten startet sie, den Erbauer beglückend, auf Anhieb in den Himmel. Dennoch: Einen Versuch ist es wert. Ausgestattet mit den folgenden Materialien, könnt ihr starten: zwei Plastikflaschen, ein Korken, ein Fahrradventil, ein Holzstab, starkes Klebeband, eine Fahrradluftpumpe, Wasser.

1 Mögliche Schnittwunden vermeidend bohrt ihr zunächst vorsichtig ein Loch in den Korken. **2** Das Loch muss nur so groß sein, dass das Ventil gerade durchpasst. **3** Der Schaft des Ventils z. B. aus einem Fahrradschlauch entnommen muss gerade in das Loch passen. **4** Nun wird der Korken etwas gekürzt und das Ventil den Schaft drehend in den Korken eingesetzt. **5** Die Flasche mit dem Klebeband an dem Holzstab befestigt wird jetzt etwa zu einem Drittel mit Wasser gefüllt. **6** Danach wird der Korken mit dem Ventil in die Flasche gedreht. **7** Den Holzstab mit der Wasserrakete anschließend in die zweite Flasche gesteckt hat eure Rakete einen sicheren Stand. **8** Mit der Fahrradluftpumpe wird jetzt Luft in die Flasche gepumpt, sodass der Druck in der Flasche steigt. **9** Wenn der notwendige Innendruck erreicht ist, startet die Rakete.

5 Erklärt anhand von Beispielen, welche Textstellen ihr sprachlich überarbeiten würdet.

6 a Die unterstrichenen Wortgruppen (▸ Z. 2–5) nennt man Partizipialgruppen. Nennt jeweils das Partizip dieser Partizipialgruppen.
b Schreibt aus dem zweiten Textabsatz (▸ Z. 7–16) die Sätze heraus, die eine Partizipialgruppe enthalten. Markiert das Partizip, unterstreicht die Partizipialgruppe und trennt sie mit Komma ab.
c Prüft, welche Kommas bei den Partizipialgruppen verpflichtend sind und welche nicht.

7 Überarbeitet Sätze aus dem Text. Wählt a, b oder c.
●○○ a Sucht im **ersten Textabsatz** (▸ Z. 1–6) einen **Satz, in dem** euch die **Partizipialgruppe überflüssig** erscheint. Überarbeitet diesen Satz, indem ihr die Partizipialgruppe streicht.
●●○ b **Überarbeitet Satz 1,** indem ihr die **Partizipialgruppe** in eine **Infinitivgruppe** umformt.
●●● c Wandelt **Satz 5** in ein **Satzgefüge mit Relativsatz** um und formt **Satz 7** in ein **Satzgefüge mit Adverbialsatz** um.
d Tauscht eure Ergebnisse aus und vergleicht eure Überarbeitungen mit dem Originaltext.

Information **Komma bei Partizipialgruppen (Partizipialsätzen)**

Bei Partizipialgruppen (auch Partizipialsätze genannt) **darf** man **immer** ein **Komma** setzen.
Ein **Komma muss** stehen,

- wenn durch ein **hinweisendes Wort** wie *so* auf die Partizipialgruppe Bezug genommen wird, z. B.: *Viele Partizipialgruppen enthaltend, so sind Bauanleitungen schwer nachvollziehbar.*
- wenn die Partizipialgruppe eine **nachgestellte Erläuterung** zu einem Nomen oder Pronomen ist, z. B.: *Der Bastler, den Kopf schüttelnd, lässt sich dennoch nicht aus der Ruhe bringen.*

Das Komma bei Apposition und nachgestellter Erläuterung

Gyrokopter – wie Ahornsamen fliegen

A Habt ihr schon einmal etwas von einem Tragschrauber, dem sogenannten Gyrokopter, gehört? **B** Auf den ersten Blick sieht dieses Fluggerät aus, als hätte Daniel Düsentrieb, der geniale Tüftler aus Entenhausen, diese fliegende Windmühle erfunden. **C** Im Gegensatz zum Hubschrauber ? werden die oben liegenden Rotorblätter des Gyrokopters nur durch den Fahrtwind gedreht. **D** Dabei orientiert sich der Gyrokopter an der Flugtechnik des Ahornsamens ? . **E** Drehen sich die propellerartigen Flügel des Ahornsamens, entsteht im Wind Auftrieb. **F** Mit diesem Propellerprinzip ? lassen sich die Samen durch die Luft tragen und sie können sich so großräumig weiterverbreiten.

1 Hättet ihr Lust auf einen Gyrokopter-Flug? Begründet eure Meinung.

2 **a** Nennt in Satz A und B die Apposition und erklärt, auf welches Bezugswort sie sich bezieht.
b Schreibt die Sätze C, D und F in euer Heft und fügt in die Lücken jeweils eine passende Apposition ein. Achtet auf den richtigen Kasus und die Kommasetzung.

- ein sogenannter Schraubenflieger
- eine ganz natürliche Flugtechnik
- ein motorbetriebenes Flugobjekt

3 Schreibt den folgenden Text ab und setzt die fehlenden Kommas bei den nachgestellten Erläuterungen. Umkreist die Signalwörter, die auf eine nachgestellte Erläuterung hinweisen.

Vorsicht Fehler!

Was nach Science-Fiction klingt das heißt unrealistisch und verrückt ist ist in den Köpfen mancher Fahrzeugtechniker bereits greifbar nah: Ausgestattet mit faltbaren Rotoren sollen Gyrokopter auch auf der Straße also als fliegende Autos genutzt werden. Solche Flugautos wären vielfältig einsetzbar zum Beispiel bei der Polizei oder beim Einsatz von Hilfsorganisationen.

⊕ **4** Erläutert, inwiefern sich eine Apposition von einem Relativsatz (▶ S. 377) unterscheidet. Formuliert hierzu die Apposition in Satz A und B jeweils in einen Relativsatz um.

Information | **Das Komma bei Appositionen und nachgestellten Erläuterungen**

- Die **Apposition** (Beifügung) beschreibt ihr Bezugswort (meist ein Nomen) näher und steht im gleichen Kaus wie ihr Bezugswort. Die Apposition besteht meist aus einem Nomen (oder einer Nomengruppe) und wird **durch Kommas abgetrennt,** z. B.:
  Der Gyrokopter, ein Tragschrauber, sieht aus wie ein Eisbob mit Propeller.
- Die **nachgestellte Erläuterung** wird oft mit Wörtern wie *nämlich, und zwar, vor allem, das heißt (d. h.), zum Beispiel (z. B.)* eingeleitet. Sie wird **durch Kommas abgetrennt,** z. B.:
  Die Propeller drehen sich im Wind passiv, also durch Autorotation.

Der Gedankenstrich

Spinnenseide – stärker als Stahl

Beim Anblick einer Spinne – für viele Menschen ein Grund, die Flucht zu ergreifen – kommen manche Bioniker ins Schwärmen. Spinnennetze scheinen für den Laien zart und zerbrechlich – ein großer Irrtum! Spinnen bauen Netze aus Eiweißfäden, die – verglichen mit künstlichen Schnüren – extrem reißfest und dehnbar sind. Ein einziger Spinnenfaden – hätte er den gleichen Durchmesser – wäre dreißigmal stärker als ein Stahlseil. Übrigens: Benötigen Spinnen ihre Fäden nicht mehr, fressen sie sie auf und verwenden das Material erneut – Recycling auf höchstem Niveau!

Aufgrund ihrer besonderen Eigenschaften – fester als Stahl und dehnbar wie Gummi – ist Spinnenseide natürlich auch für die Produktentwicklung interessant. Jetzt ist es gelungen, künstliche Spinnenseide herzustellen. Mit ihrer Hilfe könnte z. B. das Material von Airbags, Kletterseilen oder kugelsicheren Westen verbessert werden.

1 Extrem elastisch, reißfest und leicht ist die künstlich hergestellte Spinnenseide. Welche anderen Super-Textilien oder Produkte könnte man daraus herstellen? Sammelt Ideen.

2 a Lest den Text laut vor. Erklärt, inwiefern die Gedankenstriche hilfreich für den Vortrag sind.
b Prüft, an welchen Stellen der Gedankenstrich durch andere Satzzeichen, z. B. Kommas, Klammern oder einen Doppelpunkt, ersetzt werden kann.

3 Prüft anhand der folgenden Sätze, ob es für das Lesen einen Unterschied macht, welche Satzzeichen – Gedankenstriche, Klammern oder Kommas – verwendet werden:
- Besondere Sinnesorgane – Sensoren an den Spinnenbeinen – erfassen feinste Vibrationen.
- Besondere Sinnesorgane (Sensoren an den Spinnenbeinen) erfassen feinste Vibrationen.
- Besondere Sinnesorgane, Sensoren an den Spinnenbeinen, erfassen feinste Vibrationen.

Information Der Gedankenstrich

- Der **Gedankenstrich** wird häufig dort verwendet, wo man in der gesprochenen Sprache eine deutliche Pause macht.
- Ein Gedankenstrich kann etwas **Unerwartetes** oder Überraschendes **ankündigen,** z. B.: *Spinnennetze erscheinen zerbrechlich – ein großer Irrtum.*
- Ein Gedankenstrich kann **Zusätze** oder **Nachträge** vom übrigen Text abgrenzen, z. B.: *Spinnennetze – aufgebaut aus Eiweißfäden – sind extrem reißfest.*

TIPP: Oft kann man anstelle des Gedankenstrichs auch andere Satzzeichen wie Kommas, Klammern oder einen Doppelpunkt setzen.

Das Komma bei Anreden, Ausrufen und Bekräftigungen

Ein Experiment zur Temperaturwahrnehmung

Marie: „Prima, wir haben alles aufgebaut. Bist du bereit?“
Tim: „Ja, es kann losgehen. Die linke Hand ins 10 °C kalte Wasser und die rechte ins 40 °C warmes Wasser. Nils, misst du die Zeit?“
Nils: „Okay, du lässt die Hände eine Minute in den Schüsseln. Dann legst du beide Hände in die mittlere Wasserschüssel. Auf drei geht's los!“
Marie *(nach 1,5 Minuten):* „Und Tim, was spürst du?“

1 Führt ein Rechtschreibgespräch (► S. 317) zur Kommasetzung bei Anreden, Ausrufen und Bekräftigungen (vgl. markierte Stellen). Formuliert eine Regel und weitere Beispiele, z. B.:
– Eine Anrede wird ..., z. B. ...
– Ausrufe und Bekräftigungen werden ..., z. B. ...

2 Übt die Kommasetzung bei Anreden, Ausrufen und Bekräftigungen.
Wählt a, b oder c und vergleicht anschließend eure Ergebnisse.

Vorsicht Fehler!

Lehrer: „Tim beschreibe uns bitte deine Beobachtungen während des Versuchs!“
Tim: „Die Hand aus dem kalten Wasser meldet Wärme, die Hand aus dem warmen Wasser Kälte, obwohl sich beide Hände in der gleichen Wasserschale befinden.“
Lehrer: „Ja das ist richtig. Die Rezeptoren in der Haut messen nicht die absolute Temperatur, sondern nur die Temperaturdifferenzen. Weißt du lieber Nils wie das bei Schlangen ist?“
Nils: „Schlangen ja die können feinste Temperaturunterschiede erfassen.“
Lehrer: „Genau das ist richtig! Und diese hochsensible Art der Temperaturerfassung ist natürlich auch für die Technik interessant, z. B. um Brandmelder zu verbessern.“

●○○ **a** Schreibt die **unterstrichenen Sätze** in euer Heft und **ergänzt** die **fehlenden Kommas.**
●●○ **b** **Sucht** alle **Sätze mit fehlenden Kommas** heraus und schreibt sie **richtig in euer Heft.**
●●● **c** **Formuliert** selbst jeweils **zwei Beispielsätze** mit Anrede, Ausruf und Bekräftigung.

Information **Komma bei Anreden, Ausrufen und Bekräftigungen**

Kommas bei Anreden, Ausrufen und Bekräftigungen entsprechen Pausen in der gesprochenen Sprache. Eine **Anrede** wird durch Komma vom übrigen Satz abgetrennt, z. B.: *Nils, bist du bereit?* **Ausrufe** und **Bekräftigungen** werden durch Komma abgetrennt, z. B.: *Ach, das ist aber schade! Wie eklig, igitt! Sie hatte keine Zeit, leider!*
TIPP: Bei einer Anrede, die nur aus einem Wort besteht *(Hallo Karin! Hi Paul!)*, oder einer kurzen Äußerung *(Oh nein! Na gut.)* entfällt meist das Komma.

Zeichensetzung

Ein wasserscheuer Schwimmfarn

A Vermutlich würde jeder unwissende Beobachter beim Anblick von Salvinia einem Schwimmfarn davon ausgehen dass diese Pflanze das Wasser liebt. Das Gegenteil aber ist der Fall. Der Schwimmfarn ist in Wahrheit wasserscheu. Das kann man sogar als Laie überprüfen und zwar mit dem folgenden Test: Wenn man den Schwimmfarn unter Wasser drückt und wieder herausholt perlt das Wasser sofort von ihm ab. Um trocken zu bleiben hat die Pflanze einen ganz besonderen Trick. Unter Wasser hüllt sich der Farn in ein hauchdünnes Luftkleid sodass er gar nicht erst mit dem Wasser in Berührung kommt. Mit dieser Schutzhülle ausgestattet so kann der Schwimmfarn gut auf dem Wasser leben.

B Wenn diese Pflanze unter Wasser gezogen wird, zum Beispiel von einem heftigen Windstoß oder einem Tier, **1** kann sie mit Hilfe der Lufthülle einige Zeit überleben. Mittlerweile kennen Wissenschaftler die Mechanismen der Pflanze, **2** um Luft unter Wasser festzuhalten. Diese Entdeckung, **3** der sogenannte Salvinia-Effekt, **4** kann beispielsweise beim Schiffsbau genutzt werden. Schiffe könnten zukünftig, **5** mit einem speziellen Anstrich versehen, **6** quasi in einer Luftblase dahingleiten. Weil dadurch weniger Reibung im Wasser entsteht, **7** könnte man den Treibstoffverbrauch deutlich reduzieren. Das ist gut für den Geldbeutel und die Umwelt.

1 **a** Schreibt den Textblock A (▸ Z. 1–12) in euer Heft und setzt dabei die acht fehlenden Kommas.
b Vergleicht eure Ergebnisse in Partnerarbeit.

2 **a** Ordnet im zweiten Textblock B (▸ Z. 13–23) jeder nummerierten Textstelle eine passende Kommaregel zu, z. B.: 1 = ..., 2 = ...

Kommaregeln

- **r** Kommas trennen eine Partizipialgruppe vom Hauptsatz ab.
- **b** Kommas trennen einen Nebensatz vom Hauptsatz ab.
- **v** Kommas trennen eine Infinitivgruppe vom Hauptsatz ab.
- **a** Kommas trennen eine Apposition vom Hauptsatz ab.
- **o** Komma/Kommas trennt/trennen eine nachgestellte Erläuterung ab.

b Die Buchstaben 7, 6, 4, 2 und 1 ergeben rückwärtsgelesen ein Lösungswort.

14.3 Fit in … – Rechtschreibung

Einen Fehlertext korrigieren

Leonardo da Vinci – Künstler, Forscher, Erfinder

1 Leonardo da Vinci war ein Techniknarr, dem das stundenlange beobachten der Natur leicht fiel. **2** In der Italienischen Gemeinde Vinci wurde er am vormittag des 15. April 1452 geboren. **3** Der Name Leonardo da Vinci ist also aus seinem Geburtsnamen und seinem Herkunftsort zusammen gesetzt. **4** Das erforschen von Naturphänomen hat Leonardo sein Leben langbeschäftigt. **5** Auf rund 13 000 Notizblättern hat er seine Forschungsergebnisse zusammen getragen und in wissenschaftlichen Texten und Zeichnungen fest gehalten. **6** Leonardo da Vinci konnte aber auch ganz hervorragend Malen und Zeichnen – ein echtes Universalgenie. **7** Am Bekanntesten ist wohl sein Gemälde „Mona Lisa", das im pariser Louvre ausgestellt ist. **8** Aber auch seine Skizzen von Flugmaschinen sowie seine technischen Zeichnungen sind heute weltberühmt und lassen sich in einigen Schulbüchern wieder finden. **9** Sein Hauptinteresse galt dem erforschen des Vogelflugs, weshalb Leonardo auch als der erste Bioniker in die Geschichte einging. **10** Bis Heute ist jedoch nicht sicher gestellt, ob seine Maschinen wirklich fliegenkonnten.

11 Nicht zuletzt scheiterten seine Flugversuche auch an dem Material das damals aus schwerem Segeltuch und Holz bestand. **12** Dennoch begeistern die Entwürfe des pfiffigen Italieners noch heute viele Menschen sodass es immer wieder Nachbauten seiner Flugobjekte gibt. **13** Im Jahr 2000 baute Adrian Nicholas ein britischer Fallschirmspringer den Fallschirm aus den Zeichnungen da Vincis nach. **14** Viele rieten ihm vom Sprung mit diesem Gebilde ab da sie den Fallschirm für flugunfähig hielten. **15** Doch der Brite der den Weltrekord des längsten Fallschirmsprungs hält bewies das Gegenteil. **16** Nachdem er sich mit seiner Segeltuch-Holz-Konstruktion auf 3000 Meter Höhe hatte ziehen lassen schwebte er im Sinkflug langsam und sicher zu Boden. **17** Übrigens hielt Leonardo da Vinci seine Ideen beispielsweise seine Konstruktionspläne oft in Spiegelschrift fest. **18** Angeblich tat er das um seine Erfindungen zu verschlüsseln. **19** Entwarf Leonardo mit dieser Spiegelschrift sich um Plagiate sorgend wirklich eine Geheimschrift oder handelt es sich hier eher um eine Spielerei des Künstlers?

1 **a** Schreibt die Sätze 1–10 ab. Korrigiert dabei alle Fehler bei der Groß- und Kleinschreibung und bei der Getrennt- und Zusammenschreibung.
b Schreibt die Sätze 11–19 ab und setzt dabei alle fehlenden Kommas.
c Lest euch euren Text noch einmal genau durch und prüft, ob ihr alles richtig geschrieben habt.

Die eigenen Fehlerschwerpunkte finden

2 Korrigiert eure Texte, indem ihr sie mit dem Lösungstext (▶ S. 389) abgleicht. Kontrolliert Wort für Wort die Rechtschreibung und die Kommasetzung. Markiert alle Fehler, die ihr gemacht habt.

3 Findet eure Fehlerschwerpunkte. Geht so vor:

a Kopiert den Fehlerbogen (▶ S. 334–335). Markiert im Bogen alle Fehler, die ihr gemacht habt.

b Bestimmt eure Fehlerschwerpunkte. Notiert dafür im Bogen die Anzahl eurer Fehler.

c Bearbeitet die Stationen (▶ S. 334–335), die euch bei euren Fehlerschwerpunkten helfen.

Fehlerbogen

Fehlerart und Beispiele **Sätze 1–10**	**Fehlerzahl**	**Übungen**	**Strategie**
Fehler bei Groß- und Kleinschreibung **Satz 1:** *das stundenlange Beobachten* **Satz 2:** *in der italienischen Gemeinde; am Vormittag* **Satz 4:** *Das Erforschen* **Satz 6:** *ganz hervorragend malen und zeichnen* **Satz 7:** *am bekanntesten; im Pariser Louvre* **Satz 9:** *dem Erforschen* **Satz 10:** *Bis heute*		Station 1	Nomensignale beachten; Nomenprobe durchführen
Getrennt- und Zusammenschreibung **Satz 1:** *leichtfiel* **Satz 3:** *zusammengesetzt* **Satz 4:** *sein Leben lang beschäftigt* **Satz 5:** *zusammengetragen; festgehalten* **Satz 8:** *wiederfinden* **Satz 10:** *sichergestellt; fliegen konnte*		Station 2	z. B. auf Wortarten, Bedeutung und Betonung achten

Fehlerart und Beispiele **Sätze 11–19**	**Fehlerzahl**	**Übungen**	**Strategie**
Fehler bei Kommasetzung: Satzgefüge (ohne Infinitiv- und Partizipialgruppen) **Satz 11:** ... *an dem Material, das damals ...* **Satz 12:** ... *viele Menschen, sodass es* **Satz 14:** ... *mit diesem Gebilde ab, da sie den* **Satz 15:** ... *der Brite, der den Weltrekord des längsten Fallschirmsprungs hält, bewies ...* **Satz 16:** ... *hatte ziehen lassen, schwebte er ...*		Station 3	auf Konjunktionen und Relativpronomen achten, die die Nebensätze einleiten
Fehler bei Kommasetzung: Infinitiv- und Partizipialgruppen **Satz 18:** ... *tat er das, um seine ...* **Satz 19:** ... *mit dieser Spiegelschrift, sich um Plagiate sorgend, wirklich ...*		Station 4	auf Infinitive mit *zu* *(zu laufen)* und auf Einleitungswörter für die Infinitivgruppen *(um, ohne, statt, anstatt, außer, als)* achten; auf Partizipien (*pfeifend* = Partizip I; *angekommen* = Partizip II) achten
Fehler bei Kommasetzung: Apposition und nachgestellte Erläuterung **Satz 13:** ... *baute Adrian Nicholas, ein britischer Fallschirmspringer, den ...* **Satz 17:** ... *seine Ideen, beispielsweise seine Konstruktionspläne, oft in ...*		Station 5	Signalwörter für nachgestellte Erläuterungen: *nämlich, und zwar, vor allem, das heißt (d. h.), zum Beispiel (z. B.), beispielsweise, insbesondere*
Ganz schnell fertig und fast keine Fehler? Oder: Lust auf mehr?	Bearbeitet bei Station 1, 2 und 4 die Zusatzaufgabe für Spezialisten. Bearbeitet dann die Station 6 (▸ S. 340) mit den besonders kniffligen Übungen.		

Lernen an Stationen – An Fehlerschwerpunkten arbeiten

Station 1: Groß- und Kleinschreibung

Roboterfrosch in der Medizin

Bioniker haben einen Roboterfrosch entwickelt, der das Innere des menschlichen Körpers erkunden soll. Mit seiner hilfe soll das erstellen von hochwertigen bildern während einer operation möglich sein. Die forscher einer englischen universität haben sich beim konstruieren ihres roboters von einem laubfrosch inspirieren lassen. Doch was ist das besondere an diesem tier? „Frösche können dank ihrer haftenden zehenballen auf jeder noch so glatten oberfläche emporklettern – eine eigenschaft, die man beim untersuchen einer glatten, rutschigen bauchdeckenwand braucht", so eine wissenschaftlerin der technischen universität. „Natürlich müssen wir für ein erfolgreiches arbeiten noch weitere versuche durchführen", meint die forscherin, die am institut für bionik am pariser platz arbeitet. „Der roboterfrosch muss alle bereiche problemlos erkunden können, dazu gehört auch das kontrollierte drehen und anhalten des geräts" so die deutsche wissenschaftlerin. In der aachener uniklinik wird bereits ein operationsroboter eines amerikanischen herstellers getestet.

1 **a** Notiert, an welchen Begleitwörtern ihr Nomen und Nominalisierungen erkennen könnt (▶ Hilfen S. 383). Schaut euch hierzu auch den ersten Satz im Text an.

b Erklärt mit Hilfe des Merkwissens auf Seite 318 die Groß- und Kleinschreibung der folgenden Eigennamen und Herkunftsbezeichnungen: *eine bayrische Forschungseinrichtung, englische Rosen, die Münchner Universität, die Pädagogische Hochschule.*

2 **a** Schreibt den Text in der richtigen Groß- und Kleinschreibung in euer Heft.

b Unterstreicht die nominalisierten Verben und Adjektive in eurem Text.

c Umkreist die Eigennamen und Herkunftsbezeichnungen.

3 Groß oder klein? Entscheidet, wie die Tageszeiten und Wochentage im folgenden Text geschrieben werden, und schreibt Wörter in Großbuchstaben richtig in euer Heft.

Das Museum zeigt WOCHENTAGS AM VORMITTAG und NACHMITTAG spektakuläre Roboter. Geschlossen hat es MONTAGS. Am SAMSTAGVORMITTAG öffnet es erst um 10.00 Uhr und auch SONNTAGVORMITTAGS kann man die Ausstellung erst später besuchen. Jeden ersten DONNERSTAGABEND im Monat erfolgt eine Vortragsreihe rund um Zukunftsvisionen.

⊕ **4** **Für Spezialisten:** Begründet, warum die unterstrichenen Adjektive trotz Nomenbegleiter kleingeschrieben werden müssen.

– Roboter begeistern mich. Besonders interessant finde ich die menschlichen.
– Am nötigsten brauchen wir die bionische Forschung in der Medizin und der Technik.

Station 2: Getrennt- und Zusammenschreibung

Bärtierchen – die Überlebenskünstler

Wer sehnt sich nicht nach einer Auszeit, wenn eine Kälte- oder Hitzewelle bevor/steht? Bärtierchen können in einen todesähnlichen Zustand versinken, sodass sie extreme Bedingungen über/leben. Ihre Starre, bei der sie ihren gesamten Stoffwechsel ab/stellen, lässt sie sogar radioaktive Strahlung über/stehen. Wer glaubt, dass diese Tiere Schaden/nehmen, der irrt. Die winzigen Tierchen, die einem Gummibärchen ähnlich/sehen, werden sogar im kochenden Wasser mit dem Leben davon/kommen. Forscher haben heraus/gefunden, dass sie in diesem todesähnlichen Zustand bis zu zehn Jahre aus/harren/können. Wenn sich die Lebensbedingungen für diese Tierchen wieder/bessern, können sie innerhalb von 20 Minuten lebendig/werden. Bioniker wollen nun dem Überlebenstrick der Bärtierchen auf die Spur/kommen, um z. B. Organe für eine Transplantation länger zu konservieren.

1 Getrennt oder zusammen? Vervollständigt die folgenden Sätze (▶ Hilfen S. 323).
Nomen + Verb, Verb + Verb, Adjektiv + Verb, Wortgruppe + „sein" schreibt man in der Regel ...
Adjektiv + Verb scheibt man zusammen, wenn ... Adverb + Verb schreibt man zusammen, wenn ...
Präposition + Verb scheibt man in der Regel ...

2 Entscheidet, wie die markierten Wortgruppen im Text oben geschrieben werden, und schreibt sie richtig in euer Heft.

3 Schreibt die folgenden Sätze ab. Entscheidet dabei, ob die markierten Wortgruppen getrennt- oder zusammengeschrieben werden.

- Kannst du mit diesen Schuhen sicher/gehen?
- Lass uns sicher/gehen und die Tür ab/schließen!
- Diese Krise lässt sich nicht schön/reden.
- Er sieht nicht nur gut aus, er kann auch gut/reden.
- Der Tisch ist schwer, wir müssen ihn zusammen/tragen.
- Soll ich die Handtücher zusammen/legen?
- Von diesen Problemen solltest du dich frei/machen.
- Das kannst du für dich ganz frei/entscheiden.

⊕ **4** a **Für Spezialisten:** Überlegt, welchen Unterschied es zwischen den markierten Wortgruppen gibt. Leitet daraus eine Regel zur Getrennt- und Zusammenschreibung ab.
- Bärtierchen können extremsten Umweltbedingungen standhalten.
- Wenn wir diesen wissenschaftlichen Stand halten wollen, müssen wir uns anstrengen.

b Überprüft eure Regel mit Hilfe des Regelteils eines Wörterbuchs.

Station 3: Kommasetzung bei Satzgefügen

Bohren wie die Holzwespe

Wenn man diesen kleinen Insekten beim Raspeln und Bohren zuschaut wundert man sich über ihre Technik. Damit Holzwespen ihre Eier ablegen können bohren sie sechs Zentimeter tiefe Löcher ins Holz. Zu diesem Zweck nutzen sie einen sogenannten Legebohrer der auf eine eindrucksvolle Weise arbeitet. Im Unterschied zu einer normalen Bohrmaschine befinden sich im Legebohrer der Holzwespe verschiedene Raspeln die sich unabhängig voneinander bewegen können. Während sich der eine Teil im Holz verankert und auf diese Weise für einen festen Halt sorgt bewegt sich der andere Teil und bohrt sich sekundenschnell ins Holz. Das Kuriose: Mit Hilfe dieser Technik bohrt sich der zarte Stachel des Insekts in das harte Holz ohne dass ein großer Druck ausgeübt werden muss. Die Löcher die auf diese Weise entstehen können rund und eckig sein. Nach diesem Bohrprinzip haben Forscher nun einen neuen Knochenbohrer entwickelt der sehr präzise und schonend arbeiten kann weil beim Bohren der Druck auf den Knochen weniger groß ist.

1 Ergänzt die folgende Regel zur Kommasetzung bei Satzgefügen (▶ Hilfen, S. 379):
In einem Satzgefüge wird der Nebensatz durch ... vom Hauptsatz abgetrennt. Der Nebensatz kann ..., ... oder ... dem Hauptsatz stehen. Oft wird ein Nebensatz durch ... oder ... eingeleitet. Das gebeugte Verb steht im Nebensatz ...

2 Schreibt den Text in euer Heft und setzt alle fehlenden Kommas.
TIPP: Umkreist die Konjunktionen oder Relativpronomen, die die Nebensätze einleiten.
Markiert das gebeugte Verb, das im Nebensatz am Ende steht.

3 Prüft beim folgenden Text, ob an den nummerierten Stellen ein Komma gesetzt werden muss oder nicht. Begründet bei jedem richtig gesetzten Komma die Kommasetzung, z. B.:
1 Komma richtig → Komma trennt den Nebensatz vom Hauptsatz.

Obwohl der bionische Bohrer noch in der Erprobungsphase ist, **1** werden bereits vielfältige Einsatzmöglichkeiten diskutiert. Weil mit der neuen Technik, **2** auch eckige Löcher gebohrt werden können, **3** würden beispielsweise auch Dübel besser halten, **4** da sie nicht so schnell durchdrehen würden. Auch beim Bohren über Kopf, **5** würde das Legebohrer-Prinzip die Arbeit erleichtern, **6** weil kein Gegendruck erzeugt werden müsste. Aus diesem Grund **7** soll sogar ein Einsatz im Weltall ausprobiert werden, **8** sobald der erste Bohrer nach Vorbild der Holzwespen einsatzbereit ist.

Station 4: Kommasetzung bei Infinitiv- und Partizipialgruppen

Quallen – faszinierende Meeresbewohner

1 Quallen bevölkern seit 600 Millionen Jahren die Meere und sind faszinierende Geschöpfe. **2** Trotz ihrer Schönheit versetzt allein der Gedanke mit Quallen in Berührung zu kommen viele Badeurlauber in Angst und Schrecken. **3** Der Grund ist verständlich: **4** Viele Quallen besitzen in den Zellen ihrer Tentakel ein Gift um ihre Beute zu lähmen oder zu töten. **5** Ohne uns gezielt angreifen zu wollen machen sie uns hin und wieder zu Opfern ihrer meterlangen Fangarme. **6** Zum Glück ist das Gift der meisten Quallen nicht in der Lage dem Menschen ernsthaft zu schaden. **7** So führt der Kontakt mit diesen Tieren häufig nur zu schmerzhaften Rötungen. **8** Diese veranlassen uns dann aber diese faszinierenden Tiere mit anderen Augen zu sehen.

1 **a** Erklärt anhand des folgenden Satzes, woran man eine Infinitivgruppe (grün unterstrichen) erkennt: *Forscher versuchen, das Verhalten von Quallen zu erforschen.*

b In den Sätzen 2, 4, 5, 6 und 8 stecken Infinitivgruppen, die nicht durch Kommas abgetrennt sind. Schreibt diese Sätze in euer Heft. Unterstreicht die Infinitivgruppen und trennt sie alle durch Kommas ab (▶ Hilfen, S. 327).

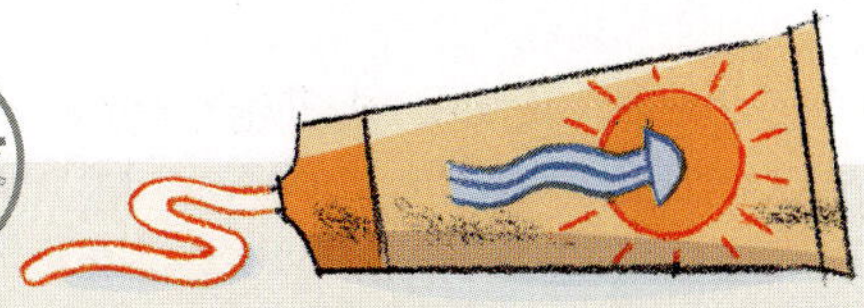

Sonnencreme mit Quallenschutz

1 Auch Seeanemonen zu den Nesseltieren gehörend verfügen wie die Quallen über giftige Tentakel. **2** Den Clownfisch beobachtend entdeckten Forscher etwas höchst Erstaunliches. **3** Die bunten Fische bewegen sich inmitten der giftigen Seeanemonen und bleiben dabei völlig unverletzt. **4** Die Fische genauer untersuchend entdeckten die Forscher jetzt auch den Grund für deren Unversehrtheit. **5** Die Haut der Fische besitzt eine spezielle Schutzschicht, die das Auslösen der Giftattacken verhindert. **6** Dieser Wirkstoff einer Sonnencreme beigefügt soll jetzt auch die Menschen vor dem Gift der Quallen schützen.

2 **a** Erklärt anhand des folgenden Satzes, woran man eine Partizipialgruppe (blau unterstrichen) erkennt: *Von Neugier getrieben, erforschen Wissenschaftler die Natur.*

b Die Sätze 1, 2, 4 und 6 enthalten Partizipialgruppen, die nicht durch Kommas abgetrennt sind. Schreibt diese Sätze ab. Unterstreicht in jedem Satz die Partizipialgruppe und trennt sie mit Komma ab. Die eingeschobene Partizipialgruppe trennt ihr mit zwei Kommas ab (▶ Hilfen, S. 328).

⊕ **3** **Für Spezialisten:** Überarbeitet den Text „Sonnencreme mit Quallenschutz". Formt die Sätze um, in denen die Partizipialgruppen umständlich klingen, indem ihr sie durch Relativ- oder Adverbialsätze ersetzt. Denkt auch an die Kommasetzung.

Station 5: Kommasetzung bei Apposition und nachgestellter Erläuterung

Geckos – echte Haftkünstler

1 Vielleicht habt ihr auch schon einmal im Urlaub, vor allem im Süden, einen Gecko gesehen? **2** Diese kleine Echse, ein Lieblingstier der Bioniker, klettert spiegelglatte Glasscheiben hinauf oder hängt entspannt kopfüber an der Zimmerdecke. **3** Die Haftkraft von Geckofüßen ist erstaunlich. **4** Doch was steckt dahinter? **5** An ihren Fußzehen besitzen Geckos winzige Härchen sogenannte Haftlamellen. **6** Etwa eine Milliarde dieser winzigen Härchen hat der Gecko an jedem Fuß das heißt unter jeder Fußsohle. **7** Mit diesen feinen Lamellen kann sich das Tier ein wahrer Kletterkünstler an jede Oberfläche das heißt selbst an raue Steine anschmiegen. **8** Dabei wirken zwischen den Fußsohlen der Echsen und dem Untergrund winzige Anziehungskräfte sogenannte Van-der-Waals-Kräfte. **9** Die so entstehende Haftkraft von vier Geckofüßen reicht aus, um 140 Kilogramm zu halten. **10** Das Gute daran: **11** Im Unterschied zu anderen, dauerhaften Verbindungstechniken z. B. dem Schweißen oder dem Kleben können die Tiere die Haftkraft auch wieder gezielt ausschalten. **12** Nach diesem Vorbild nämlich den Klebefüßen des Geckos sollen jetzt Hightech-Folien und -Tapes hergestellt werden.

1 Erklärt, warum in den Sätzen 1 und 2 Kommas gesetzt werden müssen (▶ Hilfen, S. 329).

2 In dem Text fehlen ab Satz 5 die Kommas bei Appositionen und nachgestellten Erläuterungen.
a Schreibt die Sätze, bei denen die Kommas fehlen, ab und setzt dabei die fehlenden Kommas.
b Unterstreicht die Appositionen blau und die nachgestellten Erläuterungen grün.

Station 6: Für Spezialisten

Wie ein Gecko die Wand hinauf?

Betrachtet man Hochhäuser mit riesigen Glasfassaden ausgestattet kann man schon ins Grübeln kommen: Wie werden hier die Fenster geputzt? Hierfür gibt es speziell ausgebildete Höhenarbeiter die Industriekletterer. Aber wäre eine spezielle Kletterausrüstung dem Prinzip der Geckofüße nachempfunden denkbar, die uns Menschen wie Spiderman die Hochhauswände erklimmen lässt? Tatsächlich entwickeln Forscher derzeit vom Vorbild des Geckos inspiriert handflächengroße Haftpads für den Menschen eine echte Herausforderung! Trotz erster Erfolge mangelt es bei dem Haftsystem wenig überraschend noch an der Klettergeschwindigkeit. Für das Anhaften und Ablösen benötigt ein Mensch etwa eine Sekunde noch kein Vergleich mit der Geschwindigkeit eines Geckos aber immerhin!

1 **a** Schreibt den Text ab und entscheidet, wo möglich, ob ihr Kommas, Gedankenstriche oder Klammern zur Abgrenzung von nachgestellten Erläuterungen, Zusätzen oder Nachträgen verwenden wollt.
b Unterstreicht die nachgestellten Erläuterungen, die gleichzeitig Partizipialgruppen sind.

Kommunikation: Sprechen und Zuhören

Gesprächsregeln

Gespräche, in denen verschiedene Meinungen oder Beiträge ausgetauscht werden, sollten nach bestimmten Regeln ablaufen. Gesprächsregeln dienen dazu, dass jeder zu Wort kommen kann und man sich besser versteht.
Die wichtigsten Gesprächsregeln sind:

- Wir äußern uns nur zu dem Thema, um das es geht.
- Wir melden uns zu Wort und reden nicht einfach los.
- Wir hören anderen aufmerksam zu und lassen sie ausreden.
- Wir gehen auf den Redebeitrag der anderen ein.
- Wir fragen nach, wenn wir etwas nicht verstanden haben.
- Niemand wird wegen seiner Äußerungen beleidigt, verspottet oder ausgelacht.
- Wir befolgen die Hinweise der Gesprächsleiterin oder des Gesprächsleiters.

Adressatengerecht sprechen

▶ S. 50–51

Adressatengerechtes Sprechen bedeutet, dass man seine **Sprache** und sein **Verhalten** auf den Gesprächspartner / die Gesprächspartnerin abstimmt.

- Man sollte eine **angemessene Anredeform** (z. B. *Sie* statt *du*) und **Begrüßung** (z. B. *Guten Tag!* statt *Hallo!* oder *Hi!*) verwenden.
- Man sollte – je nach Adressat/-in – eine **passende Sprachebene** wählen. Mit Freunden redet man zum Beispiel anders als mit unbekannten Personen oder in der Öffentlichkeit.
- **Gesprächsregeln:** Unabhängig vom Adressaten sollte man gut zuhören, sein Gegenüber ausreden lassen, nachfragen, wenn man etwas nicht verstanden hat, und Interesse an dem Gespräch bekunden, z. B. durch Nicken, Lächeln oder kurze Kommentare *(Das ist interessant).*

TIPP: Achtet auch auf **nonverbale Signale** wie Mimik (Gesichtsausdruck) und Gestik (Körpersprache) sowie auf **paraverbale Signale** wie Sprechtempo und Lautstärke.

Nonverbale und paraverbale Kommunikation

▶ S. 54

Unter **nonverbaler Kommunikation** versteht man nicht sprachliche Anteile eines Gesprächs oder eines Vortrags, die man nicht hören, sondern nur sehen kann. Dazu gehören Mimik, Gestik und Körperhaltung, z. B. *lächeln, den Zeigefinger heben* oder *sich vorbeugen.* Durch nonverbale Kommunikation kann man als Zuhörer/-in seine Gefühle und Gedanken wie *Zustimmung, Ablehnung* oder *Zweifel* ausdrücken. Als Sprecher/-in unterstreicht man so bestimmte Aussagen.

Als **paraverbale Kommunikation** bezeichnet man nicht sprachliche Anteile, die man hören kann. Dazu gehören z. B. *Sprechtempo, Tonfall* oder *Lautstärke.*

Mündlich argumentieren: Meinung, Argument, Beispiel

▶ S. 61–65

Beim Argumentieren versucht man, seine Meinung (These) überzeugend zu begründen. Man formuliert einen Standpunkt (Meinung, Wunsch, Forderung) und stützt diesen mit Argumenten und Beispielen oder Belegen, z. B.:

- **Standpunkt** (Meinung): *Die Schüler/-innen sollten im Unterricht den sinnvollen Umgang mit dem Smartphone üben,*
- **Argument:** *..., weil sie damit auch in der Lage sind, dieses Gerät zu Hause gezielt für schulische Aufgaben einzusetzen.*
- **Beispiel:** *So kann man mit dem Smartphone beispielsweise Filme für Projektarbeiten drehen, Rechtschreibung trainieren oder Podcasts aufnehmen.*

Stützen könnt ihr eure Argumente durch:

- ein Beispiel aus eurem eigenen Erfahrungsbereich:
  Mit dem Smartphone gibt es viel mehr unterschiedliche Übungsmöglichkeiten. Wir können zum Beispiel Grammatik mit Online-Übungen trainieren.
- einen Beleg aus einer Umfrage, ein Zitat eines Experten / einer Expertin, z. B.:
  Laut einer aktuellen Studie gibt das Smartphone den Schülern und Schülerinnen die Möglichkeit, selbstständig zu lernen. Dies erhöhe die Zufriedenheit der Schüler und Schülerinnen und sorge sogar für eine höhere Lernleistung.

Beim Argumentieren überzeugt ihr noch mehr, wenn ihr **Argumente nennt**, die **gegen euren Standpunkt sprechen (Gegenargumente),** und diese entkräftet.
Ein Gegenargument wird abgeschwächt, indem ihr zum Beispiel erklärt, warum es euch nicht überzeugt, z. B.:
Viele meinen, dass ein Handyverbot wirkungsvoll sei, aber mittlerweile haben Experten herausgefunden, dass ein Verbot allein nichts bringt. Besser wäre es, gemeinsam über die Art der Handynutzung zu sprechen und Regeln zu vereinbaren.
Nicht immer kann man andere von seiner Meinung überzeugen. Dann bleiben die unterschiedlichen Standpunkte erhalten und man muss einen **Kompromiss** (Zwischenlösung) finden. Dazu müssen die Diskussionspartner/-innen auf Teile ihrer Forderung verzichten.

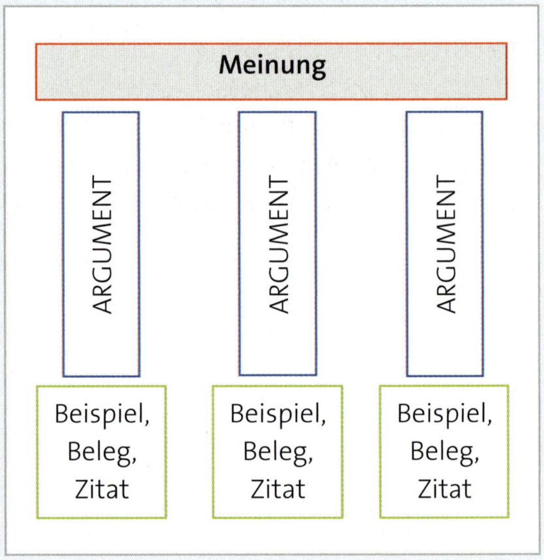

Eine Debatte führen

► S. 66–69

Die Debatte ist eine besonders streng geregelte Form der Diskussion, in der ein Diskussionsleiter / eine Diskussionsleiterin den Ablauf steuert. Dabei diskutieren eine Pro- und eine Kontra-Gruppe zu einer strittigen Frage nach folgendem Ablauf:

1. Eröffnung
Der Diskussionsleiter / Die Diskussionsleiterin eröffnet die Debatte, indem er/sie die Diskussionsfrage nennt und die beiden Gruppen um ihre Statements bittet, z. B.:
In unserer Diskussion geht es um die Frage, ... Für ihr erstes Statement dazu hat jede Gruppe ... Sekunden Zeit. Zuerst bitte ich die Gruppe ... Vielen Dank! Nun bitte ich die Gruppe ...

2. Statements
Die Sprecher/-innen der Pro-Gruppe und der Kontra-Gruppe tragen nacheinander ihre Statements vor. Dabei achtet der Diskussionsleiter / die Diskussionsleiterin auf die genaue Einhaltung der Zeit (ca. 30–60 Sek.):
Seit einiger Zeit wird darüber diskutiert ... Wir vertreten die Meinung ...

3. Diskussion (freie Aussprache)
Die Mitglieder der Pro- und Kontra-Gruppe diskutieren miteinander. Sie nennen ihre Argumente und entkräften die Argumente der Gegenposition, z. B.:
– *Du sagst, dass ... Das sehe ich ähnlich, aber man muss auch bedenken ...*
– *Deine Meinung kann ich verstehen, aber wichtig ist doch auch ...*

4. Beendigung der Diskussion
Der Diskussionsleiter /Die Diskussionsleiterin beendet die Diskussion nach der vereinbarten Zeit (ca. 6–10 Minuten) und fasst wichtige Ergebnisse zusammen, z. B.:
Vielen Dank für die interessanten Beiträge. Wir können abschließend festhalten, dass ...
Einig waren sich die Diskutanten darüber, dass ... Zu klären wäre allerdings noch ...

Schreiben

Informieren

Protokollieren

► S. 22–24

Beim Protokollieren geht es darum, Abläufe und Ergebnisse von mündlichen Besprechungen (z. B. Diskussionen, Versammlungen, Unterrichtsstunden, naturwissenschaftlichen Versuchen) **sachlich genau** und **übersichtlich** festzuhalten. Voraussetzung dafür ist eine gute Mitschrift.

Die äußere Form des Protokolls

- **Protokollkopf:** Der Kopf des Protokolls enthält folgende Angaben:
  Ort, Datum, Zeit, Anwesende, Abwesende, Protokollführer/-in, Thema (z. B. der Unterrichtsstunde)
- **Protokolltext:** Hier werden die wichtigsten Informationen sachlich, knapp und übersichtlich wiedergegeben. Je nach Protokollart (siehe unten) kann dieser Text unterschiedlich ausführlich sein.
- **Schluss:** Hier stehen Ort, Datum, Unterschrift der Protokollführerin / des Protokollführers.
  Protokolle werden im **Präsens** verfasst.

Protokollarten:

- **Verlaufsprotokoll:** Das Verlaufsprotokoll erfasst das Geschehen chronologisch (dem Verlauf entsprechend) und ist relativ ausführlich. Wichtige Gesprächsbeiträge einzelner Teilnehmer/-innen werden mit Angabe der Sprecherin oder des Sprechers wiedergegeben.
- **Ergebnisprotokoll:** Das Ergebnisprotokoll hält nur die Ergebnisse oder Beschlüsse einer mündlichen Besprechung fest. Dabei wird der Inhalt nach thematischen Punkten (z. B. den Tagesordnungspunkten) gegliedert.
- **Unterrichtsprotokoll:** Das Unterrichtsprotokoll ist meist eine Mischung aus Verlaufs- und Ergebnisprotokoll. Es hält nicht nur die Ergebnisse einer Stunde fest, sondern berichtet auch über die wesentlichen Erarbeitungsschritte. Gesprächsbeiträge einzelner Teilnehmer/-innen werden mit Angabe der Sprecherin oder des Sprechers wiedergegeben.

Einen Informationstext verfassen

▶ S. 30–32

In einem Informationstext erklärt und beschreibt ihr Sachverhalte in einer gut verständlichen Weise. Dabei wählt ihr wichtige Informationen aus verschiedenen Materialien (z. B. Texte und Grafiken) aus und verfasst auf dieser Grundlage einen neuen, zusammenhängenden Text. Beim Verfassen eines Informationstextes könnt ihr so vorgehen:

1. Die Aufgabenstellung verstehen

- Klärt genau, was die Aufgabenstellung von euch verlangt: Um welches Thema geht es?
- Welche Aspekte sollt ihr berücksichtigen?
- Welches Ziel verfolgt ihr mit eurem Text?
- Wer sind eure Adressaten (Leser/-innen)? Was bedeutet das für euren Text?

2. Die Materialien erschließen

- Verschafft euch einen ersten **Überblick** über die Materialien, indem ihr sie zügig lest.
- **Lest** die Materialien **genau:**
  - Was ist für die Bearbeitung der Aufgabe wichtig, was überflüssig?
  - **Markiert** wichtige **Informationen,** die ihr für euren Text verwenden könnt. Am besten nutzt ihr für die einzelnen Aspekte (Teilaufgaben) **unterschiedliche Farben.**

3. Den Schreibplan erstellen

- Gliedert euren Text in **Einleitung** (Einführung ins Thema), **Hauptteil** (Aspekte der Aufgabenstellung beantworten) und **Schluss** (Zusammenfassung, Meinung, Ausblick).
- Beachtet die **Struktur der Aufgabenstellung:** Die Abfolge der Teilaufgaben gibt euch die Gliederung des Hauptteils schon vor.

4. Den Informationstext schreiben und überarbeiten

- Macht euch klar, wer eure **Adressaten** sind: Welches Vorwissen zum Thema haben sie? Welche Fachbegriffe solltet ihr erklären? Wie müsst ihr euch sprachlich ausdrücken?
- Stellt die Informationen verständlich dar. **Beschreibt und erklärt** wichtige Zusammenhänge und macht diese **Zusammenhänge** auch sprachlich deutlich, z. B. durch **Satzverknüpfungen** und **Überleitungen** *(weil, obwohl, daher, interessant ist, ein anderer Punkt ist, laut dem ..., eine Grafik zur Frage ... zeigt, dass ...).*
- Formuliert **sachlich** und in **eigenen Worten.** Schreibt vorwiegend im **Präsens** und verwendet – wenn nötig – die indirekte Rede (▶ S. 370).
- Formuliert eine treffende **Überschrift** für euren Text.

Beschreiben

Ein Bild beschreiben

- **Einleitung:** In der Einleitung nennt ihr den Titel des Bildes, den Namen der Künstlerin oder des Künstlers sowie das Erscheinungsjahr und macht möglichst Angaben zur Technik (z. B. *Aquarell, Öl auf Leinwand*) und zum Format des Bildes (z. B. *Hoch-* oder *Querformat*). Benennt dann das Thema des Bildes oder macht allgemeine Angaben zum Bildinhalt.
- Beschreibt im **Hauptteil** zuerst das **Hauptmotiv** des Bildes *(Was ist dargestellt?)* und dann die **Einzelheiten** in einer geordneten Reihenfolge, z. B. von oben nach unten, von rechts nach links oder von vorne *(Vordergrund)* über die Mitte *(Mittelgrund)* nach hinten *(Hintergrund)*. Macht auch Angaben zur **Farbgestaltung** *(Überwiegen helle oder dunkle Farbtöne? Welche Farben liegen vor und wie sind sie verteilt?)*.
- Beschreibt zum **Schluss,** wie das Bild insgesamt auf euch wirkt.
- Schreibt im **Präsens** und vermeidet persönliche Wertungen wie *schön* oder *langweilig*.

Einen Ort beschreiben

► S. 45

Da man einen Ort in der Regel jemandem beschreibt, der diesen Ort nicht kennt, ist es wichtig, ihn möglichst genau und anschaulich zu beschreiben. Wie detailgenau man dabei vorgeht, hängt vom Zweck der Beschreibung ab, z. B. ob man bei jemandem allgemeines Interesse für den Ort wecken will oder ihm die Lage und die Ausstattung in allen Einzelheiten darstellen möchte.

Aufbau

- **Einleitung:**
  Benennt den Ort und macht allgemeine Angaben, z. B. zur Lage und zur Größe des Raums:
  Der Raum liegt im Souterrain einer Villa an einer großen Straße und ist ca. 30 m² groß.
- **Hauptteil:**
  - Beschreibt den Ort in einer sinnvollen Reihenfolge, z. B. im Uhrzeigersinn oder vom Wesentlichen zum Unwesentlichen. Benennt dabei wichtige Elemente der Raumgestaltung sowie wichtige Einrichtungsgegenstände und erläutert ihre Funktion, z. B.:
    Der Arbeitstisch ist höhenverstellbar und mit einer abwischbaren Metallplatte versehen, damit der Tisch gut zu reinigen ist und der Tierarzt oder die Tierarzthelferin die Arbeitshöhe optimal auf ihre Körpergröße einstellen können.
  - Nutzt treffende Begriffe (auch Fachbegriffe) zur Bezeichnung der einzelnen Gegenstände, z. B.:
    Behandlungstisch, Mikroskop, Laborschrank, Narkosegerät.
  - Verwendet treffende Adjektive und Verben, z. B.:
    funktional, glatt bzw. *stehen, hängen.*
  - Beschreibt die genaue Lage der Gegenstände, z. B.:
    links vorne, unterhalb des Tisches, an der hinteren rechten Wand.
  - Verwendet das Präsens und eine sachliche Sprache zur Beschreibung des Ortes.
- **Schluss:**
  Beschreibt, wie der Ort auf euch persönlich wirkt, z. B.:
  Die Praxis wirkt sehr sauber und hygienisch/unübersichtlich und gepflegt/ungepflegt.

Einen Arbeitsablauf beschreiben und erklären

▶ S. 46

Bei der Beschreibung eines Arbeitsablaufs, z. B. im Rahmen eines Praktikumsberichts, geht es darum, jemandem, der diesen Arbeitsablauf nicht kennt, diesen so zu beschreiben, dass er eine Vorstellung von der Tätigkeit z. B. eines Physiotherapeuten, einer Goldschmiedin oder eines Forstwirts erhält.

Aufbau

- **Einleitung:**
  Benennt den Arbeitsablauf und seinen Zweck, notwendige Materialien und Vorbereitungen, z. B.:
  Für die Anfertigung eines vergoldeten Rings mit einem eingefassten Schmuckstein benötigt die Goldschmiedin Werkzeuge wie Zangen, eine Feile, einen sogenannten Ringstock und einen Holzhammer. Außerdem ...
- **Hauptteil:**
  – Beschreibt und erklärt den genauen Arbeitsablauf Schritt für Schritt, z. B.:
  Zunächst wird der Ring über den Ringstock gesteckt und mit dem Holzhammer in Form gebracht. Anschließend ...
  – Verdeutlichtn die Reihenfolge der Arbeitsschritte, z. B.:
  als Erstes, zunächst, zuerst → dann, danach, später → schließlich, zuletzt.
  – Nutzt möglichst treffende Begriffe (auch Fachbegriffe), z. B.:
  Werkbrett, Ringstock, Edelsteinfasser, Halbedelsteine.
  – Sucht treffende Adjektive und Verben (auch Fachbegriffe), z. B.:
  metallisch, glänzend, matt oder *schmelzen, restaurieren, polieren, gravieren.*
  – Verwendet Aktiv- und Passivformulierungen, damit euer Text nicht eintönig klingt, z. B.:
  Am Schluss poliert die Goldschmiedin den Ring noch einmal gründlich. (Aktiv)
  Der Ring wird am Schluss noch einmal gründlich poliert. (Passiv)
  – Schreibt im **Präsens** und verwendet eine **sachliche Sprache.**
- **Schluss:**
  Gebt an, worauf man bei diesem Ablauf besonders achten sollte, was das Besondere oder Interessante an diesem Vorgang ist, oder formuliert weiterführende Hinweise, z. B.:
  Für mich war besonders interessant zu sehen, wie viel Fingerspitzengefühl man für die Tätigkeit als Goldschmied braucht und wie genau man arbeiten muss, damit der Ring am Ende auch so edel aussieht, wie man es von einem handgefertigten Schmuckstück erwartet.

Offizielle Briefe schreiben

Ein Bewerbungsanschreiben verfassen

▶ S. 55–56

Absender und Empfänger
Schreibt links oben auf die Seite eure Absenderadresse inkl. Telefonnummer und E-Mail-Adresse und darunter mit Abstand die Adresse des Empfängers / der Empfängerin.

Ort und Datum
Notiert Ort und Datum oben rechts.

Betreff
In der Betreffzeile steht das Thema oder das Anliegen des Briefs.

Anrede
- Achtet auf eine passende, höfliche Anrede.
- Setzt nach der Anrede ein Komma und schreibt klein weiter.
- Schreibt die höflichen Anredepronomen groß, z. B.: *Sie, Ihnen, Ihr.*

Brieftext
- Schildert euer Anliegen und begründet es.
- Überlegt, welche Informationen der Empfänger / die Empfängerin braucht, und stellt sie dar.
- Drückt am Schluss aus, dass ihr euch über eine Antwort freut.

Leander Kurz
Veilchenweg 3 b
12345 Neustadt
0177 xxxxxx
l.kurz@xxx.de

Physiotherapie Link
Hauptstraße 2
12345 Neustadt 05. 06. 20XX

Bewerbung für ein Praktikum vom 10.–14. 09. 20XX

Sehr geehrte Frau Link,

wie telefonisch besprochen, ...

Ich freue mich sehr, von Ihnen zu hören.

Freundliche Grüße
Leander Kurz

Grußformel
Schreibt eine passende Grußformel und eure Unterschrift jeweils in eine eigene Zeile (ohne Komma oder Punkt).

Schildern

Eine Situation oder eine Stimmung schildern

▶ S. 83–96

Wenn man eine Situation oder eine Stimmung schildert, versucht man, **mit Worten ein anschauliches und lebendiges Bild** zu **„malen“.** Man beschreibt z. B. eine Landschaft oder eine belebte Straße so, dass die Leser/-innen sich die Situation und die Atmosphäre genau vorstellen können.
Schilderungen sind eher handlungsarm und geben **Wahrnehmungen, Sinneseindrücke** sowie **persönliche Gedanken und Empfindungen** wieder. Sie können im **Präsens** und im **Präteritum** verfasst werden.
Um anschaulich zu schildern, könnt ihr die folgenden sprachlichen Gestaltungsmittel nutzen:
- **anschauliche Adjektive und Partizipien,** z. B.: *stockdunkel, eiskalt, ohrenbetäubend.*
- **treffende, ausdrucksstarke Verben,** z. B.: *rattern, toben, drängeln, schaukeln.*
- **sprachliche Bilder wie Vergleiche** (z. B.: *laut wie ein Presslufthammer*), Personifikationen (Vermenschlichung von Gegenständen, z. B.: *Die Lichter wanderten über die Bühne*), Metaphern (Verwendung von Wörtern in übertragener Bedeutung, z. B.: *Trommelgewitter, Schlagzeugdonner*)
- **Aufzählungen als Mittel der Hervorhebung,** z. B.: *Die Leute singen, grölen, schreien.*

Argumentieren

Materialgestützt argumentieren

▶ S. 71–78

Beim materialgestützten Argumentieren erhaltet ihr verschiedene Materialien (z. B. Texte und Grafiken), die ihr für eure Argumentation verwenden könnt. Ihr wählt daraus also die passenden Informationen aus und verfasst auf dieser Grundlage eine überzeugende Argumentation.
Geht so vor:

1. Die Aufgabenstellung verstehen
Klärt, was die Aufgabenstellung von euch verlangt:
- Um welches **Thema** geht es? Was ist der Anlass eurer Argumentation?
- Welches **Ziel** verfolgt ihr mit eurer Argumentation?
- Wer sind eure **Adressaten** (Leser/-innen)? Was bedeutet das für euren Text?

2. Informationen sammeln (Stoffsammlung)
Die Materialien geben euch Informationen zum Thema der Argumentation.
- Fragt euch während des Lesens: Was steht in diesem Abschnitt? Was ist für die Bearbeitung der Aufgabe wichtig, was nicht?
- Legt eine Stoffsammlung an: Sucht aus den Materialien **Argumente und Beispiele** heraus, die ihr **für eure Argumentation** verwenden könnt.

3. Die Argumentation schreiben
- **Einleitung:** Führt in das Thema ein. Nennt zum Beispiel den **Anlass** eurer Argumentation oder macht die Leser/-innen **neugierig auf das Thema.** Formuliert auch eure Meinung zum Thema.
- **Hauptteil:** Im Hauptteil nennt ihr **Argumente und Beispiele für eure Position.** Macht den Zusammenhang eurer Argumentation deutlich, indem ihr die Argumente und Beispiele auch sprachlich gut einleitet und miteinander verknüpft (▶ Formulierungshilfen unten). Eure Argumentation wird noch überzeugender, wenn ihr einen **möglichen Einwand** (Gegenargument) nennt und diesen **entkräftet,** z. B.:
  Viele wenden ein, dass ... Das ist aus meiner Sicht nicht richtig / falsch, weil ...
- **Schluss:** Fasst zum Schluss noch einmal euren Standpunkt zusammen oder formuliert einen Appell (Aufruf), einen Vorschlag oder einen Wunsch für die Zukunft.

Formulierungshilfen für die Argumentation
Ein Argument/Beispiel für ... ist ... • Für/Gegen spricht außerdem die Tatsache, dass ... • Hinzu kommt, dass ... • Ein weiterer Grund für/gegen ... ist ... • Außerdem sollte man bedenken, dass ... • Besonders wichtig / Noch wichtiger ist ... • zudem • außerdem • darüber hinaus • daher • deshalb • weil • da • denn

Formulierungshilfen, um Einwände zu entkräften
Viele wenden ein, dass ... Das ist aus meiner Sicht falsch, denn ... • Zwar ..., aber ...

Inhalte zusammenfassen

Sachtext zusammenfassen

In einer Textzusammenfassung informiert ihr andere, die den Text nicht gelesen haben, knapp und sachlich über den Inhalt des Textes.

- In der **Einleitung** nennt ihr den Titel, den Namen des Verfassers / der Verfasserin (evtl. auch die Quelle, z. B. Name der Zeitung) und das Thema des Textes.
- Im **Hauptteil** fasst ihr die wichtigsten Textinformationen knapp, sachlich und in eigenen Worten zusammen. Verwendet als Zeitform das **Präsens** (bei Vorzeitigkeit das Perfekt).
- Verzichtet auf die Darstellung von Einzelheiten und beschränkt euch auf das Wesentliche.
- Macht die Zusammenhänge der Informationen (Ursache, Wirkung, zeitliche Zusammenhänge) durch passende Satzverknüpfungen und Überleitungen deutlich.

Sprache

- Schreibt **sachlich und nüchtern,** vermeidet ausschmückende Formulierungen.
- Formuliert **in eigenen Worten** und übernehmt keine Passagen aus dem Originaltext.

Eine erweiterte Inhaltsangabe schreiben

► S. 158–168

Bei einer erweiterten Inhaltsangabe fasst ihr den Inhalt eines Textes knapp und sachlich zusammen (= Inhaltsangabe) und bearbeitet zusätzlich eine weiterführende Aufgabe zum Text (= erweiterte Inhaltsangabe).

Inhaltsangabe

- In der Einleitung nennt ihr die Textsorte (z. B. Kurzgeschichte, Ballade), den Titel, den Namen der Autorin / des Autors, falls angegeben das Erscheinungsjahr des Textes und das Thema.
- Im Hauptteil fasst ihr die wichtigsten Ereignisse der Handlung (Handlungsschritte) in der zeitlich richtigen Reihenfolge zusammen. Mögliche Rückblenden oder Vorausdeutungen werden in den zeitlich richtigen Handlungsverlauf eingeordnet und zusammengefasst.
  - Beschränkt euch auf das Wesentliche.
  - Macht die Zusammenhänge der Handlung (z. B. zeitliche Abfolgen) durch Satzverknüpfungen und geeignete Satzanfänge deutlich.
  - Formuliert in eigenen Worten.
  - Schreibt sachlich und nüchtern, vermeidet ausschmückende Formulierungen.
  - Schreibt im Präsens, bei Vorzeitigkeit im Perfekt.
  - Verwendet keine wörtliche Rede, sondern gebt besonders wichtige Äußerungen der Figuren in der indirekten Rede oder durch Paraphrasen wieder.

Weiterführenden Aufgabe

Im Anschluss an die Inhaltsangabe bearbeitet ihr eine Aufgabe zum Text. Dabei müsst ihr z. B. die Veränderung der Figuren oder auch bestimmte Textsortenmerkmale erklären.
Ihr schreibt einen zusammenhängenden Text und belegt eure Aussagen mit Zitaten oder Paraphrasen, z. B.:
Im Verlauf der Kurzgeschichte „Die Nacht im Hotel“ verändern sich alle drei Figuren grundlegend. Ausgangspunkt der Handlung ist der „äußerst sensible“ Junge (Z. 102), der laut seinem Vater unter der Ignoranz der anderen Menschen leidet (vgl. Z. xxx).

Texte und Medien

Merkmale von Erzähltexten (Geschichten)

Zu den erzählenden Texten gehören z. B. Märchen, Fantasy-Geschichten, Krimis und Detektivgeschichten oder Romane. Erzählende Texte haben bestimmte Merkmale: Die Geschichte wird von einem **Erzähler** erzählt, es treten verschiedene **Figuren** auf und die Handlung findet an einem bestimmten **Schauplatz** statt.

Der Erzähler / Die Erzählerin

▶ S. 125

Der **Erzähler ist eine Figur,** die die Handlung einer Geschichte vermittelt und nicht mit dem Autor oder der Autorin verwechselt werden darf.

Erzählverhalten und Erzählform

Der Erzähler kann seine Geschichte auf unterschiedliche Weise vermitteln:

- Ein **auktorialer Erzähler** steht **außerhalb der Handlung.** Er kennt die Gedanken und Gefühle der Figuren und kann z. B. in ihre Vergangenheit und Zukunft blicken. Außerdem kann er seine Figuren beurteilen, die Handlung kommentieren oder auch seine Leser direkt ansprechen.
- In der Regel bedient sich der auktoriale Erzähler der **Er-/Sie-Erzählform.**
- Ein **personaler Erzähler** ist ganz **nah am Geschehen.** Er sieht, hört und weiß nichts anderes als die **Figur, aus deren Sicht er erzählt.** Der personale Erzähler bedient sich häufig der **Ich-Erzählform,** kann aber auch die **Er-/Sie-Erzählform** wählen.

Zeitdeckung, Zeitraffung und Zeitdehnung

▶ S. 93

In Erzähltexten kann die Lesezeit z. B. so lange dauern wie das erzählte Ereignis **(Zeitdeckung).**
Es können aber auch mehrere Ereignisse zusammengefasst werden **(Zeitraffung)** oder die Zeit wird in die Länge gezogen **(Zeitdehnung).**

Der Schauplatz

▶ S. 95, 255

Die Handlung einer Geschichte spielt meist an einem oder mehreren **Schauplätzen.**

- Schauplätze können **reale** oder **erfundene Orte** sein, z. B. eine Stadt oder ein Zauberreich.
- Schauplätze **erzeugen** eine bestimmte **Stimmung/Atmosphäre.** So vermitteln ein dunkler Friedhof oder eine Burgruine eher eine bedrohliche Stimmung, während ein Garten oder ein gemütliches Wohnzimmer eine friedliche Stimmung erzeugen.
- Schauplätze können auch den **Charakter einer Figur spiegeln.** Die Mühle in „Krabat" ist beispielsweise ebenso unheimlich und undurchschaubar wie ihr Meister.

Äußere und innere Handlung

In einer Geschichte wird nicht nur die **äußere Handlung** (das, was geschieht; das, was man von außen sehen kann) dargestellt, sondern es wird vor allem erzählt, was die Figuren in einer Situation denken und fühlen **(innere Handlung).** So können sich die Leser/-innen besser in die Figuren hineinversetzen und erhalten einen Einblick, was in einer Figur vorgeht, z. B. Angst, Wut, Freude, Verzweiflung.

- Beispiel für eine äußere Handlung:
  Während die halbe Klasse auf dem Gang versammelt war, schrie Klaus aus dem Klassenraum um Hilfe.
- Beispiel für eine innere Handlung:
  Als ich Klaus' Hilfeschrei hörte, drehte sich mir der Magen um. Wie sollte ich Klaus bloß helfen?

Figuren

Figuren

▶ S. 243

Die Personen, die in einer Geschichte auftreten, nennt man Figuren. Häufig gibt es eine **Hauptfigur,** über die der Leser oder die Leserin besonders viel erfährt, und mehrere **Nebenfiguren.**
Man lernt eine Figur kennen,

- wenn man darauf achtet, was sie **sagt,** wie sie **denkt, fühlt** und wie sie **handelt,**
- wenn man sich ihr **Aussehen,** ihre **Verhaltensweisen** und **Eigenschaften** sowie ihre **Lebensumstände** vor Augen führt,
- wenn man darauf achtet, welches **Verhältnis** sie **zu anderen Figuren** hat. Sind die Figuren befreundet oder ist ihr Verhältnis eher schlecht? Welche Verwandschafts- oder Familienverhältnisse gibt es?

Figurenbeziehungen darstellen

▶ S. 248

In einer **Figurenskizze** könnt ihr die **Beziehungen zwischen Figuren verdeutlichen:**

- Schreibt die Namen der Figuren auf.
- Zeichnet zwischen den Figuren Pfeile.
- Beschriftet jeden Pfeil mit einem aussagekräftigen Wort, z. B.: *liebt, hasst, hilft, bewundert.*

Eine literarische Figur charakterisieren

▶ S. 131 f.

1. Schritt: Die Charakterisierung vorbereiten

- Notiert Informationen zu eurer Figur übersichtlich, z. B. in einer Mind-Map.
  Zieht auch Schlüsse aus dem Verhalten und den Gedanken der Figur, z. B.:
  „Jakob […] sah, wie Hradscheck auf ihn zuschritt und ihn mit viel Artigkeit vom Flur her in die Wohnstube hineinkomplimentierte" (Z. 5 f.). → Hradscheck ist höflich und freundlich.

2. Schritt: Die Charakterisierung schreiben

- **Einleitung:** Nennt allgemeine Informationen zur Figur, z. B. Name, Alter, Beruf.
- **Hauptteil:** Beschreibt z. B. Lebensumstände, Eigenschaften und Beziehungen.
- **Schluss:** Hier könnt ihr Stellung zur Figur nehmen, z. B. zu ihrem Verhalten.

Verwendet als Tempus das **Präsens.** Formuliert im Hauptteil genau und anschaulich.

Literarische Textsorten – Erzähltexte

Die Anekdote

Eine Anekdote ist eine **kurze Geschichte** über eine **bekannte Persönlichkeit.** Sie verdeutlicht auf humorvolle Weise das **Verhalten** und die **Eigenarten** dieser Person.
Wie der Witz enthält die Anekdote am Ende eine **Pointe** (überraschende Wendung).
Das, was über die Person erzählt wird, muss nicht unbedingt wahr sein. Wichtiger ist, dass in der Anekdote das Typische einer Person erkennbar wird.

Die Kurzgeschichte

► S. 143–167

Eine Kurzgeschichte (engl.-amerik. *short story*) ist meist von geringem Umfang und oft an mehreren der folgenden **Merkmale** zu erkennen:

- Es wird eine **entscheidende Situation** oder ein **wichtiger Moment** im Leben einer Figur erzählt.
- Es erfolgt ein **unmittelbarer Einstieg** in die Handlung, ohne Vorgeschichte und Erklärungen.
- Die Handlung entwickelt sich **zielstrebig auf einen Höhe-** oder **Wendepunkt** zu.
- Der **Schluss ist meist offen,** lässt daher unterschiedliche Deutungsmöglichkeiten zu und regt zum Nachdenken an.
- Die **Sprache ist eher einfach** mit kurzen Sätzen und Umgangssprache in der direkten Rede.
- Es gibt häufig ein **zentrales Bild** oder ein **Leitmotiv.** Das kann z. B. ein besonderer Gegenstand, eine Farbe oder eine Figur sein, die in der Kurzgeschichte eine wichtige Rolle spielen und immer wieder auftauchen.

Die Novelle

► S. 119–133

Eine Novelle (ital. *novella:* Neuigkeit) ist eine Erzählung, in deren Mittelpunkt eine **„unerhörte Begebenheit"** (Johann Wolfgang Goethe) steht, deren Handlung also außergewöhnlich ist. Oft erleben die Figuren einen **Konflikt,** der sie zu einer Entscheidung für ihr Leben zwingt. Die Handlung entwickelt sich dann **geradlinig hin zu einem biografischen Höhe-** oder **Wendepunkt.**
Häufig entwickelt sich die Handlung rund um ein **zentrales Motiv,** ein sogenanntes **Dingsymbol.** Das kann z. B. ein Tier, ein Gegenstand oder auch eine Pflanze sein.

Der Roman

► S. 241–252

Charakteristisch für einen Roman sind der **große Umfang** und die **komplexe Handlung** mit zahlreichen Figuren, einer Haupthandlung und einer oder mehreren Nebenhandlungen.

Man unterscheidet verschiedene **Romantypen,** die sich zum Teil auch überschneiden, z. B. Jugendroman, Entwicklungsromane (Romane, die die Entwicklungen, Erfahrungen und Erlebnisse der Hauptfigur zum Thema haben), Kriminalromane, Science-Fiction-Romane oder Reiseromane (Road Novels).

Produktiv-gestaltend zu Texten schreiben

Aus der Perspektive einer Figur produktiv-gestaltend schreiben

► S. 134–142

Wenn man aus der Perspektive einer Figur produktiv-gestaltend schreiben möchte, bieten sich dafür ein **innerer Monolog,** ein **Brief** oder auch ein **Tagebucheintrag** an. Sowohl im inneren Monolog als auch im Tagebuch denken Figuren häufig über schwierige Situationen nach. Sie äußern dabei Gedanken und Gefühle, die durchaus auch widersprüchlich sein können.

Achtet beim **Schreiben** auf die folgenden Punkte:

- Versetzt euch in die Figur und ihre besondere Situation.
- Achtet darauf, dass euer Text inhaltlich und sprachlich zur Figur und zu ihrer Situation passt.
- Gebt die **Gedanken** und **Gefühle** der Figur wieder.
- Nutzt **Fragen, Ausrufe, Gedankensprünge,** um die Gefühle der Figur zu verdeutlichen, z. B.: *Wer hätte das gedacht? – Oh nein! – Vielleicht könnte ich ... Ja, genau das mache ich!*
- Schreibt in der **Ich-Form** und im **Präsens.**

Einen Dialog verfassen

► S. 139

In einem Dialog reagieren zwei Figuren aufeinander, indem sie z. B. Fragen beantworten, Meinungen austauschen, miteinander streiten oder ein Problem besprechen.
Die Figuren sprechen von sich in der Ich-Form im Präsens.
Wichtig ist, dass die Äußerungen der Figuren zum Geschehen und zu ihrem Charakter passen.

Gedichte

Gedichte: Merkmale

► S. 169–190

Die Gedichte (Lyrik) sind neben den erzählenden Texten (► S. 353) und dem Theater/Drama (► S. 357 f.) eine der drei Gattungen der Dichtung (Lyrik/Gedichte, Epik/erzählende Texte, Dramatik/Theater).
Folgende Gestaltungsmittel kennzeichnen Gedichte häufig:

Das lyrische Ich

Wie zu jedem Erzähltext ein Erzähler oder eine Erzählerin gehört, so gehört auch zu jedem Gedicht ein Sprecher oder eine Sprecherin, der/die nicht mit dem Autor oder der Autorin gleichzusetzen ist.
Oft stellt sich dieser Sprecher als ein „Ich" – das sogenannte lyrische Ich – vor, das seine Gefühle, Beobachtungen und Gedanken mitteilt. Der Leser kann so mitempfinden und mitdenken. Deutlich wird dies an den Pronomen *(ich, mein, mir)*. Manchmal geht der Sprecher in einem „Wir" auf, das in dem Gedicht spricht. Oder der Sprecher tritt überhaupt nicht in Erscheinung, sondern es wird etwas beobachtet, beschrieben oder über etwas nachgedacht. In einigen Gedichten wendet sich der Sprecher direkt an ein „Du", hier wird also ein Adressat / eine Adressatin in das Gedicht einbezogen.

Vers und Strophe

► S. 173

- Die Zeilen eines Gedichts heißen Verse.
- Eine Strophe ist ein Gedichtabschnitt, der aus mehreren Versen besteht. Die Strophen sind durch eine Leerzeile voneinander getrennt. Häufig bestehen Gedichte aus mehreren gleich gebauten Strophen.

Reim und Reimformen

► S. 173

Zwei Wörter reimen sich, wenn sie vom letzten betonten Vokal an gleich klingen, z. B.:
Tonne – Sonne, Pfefferstreuer – Abenteuer, Truhe – Ruhe, kleine Flasche – Zauberasche.
Die regelmäßige Abfolge von Endreimen in einer Strophe ergibt verschiedene Reimformen.
Verse, die sich reimen, werden mit den gleichen Kleinbuchstaben gekennzeichnet, z. B.:

- **Paarreim:** Wenn zwei aufeinanderfolgende Verse sich reimen, spricht man von einem Paarreim (aa bb).

  ... Baum a
  ... Traum a
  ... Äste b
  ... Gäste b

- **Kreuzreim:** Reimen sich – über Kreuz – der 1. und der 3. sowie der 2. und der 4. Vers, dann nennt man das Kreuzreim (a b a b).

  ... Bauch a
  ... schmecken b
  ... auch a
  ... schlecken b

- **umarmender Reim:** Wird ein Paarreim von zwei Versen umschlossen (umarmt), die sich ebenfalls reimen, heißt dies umarmender Reim (a bb a).

  ... Fisch a
  ... geschwommen b
  ... genommen b
  ... Tisch a

Versmaß (Metrum)

▶ S. 173

In den Versen eines Gedichts folgen **betonte (X́)** und **unbetonte (X) Silben** häufig regelmäßig aufeinander. Dieses Betonungsmuster wird auch Versmaß (Metrum) genannt. Man unterscheidet:

Jambus (XX́): X X́ X X́ X X́ X
Der Mond ist aufgegangen (Matthias Claudius)

Trochäus (X́X): X́ X X́ X X́ X X́ X
Und auch mich hast du begeistert (Franz Grillparzer)

Daktylus (X́XX): X́ X X X́ X X X́ X X X́ X
Mond und Gestirne verschönern den Himmel

Anapäst (XXX́): X X X́ X X X́
Wie mein Glück, ist mein Lied (Friedrich Hölderlin)

Unregelmäßiger Wechsel von betonten und unbetonten Silben:
X X X́ X X́ X X X́ X X́
Meine Töchter sollen dich warten schön.

Stilmittel in Gedichten

▶ S. 175–177

In lyrischen Texten werden häufig Bilder durch Sprache entfaltet (z. B. durch Vergleiche, Metaphern oder Personifikationen) oder einzelne Wörter klanglich hervorgehoben (Lautmalerei).

- **Vergleich:** Wir verwenden Vergleiche, weil wir z. B. Eigenschaften, Menschen oder Dinge anschaulich beschreiben wollen, z. B.: *schnell wie ein Pfeil, weich wie Watte, ein Mann wie ein Baum, Geld wie Heu.* Man erkennt Vergleiche meist an dem Wort „wie". Auch mit „als ob" kann man Vergleiche bilden, z. B.: *Ich fühlte mich so leicht, als ob ich fliegen könnte.*
- **Personifikation:** Die Personifikation (Vermenschlichung) ist eine besondere Form der Metapher: Leblose Gegenstände, Begriffe oder die Natur werden vermenschlicht, d. h., ihnen werden menschliche Verhaltensweisen und Eigenschaften zugesprochen, z. B.: *die Sonne lacht, der Himmel weint, der Tag verabschiedet sich.*
- **Metapher:** Bei einer Metapher wird ein Wort nicht wörtlich, sondern in einer übertragenen (bildlichen) Bedeutung gebraucht, z. B.: *Bindfäden* für Regen, *Suppe* für dichten Nebel.
  Man verwendet Metaphern, weil sich zwei Dinge aufgrund einer Eigenschaft ähnlich sind und diese Eigenschaft durch die Metapher hervorgehoben wird, z. B.: *Eiszeit* für eine gestörte Beziehung → Die Metapher hebt die Gefühlskälte zwischen Menschen hervor. Im Unterschied zum direkten Vergleich fehlt bei der Metapher das Vergleichswort „wie", z. B.: *Wolken sind (wie) flockige Länder.*
- **Lautmalerei:** Mit den Klängen von Wörtern werden Naturlaute oder Geräusche nachgeahmt, z. B.: *klirren, rascheln, zischen.*
- **Zeilensprung** (Enjambement): Als Zeilensprung oder Enjambement bezeichnet man es, wenn die Satzgrenze über die Versgrenze hinausgeht, z. B.:
  Ein Blatt tanzt froh nach frischen Windes Willen / Herab vom Ahornstamm, der schilfwärts strebt
  (Oliver Tietze: See in der Großstadt).

Theater/Drama

Drama: Merkmale und wichtige Begriffe

▶ S. 191–214

Die dramatischen Texte (Theater/Drama) sind neben den Gedichten (▶ S. 355 f.) und den erzählenden Texten (▶ S. 353) eine der drei Gattungen der Dichtung (Lyrik/Gedichte, Epik / erzählende Texte, Theater/Drama).

Stimme, Mimik, Gestik

- **Stimme (Sprechweise):** Eine bestimmte Sprechweise zeigt uns, wie sich eine Figur fühlt oder wie etwas gemeint ist. Eine Stimme kann wütend, ängstlich, streng usw. klingen.
- **Gesichtsausdruck (Mimik):** Am Gesichtsausdruck kann man erkennen, wie sich jemand fühlt und was er/sie denkt. Ist der Gesichtsausdruck z. B. traurig, besorgt, aufgeregt?
- **Körpersprache (Gestik):** Auch die Körperhaltung und -bewegung (z. B. Kopfschütteln, Schulterzucken, auf den Boden schauen, mit dem Fuß aufstampfen) drücken Gefühle und Stimmungen aus.

Der Dialog und der Monolog

- Wenn zwei oder mehr Figuren auf einer Theaterbühne miteinander sprechen, nennt man das einen **Dialog.**
- Wenn eine Figur mit sich selbst spricht oder längere Zeit allein redet, bezeichnet man das als **Monolog.**

Die Rolle

- In einem Theaterstück werden verschiedene Rollen gespielt. Die Schauspielerin oder der Schauspieler schlüpft in die **Rolle einer Figur** und stellt diese mit ihren Eigenschaften dar, z. B. die Rolle der Königin, die Rolle des Ritters, die Rolle der Lehrerin. Dabei trägt sie oder er ein zur Rolle passendes **Kostüm** und nutzt bestimmte **Requisiten** (besondere Gegenstände), z. B. eine Waffe, ein Handy oder einen Koffer.
- In einem Theaterstück steht die Rolle oft in Großbuchstaben mit Doppelpunkt vor dem gesprochenen Text.

Die Szene

Theaterstücke bestehen meist aus einzelnen Szenen. Eine Szene endet, wenn neue Figuren auftreten oder Figuren die Bühne verlassen.

Die Regieanweisungen

Regieanweisungen sind Hinweise des Autors / der Autorin zur Umsetzung des Textes. Es gibt z. B. Hinweise zur Art des Sprechens (z. B.: *lacht, klagt*), zur Bühnengestaltung (z. B.: *die Szene spielt in der Küche*) und zum Auf- und Abtritt von Figuren.

Der Konflikt

Im Zentrum vieler Theaterstücke steht eine Auseinandersetzung zwischen Figuren oder Figurengruppen.

Die Exposition

▶ S. 195, 253

Die Exposition führt die Zuschauer in die Handlung ein, nennt Ort und Zeit, stellt wichtige Figuren vor und deutet den Grundkonflikt an.

Sachtexte

Sachtexte unterscheiden sich von literarischen Texten (z. B. einer Erzählung, einem Märchen oder einem Gedicht) dadurch, dass sie sich vorwiegend mit wirklichen (realen) Ereignissen beschäftigen und über ein bestimmtes Thema informieren wollen, z. B. über den Menschen (das Gehirn), über Tiere oder über Technik (Roboter, Flugzeuge). Sachtexte findet ihr überall, z. B. in Sachbüchern, Zeitungen, Zeitschriften (Magazinen) und natürlich auch im Internet.

Einen Sachtext lesen und verstehen

▶ S. 29, 100–101, 232

1. Schritt: Verschafft euch vor dem Lesen einen Überblick.

- Lest die Überschriften und die ersten Zeilen der Absätze. Betrachtet die Bilder.
- Überlegt, worum es in dem Text geht und was ihr über das Thema wisst.
- Überlegt, welche Erwartungen ihr an den Text habt. Was interessiert euch?

2. Schritt: Lest den Text zügig und bildet „Verstehensinseln".

- Unterstreicht auf einer Kopie mit Bleistift, was ihr wichtig findet.
- Macht euch klar, was ihr nach dem ersten Lesen verstanden habt.

3. Schritt: Lest den Text Absatz für Absatz gründlich.

- Notiert zu jedem Absatz eine Zwischenüberschrift, z. B. in Form einer Frage.
- Markiert auf der Kopie Schlüsselwörter, die eure Fragen beantworten.
- Klärt die Bedeutung schwieriger Wörter, z. B. aus dem Zusammenhang.
- Untersucht den Aufbau (▶ Methode, S. 232), um den Text besser zu verstehen.

4. Schritt: Fasst die Informationen des Textes zusammen.

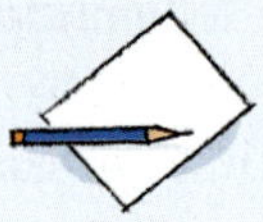

- Fasst den Text z. B. in wenigen Sätzen oder in Stichworten zusammen.

Funktionen von Sachtexten

▶ S. 100–101

Sachtexte können unterschiedliche Funktionen und Ziele haben:

- **Informierende Texte** wollen z. B. **sachlich unterrichten,** genau **beschreiben** oder Zusammenhänge **erklären.**
- **Argumentierende Texte** wollen mit Meinung, Begründung und Beispiel **überzeugen.**
- **Appellierende Texte** wollen ihre Leser zu etwas **auffordern.**

Sachtexte lassen sich nicht immer einer einzigen Funktion zuordnen. Oft haben **einzelne Abschnitte oder Textstellen verschiedene Funktionen.**

Tabellen lesen

In Sachtexten findet ihr häufig Tabellen, mit denen man Informationen **knapp** und **übersichtlich** darstellen kann.

1 Stellt fest, worüber die Tabelle informiert. Meist gibt es eine **Überschrift** oder die oberste Zeile der Tabelle gibt Hinweise.
2 Verschafft euch einen Überblick darüber, welche Informationen die **Spalten** und die **Zeilen** enthalten.
3 Lest die **Angaben in den einzelnen Feldern** der Tabelle. Gibt es **Maßeinheiten** in der Tabelle, z. B. Meter (m), Kilogramm (kg), Stunden (h)?
4 Notiert eure Beobachtungen: Welche Angaben werden in der Tabelle gemacht?

Der Aufbau einer Tabelle
Eine Spalte verläuft von oben nach unten.
Eine Zeile verläuft von links nach rechts.

	Spalte ↓
Zeile →	

Diagramme verstehen und auswerten

▸ S. 102–103

Ein Diagramm ist eine anschauliche Darstellung von Daten und Informationen. Häufige **Diagrammarten** sind **Säulen-, Balken-, Kurven-** und **Kreisdiagramm.**
Um ein **Diagramm auszuwerten,** geht ihr so vor:

- Lest die Überschrift und die übrigen Angaben und Erklärungen.
- Stellt fest, worüber das Diagramm informiert. Welche Maßeinheiten werden verwendet, z. B. Prozentzahlen (%), Kilo (kg), Euro (€)?
- Vergleicht die Angaben miteinander (höchster und niedrigster Wert, gleiche Werte).
- Fasst zusammen, was im Diagramm gezeigt wird. Was lässt sich ablesen?

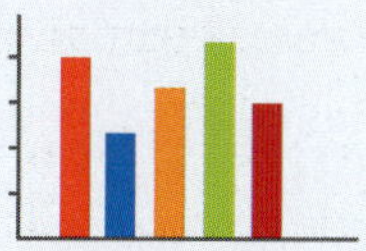
Säulendiagramm

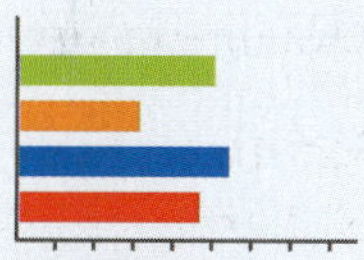
Balkendiagramm

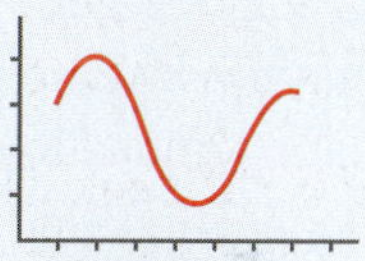
Kurvendiagramm

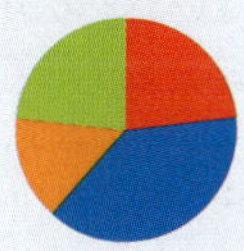
Kreisdiagramm

Grafiken auswerten

▸ S. 23, 68

Eine Grafik stellt etwas bildlich dar. Sie kann zum Beispiel **Angaben über Mengen** machen (Diagramme) oder **zeigen, wo sich etwas befindet** (z. B. Landkarte). Beim Entschlüsseln einer Grafik könnt ihr so vorgehen:

1 Stellt fest, **worum** es in der Grafik **geht.** Hierbei hilft euch die Überschrift oder die Bildunterschrift.
2 Untersucht, **was** in der Grafik **dargestellt wird:**
   – Gibt sie Mengen oder Größenverhältnisse an?
   – Verdeutlicht sie eine Lage, wie z. B. eine Landkarte?
   – Erklärt sie einen Vorgang oder den Aufbau von etwas?
3 Prüft, ob die Grafik **Farben, Beschriftungen oder Symbole** enthält, die erklärt werden.
4 Schreibt auf, **worüber** die Grafik **informiert.**

Journalistische Textformen

Der Bericht

▶ S. 220

Ein **Zeitungsbericht** informiert **knapp und sachlich über ein aktuelles Ereignis.**
Er beantwortet zu Beginn die wichtigsten **W-Fragen** und berichtet dann über die näheren Einzelheiten des Ereignisses. Diesen Aufbau nennt man **Lead-Stil:** Die wichtigsten Informationen stehen am Anfang.
Zeitungsberichte enthalten oft knappe erklärende Passagen, die den Sachverhalt erläutern. Dies kann z. B. auch über Zitate von Experten und Betroffenen geschehen, die zudem der Glaubwürdigkeit dienen und den Bericht lebendiger wirken lassen.

Die Nachricht/Meldung

Die Nachricht oder Meldung ist die „kleine Schwester" des Berichts. Sie ist ganz knapp und verzichtet auf weiterführende Detailinformationen.

Die Reportage

▶ S. 221–223

Eine Reportage informiert in **besonders anschaulicher Weise über ein Ereignis.**
Der Reporter schreibt aus seiner subjektiven Sicht, als Augenzeuge des Geschehens.
Er gibt dabei seine persönlichen Eindrücke und oft auch seine Empfindungen wieder. Merkmale einer Reportage sind:

- Sie führen direkt in eine interessante Szene ein (szenischer Einstieg, Schilderung einer Situation), sodass die Neugier der Leser und Leserinnen geweckt wird.
- Eine Reportage enthält sachliche Informationen (Beantwortung der W-Fragen), gibt aber auch die persönliche Sichtweise des Reporters / der Reporterin wieder.
- Sie vermittelt Lesern und Leserinnen das Gefühl, live an einem Geschehen teilzuhaben. Deshalb beschreibt der Reporter die Atmosphäre und Stimmung vor Ort und schildert seine Wahrnehmungen. Zitate von Personen und eine bildhafte Sprache (ausdrucksstarke Verben, Adjektive, sprachliche Bilder) sorgen für Anschaulichkeit.
- In einer Reportage kann die Zeitform wechseln. Der Wechsel vom Präteritum ins Präsens vermittelt Lesern und Leserinnen den Eindruck, direkt vor Ort dabei zu sein.

Der Kommentar

▶ S. 224–225

Ein Kommentar ist ein **wertender Text,** in dem ein namentlich genannter Autor / eine namentlich genannte Autorin zu einem aktuellen Thema Stellung bezieht und seine/ihre **persönliche Meinung** äußert.
Der Autor / Die Autorin erläutert die Bedeutung seines/ihres Themas, erklärt Zusammenhänge und setzt sich mit unterschiedlichen Meinungen argumentativ auseinander. Ziel des Kommentars ist es, Leser und Leserinnen dazu anzuregen, sich eine eigene Meinung zu einem Thema zu bilden.

Die Glosse

▶ S. 226

Die Glosse ist ein **kurzer, pointierter (zugespitzter) Meinungsbeitrag** zu einem Thema.
Im Unterschied zum Kommentar verzichtet die Glosse auf eine überzeugende Argumentation und ist **betont subjektiv.** Ihre Sprache ist humorvoll, spöttisch, ironisch; ein beliebtes Stilmittel ist die Übertreibung. Die Glosse provoziert, denn sie will Leser und Leserinnen wachrütteln, zum Schmunzeln, aber auch zum Nachdenken bringen.

Online-Artikel

▶ S. 227–231

Merkmale

Alle Formen von Zeitungstexten, die es in gedruckter Form gibt, gibt es auch online im Internet. Typisch für **Online-Veröffentlichungen** ist dabei die **Interaktivität.** Leser und Leserinnen können einen Artikel z. B. in sozialen Netzwerken teilen oder direkt kommentieren.
Online-Berichte oder **Online-Reportagen** sind häufig auch multimedial; sie enthalten z. B. kurze Videos und Links zu anderen Artikeln sowie Hintergrundinformationen, die eine eingehendere Beschäftigung mit dem Thema ermöglichen.

Vor- und Nachteile

Neben vielen Vorteilen von Online-Artikeln gibt es auch einige Gefahren. So wird die Kommentarfunktion in Online-Zeitungen oder in sozialen Netzwerken zum Beispiel häufig für verbale Übergriffe und – meist anonyme – Hassbotschaften missbraucht. Die „Netiquette" im Internet sollte also immer befolgt werden.
Grundsätzlich sollte immer geprüft werden, ob die Quelle einer Nachricht seriös ist. Wichtige Fragen sind:

- Wer hat die Nachricht verfasst?
- Wurden die Inhalte von einer Redaktion geprüft?

Medien: Film

Die Sprache des Films verstehen

▶ S. 253–264

- **Einstellungsgrößen verstehen**
  Je nachdem, wie nah die Kamera an das Geschehen heranfährt oder wie weit sie entfernt bleibt, entstehen unterschiedliche Einstellungsgrößen mit unterschiedlichen Wirkungen:

Totale

Halbnah

Nah

Groß

Detail

Totale: Ein Überblick über den gesamten Schauplatz wird vermittelt.
Halbnah: Oft werden Gruppen in ihrer unmittelbaren Umgebung gezeigt.
Nah: Eignet sich für Dialoge. Man sieht die Figuren ca. von der Schulter an.
Groß: Es kommt auf die Mimik an. Man sieht nur den Kopf einer Figur.
Detail: Die Aufmerksamkeit wird auf ein wichtiges Detail gelenkt.

- **Die Kameraperspektiven verstehen**
  Die Kamera kann ein Geschehen aus verschiedenen Blickwinkeln zeigen. Man unterscheidet die Augenhöhe, den Blick von oben und den Blick von unten. Mit den unterschiedlichen Perspektiven lassen sich z. B. Überlegenheit oder Unterlegenheit ausdrücken.

Normalperspektive

Vogelperspektive

Froschperspektive

- **Auf den Schnitt achten**
  Je nachdem, wie einzelne Einstellungen miteinander verknüpft werden, wird ein Film erzählt:
  - **Schnelle Schnitte,** also viele kurze Einstellungen, erzeugen Unruhe und Spannung.
  - **Lange Einstellungen** und wenige Schnitte wirken ruhig und entspannend.
  - Für die Darstellung von Dialogen ist die **Schuss-Gegenschuss-Technik** beliebt. Dabei werden abwechselnd die Gesichter der Gesprächspartner gezeigt.

- **Auf den Ton achten**
  Zum Film gehören nicht nur die **Dialoge,** sondern auch **Geräusche** und **Musik.** Besonders die Musik kann bestimmte Stimmungen erzeugen und die Handlung eines Films unterstützen.

Nachdenken über Sprache

Wortarten

Das Nomen (Plural: die Nomen)

Die meisten Wörter in unserer Sprache sind Nomen (auch: Hauptwörter, Substantive).
Sie bezeichnen:

- **Lebewesen/Eigennamen,** z. B.: *Schüler, Baum, Eule, Außerirdischer, Julika.*
- **Gegenstände,** z. B.: *Schule, Raumschiff, Erde.*
- **Begriffe** (Gedanken, Gefühle, Zustände ...), z. B.: *Idee, Problem, Freundschaft.*

Nomen werden immer **großgeschrieben.**
Nomen werden häufig **von Wörtern begleitet,** an denen wir sie erkennen können, z. B. Artikeln *(die Sprache, eine Sprache)* oder Adjektiven *(schwierige Sprachen).* Um sicher festzustellen, ob ein Wort ein Nomen ist, setzt man einen Artikel und ein Adjektiv davor, z. B.: *das große Ereignis.*

Das Genus (das grammatische Geschlecht; Plural: die Genera)
Im Deutschen hat **jedes Nomen ein Genus,** das man **am Artikel** (▶ S. 364) **erkennen** kann:

- ein **Maskulinum:** *der Junge, der Landeanflug,*
- ein **Femininum:** *die Frau, die Fähre* oder
- ein **Neutrum:** *das Mädchen, das Raumschiff.*

Das grammatische Geschlecht stimmt nicht immer mit dem natürlichen überein, z. B.: *das Mädchen, das Kind.*

Der Numerus (die Anzahl; Plural: die Numeri)
Nomen haben einen **Numerus,** d. h. eine Anzahl. Sie stehen

- im **Singular** (Einzahl), z. B.: *der Tisch, die Tasse, das Haus,* oder
- im **Plural** (Mehrzahl), z. B.: *die Tische, die Tassen, die Häuser.*

Der Kasus (Fall; Plural: die Kasus, mit langem *u* gesprochen)
Im Deutschen gibt es **vier Kasus,** die man durch Fragen ermitteln kann:

Kasus	Kasusfrage	Beispiele
1. Fall: **Nominativ**	Wer oder was ...?	*Der Junge stellt eine Frage.* *Die Lehrerin erklärt die Regeln.* *Das Spiel macht Spaß.*
2. Fall: **Genitiv**	Wessen ...?	*Die Frage des Jungen ist klug.* *Die Idee der Lehrerin ist gut.* *Die Regeln des Spiels sind einfach.*
3. Fall: **Dativ**	Wem ...?	*Ein Mitschüler antwortet dem Jungen.* *Die Klasse vertraut der Lehrerin.* *Manche sehen dem Spiel nur zu.*
4. Fall: **Akkusativ**	Wen oder was ...?	*Die Antwort überzeugt den Jungen nicht.* *Viele Kinder mögen die Lehrerin.* *Manche Schüler mögen das Spiel.*

Der Artikel (Plural: die Artikel)

Nomen werden häufig von Artikeln **begleitet.** Man unterscheidet bestimmte Artikel *(der, die, das)* und unbestimmte Artikel *(ein, eine, ein)*, z. B.:

	bestimmter Artikel	**unbestimmter Artikel**
männlich	*der Forscher*	*ein Forscher*
weiblich	*die Reise*	*eine Reise*
sächlich	*das Programm*	*ein Programm*

Das Adjektiv (das Eigenschaftswort; Plural: die Adjektive)

Mit Adjektiven können wir die **Eigenschaften** von Lebewesen, Dingen, Vorgängen, Gefühlen und Vorstellungen **genau beschreiben,** z. B.:
der starke Wind, der schwache Wind, der eiskalte Wind.
Adjektive werden **kleingeschrieben.** Adjektive, die vor einem Nomen stehen, haben den **gleichen Kasus wie das Nomen:** *der kalte See, die kalten Seen, des kalten Sees.*

Steigerung der Adjektive

Die meisten Adjektive kann man steigern, z. B.: *schön – schöner – am schönsten.*
Dadurch kann man z. B. Lebewesen und Dinge vergleichen. Es gibt drei Steigerungsstufen:

Positiv (Grundform)	**Komparativ (1. Steigerungsstufe)**	**Superlativ (2. Steigerungsstufe)**
Ole ist groß.	*Lara ist größer.*	*Bihar ist am größten.*

Vergleiche mit dem Positiv werden mit ***wie*** gebildet: *Ole ist so groß wie Felix.*
Vergleiche mit dem Komparativ werden mit ***als*** gebildet: *Lara ist größer als Ole.*

Das Pronomen (Fürwort; Plural: die Pronomen)

Pronomen sind Stellvertreter oder Begleiter des Nomens. Mit Personalpronomen kann man Nomen ersetzen. Possessivpronomen begleiten Nomen und geben an, zu wem etwas gehört.

Das Personalpronomen (persönliches Fürwort)

Mit **Personalpronomen** kann man **Nomen ersetzen.**
Beispiel: *Die Katze möchte ins Haus. Sie miaut. Schnell lassen wir sie herein.*

Personalpronomen werden wie die Nomen **dekliniert** (gebeugt):

Kasus	Singular 1. Pers.	2. Pers.	3. Pers.	Plural 1. Pers.	2. Pers.	3. Pers.
1. Fall: **Nominativ**	*ich*	*du*	*er/sie/es*	*wir*	*ihr*	*sie*
2. Fall: **Genitiv**	*meiner*	*deiner*	*seiner/ihrer/seiner*	*unser*	*euer*	*ihrer*
3. Fall: **Dativ**	*mir*	*dir*	*ihm/ihr/ihm*	*uns*	*euch*	*ihnen*
4. Fall: **Akkusativ**	*mich*	*dich*	*ihn/sie/es*	*uns*	*euch*	*sie*

Das Possessivpronomen (besitzanzeigendes Fürwort)

Possessivpronomen *(mein/meine – dein/deine – sein/seine, ihr/ihre – unser/unsere – euer/eure – ihr/ihre)* **geben an, zu wem etwas gehört,** z. B.: *mein Fahrrad, dein Freund.*
Possessivpronomen **begleiten meist Nomen** und stehen **im gleichen Kasus** wie das dazugehörige Nomen: *Ich erzähle meinen Freunden von dem Spiel.* (Wem? – Dativ)

Das Demonstrativpronomen (hinweisendes Fürwort)

Demonstrativpronomen *(der, die, das / dieser, diese, dieses / jener, jene, jenes / solcher, solche, solches / derselbe, dieselbe, dasselbe)* **weisen besonders deutlich auf eine Person oder Sache hin,** z. B.: *Von allen Eissorten schmeckt mir diese am besten.*
Demonstrativpronomen können verwendet werden

- als **Begleiter** des Nomens: *Mir gehört dieses Fahrrad.*
- als **Stellvertreter** des Nomens: *Dies gehört mir.*

Indefinitpronomen (unbestimmte Fürwörter) als Nomenbegleiter

Indefinitpronomen sind Wörter, mit denen man **eine ungefähre Menge oder Anzahl** angibt, z. B.: *etwas, manches, alles, nichts, einige, kein, viel, (ein) paar.*
Sie **begleiten häufig nominalisierte Adjektive,** z. B.: *etwas Schönes, alles Gute.*

Die Präposition (das Verhältniswort; Plural: die Präpositionen)

Präpositionen wie *in, auf, unter* drücken **Verhältnisse und Beziehungen** von Gegenständen, Personen oder anderem aus. Präpositionen beziehen sich auf

- **örtliche** Verhältnisse *(auf dem Dach): in, hinter, neben, unter, vor, über, zwischen,*
- **zeitliche** Verhältnisse *(nach vier Tagen): vor, seit, um, während, bis, in,*
- **Gründe** *(wegen der Dunkelheit): trotz, aufgrund,*
- **die Art und Weise** *(mit Sorgfalt): ohne, mit.*

Präpositionen sind nicht flektierbar (veränderbar). Die Präposition steht meist vor einem Nomen und bestimmt den Kasus des nachfolgenden Wortes (oder der Wortgruppe):

Ich spiele mit dem Ball. – Ich laufe auch ohne den Ball.

mit + Dativ ohne + Akkusativ

Das Adverb (das Umstandswort; Plural: die Adverbien)

Adverbien *(dort, oben, hier, jetzt, heute, kaum, gern, deshalb, nämlich)* **machen nähere Angaben zu einem Geschehen.** Sie erklären genauer, **wo, wann, wie** und **warum** etwas geschieht, z. B.:

Hier bin ich gern im Urlaub.

- Adverbien werden **kleingeschrieben.**
- Adverbien kann man leicht mit Adjektiven verwechseln.
  Das **Adverb** ist aber im Gegensatz zum Adjektiv **nicht veränderbar** (nicht flektierbar).

Das Verb (das Tätigkeitswort; Plural: die Verben)

Mit Verben gibt man an, **was jemand tut** (z. B. *laufen, reden, lachen*), **was geschieht** (z. B. *regnen, brennen*) oder **was ist** (z. B. *haben, sein, bleiben*). Verben werden kleingeschrieben.

- Der Infinitiv (die Grundform) eines Verbs endet auf *-en* oder *-n*, z. B.: *rennen, sagen, antworten, rudern, lächeln.*
- Wenn man ein Verb in einem Satz verwendet, bildet man **die Personalform des Verbs.** Das nennt man **konjugieren (beugen),** z. B.: *such-en* (Infinitiv) → *Ich such-e den Schlüssel* (1. Person Singular).
  Die Personalform des Verbs wird aus dem Infinitiv des Verbs gebildet. An den Stamm des Verbs wird dabei die passende Personalendung gehängt, z. B.: *sprech-en* (Infinitiv) → *ich sprech-e* (1. Person Singular), *du sprich-st* (2. Person Singular) usw.

Der Imperativ (Befehlsform des Verbs; Plural: die Imperative)

Die Aufforderungsform oder **Befehlsform eines Verbs** nennt man Imperativ. Man kann eine Aufforderung oder einen Befehl an eine Person oder an mehrere Personen richten. Dementsprechend gibt es den Imperativ Singular *(„Bitte komm!", „Lauf weg!")* und den Imperativ Plural *(„Bitte kommt!", „Lauft weg!")*.

- Der **Imperativ Singular** besteht aus dem Stamm des Verbs *(schreiben → schreib!)*, manchmal wird die Endung *-e* angehängt *(reden → rede!)* oder es ändert sich der Stammvokal von *e* zu *i* *(geben → gib!)*.
- Der **Imperativ Plural** wird in der Regel durch den Stamm des Verbs mit der Endung *-t* gebildet *(schreiben → schreibt!, reden → redet!, lesen → lest!)*.

Die Zeitformen (Tempora) des Verbs

Verben kann man in verschiedenen Zeitformen (Tempora; Singular: das Tempus) verwenden, z. B. im **Präsens,** im **Präteritum,** im **Futur.** Die Zeitformen der Verben sagen uns, wann etwas passiert, z. B. in der **Gegenwart,** in der **Vergangenheit** oder in der **Zukunft.**

Das Präsens

Das Präsens (die Gegenwartsform) wird verwendet,

- wenn man über etwas spricht, was gerade jetzt geschieht: *Julika denkt gerade nach.*
- wenn eine Aussage immer gilt: *Deutsch ist eine schöne, aber schwierige Sprache.*
- um etwas Zukünftiges auszudrücken. Meist verwendet man dann eine Zeitangabe, die auf die Zukunft verweist, z. B.: *Morgen gehe ich ins Kino.*

Das Futur

Das **Futur** wird verwendet, um ein zukünftiges Geschehen auszudrücken. z. B.:
Ich werde im Winter meine Skifahrt filmen.
Es ist eine zusammengesetzte Zeitform und **besteht immer aus zwei Teilen:** einer Form von **„werden"** und dem **Infinitiv des Verbs**, z. B.:
du wirst filmen, wir werden Ski fahren, sie werden kommen.

Das Perfekt

Das **Perfekt** verwendet man

- als Vergangenheitsform zum Präsens, z. B.:
  Wenn ich den Berg erklommen habe, mache ich ein Selfie.
- wenn man mündlich von etwas Vergangenem erzählt oder berichtet, z. B.:
  Gestern sind wir Snowboard gefahren. Dabei haben wir schwierige Abfahrten gefilmt.

Das Perfekt ist eine zusammengesetzte Zeitform und **besteht immer aus zwei Teilen:** einer Form von **„haben"** oder **„sein"** im Präsens und dem **Partizip II des Verbs,** z. B.:
ich habe gegessen, wir sind gelaufen.
TIPP: Das Perfekt wird meist mit „haben" gebildet. Nur Verben, die einen Vorgang oder eine Bewegung bezeichnen, bilden das Perfekt in der Regel mit „sein", z. B.:
ich bin gerannt, du bist gefallen, wir sind geschwommen, sie sind gelaufen.

Das Präteritum

Das **Präteritum** verwendet man vor allem in schriftlichen Texten, z. B. in Berichten, Romanen und Erzählungen. Es ist eine einfache **Zeitform der Vergangenheit** *(er schlief)* im Unterschied zu den zusammengesetzten Zeitformen (Futur, Perfekt, Plusquamperfekt).

Zur Bildung des Präteritums:

- Bei den **regelmäßigen** (schwachen) **Verben** bleibt der Stammvokal aus dem Infinitiv auch im Präteritum erhalten, z. B.: *ich siege* (Präsens) → *ich siegte* (Präteritum).
- Bei den **unregelmäßigen** (starken) **Verben ändert sich** im Präteritum der **Vokal im Verbstamm,** z. B.: *ich st**e**he* (Präsens) → *ich st**a**nd* (Präteritum).

Das Plusquamperfekt

Das **Plusquamperfekt** verwenden wir, wenn ein Ereignis vor dem Ereignis passiert, von dem im Präteritum oder Perfekt erzählt wird, z. B.:

Nachdem er seine Erfindung veröffentlicht hatte, feierte ihn die Presse.

Das Plusquamperfekt besteht **immer aus zwei Teilen:**

Einer Form von **„haben"** oder **„sein"** im Präteritum (z. B. *hatte, war*) und dem **Partizip II des Verbs** (z. B.: *gewagt, geflogen*).

TIPP: Die Konjunktion *nachdem* leitet oft einen Satz im Plusquamperfekt ein.

Partizip I und II

Das **Partizip I** (Partizip Präsens) setzt sich aus **Verbstamm + (e)nd** zusammen, z. B.: *gehend, zitternd, singend.*

- Mit Hilfe des Partizips I können gleichzeitig ablaufende Handlungen beschrieben werden, z. B.:
  Die Frau sitzt lesend im Sessel.
- Das Partizip I kann vor einem Nomen wie ein Adjektiv verwendet werden. Es passt sich dann in Genus, Numerus und Kasus an das Nomen an, das es begleitet, z. B.:
  Die lesende Frau sitzt im Sessel.
  Ein dampfender Tee steht neben ihr auf dem Tisch.

Das **Partizip II** (Partizip Perfekt) setzt sich zusammen aus **ge + Verbstamm + (e)t oder en,** z. B.: *gezittert, gelaufen.*

- Das Partizip II wird für die **Bildung von zusammengesetzten Zeitformen (Perfekt und Plusquamperfekt)** verwendet, z. B.:
  ich habe gelacht (Perfekt), *ich bin angekommen* (Perfekt); *ich hatte gelacht* (Plusquamperfekt), *ich war angekommen* (Plusquamperfekt).
- Viele Perfektpartizipien können vor einem Nomen wie ein Adjektiv verwendet werden. Sie passen sich dann in Genus, Numerus und Kasus an das Nomen an, das sie begleiten, z. B.:
  Die verblühten Rosen stehen auf dem Tisch.

Aktiv und Passiv

Aktiv und Passiv sind zwei verschiedene Verbformen.

- In einem **Aktivsatz** wird der/die **Handelnde** (Täter/-in) ausdrücklich **genannt.**
- In einem **Passivsatz** steht die **Handlung im Vordergrund,** der/die Handelnde (Täter/-in) bleibt meist ungenannt. Grammatisch zeigt sich das darin, dass das Subjekt des Aktivsatzes (= Täter) im Passivsatz häufig ganz fehlt. Man kann den Handelnden auch in einem Passivsatz hinzufügen, und zwar mit den Präpositionen *von* oder *durch*.

Aktiv: *Die Polizistin* (Subjekt) *betritt das Haus* (Akkusativobjekt).

Passiv: *Das Haus* (Subjekt) *wird betreten* (täterloses Passiv).

Das Haus wird (von der Polizistin) betreten (Angabe des Täters mit „von").

- Das Passiv wird mit einer Form von **werden** und dem **Partizip II (Perfekt)** des Verbs (▶ S. 368) gebildet, z. B.: *Er wird gefragt. Wir werden informiert.*

TIPP: So formt ihr einen Aktivsatz in einen Passivsatz um: Bestimmt zuerst das Akkusativobjekt des Aktivsatzes. Das Akkusativobjekt wird dann im Passivsatz zum Subjekt.

Zeitformen im Aktiv und Passiv

Das Passiv kann in alle Zeitformen gesetzt werden (mehr zu den Zeitformen ▶ S. 367–369).

	Aktiv	Passiv
Präsens	*ich rufe*	*ich werde gerufen*
Präteritum	*ich rief*	*ich wurde gerufen*
Perfekt	*ich habe gerufen*	*ich bin gerufen worden*
Plusquamperfekt	*ich hatte gerufen*	*ich war gerufen worden*
Futur I	*ich werde rufen*	*ich werde gerufen werden*

Ersatzformen für das Passiv

Neben dem gewöhnlichen Passiv gibt es auch sogenannte Ersatzformen für das Passiv.
Wie beim Passiv werden auch hier die Handelnden (Täter) nicht genannt. Im Unterschied zum Passiv handelt es sich bei diesen Ersatzformen aber um Verbformen im Aktiv.

Passiv: *Es werden Löcher in das Holzbrett gebohrt.*

Ersatzformen für das Passiv	Beispiele
▪ Man-Form	*Man bohrt Löcher ins Brett.*
▪ Form von *sich lassen* + Infinitiv	*Die Löcher lassen sich ins Brett bohren.*
▪ Form von *sein* + Infinitiv mit *zu*	*Die Löcher sind ins Brett zu bohren.*
▪ Form von *sein* + Adjektiv mit Endung *-bar, -lich, -fähig*	*Der Trichter ist durch den Schlauch verlängerbar.*

Der Konjunktiv II (Irrealis, Möglichkeitsform)

▶ S. 282–285

Wenn man eine Vorstellung oder einen Wunsch äußert, dann verwendet man oft den **Konjunktiv II,** z. B.:
Ich hätte sehr gerne Julikas Fähigkeiten. Das wäre toll!

Bildung des Konjunktivs II
Der Konjunktiv II wird in der Regel **vom Präteritum abgeleitet.**
Bei unregelmäßigen Verben werden **a, o, u** im Wortstamm zu **ä, ö, ü.**

Präteritum	*er sah*	*er ging*	*er fiel*	*er stand*	*er war*
Konjunktiv II	*er sähe*	*er ginge*	*er fiele*	*er stände*	*er wäre*

Wenn die **Konjunktiv II-Form der Präteritumform im Indikativ** entspricht, kann man die *würde*-Ersatzform nehmen, um Missverständnisse zu vermeiden, z. B.:
Er beleidigte alle (Konjunktiv II). → *Er würde alle beleidigen* (*würde*-Ersatzform).
Auch wenn die Konjunktiv II-Form als **ungebräuchlich oder unschön** empfunden wird, kann man die *würde*-Ersatzform verwenden, z. B.: *Diesen Zettel würfe ich nicht weg.* → *Diesen Zettel würde ich nicht wegwerfen.*

Der Konjunktiv I in der indirekten Rede

▶ S. 286–287

Wenn man wiedergeben möchte, was jemand gesagt hat, verwendet man die indirekte Rede.
Das Verb steht im Konjunktiv I, z. B.:

- *Anja sagte: „Ich muss mit meinem Hund täglich trainieren"* (wörtliche Rede im Indikativ).
- *Anja sagte, sie müsse mit ihrem Hund täglich trainieren* (indirekte Rede im Konjunktiv I).

Bildung des Konjunktivs I
Der Konjunktiv I wird durch den Stamm des Verbs (Infinitiv ohne -en) und die entsprechende Personalendung gebildet, z. B.:

Indikativ Präsens	**Konjunktiv I**
ich komm-e	ich komm-e
du komm-st	du komm-est
er/sie/es komm-t	er/sie/es komm-e
wir komm-en	wir komm-en
ihr komm-t	ihr komm-et
sie komm-en	sie komm-en

Die Modalverben

▶ S. 290

Mit Modalverben verändert man die Bedeutung eines Verbs. Im Satz stehen sie meist zusammen mit einem Vollverb im Infinitiv, z. B.: *Ich möchte/darf/will/muss dir etwas sagen.*

Modalverb	**Bedeutung**	**Beispiel**
können	Möglichkeit, Fähigkeit	*Gute Detektive können alle Spuren lesen.*
sollen	Empfehlung, Absicht	*Man soll alle Spuren genau untersuchen.*
müssen	Gebot, Zwang	*Nicht jede Spur muss zum Ziel führen.*
dürfen	Erlaubnis, Möglichkeit	*Man darf sich nicht vom ersten Eindruck täuschen lassen.*
wollen	Absicht, Bereitschaft	*Detektive wollen den Täter entlarven.*
mögen	Wunsch, Möglichkeit	*Viele Detektive mögen unerkannt bleiben.*

Satzglieder

Beachtet den **Unterschied zwischen Wortarten** und **Satzgliedern:** Einzelne Wörter kann man nach ihrer Wortart bestimmen, Satzglieder sind die Bausteine in einem Satz. Oft besteht ein Satzglied aus mehreren Wörtern. Man merkt das, wenn man versucht, die Satzglieder eines Satzes umzustellen (▶ Umstellprobe, siehe unten).

Wortarten	Artikel	Nomen	Verb	Artikel	Nomen	Possessiv-pronomen	Nomen
	Der	Außerirdische	beschreibt	den	Kindern	seinen	Planeten.
Satzglieder	Subjekt		Prädikat	Dativobjekt		Akkusativobjekt	

Satzglieder erkennen: Die Umstellprobe

Ein Satz besteht aus verschiedenen Satzgliedern. Diese **Satzglieder** können aus einem **einzelnen Wort** oder aus **mehreren Wörtern** (einer Wortgruppe) bestehen.
Mit der **Umstellprobe** könnt ihr herausfinden, **wie viele Satzglieder** ein Satz hat. Wörter oder Wortgruppen, die bei der Umstellprobe zusammenbleiben, bilden ein Satzglied.

Der folgende Satz besteht aus vier Satzgliedern:
Der Außerirdische beschreibt den Kindern seinen Planeten.
Seinen Planeten beschreibt der Außerirdische den Kindern.

Das Prädikat

▶ S. 293

Der **Kern des Satzes** ist das **Prädikat** (Satzaussage). Prädikate werden durch Verben gebildet.
In einem **Aussagesatz** steht die **Personalform des Verbs** (der gebeugte Teil) **immer an zweiter Satzgliedstelle,** z. B.: *Forscher beobachten den Sternenhimmel.*
Ein Prädikat kann aus **mehreren Teilen** bestehen, die eine **Prädikatsklammer** bilden, z. B.:
- bei mehrteiligen Verben, z. B.: *ankommen – Der Brief kommt zwei Tage später an.*
- bei zusammengesetzten Zeitformen wie Futur und Perfekt, z. B.:
  Ich werde morgen ausschlafen. / Ich habe am Wochenende lange geschlafen.

Das Subjekt

▶ S. 293

Das Satzglied, das angibt, **wer oder was handelt** oder etwas tut, heißt **Subjekt** (Satzgegenstand), z. B.:
Der Wissenschaftler untersucht die Oberfläche des Planeten.
- Das Subjekt könnt ihr vom Prädikat aus mit der Frage **Wer oder was ...?** ermitteln.
  Die Marsoberfläche besteht aus Stein. – Wer oder was besteht aus Stein?
- Das Subjekt kann **aus einem oder mehreren Wörtern** bestehen. Wendet die Umstellprobe an.
- Das Subjekt eines Satzes **steht immer im Nominativ** (**1. Fall;** ▶ S. 363).

Die Objekte

▶ S. 293

Ein Satz *(Der Außerirdische beschreibt.)* kann durch Satzglieder erweitert werden, zum Beispiel durch **Objekte:**

Der Außerirdische beschreibt den Kindern seinen Planeten.

	Wem ...?	Wen oder was ...?
	Dativobjekt	Akkusativobjekt

- **Akkusativobjekt:** Das Objekt, das im Akkusativ steht, heißt Akkusativobjekt.
  Ihr ermittelt es mit der Frage: **Wen oder was ...?,** z. B.: *Wen oder was suchen die Astronomen? – Die Astronomen suchen unbekannte Sterne.*
- **Dativobjekt:** Das Objekt, das im Dativ steht, heißt Dativobjekt. Ihr ermittelt es mit der Frage: **Wem ...?,** z. B.: *Wem erklären die Astronomen den Sternenhimmel? – Die Astronomen erklären den Schülern den Sternenhimmel.*
- **Präpositionalobjekte:** Präpositionalobjekte stehen **nach Verben, die fest mit einer Präpositionen verbunden** sind, z. B.: *lachen über, achten auf, denken an, danken für.*
  Diese Präposition ist auch **im Fragewort enthalten,** z. B.:
  *Die Kinder achten **auf** verdächtige Aussagen.* → *Wor**auf** achten die Kinder?*
  *Sophie dankt den Kindern **für** ihre Hilfe.* → *Wo**für** dankt Sophie den Kindern?*
  Nach Präpositionalobjekten fragt man z. B. mit: *Wofür ...? / Für wen oder was ...? Wonach ...? Nach wem oder was ...? Womit ...? Wovon ...? Worüber ...? Woran ...?*
- **Genitivobjekte:** Das Genitivobjekt ermittelt man mit der Frage **Wessen ...?,** z. B.:
  Er wird des Diebstahls angeklagt. → *Wessen wird er angeklagt?*
  Das Genitivobjekt wird heute **nur noch selten verwendet.** Es gibt nur wenige Verben, die ein Genitivobjekt fordern, z. B.: *gedenken (der Toten gedenken), sich rühmen (sich des Sieges rühmen), sich bedienen (sich einer guten Ausdrucksweise bedienen).*

Objekte können aus einem Wort oder aus mehreren Wörtern bestehen.

Das Prädikativ

Das **Verb *sein* verlangt** neben dem Subjekt ein **weiteres Satzglied,** das **Prädikativ.**
Das Prädikativ kann ein **Nomen** oder ein **Adjektiv** sein, z. B.:
Er ist ein Detektiv. Ich bin hilfsbereit.
Das Prädikativ ergänzt das Prädikat und bezieht sich zugleich auf das Subjekt des Satzes.
Weitere Verben, die häufig ein Prädikativ verlangen, sind: *bleiben, werden, heißen, wirken.*

Die adverbialen Bestimmungen

▶ S. 294

- **Adverbiale Bestimmungen** (Umstandsbestimmungen) **sind Satzglieder,** die man mit den Fragen **Wann ...?, Wo ...?, Warum ...?, Wie ...?** ermittelt. Sie liefern zusätzliche **Informationen** über **den Ort,** über **die Zeit,** über **den Grund** und über **die Art und Weise** eines Geschehens oder einer Handlung.
- Adverbiale Bestimmungen können aus einem Wort oder mehreren Wörtern bestehen.

Frageprobe	Satzglied	Beispiel
Wo? Wohin? Woher?	**adverbiale Bestimmung des Ortes**	*Wo sehen wir den Film?* *Wir sehen den Film im Kino.*
Wann? Wie lange? Seit wann?	**adverbiale Bestimmung der Zeit**	*Wann sehen wir den Film?* *Heute sehen wir den Film.*
Warum? Weshalb?	**adverbiale Bestimmung des Grundes**	*Warum sehen wir den Film?* *Wegen der spannenden Geschichte sehen wir den Film.*
Wie? Auf welche Weise? Womit?	**adverbiale Bestimmung der Art und Weise**	*Wie sehen wir den Film?* *Wir sehen den Film voller Freude.*

Die Attribute (Beifügungen)

▶ S. 295

Attribute **bestimmen ein Bezugswort** (meist ein Nomen) **näher.** Sie sind immer nur **Teile eines Satzglieds** und bleiben bei der Umstellprobe fest mit ihrem Bezugswort verbunden, z. B.:

Ich | suche | meine blaue Tasche.
Meine blaue Tasche | suche | ich.

Attribut Bezugswort

Attribute können **vor oder hinter ihrem Bezugswort** stehen
Man kann sie mit **„Was für...?"** erfragen.
Was für eine Tasche? → eine blaue Tasche → eine Tasche mit schwarzen Henkeln

Attribut Bezugswort Bezugswort Attribut

Formen des Attributs
Es gibt verschiedene Formen des Attributs:
- **Adjektivattribut,** z. B.: *das rote T-Shirt*
- **präpositionales Attribut,** z. B.: *das Versteck hinter dem Denkmal*
- **Genitivattribut,** z. B.: *die Handtasche der Japanerin*
- **Apposition** (nachgestelltes Nomen im gleichen Kasus wie das Bezugswort), z. B.: *Herr Schlau, der Polizist, eilt zu Hilfe.*

Proben: Texte überarbeiten

Proben	Anwendungsbereiche	Beispiele
Umstellprobe: Satzglieder werden umgestellt.	▪ Satzanfänge abwechslungsreicher gestalten ▪ am Satzanfang oder am Satzende Informationen betonen	*Ich kaufe ein Hörspiel. Ich will Lisa damit überraschen. → Ich kaufe ein Hörspiel. Damit will ich Lisa überraschen.*
Ersatzprobe: Wörter und Wortgruppen werden ersetzt.	▪ Wortwiederholungen vermeiden ▪ abwechslungsreich formulieren	*Ich liebe Hörspiele. ~~Hörspiele~~ sind interessant. → Ich liebe Hörspiele. Sie sind interessant.*
Weglassprobe: Überflüssiges wird gestrichen.	▪ Texte straffen ▪ Wiederholungen vermeiden	*Wenn das Ufo landet, werde ich mich sehr ~~über das Ufo~~ erschrecken.*
Erweiterungsprobe: Hilfreiches wird ergänzt.	▪ genau und anschaulich schreiben	*Ich habe ein Ufo gesehen. Ich habe gestern Nacht ein Ufo gesehen.*

Sätze

Satzarten

Je nachdem, ob wir etwas aussagen, fragen oder jemanden auffordern wollen, verwenden wir unterschiedliche Satzarten: Aussagesatz, Fragesatz und Aufforderungssatz.

- Nach einem **Aussagesatz** steht ein **Punkt,** z. B.: *Ich gehe jetzt ins Schwimmbad.*
  In einem Aussagesatz wird etwas mitgeteilt oder festgestellt. Wenn man den Satz spricht, senkt sich am Ende die Stimme.
- Nach einem **Fragesatz** steht ein **Fragezeichen,** z. B.: *Hast du heute Nachmittag Zeit?*
  In einem Fragesatz wird nach etwas gefragt. Die Stimme hebt sich zum Ende des Satzes.
- Nach einem **Ausrufe- oder Aufforderungssatz** steht meist ein **Ausrufezeichen,** z. B.:
  Vergiss die Sonnencreme nicht! Beeilt euch!
  In einem Aufforderungssatz wird eine Bitte, ein Wunsch oder eine Anweisung ausgedrückt, z. B.:
  Mach das Fenster schnell zu!
  In einem Ausrufesatz wird etwas gefühlsbetont und kurz geäußert. Dabei wird die Stimme oft lauter, z. B.:
  Ich habe gewonnen!

Die Satzreihe: Hauptsatz + Hauptsatz

► S. 326

- Ein **Hauptsatz** ist ein selbstständiger Satz. Er besteht aus mindestens zwei Satzgliedern, nämlich dem Subjekt und dem Prädikat, z. B.: *Menschen forschen.*
  Die Personalform des **Verbs** steht im Hauptsatz meist **an zweiter Satzgliedstelle.**
- Ein **Satz,** der aus **zwei oder mehr Hauptsätzen** besteht, wird **Satzreihe** genannt.
  Die Hauptsätze einer Satzreihe werden durch ein Komma voneinander getrennt, z. B.:

Satzreihe: **Hauptsatz** + **Hauptsatz**

Menschen erforschen das Weltall, sie beobachten Planeten.

(erforschen: Personalform des Verbs an zweiter Satzgliedstelle; „,“: Komma; beobachten: Personalform des Verbs an zweiter Satzgliedstelle)

- Häufig werden Hauptsätze durch die nebenordnenden Konjunktionen (Bindewörter) *und, oder, aber, sondern, denn, doch* verbunden, z. B.:

Satzreihe: **Hauptsatz** + **Hauptsatz**

Menschen erforschen das Weltall, denn wir wissen noch wenig darüber.

(„,“: Komma)

- Nur vor den Konjunktionen *und* bzw. *oder* darf das Komma wegfallen, z. B.:
  Menschen erforschen die Sterne und sie beobachten Planeten.

Das Satzgefüge: Hauptsatz + Nebensatz

► S. 326

Einen **Satz,** der aus mindestens einem **Hauptsatz** und mindestens einem **Nebensatz** besteht, nennt man **Satzgefüge.** Zwischen Haupt- und Nebensatz muss **immer ein Komma** stehen, z. B.:

Ich lese das Buch, weil ich mich für das Weltall interessiere.
(Hauptsatz: Ich lese das Buch; Nebensatz: weil ich mich für das Weltall interessiere)

In einem Satzgefüge kann der Nebensatz vor, zwischen oder nach dem Hauptsatz stehen.

Nebensätze haben folgende Kennzeichen:

- Ein Nebensatz kann **nicht ohne** einen **Hauptsatz** stehen.
- Der Nebensatz **ist dem Hauptsatz untergeordnet** und wird oft durch eine unterordnende **Konjunktion** (Bindewort) **eingeleitet,** z. B.: *weil, da, obwohl, damit, dass, sodass, nachdem, während.*
- Die **Personalform des Verbs** (das gebeugte Verb) steht im Nebensatz **an letzter Satzgliedstelle.**

Satzgefüge: **Hauptsatz** + **Nebensatz**

Ich schaue gerne Filme über Außerirdische, obwohl ich etwas Angst habe.

(schaue: Personalform des Verbs an zweiter Satzgliedstelle; „,“: Komma; obwohl: Konjunktion; habe: Personalform des Verbs am Satzende)

Formen von Nebensätzen

▶ S. 296–307

Nebensätze unterscheiden: Adverbialsätze

▶ S. 296–297

Je nach Funktion im Satz unterscheidet man unterschiedliche Arten von Nebensätzen. **Adverbialsätze** nehmen im Satz zum Beispiel die **Stelle einer adverbialen Bestimmung** (Satzglied) ein, z. B.:

adverbiale Bestimmung
Nach dem Experiment sprachen wir über unsere Beobachtungen.

↓

Adverbialsatz
Nachdem wir das Experiment beendet hatten, sprachen wir über unsere Beobachtungen.

Adverbialsätze sind Nebensätze, die über die Umstände eines Geschehens (Zeit, Ort, Grund, Art und Weise usw.) informieren. Mit ihnen kann man logische Zusammenhänge zwischen Haupt- und Nebensatz herstellen und damit Sachverhalte klar beschreiben und erklären. Adverbialsätze werden mit einer **Konjunktion** eingeleitet. Als Nebensätze können sie nicht ohne Hauptsatz stehen und werden durch ein Komma von diesem abgetrennt.
Wie die adverbialen Bestimmungen können auch die Adverbialsätze mit Hilfe der Frageprobe bestimmt werden.

Adverbialsatz	Frageprobe	Konjunktionen	Beispiel
Temporalsatz (Zeit)	Wann ...? Seit wann ...? Wie lange ...?	*nachdem, als, während, bis, bevor, solange, sobald ...*	***Als** das Experiment begann, waren wir sehr neugierig.*
Kausalsatz (Grund)	Warum ...?	*weil, da*	***Weil** das Gerät mit Solarenergie betrieben wird, ist es umweltfreundlich.*
Konditionalsatz (Bedingung)	Unter welcher Bedingung ...?	*wenn, falls, sofern*	***Falls** diese Technik funktioniert, wird sie das Transportwesen revolutionieren.*
Konsekutivsatz (Folge)	Mit welcher Folge ...?	*sodass* (auch: *so ..., dass*)	*Viele unterstützen dieses Projekt, **sodass** es bald getestet werden kann.*
Finalsatz (Absicht, Zweck)	Wozu ...?	*damit*	***Damit** das Projekt gelingt, braucht es einige Vorbereitungen.*
Modalsatz (Art und Weise)	Wie ...?	*indem, dadurch, dass, wie, als (ob) ...*	*Der Luftwiderstand wird verkleinert, **indem** Unterdruck erzeugt wird.*
Konzessivsatz (Einräumung)	Trotz welcher Umstände ...?	*obwohl, obgleich, obschon, auch wenn*	***Obwohl** Flugzeuge schwer sind, können sie fliegen.*

Nebensätze unterscheiden: Subjekt- und Objektsätze

▶ S. 298–299

Subjekt- und Objektsätze sind Nebensätze, die die Rolle des Subjekts bzw. des Objekts für den Hauptsatz übernehmen. Sie lassen sich wie das Subjekt (Wer oder was?) oder das Objekt (Wen oder was?) erfragen.

Subjektsatz: Das Subjekt eines Satzes kann von einem Nebensatz gebildet werden, z. B.:

Dass Öl schwimmt, überraschte uns.
(Satzgefüge mit Subjektsatz: Wer oder was?)

Das schwimmende Öl überraschte uns.
(Satz mit einfachem Subjekt: Wer oder was?)

Objektsatz: Das Objekt eines Satzes kann von einem Nebensatz gebildet werden, z. B.:

Frederick erklärt, wie der Versuch funktioniert.
(Satzgefüge mit Objektsatz: Wen oder was?)

Frederick erklärt den Versuch.
(Satz mit einfachem Objekt: Wen oder was?)

Subjekt- und Objektsätze können unterschiedliche Gestalt annehmen, z. B.:

Satzform	Subjektsatz	Objektsatz
indirekter Fragesatz	*Wer diesen Versuch erklären kann, hat ihn genau beobachtet.*	*Adam ahnte, wie das Experiment ausgehen würde.*
dass-Satz	*Dass der Versuch gelang, erfreute Josephine.*	*Er behauptete, dass er den Versuch erklären könne.*

Nebensätze unterscheiden: der Relativsatz

▶ S. 300

- **Relativsätze** sind **Nebensätze,** die ein Bezugswort im Hauptsatz näher erklären.
- Sie werden mit einem **Relativpronomen** *(der, die, das; welcher, welche, welches)* eingeleitet und durch ein Komma vom Hauptsatz abgetrennt. Das Relativpronomen bezieht sich auf das Bezugswort im Hauptsatz.

  *Zuerst nimmst du eine Schüssel, **die** du mit kaltem Wasser füllst.*

  Relativpronomen Relativsatz

- Ein **Relativsatz** kann auch in einen Hauptsatz **eingeschoben** sein. Dann setzt man vor und nach dem Relativsatz ein Komma, z. B.:
  Das Experiment, das wir gestern durchgeführt haben, war spannend.
- Vor dem Relativpronomen kann auch eine **Präposition** stehen, z. B.:
  Das Klinikum, an dem er angestellt war, hatte lange nichts gemerkt.
- Relativsätze nehmen im Satz häufig die **Rolle eines Attributs** ein und werden deshalb auch Attributsätze genannt.

Partizipialgruppen

▸ S. 302–303

Partizipialgruppen die **statt eines gebeugten Verbs ein Partizip** haben, können im Satz die Funktion eines Nebensatzes übernehmen. Deshalb nennt man sie auch Partizipialsätze.

- Eine Partizipialgruppe wird mit dem *Partizip I* (Partizip Präsens: *gehend*) oder einem *Partizip II* (Partizip Perfekt: *gegangen*) gebildet und bezieht sich meist auf das Subjekt des Hauptsatzes, z. B.:
  Eine schillernde Lebensgeschichte erfindend, täuschte ich die feine Gesellschaft.
- Partizipialgruppen haben oft die Funktion von Adverbialsätzen oder Relativsätzen, z. B.:
  Thérèse, geboren in Armut, gelangte zu Reichtum. (Partizipialgruppe)
  Thérèse, die in Armut geboren wurde, gelangte zu Reichtum. (Relativsatz)

  Eine adlige Herkunft erfindend, gelangte ich in feine Kreise. (Partizipialgruppe)
  Indem ich eine adlige Herkunft erfand, gelangte ich in feine Kreise. (Adverbialsatz)

Infinitivgruppen

▸ S. 306

Infinitivgruppen, in denen statt eines gebeugten Verbs ein Infinitiv mit *zu* steht, können im Satz die Funktion eines Nebensatzes übernehmen. Deshalb nennt man sie auch Infinitivsätze.
Eine Infinitivgruppe besteht aus einem Infinitiv mit *zu* und mindestens einem weiteren Wort, z. B.:
Ich habe mir vorgenommen, diese Rede zu halten.

- Infinitivgruppen ersetzen oft einen *dass*-Satz, z. B.:
  Ich denke, dass ich diesen Preis nicht verdiene.
  → *Ich denke, diesen Preis nicht zu verdienen.* (Infinitivgruppe)
- Infinitivgruppen werden auch verwendet, um eine Häufung von Nomen (Nominalstil) zu vermeiden, z. B.:
  Ich träume von der Verwirklichung dieses Films. (Nominalstil)
  → *Ich träume davon, diesen Film zu verwirklichen.* (Verbalstil mit Infinitivgruppe)

Zeichensetzung

Das Komma in der Satzreihe (Hauptsatz + Hauptsatz)

▸ S. 326

Eine **Satzreihe** besteht aus **zwei** oder mehr **selbstständigen Hauptsätzen.** Die einzelnen Sätze werden durch ein **Komma** voneinander getrennt. Nur vor den Konjunktionen *und* bzw. *oder* darf das Komma entfallen, z. B.:
Gestern gab es Step-Aerobic, heute gibt es Boxen, morgen findet Yoga statt.
Sport fördert die Gesundheit, aber beim Sport passieren auch Unfälle.
Der Spieler beginnt morgen wieder mit dem Training(,) oder er wartet noch einen Tag.

So erkennt ihr eine Satzreihe:

- Die Hauptsätze einer Satzreihe werden häufig durch eine **nebenordnende Konjunktion** *(denn, aber, doch, sondern, und, oder)* miteinander verbunden.
- In einer Satzreihe hat **jeder Hauptsatz** immer (mindestens) ein **Prädikat** (gebeugte Verbform) und ein **Subjekt.**

Die Kommasetzung im Satzgefüge (Hauptsatz + Nebensatz)

► S. 326, 338

- Ein Satzgefüge besteht aus einem Hauptsatz und mindestens einem Nebensatz. Der Nebensatz wird durch **Kommas** vom übergeordneten Hauptsatz abgetrennt.

- Der **Nebensatz** kann **vor, zwischen** oder **nach** einem **Hauptsatz** stehen, z. B.:
  *Viele Menschen treiben Sport, **weil** es ihr Wohlbefinden fördert.*
  *Für Menschen, **die** sehr ehrgeizig sind, kann Sport aber auch zu Komplikationen führen.*
  ***Weil** sie immer bessere Leistung bringen wollen, setzen sie sich zu stark unter Druck.*

So erkennt ihr Nebensätze

- Die meisten Nebensätze werden durch eine **unterordnende Konjunktion** *(weil, da, damit, nachdem, wenn, falls, dass/sodass, als, obwohl)* oder ein **Relativpronomen** *(der, die, das, welcher, welche, welches)* eingeleitet.
- Das **gebeugte Verb** (Personalform des Verbs) steht immer **am Ende** des Nebensatzes.

TIPP: Ein Satzgefüge kann mehrere Nebensätze enthalten. Alle Nebensätze werden mit einem Komma abgetrennt.

Das Komma in Aufzählungen

- Wörter und Wortgruppen in **Aufzählungen** werden **durch Kommas abgetrennt.** Das gilt auch bei einschränkenden Konjunktionen wie *aber, jedoch, sondern, doch,* z. B.:
  Olympische Spiele bedeuten sportliche Höchstleistungen, internationale Athleten, olympische Medaillen, aber auch Niederlagen.
- **Kein Komma** steht **vor** den **nebenordnenden Konjunktionen** *und, oder, sowie, entweder … oder, sowohl … als auch, weder … noch,* z.B.:
  Er ist sowohl klein als auch stark.

Das Komma bei Infinitivgruppen

► S. 327, 339

Infinitivgruppen (auch Infinitivsätze genannt) **darf** man **immer durch Komma** vom Hauptsatz trennen.
Ein Komma muss stehen,

- wenn die Infinitivgruppe durch *um, ohne, statt, anstatt, außer, als* eingeleitet wird, z. B.:
  *Tintenfische nutzen das Rückstoß-Prinzip, **anstatt** sich mit Flossen fortzubewegen.*
- wenn die Infinitivgruppe von einem Nomen oder einem hinweisenden Wort wie *dazu, daran, darauf* oder *es* im Hauptsatz abhängt, z. B.: *Wir zweifeln nicht **daran,** Neues zu entdecken.*

Bei einfachen Infinitiven (*zu* + Infinitiv) kann man das Komma weglassen.
TIPP: Bei Infinitivgruppen (Infinitivsätzen) empfiehlt es sich, immer ein Komma zu setzen, weil es die Gliederung eines Satzes verdeutlicht und niemals falsch ist.

Das Komma bei Partizipialgruppen

▶ S. 327, 339

Bei Partizipialgruppen (auch Partizipialsätze genannt) darf man **immer ein Komma** setzen. Ein Komma **muss** stehen, wenn

- durch ein hinweisendes Wort wie *so* auf die Partizipialgruppe Bezug genommen wird, z. B.:
  *Viele Partizipialgruppen enthaltend, **so** sind Bauanleitungen schwer nachvollziehbar.*
- die Partizipialgruppe eine nachgestellte Erläuterung zu einem Nomen oder Pronomen ist, z. B.:
  *Der Bastler lässt sich, **den Kopf schüttelnd,** dennoch nicht aus der Ruhe bringen.*

Das Komma bei nachgestellten Erläuterungen und Appositionen

▶ S. 329, 340

- Wörter wie *nämlich, und zwar, vor allem, das heißt (d. h.), zum Beispiel (z. B.), beispielsweise, insbesondere* leiten eine **nachgestellte Erläuterung** ein. Sie wird **durch Kommas abgetrennt,** z. B.:
  Tiere, vor allem Pferde, können wunderbare Sportpartner für Menschen sein.
- Die **Apposition** beschreibt ihr Bezugswort (meist ein Nomen) näher und steht im gleichen Kasus wie ihr Bezugsnomen. Sie besteht meist aus einem Nomen (oder einer Nomengruppe) und wird **durch Kommas abgetrennt,** z. B.:
  Frieda, ein kleines Pony, ist bei Kindern beliebt.

Das Komma bei Anreden, Ausrufen und Bekräftigungen

▶ S. 331

Kommas bei Anreden, Ausrufen und Bekräftigungen entsprechen Pausen in der gesprochenen Sprache.

- Eine Anrede wird **durch Komma** vom übrigen Satz **abgetrennt,** z. B.:
  Nils, bist du bereit?
- Ausrufe und Bekräftigungen werden durch Komma abgetrennt, z. B.:
  Ach, das ist aber schade!

TIPP: Bei einer Anrede, die nur aus einem Wort besteht *(Hallo Karin! Hi Paul!)*, oder einer kurzen Äußerung *(Oh nein! Na gut.)* entfällt meist das Komma.

Zeichensetzung in der wörtlichen Rede

Die **wörtliche Rede** steht in **Anführungszeichen.** Die Zeichensetzung ändert sich, je nachdem, ob der Redebegleitsatz vor, nach oder zwischen der wörtlichen Rede steht.

- Der **Redebegleitsatz vor der wörtlichen Rede** wird durch einen **Doppelpunkt** von der wörtlichen Rede abgetrennt, z. B.: *Peter fragt: „Gehst du heute zum Sport?"*
- Der **Redebegleitsatz nach der wörtlichen Rede** wird durch ein **Komma** von der wörtlichen Rede abgetrennt, z. B.: *„Ja, wir können zusammen hingehen", meinte Ala.*
- Der **Redebegleitsatz zwischen der wörtlichen Rede** wird durch **Kommas** von der wörtlichen Rede abgetrennt, z. B.: *„Ich bin dann", sagte er, „um 18 Uhr bei dir."*

Achtung: Vor dem Redebegleitsatz entfällt der Punkt in der wörtlichen Rede. Frage und Ausrufezeichen bleiben erhalten.

Rechtschreibung: Strategien

Wörter schwingen

▶ S. 314

Wenn man Wörter schwingt, kann man die Buchstaben oder Laute besser hören.

- **Vor** dem Schreiben: Sprecht die Wörter deutlich in Silben. Zeichnet Silbenbögen in die Luft.
- **Beim** Schreiben: Sprecht die Silben leise mit. Sprecht nicht schneller, als ihr schreibt.
- **Nach** dem Schreiben: Prüft, ob ihr richtig geschrieben habt. Zeichnet dazu **Silbenbögen** unter jede Silbe und sprecht dabei leise mit, z. B.: *A na nas saft.*

Wörter verlängern

▶ S. 315

Am **Wortende** kann man die Buchstaben *b/p, d/t* und *g/k* leicht verwechseln.
Wenn ihr die Wörter **verlängert,** könnt ihr beim Schwingen hören, wie sie geschrieben werden.
Man verlängert, indem man **Nomen** in den **Plural** setzt, **Adjektive steigert** und zu **Verben** den **Infinitiv** bildet, z. B.:
Einsilber: *der Tag* → Verlängerungswort: *die Ta **ge**, bunt* → Verlängerungswort: *bun **t**er,*
er hupt → Verlängerungswort: *hu **p**en.*

Wörter zerlegen und verlängern

In **zusammengesetzten Wörtern** können sich **Verlängerungsstellen** verstecken.
Ihr könnt die Schreibung unklarer Laute klären, indem ihr die Wörter zuerst **zerlegt und dann verlängert,**
z. B.: *die Welt | reise → die Wel **t**en; das Hand | werk → die Hän **d**e.*
Auch wenn man **Wortbausteine abtrennt,** findet man Verlängerungsstellen, z. B.:
endlos, endlich – denn: *das En **d**e.*

Ableiten: Wörter mit *ä* und *äu*

▶ S. 315

Der Vokal *e* und der Doppelvokal *eu* sind leicht mit *ä* und *äu* zu verwechseln.

- **Normalerweise** schreibt man ***e*** oder ***eu,*** z. B.: *die Ente, heute.*
- Wenn es **verwandte Wörter** mit *a* oder *au* gibt, schreibt man ***ä*** oder ***äu,*** z. B.: *die Kälte – kalt.*
- **Merkwörter** mit *ä* sind z. B.: *ärgern, Käfer, Mädchen, Säge, Träne, während, nämlich.*

Im Wörterbuch nachschlagen

- Im Wörterbuch sind die Wörter **nach dem Alphabet sortiert.** Wörter mit demselben Anfangsbuchstaben werden nach dem zweiten Buchstaben geordnet, z. B.: *die Amsel, der Anfang.*
- Im Wörterbuch sind die Wörter in ihrer **Grundform** verzeichnet:
  - **Verbformen** findet ihr im **Infinitiv,** z. B.: *sehen* statt *ich sah,*
  - **Nomen** im **Nominativ Singular,** z. B.: *Hand* statt *Hände.*
  - **Zusammengesetzte Wörter** müsst ihr meist **zerlegen** und **getrennt nachschlagen**, z. B.: *Kaugummipapier → Kaugummi* und *Papier.*

Rechtschreibung: Regeln

Offene und geschlossene Silben

- Endet die erste Silbe eines zwei- oder mehrsilbigen Wortes mit einem **Vokal** *(a, e, i, o, u),* einem **Umlaut** *(ä, ö, ü)* oder einem **Doppellaut** *(au, äu, ei, eu),* nennt man sie **offen,** z. B.: *Blu me, Bä ren, Bäu me.* Der Vokal wird dann meist **lang** gesprochen.
- Endet die erste Silbe mit einem **Konsonanten,** nennt man sie **geschlossen,** z. B.: *war ten, Ech se, Klas se.* Der Vokal wird dann meist **kurz** gesprochen.

Doppelkonsonanten: Achte auf die erste Silbe

► S. 314

Doppelkonsonanten schreibt man **nur, wenn die erste Silbe geschlossen ist.**

- Stehen an der **Silbengrenze zwei verschiedene Konsonanten, verdoppelt man nicht,** z. B. *het zen, Mur mel.*
- Wenn man bei geschlossener Silbe nur einen Konsonanten hört, muss dieser doppelt geschrieben werden, z. B.: *ren nen; der Him mel.*
  Beachtet: Statt *kk* schreibt man *ck,* statt *zz* schreibt man *tz,* z. B.: *Decke, Tatze.*

TIPP: Um diese beiden Regeln anzuwenden, muss man Einsilber verlängern und zusammengesetzte Wörter zerlegen, z. B.: *Hand | ball → die Hän de; die Bäl le.*

Wörter mit *i* oder *ie*

► S. 314

Man schreibt **meist *i*,** wenn die **erste Silbe geschlossen** ist, z. B.: *Sil be.*
Man schreibt **nur *ie*,** wenn die **erste Silbe offen** ist (lang gesprochen), z. B.: *vie le.*
Achtung: Diese Regel gilt nur für **zweisilbige Wörter.**
Um diese Regel zu bestätigen, muss man **Einsilber verlängern,** z. B.: *lieb – lie ber.*
Besonders wichtige **Merkwörter** sind: *mir, dir, wir, ihr, ihnen, ihm, ihn, ihre.*

Wörter mit *s*-Laut

► S. 314

Das folgende Schaubild zeigt euch, wann ihr ***s*, *ß*** und ***ss*** schreiben müsst.

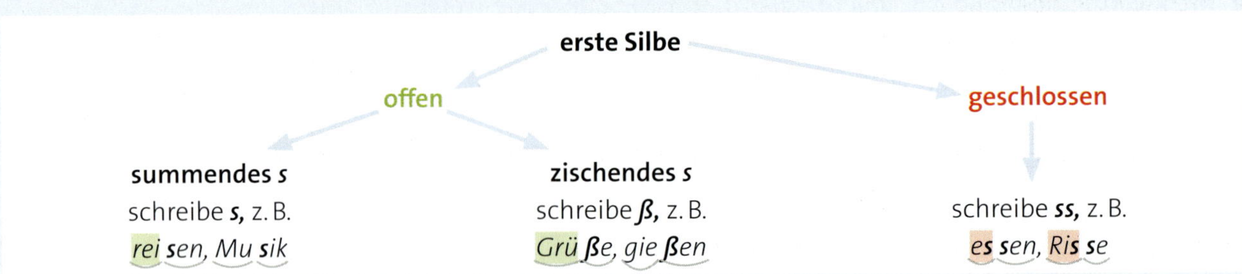

Um diese Regeln für den *s*-Laut anzuwenden, braucht man **zweisilbige Wörter.**
Einsilber müsst ihr dafür **verlängern.**
Für einige Wörter mit einfachem *s* am Wortende gibt es keine Verlängerungsmöglichkeit – es sind also **Merkwörter,** z. B.: *als, aus, bis, es, etwas, niemals, alles, anders, morgens.*

Wörter mit *h*

Bei einsilbigen Wörtern kann man das *h* nicht hören, z. B.: *der Zeh, der Zahn*. Wenn man die Einsilber verlängert, kann man Wörter mit silbenöffnendem *h* und Merkwörter mit *h* unterscheiden:
- Das **silbenöffnende *h*** steht am Anfang der **2. Silbe.** Man kann dieses *h* **beim sehr deutlichen Sprechen hörbar machen,** z. B.: *Ze hen, blü hen*.
- Das *h* am Ende der **1. Silbe** ist **nicht hörbar.** Diese Wörter sind **Merkwörter,** z. B.: *Zäh ne, zäh len*.

Groß- und Kleinschreibung

▸ S. 316, 336

Großgeschrieben werden
- alle Satzanfänge, z. B.: *Sie schwimmt gern.*
- alle Nomen und nominalisierten Wörter, z. B.: *der Baum, das Schwimmbad, etwas Neues, das Spielen.*
- die Höflichkeitsanrede, z. B. in einem Brief oder in einer E-Mail, z. B.: *Haben Sie in der nächsten Woche Zeit? Wie geht es Ihnen?*

Nomen und Nomenmerkmale

Nomen werden großgeschrieben. Man kann sie meist an Begleitwörtern erkennen, die den Nomen vorausgehen, z. B.:
- **Artikel,** z. B.: *das Spiel, ein Spiel.*
- **Adjektive,** z. B.: *das neue Spiel, die blinden Spieler.*
- **Pronomen,** z. B.: *unser Spiel, dieses Spiel.*
- **Präpositionen,** z. B.: *im (= in dem) Spiel, beim (bei dem) Spiel, bei Spielbeginn.*

Nomen **ohne Begleiter** können mit der **Artikel-Adjektiv-Probe** bestimmt werden, z. B.:
Ausnahme – die einzige Ausnahme.

Nominalisierung (Großschreibung von Verben und Adjektiven)

▸ S. 316, 336

Verben und Adjektive schreibt man **groß,** wenn sie im Satz **als Nomen** gebraucht werden, z. B.:
Das Spielen (Verb) *macht mir Spaß. Das Neue* (Adjektiv) *gefällt mir gut.*
Diesen Vorgang nennt man **Nominalisierung.**
Ihr könnt solche Nominalisierungen an denselben Begleitwörtern erkennen wie Nomen, z. B.:
- **Artikel:** *das Spielen*
- **Adjektiv:** *fröhliches Spielen, lautes Lachen*
- **Präposition,** die mit einem Artikel verschmolzen sein kann: *beim (bei dem) Spielen, vor Lachen, im (in dem) Großen und Ganzen*
- **Pronomen:** *unser Bestes* (Possessivpronomen), *dieses Laufen* (Demonstrativpronomen), *etwas Gutes, alles Gute* (Indefinitpronomen)

TIPP: Nicht immer wird ein nominalisiertes Wort durch einen Nomenbegleiter angekündigt.
Macht die Probe: Wenn ihr einen Nomenbegleiter (z. B. einen Artikel) ergänzen könnt, schreibt ihr groß, z. B.:
Nicht nur (das) Rätseln ist ein schöner Zeitvertreib.

Eigennamen und Herkunftsbezeichnungen richtig schreiben

Eigennamen

- Eigennamen sind z. B. Personennamen *(Anna, Friedrich der Große)*, geografische Namen *(die Kanarischen Inseln, Frankfurter Straße)*, Namen von Institutionen, Organisationen usw. *(die Staatlichen Museen, das Rote Kreuz)*, historische Ereignisse *(der Zweite Weltkrieg)* oder Pflanzen- und Tiernamen *(die Weiße Rosskastanie)*. Eigennamen schreibt man groß.
- In mehrteiligen Eigennamen schreibt man alle Wörter groß mit Ausnahme der Artikel, Konjunktionen und Präpositionen, z. B.: *die Freie Universität Berlin, der Erste Mai.*
- Zusammensetzungen aus mehreren oder mehrteilige Eigennamen schreibt man in der Regel mit Bindestrich, z. B.: *Ludwig-Maximilians-Universität, Rheinland-Pfalz.*

Herkunftsbezeichnungen

- Die von geografischen Namen abgeleiteten Wörter auf *-er* schreibt man immer groß, z. B. *eine Kölner Fußgängerzone.*
- Die von geografischen Namen abgeleiteten Adjektive auf *-isch* schreibt man klein, außer sie sind Teil eines Eigennamens sind, z. B.: *indischer Tee*, ABER: *der Indische Ozean.*

Zeitangaben richtig schreiben

► S. 319

- **Zeitangaben** werden **großgeschrieben,** wenn sie **Nomen** sind. Ihr erkennt sie häufig an den üblichen Nomensignalen, z. B.: *am Nachmittag.*
- **Zeitangaben** werden **kleingeschrieben,** wenn sie **Adverbien** sind, z. B. *heute, abends, dienstags.* Viele Zeitadverbien haben am Ende ein ***-s.*** Ihr schreibt sie immer klein, z. B.: *sonntags, nachmittags.*
- Bei **kombinierten Zeitangaben** schreibt man die **Adverbien klein** und die **Nomen groß,** z. B. *heute Abend, gestern Nacht, morgen Mittag.*
- Auch für **zusammengesetzte Zeitangaben** aus Wochentag und Tageszeit gilt: Wenn die Zusammensetzung ein **Nomen** ist, schreibt man sie **groß,** z. B.: *der Montagnachmittag, am Samstagabend.*
  Ist die Zusammensetzung ein **Adverb,** schreibt man sie **klein,** z. B.: *freitagvormittags, sonntagmorgens.*
  Macht die Probe: Wenn ihr vor der Zeitangabe einen Nomenbegleiter (Artikel/Adjektiv) einsetzen könnt, schreibt ihr groß, z. B.: *Samstagabend → (der aufregende) Samstagabend.*

Getrennt- und Zusammenschreibung

Getrenntschreibung

► S. 322–323

Immer getrennt geschrieben werden:

- **Wortgruppen mit *sein*** werden immer getrennt geschrieben, z. B.: *da sein, krank sein.*
- Wortgruppen aus **Nomen + Verben** werden immer getrennt geschrieben, z. B.: *Ski fahren, Ball spielen.*
- Wortgruppen aus **Verb + Verb** können immer getrennt geschrieben werden, z. B.: *trainieren gehen, werfen üben, liegen lassen, einkaufen gehen, gesagt bekommen.*

TIPP: Werden Wortgruppen aus Nomen + Verb oder Verb + Verb nominalisiert, schreibt man sie zusammen und groß: *das Bogenschießen, beim Spazierengehen.*

Meist getrennt geschrieben werden:

- Wortgruppen aus **Adjektiv + Verb,** z. B.: *laut klatschen, weit blicken, schnell rennen.*
  Aber: Entsteht durch die Verbindung von Adjektiv + Verb **ein Wort mit einer neuen Gesamtbedeutung, schreibt man zusammen,** z. B.: *schwarzfahren (= ohne Fahrschein fahren), blaumachen (= schwänzen).*

Zusammenschreibung ▶ S. 322–323

- **Zusammensetzungen** aus Nomen + Nomen *(Fußballturnier),* Adjektiv + Adjektiv *(dunkelrot),* Nomen + Adjektiv *(bildhübsch),* Adjektiv + Nomen *(Kaltgetränk)* schreibt man zusammen.
- Verbindungen aus **Präpositionen + Verb** schreibt man in der Regel zusammen, z. B.: *vormachen, zuschauen.*
- Verbindungen aus **Adverb + Verb** schreibt man zusammen, wenn die Hauptbetonung auf dem Adverb liegt, z. B.: *Wir müssen zusammenhalten.* Bei der Getrenntschreibung werden Adverb und Verb meist gleich betont, z. B.: *Wollen wir das Boot zusammen tragen?*
  Macht die **Erweiterungsprobe:** Könnt ihr ein Wort zwischen Adverb und Verb einfügen, schreibt ihr getrennt, z. B.: *Wollen wir das Boot zusammen (ins Wasser) tragen?*

Sprachvarianten

Standardsprache und Umgangssprache (Alltagssprache)

▶ S. 274–275

- Die Standardsprache (auch Hochsprache oder Hochdeutsch) ist die allgemein verbindliche Form der Sprache, wie sie in der Öffentlichkeit (besonders im Schriftlichen) verwendet wird.
- Die Umgangssprache (Alltagssprache) ist die Sprache, die wir im Alltag sprechen. Dabei achtet man weniger auf vollständige Sätze *(Du auch?)* und verwendet umgangssprachliche Ausdrücke, z. B.: *cool, doof.*

Jugendsprache

▶ S. 274–275

Jugendsprache unterscheidet sich bewusst von der Sprache der Erwachsenen und verändert sich sehr schnell. Typische sprachliche Merkmale sind: Anglizismen *(chillen, nice),* Metaphern und bildliche Ausdrücke *(ätzend, Lauch),* Neologismen, also Wortneubildungen (*Strapazenbahn* für Straßenbahn), Abkürzungen *(LOL, YOLO, isso)* und Wortverstärker/Übertreibungen *(krass).*

Bildungssprache

▶ S. 274–275

Bildungssprache ist die Sprache, die man im Unterricht verwendet. Typisch sind vollständige Sätze, korrekte Grammatik und die Verwendung von Fachbegriffen, z. B.:
Diese Form des Kölschen zeigt eine starke regionale Ausprägung.

Dialekt

▶ S. 274–275

Dialekte (Mundarten), wie z. B. Kölsch, Berlinisch oder Hessisch, weichen von der Standardsprache ab und sind an eine bestimmte geografische Region gebunden.

Wortbedeutung

Wortfelder

Wörter und Wendungen, die eine **ähnliche Bedeutung** haben, bilden ein Wortfeld, z. B.:

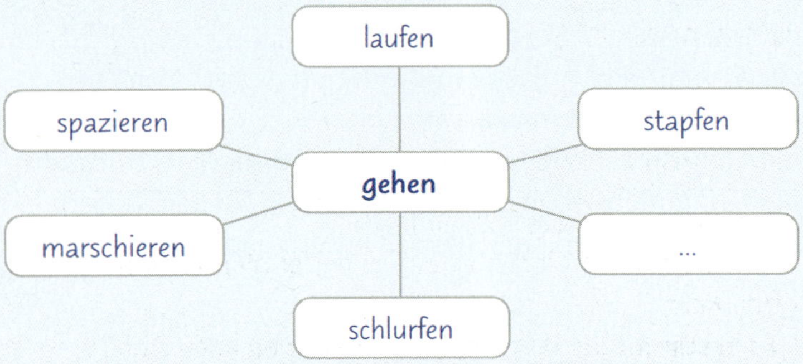

Je mehr Wörter eines Wortfeldes man kennt, desto größer ist der Sprachschatz.

Sprachliche Bilder

► S. 87, 175

Vergleich

► S. 87, 175

Wir verwenden Vergleiche, weil wir z. B. **Eigenschaften, Menschen oder Dinge anschaulich beschreiben** wollen, z. B.: *schnell wie ein Pfeil, weich wie Watte, ein Mann wie ein Baum, Geld wie Heu.* Man erkennt Vergleiche meist an dem Wort „wie".
Auch mit „als ob" kann man Vergleiche bilden, z. B.: *Ich fühlte mich so leicht, als ob ich fliegen könnte.*

Personifikation

► S. 87, 175

Die Personifikation (Vermenschlichung) ist eine besondere Form der Metapher: **Leblose Gegenstände, Begriffe** oder die **Natur** werden vermenschlicht, d. h., ihnen werden **menschliche Verhaltensweisen und Eigenschaften** zugesprochen, z. B.: *die Sonne lacht, der Himmel weint, der Tag verabschiedet sich.*

Metapher

► S. 87, 175

Bei einer **Metapher** wird ein Wort nicht wörtlich, sondern in einer **übertragenen** (bildlichen) **Bedeutung** gebraucht, z. B.:

- *Bindfäden für Regen*
- *Suppe für dichten Nebel*

Man verwendet Metaphern, weil sich zwei Dinge aufgrund einer Eigenschaft ähnlich sind und diese Eigenschaft durch die Metapher hervorgehoben wird, z. B.: *Eiszeit für eine gestörte Beziehung.* → Die Metapher hebt die Gefühlskälte zwischen Menschen hervor.
Im Unterschied zum direkten Vergleich fehlt bei der Metapher das Vergleichswort „wie", z. B.:
Wolken sind (wie) flockige Länder.

Wortbildung

Wortfamilie

Wörter, die den **gleichen Wortstamm** (Grundbaustein) haben, gehören zu einer **Wortfamilie,** z. B.: *sehen, einsehen, Fernseher, Versehen.*
Wortfamilien bildet man durch Ableitungen und Zusammensetzungen (▶ siehe unten).

Wortbildung: Zusammensetzungen und Ableitungen

Neue Wörter kann man durch Zusammensetzungen und Ableitungen bilden.

- Bei einer **Zusammensetzung** (Kompositum) werden mehrere Wörter zu einem neuen Wort zusammengesetzt, z. B.: *Fuß + Ball = Fußball; Stein + hart = steinhart.*
  - Das **letzte Wort** ist immer das **Grundwort. Es bestimmt die Wortart** (und bei Nomen auch das Geschlecht) des neuen Wortes. Der **erste Teil** heißt **Bestimmungswort,** es beschreibt das Grundwort näher, z. B.: *Zimmerpflanze = Pflanze, die in einem Zimmer wächst; tonnenschwer = mehrere Tonnen schwer.*
  - Manchmal braucht man ein **Fugenelement** *(-s, -n, -es, -er, -ens),* um die Wörter zu verbinden, z. B.: *Tag-**es** + Licht = Tageslicht; Geburt-**s** + Tag = Geburtstag.*
    Wenn Verben das erste Element einer Zusammensetzung bilden, fällt die Endung (*-en* oder *-n*) weg, z. B.: *stech(en) + Mücke = Stechmücke.*
- Von **einer Ableitung** spricht man, wenn man ein neues Wort mit Hilfe von **Präfixen** (Vorsilben) und **Suffixen** (Nachsilben) bildet, z. B.: *sicher → unsicher; Ruhe → Unruhe; sicher → Sicherheit; möglich → Möglichkeit; breit → Breite.*
  TIPP: Beide Verfahren können auch kombiniert werden, z. B.: *vier + Bein + ig = vierbeinig.*

Synonyme und Antonyme

▶ S. 267

Wörter mit **gleicher oder fast gleicher Bedeutung** bezeichnet man als **Synonyme.**
Mit Hilfe von Synonymen können wir uns abwechslungsreich und treffend ausdrücken, z. B. statt *sagen → reden, mitteilen, sprechen.*
Wörter mit gegensätzlicher Bedeutung nennt man **Antonyme,** z. B. *heiß – kalt.*

Mehrdeutige Wörter: Polyseme und Homonyme

Mehrdeutige Wörter sind Wörter, die **gleich lauten, aber unterschiedliche Bedeutung** haben. Man kann zwischen Homonymen und Polysemen unterscheiden:

- **Polysemie** liegt vor, wenn ein Wort zwei (oder mehr) Bedeutungen hat, die in einem **erkennbaren Zusammenhang** (Ähnlichkeit) stehen, z. B.: *Maus (1. Tier, 2. PC-Maus).*
- Im Unterschied dazu handelt es sich bei den **Homonymen** um zwei unterschiedliche Wörter, die **zufällig gleich lauten,** z. B.: *Kiefer (Baumart, Körperteil).*

TIPP: Die Grenze zwischen Polysemie und Homonymie ist nicht immer eindeutig. Im Wörterbuch stehen Homonyme unter zwei Stichwörtern, Polyseme unter einem Stichwort.

Denotation und Konnotation

► S. 268

Die **Denotation** eines Wortes ist seine klar definierte **Grundbedeutung,** die man im Wörterbuch oderLexikon nachschlagen kann.
Die **Konnotation** bezeichnet die Nebenbedeutung eines Wortes, d. h. die Vorstellungen, Erfahrungen, Empfindungen und Assoziationen, die wir mit ihm verbinden. Sie können – je nach Erfahrung, Alter oder Kulturkreis einer Person – positiv oder negativ sein.

Konnotation	Arbeitsmöglichkeiten	Anonymität
Freiheit Kino, Theater, Kultur	**Stadt** **Denotation:** größere Siedlung	Kriminalität schlechte Luft Stau

Hochwertwörter

► S. 269

Hochwertwörter sind Wörter oder kurze Phrasen, mit denen positive Vorstellungen verbunden sind, die also positiv konnotiert sind, z. B.: *Freiheit, Nachhaltigkeit, Gerechtigkeit*. Sie sollen bei den Lesenden oder Zuhörenden positive Emotionen hervorrufen und werden gezielt eingesetzt, um für die eigenen Position zu werben.

Euphemismen

► S. 270

Euphemismen sind Ausdrücke oder Phrasen, die etwas beschönigen, z. B.: *Versorgungspark* für *Mülldeponie, Freisetzung* für *Entlassung von Mitarbeitern, Seniorenresidenz* für *Altenheim.*
Euphemismen werden z. B. in der Politik und in der Wirtschaft verwendet, um unangenehme Sachverhalte zu verharmlosen oder zu verschleiern.

Sprachwandel

Im Laufe der Zeit hat sich nicht nur die Schreibweise und die Aussprache der Wörter verändert, sondern auch deren Bedeutung (Bedeutungswandel). Dabei kann sich die Bedeutung eines Wortes in unterschiedlicher Weise verändern:

Frühere Bedeutung	**Heutige Bedeutung**	**Art des Bedeutungswandels**
hôchgezît (mhd.) = Feste aller Art	Hochzeit = Fest zur Eheschließung	Bedeutungsverengung
vrouwe (mhd.) = adlige Dame, Herrin	Frau = erwachsene, weibliche Person	Bedeutungserweiterung
minister (mhd.) = Diener	Minister = Mitarbeiter einer Regierung	Bedeutungsverbesserung
wîp (mhd.) = Frau, Ehefrau	abwertende Bezeichnung für eine Frau	Bedeutungsverschlechterung

Seite 133

Hier findet ihr den Text in der richtigen Schreibweise:

Leonardo da Vinci – Künstler, Forscher, Erfinder

1 Leonardo da Vinci war ein Techniknarr, dem das stundenlange Beobachten der Natur leichtfiel. **2** In der italienischen Gemeinde Vinci wurde er am Vormittag des 15. April 1452 geboren. **3** Der Name Leonardo da Vinci ist also aus seinem Geburtsnamen und seinem Herkunftsort zusammengesetzt. **4** Das Erforschen von Naturphänomen hat Leonardo sein Leben lang beschäftigt. **5** Auf rund 13000 Notizblättern hat er seine Forschungsergebnisse zusammengetragen und in wissenschaftlichen Texten und Zeichnungen festgehalten. **6** Leonardo da Vinci konnte aber auch ganz hervorragend malen und zeichnen – ein echtes Universalgenie. **7** Am bekanntesten ist wohl sein Gemälde „Mona Lisa", das im Pariser Louvre ausgestellt ist. **8** Aber auch seine Skizzen von Flugmaschinen sowie seine technischen Zeichnungen sind heute weltberühmt und lassen sich in einigen Schulbüchern wiederfinden. **9** Sein Hauptinteresse galt dem Erforschen des Vogelflugs, weshalb Leonardo auch als der erste Bioniker in die Geschichte einging. **10** Bis heute ist jedoch nicht sichergestellt, ob seine Maschinen wirklich fliegen konnten.

11 Nicht zuletzt scheiterten seine Flugversuche auch an dem Material, das damals aus schwerem Segeltuch und Holz bestand. **12** Dennoch begeistern die Entwürfe des pfiffigen Italieners noch heute viele Menschen, sodass es immer wieder Nachbauten seiner Flugobjekte gibt. **13** Im Jahr 2000 baute Adrian Nicholas, ein britischer Fallschirmspringer, den Fallschirm aus den Zeichnungen da Vincis nach. **14** Viele rieten ihm vom Sprung mit diesem Gebilde ab, da sie den Fallschirm für flugunfähig hielten. **15** Doch der Brite, der den Weltrekord des längsten Fallschirmsprungs hält, bewies das Gegenteil. **16** Nachdem er sich mit seiner Segeltuch-Holz-Konstruktion auf 3000 Meter Höhe hatte ziehen lassen, schwebte er im Sinkflug langsam und sicher zu Boden. **17** Übrigens hielt Leonardo da Vinci seine Ideen, beispielsweise seine Konstruktionspläne, oft in Spiegelschrift fest. **18** Angeblich tat er das, um seine Erfindungen zu verschlüsseln. **19** Entwarf Leonardo mit dieser Spiegelschrift, sich um Plagiate sorgend, wirklich eine Geheimschrift oder handelt es sich hier eher um eine Spielerei des Künstlers?

ANDERSCH, ALFRED (1914–1980)
184 Paris, 1. Mai 1977
aus: Andersch, Alfred: Ein Rendezvous mit Paris. Literarische Liebeserklärungen. Hrsg. v. Rainer Moritz. Stuttgart: Reclam 2014, S. 210. – Dort zitiert nach: A. A.: empört euch der himmel ist blau. Gedichte und Nachdichtungen 1946–1977. Zürich: Diogenes 1977, S. 133. – © Diogenes Verlag AG Zürich

BERG, SYBILLE (*1962)
104 Hauptsache weit
aus: Berg, Sybille: Das Unerfreuliche zuerst. Herrengeschichten. Köln: Kiepenheuer und Witsch, 2001

BILDERBUCH
257 Willkommen im Dschungel (Auszug)
aus: Bilderbuch (2015): Willkommen im Dschungel
https://www.songtexte.com/songtext/bilderbuch/willkommen-im-dschungel-4349f3c3.html

BRANDSTÄTTER-MORAWIETZ, VERONIKA (*1963)
27 Zivilcourage kann (und sollte) man lernen (gekürzt)
https://www.pedocs.de/volltexte/2008/200/pdf/db_zivilcourage.pdf

BUNDESMINISTERIUM FÜR FAMILIE, SENIOREN, FRAUEN UND JUGEND
269 Wir leben Vielfalt. Nach dem Prinzip der Gleichheit
https://www.demokratie-leben.de/aktuelles/wir-sind-rechtsstaat.html

DAFOE, DANIEL (1660–1731)
108 Robinson Crusoe (Auszug)
aus: Dafoe, Daniel: Aufenthalt in Brasilien, Reise und Schiffbruch. Übersetzt von Karl Altmüller. Köln: Anaconda Verlag, 2011

DRIEL, MARCEL VAN (*1967)
33 Pala. Das Spiel beginnt (gekürzt)

DÜCKERS, TANJA (*1968)
184 Zwischen Stoppschild und Einfahrt
aus: Dückers, Tanja: Nachtbus nach Mitte. Berliner Gedichte von heute. Hrsg. v. Martin Jankowski und Birgit Hoyer. Berlin: vbb 2016, S. 110

EICHENDORFF, JOSEPH VON (1788–1857)
182 In Danzig (unverändert)
aus: Eichendorff, Joseph von: In Danzig. In: Deutschbuch. Erweiterte Ausgabe. Sprach- und Lesebuch. 8. Hrsg. v. Andrea Wagener. Berlin: Cornelsen 2017, S. 151 – Dort zitiert nach: [J. v. E.:] Gedichte. Ahnung und Gegenwart. Hrsg. v. Werner Bergengruen. München: Manesse Verlag 1955, S. 70

FONTANE, THEODOR (1819–1898)
120 Unterm Birnbaum (Teil 1)
124 Unterm Birnbaum (Teil 2)
126 Unterm Birnbaum (Teil 3)
128 Unterm Birnbaum (Teil 4)
131 Unterm Birnbaum (Teil 5)
135 Unterm Birnbaum (Teil 6)
136 Unterm Birnbaum (Teil 7)
140 Unterm Birnbaum (Teil 8)
aus: Fontane, Theodor: Unterm Birnbaum. Große Brandenburger Ausgabe, Hrsg. v. Gotthard Erler. Das erzählerische Werk, Band 8, editorische Betreuung: Christine Hehle. Aufbau Verlag, Berlin 1997, S. 5–7

GASPER, MARGOT
100 Neuntklässler auf Abenteuertour: „Coolste Herausforderung meines Lebens" (verkürzt und verändert)
https://www.aachener-nachrichten.de/lokales/aachen/neuntklaesser-auf-abenteuertour-coolste-herausforderung-meines-lebens_aid-31087589

GEHM, FRANZISKA (*1974)
89 Der Tote im Dorfteich (Auszug)
aus: Gehm, Franziska (2010): Der Tote im Dorfteich. Weinheim: Gulliver (Verlagsgruppe Beltz), S. 22–24

GREEN, JOHN (*1977)
94 Eine wie Alaska (Auszug)
aus: Green, John (2009): Eine wie Alaska. München: dtv (Reihe Hanser). 17. Auflage (2014), S. 11–13

GREẞMANN, UWE (1933–1969)
175 Moderne Landschaft
aus: Greßmann, Uwe: Nachtbus nach Mitte. Berliner Gedichte von heute. Hrsg. v. Martin Jankowski und Birgit Hoyer. Berlin: vbb 2016, S. 16. – Dort zitiert nach: Der Vogel Frühling. Gedichte. Halle (Saale): Mitteldeutscher Verlag 1966, S. 100

HEBBEL, FRIEDRICH (1813–1863)
107 Der junge Schiffer
aus: Hebbel, Friedrich: Der junge Schiffer. In: Ders.: Werke. Bd. 1. Sämtliche Gedichte. Hrsg. v. H. Fröschle u. W. Scheffler. München: Winkler, 1980

HERRNDORF, WOLFGANG (1965–2013)
Tschick (Auszüge)
242 Auszug 1
244 Auszug 2
246 Auszug 3
248 Auszug 4
252 Auszug 5
259 Auszug 6
aus: Herrndorf, Wolfgang: Tschick. Rowohlt Verlag, Reinbek 2010, S. 21–23

HEẞ, LUISA
66 Verpassen wir durch Smartphones das „echte" Leben?
http://www.pflichtlektuere.com/13/11/2014/duell-am-donnerstag-wie-sozialvertraeglich-sind-smartphones/

HOFMANNSTHAL, HUGO VON (1874–1929)
172 Siehst du die Stadt?
aus: Hofmannsthal, Hugo von: Siehst du die Stadt? In: Großstadtlyrik. Hrsg. v. Waltraud Wende. Stuttgart: Reclam 1999. Durchgesehene Ausgabe 2010. Druck 2013, S. 52 – Dort zitiert nach: H. v. H.: Sämtliche Werke. Kritische Ausgabe. 38 Bände. Veranstaltet vom Freien Deutschen Hochstift. Frankfurt a. M. Hrsg. v. Rudolf Hirsch, Clemens Köttelwesch, Heinz Rölleke und Ernst Zinn. Bd. II: Gedichte 2. Hrsg. v. Andreas Thomasberger und Eugene Weber. Frankfurt a. M.: S. Fischer 1989

HÜBNER, LUTZ (*1964)
191 Das Herz eines Boxers (Auszüge)
192 Szene 1
196 Szene 2
200 Szene 3
204 Szene 4
212 Szene 7
aus: Hübner, Lutz: Das Herz eines Boxers. Nach: Buchners Schulbibliothek der Moderne, Text und Kommentar, Hrsg. von Karl Hotz, kommentiert von Klaus Will. C. C. Buchner Verlag, Bamberg 2008, S. 6

HUBRICH, LARS (*1974)
260 Tschick – Das Drehbuch (Auszug)
aus: Hubrich, Lars: Tschick – Das Drehbuch. Rowohlt Verlag, Reinbek 2016

JENSEN, ANNIKA
230 Auf Tour mit der Potsdamer Tafel (verkürzt und verändert)
https://www.maz-online.de/Lokales/Potsdam/Auf-Tour-mit-der-Potsdamer-Tafel

KÄSTNER, ERICH (1899–1974)
186 Berlin in Zahlen
188 Besuch vom Lande
aus: Kästner, Erich: Großstadtlyrik. Hrsg. v. Waltraud Wende. Stuttgart: Reclam 1999. Durchgesehene Ausgabe 2010. Druck 2013, S. 150 – Dort zitiert nach: E. K.: Werke. Bd. I: Zeitgenossen, haufenweise. Gedichte. Hrsg. v. Harald Hartung in Zsarv. Mit Nicola Brinkmann. München/Wien: Hanser 1998 – Mit Genehmigung des Atrium Verlags, Zürich und von Thomas Kästner

KERET, ETGAR (*1967)
153 Der höfliche Junge
aus: Keret, Etgar: Plötzlich klopft es an der Tür. Stories, Frankfurt a. M. 2012, S. 89–93

KLUPP, THOMAS (*1977)
92 Wie ich fälschte, log und Gutes tat (Auszug)
aus: Klupp, Thomas (2018): Wie ich fälschte, log und Gutes tat. München/Berlin: Berlin Verlag (in der Piper Verlag GmbH), S. 240 f.

LAUE, LARS (*1977)
238 Nur kein Salto zurück, bitte! (verkürzt und verändert)
https://www.nwzonline.de/meinung/oldenburg-kommentar-zu-handyverbot-in-schulen-nur-kein-salto-zurueck-bitte_a_50,2,539085471.html

Lenz, Siegfried (1926–2014)
158 Die Nacht im Hotel
aus: Lenz, Siegfried: Erzählungen. Hoffmann und Campe Verlag, Hamburg 2006, S. 38–41

Litt, Mike (*1967)
113 Reisen per Buch – Mike Litt sagt, wie das geht (verkürzt und verändert)
https://www1.wdr.de/mediathek/audio/wdr2/audio-reisen-per-buch--- mike-litt-sagt-wie-das-geht-100.html

Lünenborg, Hendrik
224 E-Scooter – Eine gute Alternative?
https://www.ndr.de/nachrichten/hamburg/Kommentar-E-Scooter-eine-gute-Alternative,hamburgkommentar370.html

Malecha, Herbert (1927–2011)
148 Die Probe (gekürzt)
aus: Malecha, Herbert: Die Probe. In: Die Zeit 48/1954

Marti, Kurt (1921–2017)
157 Happy End
aus: Marti, Kurt: Neapel sehen. Erzählungen. Werke Band 1, München/Wien 1996

Meimberg, Florian (*1975)
143 Auf die Länge kommt es an: Tiny Tales. Sehr kurze Geschichten (Auszüge)
aus: Meimberg, Florian: Auf die Länge kommt es an: Tiny Tales. Sehr kurze Geschichten. S. Fischer Verlag, Frankfurt a. M. 2011

Mayer, Verena
221 Am Wasser gebaut (verkürzt und verändert)
https://www.sueddeutsche.de/leben/reportage-am-wasser-gebaut- 1.2978089

Mokosch, Tanja
25 Warum manche Menschen ihr Leben für andere riskieren (gekürzt)
https://www.sueddeutsche.de/leben/psychologie-warum-manche-menschen-ihr-leben-fuer-andere-riskieren- 1.2788558

Noga, Andreas (*1968)
184 nachtzug nach berlin
aus: Noga, Andreas: Deutsche Städte. Eine lyrische Landschaft. Hrsg. v. Klaus Seehafer. Stuttgart: Reclam 2013, S. 96 f. – Dort zitiert nach: A. N.: Lücken im Lärm. Marklkofen: Silver Horse Edition 2010, S. 30 – Mit Genehmigung von A. N., Alsbach

Özdogan, Selim (*1971)
166 Zuerst den Linken
aus: Özdogan, Selim: Trinkgeld vom Schicksal. Geschichten, Berlin 2003, S. 84 f.

Peşmen, Azadê
115 Virtuelles Reisen – Der Programmierer als Reiseführer (verkürzt und verändert)
https://www.deutschlandfunkkultur.de/virtuelles-reisen-der-programmierer-als-reisefuehrer.976.de.html?dram:article_id=359324

Revolverheld
170 Lass uns gehen (gekürzt)
aus: Revolverheld: Immer in Bewegung. Columbia 2013

Röder, Marlene (*1983)
144 Chuck Norris und seine Freunde
aus: Röder, Marlene: Melvin, mein Hund und die russischen Gurken, Ravensburg 2011, S. 11–16

Rücker, Janine
37 „Mit meinen Eltern kann ich darüber nicht reden."
https://www.kindersache.de/bereiche/wissen/natur-und-mensch/unsere-fragen-die-nummer-gegen-kummer

Sauter, Lilly (1913–1972)
176, 177 Ballade von der Métro
aus: Sauter, Lilly: Ein Rendezvous mit Paris. Literarische Liebeserklärungen. Hrsg. v. Rainer Moritz. Stuttgart: Reclam 2014, S. 136 f. – Dort zitiert nach: L. S.: Mondfinsternis. Ausgewählte Werke. Innsbruck: Haymon 2013, S. 120 f. – © Haymon Verlag Innsbruck

Schnurre, Wolfdietrich (1920–1989)
174 Angriff (unverändert)
aus: Schnurre, Wolfdietrich: Angriff. In: Deutschbuch. Differenzierende Ausgabe. Sprach- und Lesebuch. 8. Hrsg. v. Markus Langner, Bernd Schurf und Andrea Wagener. Berlin: Cornelsen 2015, S. 133. – Dort zitiert nach: [W.S.] Kassiber und neue Gedichte. München: List 1979

Siebrecht, Ole
39 „Man muss ein bisschen auf sich selbst achten" – So fühlt es sich an, am Kinder- und Jugendtelefon zu sitzen (gekürzt)
https://ze.tt/man-muss-ein-bisschen-auf-sich-selbst-achten-so-fuehlt-es-sich-an-am-kinder-und-jugendtelefon-zu-sitzen/

Simon, Violetta (*1967)
27 Gelegenheiten für Zivilcourage
https://www.sueddeutsche.de/leben/zivilcourage-und-ehrenamt-entschuldigung-ihr-slip-ist-zu-sehen-1.464763

Sting (*1951)
183 Englishman in New York (gekürzt)
aus: Sting: ... Nothing like the Sun. A & M 1987

Stommel, Tina
226 Der Selfie-Stick: Ich! Ich! ich!
https://www.general-anzeiger-bonn.de/news/digitale-welt/der-selfie-stick-ich-ich-ich_aid-43047759

Theobaldy, Jürgen (*1944)
169 Neon
aus: Theobaldy, Jürgen: Gespräch über Bäume. Moderne deutsche Naturlyrik. Hrsg. v. Hiltrud Gnüg. Stuttgart: Reclam 2013, S. 128 – Dort zitiert nach: J. Th.: Wilde Nelken. Gedichte. Springe: zu Klampen 2005, S. 94 – © 2005 Verlag zu Klampen, Springe

Tietze, Oliver
178 See in der Großstadt
aus: Tietze, Oliver: Gespräch über Bäume. Moderne deutsche Naturlyrik. Hrsg. v. Hiltrud Gnüg. Stuttgart: Reclam 2013, S. 129 – Dort zitiert nach: Jahrbuch der Lyrik 2006. Hrsg. v. Christoph Buchwald und Norbert Hummelt. Frankfurt a. M.: S. Fischer 2006, S. 35

Topcu, Özlem (*1977)
266 Respekt ist das soziale Schmiermittel der Gesellschaft – Interview mit Niels van Quaquebeke
https://www.abendblatt.de/vermischtes/journal/thema/article107391327/Respekt-ist-das-soziale-Schmiermittel-der-Gesellschaft.html

Vogt, Sylvia
80 Smarter lernen in der Tabletklasse (gekürzt)
https://www.tagesspiegel.de/berlin/schule/digitales-leben-smarter-lernen-in-der-tablet-klasse/13011642.html

Weber, Christian
74 Was die Freundschaft vertieft (verkürzt und verändert)
https://www.sueddeutsche.de/digital/chancen-und-gefahren-sozialer-netzwerke-wo-ist-die-party-hier-ist-die-party-1.1507167-0

Weyhe, Birgit (*1969)
134, 138 Unterm Birnbaum (Graphic Novel) (Auszüge)
aus: Fontane, Theodor und Weyhe, Birgit: Unterm Birnbaum. Die alte Jeschke erzählt Gendarm Geelhaar von Hradschecks auffälligem Betragen. Carlsen Verlag, Hamburg 2019, S. 45, 61, 71

Zeitler, Annika
18 Malalas mutiger Kampf für Bildung (gekürzt)
https://www.planet-wissen.de/kultur/naher_und_mittlerer_osten/pakistan/pwiemalalasmutigerkampffuerbildung100.html

Unbekannte/Ungenannte Autorinnen und Autoren
73 Social Media senken Glückslevel
https://www.stern.de/neon/herz/psyche-gesundheit/social-media-senkt-laut-einer-studie-das-gluecksniveau-von-jugendlichen--8566634.html
79 Tablets im Unterricht: Unterrichtshilfe oder Spielzeug?
https://learnattack.de/journal/tablets-im-unterricht-digitale-unterrichtshilfe-oder-digitales-spielzeug/
219 Tornado fegt durch Eifel-Gemeinde – Dächer abgedeckt
https://www.spiegel.de/panorama/roetgen-mutmasslicher-tornado-fegt-durch-eifel-gemeinde-daecher-abgedeckt-a-1257730.html

Bildquellenverzeichnis

S. 14 oben links: dpa Picture-Alliance / Pressebildagentur ULMER; **oben rechts:** Shutterstock.com/mangostock; **Mitte:** shutterstock.com/Macrovector; **unten links:** dpa Picture-Alliance / AAPimages / W; **unten rechts:** dpa Picture-Alliance / IPA / FOTOGRAMMA; **S. 16 oben links:** Mills, Andrea, Caldwell, Stella: 100 Forscher, die die Welt verändert haben. Dorling Kindersley Verlag GmbH; **oben rechts:** Caldwell, Stella, Hibbert, Clare, Mills, Andrea, Skene, Rona: 100 Frauen, die die Welt verändert haben. Dorling Kindersley Verlag GmbH; **Mitte oben:** Miralda Colombo / Ilaria Faccioli: Helden-Atlas – 101 Frauen und Männer, die die Welt verändert haben. Midas Verlag AG; **S. 17 oben rechts:** dpa Picture-Alliance / REUTERS / Action Images; **S. 38:** Shutterstock.com / Antonio Guillem; **S. 39:** Shutterstock.com / Pixel-Shot; **S. 41 oben:** Shutterstock.com/kurhan; **S. 42 oben links:** shutterstock.com / Cookie Studio; **oben rechts:** Shutterstock.com/135pixels; **Mitte links:** Shutterstock.com/ozrimoz; **Mitte rechts:** Shutterstock.com / Chepe Nicoli; **unten links:** Shutterstock.com / Monkey Business Images; **S. 43 oben rechts und links, Mitte links:** Shutterstock.com/135pixels; **S. 44 oben:** Shutterstock.com / Friends Stock; **S. 44 unten:** stock.adobe.com / foto ARts; **S. 46:** Shutterstock.com/PRESSLAB; **S. 48 oben links:** Shutterstock.com/135pixels; **oben rechts:** Shutterstock.com / Susan Schmitz; **S. 49 oben:** Shutterstock.com/ChiccoDodiFC; **S. 58 oben rechts:** Shutterstock.com / Irina Kozorog; **S. 59 oben rechts:** Shutterstock.com / Josef Mohyla; **S. 83 oben:** Shutterstock.com / Bogdan Sonjachnyj; **S. 84:** Shutterstock.com / Melinda Nagy; **S. 86:** Shutterstock.com / Csaba Peterdi; **S. 88 oben:** Shutterstock.com/mezzotint; **S. 97:** Shutterstock.com / I am Kulz; **S. 98 Mitte oben:** Shutterstock.com / Eric Valenne geostory; **Mitte links:** Shutterstock.com/DisobeyArt; **Mitte rechts:** Shutterstock.com / Sergey Sukhorukov; **S. 99:** Shutterstock.com / Eric Valenne geostory; **S. 101 Mitte rechts:** Shutterstock.com / New Africa; **S. 110 u. S. 111:** 2020 Crytek GmbH. All rights reserved; **S. 116 Mitte:** Shutterstock.com/Zyabich; **S. 134/138:** Birgit Weyhe/Theodor Fontane, Die Unheimlichen: Unterm Birnbaum © Carlsen Verlag GmbH, Hamburg 2019; **S. 169:** Shutterstock.com / Alexander Lason; **S. 175:** © VG Bild-Kunst, Bonn 2020 / Bridgeman Images; **S. 191, S. 192, S. 194, S. 196, S. 198, S. 200, S. 204, S. 206, S. 209, S. 212:** Szenenfotos aus „Das Herz eines Boxers" von Lutz Hübner. Eine Inszenierung von „Theater Spielzeit / Mobiles Kinder- und Jugendtheater Landshut", Regie: Nikol Putz und Gernot Ostermann. Leo: Gernot Ostermann, Jojo: Yannick Zürcher. Fotos: Doris Leonard und Ina Matthes; **S. 219:** Shutterstock.com / J. Bicking; **S. 221:** Shutterstock.com / Simon Annable; **S. 224:** Shutterstock.com / Axel Bueckert; **S. 234:** Shutterstock.com / Lucky Business; **S. 238:** Shutterstock.com / Monkey Business Images; **S. 241 oben links / S. 250:** Cover Tschick von Wolfgang Herrndorf, Rowohlt Taschenbuch Verlag, 76. Auflage, April 2019, © 2010, **oben rechts:** © Mathias Bothor, Studiocanal Film GmbH; **S. 242, S. 243, S. 244, S. 246, S. 248, S. 252, S. 253, S. 254, S. 255, S. 256, S. 258, S. 259, S. 260, S. 263:** © 2016 Lago Film GmbH, Studiocanal Film GmbH; **S. 265:** Kerstin Rolfes; **S. 276: links oben:** Shutterstock.com/Jemastock, **links 2. von oben:** Shutterstock.com / Albert Ziganshin, **links 3. von oben:** Shutterstock.com/DKai, **links unten:** Shutterstock.com / Sonsedska Yuliia, **im Text oben:** Shutterstock.com / Anton Merzlyakov, **im Text unten:** Shutterstock.com/Inegvin; **S. 278 unten rechts:** Shutterstock.com / Denis Belitsky; **S. 313 links:** Shutterstock.com / Wolfgang Zwanzger, **S. 313 rechts:** Shutterstock.com/cobalt88

Knifflige Verben im Überblick

Infinitiv	Präsens	Präteritum	Perfekt
anfangen	du fängst an	er fing an	er hat angefangen
befehlen	du befiehlst	er befahl	er hat befohlen
beginnen	du beginnst	sie begann	sie hat begonnen
beißen	du beißt	er biss	er hat gebissen
bieten	du bietest	er bot	er hat geboten
bitten	du bittest	sie bat	sie hat gebeten
bleiben	du bleibst	sie blieb	sie ist geblieben
brechen	du brichst	sie brach	sie hat gebrochen
brennen	du brennst	es brannte	es hat gebrannt
bringen	du bringst	sie brachte	sie hat gebracht
dürfen	du darfst	er durfte	er hat gedurft
einladen	du lädst ein	sie lud ein	sie hat eingeladen
erschrecken	du erschrickst	er erschrak	er ist erschrocken
essen	du isst	er aß	er hat gegessen
fahren	du fährst	sie fuhr	sie ist gefahren
fallen	du fällst	er fiel	er ist gefallen
fangen	du fängst	sie fing	sie hat gefangen
finden	du findest	er fand	er hat gefunden
fließen	es fließt	es floss	es ist geflossen
frieren	du frierst	er fror	er hat gefroren
geben	du gibst	er gab	er hat gegeben
gehen	du gehst	er ging	er ist gegangen
gelingen	es gelingt	es gelang	es ist gelungen
genießen	du genießt	sie genoss	sie hat genossen
geschehen	es geschieht	es geschah	es ist geschehen
greifen	du greifst	sie griff	sie hat gegriffen
halten	du hältst	sie hielt	sie hat gehalten
heben	du hebst	er hob	er hat gehoben
heißen	du heißt	sie hieß	sie hat geheißen
helfen	du hilfst	er half	er hat geholfen
kennen	du kennst	sie kannte	sie hat gekannt
kommen	du kommst	sie kam	sie ist gekommen
können	du kannst	er konnte	er hat gekonnt
lassen	du lässt	sie ließ	sie hat gelassen
laufen	du läufst	er lief	er ist gelaufen
leiden	du leidest	sie litt	sie hat gelitten